Ute und Hermann
Mannebach

Reisen
all exclusive

Bildnachweis

Titelbild:	Odysseus und die Sirenen, Wiki-Commons, gemeinfrei
Seite 13:	Terrakotta-Armee, Lintong, China, Wiki Commons, gemeinfrei
Seite 37:	Taj Mahal, Agra, Indien, eigenes Werk
Seite 65:	Buddha, Wat Lampang Luan, Thailand, eigenes Werk
Seite 89:	Sphinx, Memphis, Ägypten, eigenes Werk
Seite 115:	Gauklermarkt, Marrakesch, Marokko, eigenes Werk
Seite 139:	Chahor Minor Medrese, Buchara, Usbekistan, eigenes Werk
Seite 163:	Amasya, Türkei, eigenes Werk
Seite 189:	Tempel der Aphaia, Aigina, Griechenland, eigenes Werk
Seite 215:	Uspenskij sobor, Moskau, Russland, eigenes Werk
Seite 243:	Ännchen von Tharau; Klaipeda, Litauen, eigenes Werk
Seite 271:	Kürbisfarm, New Hampshire, USA, eigenes Werk
Seite 305:	Gigantija Heiligtum, Gozo, Malta, eigenes Werk

Druck und Verlag: epubli GmbH, Berlin, www.epubli.de
Copyright © 2016 Drs. Ute & Hermann Mannebach

ISBN 978-3-7375-7739-7

INHALT

FÜR HANNAH

VORWORT

REISEN ALL EXCLUSIVE?

Singe uns, Muse, die Fahrten des vielgewanderten Paares,
welches so weit geirrt im Herbst seines Lebens,
vieler Menschen Städte gesehen und Sitten gelernt hat.
Und auf ihrer Wandrung so viel´ unnennbare Leiden erduldet,
Ihre Seele zu retten und ihres Leibes heile Zurückkunft.

REISEFIEBER

Liebe Leser, keine Sorge!

Steigende Reiselust gehört zum normalen Appetenzverhalten des modernen Menschen.

Als erstes Symptom dieser gutartigen und vorübergehenden Geistestörung befällt Sie, wider alle Vernunft, unbändige Vorfreude auf eine abenteuerliche, gefährliche, romantische oder auch sentimentalische Tour. Ihre Phantasie gaukelt Ihnen schließlich vor, so eine Reise ins Wunderland sei unbeschwerlich, amüsant und zauberhaft; werde am Ende sogar ulkiger und ulkiger.

Bei unbehandelter Reiselust kommt es zu steigender Erregung bis hin zur Raserei und schweren Wahnvorstellungen, verbunden mit völligem Realitätsverlust. Ärzte sprechen in solchen Fällen vom bösartigen, saisonalen Reisefieber.

Die zu erwartenden Vergnügungen und Erlebnisse werden von Ihnen dann maßlos überschätzt; Risiken und Nebenwirkungen der ersehnten Ortsveränderung werden dagegen verdrängt. Die Reisewarnungen des Auswärtigen Amtes mit Verweisen auf Malaria, Erdbeben, Tsunamis und neuerdings auch Terroranschläge, erhöhen für Sie nur noch den Kitzel einer Reise.

Sie beschwichtigen ihre Bedenken durch die einfache Überlegung, es sei viel wahrscheinlicher, Kleinkriminellen oder Bauernfängern in die Hände zu fallen, als Opfer eines terroristischen Anschlages zu werden. Um die Schäden durch den Verlust Ihrer Dokumente, Ihres Gepäcks oder Ihrer Reisekasse soll sich doch Ihre Sorglos-Reiseversicherung Gedanken machen! Und gegen alle möglichen ansteckenden Krankheiten können Sie sich ja impfen lassen.

Unser Tipp: Gegen Montezumas Rache und Pharaos Fluch hilft nur strikte Enthaltsamkeit.

REISEN ALL INCLUSIVE?

Lexika definieren Reisen als Fortbewegung von einem Ausgangspunkt zu einem entfernten Zielort mit dortigem Aufenthalt und Rückkehr zum Startpunkt.

Es gibt Inlands- und Auslandsreisen, Fernreisen, ja sogar Weltreisen. Beliebt sind Reisen nach Rom oder Ägypten oder Bali, aber auch die Reise nach Jerusalem. Der Tourist kann mit dem eigenen Auto, dem Bus, der Bahn oder per Flugzeug verreisen. Am vornehmsten ist die Reise per Schiff, die seltsamerweise Kreuzfahrt genannt wird.

Unser Tipp: Für eine völlig entschleunigende Tour sollten sie eine Schiffsreise mit Hurtigruten buchen.

In den Katalogen finden Sie Tagesreisen, Kurzreisen und Rundreisen, seltener auch Zeitreisen. Die Veranstalter locken den Reiselustigen mit Bildungsreisen, Studienreisen oder Erlebnisreisen. Immer seltener in den Katalogen findet man die früher allein übliche, erholsame Badereise.

Als Tourist können Sie sich allein oder in einer Gruppe auf den Weg machen.

In Gruppen reisen vor allem rüstige Senioren und Leser der Bad Salzlocher Heimatpost.

Die Gruppenreise ist die bei weitem interessanteste Reiseform. Sie funktioniert wie russisches Roulett. Wenn die Gruppendynamik stimmt, lernen Sie im besten Falle Gleichgesinnte kennen. Wenn nicht, werden Sie sich nach wenigen Tagen die Kugel geben wollen.

Pilgerreisen sind eine spirituell besonders anregende Form der Fortbewegung.

Verbinden sie doch körperliche Aktivität mit Meditation. Es gilt: *Mens sana in corpore sano.*

Meist jedoch sind weder Körper (Füße) noch Geist (Kopf) auf die Strapazen eines Pilgerweges hinreichend vorbereitet. Dann kommt es zu gefährlichen Blasenbildungen an beiden Organen.

Vereinsreisen sind immer reine Vergnügungsreisen. Das Vergnügen besteht darin, unterwegs noch mehr Alkohol zu konsumieren als zuhause.

Die schönste Reise ist die Hochzeitsreise.

Früher einmalig, wird sie heute immer öfter wiederholt.

Rundreisen *all inclusive* und Erholungsreisen *all inclusive plus* sind gerade *en vogue.*

Auf solchen Abenteuerreisen garantiert der Veranstalter dem Weltenbummler eine unbeschwerte Rundum-Versorgung zu einem spottgünstigen Festpreis.

All inclusive sind hierbei Transport und Unterkunft, sieben Mahlzeiten pro Tag und einheimische Getränke rund um die Uhr. Häufig all inclusive ist auch eine heitere Bespaßung von ganz früh bis ganz spät durch anstellige Animateure.

Unser Tipp: Der Trend geht hin zu Reisen all inclusive XXL. Dabei wird auch Ihre Körperpflege vom Hotelpersonal übernommen.

REISEN ALL EXCLUSIVE!

Wir können Ihnen aus leidvoller eigener Erfahrung versichern: alle Reisekataloge strotzen vor falschen Versprechungen.

Schon bei der Buchung gibt es unschöne Ausnahmen. Ihr gewünschter Reisezeitraum ist immer ausgebucht, nur viel teurere Termine sind noch verfügbar. Der happige Reisepreis enthält grundsätzlich nur die nur Basiskosten. Ausflüge und Attraktionen werden immer fakultativ angeboten. Auf deutsch: sie kosten extra.

Auch wenn Sie schon alle Reiseunterlagen erhalten haben, ist die Durchführung keineswegs gesichert. Das Damoklesschwert der Mindestteilnehmerzahl hängt immer noch über Ihrer Reiselust. Wenn der Veranstalter am Tag vor der Abreise absagt, weil ein tragischer Trauerfall die Reisegruppe dezimiert habe, dann können Sie getrost davon ausgehen, dass der Anbieter insolvent ist.

Ihr gebuchter non-stop Flug nach China muss aus technischen Gründen außer Plan in Dubai oder Abu Dhabi zwischenlanden. Was Sie freuen könnte, würden Sie nicht stundenlang in der ausgestorbenen Transithalle gefangen gehalten. Ihre Bewegungsfreiheit in der Holzklasse war ja schon während des Fluges arg eingeschränkt.

Am Zielort werden Sie gezwungen, bunte Handschellen zu tragen. Damit die anderen Urlauber sofort sehen können, in welchem wohlfeilen Hotel Sie Ärmste logieren.

Das Wetter am Zielort entspricht nie den Vorhersagen. Mal kommt der Monsun zu früh, mal läßt der Sommer auf sich warten. Dann wieder fällt selbst in schneesicheren Regionen kein einziges Flöckchen vom Himmel.

Die Wetterstatistik im Katalog ist immer geschönt. Darin findet das beste Wetter seltsamerweise immer zur teuersten Reisezeit statt. Der Veranstalter weiß genau, dass Sie niemals nachprüfen, ob die Wetterangaben im Katalog mit der Wetterstatistik des Meteorologischen Dienstes übereinstimmen.

Auch die Klassifikation der Hotels mit ein oder mehreren Sternen birgt für Sie unliebsame Überraschungen. Die Unterkunft in einem britischen Hotel mit vier Sternen (Landeskategorie) bietet viel weniger Komfort, als Sie es von einem Haus der gleichen Kategorie in Nepal gewohnt sind.

Gerade bei Fernreisen unterstellt der Anbieter Ihnen eine zivilisationsmüde Leidenschaft für das Natürliche, Urwüchsige. Spartanische Lodges in Südafrika oder schwimmende Hotels in Thailand kommen ganz ohne solche Zivilisationsübel wie elektrischen Strom und warmes Wasser aus. Der Körpergeruch der Ur-Lauber wird vom Rauch des zünftigen Lagerfeuers sowieso überdeckt.

Bei der Verpflegung all inclusive sparen die Veranstalter am meisten. Das reichhaltige Frühstücksbüffet wurde immer vorzeitig von anderen Reisegruppen geplündert.

Vom sehr übersichtlichen dreigängigen Candlelight-Dinner stehen Sie hungrig auf und machen sich verzweifelt auf die Suche nach einer soliden Boulettenschmiede.

Unser Tipp: Pfiffige Urlauber bringen sicherheitshalber deutsche Dauerwurst, deutsches Komissbrot und Instantcafé in ausreichender Menge von zuhause mit.

An Getränken ist eine alkoholfreie Limonade all inclusive, die entfernt an Fanta erinnert, aber ›Mischmasch‹ oder ›Pipi‹ heißt. Bei den alkoholischen Getränken sind nur landestypische Produkte, also mit Holzgeist gepanschte Schnäpse, lauwarmes schottisches Heidekraut-Ale oder der geharzte, aber vielbesungene griechische Wein eingeschlossen.

Ihre medizinische Versorgung ist nur gesichert, wenn zufällig ein Arzt zur Reisegruppe gehört. Zum Beleg verweisen wir auf das zunehmende Angebot an Reisen, die ausdrücklich mit einem Arzt als ständigem Begleiter werben.

Unser Tipp: Nur als Arztgattin sind Sie in diesem Punkt definitv aus dem Schneider!

Die vorgesehene Routenplanung ist bei Rundreisen völlig unverbindlich. Aus technischen Gründen macht der einheimische Reiseleiter immer einen Umweg. Er muss unterwegs bei einem guten Bekannten eine Kiste Wein abholen. Oder er soll einem Freund eine wichtige Nachricht bringen. Die Sehenswürdigkeit, derentwegen Sie genau diese Reise gebucht haben, bekommen Sie daher höchstwahrscheinlich nur per Zufall zu Gesicht.

Ihr Reiseleiter ist in Wirklichkeit ein Reisediktator. Er fordert von seinen Schäfchen geistige Armut, eiserne Keuschheit und blinden Gehorsam. Am Morgen bläst der Spieß vor Tau und Tag zum Wecken: »Die Koffer zack zack in Reih und Glied mit gut lesbarem

Anhänger vor die Zimmertür stellen!« Am Abend lässt der Führer die Kompanie antreten zur Befehlsausgabe für den nächsten Tag.

Nach nur drei Tagen ist sein Fähnlein so diszipliniert, dass sich alle Gäste schon eine halbe Stunde vor der vereinbarten Zeit am Treffpunkt zusammenrotten wie eine Herde von Kühen, die sehnlichst auf den Melker wartet.

Unser Tipp: Ein erfahrener Weltenbummler stellt dem Führer keine Fragen. Weil er weiß, dass Reisen verbildet. Wer dem Führer glaubt, sieht am Ende die Welt durch die Brille eines halbgebildeten Simpels.

Doch bleiben wir fair!

Manchmal wird Ihnen auch mehr geboten als Ihnen versprochen wurde. Bei Busreisen zum Beispiel ist gleich zu Beginn eine kostenlose Rundfahrt durch die nebelverhangenen und daher besonders malerischen Fluren des hügeligen Sauerlandes oder des flachen Münsterlandes all inclusive. Dafür müssen Sie allerdings sehr früh aufstehen. Um viel zu früh anzukommen. Die Fähre nach Oslo läuft erst Stunden nach Ihrer Ankunft im Hafen aus. Dahinter steckt Methode: so werden Sie auf kommende Unbill vorbereitet. Der Veranstalter bietet Ihnen - zum letzten Mal! - Gelegenheit zur eigenverantwortlichen Gestaltung der zur Verfügung gestellten Zeit. Menschenleere, noch nicht bewirtschaftete Fährhäfen bieten dazu ein ideales Übungsgelände.

SEHENSWÜRDIGKEITEN

Und wie steht es mit den ersehnten Attraktionen, derentwegen es Sie in die Fremde zog? Sehenswert sind zunächst und überall die Gotteshäuser.

Also Artemistempel, Basileuskathedralen, Blaue Moscheen, Felsendome, Neujungfrauenklöster oder Große Wildgans-Pagoden.

Alle Gotteshäuser sehen von außen älter aus, als sie wirklich sind, weil sie grundsätzlich im Stil längst versunkener Epochen erbaut wurden. In ihrem Inneren erfreuen sich rätselhafte, unsichtbare Höhere Wesen göttlicher Verehrung. Während des Gottesdienstes darf man daher nicht im Tempel herumlaufen, um die Kirchenschätze zu bewundern oder zu kritisieren. Außerhalb der Servicezeiten bleibt das Haus Gottes meist geschlossen.

Unser Tipp: Nach telefonischer Vereinbarung können Sie den Schlüssel beim Sakristan ausleihen. Der Kirchendiener ist indes schwer zu erreichen, weil er nebenbei noch als Stadtführer oder Heimatpfleger arbeitet.

Als unbedingt sehenswert gelten auch historische Rathäuser.

In den ehrwürdig alten Gemäuern, auch als Rådhus, Ratusz oder Ratuscha bekannt, ist Guter Rat allzeit teuer und das Ratssilber längst eingeschmolzen. Die städtischen Beamten setzen alles daran, diesen Umstand bis zur nächsten Wahl vor ihren Schildbürgern geheim zu halten. Daher sind die Ratsräume dem Publikum nicht zugänglich. Auch der Tourist muss sich mit dem Anblick des schönen Staffelgiebels aus der Zeit der Weserrenaissance zufrieden geben. Die berühmte Fassade ist aber eingerüstet; sie wird seit Jahren renoviert.

Unser Tipp: Im durchgehend geöffneten Ratskeller können Sie zu jeder Zeit Ihre Ernüchterung in einem süffigen Krätzer ertränken.

Museen sind ja bei jeder Bildungsreise ein Muss.

Museen nennt man anderweitig nicht mehr benötigte Gebäude, in denen staunenswerte Kunst und kurioser Krempel sorgfältig und liebevoll verwahrt werden.

Unser Tipp: Touristische Novizen sollten die folgenden Informationen unbedingt beachten.

Weltweit haben weitaus die meisten Museen am Montag Ruhetag. An den übrigen Tagen öffnen sie vormittags erst nach zehn Uhr; über Mittag schließen sie und am Nachmittag gewähren sie nur bis eine Stunde vor Toresschluss Einlass. Dem welterfahrenen Touristen genügen diese beschränkten Öffnungszeiten jedoch, um durch die labyrinthischen Ausstellungsräume zum Ausgang zu finden.

Sehenswürdige Burgen, diese versteinerten Zeugen des kriegerischen Raubrittertums früherer Zeiten, finden Sie weltweit auf hohen, schwer zu ersteigenden Bergnasen. Die meisten Kastelle sind, bis auf den Bergfried, zerfallen. Bei schönem Wetter hat man von der Turmterrasse aber eine wunderbare Rundsicht.

Nur wenn Sie dort vorbei schauen, regnet es.

Unser Tipp: Burgen, die bewirtschaftet werden, bieten meist nur die gleiche Hausmannskost, die Sie auch ohne beschwerlichen Aufstieg drunten in der Stadt genießen können.

Sehenswerte Schlösser, diese sehr geräumigen, prachtvoll ausgestatten, Neid erregenden Behausungen sind oft von einem rings umlaufenden, unüberwindlichen Wassergraben umgeben. Früher wohnte dort der höchste Adel von Geblüt. Heutzutage kann sich nur der Geldadel noch ein solches Heim leisten. Oder ein arrivierter Fernsehmoderator.

Wie der Name sagt, sind die meisten Schlösser für das gemeine Volk verschlossen. Wenn ein Schloss für das Publikum zugänglich ist, dann ist es im Besitz der Öffentlichen Hand und wird gewöhnlich als Museum genutzt.

Unser Tipp: Dann gilt selbstverständlich auch für Schlösser das oben über Museen Gesagte.

Immer eine Reise wert sind auch die Feste und Feiern einer Region.

Dazu zählen Ereignisse wie fromme Passionsspiele, Springprozessionen oder der Bockbieranstich. Die Teilnahme an einem solchen Event gestaltet sich für Sie jedoch äußerst schwierig. Denn entweder haben alle Reiseveranstalter das Ereignis im Programm. Dann ist die Veranstaltung völlig überbucht. Oder aber kein Veranstalter hat das Event im Programm, weil allen bekannt ist, dass das Großereignis immer völlig überbucht ist.

Unser Tipp: Von der Anreise auf eigene Faust raten wir Ihnen ab, da auch seit Jahrhunderten gefeierte Großereignisse immer häufiger aus Sorge um die öffentliche Sicherheit und Ordnung abgeblasen werden.

Das Lieblingskind aller Fremdenführer ist die Bückware ihrer Stadt.

Das sind völlig unscheinbare, aber von Sagen und Legenden umrankte Straßen und Plätze, wo der ortskundige Cicerone unverhofft stehen bleibt. Dann raunt er seinen Gästen ganz im Vertrauen zu, auf diesem Marktplatz habe einst das sagenumwobene Hexenbürgermeisterhaus gestanden. An anderer Stelle wurde der Pfalzgraf zu Rhein von seinen Knappen beinahe fast ermordet. Und durch jenes Stadttor sei seinerzeit einmal Goethes Kutsche gerollt.

Von diesen Informationen über die entschwundene Vergangenheit wird der erlebnishungrige Tourist leider so wenig satt, wie vom Geruch eines Bratens.

Gleichwohl steht Ihnen für Ihr leibliches Wohl die regionale Küche immer offen. Der moderne Weltreisende erwartet ja zu Recht, auch in den entferntesten und exotischsten Ländern genau so beköstigt zu werden, wie bei sich zu Hause.

Unser Tipp: Der einmalige Genuss von Pfälzer Saumagen, Florentiner Sauren Kutteln oder Weinbergschnecken á l`Arlesienne - vom chinesischen Wau-Wau ganz zu schweigen - führt immerhin dazu, dass Sie als weltläufiger Tourist Ihre heimische Küche nur noch mehr schätzen lernen.

Das Gewürz einer jeden Reise sind schlussendlich schöne Souvenirs.

Die werden an jeder der oben genannten Sehenswürdigkeiten in Hülle und Fülle feilgeboten. Für anspruchsvollere Traveller - wie Sie - organisiert der Reiseleiter gerne einen Besuch in einer Teppichmanufaktur, einer Seidenstickerei oder in einem Emporium mit handgefertigten Lederwaren oder kostbaren Juwelen. Einheimische, aber in Bielefeld geschulte, Fachkräfte kümmern sich in den angenehm klimatisierten Verkaufsräumen intensiv und in tadellosem Deutsch um Ihre Wünsche. Die weltbekannte Gastlichkeit des Landes lässt es einfach nicht zu, dass Sie ohne ein teures Andenken nach Hause fahren.

Selbst am letzten Tag vor der Heimreise hat die Unbill noch kein Ende. Wenn Sie nicht höllisch Acht geben, werden Sie von der Gruppe dazu auserkoren, beim letzten gemeinsamen Abendmahl die Dankesrede für den Reisediktator zu halten und die Kollekte für Führer und Fahrer zu organisieren.

Unser Tipp: Nicht gemeckert ist genug gelobt!

GLÜCKLICH ZUHAUSE?

Beim endgültigen Abschiednehmen in der Heimat vereinbart die Gruppe weitere Treffen.

Dabei wissen alle Ihre Reisegefährten, dass man sich nie wieder sehen wird.

Und auch bestimmt nicht wiedersehen will.

Die erdrückende Vielzahl der Eindrücke und Erlebnisse überfordert das menschliche Gedächtnis. Daher empfehlen wir Ihnen dringend, wie wir es getan haben, ein Reisetagebuch zu führen. Das werden Sie höchstwahrscheinlich nie wieder lesen. Aber die bloße Möglichkeit, bei Bedarf nachlesen zu können, wo und wann Sie was gesehen haben, erspart künftige, aufreibende Diskussionen mit Ihrem Partner.

Für nicht wenige Weltenbummler zählt das Japanische Fieber, also die Sucht, sich selbst mit Allem und Jedem zu lichtbildnen, ohne überhaupt zu wissen, wo man sich gerade befindet, zu den stärksten Erlebnissen einer Reise.

Denn nur wer sich mit allen Sehenswürdigkeiten, mit Mensch und Vieh, fotografiert hat, kann den Daheimgebliebenen beweisen, dass er wirklich dort gewesen ist.

Aber wohin mit den hunderten Fotos nach dem Dia-Abend im Freundes- oder Familienkreis? Die früher üblichen zwanzig Schlitten zu je dreißig Dias brauchten ja aasig viel Schrankplatz.

Unser Tipp: Brennen Sie als moderner Seniortraveller Ihre Show doch auf eine Platz sparende DVD.
Ihre Präsentation gewinnt ganz ungemein, wenn sie mit uriger Volksmusik des Reiselandes unterlegt wird.

Wie oft haben Sie sich während der Reise vorgenommen, zuhause einen Faktencheck zu machen! Manchmal halten Sie sich auch an Ihre guten Vorsätze und lesen das Eine oder Andere nach. Um mit Erstaunen festzustellen, dass Sie längst nicht alles Sehenswerte auch zu Gesicht bekamen! Dann ergreift Sie das heiße Verlangen, eines fernen Tages noch einmal in dieses Land der Märchen und Wunder zu reisen.

Natürlich diesmal wirklich all inclusive!

Unser Tipp: Die Welt ist voller Löcher! All inclusive ist nur im Kopf!

Beweise für diese These finden sie auf den folgenden Seiten in Fülle.

Wir wünschen Ihnen bei der Lektüre viele erfreuliche Déja-vu Erlebnisse!

LAND DES LÄCHELNS

CHINA

TERRAKOTTA-ARMEE, LINTONG, CHINA

FLUGANGST

Seit der staatspfiffige Deng Xiao Peng die strammen Regeln der Planwirtschaft Chinas behutsam gelockert hat, jetten zuhauf Lenker der Wirtschaft aus dem Rest der Welt ins Reich der Mitte. Der riesige Markt mit mehr als einer Milliarde kaufsüchtiger Schnäppchenjäger lockt raffgierige Kapitalisten so unwiderstehlich an, wie die Motten das Licht.

Aber nicht nur dem geschäftigen Unternehmer, auch dem nur so zum Vergnügen reisenden Weltenbummler bietet das Land des Lächelns mehr und mehr verlockende Ziele. Der so genannte Pauschaltourisms steht, wie die Pflaumenbäume im Frühling, in voller Blüte.

Die Boeing 747 nach Peking ist folglich vollgestopft wie eine gut gebratene Weihnachtsgans. In jeder Sardinenbüchse wäre man besser aufgehoben als in diesem Großraumflugzeug. Wer fürchtet sich vorm Gelben Mann?

Zum Dinner serviert die Crew Frühlingsrollen und höllisch scharfes Chop Suey *Szechuan Style*. Wer mutig davon kostet, läuft in der drangvollen Enge Gefahr, sich oder seinem Nächsten mit den Essstäbchen das Augenlicht zu rauben. Gegenwind und starke Böen hatte der fürsorgliche Flugkapitän aber angesagt. Und dass er sich freue wie Bolle, mit uns daher eine Stunde länger als üblich in seinem Flying Jumbo durch die Lüfte düsen zu dürfen. Als Nachtisch haben die Bordlichtspiele ›Eine Leiche zum Dessert‹ aufgewärmt.

Da schalte ich lieber mein privates Kopfkino ein. In meinem Hauptprogramm läuft immer ›Adel verpflichtet‹. Ein Knacken im Lautsprecher über mir beendet meine Mordfantasien. Der Purser meldet sich: »We have a minor problem. Happens to be a doctor on board?« Na, das kenne ich schon von anderen Flügen!

Ein besoldeter Arzt an Bord kommt die knickerigen Fluggesellschaften viel zu teuer. Medizinische Notfälle vertrauen sie lieber der Obhut zufällig präsenter Heilkundiger an. Billigflieger, alle miteinander! Trotzdem melde ich mich. Man hilft ja gerne, wo man kann.

In der Mittelreihe hat ein baumlanger, grau melierter Fluggast das Bewusstsein verloren. Kräftige Männer helfen mir, den schlaffen Körper in den engen Gang zu heben. Ein ernster Notfall liegt offensichtlich nicht vor. Puls und Atmung sind regelmäßig, die Pupillen rund und eng. Behutsam drehe ich den Schlacks auf den Rücken und hebe sein langes Fahrgestell an. Der Passagier kommt rasch wieder zu Bewusstsein. Ich signalisiere der besorgten Crew Entwarnung. Dennoch besteht der Flugkapitän darauf, dass der anfällige Fahrensmann die Reise in einem Liegesessel der ersten Klasse fortsetzt.

Diese findige Art des Upgradings muss ich mir für spätere Langstreckenflüge merken.

Die Landung in Peking am nächsten Vormittag verläuft reibungslos.

Nach Pass- und Zollkontrolle sammelt sich ein Rudel aufgeregter Chinafahrer in der Ankunftshalle um das Wappenschild unseres deutschen Tourbegleiters. Er betreibt im Lippischen eine kleine, auf Asien spezialisierte Reiseagentur.

Herr Altvater trägt einen Bart wie einst Karl Marx. Die Kapuze eines Anoraks tarnt die hohe Stirn. Irgendwie erinnert er mich an einen bekannten koptischen Patriarchen.

Auch mein nächtlicher Notfall gesellt sich, noch bleich, aber gut ausgeschlafen, zur Truppe. Er ist von Berufs wegen Seelenkundler.

Mit dem langen Trip nach Peking wollte er sich selbst von seiner lähmenden Flugangst kurieren.

Besuch beim Himmel, Bewölkt

»Nimenhao!«

Zwei offenkundig blutjunge Chinesinnen stellen sich uns als unsere Pekingführer vor.

Die kleinere, zierlichere der beiden Damen, rundes Kindergesicht, blauschwarzes Haar, Augen wie ein Nerz, hört auf den wohlklingenden Namen Xiao Xuehuá.

Auf Deutsch heiße das ›kleine Schneeflocke‹. Wir dürfen sie Schneeflöckchen rufen.

Das größere Fräulein, wortkarg und scheu, heißt schlicht Anna; denn sie ist Christin.

Ein Reisebus neuester Bauart bringt uns zu unserem Luxushotel in der Nähe des Ritan Parks. Nach dem Einchecken führen Schneeflöckchen und Anna uns in ein chinesisches Restaurant. Wie bei einem kostspieligen amerikanischen Wahlbankett werden wir zu jeweils zwölf Personen an runde Tische gebeten. Auf jeder riesigen Tafel ist eine drehbare Platte montiert. Diese ›Lazy Susy‹ ist beladen mit unzähligen Schüsselchen und Schälchen voller exotischer Leckereien. Die Schüsseln werden, meist noch halbvoll, flugs wieder aufgefüllt oder durch neue Näpfchen mit anderen Köstlichkeiten ersetzt.

Es gibt gebratene Fleischstreifen von Schwein und Lamm und allerlei Geflügel. Solo oder im Duett an geschmortem Gemüse, wie Weißkohl, Staudensellerie oder Gurken. Fisch und Meeresfrüchte kommen gesotten oder im Teig frittiert auf den Tisch.

Dazu reicht die Küche eine Auswahl von süßsauren, sehr sauren oder Schweiß treibenden scharfen Soßen.

Unser Fähnlein langt kräftig zu; nach dem kargen Gabelfrühstück an Bord sind wir hungrig wie Wölfe. Manche Schüsseln werden zügig geleert, andere Gaumenkitzel dagegen kaum angerührt.

Rohe Knoblauchzehen in süßsaurer Bohnensauce, frittierte Tintenfische und gesottene Wollhandkrabben zählen für den lippischen Pickertfreund nicht zu den leckeren Acht Köstlichkeiten. Das sind eher Fastenspeisen für enthaltsame Buddhistenmönche.

Die Scheu vor einigen kaum zu identifizierenden Halsgerichten wird noch gesteigert durch die unvermeidlichen Witzeleien über die angeblichen Leibspeisen des Gelben Mannes:

»Der Chinese isst ja für sein Leben gern faule Eier.«

»Na, sogar ranzige Ratten und schleimige Schlangen!«

»Und kleine Hunde!«

»Die Schlitzaugen essen alles, was Beine hat. Stühle und Tische ausgenommen.«

Es gibt gottlob nicht nur asiatische Essstäbchen sondern auch europäische Gabeln. Messer werden nicht gebraucht, da alles mundfertig klein geschnitten auf den Tisch kommt.

Als letztes Gericht wird eine heiße Won Ton Suppe aufgetragen, die wir mit zierlichen Keramikschaufelchen auslöffeln dürfen. Die Suppe danach soll auch die letzten Hohlräume im Magen füllen. Sagt das Schneeflöckchen.

Zu allen Gerichten wird unentwegt heißer, grüner Tee angeboten. Aber der weltläufige lippische Bräubesucher hält sich lieber an gutes Tsingtao-Bier:
»Wir Deutschen haben den Schlitzaugen doch erst das Bierbrauen beigebracht!«
Es geht eben nichts über ein gesundes Nationalbewußtsein.

Am Nachbartisch tafelt eine Horde lärmender Japaner. Die Söhne Nippons stopfen sich gegenseitig die besten Leckerbissen in den Mund. Sie schmatzen und schlürfen und rülpsen wie einst die alten Samurai. Im Nu sieht ihre Tischplatte aus, als sei ein schwerer Tsunami darüber hinweggefegt. Ungeniert pulen Sie sich mit dem Finger Essensreste aus den Zähnen. Aber um sich die Nase zu schneuzen, verschwinden sie aufs WC.

Nach dem überirdischen Schlemmermahl steht ein Besuch beim Himmel selbst auf der Agenda. Unser Ziel, der ausgedehnte Tiantan-Park, sei Standort von historisch bedeutsamen Gebetshallen und Opferstätten. »Viele davon sind mehr als fünfhundert Jahre alt.« Glaubt der Patriarch.

Die purpurrote Halle des Himmelsgewölbes im südlichen Teil der Anlage wird gekrönt von einem schlichten Runddach, das aussieht wie ein chinesischer Bauernhut aus Reisstroh. Innen ist das Gebälk der Kuppel krakelbunt bemalt wie einst die Tempel im alten Griechenland.

Um die Nordhälfte der Halle läuft die berühmte Echomauer. Schneeflöckchen behauptet, jedes noch so leise gesprochene Wort sei auch an weit entfernten Stellen klar zu verstehen. Wir überprüfen das selbstredend peinlich genau. Es stimmt!

Vor der Halle des Himmelsgewölbes führen drei Marmorstufen hinauf zum Himmelsaltar. Auf der obersten Plattform ruht ein mächtiger, runder Stein. Wie der Omphalos in Delphi den alten Griechen und der Umbilicus zu Rom den alten Römern, so gilt dieser Stein den Chinesen als Nabel ihrer Welt. Jede Schnepfe lobt ihren Sumpf.

Das wichtigste Gebäude im Tiantan-Park ist die Halle der Jahreszeitengebete. Über Jahrhunderte war dies der Ort, an dem der regierende Kaiser nach der Aussaat und vor der Ernte mit dem Himmel um volle Scheunen konferierte.

Die gesamte, von einer viereckigen Hofmauer umrahmte Anlage steckt voller Bausymbolik. Der ohne Nägel ganz aus Holz zusammengefügte Rundbau erhebt sich auf einem dreistufigen marmornen Sockel. Die drei Dächer der Halle sind - nachgezählt habe ich nicht! - mit fünfzigtausend blauglasierten Ziegeln gedeckt und mit einer goldenen Kugel bekrönt.

Die drei Sockel und die drei Dächer symbolisieren die Dreiheit von irdischer, menschlicher und himmlischer Sphäre. Vier Säulen im Inneren der Halle - sie tragen die Last des obersten Daches - stehen für die vier Jahreszeiten. Ein Kreis aus zwölf Säulen symbolisiert die zwölf Monate, ein anderer die zwölf Doppelstunden des Tages. »Den Himmel denken sich die Chinesen halt als rund, die Erde als viereckig.« Sagt der Patriarch.

Nach dem Stelldichein beim Himmel machen wir noch einen, von Anna kurzfristig arrangierten, Besuch im Peking Chinese Medical Hospital. Der Chefarzt persönlich demonstriert uns die bewährten Methoden der traditionellen chinesischen Medizin: Akupunktur und Moxibustion, also Sengen und Pieksen. Na, und erst die Irisdiagnose!

Einige Damen aus unserer Runde gewähren dem charmanten Schamanen bereitwilligst einen tiefen Einblick in ihre Pupille. Der wohlerzogene Eingeweidebeschauer deutet ihnen danach durch die Chrysantheme an, dass sie ob ihrer barocken Fülle auch noch etwas an Größe zulegen sollten.

Ist die Welt nicht ein Dorf? Der betagte Kollege kennt sogar das Institut für Traditionelle Chinesische Medizin in unserem lippischen Bad Salzloch. Er überreicht mir stolz seine Visitenkarte mit besten handschriftlichen Grüßen an die Genossen Ärzte in Deutschland. Spätestens jetzt weiß die ganze Herde, dass ich Arzt bin.

Zu unserer Reiseschar gehört auch ein professionelles Massagepaar. Die weibliche Hälfte hat sich beim Aussteigen aus dem Bus ihren linken Knöchel verstaucht und bittet mich prompt um Erste Hilfe. Beide Sohlenkitzler sind entrüstet, als ich ihnen gestehe, dass meine Reiseapotheke nur Aspirin und Kohle vorhält. Bei der Streichelmaus bin ich für den Rest der Reise im Bierverschiss. Die übrige Truppe aber nutzt während der nächsten Tage jede Gelegenheit, mich - *privatissime et gratis* natürlich - bezüglich diverser Wehwehchen in ihrer näheren und weiteren Verwandtschaft zu konsultieren: »Herr Doktor, unsere Oma nimmt so kleine blaue Pillen; sind die wohl gut?«

Durch diese Erfahrung gewitzt, werde ich bei späteren Reisen die obligate Frage: »Welcher Beruf, welches Sternzeichen?« wahrheitsgemäß nur noch mit: »Beamter und Schwein!« bescheiden. Womit jedes weitere Interesse an meiner Person erlöschen dürfte.

KAISERPALAST UND STRASSENKOMITTEE

Beim Morgenkaffee bezaubern uns zwei reizende chinesische Fräuleins mit abenteuerlichen Verrenkungen ihrer zierlichen, ganz in Weiß gekleideten, Puppenkörper. Im Park des Hotels üben sie sich in der uralten Kunst des Qi Gong. Ein Schelm, wer bei den Acht-Brokat-Exerzitien oder den Fünf-Tier-Übungen ihrer schmiegsamen Lenden nicht auf dumme Gedanken kommt.

Auf der Fahrt zum Kaiserpalast sehen wir in den frisch ergrünten Parkanlagen auch viele ehrwürdige Greise bei den possierlichen Leibesertüchtigungen. Alle Bewegungen werden in bizarrer Zeitlupe ausgeführt. Recht so! Never sports garantiert ein schönes Alter. Glaubte schon Sir Winston Churchill.

Peking, die Hauptstadt der Volksrepublik China, erstrecke sich über die gleiche Distanz wie die Autobahn zwischen dem Bad Oeynhausener und dem Kamener Kreuz. Der Fläche nach sei die Stadt sogar größer als ganz Schleswig-Holstein. Sagt der Patriarch.

Auf dem Tianmen Platz im Zentrum Pekings, früher bekannt als Platz des Himmlischen Friedens, schlug vor acht Jahren chinesisches Militär gewaltsam Studentenptoteste nieder. Am Museum für Chinesische Revolution und Geschichte läuft auf einer riesigen Digitaluhr ein historischer Countdown. Die Anzeige zählt die Sekunden herunter bis zum Tag der Rückkehr Hongkongs heim ins Reich am Ersten Juli.

Das Mausoleum von Mao Tse Tung ist noch geschlossen. Der einbalsamierte Große Vorsitzende empfängt erst am 1. April.

Mein erster Eindruck bestätigt das gängige Klischee: China ist wirklich ein Land des Lächelns. Die Menschen auf den Straßen lächeln freundlich. Auch die Löwen und Drachen vor den Tempeln zeigen lächelnd ihre scharfen Zähne. Auf dem riesigen Poster am Eingang zum Kaiserpalast lächelt sogar der Große Vorsitzende Mao listig. Nur die vielen Polizisten und Soldaten tragen immer eine amtlich grimmige Miene zur Schau.

Schneeflöckchen führt uns zum berühmten Kaiserpalast, der so genannten Verbotenen Stadt. Vor dem Sturz der Monarchie war der Palast für gewöhnliche Sterbliche eine No Go Area. Auch heute sind viele Gebäude noch nicht wieder zugänglich; es besteht weiterhin Einsturzgefahr.

In der Verbotenen Stadt galt einst ein Gesetz, welches vorschrieb, dass sich nach Sonnenuntergang außer dem Machthaber nur Weibervolk im Palast aufhalten durfte. Also Konkubinen, Hofdamen, Zofen und Eunuchen. Die Kastraten aber, bestens ausgebildet und unentbehrlich als Ministeriale, Geheimpolizisten oder Leibgardisten, vermehrten sich, wie so oft in der Geschichte, auf wundersame Weise und übernahmen stiekum die wirkliche Macht im Staate.

Errichtet wurde die riesige Palastanlage zu Beginn des 15. Jahrhunderts. Bauherr war der Thronräuber und somit dritte Kaiser der Ming-Dynastie namens Yongle.

Die fremdartigen Gebäude mit den angeblich 9999 Räumen - die Zahl Zehntausend ist für den Himmel reserviert - und die grandiosen Interieurs erregen unser sprachloses Staunen. In der Verbotenen Stadt geht es wie im Tiantan-Park hochsymbolisch zu.

Die Drei ist auch in China eine heilige Ziffer; drei mal drei ergibt eine noch potentere Nummer. Daher finden sich überall an den Gebäuden neun Säulen, neun Gesimse, neun Ornamente und neun Dachreiter. Zudem bevölkert eine symbolische Fauna die weitläufigen Höfe. Kraniche und Schildkröten sind Allegorien des langen Lebens, Löwen stehen für Kraft und Macht. Die allgegenwärtigen Drachen sind Sinnbilder der wohlwollenden Allmacht und Elefanten aus Bronze ein treffendes Gleichnis der ehernen Friedensliebe der Regierung.

In der Halle der Höchsten Harmonie wartet der uralte Kaiserthron auf neue Prinzen. Wer mag, kann hier, in halbseidene Hofgewänder gehüllt, den Letzten Kaiser geben. Gegen gutes Bakschisch wird diese einmalige Inthronisation auch im Lichtbild festgehalten.

Die Namen der Hallen und Paläste beschwören auf zwanghafte Weise das Prinzip Harmonie. Wir schreiten durch die Halle der Höchsten Harmonie, der Mittleren Harmonie, der Wahrung der Harmonie und der Verkörperten Harmonie.

Harmonie im Staat galt eben als Signum für das Himmlische Mandat des regierenden Kaisers. Beteuert der Patriarch.

Mit dem beständigen Friede, Freude, Eierkuchen harmonierten auch die Regierungsdevisen der Himmelssöhne. Wie bundesdeutsche Wahlplakate versprachen sie gebetsmühlenartig dem Volk ewigen Frieden, bleibenden Wohlstand, endloses Vergnügen oder zumindest ein immer heiteres Laternenfest.

Na, in den Hallen des Verkörperten Ursprungs, der Irdischen Ruhe und der Himmlischen Klarheit wird jeder zum besseren Menschen. In der Halle des Höchsten Prinzips und im Palast der Gesammelten Essenz gerate ich in schwermütiges Grübeln über die Letzten Dinge.

Flüsternd, als sei die ›Regentin hinter dem Vorhang‹ noch anwesend, zeigt uns Schneeflöckchen ehrfürchtig den Wandschirm, hinter dem die Kaiserwitwe Cixi jahrzehntelang im Verborgenen an den Strippen der Macht im Reich der Mitte zog. »Ihr Ansehen im christlichen Abendland als herrschsüchtige, meuchelmörderische, sexbesesse Verschwenderin verdankt die Kaiserwitwe zum schlechten Teil der Gräuelpropaganda ihrer europäischen Bewunderer.« Mäkelt der Patriarch.

In Wahrheit habe die willensstarke Konkubine es bis an die Spitze des Staates geschafft, weil sie dem Kaiser seinen einzigen männlichen Erben schenkte.

Der Kaiserpalast wurde nach den Vorschriften des Feng Shui errichtet. Nach diesen uralten Regeln der Geomantie kommt für die Gründung einer Stadt nur ein Ort in Frage, der im Norden ein Hügelchen und im Süden ein Gewässerchen vorzeigen kann.

Beides war vor dem Bau der Verbotenen Stadt an dieser Stelle nicht vorhanden. Aber auch ein kaiserlicher Wille versetzt bekanntlich Berge. Im Süden, hinter dem Tor des Himmlischen Friedens, wurde ein Burggraben ausgehoben. Über diesen Goldwasser-Fluss führen heute noch fünf elegant geschwungene Marmorbrücken zum Tor der Höchsten Harmonie.

Mit dem Aushub errichtete man im Norden den von der strengen Lehre geforderten Kohlenhügel, der einen herrlichen Rundblick über die Kaiserstadt bietet.

Genau hier hat sich deshalb auch der letzte Kaiser der Ming an einer Akazie erhängt.

Die Mehrzahl der Gebäude in der Verbotenen Stadt sind rot angestrichen. Das erklärt den Namen ›Purpurstadt‹ für den Kaiserpalast. Die Dächer aber sind mit kaisergelb glasierten Ziegeln bedeckt und tragen alle an den aufgebogenen Enden putzige Dachreiter.

Die anfangs entzücken, aber durch Wiederholung des immer Gleichen auch rasch langweilen. Die chinesischen Architekten hielten über Jahrtausende fest an einer allzeit gleichen Bauweise. Ihre hergebrachten Grundsätze des werkgerechten Bauens wurden um 1100 n.Chr. kodifiziert. Das offiziöse Buch der Architektur von Herrn Li Ming Chung enthält genaue Vorschriften nicht nur für die Proportionen der einzelnen Bauteile sondern auch für die kostengünstige Konstruktion des hölzernen Dachgebälks aus vorgefertigten und genormten Teilen.

Chinas Seele ist unverkennbar auf Bewahren und Sparen gestimmt. Doch ich will gerecht bleiben. Auch im Abendland wurde der griechisch-römische Baustil über Jahrtausende aufgewärmt. Wünscht sich der deutsche Michel von heute nicht auch sehnlichst, dass Alles so bleibt wie es ist?

Nach dem wieder vorzüglichen und reichlichen Festmahl am Runden Tisch machen wir Bekanntschaft mit einer fortschrittlichen Institution des Roten China.

Mehrere Straßenzüge organisieren eigenständig eine Art Selbstverwaltung, das Straßen-komitee. Vor allem ältere Menschen bringen dort ehrenamtlich ihre Erfahrung und ihre Arbeitskraft ein. Alltagsprobleme, wie nachbarliche Streitigkeiten, werden einvernehmlich geregelt. Das Komittee ist auch für die Altenpflege oder die Vergabe von Krippenplätzen und Wohnraum zuständig.

Schneeflöckchen macht uns mit den Ratsmitgliedern bekannt. Dann führt der greise Vor-sitzende uns voller Stolz zum neu errichteten Kindergarten. Die niedlichen gelben Stups-nasen kreischen vor Freude über den unverhofften Besuch der fremdartig bleichen Lang-nasen. Besonders meine klappbare Sonnenbrille macht den Wichten einen Heidenspaß.

»Weil Du damit aussiehst, wie ein blinder Maikäfer.« Brummelt mein angetrautes Weib.

Auch die Besichtigung einer privaten, zentralgeheizten Neubauwohnung - zwei Zimmer, Küche, Bad, Balkon - bleibt uns nicht erspart. Da es mir widerstrebt, die intimen Gemä-cher fremder Leute zu beschnüffeln, begnüge ich mich mit einem anerkennenden Blick auf die von der Hausfrau stolz präsentierte Nähmaschine; produziert hat das Wunder-werk die kapitalistische Singer Company.

Nach dieser eindrucksvollen Demonstration des roten Arbeiter- und Bauernparadieses bekommen wir Freizeit für einen Stadtbummel.

Straßenmärkte und Shopping Malls bieten ein vielseitiges und reichhaltiges Angebot an Seide und Stickereien, Lederwaren und Pelzen, Schuhen und Kleidern, Bildern und Bü-chern, eingelegtem Gemüse und magischen Latwergen.

Vor allem exotische Aphrodisiaka erfreuen sich bei den Chinamännern gewaltiger Nach-frage. Vor den Augen des angeregten Kunden frisch gezapftes, dampfendes Schlangenblut oder im Mörser gestoßene Nashornpülverchen sind offenkundig unverzichtbare Zutaten für ein harmonisches, sozialistisches Liebesleben im Land der Ein-Kind-Politik.

Überall auf den Straßen sehen wir fliegende Händler, die Fleisch, Gemüse und Kleinvieh feilbieten. Sogar eher magere Struppis sind im Angebot. Gewogen wird mit altehrwürdi-gen Balkenwaagen und rostigen Gewichten aus Eisen. Emsige Handwerker, Schneider oder Kesselschmiede arbeiten vor ihren offenen Werkstätten.

Es gibt zwar erstaunlich viele Pickups und Bullis aus asiatischer Produktion, aber als häu-figstes Transportmittel für Menschen und Waren dient das Fahrrad. Ein tüchtiger Spedi-teur hat es geschafft, an die fünf Dutzend Gebinde mit Mineralwasser auf seinem Drei-rad zu stapeln. Sein Gehilfe darf im Stehen strampeln, denn auf dem Sattel thront still-vergnügt der Boss.

Neben dem Gewusel - besser gesagt mitten drin - gibt es aber auch Oasen der Entspan-nung. Ein chinesischer Jungkapitalist im gedeckten Business Dress mit börsenfähiger Krawatte macht in der besonnten Fensternische eines buddhistischen Tempels ein Ni-ckerchen. Drinnen fackeln fromme Gläubige Unmengen blakender, stinkender Räucher-stäbchen ab.

Reife Männer im Mao-Look spielen auf umgestülpten Gemüsekisten das beliebte Würfel-spiel Mahjong. Sie hüten dabei ihre Hosenmätze, deren Büxen für dringende Fälle hinten offen stehen. Eine Kolonne von fröhlichen Frauen in uniformen blauen Kitteln und blauen Schirmmützen hält, mit Reisbesen bewaffnet, die Gehwege rein. Alte Männer mit schütteren Kinnbärten regeln an den Straßenecken den emsigen Verkehr.

Über Peking hängt schon am Mittag eine riesige Dunstglocke.

»Wie soll das werden, wenn die Roten Socken auch noch die Vollmotorisierung schaffen sollten?« Sorgt sich laut der Stammtischbruder Altvater.

An den Zäunen der zahlreichen Parks lockt ein großes Angebot an Bildern mit konventioneller chinesischer Malerei. Landschaften, Stilleben und edle Damen mit üppiger Kalligraphie stehen zum Kauf. Dergleichen großformatige Schildereien hängen in Bad Salzloch über den Ehebetten. Dieses Kunstangebot trifft nicht unbedingt meinen Geschmack. Herr Altvater dagegen hat schon zuvor mit Schneeflöckchens kundiger Hilfe die Shopping Malls leergekauft. Jetzt hamstert er verkitschte Rollbilder gleich schockweise. Man munkelt, er verhökere die chinesische Sore zuhause an einschlägige Asia-Shops. Mit sagenhaften Gewinnspannen. Denn wie schon im Ersten Rokoko wird Chinaware aller Art in Europa wieder sehr gesucht.

Nach dem Dinner folgt der nächste Höhepunkt dieser Reise. In einem himmlischem Biergarten dürfen wir einer Peking-Oper im Freien beiwohnen.

Laternen in den Bäumen, die laden ein zum Träumen...

Wir bestaunen die prächtigen Kostüme, die schrillen Gesänge und das martialische Gehabe der grell geschminkten Akteure. Untermalt wird das Treiben auf der Bühne mit ohrenbetäubender Musik. Vieles erinnert an die stereotypen Figuren und den klischeehaften Stil der italienischen Commedia dell`arte. Man errät, wer der Gute und wer der Schurke im Stück ist. Doch der wahre Sinn des Weihespiels erschließt sich wohl nur einem chinesischen Wagnerianer.

ÜBERIRDISCHE MAUER, UNTERIRDISCHER PALAST

Am Morgen zeigt eine Mitreisende der klügsten Ehefrau der Welt verstohlen eine Perlenkette. Ob die wohl echt sei? Auf Nachfrage vertraut sie uns an, dass sie die Perlenkette - sehr günstig! - bei unserem Schneeglöckchen gekauft hat. Die kindliche Unschuld mit dem silberhellen Lachen betreibe nächtens in ihrem Hotelzimmer einen schwungvollen Schwarzhandel mit allerhandlei Geschmeide. Offenbar hat die kleine Flocke das Prinzip der Neuen Ökonomischen Politik Rotchinas rasch verinnerlicht: »Enrichissez vous!«

Nach einem reich gedeckten Frühstückstisch starten wir mit dem Bus zu einem Ganztagesausflug. Wir sollen heute die sechzig Kilometer von Peking entfernt liegenden Ming-Gräber und einen Abschnitt der weltberühmten Großen Mauer besichtigen.

Die Gräber der Ming-Dynastie liegen am Fuße der Tianshu Berge. Hier haben dreizehn Kaiser aus zwei Jahrhunderten ihre letzte Ruhe gefunden.

Wir betreten die weitläufge Anlage durch ein hohes fünfschiffiges Marmortor. Auch diese Nekropole wurde, wie scheinbar alles in China, nach den Prinzipien der altehrwürdigen Geomantie errichtet. In strenger Nord-Süd Richtung erstreckt sich eine Prozessionsstraße. Über diesen mehrere Kilometer langen Heiligen Weg wurden die toten Söhne des Himmels zu Grabe getragen. Der Weg der Seelen wird zu beiden Seiten gesäumt von gewaltigen Standbildern großer Tiere. Darunter Pferde, Elefanten, Kamele, hochdekorierte Militärs und verschnittene Mandarine.

Für Touristen sind derzeit nur zwei der dreizehn bekannten Grabanlagen zugänglich.

Im ältesten Mausoleum, im Changling, ruhen die sterblichen Überreste unseres alten Pekinger Bekannten Kaiser Yongle und seiner Ersten Gemahlin.

Durch das Haupttor gelangen wir vom Vorhof in den mittleren Hof. Dort steht eine geräumige Opferhalle. Ihre Kassettendecke wird gestützt von zweiunddreißig imposanten, ehemals vergoldeten, jeweils aus einem Stamm gehauenen Holzsäulen. Im dritten Hof streckt der Turm der Klarheit, ein rotgestrichener Pavillon, sein zweistufiges Dach wie Drachenkrallen in den bewölkten Himmel. Hinter diesem Seelenturm erhebt sich ein gewaltiger Hügel, der den noch nicht freigelegten unterirdischen Palast, die eigentliche Grablege des kaiserlichen Paares, verbirgt.

Dingling, das Grab des Kaisers Wan Li wurde erst im Jahre des Feueraffen 1956 entdeckt. Wan Li, der 13. Kaiser der Ming-Dynastie, regierte China achtundvierzig Jahre lang. Mit dem Bau seines Mausoleums wurde bereits im zwölften Jahr seiner Regierung begonnen. Nach sechs Jahren Bauzeit war der abgründige chinesische Hades fertig. Der hocherfreute Himmelssohn feierte das Ereignis in dieser Offenbachschen Unterwelt mit einem feuchtfröhlichen, nicht enden wollenden Bacchanal.

»Das Regieren überließ er fortan seinen Eunuchen.« Tadelt der Patriarch.

Durch ein Stelentor führt eine abschüssige Rampe hinunter in den siebenundzwanzig Meter unter der Erdoberfläche liegenden Palast. Im mittleren der insgesamt fünf Säle stehen drei Throne aus Marmor, davor Leuchter und Weihrauchgefäße, Symbole der immerwährenden Herrschergewalt des Kaisers. Im hinteren und größten Saal steht der Sarkophag des Herrschers, zu beiden Seiten flankiert von den Steinsärgen seiner beiden besseren Hälften. Bei der Öffnung der Gruft wurden kostbare Grabbeigaben gefunden. Darunter auch die Kronen der Hohen Personen. Die Krone des Kaisers ist imposant. Auf einer filigranen Haube aus Golddraht winden sich zwei prächtige Drachen aus purem Gold. Schlichtweg bezaubernd dagegen ist die Kopfzier der Kaiserin. Im Grundton blau gehalten, über und über mit Edelsteinen und Perlen verziert, krönt sie ein Phoenix. Das Symboltier der Kaisergattin ist - nach dem kaiserlichen Drachen - das zweithöchste Wesen im chinesischen Zoodiakus.

Nach der ausgiebigen Besichtigung der weitläufigen Nekropole erwartet uns wieder ein chinesisches Mahl am runden Tisch. Die lippischen Leckermäuler sind inzwischen mutiger geworden und probieren auch mal Krebs- und Schlangenfleisch.

»Brauchense für mich nich mehr kochen!« Brummelt Volkes Stimme.

Nach dem unlippischen Lunch geht es weiter zum bislang größten Bauwerk auf der Erde, zur Großen Chinesischen Mauer. Ihre Anfänge reichen zurück in die Zeit, als Hannibal die Alpen überquerte, um Rom zu schlagen. Während China von Kaiser Qin Shi Huangdi erstmals zu einem Reich zusammengeschmiedet wurde. Mehr als eine Million Menschen soll der schreckliche Despot zum Bau an der Mauer gepresst haben. Schneeflöckchen berichtet von der brutalen Behandlung der Zwangsarbeiter. Viele Tausende armer Teufel seien umgekommen. »Ihre Knochen wurden in das Fundament der Mauer eingebaut.« Barmt die christliche Anna.

Eine moderne Landstraße führt hinauf nach Badaling, dem Fort der Acht Prominenten Gipfel. Das Teilstück der Großen Mauer bei Badaling wurde erst während der Ming-Dynastie fertig gestellt. Die Mauer ist hier fast acht Meter hoch, ihre Krone fünf Meter breit. Wie ein riesiger, versteinerter Lindwurm schlängelt sich der Schutzwall malerisch über die Bergkämme. In regelmäßigen Abständen erheben sich Wachtürme, zu denen man über steile Treppen mit unzähligen Stufen emporklimmen kann.

Dieser Abschnitt bei Badaling war der erste Teil der Mauer, der nach dem Zweiten Weltkrieg wieder von Touristen besucht werden durfte. Mittlerweile wird die Region von Millionen heimgesucht. Auch am heutigen Tag sind die Zinnen besetzt von knipsenden Japanern, die einem die reizvollen Ausblicke auf die unzähligen Windungen des urzeitlichen Tatzelwurms verleiden. Hinter dem Toreingang zur Festung warten hässliche Hotels, Restaurants und Souvenirläden auf zahlungskräftige ausländische Gäste.

Vor einem gut besuchten Gasthaus käut ein hochnäsiges Kamel gelangweilt sein bisschen Futter wieder. Über eine beigestellte, fahrbare Treppe kann das Wüstenschiff bequem geentert werden. Sein Eigner hält zudem farbenfrohe Kostüme für ein exotisches Fotoshooting bereit. Wer könnte dieser einmaligen Versuchung zu einem ungewöhnlichen Doppelporträt widerstehen? Leider sind die Konfektionsgrößen der kunstseidenen Gewänder für unsere ostwestfälisch-lippischen Kamelreiter viel zu klein. Notgedrungen lassen sich die Wagemutigsten aus dem Rudel in ihrer eigenen, durchaus genauso malerischen, Reisekleidung auf dem Höcker des Trampeltieres ablichten.

Zur Hebung des chinesischen Nationalprodukts müssen wir auf dem Rückweg nach Peking noch unbedingt eine Cloisonné-Fabrik besichtigen. Die Arbeiter, fast ausschließlich Frauen in blauen Kitteln, werkeln in ärmlichen Räumen bei schlechtem Tageslicht in stickiger Luft an verdreckten Tischen. Arbeitshandschuhe oder Atemschutz scheinen unbekannt. Auf dem Hof verrottet ein buntes Durcheinander von Altmetall und Emaileresten. Im Factory outlet können wir einschlägige Souvenirs zu kleinen Preisen erwerben. Wir möchten uns nicht an diese schaurige Manufaktur erinnern und üben Konsumverzicht.

PEKING-ENTE, PEKING-ZIRKUS

Heute vormittag stehen zwei Tempel auf dem touristischen Stundenplan. Der Himmel ist wolkig bedeckt, durch den Smog wirkt das Tageslicht noch schummriger.

Inständig wollen wir um Aufklärung beten.

Beim Betreten des Lama-Tempels öffnet sich für uns eine wundersame, völlig neue Welt. Der jetzige Tempel war ehedem ein Prinzenpalais. Der Palast wurde 1744, im Jahr der Holz-Ratte, in einen Tempel der tibetischen Spielart des Buddhismus umgewidmet.

In der Halle der Himmelswächter schneiden die vier Tian Wang mit ihren grellbunt bemalten Gesichtern furchterregende Grimassen, um böse Kräfte abzuwehren. Ach, ja, die Schönheit des Hässlichen. Gibt es hier noch irgend einen Zweifel, dass der Mensch Götter und Geister nach seinem Bild erschafft?

In der Mitte der Halle thront der lachende Schmerbauch Budai. Die Chinesen glauben, das Streicheln seines Ränzleins bringe Glück. Der Sage nach war Budai ein Klosterbruder, der im zehnten Jahrhundert aller Welt verkündete, er sei die erste Inkarnation des Buddha Maitreya. Auf den feisten Zügen des Säulenheiligen liegt ein sattseliges Lächeln, das fast bis zu seinen handtellergroßen Ohrläppchen reicht. Seine prallen Brüste und sein üppiges abdominelles Feinkostgewölbe zeugen von einem erfreulich guten Ernährungszustand. Der lächelnde Fettklops gehört zum unausrottbaren, weltweit operierenden Bettelorden der Grassi Mangiatutti. Jeder seiner Jünger ist ein lebendiger Beweis für den Ersten Hauptsatz der Prädestinationslehre: »Ein mächtiger Gott hat fette Diener.«

Die Halle der Harmonie und des Friedens beherbergt die Statuen der Buddhas der drei Äonen; den Buddha der Vergangenheit, Kasyapa, den Buddha der Gegenwart, Sakyamuni und Maitreya, den Buddha der Zukunft. Der Kontrast zwischen dem nach innen gekehrten Blick der berückenden Buddhabildnisse und dem grässlichen Stieren der schwarzen, mit Totenkopfkronen geschmückten Hüte-Engel ringsum könnte größer nicht sein. Schaudernd suchen wir Zuflucht in der Halle des Ewigen Schutzes.

Auch hier thronen wieder drei Buddhastatuen. Der rechte Buddha verkörpert die Tugend der Weisheit, der linke die ärztliche Heilkunst. Der Buddha in der Mitten aber steht für das lange glückliche Leben. Das so herrlich erblüht aus dem weisen Verzicht auf ärztliche Ratschläge. *An apple a day...*

In der Halle des Rades der Lehre kauern Mönche der Gelbmützen-Sekte vor einer beängstigend riesigen Statue ihres Ordensgründers. Mit monotonem Singsang leiern die Beter wie in Trance ein tantristisches Mantra herunter. Die Wände zieren hochheilige Malereien. Ein bizzar anmutender Comic erzählt Episoden aus dem an Wundern reichen Leben von Gautama Buddha. Zahllose Lichter verbreiten den atemberaubenden Wohlgeruch von ranziger Butter. Dieser Weihrauch vertreibt nicht nur böse Geister.

Die Halle des Immerwährenden Glückes ist das höchste Gebäude des Lama-Klosters. Sie beherbergt einen echten Hingucker. Die angeblich aus einem einzigen Sandelholzbaum geschnitzte Statue des Buddha Maitreya. Acht Meter des Stammes, den vor Zeiten der siebente Dalai Lama dem Kaiser Qianlong geschenkt haben soll, sind zur Verankerung im Boden versenkt. Der überirdische Buddha selbst misst vom Scheitel bis zur Sohle stolze achtzehn Meter. »Einen Heiligen schnitzt man eben nicht aus jedem Holz.«

Weiß der gewitzte Patriarch.

Wir verbeugen uns respektvoll und trotten weiter zum nahen Konfuzius Tempel.

Der Tempel wurde im Jahr des Feuer-Pferdes 1306 errichtet. Das Heiligtum liegt in einem weitläufigen, von prächtigen alten Bäumen bestanden Park und ist wohltuend friedvoll. Bauweise und Bauschmuck der Gebäude folgen, wie Konfuzius sich das gewünscht hätte, ganz dem traditionellen Schema. Der Anblick der vielen, ehrwürdig-alten Stelen mit Zitaten aus den wichtigsten Werken von Meister Kung weckt in uns abendländischen Analphabeten nur ein vages Gefühl der Ehrfurcht. Aber von der gewaltigen Marmorstatue des Philosophen geht ein starker Zauber aus. Der Weise erhebt sich meditierend vor uns, die Hände auf der Brust gekreuzt, die Augen zum Himmel erhoben, ein langer Vollbart umrahmt ein wissendes Lächeln.

Welch ein anrührendes Bild heiter entschlossener Gelassenheit!

Am Torbogen finden wir die Wände über und über bedeckt mit Abertausenden purpurfarbener Wunschzettel der Gläubigen. Meister Kung muss sich um die brennenden Herzenswünsche seiner Verehrer kümmern. Wir wollen daher nicht weiter stören und schlendern hinüber in die Altstadt.

Dort besichtigen wir noch kurz die archaisch anmutenden ›Sihe Yuan‹. Die Vier-Harmonien-Höfe verschiedener Größe bestehen meist aus einem quadratischen Innenhof, um den sich die Gebäude, zum größten Teil heruntergekommene, unhygienische Nissenhütten, ducken. Die Gassen zwischen den Höfen werden als ›Hutong‹ bezeichnet. Das ganze Hutong-Viertel gilt bei Touristen als pittoresk, aber der Kontrast zu den Wohnungen, die wir bei unserem Besuch des Strassenkomitees gesehen haben, ist erschütternd. »Früher hat nur eine Familie in einem Sihe Yuan gelebt, heute wohnen dort zehn Familien.« Erklärt das Schneeflöckchen. Mit der himmlischen Harmonie sei es bei derart beengten irdischen Verhältnissen nicht weit her. Zu Recht plane die gegenwärtige weise Regierung den Abriss des Quartiers.

Zum Lunch kehren wir gottlob in einem Restaurant mit sauberen sanitären Anlagen ein. Der lächelnde chinesische Gastronaut beglückt uns mit dem schon gewohnten Potpourri aus Kleingeschnippeltem in Tunke. Kühles Tsingtao-Bier macht das Jüngste Gericht erträglich. Nach dem üppigen ›Wufan‹ erwartet uns ein weiterer Höhepunkt der Reise.

Als Nachtisch steht ein Bummel durch den Park des Neuen Sommerpalastes auf dem Speiseplan.

Der einmalige Garten der Kultivierten Harmonie wurde zweimal von europäischen Truppen geplündert und zerstört. Im Jahre 1860, dem Jahr des Metall-Affen, durch britisches Militär unter Lord Elgin im Zuge einer Strafexpedition nach dem Zweiten Opiumkrieg. Und vierzig Jahre danach, im Jahr der Metall-Ratte, durch ein gemein-europäisches Expeditionskorps, das die Gelbe Gefahr des Boxeraufstands bannen sollte.

»The Germans to the Front!« Der Befehl von Lord Seymour ist zum Geflügelten Wort geworden. Nach jeder Zerstörung wurde der Sommerpalast unter der Regentschaft der unbeugsamen Kaiserinwitwe Cixi wieder aufgebaut. Beim zweiten Mal aus Geldern, die eigentlich für die Aufrüstung der chinesischen Kriegsflotte beiseite gelegt waren.

Auch die Erbauer des Gartens der Kultivierten Harmonie gehorchten den Gesetzen des Feng Chui. Es gibt den nördlichen Berg der Langlebigkeit und ein südliches Gewässer, den Kunming-See, der etwa drei Viertel der Gesamtfläche des Parks einnimmt. Der See vertritt sinnfällig das weibliche, passive, schattige Prinzip Yin, der hohe Berg das aktive, männliche, besonnte Yang. »Der Lustgarten mit den filigranen Pavillons und kühlen Bächlein, die an malerischen Felsen mit erlesener Bepflanzung vorbei murmeln, gilt als Meisterwerk der chinesischen Gartenbaukunst.« Verkündet der Patriarch.

Vor der Halle des Wohlwollens und der Langlebigkeit begrüßt uns das mythologische Fabeltier Qilin. Ein typisch chinesisches Symbol für Glück, Friedfertigkeit, Gerechtigkeit und Kindersegen. Der chinesische Wolpertinger trägt auf dem Drachenkopf ein Hirschgeweih. Das schuppige Ungeheuer peitscht die Luft mit einem Löwenschwanz und wühlt die Erde auf mit Ochsenhufen.

In der Halle des Wohlwollens hauste einst die lichtscheue Kaiserinwitwe Cixi. Zur Feier ihres sechzigsten Geburtstages wurde im Jahr des Holz-Schafes nahebei die dreistöckige Theaterbühne errichtet. Majestät konnte das aufregende Bühnengeschehen, wie sie es am liebsten mochte, heimlich und allein, aus der nahen Halle der Erheiterung verfolgen.

Ein besonderes Schmuckstück des Gartens ist die überdachte, über siebenhundert Meter lange Wandelhalle. Deren Wände und Gebälk sind verschwenderisch mit blühenden Landschaften und Darstellungen verbürgter, reichswichtiger mythischer oder historischer Begebenheiten bemalt.

Zwei wunderbare Brücken, die zierliche Jadegürtel-Brücke aus Marmor und die atemberaubende, einhundertfünfzig Meter lange, Siebzehn-Bogen-Brücke überspannen den See. An seinem Ufer liegt ein seltsames Schiff. Ein tonnenschwerer Marmorrumpf und eine zierliche Kajüte aus Holz bezeugen, dass die seinerzeit für den Schiffsbau vorgesehenen Mittel durchaus angemessen für den Wiederaufbau des Garten der Kultivierten Harmonie verwendet wurden. Heute halten zahllose Freizeitkapitäne die Jahrtausende alte Tradition der chinesischen Seefahrt hoch. Sie strampeln unverdrossen mit ihrem ganzen Clan in bunten Tretbooten über das Wasser.

Am späten Nachmittag sollen wir wieder die chinesische Wirtschaft ankurbeln. Schneeflöckchen lockt uns in eine Seidenstickerei. Wieder verweigere ich die Gefolgschaft. Das war ein Fehler. Ausgerechnet jetzt wird exzellente chinesische Nadelkunst geboten. Das Fähnlein darf den Stickerinnen über die Schulter sehen und die feinen Vorzeichnungen bestaunen. Die klügste und emsigste Hausfrau der Welt sammelt Handarbeiten aller Länder und Zeiten. Sie kauft zwei kleine, erlesene Stücke. Die erste Stickerei ziert ein hauchzartes Schmetterlingspaar über einer mit wenigen Stichen nur eben angedeuteten Blumenwiese. Das zweite Meisterwerk zeigt eine elfengleiche Hofdame, die gerade mit ihrem alten Diener vom Markt kommt. Sie will Mutter werden und hat für ihren Mann saftige Granatäpfel eingekauft.

Zum letzten Abendmahl in der Hauptstadt steht ein Muss der chinesischen Küche auf dem Speiseplan, die weltbekannte Peking-Ente. Anna hat die Köstlichkeit vor zwei Tagen in einem dafür gerühmten Gasthaus vorbestellt. Der englische Name des Restaurants ›The Sick Duck‹ weckt unseren Argwohn. Schneeflöckchen versucht flugs, unsere Bedenken zu zerstreuen. Der Gourmettempel liegt abseits in einer Seitengasse der Straße Wangfujing. Diese Allee führe zu einem stadtbekannten Hospital für Infektionskrankheiten. So erkläre sich der eigenartige Name des Speiselokals.

Nach dem Genuss der Erpel wissen wir es besser. Die Vögel kränkelten schon zu Lebzeiten. Deshalb hat der mitleidige Koch ihnen den Garaus gemacht und sie dann mundgerecht mumifiziert.

Nach dem enttäuschenden ›Wanfan‹ bringt uns der Bus noch zu einem Varietétheater.

Wir erleben chinesische Zirkuskunst vom Feinsten. Die Equilibristen steigen auf halsbrecherisch hoch getürmte Tische und Stühle. Dann versetzen sie gleich dutzendweise Teller auf langen, biegsamen Bambusstangen in wild kreisende Drehung. Kaum für möglich gehaltene akrobatische Hebefiguren folgen. Ein hünenhafter Untermann legt einen hölzernen Rollzylinder auf eine Tischplatte. Auf den Rollzylinder setzt er ein dickes Brett und steigt darauf. Während er versucht, die Balance zu halten, schwingen sich nacheinander zwei muskelkräftige Jünglinge auf ein winziges Drehgestell, das der Untermann auf seinem Kopf befestigt hat. Der Obermann fasst dann zwei ranke Mädchen um die Hüfte. Dann dreht die obere Dreifaltigkeit Schwindel erregende Pirouetten.

Zwischen den aufregenden artistischen Darbietungen werden zur Entspannung fröhliche Tänze in traditionellen Kostümen aufgeführt. Ein unvergesslicher Abend.

GROSSE WILDGANSPAGODE: XIAN

Heute heißt es früh aufstehen. Unser Bus bringt uns zum Flughafen von Peking.

Es herrscht Wehmut, ja es fließen sogar Tränen. Im Laufe der letzten Tage bildeten Anna und moi même eine Art Team. Während der Rundgänge galt eine immer gleiche Marschordnung. Der Patriarch und Schneeflöckchen stürmten voran, die Meute trottete saumselig hinterher. Anna und ich übten uns als Hütehunde. Stets darauf bedacht, dass keines unserer Schäfchen im Gewühl der Menge verloren ging. Ich habe rasch entdeckt, dass Anna nur ein Dutzend deutscher Floskeln beherrscht. Aber wir verstanden uns auch ohne viele Worte.

Zu meiner maßlosen Verblüffung gibt mir die sonst so stillsanfte Anna beim Abschied plötzlich vor aller Augen einen Kuss. Und ernennt mich mit einem Klaps auf die Schulter zum Reisemarschall: »Starker Mann!« Ach, Frauenlob stets rasch zerstob.

Unser Flugziel heute ist Xian, unter dem Namen Changan einst die Hauptstadt Chinas; Anfang und Ende der legendären Seidenstraße. Ein Sonderbus bringt uns vom Flughafen zum Hotel mit dem nach Orwell klingenden Namen ›Grand New World‹.

Vorab hemmt ein nicht weiter erwähnenswertes Mittagessen unseren Entdeckerdrang. Nach der Endsuppe bringt ein neuer Reisebus uns zum Wahrzeichen von Xian.

Die Große Wildganspagode, ein fünfundfünfzig Meter hohes Gebäude, wurde Mitte des 7. Jahrhunderts während der Tang-Dynastie erbaut. Sie war ursprünglich Teil des Klosters der Großen Wohltätigkeit, das ein frommer Kaiser zum Gedenken an seine verstorbene Mutter gründete. Der poetische Name der Pagode geht zurück auf eine hübsche Legende. Ein mitleidiger Mönch habe hier einst eine Wildgans begraben, die erschöpft vom Himmel fiel. Vermutlich war die Gans gebraten und der tierliebende Klosterbruder hat hier nur die abgenagten Knöchelchen verscharrt.

Das Gebäude mit glatt verputzten Fassaden, schmucklosen Lisenen und schräg abfallen-
den Dächern macht einen sehr wehrhaften Eindruck. Seine Schlichtheit bietet eine angenehme Abwechslung zu den ewigen geschweiften Dächern mit den aufgesetzten Dachrei-
terchen. »Die Große Wildganspagode ist wahrlich kein architektonischer Leckerbissen; sie
spielte indes eine maßgebliche Rolle in der Geschichte des chinesischen Buddhismus.«
Weiss der Patriarch.

Sechszehn Jahre lang reiste der Mönch Xuanzang durch Indien und die Länder an der
Seidenstraße. Anno 645 kehrte er in die Hauptstadt Chinas zurück, schwer bepackt mit
buddhistischen Sutras und den Reliquien buddhistischer Heiliger. Vom Drachenthron
großzügig gesponsort, wandelte sich Xuanzang vom gelben Marco Polo zum chinesischen
Martin Luther. Der gelehrte Klosterbruder übersetzte in der Wildganspagode über siebzig heilige Schriften aus dem Sanskrit ins Chinesische und förderte mit diesem frommen
Werk die Ausbreitung des Buddhismus im Reich der Mitte ganz ungemein.

Die Große Wildganspagode kann erstiegen werden. Von oben soll man eine herrliche
Aussicht auf die Stadt Xian haben. Der Himmel ist aber trüb, die Sonne hat sich versteckt. Wir sparen uns den Aufstieg und schlendern durch den umliegenden Park. Dort
grüßen wir ein Bronzestandbild des verdienten Gelehrten Xuanzang, neigen uns vor einer sinnenden Statue des Buddhas der Gegenwart und freuen uns mit einem speckig lächelnden Budai auf das uns verheißene Schlaraffenland der globalisierten Zukunft.

Die Fahrt zum Provinzmuseum führt vorbei an zwei Leuchttürmen der Telekommunika-
tion. Der Glockenturm und der noch ältere Trommelturm galten zu ihrer Zeit als mo-
dernste Nachrichtentechnik.

Das Provinzmuseum ist in einem ehemaligen Konfuziustempel untergebracht. Seine
Hauptattraktion ist der einzigartige Stelenwald. Die größte Inschriftenbibliothek der Welt
umfasst über dreitausend Stelen von der vorchristlichen Han-Zeit bis zum Anfang unseres
Jahrhunderts. Die meisten Denksteine der Sammlung stammen aus der Zeit der Tang-
Dynastie. Schon zweihundert Jahre vor Otto dem Großen schenkte dieses Herrscherhaus
dem Reich der Mitte eine Periode der Hochblüte. Zum Bestand gehören auch die weltbe-
rühmten dreizehn chinesischen Klassiker, wie das Buch der Wandlungen, das Buch der
Lieder, das Buch der Urkunden und - in China besonders wichtig - das Buch der Riten
sowie die Analekten von Meister Kung, vergleichbar den platonischen Dialogen unseres
Sokrates.

In sieben Hallen, sechs Galerien und einem Pavillon kann der Besucher mehr als tausend
Inschriften bestaunen. Diese spektakuläre Schatzkammer der chinesischen Kalligraphie
fasziniert jeden Liebhaber der Literatur. Auch wenn man als ungebildete Langnase in diesem klassischen Musenhain kein einziges Wort entziffern kann.

Im unvermeidlichen Souvenirshop werden angebliche Abreibungen der Stelen in Hülle
und Fülle - und in jedem Format - angeboten. Der Patriarch hamstert wie im Rausch.

GEBRANNTE KRIEGER

Ein aufregender Tag steht uns bevor. Angeführt vom Patriarchen besichtigen wir die Aus-grabungsstätten der weltberühmt gewordenen Terrakotta-Armee beim heutigen Dorf Lintong. Die weitere Umgebung des Dörfchens bietet eine chinesische Version vom ägyptischen Tal der Könige. Hier liegen mindestens dreißig Himmelssöhne aus mehreren Dynastien begraben. Gleich der erste Kaiser der Qin-Dynastie, Shi Huangdi, dessen Bauwut wir schon an der Großen Mauer bestaunen konnten, ließ hier für sich ein riesiges unterirdisches Mausoleum errichten.

Wie viele Reichseiniger nach ihm war Shi Huangdi aber nicht nur ein kriegerischer Schlagetot, sondern auch ein Förderer von Zivilisation und Kultur. Er verordnete dem Reich eine einheitliche Schrift, eine gemeinsame Währung, genormte Maße und Gewichte und reformierte das erstarrte Bildungswesen. Die erlesene Farbe der Mitte, das Gelb, das vornehmste aller Throntiere, den Drachen, und das unveräußerliche Privileg der Mandarine, den unterwürfigen Kotau, erklärte Huangdi durch kaiserliches Dekret zu exklusiven Insignien seiner erhabenen Einmaligkeit als Sohn des Himmels.

Die Lage seiner Grabkammer ist bekannt. Wohl aus abergläubischer Scheu und wegen mangelnder Ressourcen wurde die unterirdische Gruft bisher nicht geöffnet. Der Sage nach soll dort, gespeist von getreuen Nachbildungen der großen chinesischen Ströme, ein unterirdischer Ozean aus Quecksilber den kaiserlichen Sarkophag umspülen und umhegen. Eine Batterie selbstauslösender Armbrüste drohe jedem Grabräuber mit tödlichem Verhängnis. Den Schutz seiner sterblichen Überreste hat Shi Huangdi aber einer tönernen Streitmacht anvertraut.

Mit diesem Gefolgschaftsgrab hat der Erste Kaiser eine höhere Stufe der Gesittung erklommen. Nicht länger mehr wurde beim Heimgang des Herrschers der gesamte Haushalt gemeuchelt und beigesetzt. Nein, fortan begnügten sich die hingeschiedenen Himmelssöhne mit Bildnissen von Mensch und Tier aus preisgünstigem Ton.

Das Heer aus gebrannten Kriegern wurde im Jahr des Wasser-Büffels 1974 gefunden.

Einfache Bauern wollten nur einen Brunnen bohren und entdeckten eine ganze Welt.

Zu unseren Füßen marschiert eine tausendköpfige Armee in perfekter Schlachtordnung. Drei Linien Infanterie, schlicht, sozusagen feldgrau, gekleidet, bilden die Vorhut. Dahinter folgen elf parallel aufgestellte, tief gestaffelte Marschkolonnen gepanzerter Fußsoldaten. Einige Trupps werden angeführt von Streitwagen. Ein Wagenlenker hält noch die Zügel seiner niedergebrochenen Quadriga in den Händen. In anderen Gruben spannen Bogenschützen ihre Waffe, rücken Speerkämpfer vor, traben Ritter auf lebensgroßen, lebensechten Pferden in die Schlacht.

Die Offiziere sind leicht zu erkennen: ihre Rüstung ist aufwändiger und ihre Köpfe überragen, abgestuft nach ihrem militärischen Rang, die der einfachen Gefreiten. Die einzelnen Truppengattungen, unterscheidbar an ihrer typischen Haartracht und ihren militärischen Abzeichen, waren einst bemalt. Ihre uniformartige Kolorierung ist leider verblasst. Die riesige Armee wurde in industrieller Weise aus vorgefertigten Körperteilen geschaffen. Köpfe, Rümpfe und Gliedmassen wurden erst vor dem Brennen zusammengefügt. Anschließend wurden die gebrannten Krieger nachmodelliert.

Jeder Soldat erhielt individuelle Gesichtszüge. Viele schmückt eine persönliche Barttracht. Ob Charlie Chaplin oder Adolphe Menjou, ob Josef Stalin oder Buffalo Bill, ob Dr. Fu Manchu oder Wilhelm Zwo, jede bekannte Spielart männlicher Lippenzier ist in diesem Heer vertreten. Hier hat ein bedeutender Porträtist nach der Natur gearbeitet. Die leise Melancholie auf den fein geschnittenen Gesichtern dieser noblen Krieger rührt an. Wenn je das Schlagwort von edler Einfalt und stiller Größe passte, dann für diese jenseitige Streitmacht aus verfeinerten Menschen mit vergeistigtem Wesen und vornehmer Haltung. Im Museum von Lintong müssen wir noch eine langweilige Sammlung von zahllosen bronzenen Schwertern und Speerspitzen bestaunen. Sehenswert ist nur ein verkleinertes Modell der klimatechnisch raffinierten kaiserlichen Karosse. Über den, einst bunt bemalten, geschlossenen Kutschwagen wölbt sich ein gekrümmter Baldachin, der Schutz vor sengender Sonne bietet. Schiebefenster an den Seiten sorgen für Kühlung und Lüftung. Das einachsige Fuhrwerk wird gezogen von vier vergoldeten Rassepferden.

Der Shop nebenan bietet grottenschlechte Kopien der Terrakotta-Krieger in jeder Größe an. Mit Rücksicht auf das Gewicht seines Fluggepäcks verzichtet Herr Altvater auf weitere Einkäufe. Schließlich kann man die tapferen Tonkameraden heutzutage auch in Deutschland bei jedem Möbeldiscounter für kleines Geld erwerben.

Nach einem lieblos gereichten Schnellgericht im Wirtshaus zur Mandelblüte machen wir auf der Rückfahrt ins Hotel noch eine kurze, diesmal nicht ökonomisch motivierte, Fermate in der nahegelegenen Parkanlage Hua Qing. In diesem chinesischen Hirschpark lebten vor zweitausend Jahren die Konkubinen des Ersten Kaisers. Die luchternen Freudespenderinnen der kaiserlichen Nächte badeten den lieben, langen Tag in den besänftigenden, warmen Quellen, bliesen die Bambusflöte und rezitierten dazu pikante Gedichte. Nicht anders hielten es zu Kaisers Zeiten die Damen bei uns in Bad Salzloch.

Am Abend lädt Herr Altvater zu einem geselligen chinesischen Bankett. Es gibt Jiaozi in Hülle und Fülle. Die chinesischen Urbilder der schwäbischen Maultaschen sind variantenreich gefüllt mit allerlei pürriertem Gemüse oder gehacktem Fleisch. Auf den Tisch kommt die heiße chinesische Leibspeise in apart geflochtenen Bambuskörbchen. Das Liebesmahl, vom Patriarchen als Klimax der Reise angekündigt, endet als Fiasko. Irgendwie hat der chinesische Witzigmann es geschafft, dass jedes amuse gueule, egal welch kulinarisches Geheimnis es umhüllt, nur nach Glutamat schmeckt. Allein der reichliche Genuss von Tsingtao-Bier bewahrt uns in dieser Nacht vor dem berüchtigten Chinese Restaurant Syndrome.

AN DER PFORTE ZUM MÄRCHENLAND: GUILIN

Von Xian geht es heute weiter mit einem Inlandsflug nach Guilin, der Stadt des Duftblütenwaldes an den Ufern des Liyiang. Nach dem Transfer in unser Vier Sterne Hotel machen wir eine Stadtrundfahrt. Wir erleben eine quirlige, von Touristen heimgesuchte

Stadt. Moderne Hochhäuser streben im Wettstreit mit altersschwachen Pagoden in den wolkenverhangenen Himmel. Auf einem Karstfelsen grüßt von fernher die Pagode des Langen und Glücklichen Lebens.

Dann führt der Rattenfänger von Guilin uns wie unartige Kindlein in einen Berg. In der Höhle der Schilfrohrflöte blecken unzählige Stalaktiten und Stalakmiten Zähne, die sich in einem unterirdischen See spiegeln. Geduckt schliddern wir über glitschigem Grund durch feuchte Gänge zur zentralen Kammer der Grotte. Der gewaltige Kristallpalast des Drachenkönigs erstrahlt in allen Farben des Regenbogens. Das wechselnde Farbenspiel einer kitschigen elektrischen Lichtorgel soll wohl das Geistersehen der Besucher fördern. Der Patriarch hat sogar Meister Kung erkannt. Der Philosoph habe einen Qilin geritten.

Heilfroh zurück am Tageslicht fahren wir weiter zum Berg des Elefantenrüssels. Im Laufe von Jahrtausenden hat das geduldige Wasser des Flusses eine Art Torbogen aus dem Uferfelsen genagt. Chinesische Spökenkieker erkennen in der Felsform mühelos einen trinkenden Elefanten. Am Flussufer trompeten zwei lebensgroße Rüsseltiere aus mausgrauem Beton. Die sollen wohl unserer drögen lippischen Phantasie etwas auf die Sprünge helfen. Weiter geht die unstete Fahrt zum Fubo Shan, dem Berg, an dem die Welle bricht.

Am Fuße der Anhöhe geht es zunächst wieder unter Tage in die Perlengrotte. Der poetische Name bemäntelt einen Wirrwarr aus verschachtelten Grotten ohne Ariadnefaden.

Oberirdisch führt der Weg vorbei an einem riesigen Stalaktiten zur Höhle der Tausend Buddhas. Zur Zeit der Tang-Dynastie wurden aus den Kalksteinwänden unzählige Buddhas und Bodhisattvas herausgemeißelt. Leider sind viele Bildnisse und etliche Inschriften so verwittert, dass sich auch hier nicht die rechte Andacht einstellen will.

Nach dem Abendmahl bringt uns der Reisebus zum Garten der Volksbräuche.

Unser Stadtführer, Mistel Gong Wang, gerät ins Schwärmen: »Im Galten der Volksbläuche Sie eleben die vollkommene Halmonie des Besten aus Kultul, Kunsthandwelk und Blauchtum der nationalen Mindelheiten in der autonomen Plovinz Guangxi. Hier pläsentielen die Yao, die Zhuang, die Miao und die Dong stolz ihle übelliefelten Liedel und Tänze und bieten Leckeleien von nationalen Küche an. Unsele flemdländischen Gäste können im Galten die alteltümliche Sitten in vollen Zügen genießen.« So sei es!

Im Schatten altersgrauer Pagoden, durchflochten vom Lichte bunter Lampions, genießen wir einen verzaubernden Folkloreabend mit einem Medley aus bildschönen Menschen, farbenfrohen Kostümen, lustigen Bändertänzen und mitunter wohlklingenden Melodien.

FLUSSFAHRT AUF DEM JADEGÜRTEL
»Die Hügel: Haarnadeln aus Smaragd,
Der Fluss: ein jadegrüner Seidengürtel.«

So schwärmte schon zu Zeiten der Tang-Dynastie der Poet Hanyu von der Landschaft an den Ufern des Flusses Li. Sie gilt als eine der schönsten in ganz China. Die Reiseprospekte prunken mit schneeweißen Wolkengebirgen vor tiefblauem Himmel, darunter die grauweiß-grünen Zuckerhüte der wunderlichen Felskegel, die sich im blaugrünen Wasser des Li spiegeln. Reichliche Niederschläge haben aus dem weichen Muschelkalk des Karstgebirges nicht nur bizarre Berggestalten sondern auch unzählige Tropfsteinhöhlen ausgewaschen. Ein traumhaftes Märchenland.

Auf unserer Schiffstour von Guilin nach Yangshuo verschwindet aber die Zauberlandschaft im anhaltenden Schnürlregen. Der bei gutem Wetter obligate Rohrschach-Test in phantasievoller, geistsprühender Felsbrockendeutung muss leider entfallen.

In Kiellinie mit vielen anderen Schiffen tuckert unser Nachen flussabwärts. Vorbei am Fledermaushügel, am Fünf-Finger Berg, am Mondberg, am Schneckenhöcker und am Drachenkopffelsen. Doch Alberichs Reich trägt heute Tarnkappe. Nur die ganz Harten vom Stammtisch getrauen sich an Deck, um trotzig nach Fafnir, Troll und Elfe Ausschau zu halten. Aber diese dunstige Ursuppe ist undurchdringlich. Ab und an tauchen aus dem Geniesel Berggipfel auf wie höhnende Geister über den Wassern.

Trotz Dauerregen und lebhaftem Schiffsverkehr sind viele Kormoranfischer auf dem Fluss. Sie staken ihre winzigen Bambusflöße von ihren klapprigen Hausbooten aus in ruhiges Wasser und lösen dann ihren fliegenden Angeln die Fußfesseln. Ein enger Ring um den schlanken Hals hindert die Kormorane am Verschlingen der gefangenen Fische. Gleichmütig ziehen ihre Sklavenhalter den armen Vögeln die wild zappelnde Beute aus dem Schlund. Unsere tierlieben Damen sind empört. Bei künftigen Mahlzeiten verweigern sie den Verzehr von Allem, was einmal Schuppen trug.

Das vom Patriarchen versprochene idyllische Wufan im Feenland wird uns an Bord serviert. Wir können den Köchen beim Front Cooking auf die Finger sehen. Die Kombüse besteht aus einem winzigen Kohleofen und einem gewaltig großen Wok, die auf dem offenen Heck des Schiffes mit Rauch und Dampf tapfer gegen den Regen anqualmen. Das gebrauchte Geschirr spülen unsere blütenweiß korrekt gekleideten Schiffsköche mit der grün-würzigen Brühe aus dem Jadefluss.

Nach fünf Stunden einer unvergesslichen Kreuzfahrt gehen wir bei der Stadt Yangshuo erschöpft, aber überglücklich, von Bord. Der Reisebus bringt uns zurück nach Guilin.

Kronkolonie auf Zeit: Hongkong

Heute geht es mit einem Inlandsflug von Guilin nach Hongkong.

Die Insel vor der Mündung des Perlflusses ins Südchinesische Meer wurde nach dem Ersten Opiumkrieg von Großbritannien im Jahr des Wasser-Hasen 1843 eigenmächtig zur Kronkolonie erklärt. Anno 1898 haben die Briten Hongkong und weitere festländische Gebiete für neunundneunzig Jahre vom damals politisch ohnmächtigen China gepachtet. Am 1. Juli dieses Jahres, einem Jahr des Feuer-Büffels, wird die Kolonie vertragsgemäß an die Volksrepublik China zurückfallen. In Peking zählte man schon die Sekunden. Mit dem eingängigen Mantra: »Ein Land, zwei Systeme« hat der schlaue Fuchs Deng Xiao Peng die Sorgen und Ängste von ansässigen Briten und freiheitlich gesinnten Hongkong-Chinesen unter den Verhandlungstisch gekehrt. Demnach soll die Sonderverwaltungszone Hongkong auch nach dem Heimfall demokratisch und marktwirtschaftlich regiert werden dürfen. Na ja, zumindest einstweilen.

Der Anflug auf den International Aiport Hongkong raubt mir den Atem. Die Landebahn des Kai Tak liegt mitten im Wasser des Victoria-Hafens und die Einflugschneise führt über dem festländischen Stadtteil Kowloon durch enge Straßenschluchten, gesäumt von hochaufragenden Wohnhäusern. Auf beiden Seiten der Boeing 747 kann man das Leben und Treiben der Menschen in ihren Wohnwaben genau beobachten.

Nach der geglückten Landung am Duftenden Hafen heißt es erst einmal tief Luft holen. Danach bringt ein Bus uns direkt in unser Hotel in Kowloon. Der Rest des Tages steht uns zur freien Verfügung.

Siebzehn Jahre ist unser Koffer mit uns um die Welt gereist und hat viel erlitten. Jetzt sind seine Griffe abgebrochen. Wir müssen dringend eine neue Kleiderkiste besorgen. In dieser niemals schlafenden Stadt ist das kein Problem. Die meisten Geschäfte sind rund um die Uhr geöffnet. Und heißt es nicht: »Was man in Hongkong nicht kaufen kann, das kann man auf der ganzen Welt nicht kaufen?«

Nach dem Umpacken bummeln wir die geschäftige Nathan Road hinunter zur Waterfront und genießen das überwältigende Lichtermeer der Skyline von Hongkong Island.

Duftender Hafen am Perlfluss

Nach dem Frühmahl - very continental - steht eine Stadtrundfahrt auf der Tagesordnung. Der Himmel meint es nicht gut mit uns. Die Berggipfel verstecken sich in grauen Wolkenkulissen. Doch es bleibt trocken und angenehm mild.

Ein Reisebus bringt uns von Kowloon durch einen Tunnel hinüber nach Hongkong Island. Zahllose Wolkenkratzer drängeln sich hier auf engstem Raum. Die Insel ist klein und gebirgig. Grundstücke und Mieten sind, wie wir hören, sündhaft teuer.

An der Uferstraße begrüßt uns ein kreischend bunt bemalter, daoistischer Tempel. Vor dem Heiligtum ragen zwei überlebensgroße Figuren in den südchinesischen Himmel. Auf der rechten Seite sitzt eine versonnen lächelnde Gnadenmutter in Flachgrün und Lichtblau auf einem Thronsessel. Links reckt sich eine zweite Muttergottes in die Höhe. Zum geblümten, himmelblauen Kleid trägt sie einen rosa und gold gesäumten weißen Mantel. Mit der Geste ihrer rechten Hand bannt sie böse Geister.

Unser Stadtlotse Charlie stellt uns die Damen näher vor.

Mutter Kwun Yam zur Linken, die Göttin der Barmherzigkeit, erhöre die Bittgebete der Gläubigen, wie Mariahilf die Seufzer der Katholiken. Lady Tin Hau zur Rechten, durch eine wunderliche Krone mit neun Perlenschnüren vor der hohen Stirn als Himmelsfürstin ausgewiesen, war die Tochter eines armen Fischers. Die Jungfrau ertrank mit siebzehn Jahren auf der Suche nach dem auf See vermissten Vater. In den daoistischen Himmel entrückt, amtiert sie seither als Schutzpatronin der Seefahrer und Fischer. Tin Hau wird auch für eine andere Verkörperung von Mutter Kwun Yam gehalten. Die hat ihre himmlische Laufbahn einst begonnen als männlicher Bodhisattva. Nun, für den gläubigen Buddhisten ist der kleine Unterschied zwischen Mann und Frau doch auch nur ein metaphysisches Scheinproblem. »Wird denn die vermeintlich scharfe Grenze zwischen den Geschlechtern bei Butterlicht besehen nicht eher fließend?«

Fragt sich der philosophisch gestimmte Patriarch.

Zur Tempelanlage gehört noch ein achteckiger Pavillon. Im Wasser davor steht, garniert von bunten Löwen, Drachen und schneeweißen Ziegenböcken die purpurrote Brücke des Langen Lebens. Der Anblick der gesamten Anlage ist fremdartig und faszinierend zugleich. Die fromme Luft riecht nach Weihrauch, Butterfett, Salz und Tang.

Trotz der schlechten Sicht fahren wir mit der Peak Tram hoch auf den Victoriaberg. »Die Straßenbahnen tragen im onomatopoetischen Kantonesisch den Namen Ding Ding.« Frozzelt der Patriarch. Die Aussicht ist heute nicht so spektakulär wie die ringsum käuflichen Poster behaupten. Aber wir bekommen einen guten Überblick über die Skyline von Kowloon, den Victoria-Hafen und einige kleinere Inseln.

Zu Mittag speisen wir allein zu zweit in einem einfachen chinesischen Imbiss. Wir geben der kantonesischen Küche eine Chance und entscheiden uns für Dim Sum. Der Gastronom, Koch und Kellner in Personalunion, bringt uns eine Reissuppe und gefüllte Maultaschen in Sojasauce, fein garniert mit Frühlingszwiebeln und Sesamkörnern. Dazu kredenzt er herrlich duftenden Jasmintee.

Der Nachmittag steht uns zur freien Verfügung. Wir machen eine kleine Hafenrundfahrt und erleben Hongkong vom Wasser aus. Zu Dutzenden liegen an den Kais schwimmende Restaurants vor Anker. Die teuren, bunt bemalten Schlemmerpötte sind selbst zu dieser blauen Stunde brechend voll. Auf der Insel Lantau wird ein neuer Wolkenkratzer hochgezogen. Wir zählen vierundzwanzig Stockwerke und können es kaum fassen, dass das gesamte Baugerüst bis hinauf in schwindelnde Höhen nur aus Bambusrohr besteht.

Am späten Nachmittag müssen wir noch eine dringende Besorgung erledigen. In einem vornehmen, im zweiten Obergeschoss versteckten, Juweliergeschäft an der Nathan Road erwirbt meine Frau günstig eine todschicke goldene Halskette und ein dazu passendes Armband. Das Geschmeide putzt die anmutigste Gattin der Welt ganz ungemein.

Unser wunderbarer Tag klingt aus mit einem Dancing Dinner - formal dress please! - auf der ›Pearl of Orient‹. Gemächlich kreuzt der festlich erleuchtete Vergnügungsdampfer durch den bei Nacht friedlichen Victoria-Hafen, im Schlepptau Walzermelodien von Strauß Vater und Sohn. Die Welt der Suzie Wong erstrahlt im Widerschein unzähliger Leuchtreklamen. Mögen die Lichter des Duftenden Hafens nie erlöschen.

DAS MONTE CARLO DES OSTENS: MACAO

Heute steht vor der Heimreise noch ein Trip nach Macao auf dem Spielplan.

Die portugiesische Kolonie Macao liegt etwa fünfzig Kilometer westlich von Hongkong. Im britisch-puritanischen Hongkong sind Glücksspiele verboten, in Macao sind sie legal. Da die Chinesen leidenschaftliche Zocker sind, strömen sie zu Abertausenden aus der Volksrepublik China und aus Hongkong in das Monte Carlo des Ostens. Nach Monaco hat Macao mit 84,4 Jahren die zweithöchste Lebenserwartung auf der Welt. Ein Zusammenhang zwischen Spielglück und hohem Alter ist zu vermuten.

Aber da sind sich die Gelehrten noch nicht einig.

Bei frühlingshaft heiterem Himmel und frischem Wind gehen wir am Macao Ferry Terminal auf Hongkong Island an Bord. Nach einer guten Stunde gleitet unser Tragflügelboot unter der Brücke der Freundschaft hindurch in den Äußeren Hafen von Macao.

Die Stadt besitzt unzählige buddhistische Tempel und Gotteshäuser fast aller Konfessionen. Wir schlendern durch die Altstadt und bewundern gepflegte alte Kolonialhäuser und weniger gehegte zeitgenössische Plattenbauten. Gasthäuser mit Namen wie ›Lei Hong Kai‹, ›Lugar Dourado e Encantador‹ oder ›La Paloma‹ locken mit Mixed Cooking aus portugiesischer und kantonesischer Küche. In den schmucken Grünanlagen gedeihen westeuropäische und fernöstliche Pflanzen in friedlicher Koexistenz.

Anno 1594 gründeten portugiesische Jesuiten in Macao die erste westlich geprägte Universität des Fernen Ostens. Hier erlernten Adam Schall von Bell und Matteo Ricci die chinesische Sprache, bevor sie ihre Missionskampagne im Land des Lächelns in Angriff nahmen. Im 17. Jahrhunderts ließen die Landsknechte der Propaganda Fidei die barocke Paulskirche errichten. 1835 wurde das Gotteshaus durch ein Feuer zerstört.

Mühsam steigen wir die lang gestreckte Calcada de Sao Paulo hoch zur Ruine. In den Mauernischen der Schauseite salutieren die vier jesuitischen Hauptleute Ignatius von Loyola, Francisco de Borja, Francisco de Xavier und Aloisius von Gonzaga vor dem Osterlamm. Die hinfällige Fassade gilt ganz offiziell als Wahrzeichen der Kolonie.

An der Avenida da Lisboa steht die größte Spielhölle von Macao, das Grand Casino Lisboa. Das grässliche Gebäude im sino-amerikanischen, geschmacksirren Zuckerbäckerstil empfängt uns mit einem protzigen Entrée voller Plüsch und Kitsch. Schon vor Mittag herrscht in den riesigen Spielhallen wuselige Betriebsamkeit. Im Casinorestaurant ist für unser gebuchtes Mittagsmahl bereits eingedeckt. Wie befürchtet, serviert man uns Dim Sum in der Fast Food Version für hektische Black Jack Junkies.

Mit uns am Tisch sitzt Familie Wilberforce. Mrs. Wilberforce ist ein schlankes Persönchen von Ende Sechzig und macht immer Bella Figura. Denn sie stammt aus Bologna. »La dotta!«, wie sie immer mit erhobenem Zeigefinger ergänzt. Um dann zu erläutern: »Neunzig Prozent aller Kultur kommt aus Italien!« Die Signora gibt Italienischkurse an der Volkshochschule in Bad Senkelteich. Ihr Gatte Cecil, langgedienter Veteran der British Rhine Army, arbeitet jetzt nachts als Wachmann in einem Parkhaus in Bad Salzuflen. Er fühlt sich in Ostwestfalen-Lippe so wohl, weil viele Ortsnamen ihn an England erinnern: »Hereford, Hiddenhousen, Wellingholzhousen and Waterloo. Amazing! Isn`t it?«

Die chinesische Küche sagt beiden gar nicht zu: »Nixe Pasta, nixe Pesto!« schimpft Mylady. »And never real beef!« empört sich Mylord.

Es geht eben nichts über einen deftigen Sunday Roast.

Beim postprandialen Stadtbummel geht ein lang gehegter Wunsch von mir in Erfüllung. Während der ganzen Chinareise habe ich vergeblich nach einem Diagnosepüppchen gefahndet. Die genierliche Chinesin benötigt dieses intime Utensil aus Elfenbein oder Porzellan für ihren Besuch beim Arzt. An dieser ›Wawa‹ kann sie dem Doktor zeigen, wo es ihr weh tut, ohne sich selbst entkleiden zu müssen.

Ausgerechnet an unserem letzten Tag entdecke ich in einem kleinen, mit Kuriositäten aller Art vollgestopften, Laden in Macao mein ersehntes Püppchen. Die zwölf Zentimeter kleine Dame liegt, genant lächelnd, auf einem lackierten Holzgestell. Sie ist nackt bis auf einen langen schmalen, auf die Füße herab wallenden Schal. Die rechte Hand stützt ihre schweren Brüste. Ihre linke Hand ruht hinter dem Kopf. Im pechschwarzen Haar stecken zwei Lotusblüten, die Ehrenzeichen der sittsamen Ehefrau.

Für dieses fein gearbeitete Stück aus China Bone will der Antiquar 120 US Dollar. Ich biete 60 $. Er macht ein Pokergesicht und verlangt 100 $. Ich biete 50 $. Ohne eine Miene zu verziehen, verlangt er 80 $. Ich kürze auf 40 $. Jetzt entgleisen seine Züge; er jammert, ich wolle ihn ruinieren. Es kommt kein neues Angebot, also verlasse ich den Laden. Draußen wartet mit laufendem Motor schon unser Bus. Der alte Chinese hastet hinter mir her. Er will bei 30 $ abschließen. Ich biete 25 $ und gewinne das erfrischende Geschacher. Das China-Virus hat mich wohl voll erwischt.

In zwei Jahren wird Portugal ebenfalls seine Kolonie an China zurückgeben. Macao soll dann wie Hongkong eine Sonderverwaltungszone der Volksrepublik China werden.

Auch die roten Chinesen verstehen sich auf gute Geschäfte.

Am meisten verblüfft haben mich auf dieser Reise die starken Kontraste.

Das blumige Wortgeklingel der Hofsprache, die knallbunte Bemalung von Tempeln, die kultische Verehrung von Ungetümen, sie stehen für mich in krassem Widerspruch zu Chinas klassischer wortkarger Poesie, seiner minimalistischen Malerei, seiner rationalistischen Philosophie.

Der Chinese sei eben traditionsgebunden und revolutionär, geschäftstüchtig und solidarisch, abergläubisch und abgeklärt zugleich. Wenn die Ernte auf seinen Feldern gut stehe, reibe sich der chinesische Bauer insgeheim die Hände, um dann lauthals zu jammern: »Schlechtes Korn, schlechte Ernte!«

Weil er nicht den Neid der Götter und die Mißgunst der Nachbarn erregen will.

So erzählte es uns das Schneeflöckchen. So hielte es auch der Bauer in Westfalen.

Beteuerte der Patriarch.

Das Alte Ägypten wurde vom Wüstensand begraben, das Reich Alexanders ist auseinander gebrochen. Rom ist untergegangen, das British Empire nur noch ein Schatten vergangener Größe. China aber greift nach einer kurzen Verschnaufpause wieder nach der Vorherrschaft in Fernost.

Lebewohl, Du Land des Lächelns!

Zàijiàn Zhōnggua!

Welten im Ungefähr

Indien und Nepal

Taj Mahal, Agra, Indien

DAS ERBE DER MOGULN

Über dem indischen Subkontinent lagert seit Wochen ein stabiles atmosphärisches Hoch. Die zugehörigen Isobaren und Isothermen halten stetig Lage und Form. Ein trockener Wind weht schwach aus Nord-Nord-Ost. Die Temperaturen steigen zu Mittag kaum über angenehme fünfundzwanzig Grad Celsius. Erfahrene Wetterfrösche prophezeien *una voce* einen sonnigen Frühling. Besser kann das Wetterorakel nicht ausfallen für eine Reise ins Land zwischen Indus und Ganges.

Spät am Abend bringt uns die Lufthansa nonstop von Frankfurt nach Neu-Delhi. Nach dem Transfer in unsere Luxusherberge fallen wir in einen kurzen, unruhigen Schlaf.

Am nächsten Morgen strahlt die Sonne mit bunten Blumen und sattem Grün um die Wette. Bevor wir zur Stadtrundfahrt aufbrechen, versammelt sich unser Fähnlein in einem der plüschigen Konferenzsäle des Fünfsterne-Hotels.

Wir sollen uns gegenseitig kennenlernen.

Unsere deutsche Reiseleiterin, Frau Fröhlicher, ist studierte Altphilologin. Sie steht in der Blüte ihrer Jahre, trägt eine türkisfarbene Bluse zu Silberlöckchen und spricht Hochdeutsch mit einem reizenden badischen Akzent. Im Ashram von Poona habe sie sich hoffnungslos in Indien verliebt.

Na, wir kennen ihre Gefühle. Auch wir waren einmal wilde 68iger.

Wunschgemäß stelle ich die klügste Ehefrau der Welt und den einzigen Sohn meiner Eltern kurz vor: »Aus dem weltbekannten Bad Salzloch. Unsere Hobbys sind Abwarten und Teetrinken.« Niemand lacht. Das kann ja heiter werden. Na, wir sind eben auf einer Studienreise. Drei von vier Teilnehmern sind bierernste Akademiker.

»Namaste!«

Unser indischer Reisebegleiter Ajdai begrüßt uns mit einer leichten Verbeugung und fromm gefalteten Händen. Er ist etwa Anfang dreißig, trägt einen Schnurrbart wie der rote Dorfschulze Peppone, zeigt erste Ansätze zu einem kleinen Embonpoint. In seinen Augen blitzt der Schalk.

Frau Fröhlicher hat kurzerhand umdisponiert. Es ist Freitag, also muslimischer Feiertag. Deshalb besuchen wir - abweichend vom Programm - heute schon Alt-Delhi mit der Freitagsmoschee. Neu-Delhi kann warten bis morgen.

Unsere Besichtigungstour beginnt beim Roten Fort. Die Festung wurde vom fünften Mogulkaiser Shah Jahan erbaut. In Europa wütete damals gerade der Dreißigjährige Krieg. Ihren Namen verdankt die Zitadelle der drei Kilometer langen Burgmauer aus rotem Sandstein. Ein gewaltiges Hoftor und eine Arkade mit überflüssigen Souvenirläden führen in die einstige Wasserburg. Ihr Burggraben ist inzwischen trocken gefallen, denn der launische Fluss Yamuna hat sich ein ruhigeres Bett gesucht. Durch das so gennante Trommelhaus betreten wir eine weitläufige Gartenanlage. Am Trommelhaus mussten die Gäste des Kaisers ihre Reittiere zurücklassen und zu Fuß weiter gehen. Im Trommelhaus brachten die Hofmusikanten mehrmals am Tage dem Regenten ein Ständchen dar.

Zwischen dem ersten und zweiten Hof der Gartenanlage liegt die öffentliche Audienzhalle. Im Inneren des Diwan-i-Am stand einst unter einem Baldachin der Thron, auf dem der Kaiser den Klagen und Wünschen seiner Untertanen ein Ohr schenkte. Im zweiten Hof liegen mehrere elegante private Gebäude des Großmoguls, darunter gleich zwei prächtige Frauenhäuser, der ›Palast der Juwelen‹ und der ›Palast der Farben‹.

Die private Audienzhalle, Diwan-i-Khas, besteht ganz aus weißem Marmor. Hier empfingen die Mogulherrscher nur hochrangige Persönlichkeiten und Botschafter zu vertraulichen Gesprächen. Auf einem Sockel in der Halle stand früher der goldene Pfauenthron. Der persische Shah Nadir hat den Thron 1739 aus dem eroberten Delhi verschleppt. Das Prunkstück ist heute verschollen.

Ein besonderes bauliches Juwel im Roten Fort ist die Perlmoschee, die der Sohn von Shah Jahan, der glühende Muslim Aurangzeb, als Privatkapelle errichten ließ. Der verspielte, für eine Stätte der Andacht und des Gebets eher ungebührlich heitere Bau mit seinen grazilen Fächerbögen leitet schon, ein Zeichen des beginnenden Niedergangs, hinüber zum Rokoko des Mogulstils.

Nach 1858 zerstörten die Briten einen Teil der Palastgebäude. Der weiße Mann brauchte dringend Platz für die Kasernen seiner Besatzungstruppen.

Vom Roten Fort bringen uns klapperige Fahrrad-Rikschas in waghalsiger Fahrt durch das Verkehrsgewühl auf dem Chandni Chowk in die verwinkelte Altstadt. Hier im Basarviertel hat jede der zahllosen Kasten und Unterkasten ihren eigenen Bezirk. Es gibt Viertel der Juweliere, der Parfümeure, der Silber- und Kesselschmiede, sogar eine Straße der Parathas, das ist indisches Lahmacun. Das Handwerk wird, wie seit Urzeiten, vom Vater auf den Sohn vererbt.

Der Gewürzmarkt Khari Baoli attackiert unsere Nasenschleimhäute. Über dem ganzen Viertel liegt ein betäubender, beizender Geruch. Die Düfte von Chili und Paprikapulver, von Kardamon und Kreuzkümmel, Kurkuma und Pfeffer, Safran und Zimt vermischen sich zu einem olfaktorischen Tohuwabohu. Die Fülle und Vielfalt der Farbtöne von roten, braunen, gelben, grünen und schwarzen Gewürzen spenden dagegen Balsam für unsere tränenden Augen. In den ansprechend sortierten Regalen der Händler lockt ein reichhaltiges Angebot aus getrockneten Kräutern; daneben locken Samen von Fenchel und Mohn, Senf und Sesam und Nüssen vieler Arten, von denen ich nicht einmal die Namen kenne. In Hülle und Fülle feilgeboten werden auch Zwiebeln, Knoblauch und frischer Koriander.

Ajdai führt uns eine schmale, dunkle Treppenstiege hinauf. Wir sollen vom Dach eines Hauses einen Blick über die quirlige Altstadt werfen. Im Gegensatz zu der kaufmännisch korrekten und ästhetisch wohlgefälligen Ordnung in den Läden blicken wir in den Hinterhöfen auf ein hässliches Durcheinander aus leeren Jutesäcken, zerfetzten Plastiktüten und Abfällen aller Art. Von unten dringt ohrenbetäubender Verkehrslärm hoch. Gleichwohl hält ein Basari auf einem wackligen Bettgestell ohne Laken seelenruhig seine Siesta.

Wir schlendern weiter zur Jama Masjid, der größten Moschee Indiens. Die Freitagsmoschee wurde ebenfalls von Shah Jahan erbaut. Ihr Innenhof bietet Raum für mehr als zwanzigtausend Gläubige. Derzeit bekennen sich noch mehr als eine Million Einwohner Delhis zum Islam. Die Zeit des Mittagsgebetes ist schon vorbei, die Gläubigen sind längst wieder beim Geschäft. In einer Nische macht ein bärtiger Muslim ein erquickendes Nickerchen im Schoße Allahs. Sein schlohweißes Haupt hat er auf den Hals eines umgekippten Tonkruges gebettet.

Mit dem Bus fahren wir zum Raj Ghat am Ufer des Yamuna. Hier wurden Mahatma Gandhi und der erste Premierminister Indiens, Jawaharlal Nehru, dessen Tochter Indira und deren Söhne eingeäschert. Nur Nehru starb eines natürlichen Todes. Der Mahatma und Frau Gandhi sowie deren Sohn Rajiv wurden ermordet. Der älteste Sohn von Indira, Sanjay, starb bei einem Flugzeugabsturz.

In einer kleinen, von Magnolien beschatteten, Gartenanlage erinnert ein schlichter Kenotaph an einen großen kleinen Mann. Ghandi warb Zeit seines Lebens für den Ausgleich zwischen Muslimen und Hindus. Verbohrte Hindu-Fanatiker haben den Vater der Nation deshalb ermordet. »Schwelende religiöse Konflikte gefährden eine friedliche Entwicklung Indiens bis heute.« Räumt Frau Fröhlicher kleinmütig ein.

Anschließend bringt uns der Bus zum Mausoleum des zweiten Mogulkaisers Humayun.

»Die in Jahr 1564 vollendete Grabanlage verbindet persische und indische Bauformen zum eigenständigen Mogulstil. Erstmals wurde hier in Indien eine Gedenkstätte für einen Herrscher in einem Garten nach persischem Muster errichtet. Besonders die Kombination von rotem Sandstein mit blendend weißen Marmorintarsien macht den Reiz des gewaltigen Gebäudes aus.« Erläutert fachkundig Frau Fröhlicher.

Das Grabmal wirkt trotz seiner Größe leicht und samten wie ein Schmuckkästchen.

Abends im Luxushotel beglückt uns ein indisches Büffet mit tief cyanotischen, zähen Tandoori Hähnchen. Dazu reicht die Küche schale Chutneys, fades Fladenbrot und einen abgestandenen Salat aus Tomaten und Gurken in dünner Joghurtsauce. Das Haus kümmert sich offenbar vorrangig um das leibliche Wohl der vierhundert Gäste einer Hochzeitsfeier neureicher Parvenüs. Ajdai erklärt uns die aktuellen Ordensregeln der Oberen Zehntausend: »Die Heilige Schnur, einst Ehrenzeichen der oberen Kasten, wurde längst durch Rolex-Uhren und Diamantkolliers ersetzt.«

TRIUMPHBÖGEN UND SIEGESSÄULEN

Heute folgt die aufgeschobene Besichtigung von Neu-Delhi. Wir fahren zum Connaught Circus, einem städtebaulichen Mandala aus drei konzentrischen Ringstraßen mit acht strahlenförmig aus der Mitte abgehenden Alleen. »Genau wie bei uns in Karlsruhe!« Jauchzt Frau Fröhlicher entzückt.

Der Rashtrapati Bhawan, in schlechteren Zeiten Sitz des britischen Vizekönigs, dient jetzt als Amtssitz des indischen Premiers. Die unförmige Kuppel und der bunkerartige Eingang zeugen ebenso wie das kolossale India Gate am Ende der breiten Paradestraße Raj Path von imperialistischem Größenwahn. Das India Gate - offiziell ›All India War Memorial‹ - soll an die vielen indischen Soldaten erinnern, die für das British Empire ihr Leben verloren. In Wirklichkeit war das Monument ein sich reichswichtig aufspielender Triumphbogen der obsiegenden Kolonialmacht. Sein bauliches Vorbild soll der Arc de Triomphe in Paris gewesen sein. Über Geschmack läßt sich in diesem Fall nicht streiten. Anschließend geht es weiter zum ehemaligen Ort Lalkot.

An der Spitze der zweiten Welle islamischer Eroberer Indiens errichtete hier vor genau achthundert Jahren der türkischstämmige General Qutb-ud-din Aibak die erste muslimische Hauptstadt und die erste Moschee auf indischem Boden. Die Neugründung an der Stelle der unterlegenen und geschleiften Rajputensiedlung wurde Residenz des Sultanats von Delhi. Aus den Steinen der zerstörten Tempel erbauten die rechtgläubigen Sieger die Moschee ›Macht des Islam‹. Mit verblüffendem Ergebnis: die hinduistischen Skulpturen und Symbole an Säulen und Kapitellen blieben erhalten. Die sonst so bilderfeindlichen Muslime waren es in der Eile zufrieden, die Laibungen von Türen und Fenstern mit frommen Suren zu verzieren.

Die Moschee ist verfallen, der unvermeidliche Siegesturm Qutb Minar steht noch. Das Minarett ist über siebzig Meter hoch. Eine Wendeltreppe führt innen zu vier Balkonen. Der Turm des Triumphes darf aber nicht mehr bestiegen werden. Es könnte Panik ausbrechen. Vor dem Qutb Minar steht eine sieben Meter hohe, glatte Säule mit einem komplexen Kapitell. Eine Inschrift besagt, die Stele aus reinem Eisen sei um 400 n. Chr. von König Chandragupta II. errichtet worden. Es war die Goldene Zeit des wieder erstarkten Hinduismus.

»Die Säule ist Vishnu, dem Erhalter, geweiht. Deshalb rostet sie auch nicht.« Glaubt Frau Fröhlicher eisern. Wenn jemand die Säule mit beiden Armen umfangen könne, stünde ihm ewiges Glück ins Haus. Behauptet Ajdai. Allerdings müsse man dabei mit dem Rücken zur Säule stehen. Also ist keinem Sterblichen immerwährendes Glück beschieden.

Unser für heute vorgesehenes Programm haben wir schon gestern absolviert.

Daher bleibt jetzt reichlich Zeit für den Besuch einer Teppichmanufaktur. Manche Reisegefährten argwöhnen hinter diesem geänderten Ablauf listige Planung.

Zunächst lauschen wir einem überaus eloquenten Vortrag über die einzigartige Qualität der Seidenteppiche aus Kaschmir. Aus dem indischen Teil von Kaschmir, versteht sich. Bei der Vorführung der Ware geraten die Helfer wegen der Hitze gehörig ins Schwitzen. Nach zähem Feilschen erwerbe ich eine feine Seidenbrücke zum deutsch-kaschmirischen Freundschaftspreis. Ich war wohl, wie Mowgli von der Schlange Kaa, hypnotisiert.

Über Mittag bummeln wir durch ein brandneues ›Village‹ für kaufsüchtige Schnäppchenjäger. Am Ortseingang begrüßt uns ein gewaltig großes Banner: »Welcome to Rose Garden!« Die meisten Geschäfte bieten die üblichen - auf antik gebürsteten - Kunsthandwerkeleien feil. Oder führen Designer-Saris speziell für den europäischen Geschmack. Wir stromern lieber zu zweit über einen am Ortsrand hinter einer zerfallenen Medrese träumenden muslimischen Friedhof. Während wir versuchen, die Inschriften auf den verwitterten Grabsteinen zu entziffern, frißt eine hagere Kuh seelenruhig das wuchernde Grün von den Gräbern. Im zitternden Schatten der Bäume hocken Straßenarbeiter auf ihren

Fersen und klopfen Steine zurecht.

Nach der Mittagspause fahren wir zum Bahai Tempel.

Dieser Petersdom der weltweit verbreiteten, vor hundertdreißig Jahren von einem Perser gegründeten Religion ›Glanz Gottes‹, wurde erst vor zwölf Jahren erbaut. Die geleckte Konstruktion aus grauem Beton hat sich mit weißen Marmorfliesen als knospende Lotusblüte verkleidet. Allein die Gartenanlage erfreut uns mit verschwenderisch blühenden Dahlienbeeten. Ihre großen, flammenden Blüten wetteifern mit den zarten pastellfarbenen Gewändern frommer Pilgerinnen um unseren Beifall. Lästig fallen nur die vielen rotzfrechen Äffchen, die alles stibitzen, was ihnen unter die Finger kommt.

Nachmittags fliegen wir vom nationalen Flughafen Neu-Delhis nach Udaipur.

Unser Hotel am See verströmt den spröden Charme einer Unterkunft für Staubsaugervertreter. Aber das Essen ist erheblich besser als in Neu-Delhi. Der Koch kitzelt unsere Gaumen mit würzigen, saftigen Tandoori Hähnchen. Davor knabbern wir in Butterschmalz ausgebackene Maultaschen mit Minzsauce, picken von gedünstetem Weißkohl oder giftgrünen Erbsen und naschen zum Dessert leckere Mangocreme. Dazu trinken wir stark gewürzten Tee. Auf Wunsch wird auch indisches Flaschenbier serviert.

MÄRCHENHAFTE FILMKULISSE: UDAIPUR

Nach einer kalten Dusche erwartet uns ein ebenso kaltes Petit Déjeuner. Das ungewohnte Gemüsecurry im Masala Omelette spülen wir eilig mit lauwarmem Tee hinunter.

Am Hotelportal steht mit grimmer Miene ein Sikh in barocker Livree und feuerrotem Turban Wache. Der martialische Schnurrbart salutiert nur vor den Männern.

Unsere Rundfahrt führt am See entlang hoch zum Moti Magri, einem Hügel am Ostufer des Fateh Sagar Sees mit prächtiger Aussicht auf Udaipur. Oben erinnert ein Reiterstandbild an den Rajputenführer Pratap Singh. Auf dem Sockel des Denkmals zeigt ein Relief Szenen der Schlacht von Haldighat, in der Rana Pratap anno 1576 gegen die Moguln unterlag. Nach seiner Niederlage hat der unerschrockene Rajpute noch zwanzig Jahre lang einen Guerillakrieg gegen die Moslems geführt. Auf einem abseits gelegenen Felsen dräut neben einer dicken Kanone ein Rajputen-Infanterist mit Lanze und preußischer Pickelhaube gegen die Stadt. Im See unter uns liegt das strahlend weiße Lake Palace Hotel wie ein Kreuzfahrtschiff vor Anker.

Zurück in der Stadt besichtigen wir den reizvollen Garten Saheliyon-ki-Bari, den ›Garten der Mädchen‹. Er wurde von Maharaja Bhopal Singh erbaut. Der Name bezieht sich auf die achtundvierzig adligen Jungfrauen, die ein Teil der Mitgift seiner Maharani waren. In dieser grünen Oase konnten die Königin, ihre Mitgift und deren Zöfchen lustwandeln und das muntere Plätschern der Springbrunnen, die zarten Lotosblüten auf einem stillen Teich oder den kühlen Schatten von verschwiegenen Gartenhäuschen genießen. Ein zierlicher Pavillon hat sich im Blütenmeer einer magentafarbenen Bougainvillee versteckt. Auf Bitten von Ajdai stellt der weiß gekleidete Gartenmeister eigens für uns die Wasserspiele an. Lebensgroße lächelnde Elefanten versprühen aus ihren Marmor-Rüsseln kühlendes Nass. Im Schatten der Bäume binden fleißige Floristinnen bunte Blumensträuße zum Verkauf. Wir verlassen den Garten der Lüste und schlendern durch die Altstadt.

Welch ein Kontrast! Es riecht nach Dung, Kardamon und den Abgasen zahlloser Vespas und Auto-Rikschas. Auf der Straße dösende Kühe zwingen die Fahrer zu gewagten Ausweichmanövern. Freilaufende Wiederkäuer fressen Küchenabfälle, die einfach auf die Fahrbahn geworfen werden. Ein Schneider bügelt auf offener Straße mit einem uralten Kohlebügeleisen Leibwäsche auf. Von hölzernen Masten baumeln locker herabhängende elektrische Leitungen wie zerrissene Spinnweben in alle Richtungen. Die Häuserfronten, die Türen und Fenster sind gelb, rosa oder hellblau gestrichen. Trotz der großen Hitze sind einige der Gitterfenster im ersten Stock weit geöffnet. Verschleierte Schönheiten winken verstohlen. Kleine Kinder verstecken sich vor unseren zudringlichen Kameras in den Saris ihrer Mütter.

Am Ufer des Pichola Sees erledigen fleißige Hausfrauen auf den Treppen zu Füßen des Stadtpalastes ihre kleine Wäsche. Etwas abseits nehmen barbusige, bronzefarbene Frauen in langen Zigeunerröcken und Männer in kurzen Boxershorts selbst ein reinigendes Bad im schleimgrünen Gewässer. Die abgelegten Blusen und Wickelgewänder werden bei dieser Gelegenheit gleich mitgewaschen und an der Sonne getrocknet. Trotz offenkundiger, bitterer Armut wird viel gelacht.

Nach einer irgendwo im Schatten verdösten Siesta besichtigen wir den Stadtpalast.

Fein gearbeitete Fächerbögen führen in maurisch anmutende, von glanzvollen Gemächern umrahmte Innenhöfe. Besonders beeindruckend sind die eleganten Einlegearbeiten im Pfauenhof. Den Söller zieren alte Delfter Kacheln. Auf einer Fliese fliehen Josef und Maria nach Ägypten.

Im Palast arbeitet ein Institut für angehende Miniaturmaler. Trotz der Bilderfeindlichkeit des Islam wurden an den Höfen der Mogule und Maharajas Miniaturen von erlesener Schönheit geschaffen. Die Malschüler sitzen auf der Erde, das jeweilige Work in Progress liegt vor ihnen auf einem niedrigen Tischchen. Ein Lehrer erklärt uns Materialien und Technik. Die Vorlagen zeigen nur traditionelle Motive. Modernes Leben kommt als Thema nicht vor.

Etwas unterhalb vom Stadtpalast liegt der Vishnu geweihte hinduistische Jagdish-Tempel. Eine steile, von zwei Elefanten flankierte, Treppe führt von der Straße zu einem Sockel, auf dem das Heiligtum mit dem typischen Turm in den blauen Himmel ragt. Die Außenwände des Sikhara sind über und über mit Reliefs verziert. »So wie die Wandmalereien und Bildwerke gotischer Dome ehedem als Bibel des einfachen Mannes dienten, so ist die Bauplastik der hinduistischen Tempel eine sinnfällige Illustration der verzwickten hinduistischen Mythen.« Erläutert Frau Fröhlicher etwas oberlehrerhaft.

Wir bestaunen fein gearbeitete Elefantenfriese und einen lebendigen Reigen gertenschlanker Apsaras, die zu schmeichelnden Melodien vollbusiger Ghandarvas tanzen. Von Zeit zu Zeit würden die lieblichen Wolkentöchter allzu enthaltsam lebende Yogis im Schlafe heimsuchen, um bei den weltflüchtigen Asketen irdische Begierden zu wecken.

Warnt uns die Fröhlicher vorsorglich.

Wegen des herrlichen Wetters machen wir auf ihren Vorschlag eine Bootsfahrt auf dem Pichola See zur Insel Jag Niwas. Das Lake Palace Hotel auf dieser Insel, ein ehemaliger Palast, ist beliebt als Kulisse für Kinofilme aller Gattungen. Auch Szenen des James Bond Thrillers ›Octopussi‹ wurden hier gedreht. Von der Insel aus bietet der gegenüber liegende Stadtpalast mit den malerischen Ghats im warmen Licht der sinkenden Sonne einen unvergesslichen Anblick. Wir verzichten auf die angebotene Teestunde; eine weitere Attraktion von Udaipur muss noch abgehakt werden.

Der öffentlich zugängliche Sajjan Niwas Garden ist der größte Garten in Udaipur. Neben zahlreichen Rosensorten gibt es auch ein Arboretum voller exotischer Baumarten und einen Zoo, über den es weiter nichts zu berichten gibt, als dass man ihn mit einer Bimmelbahn hurtig durchfahren kann.

Vor dem Dinner nehmen wir auf der Liegewiese am Pool einen Aperitiv. Der braune Klostertrank - Rum der Marke Old Monk - habe sich als Malariaprophylaxe sehr bewährt. Versichert Frau Fröhlicher fachmännisch. Sie ist leicht beschwipst und macht Scherze: »Haben Sie noch Sex oder spielen Sie schon Golf?« Wer wird ihr auf diese Frage nicht mit einem ehrlichen »Ja!« antworten wollen?

Zum Abenmahl gibt es Lammcurry mit Reis und gebackene Auberginen. Das Flaschenbier der Marken Kingfisher und Black Label ist recht süffig.

ARBEITSTIERE UND FURTBEREITER

Der für den Vormittag geplante Flug nach Jaipur wurde auf den Abend verschoben.

Frau Fröhlicher zaubert im Nu ein neues Programm aus dem Ärmel.

Mit dem Bus fahren wir auf holperiger Straße von Udaipur nordwärts in das abgelegene, in einem Tal der Aravalliberge gelegene, Örtchen Ranakpur. Der Trip wird beinahe durch aufgebrachte Demonstranten vereitelt. Empörte Parteigänger blockieren die Ausfallstraßen von Udaipur, weil die regierende Janata Party im Parlament von Rajasthan eine Abstimmung verloren hat. Ajdai erklärt uns den Grund für die Entrüstung: die Janatha Party hatte gegnerische Abgeordnete bestochen. Die aber wurden von der Opposition schamlos und sittenwidrig zurückgekauft.

Auf Schleichwegen bringt uns der Busfahrer aus der Stadt. Für die neunzig Kilometer lange Fahrstrecke nach Ranakpur brauchen wir über drei Stunden. Gottlob ist der Himmel bedeckt und die Hitze bleibt erträglich. Unterwegs erleben wir das ländliche Indien, das heißt Ackerbau auf der Stufe des Neolithikums.

Die Felder müssen künstlich bewässert werden. Zwei Wasserbüffel trotten im Kreise und treiben Schöpfräder mit großen Tonkrügen. Die Modernen Zeiten haben schon Einzug gehalten. Einige Krüge wurden durch Blechkanister ersetzt. Die werden auch noch benutzt, wenn sie rostig und leck sind und das Wasser nicht in die Bewässerungskanäle sondern neben den Brunnen pladdert. Es juckt mich gewaltig in den Fingern, auf der Stelle praktische Entwicklungshilfe zu leisten.

Ein Landedelmann düngt vor aller Augen mit seinem großen Geschäft einen Acker. Esel, Büffel und Kamele helfen bei der Bestellung. Aber die bei weitem wichtigsten Arbeitstiere sind die Frauen. Sie transportieren auf ihrem Kopf Lebensmittel, Wasserkrüge, Körbe mit Viehfutter, Heuballen, Reisigbündel, Steine für Feldmauern und schwere Eimer voller Mörtel. Ihre safrangelben, rosen- und burgunderroten, flamingofarbenen, azurblauen und moosgrünen Saris wirken in der trockenen, graubraunen Berglandschaft wie eine Fata morgana in Pastell.

Laut Verfassung sind die Frauen in Indien gleichberechtigt. Im täglichen Leben sei davon, vor allem auf dem Lande, noch wenig zu spüren. Die patriarchalische Hindu-Gesellschaft des Dorfes würde Frauen nur wertschätzen, wenn sie heirateten und bald Söhne zur Welt brächten. Noch immer würden die Ehepartner von den Müttern verkuppelt. Die Väter seien eher passiv beteiligt. Nur die Kaste und vor allem die Mitgift der Braut müsse stimmen. Aus Habgier würden viele Ehefrauen auch heute noch in den Tod getrieben, weil ihre Mitgift in der Familie des Mannes bleibe. Mädchen würden als finanzielles Risiko empfunden und öfter als Knaben ganz legal abgetrieben.

So jedenfalls reime ich mir die verklausulierten Andeutungen von Ajdai zusammen.

Endlich am Ziel angekommen besichtigen wir einen der kunstvollsten Jaina-Tempel Rajasthans. Er ist dem ersten ›Furtbereiter‹ des Jainismus, Adinatha, geweiht und stammt aus dem 15. Jahrhundert. Die Bauornamente sind überwältigend. Nirgendwo gibt es eine glatte Fläche. Der *horror vacui* hat alle Wände, Säulen und Architrave mit Steinmetzarbeit, fein wie geklöppelte Spitzen, überzogen. Darunter finden sich auch verspielte Virtuosenstückchen. Eine kleine Skulptur zeigt den Gott Vishnu mit nur einem Haupt aus dem gleich fünf Astralleiber sprießen. »Wie beim Paderborner Hasenfenster.« Beteuert eine mitreisende Dame aus der Hathumarstadt.

In einem anderen Tempel erklärt uns ein freundlicher Mönch im Dhoti und buttergelbem Überwurf geduldig ein für uns rätselhaftes Marmormedallion. Es zeigt, wie ein Drache den 23. ›Furtbereiter‹ Parshvanata vor dem Sturm beschützt, den ein bösartiger Titan wider den frommen Sendboten entfesselt hat. Die tausend Köpfe des Drachens bilden über dem Kirchenvater ein schirmendes Dach. Um die Figurengruppe rankt sich ein breites Band aus blühendem Gesträuch. Zwischen den Ästen nisten weibliche Wesen, die geschwänzten Meerjungfern gleichen.

Die Fassade eines kleineren Heiligtums nebenan schmücken keine mystisch-frommen Figuren. Hier treffen wir auf den drastischen Realismus einer hüllenlosen, orgiastischen Swingerparty. Sachkundige Steinmetze haben hier das berühmte Kamasutra in Marmor verewigt. »Na, da warten Sie erst mal bis Khadjuraho!«

Tiriliert Frau Fröhlicher freudig verzückt.

Heute haben wir ein unverzichtbares Reise-Requisit kennengelernt: die Tempelsocken.

Die Heiligtümer dürfen nicht mit Schuhen betreten werden. Sogar der Ledergürtel muss draußen bleiben. Schließlich könnte er von einem unreinen Tier stammen. Die Tempelsocken bieten eine praktische und hygienische Alternative zum Barfüßergang.

Nach dem Kirchgang bekommen wir Freizeit für einen Bummel durch Ranakpur. Freundlich lächelnde junge Männer hocken im Schneidersitz vor primitiven Webstühlen aus Knüppelholz und knüpfen Teppiche. Eine Fahrradrikscha, hoch beladen mit prall gefüllten Jutesäcken, überquert beängstigend langsam die belebte Kreuzung. Obenauf thront stolz der Boss, sein Kommis muss im Stehen strampeln. Kamelkarren rasen mit stinkenden Vespas um die Wette. Unter Lebensgefahr schieben zwei schmächtige Männer einen Handwagen mit turmhoch gestapelten Kürbissen durch das Gewühl. Am Getränkekiosk rät ein koffeinhaltiges Werbeplakat: »Go cool!«

Unser Bus schaukelt auf der selben Rüttelstrecke zurück nach Udaipur wie bei der Hinfahrt. Die wütenden Demonstranten haben sich inzwischen verlaufen.

Am Abend fliegen wir nach Jaipur, der Hauptstadt Rajasthans. Wir beziehen Quartier in einem guten Hotel. Die Küche verwöhnt uns mit einem reichhaltigen Büffet. Es gibt Kichererbsen mit Lamm, Okraschoten in Kokosmilch, Fisch in Senfsauce mit Basmatireis, Auberginensalat und Grieshalwa mit Rosinen, Mandeln und Pistazien.

RUHM UND REICHTUM DER RAJPUTEN

Es regnet - für diese Jahreszeit ganz ungewöhnlich - am Abend und am Morgen. Natürlich gibt jedermann El niño die Schuld.

Der Bus bringt uns zur ehemaligen Hauptstadt des Rajputen-Reiches, zur Festung Amber. Vom betriebsamen Parkplatz reiten wir auf festlich geschmückten Elefanten hoch zur Zitadelle. Die Mahuts, die auf dem Nacken der Dickhäuter sitzen, tragen leuchtend rote Turbane. Stolz jauchzend wie nur je ein Maharaja ziehen wir durch das für hochgestellte Persönlichkeiten reservierte Sonnentor und verstummen jäh vor einem Prospekt wie aus Tausendundeiner Nacht.

Die Rajas waren zuerst erbitterte Feinde, dann Vasallen und schließlich Allierte der Moguln. Hinduistische und islamische Baukunst sind daher in Amber zu einem eigenen indo-islamischen Rajputenstil verschmolzen, dessen Feinheit und Geschmack man allerorts bewundern kann. Die Schlossanlage mit ihrer betäubenden Pracht zeugt auch vom Reichtum der Rajputenherrscher.

Wie im Roten Fort von Delhi gehören auch in Amber ein Diwan für öffentliche und einer für private Audienzen, ein Harem und ein Hamam zur Palastanlage. Und natürlich ein Gebäude mit den intimen Gemächern des Raja. Hier in Amber trägt der Bungalow den Namen Sukh Niwas, zu Deutsch ›Saal der Freuden‹.

Die Türflügel am Tempel der Göttin Parvati glänzen mit meisterhaften Treibarbeiten aus Silber. »Auf dem linken Flügel zeigen die Medaillons zehn Manifestationen der Kali; die Mahavidyas. Die neun Manifestationen der Durga, die Navadurgas, sind auf dem rechten Flügel zu sehen.« Belehrt uns die tief ergriffene Frau Fröhlicher.

In den vier Innenhöfen bestaunen wir bezaubernde Gartenanlagen mit Wasserspielen aller Art. Im Sukh Niwas rieselt klares Nass über schräggestellte Marmorplatten. Wabenartige Vertiefungen verlangsamen den Lauf des Wassers, erzeugen so eine höhere Verdunstung und sorgen für angenehme Kühle. Marmorfenster mit feinstem Maßwerk und eingelegten bunten Glasscherben zaubern Blumen auf die Wände der Räume und schirmen vor Sonnenglut. Nur gotische Kirchenfenster glühen dunkler. Zarte Blütenstilleben aus makellosem Marmor zeugen von der Liebe des Wüstensohnes zu Blumen aller Art. Bei Kerzenlicht gauckeln an den Decken Einlegearbeiten aus Glas- und Spiegelscherben einen funkelnden Sternenhimmel vor.

Von der Höhe der Festung aus haben wir einen unverstellten Einblick in den intimen Mogul-Garten am Ufer des Maotasees. Die Rabatten sind mit eleganten Arabesken aus Stein gefasst.

Auf dem Rückweg nach Jaipur besuchen wir in einem kleinen Dorf noch eine Textildruckerei. Der Direktor persönlich demonstriert uns verschiedene Blaudruck-Techniken und die Herstellung der hölzernen Modeln. Wir werden freigebig bewirtet mit Bananenstückchen, kalten Maultaschen und Cola mit Rum. Auf ausdrücklichen Wunsch wird, wenn auch zögerlich, Tee serviert. Dann haben wir Gelegenheit zum Kauf von Tischdecken, Servietten, Kissenbezügen oder Kopftüchern. Die klügste Gattin der Welt kauft zwei kunstvoll geschnitzte Holzmodeln für ihre Sammlung weiblicher Handarbeiten. Der Boss möchte uns lieber Teppiche aus eigener Produktion verkaufen. Im Hof hocken Männer und Frauen vor einfachen Webstühlen und weben Wollteppiche, die mit den feinen kaschmirischen Seidenteppichen nicht zu vergleichen sind.

Auf der Rückfahrt zum Hotel unterhält uns ein kleiner Junge im Bus mit einfachen Kunststückchen. Das ist besser als betteln gehen. Also geben wir reichlich Trinkgeld.

Frau Fröhlicher bietet an, in Jaipur auch noch ein Juweliergeschäft aufzusuchen. Die Herde verzichtet schweren Herzens.

Am Nachmittag bummeln wir durch die Altstadt von Jaipur.

Die Stadt wurde im Jahre 1727 von Sawai Jai Singh gegründet und löste Amber als Residenz ab. Ihre sechs Kilometer lange Stadtmauer ist durchbrochen von sieben rot verputzten und mit weißen Ornamenten bemalten Stadttoren. Neun, nach den uralten Baugesetzen des Vastu Vidia angelegte, Stadtviertel werden getrennt durch breite Straßen. Die gesamte Stadt mit ihren rechtwinkligen Quartieren ist wieder ein städtebauliches Mandala. Denn das in sich ruhende, unbewegte Quadrat gilt dem gläubigen Hindu als Symbol der kosmischen Ordnung. »Genau wie bei uns in Mannheim!«

Frohlockt die fidele Frau Fröhlicher.

Der Palast in der Stadtmitte ist immer noch die offizielle Residenz des Maharadjas von Jaipur. Zum großen Teil dient er aber als Museum. Wie verarmte britische Lordschaften muss auch der Maharadja von Jaipur sein Castle von Fremden beschnüffeln lassen. Im Ganzen wie Intarsienarbeit aus rotem Mahagony wirkend, überraschen die verschiedenen Gebäude mit beeindruckenden Räumen und vor allem wunderschönen Türen. Überall schlägt der Pfau als Leitmotiv sein schillerndes Rad. Die Museumsräume zeigen Waffen, Textilien, Miniaturen und Handschriften mit winzig kleiner Schrift. Eine arabische Übersetzung des Aristoteles über die Geheimnisse der Astronomie stimmt uns ein für den anschließenden Besuch des Observatoriums Jantar Mantar.

Haushohe Sonnenuhren und himmelstürmende Sternwarten rauben uns die Worte. Für eine geführte Besichtigung bleibt leider keine Zeit. Es beginnt schon zu dämmern.

Mit Rikschas fahren wir eilig weiter zum Hintereingang des Hawa Mahal.

Die Straßenfront haben wir wegen der Lichteffekte schon am frühen Morgen besichtigt. Der berühmte ›Palast der Winde‹ hat seinen Namen verdient. Das Bauwerk ist eine unglaubliche Potemkinsche Fassade aus rosafarbenen Brüsseler Spitzen. Die zahllosen Erker der fünf Stockwerke haben Fenster zur Straßenfront mit hauchzarten, fein gearbeiteten Gittern aus Stein. Hier konnten die Hofdamen still und heimlich die Paraden und Umzüge auf der Straße verfolgen. Das wahre Ausmaß der baukünstlerischen Schwindelei wird deutlich, als wir den windigen Palast von rückwärts besichtigen: statt über Treppen klettern wir über Schutthalden hoch zu den Balkonen. Die Hofdamen schwebten seinerzeit natürlich in Sänften hinauf.

Das Abendbüffet im Hotel bietet Eiercurry, Spinat mit Frischkäsewürfeln, rote Linsen mit Koriander, Basmatireis, Fladenbrot und diverse Chutneys.

DER VERLASSENE TRAUM: FATEHPUR SIKRI

Heute verlassen wir das Land der Rajputen. Unser Bus rollt über Land von Jaipur nach Agra. Es gilt Linksverkehr. Unterwegs gibt es einen gewaltigen Stau.

Eine zerstrittene Dorfgemeinschaft hat kurzerhand die Straße blockiert, damit die anrückende Polizei ihren Streit schlichtet. Sofort bildet sich eine lange Schlange aus Bussen und Lastwagen. Kaltblütige Kapitäne der Landstraße verlassen die Fahrbahn und ziehen beidseits an der Autschlange vorbei. Aus der zweispurigen Bundesstraße wird im Nu eine mehrspurige Autobahn.

Nach fünf Stunden Fahrt und zweihundert Kilometern erreichen wir Fatehpur Sikri.

Wenn Frau Fröhlicher »Fatehpur Sikri« flötet, hört es sich an wie: »Vatti pour Siggi!«

Der Palast des Mogulkaisers Akbar wurde in der Nähe der Klause eines muslimischen Sufi gebaut. Der kluge Derwisch hatte dem Mogul zutreffend die Geburt eines Thronfolgers prophezeit. Fatehpur, die ›Stadt des Sieges‹, musste allerdings nach fünfzehn Jahren aufgegeben werden. Es gab nicht genügend Wasser in der Gegend.

An der Kuppel des riesigen Palastportals, dem ›Tor des Sieges‹, zu dem eine breite Treppe führt, hängen wagenradgroße Waben von wilden Bienen. Die Moschee von Fatehpur war offenkundig noch ein gestalterischer Probelauf. Die Proportionen der Gebetshalle stimmen nicht; der zentrale Bogen der Fassade ist zu hoch geraten, die übrigen Bögen sind verschieden breit. Im Innenhof der Moschee steht die Grablege des besagten Sufi Sheik Salim Chisti. Das Gebäude erstrahlt in makellos weißem Marmor. Unglaublich filigrane Steinmetzarbeiten zieren die Fenster des Mausoleums. Die Stützen des Daches winden sich wie schlanke Ringelnattern.

Das Gesamtkunstwerk gemahnt an Jugendstil und Art Deco.

In der privaten Audienzhalle des Palastes Diwan-i-Khas trägt eine einzige, mittelständige

Holzsäule mit einem prächtig geschnitzten Stalaktitenkapitell die Last des Daches. In diesem Allerheiligsten hat Akbar mit muslimischen Ulemas, hinduistischen Brahmanen, jainistischen Mönchen, jesuitischen Patres, ja sogar mit Zoroastriern über den wahren Gott gestritten.

Die oberste Plattform des luftigen, mehrgeschossigen Windturmes Panch Mahal bietet eine wunderbare Aussicht auf die gesamte Palastanlage mit ihren gepflegten Blumenrabatten. »Das Verlangen des Nomaden nach Blumen und Grün und einer festen Bleibe entspricht dem Fernweh des modernen europäischen Stadtmenschen nach blauen Bergen und grenzenlosem Meer.« Säuselt Frau Fröhlicher sehnsuchtsvoll.

Ajdai bringt uns anschließend in das Dorf, wo einer seiner Onkel wohnt. Angeblich haben die Dorfleute noch nie einen weißen Europäer gesehen. Entsprechend groß ist die Aufregung. Alle Welt läuft zusammen, die kleinsten Kinder voran. Zuerst fremdeln die Kids, dann lächeln sie, dann kichern sie über die ›Bleichgesichter‹. Am Ende stellen sich gerne zum Gruppenfoto auf. Die älteren Frauen haben Probleme damit, bei den Fremden Männlein und Weiblein zu unterscheiden, weil wir alle lange Hosen tragen.

Das Dorf erinnert mich an Dörfer meiner fernen Kindheit. Die kleinen Häuser sind mit Holzschindeln oder Reet gedeckt, einige sind weiß gekalkt. Magere Kühe lagern im Schatten, eine Rotte struppiger Schweine streunt herum, Hunde und Ziegen suchen etwas zu fressen, Hühner scharren im Mist. Die Wege zwischen den Häusern und Höfen sind teils mit Feldsteinen gepflastert, teils nur ausgetretene Lehmpfade. Bunte Kugelschreiber, süße Bonbons und sogar meine alte, verschossene Baseballmütze werden von der Jugend gerne als Gästegeschenk angenommen.

Am Spätnachmittag erreichen wir Agra, wo wir zwei Tage im Taj View Hotel residieren. Frau Fröhlichers Einladung zu einem Bummel über den Basar lehnen wir dankend ab.

Das Dinner im Hotel ist vielseitig, reichlich und schmackhaft. Die berühmte Currysuppe Mulligatawny hätte auch Miss Sophie geschmeckt.

Morgen steht der absolute Höhepunkt der Reise auf dem Programm: das Taj Mahal.

Ob unsere hochgespannten Erwartungen erfüllt werden?

DAS BEZAUBERNDSTE BAUGEDICHT DER WELT: TAJ MAHAL

Für die kurze Fahrt vom Busparkplatz zum Taj Mahal sind nur Elektroautos oder Kamelkarren erlaubt. Wir entscheiden uns für die biologische Variante. Deren Motor hat vor dem Start erst einmal kräftig Verdauung. Inschallah!

Dichter Nebel liegt über Agra. Auch am Taj Mahal, direkt am Ufer des Flusses Yamuna gelegen, beträgt die Sichtweite keine zwanzig Meter. Hinter dem Eingangsstor ist vom faszinierendsten Gebäude der Welt keine Spur zu sehen. Ein ortskundiger Kamellenker versichert uns: »Gestern war es noch da!«

Wir fahren deshalb erst zu Akbars Mausoleum im zehn Kilometer entfernten Sikandra. Der turkstämmige Begründer des Mogulreiches, Shah Babur, im Nebenberuf Naturkundler, Gartenbauer und Dichter, führte seine Ahnenreihe voller Stolz auf die Schrecken der

Menschheit, auf Dschingis Khan und Tamerlan zurück. Daher nannte die Welt ihn den Mongolen. Der verballhornte Begriff gab dann der ganzen Dynastie den Namen Mogule. Baburs Sohn, Humayun, haben wir schon in seinem Mausoleum in Delhi Reverenz erwiesen. Hier in Sikandra liegt der Enkel Baburs, Akbar, begraben. Er war der edelste Fürst der erstaunlichen Herrscherfamilie.

Akbar, brillianter Feldherr und gewiefter Diplomat in einer Person, konsolidierte sein ethnisch und konfessionell bunt zusammengewürfeltes Reich durch eine kluge Politik religiöser Toleranz. Die übliche Sondersteuer für Ungläubige schaffte er ab. Akbar, der Muslim, heiratete als erster Mogul-Herrscher eine hinduistische Rajputen-Prinzessin aus Amber. Die Loyalität vieler besiegter Rajputenfürsten gewann Akbar, indem er sie als hohe Beamte und hochdekorierte Generäle an seinen Hof zog. Zur Stärkung des Bauernstandes führte er eine Landreform durch. Unter seinem Sohn Jahangir, seinem Enkel Shah Jahan und seinem Urenkel Aurangzeb führten Verschwendung, religiöser Fanatismus und kostspielige Kriege zum schleichenden Niedergang des Reiches.

Das gewaltige Haupttor des Mausoleums wird von vier schlanken, marmorverkleideten Minaretten umrahmt. Weiße Marmorinkrustationen überwuchern die Sandsteinfassade des Tores, so dass kaum noch etwas vom roten Mauerwerk zu erkennen ist. Hinter dem Tor öffnet sich ein ausgedehnter Garten. Ein breiter Weg führt direkt auf die Grabstätte zu. Sie ist schlichter als das Humayun-Mausoleum, beeindruckt aber wieder durch die geschmackvolle Kombination von rotem Sandstein mit reinweißem Marmor.

Drinnen steht der Kenotaph, ein reich verziertert schneeweißer Marmorblock. In Stein gemeißelt schmücken die traditionellen neunundneunzig Namen Allahs den Sarg. Der einstige Freidenker Akbar ist offenbar im Alter zum Glauben seiner Väter zurückgekehrt. »Im Herbst des Lebens werden Freigeister oft vom Zipperlein der Gottesfurcht befallen.« Kommentiert Frau Fröhlicher süffisant.

Anschließend steht das Mausoleum von Itimad-ud-Daula auf unserem architekturkundlichen Lehrplan.

Dieses Schatzkästlein Indiens‹ wurde zwanzig Jahre vor dem Taj Mahal errichtet.

Akbars Sohn und Nachfolger, Shah Jahangir, hatte aus Staatsräson die persische Prinzessin Nur Jahan zur Frau genommen. Seine ehrgeizige Gemahlin und ihr Vater Mirza Ghiyas Beg wanden dem dekadenten, drogensüchtigen Jahangir die Fäden der Macht aus der Hand. Unter Ghiyas Beg wurde Persisch die Hofsprache des Mogulreiches. Indien übernahm persische Bekleidung und persische Vornamen. So wie eine Generation später, zur Zeit des Sonnenkönigs Louis XIV., französische Sprache und Sitte in ganz Europa Mode wurde. Seine außergewöhnlichen Verdienste als Wesir trugen Ghiyas Beg den Ehrentitel Itimad ud-Daula, ›Stütze des Staates‹ ein. Das war keine höfische Lobhudelei. Schließlich war der Erste Minister nicht nur der Großvater von Jahangirs Sohn und Nachfolger, Shah Jahan, sondern auch von Jahans Frau Mumtaz Mahal.

Das kostbar ornamentierte, zweigeschossige Grabmal mit vier wohl proportionierten Ecktürmen erweckt den Eindruck, das gesamte Gebäude sei eine einzige Skulptur.

Nachmittags suchen wir wieder nach dem entschwundenen Taj Mahal.

Mumtaz Mahal, der ›Glanz des Palastes‹, hat ihrem Mann Shah Jahan vierzehn Kinder geboren. Bei der Geburt des letzten Kindes ist sie, im Alter von achtunddreißig Jahren, gestorben. »Der Glanz des Palastes hat ihre neunzehn Ehejahre auf dem Rücken liegend verbracht.« Lästert Frau Fröhlicher frivol.

Jetzt haben wir Glück. Die Sonne scheint und zaubert ein wunderbares Schattenspiel in die Spitzbögen der Tornischen. Der rote Sandschein von Moschee und Gästehaus leuchtet. Im stillen Gewässer des Gartens spiegelt sich das Grabmal der Begum wie eine Fata Morgana. Je näher wir herankommen, desto klarer wird das Bild. Ein leuchtendes Juwel aus fein geädertem, weißem Marmor mit musikalisch beschwingten Proportionen schwebt auf einem kaum sichtbaren Sockel, gerahmt von vier leicht auswärts geneigten, schlanken Minaretten.

An den Kenotaphen von Shah Jahan und Mumtaz Mahal erzählen filigrane Blumengirlanden aus Pietra dura das Märchen von unvergänglicher, wahrer Liebe.

Das Geld, mit dem das Taj Mahal gebaut wurde, stammte aus dem Verkauf von indischem Salpeter nach Europa. Dort wurde das Mineral dringend gebraucht. Zur Produktion von Schießpulver für den Dreißigjährigen Krieg.

Das behauptet jedenfalls der Schelm Ajdai.

Der Bus bringt uns anschließend zum Roten Fort von Agra. Mit dem Bau der Festung wurde anno 1565 unter Akbar begonnen. Das Bauprogramm wurde zum Vorbild für die Anlage des Roten Forts von Delhi. Eine hohe Mauer umschloss prachtvolle Gärten, eine öffentliche und eine private Audienzhalle, einen Harem und die intimen Gemächer des Kaisers. Juwelenmoschee und Perlmoschee dienten den geistigen Bedürfnissen. Vom Roten Fort hat man einen herrlichen Blick auf das Taj Mahal. Shah Jahan, von seinem rebellischen Sohn Aurangzeb entmachtet und in einem Turm des Roten Forts gefangen gesetzt, wird vom Söller seines Kerkers manch sehnsüchtigen Blick geworfen haben zum Grabmal seiner geliebten Entschlafenen.

Wir schütteln die aufkeimende Wehmut ab und rüsten uns für die von unserer Obrigkeit anberaumte Besichtigung einer Pietra dura Werkstatt.

Bilder und Ornamente aus Plättchen harter Steinsorten wie Achat, Chalcedon, Jaspis, Lapislazuli, Perlmutt und Koralle werden hier in altehrwürdiger, zeitraubender Handarbeit hergestellt. Wie bei den Miniaturmalern und den Teppichknüpfern werden auch in dieser Pietra dura Werkstatt nur traditionelle Motive umgesetzt. Nach modernen Themen und Motiven suchen wir vergebens. Die Manufaktur wird gleichwohl vom Staat subventioniert. Nur einige unentwegte Souvenirjäger unseres Fähnleins heucheln Kaufinteresse. Frau Fröhlicher ist fühlbar gefrustet.

Auf dem Weg zum Abendmahl bleibt der Fahrstuhl des Hotels auf halber Höhe über der Lobby hängen. Die Tür muss von außen mit Gewalt geöffnet werden. Das braucht seine Zeit. Das Büffet ist aber noch nicht völlig geplündert, als wir uns endlich am Tisch niederlassen. Hamdulillah!

Open Air Unterricht in Hinduismus

Für den Vormittag war der Weiterflug nach Khajuraho geplant. Auch dieser Flug wird verschoben. Die neue Abflugszeit liegt noch nicht fest.

Kurzerhand erteilt uns Frau Fröhlicher im Garten des Hotels Unterricht in Hinduismus.

Sie macht uns bekannt mit der heiligen Dreifaltigkeit von Brahma, dem Schöpfer, Shiva dem Zerstörer und Vishnu, dem Erhalter und enthüllt uns die weiblichen Quellen der göttlichen Potenz, verkörpert in den drei Shaktis Sarasvati, Parvati und Lakhsmi.

Hinter jedem allmächtigen Gott klöppelt eine allwissende Göttin.

Die vielgestaltigen Inkarnationen dieser Götter rauben uns dann wieder den Durchblick.

Vishnu wird Fleisch als Fisch, Schildkröte oder Eber, als löwenköpfiger Narasimha oder zwergwüchsiger Vamana, als Rama oder Krishna. Und Parvati, die liebliche Gattin Shivas und Mutter Ganeshas, sie gebärdet sich gerne auch mal als vielarmige, den Tiger reitende, schwarzgesichtige und zornige Durga oder Kali.

Na, und erst die verwirrende Vielfalt der Reittiere und Insignien der Himmlischen. Zu welchem Gott oder welcher Göttin gehörten nochmal der Ganter und der Pfau, der Löwe und die Ratte oder der treue Nandi-Stier? Zu wem passen Lotus und Lingam, Vina und Trommel, Zepter und Diskus? Uns schwirrt der Kopf vor Karma und Dharma, Atman und Brahman. Ist es ein Wunder, dass aus diesem geistigen Tohuwabohu mit dem Buddhismus eine Religion ohne Götter hervorging?

Unsere Maschine geht um vier Uhr nachmittags. Nach dem Einchecken im Hotel führt uns die nimmermüde Frau Fröhlicher mal eben noch zur westlichen Tempelgruppe von Khajuraho. Im Abendrot glühen die barocken Konturen lieblicher Apsaras. Das viel versprechende Lächeln der himmlischen Wolkentöchter erweckt gespannte Vorfreude.

Irgendwie erinnert mich der Baustil der Tempel an die ›Sagrada Familia‹ von Gaudi.

Kosmische Vereinigung: Khajuraho

Heute steht ein ausführlicher Besuch der Tempel von Khajuraho auf dem Stundenplan.

In Khajuraho, der einstigen Hauptstadt des Chandella Reiches, haben nicht nur Shivaisten sondern auch Vishnuisten und Jainisten imponierende Heiligtümer aus gelbem Sandstein errichtet. Trotz aller Unterschiede im Kultus zeigen die Tempel einen ähnlichen Bauplan. Auf einer Plattform erhebt sich die himmelstürmende Kathedrale, ein Komplex aus Vorhalle, Haupthalle und der von einem Wandelgang umrahmten Cella. Über jedem Raum türmt sich eine, von Halle zu Halle höher aufragende, Kuppel. Der höchste Turm über dem inneren Heiligtum, Sikhara genannt, ist Symbol des Weltenberges Meru, auf dem bekanntlich die Götter wohnen.

Unser ortskundiger Lotse ist vom Schicksal gezeichnet: sein Gesicht ist mit Pockennarben übersät, sein linkes Auge erblindet. Während des Rundganges erweist er sich indes als frivoler Spötter, der nicht mit frechen Sprüchen über launische Götter, liebreizende Apsaras und lüsterne Liebespaare geizt.

Die alle Außenwände und Pfeiler überwuchernden Steinmetzarbeiten übertreffen alles bisher Gesehene. Wir belauschen anmutige Frauen beim Lesen, Schreiben und Malen, beim An- und Entkleiden, bei der Körperpflege und beim Schminken. Ihre grazilen Körper winden sich wie Schlingpflanzen im Wasser; unter durchsichtigen Saris vibriert warmes Fleisch.

Weltberühmt sind die freimütigen erotischen Darstellungen auf den frommen Tempelwänden. Sodomitische Szenen etwa berichten von jenen frühesten Zeiten, in denen die Menschen sich noch mit Tieren paarten, um chimärische Götter - halb Tier, halb Mensch - zu zeugen.

Alle Spielarten der körperlichen Liebe haben die Künstler hier im Stein verewigt. Ob autoerotisch, homoerotisch oder heteroerotisch, ob Solo oder im Duett, ob zu Dritt oder im Sextett: nebenan spitzelnde Elefanten lächeln wohlgefällig über die frommen tantristischen Exerzitien. Die teilweise akrobatischen Stellungen der Liebespaare wirken keineswegs pornographisch; alle Akteure scheinen eher der wirklichen Welt entrückt. »Die Vereinigung von Mann und Frau im Liebesakt ist erstens ganz natürlich, zweitens ein Symbol der Vereinigung von Himmel und Erde und drittens die Vorwegname der Verschmelzung unserer persönlichen Seele Atman mit dem Weltgeist Brahman.«

Prophezeit uns Frau Fröhlicher feierlich.

Ein tantristisches Bildnis erkenne man leicht daran, dass es schwer falle, die Gliedmaßen aller Beteiligten auseinander zu halten.

Erklärt uns schmunzelnd der sehbehinderte Fremdenführer.

Am Nachmittag schlendern wir im kleinen Kreis durch das nahe liegende Dorf.

Hier sind die Leute nicht so bettelarm wie im Weiler von Ajdais Onkel. Einige Häuser sind sogar frisch gestrichen, die Kinder meist sauber gekleidet. Ein zwölfjähriger Brahmanenjunge ernennt sich selbst zu unserem Personal Guide. Er spricht gut Englisch und ein wenig Französisch und hält uns aufdringliche Händler und bettelnde Kinder vom Leibe. Seine Sprachkenntnisse verdankt er dem Besuch einer Public School. »Very expensive!« klagt er und bittet um ein Trinkgeld. Wir geben gern und reichlich.

Heute ist Wahltag. Vor dem Wahllokal stehen Männer und verteilen Stimmzettel. Die Nachfrage scheint eher gering zu sein. Bei diesen vorgezogenen Wahlen zum indischen Parlament kandidieren zwölf Parteien. Die Kongresspartei von Frau Sonia Ghandi hat in diesem Wahlkreis keinen eigenen Kandidaten aufgestellt. Da viele Wähler nicht lesen können, gibt sich jede Partei mit einem sinnfälligen Symbol zu erkennen. Die hinduistisch-nationalistische Bharatiya Janata Partei (BJP) steht auf dem Stimmzettel an zweiter Stelle. Ihr Symbol ist eine unschuldige, weiße Lotusblüte, an der bekanntlich nichts hängen bleibt. Andere Parteien führen eine Ziege, ein Telefon oder gekreuzte Schwerter im Schilde. Zwei Parteien haben sich sogar Raubvögel als vielsagendes Kürzel für ihre Politik ausgesucht. Ajdai sagt einen Sieg der BJP voraus.

Auf dem Rückweg zum Hotel schauen wir noch bei einem Fotografen vorbei. Denn wir brauchen aktuelle Passbilder für die nepalesischen Visa. Als die fertigen Bilder ins Hotel gebracht werden stellt sich heraus, dass meine frühere Verlobte noch einmal fotografiert werden muss. Der schüchterne Lichtbildner hat ihre erste Aufnahme verwackelt.

Vor dem Abendmahl gibt es wieder Medizin: Old Monk mit mehr oder weniger Cola.

Bei Tisch arbeiten wir mit Familie Sörgel aus Leipzig die Probleme der Deutschen Einheit auf. Gespräche über Glaubensfragen sind auf Studienreisen ja unvermeidlich. Wir kommen bald überein: im Allgemeinen war nicht Alles schlecht. Was genau im Besonderen gut war, darüber gehen unsere Meinungen weit auseinander. Familie Sörgel speist fürderhin an anderen Tischen.

WO DAS RAD DER LEHRE INS ROLLEN KAM: SARNATH

Auch unser Flug nach Varanasi wird wieder von 7:00 auf 13:00 Uhr verschoben.

Frau Fröhlicher ergreift freudig die Gelegenheit zu einer weiteren Vorlesung am Hotelpool. Heute geht es um den Buddhismus und um die feinen Unterschiede zwischen Mahayana, Hinayana, Vajrayana, um Lamaismus und Tantrismus.

Unsere Dozentin lehrt uns begeistert die Bedeutung von Mudras und Asanas. Im Lotossitz demonstriert sie pantomimisch geschickt die Gesten der Meditation, der Darlegung, der Besänftigung und der Segensgewährung. Dann stellt Frau Fröhlicher die Buddhas der Vergangenheit, der Gegenwart und der Zukunft vor unser geistiges Auge, denen, ihr Liebling Avalokiteshvara voran, eine endlose Reihe barmherziger Bodhisattvas folgt.

Der Flieger nach Varanasi startet, wie versprochen, um Punkt 13:40 Uhr.

Nach dem üblichen Check-in fahren wir am Nachmittag zum buddhistischen Heiligtum bei dem kleinen Ort Sarnath. Der Wildpark bei Sarnath gilt als der Ort, an dem Siddhartha Gautama seine erste Predigt über die Vier Wahrheiten und den Achtfachen Pfad gehalten hat.

Der örtliche Touristenlotse versteht es, die spirituelle Welt des Buddhismus schlichten westlichen Gemütern verständlich zu machen. Er vergleicht den größten Kaiser des indischen Maurya-Reiches, Ashoka, mit Konstantin dem Großen und sieht in Siddhartha Gautama den Martin Luther des Hinduismus. Der Religionsstifter habe die Volkssprache statt des verstaubten Sanskrit der Brahmanen in die Lehre eingeführt. Der ursprüngliche Buddhismus kenne keine Glaubensdogmen, keine Heiligen Bücher, keine Priesterherrschaft, keinen Papst, ja nicht einmal Götter.

Leider war diese einsame Höhe einer natürlichen Sittenlehre nicht auf ewig zu halten.

Schon zu Ashokas Lebenszeit musste ein Konzil den wahren Glauben definieren, häretische Schriften aus dem Kanon ausschließen und im Tripitaka den Kreis kanonischer Schriften festlegen. Damit war auch im Buddhismus der Weg zur Spaltung beschritten. Im Mahayana Buddhismus wurde schließlich dem Buddha und den Bodhisattvas gottgleiche Verehrung zuteil. Nun ja, jeder Mönch lobt seinen Orden.

Das kleine Museum des Ortes bewahrt das berühmte Kapitell einer Ashoka Säule. Das Fragment gehörte zu einer von vielen Edikt-Säulen, auf denen der Herrscher die Prinzipien seiner, an Buddhas Lehre orientierten, guten Regierung verkündet hat. Auf einer Lotosblüte stehen vier Löwen; das Gesims darunter zieren ein Elefant, ein Pferd, ein Rind und ein Löwe. Die Tiere symbolisieren die vier Stadien der Entwicklung zum Buddha. Der polierte Sandstein schimmert wie feinster parischer Marmor.

Im Museum steht auch eine der eindrucksvollsten Buddha-Statuen der Welt. Der Erleuchtete sitzt im Lotus-Asana auf einem Thron; die feinen Hände machen die Geste der ›Ingangsetzung der Lehre‹. Unter dem Thron sind die fünf ersten Jünger des Buddha verewigt. Vor dem Museum erzählt ein ausgedehntes Ruinenfeld von Stupas und verfallenen Klöstern die wehmütige Geschichte von Blüte und Niedergang des Buddhismus in Indien.

LEBEN UND STERBEN AM HEILIGEN FLUSS: VARANASI

Früh um 5.oo Uhr heißt es aufstehen, denn bei Sonnenaufgang soll unsere Bootsfahrt auf dem Ganges starten. Schlaftrunken stolpern wir im Morgengrauen durch die feucht-klammen Strassen, die zu den Treppen am Ganges führen. Selbst in dieser Herrgottsfrühe betteln uns verwahrloste Kinder und verkrüppelte Kranke an.

Das erdrückende Elend macht einem zum Voltairianer. Das Alles soll Karma sein?

An den Ghats ertönt aus Lautsprechern schauerliche Musik. »Sind alles Heilige Hymnen!« beteuert unser örtlicher Cicerone. »Den Indern ist der Ganges heilig. Durch das Eintauchen im Fluss werden alle Sünden von den Gläubigen abgewaschen. Vor allem Hindus wollen daher in Varanasi einen guten Tod sterben und ihre Asche der Mutter Ganga anvertrauen.« Flüstert Frau Fröhlicher uns ehrfürchtig zu.

Die meisten Gläubigen geben sich mit kalten Güssen an den Ghats zufrieden. Im eklig trüben, übel riechenden Strom schwimmen sich nur besonders große Missetäter von ihren Sünden frei.

An den Verbrennungsplätzen rauchen düster und unheimlich die Leichenfeuer. Dahinter bilden verfallene Paläste verarmter Maharadjas mit leeren Fensterhöhlen und eingestürzten Dächern eine grausige Kulisse. Betuchte können sich auch in einem modernen Krematorium einäschern lassen. Voller Stolz zeigt unser Baedeker auf ein gepflegtes Anwesen. Seine Eigentümer, Parias seit Generationen, seien durch ihre Gasöfen steinreich geworden. Kein Reisegefährte äußert angesichts der gruseligen Szenerie ein Wort der Andacht. Nur Frau Fröhlicher summt unentwegt fromme Mantras vor sich hin. Der Führer lobt sie über den grünen Tee, weil sie den richtigen Ton treffe. Frau Fröhlicher schwebt daraufhin im siebten Himmel.

Wild gestikulierende Händler umschwärmen in kleinen Booten wie hungrig kreischende Möwen unser Schiff. Sie bieten nur Tand zum Kauf. Da hilft nur rasche Flucht an Land.

Nach einem echt asketischen Breakfast im Hotel geht es zum Flughafen von Vanarasi.

Es heißt jetzt, für immer Abschied zu nehmen von Ajdai. Er ist uns allen ans Herz gewachsen. Wir wünschen ihm Gesundheit, Glück und eine gute Frau! Er beichtet uns, seine Mutter dränge sehr auf Heirat. Sie habe auch schon mehrere Ehe-Kandidatinnen aus dem Dorf in petto. Er selbst träume jedoch von einer romantischen Liebeshochzeit im Stil von Bollywood. Nemaste, Ajdai!

MALERISCHE KÖNIGSSTÄDTE: NEPAL

Der erste Eindruck bei der Ankunft am Flughafen von Kathmandu ist vorteilhaft. Die Abfertigung geht zügig vonstatten. Die Straßen sind viel sauberer, die Gebäude weniger verwahrlost als in Indien. Der nepalesische Lotse, ein Brahmane, spricht sehr gut Deutsch; er hat am örtlichen Goethe Institut studiert. Unser deutsch geführtes Hotel, ein ehemaliges Königshaus, liegt in einem beschaulichen Garten in der Nähe des neuen Herrscherpalastes.

Vor dem Abendbrot ist noch Zeit für einen Bummel durch das Touristenviertel Thamel. Die Händler hier sind zurückhaltender als ihre indischen Kollegen. Wir staunen über Bäckereien, die bayerische Brezel und westfälischen Pumpernickel feilbieten. Über den Straßen flattern weltliche Gebetsfahnen. Sie preisen Trekking-Zubehör aus zweiter Hand und erflehen abenteuerlustige Bergfexe als zahlungskräftige Kunden.

Beim Dinner überrascht uns der Koch mit Gemüsesuppe, Entenbrust an Pommes frittes und gedünstetem Brokkoli mit Mandeln. Dazu trinken wir in Nepal gebrautes kühles Carlsberg Bier.

Am nächsten Morgen besuchen wir nach dem Gabelfrühstück mit dem Brahmanen die mittelalterliche Altstadt von Kathmandu. Unser Rundgang beginnt am Matsyendranath Tempel. Die Wände des zweistöckigen Gebäudes sind mit prachtvoll reliefierten, vergoldeten Kupferplatten verkleidet. Um die Platten vor eigennützigen, sammelwütigen Kunstliebhabern zu schützen, wurden große Teile der Reliefs vergittert. »Der Weiße Matsyendranath ist eine Inkarnation des Boddhisattva Avalokiteshvara.« Eröffnet Frau Fröhlicher uns feierlich. Die ranken Leiber begehrenswerter Baumnymphen an den Tempelsäulen fesseln mich mehr. Vor dem Tempel sitzen Matronen bei einem gemütlichen Schwätzchen auf der Erde. Meine Silberbraut würde sich am liebsten gleich dazu gesellen. Doch wir huschen im Eiltempo weiter durch das Gewusel der Makhan Tole zum Durbar Square. Der Durbar Square ist der religiöse und urbane Mittelpunkt der Stadt.

Hier, am Knotenpunkt uralter Handelswege von Indien nach Zentralasien und China, haben Könige der nepalesischen Malla Dynastie für die Götter Pagoden, für sich Paläste und für ihre Untertanen Markthallen errichten lassen.

Die Periode der Malla-Herrscher zwischen dem 12. und 18. Jahrhundert gilt als Goldenes Zeitalter Nepals. Allerdings zerbrach die Einheit des Reiches schon Ende des 15. Jahrhunderts an der alten biblischen Geschichte von den feindlichen Brüdern. Nach dem Verlust der Einheit haben in Kathmandu, Patan und Bhaktrapur jeweils Kleinkönige des Hauses Malla regiert und versucht, ihre königliche Mischpoke in puncto Prunk und Prachtentfaltung zu übertrumpfen.

Am Eingang zum weitläufigen Palast von Kathmandu wacht eine Figur des Affengottes Hanuman. Er galt als Schutzgott der Malla Dynastie, der böse Geister vom Herrscherhaus fernhalten sollte. Hanuman hat den Niedergang des Hauses nicht verhindern können. Vielleicht weil er - immer und immer wieder mit einem Gemisch aus Senföl und Zinnober übergossen - konturlos wurde und kaum noch als Hanuman zu erkennen ist.

Zu beiden Seiten des Palastportals posieren zwei Löwen. Auf dem rechten König der Tiere reitet der Gott Shiva, auf dem linken seine Gattin Parvati. Die beiden Standbilder sind Beutekunst aus einem Überfall des Königs Pratapa Malla auf die rivalisierende Nachbarstadt Bhaktrapur.

Gegenüber erhebt sich eine fünfstöckige Pagode. Der Pancamukhi Hanuman Mandir ist ein ungewöhnlicher Rundbau. Das Kultbild zeigt wieder den Affengott Hanuman. Diesmal vorsorglich mit fünf Köpfen. Die schier unbeschränkte Fähigkeit zur Vermehrung von Haupt und Gliedern ist ja eine Spezialität der Hindugötter.

Der Jagannath Tempel, Krishna geweiht, ist wieder ein Stein gewordenes Mandala. Mit dem zentralen Heiligtum und den vier Pagoden an den Ecken der unteren Plattform verkörpert auch dieser Tempel den Weltenberg Meru.

Wir eilen weiter zur Hauptstraße und prallen zurück vor einem grässlich schönen Ungetüm. Ein grellbunt bemalter King Kong scheint aus der Häuserfront auf die Straße zu springen. Das ist Kala Bhairava, die Schrecken erregende Manifestation des Gottes Shiva. Der sechsarmige, schwertschwingende Rächer mit der Totenkopfkrone tritt den besiegten Dämonen Vetala mit Füßen. Versonnen lächelnde Matronen bestreichen den Gott andächtig mit roter Farbe. Jetzt möchte ich Gedanken lesen können. Wen sehen die Damen wohl in dem unterlegenen Dämonen?

Auch die vielen Ganeshas an den Straßenecken wurden von Frommen mit roter Farbe gesalbt. Die zahlreich umherwuselnden Reittiere des Elefantengottes sind rattengrau aber quicklebendig. Im Himmel wie auf Erden schreit Hygieia nach Ignaz Semmelweis und Louis Pasteur.

Erfreulicher ist der Anblick einer hohen Säule aus Stein auf dem Durbar Square. Auf ihrem Lotoskapitell thront wie in einem Storchennest König Pratapa Malla, umringt von seinen beiden liebreizend plappernden Storchenfrauen und seinen fünf Storchensöhnen.

Im Sturmschritt hasten wir weiter, verweilen aber kurz vor einer wohlgestalteten Garuda-Statue. Das Reittier Vishnus, halb Mensch, halb Adler, ist der Hermes des hinduistischen Pantheons. Folglich gedeiht unter seinen schirmenden Fittichen ringsum ein schwunghafter Handel. Dann stehen wir vor einem der ältesten Gebäude der Stadt. Kasthamandapa, das ›Haus ganz aus Holz‹, eine ehemalige Versammlungshalle, soll Kathmandu den Namen gegeben haben.

Frau Fröhlicher treibt uns weiter zum Kumari Chowk am Basantapur Square.

Auf lautes Rufen des Brahmanen zeigt sich ein etwa sieben Jahre altes, finster blickendes Kind am Fenster eines Hauses. Für gläubige Hindus ist das dort eingekerkerte Mädchen die lebende Inkarnation einer Göttin. Eine Kumari wird im Alter von etwa vier Jahren ›erwählt‹: das Kind muss dabei einige unsinnige Mutproben bestehen. Danach lebt die Auserwählte abgeschieden von der Außenwelt in einem Palast, den sie nur an besonderen Festtagen verlassen darf. Nach der Menarche wird das pubertierende Mädchen durch ein jüngeres Kind ersetzt. Eine ehemalige Kumari finde nur selten einen Mann. Zum einen habe sie nichts gelernt. Zum andern fürchte Mann, ihre magischen Kräfte brächten den

Gatten in ein frühes Grab.

Das teilt Frau Fröhlicher uns noch vertraulich mit, dann gewährt sie uns Freizeit.

Die meisten Reisegefährten verstehen das als Aufruf zu hemmungslosem Shopping.

Nach dem Shopping fahren wir auf die andere Seite des Bagmati Flusses zur zweiten Königsstadt Patan. In der Ferne strahlen die Gipfel des Himalaya. Über allen glänzt der ewige Firn des Annapurna.

Das fürstliche Bauprogramm von Patan kommt uns schon sehr bekannt vor. Da man sich vor dem rivalisierenden Kathmandu nichts vergeben wollte, gibt es auch hier einen Durbar Square. Der Palast ist aber durch Erdbeben und Feuer fast völlig zerstört. Auch in Patan ragt mit dem Kumbeshvara Tempel eine fünfstöckige Pagode, allerdings mit quadratischem Grundriss, in den Himmel. Auch in Patan steht eine Stiftersäule. Sie trägt eine Staue von Yoganarendra Malla. Hinter dem betenden König reckt eine Nagaschlange ihren Kopf zum Himmel.

Der Shiva geweihte Tempel Vishveshvara hat Treppen an Ost und Westseite und wird von Löwen, Elefanten und Nandi Bullen bewacht. Einst nutzten Priester das nahe Bassin in Lotosform für ihre rituellen Waschungen. Heute dient es reinlichen Hausfrauen für die kleine Wäsche.

Nach dem Besuch von Patan bringt uns der Bus noch zum Stupa von Swayambunath.

Das wichtigste buddhistische Heiligtum im Tal von Kathmandu liegt auf einem vierzehnhundert Meter hohen Berg und ist weithin sichtbar. Der Name des Stupa bedeutet ›Der von selbst Entstandene‹. Das erinnert mich an das Acheiropoieton griechisch-orthodoxer Ikonen. Offenbar fahren auf der ganzen Welt nicht nur Menschen ins Jenseits auf. Mitunter fallen auch Götterbildnisse und ganze Kultstätten vom Himmel herab.

Haargenau dreihundertfünfundsechzig Stufen führen zum Stupa hoch. Der Weg ist gesäumt von den Reittieren Buddhas in seinen verschiedenen Inkarnationen. Die Reittiere hat der Mahayana-Buddhismus, wie so vieles andere, vom Hinduismus übernommen. Auf der Halbkugel des Stupa erhebt sich ein viereckiger Turm. Darüber steigt kegelförmig ein runder Turm aus dreizehn Ringen in die Höhe. Die dreizehn Ringe stehen für die dreizehn Methoden zur Verbreitung der Lehre, die dreizehn Stufen der Vollendung und die dreizehn Himmel des Buddhismus.

Von der Spitze des Turmes sind Seile in alle Richtungen gespannt, an denen bunte Gebetsfahnen flattern. Riesige, streng blickende, alles sehende Augen des Buddha auf den vier Seiten des Turmes verfolgen argwöhnisch jeden meiner Schritte. Das Zeichen der Eins zwischen den Augen gemahnt mich an den einen und einzigen Weg zur Erlösung.

Ich suche Zuflucht in einem Tempel. Aus unzähligen Opferlichtern steigt mir der würzige Duft von ranziger Butter in die Nase. Die zudringlichen Affen und die unverschämten Devotionalienhändler da draußen und dieser grässliche Geruch hier drinnen machen meinem übereilten Vorsatz, sofort fromm zu werden, rasch den Garaus.

In den Höfen bestaunen wir die pfiffige Erfindung des mechanischen Betens: fromme Pilger halten unentwegt zahllose Gebetsmühlen aus Bronze in drehender Bewegung. So bleibt eine Hand frei für andere Tätigkeiten.

Zum Dinner gibt es Kohlrouladen mit Specksoße und Petersilienkartoffeln. Garniert mit nepalesischer Folklore und dänischem Bier. Wir fühlen uns wie auf einem himalayischen Oktoberfest.

DIE STÄTTEN DER FROMMEN: PASHUPATINATH

Am Morgen bringt uns der Bus nach Pashupatinath, eine der wichtigsten hinduistischen Pilgerstätten Nepals. Die Stadt liegt wenige Kilometer östlich von Kathmandu am Bagmati Fluss in der Nähe des internationalen Flughafens. Der Haupttempel gilt der Verehrung von Shiva in seiner Funktion als Herr der Tiere, Pashupati. Die wandelnde Legende Fröhlicher erzählt, dass sich Shiva mit Parvati einst der Liebe hingab. Als neidische Götter das Liebespaar störten, brach Shivas Einhorn, ein uraltes Symbol der Zeugungskraft, entzwei und wurde zum neuen Wahrzeichen des Gottes, dem Lingam. »Das Symbol von Shivas Gattin Parvati blieb aber bis heute ihre Yoni.«

Zwitschert Frau Fröhlicher augenzwinkernd.

Der üble Geruch des Bagmati Flusses konkurriert mit den Ausdünstungen Dutzender Sadhus und Yogis. Der Tsunami von Pilgern, der zum Shiva Rati Fest Ende Februar über Pashupatinath zusammenschlug, hat diese Tagediebe als Strandgut zurückgelassen. Bunt bemalt wie Apachen auf dem Kriegspfad und bewaffnet mit einem Dreizack erinnern sie an bärtige Tritonen. Die wasserscheuen Frömmler sind keineswegs allem Weltlichen abhold. Bevor sie sich für ein Foto malerisch in Positur werfen, wollen sie erst mal bares Geld sehen.

Am anderen Ufer des Flusses liegen halb verkohlte, in gelbe Fetzen gehüllte Leichen auf verglimmenden Scheiterhaufen. Das Kastendenken der Hindus nimmt auch die Toten nicht aus: auf den Arya Ghats dürfen nur ›Zweimalgeborene‹ der oberen Kasten eingeäschert werden. Die ›Einmalgeborenen‹, Menschenbrüder der unteren Kasten, werden auf den jedermann offen stehenden Surya Ghats verbrannt.

Im Kontrast zur düsteren Atmosphäre der Ghats beobachten wir im Ort fröhliches Landleben. Zierliche junge Frauen waschen ihre nackten, kreischenden Kleinkinder an der Dorftränke.

Wir müssen warten, bis unsere Himalyaexpedition von ihrem Rundflug zurückkehrt. Unser Aufenthalt in Pashupatinath dauert daher länger als erfreulich. Die Sonne brennt gnadenlos vom Himmel, es herrschen 32 Grad Celsius. Ich muss mir eine neue Schirmmütze kaufen, weil ich meine alte im indischen Dorf von Ajdai verschenkt habe. In einem kleinen Hain auf einer Anhöhe über dem Bagmati mit Sicht auf die fernen Gipfel des Annapurna finden wir spärlichen Schatten.

Gegen Mittag geht es dann endlich weiter nach Bhaktapur.

Die ›Stadt der Frommen‹ liegt zwölf Kilometer von Kathmandu entfernt am Nebenfluss Hanumante. Viele Gebäude der alten Königsstadt wurden mit deutschem Geld restauriert. Die Altstadt ist verkehrsberuhigt und daher angenehm zu durchwandern. Frau

Fröhlicher schwärmt wieder von dem tiefsinnigen Symbolismus der Stadtanlage: »Im Zentrum des Mandala stehen drei Inkarnationen der Shakti von Shiva, Taleju, Kali und Durga, gefolgt von drei Ganeshas, dem gelehrten Sohn von Shiva und Parvati. Darum herum zieht sich ein Kreis von acht schwarzköpfigen Bhairavas und ein weiterer Kreis von acht Matrkas, uralten Muttergottheiten.«

Zielstrebig eilt Frau Fröhlicher zum Durbar Square.

An der reich geschnitzten Goldenen Pforte zum Palast, einem Torbau aus vergoldeter Bronze, hält diesmal kein Hanuman sondern ein grimmiger Ghurka Wache. Rechts von der Goldenen Pforte erstreckt sich der Palast der fünfundfünfzig Fenster mit reichen Holzschnitzereien an Gittern und Laibung. Auch Bhaktrapur hat seine Stiftersäule. Hoch oben erörtert der König Bhupatindra Malla, mit Schwert und Dolch bewaffnet, in vertraulicher Aussprache mit seinen Göttern die unumgänglich erforderlichen nächsten Gnadenbeweise des Himmels.

Wir ziehen weiter zum Taumadhi Tole und wundern uns nicht mehr darüber, dass es auch in Bhaktapur eine fünfstöckige Pagode gibt, die zudem auf einer ebenfalls fünfstöckigen hohen Plattform steht. Der Nyatapola Mandir ist der Göttin Durga Mahisamardini geweiht. Die ›Bezwingerin des Büffeldämons‹ ist besser unter dem Namen Bhagvati bekannt. Die steile Treppe hinauf zum Heiligtum wird auf beiden Seiten bewacht von zwei berühmten nepalesischen Ringkämpfern namens Yayamalla und Phatta, die zehnmal stärker sein sollen als gewöhnliche Sterbliche. Über ihnen wachen Elefanten, Löwen und Greife. Den Abschluß dieser mythischen Kraftmeierei bilden zwei allmächtige tantrische Gottheiten.

Gegenüber droht der dem Rächergott Shiva geweihte Tempel Bhairava Mandir mit blutroten Mauern und drei niederdrückenden Dächern. Am Taumadhi Tole liegt auch das berühmte Café Nyatapola. Das historische Gebäude ist fest in Touristenhand und polizeiwidrig überfüllt.

Unvermutet biegt ein Hochzeitszug um die Ecke.

Vorneweg stolziert ein Standartenträger, ihm folgt eine zwölfköpfige Musikkapelle. Die Musikanten tragen weiße Jacken und Hosen mit roten Biesen; auf den Köpfen schwanken Helmbüsche aus bunten Federn. So sehen echte Operettengeneräle aus. Das Musikstück, aufgespielt von Blechbläsern und Trommlern, hört sich für unsere Ohren an wie ein Trauermarsch. Hinter der Kapelle schreitet das glückliche Brautpaar einher, verfolgt von der weitläufigen Verwandtschaft. Die frisch frisierten Damen in eleganten Saris sind üppig mit Schmuck behängt. Auf ihren Zügen liegt das triumphierende Lächeln aller Kupplerinnen.

Vom Taumadhi Tole huschen wir noch rasch zum nahen Töpfermarkt. In unzähligen Brennöfen wird hier Gebrauchskeramik hergestellt und direkt vor Ort verkauft.

Vom Töpfermarkt hasten wir weiter zum Tacapole Tole. Frau Fröhlicher möchte uns unbedingt noch das berühmte Pfauenfenster zeigen, bevor sie uns guten Gewissens wieder Freizeit geben kann. Im nahegelegenen Handicraft Center böte sich eine letzte Gelegenheit, um noch dringend benötigte Souvenirs zu besorgen. Wir begnügen uns mit einem kostengünstigen Blick auf die riesigen Statuen der beiden Schwerathleten Yamalla und Phatta vor dem Dattatraya-Tempel. Hier sind sie putzig bunt bemalt und seltsamerweise wie Rajputen gekleidet.

Der letzte Abstecher des Tages führt uns zum Städtchen Bodnath, dessen mächtiger Stupa heute Zentrum einer tibetischen Siedlung ist. »Für die Tibeter steht hier der Petersdom ihres Glaubens.« Beteuert der weltkundige Brahmane. Auf einem dreistufigen Sockel wölbt sich eine weißgelbe Halbkugel. Darüber ragt ein viereckiger, pyramidenförmiger Turm in den Himmel. Gekrönt wird der Stupa von einem Schirm als Symbol der universalen Herrschaft des Buddha. Der hier ebenso unerbittlich und unversöhnlich dreinblickt wie in Swayambunath.

ABSCHIED AM LAGERFEUER

Heute geht es mit kleinem Gepäck und kleinem Flugzeug in das subtropische Tiefland von Nepal, das Terai. Ein Bus, der wohl noch aus der Kolonialzeit stammt, bringt uns vom winzigen Flugfeld in Bharatpur zum nepalesischen Chitwan Nationalpark. Der Park nahe an der Grenze zu Indien gilt immerhin als das reizvollste und wildreichste Naturschutzgebiet Asiens. Für zwei Nächte wird die rustikale Machan Wildlife Lodge unser Zuhause sein. Der Name der Herberge erweist sich als überaus treffend. Uns erwartet ein wildes Leben in dusteren Hütten ohne elektrischen Strom. In jeder Kate spendet genau eine blakende Petroleumlampe so etwas wie Licht. Die Dusche des Bungalows ist auch für Weitgereiste eine Weltneuheit: sechs gemauerte Stufen führen vom Wohnraum in die dunkle Tiefe einer Sickergrube. Warmes Wasser ist unbekannt.

Kaum wohnlich eingerichtet, werden wir ungesäumt zum ›Wildlife viewing‹ befohlen. Von einer Art Verladerampe verfrachten uns Ranger paarweise in Bambuskörbe, die an den Flanken melancholischer Elefanten baumeln. Dann marschiert die Frühpatrouille durch den dämmerigen Forst. Das Gehölz als Urwald zu bezeichnen, hieße völlig falsche Vorstellungen wecken.

Unvermittelt öffnet der Himmel seine Schleusen; es regnet Hunde und Katzen. Die Monsunzeit beginnt offenbar heuer schon viel früher als üblich. Nach wenigen Minuten haben wir keinen trockenen Faden mehr am Leib. Aber das Abenteuerspiel wird, unseren zaghaften Einwänden zum Trotz, gnadenlos durchgezogen. Schließlich sind wir auserkoren, Affen, Antilopen und Leoparden in ihrer natürlichen Umgebung belauschen zu dürfen. Die Tiere sind jedoch klüger als wir und haben sich einen halbwegs trockenen Unterschlupf gesucht. Nur einmal stöbern die Ranger im Unterholz ein verstörtes, im Regen erstarrtes, Nashorn auf. Trotz wachsamer Wildhüter würden die Nashörner selbst im Chitwan Reservat gewildert. »Weil die Pülverchen aus ihrem Horn als Liebesdrogen sehr begehrt sind.« Plätschert Frau Fröhlicher pitschnass vor sich hin.

In der Nacht regnet es weiter. Dicke Tropfen prasseln auf das Dach der Hütte. Wir können lange nicht einschlafen. Dennoch werden wir in aller Frühe geweckt zum obligaten

›Bird watching‹. Wir danken für den Weckruf, bleiben aber lieber im eigenen warmen Nest.

Beim frugalen Toastfrühstück zeigen sich die Teilnehmer der Vogelschau ganz begeistert: sie sind trocken geblieben. Die ganz kernigen Männer des Fähnleins melden sich nach Tee und Toast freiwillig für eine Kanufahrt auf dem nahen Fluss Rapti. Prompt werden die Flusspiraten wieder von unten und oben tüchtig angefeuchtet. Das Leben kann so ungerecht sein.

Der Rest der Truppe fährt mit Jeeps zu einem ›Elefant Breeding Camp‹. Hier werden einige Dutzend Dickhäuter zur Nachzucht gehalten. Doch Elefanten sind kluge Tiere. In Ketten vermehren sie sich nicht.

Abends am großen Lagerfeuer trocknen wir gemeinsam unsere durchweichten Habseligkeiten. Das Alphatier des Rudels hält die sorgfältig vorbereitete, spontane Dankesrede. Er spricht Frau Fröhlicher unser aller Lob aus für ihre engagierte Reiseleitung und ihre außergewöhnliche Improvisationskunst. Aus einer unglaublichen Garbe aus Pleiten, Pech und Pannen habe sie für uns eine immergrüne Girlande aus unvergesslichen Abenteuern zu flechten vermocht. Als Zeichen unserer großen Anerkennung überreicht der Redner Frau Fröhlicher einen schlichten Briefumschlag, gefüllt mit den Bildnissen bedeutender deutscher Frauen und Männer. Die Fröhlicher errötet mädchenhaft. Sie verkneift es sich, sofort nachzuzählen, ob die Serie auch vollständig ist.

Unsere Pannenserie setzt sich am nächsten Tag fort. Das kleine Flugzeug, das uns nach Bharatpur gebracht hat, sollte uns auch nach Kathmandu zurückbringen. Es hat aber einen Motorschaden. Daher müssen wir mit dem klapperigen Busveteranen nach Kathmandu zurückfahren. Die Strecke hinauf in das intensiv bewirtschaftete Hochand erweist sich unerwartet als landschaftlich überaus reizvoll und abwechslungsreich.

Wunderbarerweise startet und landet das Flugzeug von Kathmandu nach Neu-Delhi pünktlich. Nach einem kurzem Nachtmahl und einer Genussdusche fallen wir todmüde in die Betten.

Um 2.00 Uhr morgens schreckt uns der Weckruf der Rezeption aus nebelhaften Träumen. Die Lufthansa bringt uns in neun Stunden nonstop zurück nach Frankfurt.

Seit seiner Unabhängigkeit hat Indien viel erreicht.

Die Demokratie scheint zu funktionieren.

Jedenfalls sind Stimmenkauf und Korruption im heutigen Indien alltäglich. Wie bei uns.

Das Kastenwesen ist abgeschafft, die Diffamierung der Unberührbaren unter Strafe gestellt.

Die Kluft zwischen oben und unten, zwischen schuldenreichen Bettlern und Not leidenden Prassern, wird seither breiter. Wie bei uns.

Die Gleichheit von Mann und Frau hat Verfassungsrang.

Weibliche Inder dürfen sogar mehr und härter arbeiten als Männer und werden von Mitgiftjägern hoch geschätzt. Wie bei uns.

Die Freiheit der Religionsausübung wird von der Verfassung garantiert.

Die vielen verschiedenen Konfessionen und Sekten leben meist friedlich nebeneinander. Gelegentliche Progrome nehmen den religiösen und ethnischen Konflikten die Schärfe. Wie bei uns.

Das einfache Volk ist erfüllt von tiefer Gläubigkeit an die überkommenen Götter. Wenn dieser Glaube auch überwuchert wird von schwarzer Magie und finsterem Aberglauben. Wie bei uns.

Allein die demographische Entwicklung schafft neue, bisher ungelöste Probleme.

Wie bei uns. Nur besitzen wir kein Taj Mahal.

Namaste Bharat!

Allein die Wahrheit siegt!

LAND DER FREIEN

THAILAND

BUDDHA, WAT LAMPANG LUAN, THAILAND

HAUPTSTADT DER ENGEL: BANGKOK

In Bad Salzloch herrscht ein strenger Winter, kernfest und recht von Dauer. Der Lippische Anzeiger berichtet, in Thailand scheine im Februar die Sonne acht Stunden am Tag, Schnee sei dort völlig unbekannt. Also buchen wir im Reisebüro unseres Vertrauens eine Rundreise durch das ›Land der Freien‹.

‹Land der Freien›, das ist seit 1939 die offizielle Bezeichnung des früheren Königreiches Siam. Die Thais sind stolz darauf, dass sie - im Gegensatz zu ihren Nachbarländern - niemals von einer europäischen Kolonialmacht unterjocht wurden.

Vor Tau und Tag startet unser Bus zur unvermeidlichen Sammelfahrt über die schneeglatten Straßen von Lipperland und Sauerland Richtung Frankfurter Flughafen. Die Maschine der Qatar Airways nach Bangkok via Doha hebt pünktlich ab. Kurz nach 18.00 Uhr Ortszeit landet das Flugzeug in Doha. Sogleich hasten die deutschen Passagiere in den Duty Free Shop im Transitbereich. Sie wollen sich günstig mit Snacks, Schokolade, Zigaretten und Hochprozentigem eindecken. Wer weiß denn, ob es diese überlebenswichtigen Viktualien in Asien überhaupt gibt?

Neunzig Minuten später als geplant startet das Flugzeug zum Weiterflug nach Bangkok.

Bangkok heißt, wörtlich übersetzt, ›Dorf im Pflaumenhain‹. Der korrekte amtliche Titel des Weilers zählt einhundertneununddreißig Buchstaben. Der somit längste Ortsname der Welt lautet: „Hauptstadt der Engel, Megalopolis, Heimstätte von Indras heiligem Juwel, unbezwingliche Residenz des Gottes, herausragende Kapitale des Erdballs, geschmückt mit neun kostbaren Kleinodien, reich an gewaltigen Königspalästen, dem himmlischen Heim des wiedergeborenen Gottes vergleichbar, Weltstätte, von Indra gestiftet und von Vishnukarman erbaut."

Sparsame Lipper begnügen sich mit dem kürzeren Spitznamen ›Hauptstadt der Engel‹.

Ob mit den Engeln die sieben Millionen Einwohner Bangkoks gemeint sind? Darüber sind sich die thailändischen Geisterseher noch nicht einig.

Schon am Vormittag zeigt das Thermometer in Bangkok über 30 Grad Celsius.

Ein klimatisierter Bus bringt uns zum Hotel.

Dort stellt sich unser örtliches Leitungsteam vor. Unser Reiseführer Samai, der stille Busfahrer Tom und der jungenhafte Bus-Steward namens Lord begrüßen uns mit einem traditionellen Wai. Sie führen die zum Gebet gefalteten Hände an ihre Nasenspitzen und deuten mit dem Oberkörper eine leichte Verbeugung an: »Sawadii!«

Der Chef Samai hat die untersetzte Statur eines Ringkämpfers und ein offenes, rundes Gesicht. Er trägt kurz geschnittenes schwarzes Haar, eine randlose Brille und zeigt beim Lächeln das Gebiß eines jungen Tigers.

Samai erinnert mich an einen pfiffigen Drogeriegehilfen.

Unsere ostwestfälische Reisebegleitung, Frau Pöppelmann, eine mittelalte Blondine mit verlorener Form, neigt zur Fülle. Die Schiffbrüche früherer Inkarnationen haben in ihrem Antlitz tiefe Spuren hinterlassen. Sie ist alleinerziehende Mutter. Die Tochter studiert Mediendesign. Mademoiselle ist vierundzwanzig Jahre jung, kleidet sich aber wie eine

Siebzehnjährige. Trotz eines entzündeten Nabelpiercings geht sie bauchfrei und trägt zu baufälligen Jeans schmale, bunte Stringtangas, unter denen sie vergeblich ein japanisches Tatoo auf ihrem Os sacrum zu verstecken sucht. Vermutlich will sie mit dieser rückwärtigen Form von Warntracht die Blicke der Männer von ihrem galaktischen Vorgebirge ablenken. Madame Pöppelmann ist eigentlich für die Organisation der Reise zuständig. Sie geht aber mitsamt Tochter sogleich auf Tauchstation und überläßt alles Weitere dem rührigen Samai.

Unser Hotel in Bangkok erfüllt alle nur denkbaren Ansprüche.

Nach einer Genussdusche plädiert meine müde Weggefährtin für eine kurze Siesta. Gegen 16:30 Uhr riskieren wir einen kleinen Spaziergang. Draußen herrschen immer noch 35 Grad Celsius, die Luft ist feucht und schwül.

Laut Reiseprospekt ist Bangkok: »Eine quirlige Millionen Metropole mit zahlreichen Oasen der Ruhe und Stille.« In Wirklichkeit steht die Hauptstadt Thailands trotz unzähliger himmelwärts übereinander getürmter Tollways, Highways und Expressways tagtäglich vor dem akuten Verkehrsinfarkt.

Die offizielle Devise von Bangkok fordert trotzdem gebetsmühlenartig: »Hilf den zu kurz Gekommenen! Mach ein Ende mit der Luftverpestung! Bewältige die erdrückenden Verkehrsprobleme! Jeder in der Stadt sei freundlich!«

In diesem Stadtteil weitab vom Zentrum haben die Stadtplaner Fußgänger nicht vorgesehen. Es gibt es keine brauchbaren Bürgersteige. Die viel befahrenen Straßen kann man nur unter Lebensgefahr überqueren. Nach einer halben Stunde kehren wir frustriert um.

In der Hauptstadt der Engel braucht man einen verteufelt guten Schutzpatron.

Das Abendessen nehmen wir im Hotelrestaurant ein. Lammbraten an Keniaböhnchen und Herzoginkartoffeln oder Pangasiusfilet auf gedünstetem Chinakohl stehen zur Auswahl. Zwei Flaschen thailändisches Bier der Marke Singha, mit sechs Prozent Alkohol ein rechtes Löwenbräu, sorgen für die nötige Bettschwere.

BUDDHAS: GOLD ODER GIPS?

Nach einem reichhaltigen Frühmahl bringt uns der Bus zum Königspalast.

Wegen des chinesischen Neujahrstages besuchen heute auch Monsieur Kung und Mister Wang mit ihren vielköpfigen Großfamilien das Kronjuwel von Bangkok. Vor den Kartenschaltern bilden sich lange Warteschlangen.

Mit dem Bau des Palastes wurde sieben Jahre vor der Großen Französischen Revolution begonnen. In jenem denkwürdigen Jahr haben die Siamesen ihren zum Tode verurteilten König Taksin in einem Sack aus feinstem Samt mit einem Knüppel aus ganz erlesenem Sandelholz erschlagen. Diese exquisite Methode der Hinrichtung war erforderlich, weil nach altem Recht kein königliches Blut vergossen werden durfte.

Anders als in Frankreich siegte nach dem Königsmord nicht die Revolution sondern die Restauration. Schon am Tage der Exekution bestieg Chao Phraya Chakri als König Rama I. den Thron von Siam und begründete das bis heute regierende Herrscherhaus.

Gleich hinter dem Eingang zum Palast erblickt man zunächst verschiedene Regierungs-gebäude. Sie wurden im historisierenden Stil des Neo-Klassizismus und der Neo-Renaissance erbaut.

Ähnlich imposante Bauwerke zieren auch den Kurpark bei uns in Bad Salzloch.

Im Vergleich zur falschen Pracht des Historismus wirkt die Klosteranlage Wat Phra Kaeo, die zum Palastbezirk gehört, ungemein exotisch und malerisch, anmutig und erhaben zugleich. Am Eingang zum Kloster begrüßt uns ein entspannt am Boden sitzender, nur mit Schurz und Schulterband bekleideter Einsiedel aus Stein. Er ist, wie alle Eremiten, offenkundig wohlgenährt und wohlgemut.

Hinter dem frommen Klausner erhebt sich der Tempel des Smaragdbuddha. Der Sockel des Tempels wird gestützt durch Dutzende von Karyatiden. Die mannshohen Fabelwesen in bunt glitzernden Harlekinkostümen tragen Schnabelschuhe zu thailändischen Königskronen und scheinen den Wat in den Himmel stemmen zu wollen.

Der Smaragdbuddha im Heiligtum ist nur siebzig Zentimeter hoch. ›Indras heiliges Juwel‹ hat ein bewegtes Schicksal hinter sich. Ursprünglich in Chiang Rai aufgestellt, wurde die Statuette nach einer Odyssee durch halb Thailand zuletzt nach Laos verschleppt. Erst nachdem der siamesische König Rama I. die Hauptstadt von Laos, Vientiane, erobert hatte, konnte der Buddha wieder feierlich heim ins Reich gebracht werden.

Der Legende nach war die kostbare Statue einst von vergoldetem Gips umhüllt. Als der Gips unter dem Zahn der Zeit bröckelte und der grüne Kern hervor schimmerte, glaubte ein notleidender Klostervorstand, die Statue sei aus kostbarem Smaragd gemacht. Das Nationalheiligtum Thailands besteht jedoch nur aus grüner Jade.

Dreimal im Jahr, zu Beginn des Sommers, der Regenzeit und des Winters, hüllt der regierende König das Gottesbild in neue, der jeweiligen Jahreszeit angemessene, Gewänder.

In der Tempelhalle muss man Tempelsocken tragen und niederknien. Die unbeschreibliche Pracht und Schönheit der Ausstattung zwingt einen auch unaufgefordert in die Knie. Wo man hinblickt, erglänzt Gold, glitzern feurige, vielfarbige und kostbare Steine.

Ausdrucksstarke Wandmalereien ringsum zeigen Jatakas, Szenen aus dem Leben des Buddha: seine hohe Geburt und sein Leben als verwöhnter Prinz, seine Versuchung und seine Erleuchtung, seine menschenfreundliche Predigt und seine wohlverdiente Erlösung.

Westlich vom Tempel des Smaragdbuddha erhebt sich auf einer Terrasse ein Stupa, in Thailand Chedi genannt. Er hat die Form einer riesigen Glocke und ist bis zu seiner himmelstürmenden Spitze ganz mit Gold überzogen. Der Reliquienschrein soll ein Stück vom Brustbein des Erleuchteten umschließen.

Im Innenhof begegnen wir überlebensgroßen, fein gearbeiteten Figuren aus Marmorstein. Die Bildnisse gleichen aufs Haar den Mandarinen und hohen Militärs, die den Heiligen Weg zu den Ming Gräbern bei Peking bewachen. Haben die Mandschu-Kaiser bei den Ming Gräbern Frühjahrsputz gemacht? Samai erklärt, findige Kauffahrer, die ohne Fracht aus China zurückkehrten, hätten die Figuren als Ballaststeine nach Thailand gebracht und sie dem König geschenkt.

»Wer hat, dem wird gegeben!« Kommentiert der lebenskluge Samai die edle Tat.

Zwölf Riesen mit blau oder grün angelaufenen Gesichtern und großen Eckzähnen wie wilde Eber wachen auf dem Gelände über Zucht und Anstand. Vierzehn mythische Wesen, halb Frau, halb Schwan, Kinnari genannt, grüßen tugendhaft von den Balustraden. Unter der Woche würden die anmutigen Schwanenweibchen im Schneewald an den Hängen des Meruberges musizieren. Beteuert der mythengläubige Samai.

In den Galerien an der umlaufenden Außenmauer des Wat schildern fesselnde Fresken einige Episoden aus dem Ramayana. Das Epos erzählt die Geschichte, wie Prinz Rama mit Hilfe des Affengottes Hanuman seine treue Gattin Sita aus der Gewalt des Dämons Ravana befreit. Das Ungeheuer verschlingt einen ganzen Palast und erinnert an Goyas kinderfressenden Saturn.

Außerhalb der Klostermauern gilt es, noch ein Ensemble von Bauwerken im neuthailändischen Stil zu bewundern. Die hallenartigen Gebäude werden vornehmlich für Hofzeremonien genutzt.

In der Audienzhalle steht, flankiert von zwei goldenen, siebenstufigen Sonnenschirmen und umstellt von himmlischen Devas und Garudas, ein Kaiserstuhl mit dem pompösen Titel ›Thron des kaiserlich-königlichen-Paradieses‹. Die vergoldete Sitzgelegenheit hat die Form eines Reisbootes mit einer Laube in der Mitte. Der erhöhte Pavillon symbolisiert den Berg Meru, das Zentrum des buddhistischen und hinduistischen Kosmos. Ein zweiter, vor dem Himmelsstuhl stehender Thronsessel wird beschirmt von einem gewaltigen, neunstöckigen Parapluie. Auf diesem Möbel bezieht der regierende Herrscher Posten bei seiner ersten Audienz, bei seiner jährlichen Geburtstagsfeier und bei königlichen Empfängen. Der Riesenpilz ist das Symbol für die in alle Windrichtungen wuchernde Macht des Königtums.

Nach der beeindruckenden Besichtigung des Königspalastes geht es mit dem Bus durch das gepflegte, an die Champs Elysées von Paris erinnernde, Zentrum von Bangkok nach Chinatown.

In diesem Jahr feiert König Bhumipol sein 60jähriges Thronjubiläum. Der Monarch bestieg anno 1946 als Rama IX. den Thron. Die Vorbereitungen für die Gedenkfeiern sind in vollem Gange. Überall hängen Bilder des äußerst beliebten Königs. Schon während der Präsidentschaft von Heinrich Lübke waren Bhumipol und seine Königin Sirikit das Traumpaar der deutschen Regenbogenpresse. Die offiziellen Jubelplakate zeigen alle einen jugendfrischen Monarchen an der Seite einer alterslos schönen Frau. Der dienstälteste und reichste Monarch der Welt wird im nächsten Jahr achtzig.

In Chinatown besichtigen wir den von außen unscheinbar wirkenden Wat Traimit. Die bedeutendste Sehenswürdigkeit des Heiligtums ist der berühmte sitzende Gold-Buddha. Das Kunstwerk aus Sukhothai bezaubert mit feinen Gesichtszügen und feingliedrigen Händen. Die Statue ist etwa drei Meter hoch und soll aus purem Gold bestehen.

Auch um diesen Buddha rankt sich eine Legende, die uns schon irgendwie bekannt vorkommt. Als das aufstrebende Königreich Ayutthaya sich rüstete, um das schwächelnde

Sukhothai zu unterwerfen, umhüllte man dort den Goldbuddha mit einem Gipsmantel, um den materiellen Wert des Gottesbildes zu verschleiern. Das scheinbar wertlose Bildnis blieb von jeder Plünderung verschont. Im Jahre 1782 ließ König Rama I. etliche Buddha-Statuen aus ganz Siam, darunter auch den vergipsten Goldbuddha, in seine neu gegründete Hauptstadt Bangkok bringen. Im Jahr 1935 wurde die vermeintlich wertlose Gipsfigur in den Wat Traimit überführt. Bei späteren Bauarbeiten platzte der Plastermantel und zum Vorschein kam das pure Gold. Bis zu diesem Tag soll niemand das goldene Herz des Tonnen schweren Kolosses entdeckt haben. Zweifler können sich leicht von der Wahrheit der Geschichte überzeugen. Noch heute werden in einem Glaskasten gleich nebenan Scherben der originalen Gipsmaske präsentiert.

Zum Kleinmittag kehren wir in einem Lokal am Fluss ein. Samai empfiehlt uns wärmstens Kui Tiao Nam. Die nahrhafte Nudelsuppe mit Entenfleisch kommt schnell und schmeckt lecker. Nach dem Imbiss bringt uns der Bus zum berühmten Blumenmarkt von Bangkok.

Laut Samai bringen Thailänder bei Besuchen eher Obst oder Milch statt Blumen mit.

Das Geschäft mit Orchideen, Helikonien und Lotusblumen ist schon gelaufen. Berge von Kraut und Strünken zeugen von lebhaftem Umsatz. Welke Blütengirlanden, von bildschönen jungen Mädchen am Morgen gewunden und von ihren nicht ganz so lieblichen Großmüttern am Mittag zu Schleuderpreisen feilgeboten, sorgen für ein symbolträchtiges Memento Mori.

In flachen, schmalen Booten geht es weiter durch die Kanäle des Stadtteils Thonburi. Am Ufer der Klongs wechseln sich elegante Villen und zierliche Wats aus weißlichem Marmor ab mit verlassenen Bürgerhäusern. Die tropische Flora ringsum verleiht indes auch dem ärgsten Verfall eine tröstliche Perspektive. Papayabäume mit grünen, melonenartigen Früchten, uralte Mangostämme, Bananenstauden mit Kandelabern aus grünen Früchten, Kokospalmen und Brotfruchtbäume, papageifarbene Strelitzien, rote, gelbe und schwanenweiße Bougainvilleen zeugen vom Willen der Natur, sich dem Untergang entgegen zu stemmen.

Nach der Bootsfahrt besichtigen wir Wat Arun, den budhistischen Tempel der Morgenröte. Das Wahrzeichen Bangoks liegt am westlichen Ufer des Chao Phraya Stromes. Das anno 1668 nach der Zerstörung Ayutthayas errichtete Wat wurde mehrfach umgebaut.

Vor dem Portal stehen zwei riesige Wächterstatuen, Yakshas genannt. Sie gleichen aufs Haar den Giganten, die im Wat Phra Keo über die guten Sitten wachen. Der weiße Riese heißt Sahassa Deja; der grüne Goliath hört auf den Namen Thosakan. Die beiden Recken sind Gestalten aus dem ›Ramakien‹. So nennt sich die siamesische Raubkopie des indischen Epos ›Ramayana‹.

Den Mittelpunkt des Wat Arun bildet der zentrale, etwa siebzig Meter hohe Turm des Heiligtums. Vier steile Treppen an den vier Seiten verbinden vier Plattformen, auf denen der Phra Prang umrundet werden kann. Der gesamte Komplex ist inkrustiert mit einem buntem Mosaik aus Seemuscheln, chinesischen Kacheln und Scherben von kostbarem

Porzellangeschirr. Auf der untersten Terrasse des Prang erheben sich an den Ecken vier kleinere Nebentürme. Sie sind dem Windgott Phra Phai gewidmet, dessen Reiterstandbild aus kleinen Ädikulen in alle vier Himmelsrichtungen späht. Die zweite Plattform wird von Yakshas getragen. An den vier Seiten der Plattform stehen Pavillons, in denen abermals wichtige Jatakas aus dem Leben Buddhas dargestellt sind.

Affen, die einst Rama im Kampfe gegen Ravana beistanden, tragen die dritte Plattform. Die oberste Terrasse wird gestützt von himmlischen Fabelwesen, so genannten Devatas. Im Turm oberhalb der Treppen stehen in vier kleinen Nischen Statuen des Hindu Gottes Indra. Er trabt auf seinem Reittier, dem dreiköpfigen Elefanten Erawan, in alle Himmelsrichtungen. Die Spitze des Prang wird gehalten von Figuren des Gottes Vishnu, der auf seinem Reittier, dem mystischen Vogelmenschen Garuda, einhersprengt.

Fünfundneunzig Prozent der Thais sind bekennende Buddhisten und hängen der altgläubigen Richtung des Theravada an. Was sie aber nicht daran hindert, auch Hindugötter anzuflehen. »Wo steht denn geschrieben, dass ein fremder Gott nur den Seinen hilft?« Fragt uns der bauernschlaue Samai.

Die Ordinationshalle des Wat ist von einem Wandelgang umgeben. In dieser Galerie sitzen Dutzende von Buddha-Statuen vor bunt bemalten Wänden. Alle Statuetten sind, wie auch der Buddha auf dem Hochaltar des Ubosot, in der Haltung ›Unterwerfung des Mara‹ dargestellt. Es lockt mich sehr, ein wenig am Blattgold der Erleuchteten zu kratzen.

Zwischen Ordinationshalle und Wandelgang erhebt sich ein luftiger Pavillon, ein Mondop. Im Innern genießt ein riesiger Fußabdruck des Buddha die innige Verehrung der Gläubigen.

Unser Tag klingt aus mit einer Bootsfahrt auf dem vierhundert Meter breiten Chao Phraya Strom. Auf einem ehemaligen Reiskutter kredenzt man uns zu einem exotischem Obst-Büffet thailändischen Whisky der Marke Mekhong. Das Feuerwasser werde zwar als Whisky verkauft, es handele sich aber - weil aus Reis destilliert - eher um eine Art Rum. Gesteht uns der wahrheitsliebende Samai. Nach kurzer Zeit beginnt das Boot bedenklich zu schlingern.

Um 17.30 Uhr sind wir wieder im Hotel und erfreuen uns an einem reichhaltigen Büffet. Neben der vertrauten Salatbar, einer Auswahl französischer Käsesorten und diversen Süßspeisen lockt eine Hühnersuppe mit Kokosmilch und Chili. Als Hauptspeise steht ein Curry aus Rindfleisch, Erdnüssen und Kartoffeln oder gebratener Fisch süßsauer in einer Sauce mit viel buntem Gemüse und Ananasstücken zur Wahl.

In einem vollen Haus setzt man sich gern zum Schmaus.

GLAUBE UND ABERGLAUBE

Nach dem Frühstücksspeck verlassen wir Bangkok mit dem Reisebus Richtung Ayutthaya. Ayutthaya, unser erstes, siebzig Kilometer von Bangkok entferntes, Etappenziel, war von 1350 bis 1767 die Hauptstadt des Königreichs Siam. Im Jahre 1767 wurde die Drei-Flüsse-Stadt trotz ihrer strategisch günstigen Insellage zwischen den Flüssen Chao Phraya,

Lopburi und Pasak von den Burmesen erobert und völlig zerstört. Ein ausgedehntes Ruinenfeld aus Tempeln, Palästen und geschleiften Basteien läßt heute den einstigen Glanz der Residenz nur noch erahnen.

Im Historischen Park besichtigen wir zuerst das Wat Chai Watthanaram.

Die Anlage am Westufer des Chao Phraya wurde ganz aus Ziegelstein erbaut und dann verputzt. Jetzt ist der Putz abgefallen; nur an wenigen Stellen kann man die einstigen Reliefs mit Szenen aus dem Leben des Buddha noch erkennen. An der Innenseite der Umfassungsmauer des Wat sitzen hundertzwanzig Buddhas im Lotussitz. Alle haben den Kopf verloren. Der Umgang erinnert mich an die Widder-Allee im ägyptischen Karnak.

Die beharrliche Wiederholung des immer Gleichen scheint ein beliebter Winkelzug von Religion und Kunst zu sein.

Auf der ›Insel‹ zwischen den Flüssen liegen die Reste des ehemaligen Königspalastes mit dem zugehörigen Wat Phra Sri Sanphet. Drei mächtige, behutsam restaurierte Chedis mit Treppenaufgängen so steil wie bei den alten Mayas bargen ehedem die Urnen der Herrscher von Ayutthaya. An den Ecken der Gebetshalle, des Bot, stehen noch die Grenzsteine des heiligen Bezirks mit der charakteristischen Form der spitz auslaufenden Blätter des Buddhabaumes.

Schulkinder in Uniform besichtigen, von einigen Mönchen beleitet, die Ruinen des Palastes. Vermutlich werden sie in frommer, vaterländischer Gesinnung unterwiesen.

Die Schulpflicht im heutigen Thailand gelte offiziell für neun Jahre. Vor allem Mädchen würden aber die Schule früher verlassen; sie müssten in Haus und Hof aushelfen. Die Alphabetisierungsrate in Thailand liege trotzdem bei vierundneunzig Prozent.

Erklärt uns der nationalstolze Samai.

Anschließend besuchen wir im Südosten des Parks das Wat Phanan Choeng.

Das Wat an der Mündung des Pasak in den Chao Phraya ist eigentlich der älteste Tempel der Region. Leider hat man die gesamte Anlage ziemlich geschmacklos neuzeitlich restauriert. Die modernen Zeiten sind auch an dem überlebensgroßen Poster zu erkennen, das König Bhumipol im vollen Ornat zeigt. Ultramodern ist auch ein hässliches, haushohes Stahlgerüst an dem mehrere große Lautsprecher zur erbaulichen Beschallung der Gläubigen befestigt sind. Ein kleiner Junge verkauft aus Palmwedeln gebastelte Heuschrecken für zwei Dollar das Stück.

Der Tempel beherbergt einen sitzenden, vergoldeten Buddha aus Bronze, der die Zerstörung von Ayutthaya wunderbarerweise überlebt hat. Die Statue, die beliebteste von ganz Thailand, wurde angeblich anno 1334 gegossen; sie ist stattliche neunzehn Meter hoch.

Auch der Hang zu einschüchternder Monumentalität sind Religion und Kunst gemein.

Vor dem Buddha beten einige Gläubige im Wechselgesang mit einem Mönch eine fromme Litanei. Die meisten Besucher erwarten ihr Heil indes vom Zufall: sie schütteln Bambusköcher, die mit nummerierten Stäbchen gefüllt sind. Fällt eins der Stäbchen heraus, kann man an einem Schalter das zugehörige Zettelchen kaufen. Darauf steht schwarz-auf-weiß eine verbriefte, garantiert wahre Prophezeiung. Zum Beispiel: »Glück im Spiel!«

Da trifft es sich gut, dass vor dem Tempel Dutzende von Verkäufern Lottolose anpreisen. Auf dem Parkplatz vor dem Wat üben an allen Ecken gefinkelte Wahrsager ihr zweifelhaftes Gewerbe aus. Ihr Werkzeugkasten birgt gezinkte Spielkarten, bewährte Horoskope sowie eine imposante Lupe. Die garantiert den leichtgläubigen Kunden Handlesekunst von höchster Präzision. Falsche Propheten haben allezeit Hochkonjunktur.

An der sechsspurigen Hauptstraße nach Suraburi steht ein riesiger Supermarkt.

Hier kann jedermann zum Abschluß seiner Pilgerfahrt nach Ayutthaya aus einem breit gefächerten Angebot das Geisterhäuschen seiner Wahl für den häuslichen Vorgarten erwerben. Viele Autofahrer kaufen von Straßenkindern Blumengirlanden für den Rückspiegel und schmücken - wie unser Fahrer Tom - die Stoßstangen ihrer Fahrzeuge mit alten Turnschuhen. Der Geruch der frischen Blumen und der alten Schuhe soll böse Geister vertreiben.

Ein paar Regentropfen fallen. Allgemein ist es für die Jahreszeit zu heiß. Der Bus ist gut klimatisiert, der Service hervorragend. Unser stiller Pilot Tom ist den Damen beim Ein- und Aussteigen behilflich und putzt die Eingangsstufen vom Bus mit nimmermüder Hingabe. Der immer freundlich lächelnde Lord Steward verteilt nach jedem Ausflug erfrischende, eiskalte Tücher und Getränke und reicht ein Körbchen mit leckeren Kaffeebonbons herum.

Rechts und links der Straße erstrecken sich grüne Reisfelder. Ab und an stehen Rinder und Fischreiher auf den Rieselfeldern.

In Suraburi besichtigen wir eine beachtenswerte Klosteranlage, das Wat Phutthabat.

Das Kloster hat seinen Namen von dem riesigen, vergoldeten Fußabdruck des Erleuchteten. Die Fußspur ist nicht die einzige auf der Welt, allein in Thailand finden sich Dutzende.

Das Wat liegt auf einem Berg, zu dem eine steile dreiläufige Treppe mit Ballustraden in Form von Nagaschlangen hinaufführt. Die Anlage macht insgesamt einen sehr chinesischen Eindruck, da selbst der nackte Fels bewusst in die Gestaltung des Geländes einbezogen wurde. Hinter dem Tempel mit dem Fußabdruck erhebt sich sogar ein kleiner, im chinesischen Stil erbauter Kiosk mit bunten Gebetsfahnen und erbaulicher Musik vom Tonband.

Durch das Anschlagen einer großen Glocke im Innenhof kann jeder Gläubige den schlafenden Buddha auf sich aufmerksam machen. Vor allem rosige Pfadfinderinnen vertrauen dem Erleuchteten die Sorgen ihrer jungen Mädchenblüte an.

Im Tempel versuchen ganze Familien hingebungsvoll, den vergoldeten Fußabdruck, der aussieht wie eine große Badewanne, durch Anreiben mit Blattgold aus dem Klosterladen zu veredeln. Am Ausgang besprengt der Klosterbruder vom Dienst die Gläubigen mit Weihwasser.

Der Klosterladen bietet Dachpfannen feil, auf die man mit Filzstift persönliche Fürbitten schreiben kann. Die Schriftziegel werden anschließend geweiht und später als hochgeschätzte Votivtafeln am heimischen Herd aufgehängt.

Vor dem Konvent bietet ein wuseliger Markt Devotionalien aller Art zum Kauf. Auch der Buddhismus scheint nicht mehr ohne ein Lourdes oder Fatima auszukommen.

Zur Mittagspause bringt uns der Bus in eine sehr geschmackvoll gestaltete Rastanlage. Obwohl viele Busse vorfahren, verläuft sich die Menge der Gäste im weitläufigen Gelände. Am Eingang begrüßt uns ein lächelnder Ganesha aus poliertem Sandstein in lässiger Hippie-Pose. Den linken Ellenbogen hat der Gott auf ein Kissen gestützt, seine rechte Hand ruht auf dem gebeugten rechten Knie; um den Hals trägt er eine Girlande aus zitronengelben Hibiskusblüten.

Nur sein Reittier, die Ratte, macht ein grundlos verdrießliches Gesicht.

Auf roten Ziegelmauern liegen Ananasstückchen, an denen prächtige Schmetterlinge naschen. Teiche voller blühender Seerosen laden zum Verweilen.

Wir werden mit einem Thai-Buffet verwöhnt. Zur Auswahl stehen Nudelsuppe mit Huhn oder Garnelensuppe mit Zitronengras, ein Glasnudelsalat mit Kräutern, Garnelen und Schweinehack sowie Grüner Curry mit Hühnchenfleisch und Auberginen. Dazu reicht man duftenden Reis und Gemüse in allen Variationen. Als Getränk gibt es frischen Orangen- oder Ananassaft. Zum Nachtisch trinken wir heißen Kaffee und schmausen frisches Obst. So etwa muss es im Paradies gewesen sein.

Auf der Weiterfahrt nach Phitsanuloke sehen wir eben geernteten, weizengelben Reis in der Sonne trocknen. Fleißige Frauen worfeln das Korn. Zum Schutz vor den sengenden Strahlen tragen die Bäuerinnen Hüte und Handschuhe und verhüllen ihr Gesicht mit Tüchern.

Nach und nach outet sich Samai als glühender Anhänger des Premierministers Thaksin.

»Thais lieben Thais«« wiederholt er bei jeder passenden Gelegenheit den Slogan der Thai Rak Thai Partei des im vorigen Jahr mit großer Mehrheit wiedergewählten Regierungschefs. Für die wütenden Proteste der königstreuen Gelbhemden wegen angeblicher Korruption und Vetternwirtschaft des zwielichtigen Premiers hat unser Scharführer kein Verständnis. Der ehemalige Polizeioffizier Thaksin kämpfe schließlich gegen Armut und Drogen. Der Medienunternehmer Thaksin sei einer der reichsten Männer Thailands. Der habe es nicht nötig, sich zu korrumpieren. Und der Zusammenhalt in der Familie sei die Basis für alles Gedeihen im Staat.

Wie viele junge Männer hat auch Samai ein halbes Jahr im Kloster gelebt, um für seine alten Eltern einen Sündenablass zu erwerben. An vorzeitige Neuwahlen, wie sie jetzt die Gelbhemden lauthals fordern, glaubt Samai nicht. Er spart zuversichtlich und unverdrossen auf ein Häuschen. Ein Drittel der Bausumme hat er schon beiseite geschafft.

Nach einer Busfahrt von vierhundertdreißig Kilometern erreichen wir Phitsanuloke.

Die Stadt am Fluss Nan war von 1448 bis 1488 Hauptstadt des Königreichs Ayutthaya.

Heute ist in Phitsanuloke Tempelfest.

Die thailändische Kirchweih lockt mit einem kunterbunten Jahrmarkt unzählige Schaulustige an. An den Losbuden schütteln die Kirmesbesucher wieder eifrig Bambusköcher und studieren die Prophezeiungen auf den eingelösten bunten Zettelchen. Laut Samai kommt der Brauch mit den Glück verheißenden Billettchen aus China. »Wer freut sich nach einem schlechten Essen nicht über Glückskekse?«

Die Luft ist geschwängert vom Duft unzähliger Räucherstäbchen und zahlloser Garküchen. Viele Stände bieten Gebrauchsgegenstände für den Alltag an. Die Dörfler decken hier ihren Bedarf an Plastikgeschirr, Bekleidung, Leibwäsche, Spielzeug und Naschwerk. Für einen richtigen Rummel fehlt dem Lipper nur die Drehorgelmusik von Karussels.

Das Hotel in Phitsanuloke ist ein bißchen plüschig, hat aber eine gepflegte Außenanlage.

Zum Dinner schlemmen wir Nudelsuppe mit Krabben, ein Omelette mit Muscheln und gebratenen Reis mit Schweinefleisch, Rührei und Gemüse. Heiße Pfannkuchen mit frischer Ananas schließen den Magen zu.

KÜCHENGEHEIMNISSE UND FOLKLORE

Heute steht ein Besuch des Wat Mahatat im Zentrum von Phitsanuloke auf dem Stundenplan. Das Wat beherbergt den berühmten sitzenden Buddha Phra Puttha Tschinnarat, das neben dem Smaragdbuddha in Bangkok angeblich meist verehrte Buddha-Bildnis Thailands. Phitsanuloke wurde im Jahre 1955 durch eine Feuersbrunst fast vollständig vernichtet. Das Wat mit dem sitzenden Buddha blieb wunderbarerweise von den Flammen verschont.

Der vergoldete Meister sitzt mit der Geste der ›Erdanrufung‹ auf einer Lotosblüte, umhüllt von einer Aureole aus zwei Drachenkörpern. Die Kontur der Aureole erinnert an den Umriß eines Chedi. Das Kunstwerk mit den sanften Gesichtszügen, den kaum modellierten Gliedmaßen und den überlangen, schlanken Händen sei typisch für den Spätstil von Sukhothai. Erklärt uns der kunstverständige Samai.

Weitere Buddhastatuen thronen in unterschiedlichen Posen und mit verschiedenen Gesten in der Galerie um den Viharn. Für jeden Wochentag ist ein anderer Buddha zuständig. Der Grund dafür liegt in der buddhistischen Überlieferung, wonach die entscheidenden Begebenheiten im Leben des Meisters sich an an einem bestimmten Wochentag ereignet haben.

Nach hinduistischem Glauben ist jedem Wochentag ein Gott und eine Farbe zugeordnet. So sind dem Montag die Mondgöttin Chandra und die Farbe Gelb zugeordnet. König Bhumipol wurde an einem Montag geboren; königstreue Untertanen tragen daher gelb.

Den hinduistischen Sonntag regiert der Sonnengott Surya mit der Farbe Rot.

Den Eingang zum Viharn schirmt eine wuchtige Flügeltür mit kostbaren Intarsien aus Perlmutt. Ein mächtiger Prang im Khmer Stil mit vergoldeter Spitze überragt die Gebetshallen. Vor dem Wat fordern Mönche mit ihren Almosenschalen die Gläubigen auf, Gutes zu tun.

Nach der Wat Wanderung schlendern wir über den Markt von Phitsanoluke.

Die Szene ist wuselig, gruselig und geschwängert mit verdächtigen Wohlgerüchen. An einer Garküche läßt uns Samai die Leibspeise der Thais namens Kao niau verkosten.

Der Kleb-Reis wird im Bambuskorb über Wasserdampf gegart und in Bananenblättern serviert. Wir werden wohl bei Stippgrütze und Pickert bleiben.

Als Grundlage für Saucen und Dips dient - statt Salz - eine Sauce aus vergorenem Fisch. Das Gebräu ›Nam Pla‹ sieht aus wie Maggi und riecht wie ein verdorbener Bratrollmops. Mit fein gehackten Chilischoten wird ›Pik Nam Pla‹ zum höllischen Rachenputzer.

Im Bus verrät uns Samai dann weitere Geheimnisse der thailändischen Küche.

Er reicht dazu allerlei frisch gekauftes Grünzeug herum und erklärt dessen Gebrauch. Nach und nach entfaltet sich der Duft von Koriander, Zitronengras, Ingwer, Basilikum, Pfefferminze, Knoblauch und Chili. Das exotische Bukett weckt unseren Appetit.

Zu Mittag essen wir in einem Restaurant des Städtchens Lampang am Fluss Wang. Eine wohlschmeckende Nudelsuppe mit Entenfleisch und Zitronengras, gebratene Nudeln mit Schweinefleisch und Basmatireis mit Fisch lassen uns die ›Nam Pla‹ rasch vergessen.

Rundum satt und zufrieden fahren wir weiter zum Wat Lampang Luang, achtzehn Kilometer südwestlich von Lampang.

Lampang war einst Hauptstadt eines Fürstentums des eingesessenen Mon-Volkes, das im bereits 7. Jahrhundert gegründet wurde. Im 13. Jahrhundert kam Lampang zum nördlichen Königreich Lanna bis die Stadt im 18. Jahrhundert der burmesischen Invasion zum Opfer fiel.

Hier im Wat Lampang Luang ermordeten Aufständische den burmesischen Zwingvogt.

Ein martialisch wirkendes Bildnis des Soldaten, der den burmesischen Gessler im Zweikampf getötet hat, soll an die heldenhafte Befreiung von der Fremdherrschaft erinnern. Die alten Wächterfiguren im Wat tragen seltsamerweise noch burmesischen Kopfputz.

Das Wat, erbaut im traditionellen Lanna-Stil, gilt als eine der ältesten erhaltenen Tempelanlagen Thailands. Der Reiseprospekt schwärmt: »Dieser Tempel wird wegen seines Alters und seiner kunstvollen Verzierungen von den Gelehrten hoch geschätzt.« Leider wurden die alten Gebäude ganz ohne gelahrten Sachverstand restauriert. Im größten Viharn wurden die alten Holzsäulen durch hässliche Betonstützen ersetzt. Von den berühmten Wandmalereien ist kaum noch etwas zu erkennen.

Über eine steile Treppe mit einem Geländer aus Nagaschlangen gelangen wir durch das Haupttor in den heiligen Bezirk. Im Innenhof überrascht uns ein uralter Bodhibaum. Hunderte von handgeschnitzten Stangen stützen die altersschwachen Äste des Ficus religiosus. Die bunt bemalten Pfähle tragen die Namen ihrer frommen Stifter, die sich mit den Astkrücken einen Nachlass ihrer Sünden einhandeln wollten.

Im Mittelpunkt des heiligen Bezirkes erhebt sich ein Chedi, der ein Haupthaar des Buddha bewahren soll, das dieser bei einem Besuch in der Gegend großherzig hergegeben habe. Aus dem mit vergoldetem Kupferblech verkleideten Unterbau steigt ein hoher Turm im burmesischen Stil mit einer breiten Bauchbinde aus gelbem Tuch in den Himmel. Der Hof um den Chedi ist mit feinem Sand bedeckt. Der Chedi symbolisiere den Weltberg Meru; der Sand sei ein Sinnbild des Milchozeans, aus dem die Schlange Naga vor Zeiten durch Quirlen und Buttern die Welt erschaffen hat.

Erklärt uns Samai, als sei er dabei gewesen.

Fünf Gebetshallen gruppieren sich um den Chedi. Der Viharn Luang ist neben dem Chedi das größte Gebäude des Tempelbezirks. Er ist zum Hauptportal ausgerichtet und stammt wahrscheinlich aus dem 13. Jahrhundert. Wie bei den Tempeln der Lanna-Zeit üblich, wurde der Viharn als luftige Halle ohne Wände errichtet. Im hinteren Teil thront in einem vergoldetes Sakramentshaus die Statue des Buddha Phra Chao Lan Thong. Eine unscheinbare Fußspur des Erleuchteten kann man in einer Kapelle bewundern.

Die eigentliche, allerdings kostenpflichtige, Attraktion des Mondop ist indes eine Demonstration der Mönche, die geschickt den Camera obscura Effekt ausnützt: durch ein winziges Loch in der geschlossenen Eingangstür zaubern sie das Bild des goldenen Chedi auf eine Leinwand.

Die Abbildung steht natürlich auf dem Kopf. Wer in Physik nicht aufgepasst hat, glaubt selbstredend an ein göttliches Wunder.

Im Mondop ist es eng und duster. Frauen haben daher keinen Zutritt zur Kapelle. Die Mönche trauen wohl ihrer Sittsamkeit nicht so recht über den Weg.

Mit dem Bus geht es weiter Richtung Norden in die Berge.

Auf der Passhöhe der Nationalstraße 11 nach Chiang Mai stehen unzählige, schockfarbene Geisterhäuschen. Sie sollen an die vielen Verkehrstoten auf der Strecke erinnern.

Davor scharren bunte Hennen unter Aufsicht ihres Hühnerkönigs Würmer aus dem Sand. Ausnahmslos jedes vorbeifahrende Auto hupt mehrmals, um die Geister gnädig zu stimmen. Ein Tempolimit und ein Hupverbot würden die Sicherheit des Verkehrs wirkungsvoller steigern.

Am späten Nachmittag erreichen wir Chiang Mai, die zweitgrößte Stadt Thailands und ehemalige Hauptstadt des Königreichs Lanna.

Der Reiseprospekt gerät ins Schwärmen: »Was lässt Thailand so einzigartig, so exotisch wirken, was macht seinen ganz speziellen Zauber aus? Die Antwort auf diese Frage werden Sie spätestens in den Bergen des Nordens finden. Sechs große Stammesgruppen leben hier, und jede spricht eine eigene Sprache, trägt eine eigene Tracht, pflegt ihre religiösen Bräuche und ihre eigene Kultur.«

Folglich steht am Abend im Cultural Center von Chiang Mai ein bunter Folkloreabend mit anschließendem zwanglosem Dinner auf dem Pflichtprogramm.

Auf altehrwürdige Tempeltänze der Thais folgen lustige Ländler der Bergvölker. Junge Mädchen in bunten Sarongs und knisternden Seidenblusen verhexen uns mit ausdrucksstarker Mimik und schlangengleichen Bewegungen ihrer biegsamen Glieder. Der Gaumenschmaus - Weißkohlsalat und Hühnercurry - war wohl als Gegenzauber gedacht.

Für die Heimfahrt zum Hotel hat sich Samai eine besondere Überraschung ausgedacht.

Vor dem Kulturtempel wartet nicht der Bus, sondern ein Dutzend Tuk-Tuks. Wir entern die duften Feuerstühle. Dann knattert die Kolonne in einer Wolke von Abgasen wie die Wilde Jagd über die Hauptstraße von Chiang Mai. Eine voraus fahrende, zwölf Mann starke Rotte Weißer Mäuse bahnt uns mit Blaulicht und Martinshorn den Weg. Die örtliche Polizei hält derweil den gesamten übrigen Verkehr an. Die Passanten müssen glauben, ein hochbedeutender Potentat rase mit seinem Hofstaat durch die Stadt.

Echte Orchideen und gefälschte Markenkleidung

Ein vielseitiges Frühstücksbüffet entschädigt uns für die fade Mahlzeit vom Vorabend.
Dann geht es mit dem Bus nordwärts in die Berge um Chiang Mai. Es ist deutlich kühler als im Flachland, die Luft riecht viel frischer. Unser Ziel ist ein Fortbildungslager für stellungslose Elefanten. Der redliche Reiseprospekt lügt wir folgt: »Im Trainingscamp für Arbeitselefanten sehen Sie, wie die Tiere für die Waldarbeit in den Bergregionen Thailands ausgebildet werden.«

In den Bergwäldern dürfen aber selbst die begehrten Teakbäume nicht mehr gefällt werden. Der Raubbau hat riesige Waldgebiete vernichtet. Im Jahre 1960 waren noch dreiviertel des Landes mit Wäldern bedeckt. Der Anteil ist mittlerweile auf weniger als dreißig Prozent gesunken. »Möbel werden nur noch aus dem Holz der schnell wachsenden Palmen hergestellt.« Versichert uns der wahrheitsliebende Samai.

Durch das Verbot des Holzeinschlags wurde aber die Rückearbeit in den Wäldern überflüssig. Viele altgediente Arbeitselefanten verloren ihren Job. In den letzten dreißig Jahren ging die Zahl der werktätigen Dickhäuter von zehntausend auf etwa dreitausend Tiere zurück. Jetzt verdienen die beschäftigungslosen Jumbos ihr täglich Brot in der boomenden Tourismusindustrie. In einem staatlichen Programm zur beruflichen Qualifizierung werden sie, je nach Eignung, weitergebildet zum Dschungel-Rover oder zum Profi-Kicker.
Besonders begabte schaffen sogar den Aufstieg zum Freiluftmaler.

Auf dem circensischen Höhepunkt der albernen Show lassen die Mahuts einen alten Elefantenbullen mit Kreide etwas auf eine Schultafel kritzeln. Der betagte Kämpe malt aus seinem bekannt langen Gedächtnis zwei kopulierende Artgenossen. Die tobende Menge schreit: »Da capo!« Den Dschungel-Ritt und die Floßfahrt auf dem seichten Bergflüsschen ersparen wir uns.

Auf dem Heimweg steht uns noch ein kleiner Spaziergang durch ein Bergdorf bevor.
Wir sollen die ethnische Vielfalt im Land der Freien lebensnah kennenlernen.

Im Norden Thailands leben etwa eineinhalb Millionen Angehörige von ›Bergvölkern‹.
Einige dieser Stämme waren schon vor der Einwanderung der Thais hier ansässig. Andere kamen erst infolge der politischen Wirren in jüngster Zeit ins Land der Freien.

Heute ist Sonntag und schulfrei. Die Dorfjugend sammelt sich am Ortseingang zum Rodeo-Drive auf frisierten Mofas. Im Dorf gibt es elektrischen Strom, Satelliten-Fernsehen und Kunstdünger. Eine junge Mutter sieht sich mit ihrem Söhnchen auf einem DVD-Player einen Comic-Film an. »Alle Thais hegen eine Schwäche für neueste Technik.«
Schwört der elektronisch hochgerüstete Samai.

In einem großen Trog blubbert die Schweine-Mast aus Mais- und Bananenbrei. Auf der Tenne liegen Palmwedel zum Trocknen aus. Man macht Besen daraus. Was die immer die Natur an Rohstoffen bietet, wird verwertet. Eine bedauernswerte alte Frau mit einem schlimmen, vermutlich tuberkulösen, Buckel, schlurft über die Straße und versteckt sich vor unseren Kameras in einem nahen Bambuswäldchen.

Die Mittagsmahlzeit nehmen wir auf einer Orchideenfarm ein.

Als Entreé gibt es Hühnersuppe mit Zitronengras. Inzwischen sterbe ich für Zitronengras! Zum Hauptgang serviert man uns Schweinefleisch in Kokossauce mit Pilzen und Paprika. Als Dessert wird wieder frisches Obst gereicht.

In den letzten Tagen haben wir die Mitglieder unserer Gilde etwas näher kennengelernt.

Bis auf die Damen Pöppelmann besteht unsere kleine Schar aus vierundzwanzig Jungsenioren. Darunter ein Privatdozent mit eigener Langzeitstudentin. Der Zigarrenraucher und Rotweintrinker spielt den anspruchsvollen Gourmet und weltläufigen Connaisseur. Er legt Wert auf die Feststellung, er sei »bekennender Käseliebhaber.«

Mit dem snobistischen Käsehobel konkurriert das zweite Alphatierchen des Rudels. Der national gesinnte Taxifahrer reist beharrlich im schwarzblauen Vereinstrikot von Arminia Bielefeld durch das Land der Freien. Ist unsere Innung in thailändischen Fragen einmal nicht seiner Meinung, appelliert er gerne an seine gewichtige Gattin als Letzte Instanz. Die ist eine geborene Thai.

Die übrigen Mitreisenden sind unkomplizierte und - wie es sich für echte Lipper gehört - mundfaule Personen. Bis auf ein älteres, ständig plapperndes und kicherndes Liebespaar.

Die beiden grauen Panther sind wohl noch nicht lange zusammen. Sie reisen unter getrenntem Namen und logieren noch separat. Für ihren anschließenden Badeurlaub in Phuket sei das Doppelzimmer aber schon fest gebucht. Verrät uns Fräulein Pöppelmann streng vertraulich.

Am Abend steht der obligate Besuch des Nachtmarkts von Chiang Mai auf dem Programm. Der Reiseprospekt verspricht vollmundig: »Hier werden Sie alle erdenkbaren Souvenirs finden.«

An unzähligen Straßenständen und in neu errichteten Shopping-Malls drängen sich Menschenmassen. Viele Händler leben mitsamt Familie Tag und Nacht in ihrem winzigen Verschlag. Es gibt es in der Tat Ramsch, Kitsch und Kunsthandwerkeleien der Bergvölker im Überfluss. Nachgefragt werden aber vor allem Bekleidung und Accessoires. Der besorgte Samai warnt uns vor Raubkopien angesagter Marken und dreisten Fälschungen: »Besonders bei Perlen, Juwelen und Seide kann man nie vorsichtig genug sein.« Es sei streng verboten, Felle und Muscheln geschützter Arten oder Buddhastatuen auszuführen. Im Zweifel steht uns der warenkundige Samai als unabhängiger Kaufberater zur Seite.

Das überflüssige Angebot reizt uns wenig. Wir spazieren vorzeitig zu Fuß ins Hotel zurück. Unser Weg führt vorbei an etlichen Freudenhäusern, vor denen hübsche, kindlich wirkende Fledermäuschen mit blutroten Lippen willfährige Opfer kirren. Der virile Wille zur Hingabe scheint gewaltig.

Zum Abendmahl geben wir der Hotelküche eine Chance. Wir sind die einzigen Gäste. Die klügste Ehefrau der Welt wählt Huhn in Senfsauce. Ich entscheide mich für ein Steak vom Red Snapper auf Kapern-Paprika-Tartar. Dazu trinken wir ein Singha Bier. Zwei witzige Kellner nutzen die Gelegenheit, im Gespräch mit uns ihr Englisch aufzufrischen.

KLÖSTER UND GEISTERHÄUSCHEN

Am Morgen sehen wir Kinder in Uniform, die zum Unterricht eilen. Auf dem Schulhof treten die Zöglinge an in Reih und Glied. Die Musikkapelle der Höheren Lehranstalt schmettert die Nationalhymne. Danach hält der Direktor eine nicht eben kurze, aber offenbar hoch motivierende Ansprache. Ein derartiges Zeremoniell wäre bei uns wohl undenkbar.

Heute besichtigen wir eines der schönsten Klöster Thailands, das Wat Doi Suthep. Das berühmte Stift liegt auf einem fast siebzehnhundert Meter hohen Berg. Die prachtvollen Tempelanlage wurde im 16. Jahrhundert erbaut. Ein weißer Elefant soll damals eine kostbare Reliquie genau auf diesen Berg geschleppt haben. Wonach das weise Tier spornstreichs das Zeitliche gesegnet hat.

Um in die Höhe zu kommen, hat der Gläubige die Wahl zwischen einer modernen Seilbahn oder einer altehrwürdigen, steilen Treppe mit der herkömmlichen Naga-Balustrade. Wir wählen den heilsversprechenden, beschwerlichen Weg und stocken damit unser Guthaben zur Verrechnung mit früheren und zukünftigen Sünden auf.

Nach dreihundertsechs Stufen bleibt auch dem Kleingläubigsten die Puste weg. Denn auf dem Berg begegnet uns das Erhabene in reinster Form. Die Pracht der gesamten Anlage ist ohne jeden Zweifel atemberaubend. Überall strahlen reiche, vergoldete Schnitzereien auf türkis- oder rosafarbenem Hintergrund mit dem frischem Grün der Pflanzen um die Wette. Nicht nur die allgegenwärtigen Nagaschlangen, auch mächtige Krokodile aus Gold und Silber reißen ihr gefrässiges Maul auf. Die Zahl der Buddhastatuen aus Gold oder Jade strebt gegen Unendlich.

Den Mittelpunkt des Klosters bildet ein zweiunddreißig Meter hoher, rundum vergoldeter Chedi. An den vier Ecken seiner Plattform stehen elegante vergoldete Zeremonialschirme mit einer filigranen - à jour gearbeiteten - Krempe aus Goldblech. Viele Gläubige, aber auch viele Touristen, schreiten mit Lotosblumen in den Händen etliche Male im Uhrzeigersinn betend um den Reliquienschrein.

Im Innenhof des Klosters thronen diesmal neun Buddhas mit verschiedenen Asanas und Mudras. Wir haben ja gelernt, für jeden Wochentag sei ein anderer Meister zuständig. Na, für den Fall, dass jemand nicht sicher weiß, an welchem Tag der Woche er geboren wurde, gibt es gleich zwei Buddhas mehr, als die Woche Tage hat. »Die beiden Buddhas kümmern sich um knifflige Fälle!« Meint der frühere Klosterbruder Samai.

Vor den Statuen brennen Öllampen, die lieblicher duften als nepalesische Butterlämpchen. Unter jedem Buddha sperren fromme Opferstöcke ihre hungrigen Mäuler auf.

Vor einem kleineren Tempel sitzt ein greiser Mönch, der gelangweilt und mechanisch Mantras murmelt und die Gläubigen mit frischem Weihwasser besprengt. Wenn niemand hinsieht, steckt er sich selig lächelnd ein buntes Lutschbonbon in den Mund. Mit den Mönchen ist es wie mit den Ärzten: ohne sie gibt es kein richtiges Leben im falschen. Das Angebot an Gesundbetern und Wunderheilern steuert auch den Bedarf an solchen.

An einer stilleren Ecke des Hofes stoßen wir auf einen ›Wunschplatz‹. Hier haben die

Gläubigen chinesische Tierkreiszeichen mit Goldpapier überzogen, um ihre Wünsche sonnenklar und einprägsam kundzutun. »Ich weiß nicht, ob das Wünschen hier wirklich hilft, aber es beruhigt.« Versichert uns der verunsicherte Samai.

An der Südwestecke der Plattform des Chedi steht das lebensgroße Denkmal für den weißen Elefanten, dem die ganze Pracht hier zu verdanken ist.

Über eine steile Straße mit vielen Serpentinen geht es zurück nach Chiang Mai. Beidseits der Straße wuchert das übliche Unkraut eines überlaufenen Wallfahrtsortes. Devotionalienläden und Imbissbuden konkurrieren mit unzähligen, blumengeschmückten Geisterhäuschen um die Gunst der Pilger.

Den unsichtbaren Hausgeistern Phii werden jeden Morgen Leckereien dargebracht. An Festtagen opfert man außer Blüten, einigen Reiskörnern oder einem Schlückchen parfümiertes Wasser auch schon mal ein Bröckelchen gebratenes Huhn. Dass von den Köstlichkeiten am nächsten Morgen nichts fehlt, nimmt niemand Wunder.

»Geister essen eben nur winzig wenig.« Beeidet der Ghostbuster Samai.

Ab und an übt Samai vorsichtige Kritik am Königshaus. Nicht am Königspaar. Denn Majestätsbeleidigung ist im Land der Freien strafbar. Zielscheibe seiner Witze sind vor allem die in seiner Sicht ungeratenen Königskinder.

Der Kronprinz, ein in Liebeshändeln erfahrener Weiberheld, sei das genaue Gegenteil seines schöngeistigen Vaters. Seine prinzliche Hoheit sei Armeegeneral, Flottenadmiral und Luftwaffenmarschall und gut Freund mit den im Volke unbeliebten Militärs. Gottlob habe der Königssohn aber in der hohen Politk nichts zu melden. »Seine jüngere Schwester, ledig, kinderlos und ein rechtes Hauskreuz hat bei Hof die Hosen an.«

Lästert der kundige Klatschreporter Samai.

Für den Rest des Tages ist Shopping angesagt. Die meisten Bildungsreisenden sehen ohnehin den Sinn jeder Odyssee in der nimmermüden, nimmersatten Jagd nach Mitbringseln. Angeführt von Samai besuchen wir also nacheinander ein Emporium für Edelschmuck, eine Manufaktur, die bunte Sonnenschirme herstellt und eine Werkstatt, die Lackarbeiten fertigt. Soweit wir das sehen können sind die Arbeitsbedingungen in den Manufakturen erträglich. Die meist weiblichen Werktätigen tragen saubere, hellgrüne Arbeitskittel aus Kunstseide. An den Wänden hängen Fotos von König Bhumipol und von beliebten Buddhafiguren. Auf dem größten Poster grinst ein thailändisches Double von Elvis Presley die Besucher an.

Der Tagesumsatz der Fabrikläden wird von unseren Reisegefährten beträchtlich gesteigert. Das Wetter im Lipperland verlangt ja gebieterisch nach bunten Sonnenschirmen aus Reispapier. Und Lackschächtelchen für allerlei Krimskrams werden auch immer gebraucht.

Zum krönenden Abschluss führt uns Samai noch in eine Seidenspinnerei. Es ist auf unseren Reisen weder die erste noch die wahrscheinlich letzte einer langen Reihe von Besuchen bei den notorischen Kokonräubern. Schon oft habe ich mir gewünscht, das Geheimnis der Seidenraupenzucht wäre im Alten China in Vergessenheit geraten. Derartige

Zwangsvisitationen gehören leider zur Pauschalreise wie der Schimmel zum Käse.

Beim Dinner im menschenleeren Hotelrestaurant leisten uns, wie am Abend zuvor, die beiden plattfüssigen, spöttischen Kellner Gesellschaft. Sie stehen respektvoll neben unseren Stühlen, legen diskret vor, schenken aufmerksam nach und wechseln geräuschlos das Geschirr. Sie geben uns das Gefühl, als speisten wir, umsorgt von treuen, alten Butlern, auf unserem ererbten Landsitz in Brighton. Während wir das leckere Mahl verzehren, erlauben sich die Bediensteten mit gebotenem Anstand ab und an eine scherzhafte Bemerkung über unsere Weggefährten.

Morgenröte der Glückseligkeit: Sukhotai

Nach drei Übernachtungen in Chiang Mai geht es wieder zurück Richtung Süden, nach Sukhothai. In Lamphun, im 9. Jahrhundert Hauptstadt des Mon-Reiches Haripunchai, besuchen wir das besonders verehrte Kloster Wat Phra That Haripunchai. Die Tempelanlage stammt aus dem 9. Jahrhundert und gilt als eine der schönsten in Thailand. Das Kloster direkt im Zentrum der historischen Altstadt von Lamphun soll von König Aditya Ratcha gegründet worden sein, um eine Reliquie des Buddha aufzubewahren, die der Herrscher persönlich im Garten seines Palastes exhumiert hat.

Die weiträumige Anlage wimmelt von alten Mönchen und blutjungen, kurzgeschorenen Novizen in orangefarbenen Gewändern. Ein ganzes Batallion Klosterschüler kauert im Innenhof auf dem Boden und repetiert hingebungsvoll heilige Texte.

Im feuerroten Glockenturm hängt neben einer kleinen Glocke ohne Klöppel ein mächtiger Bronze-Gong mit einem Durchmesser von zwei Metern.

»Das ist das größte Tamtam der Welt!« Behauptet der nationalstolze Samai.

Auf einem etwa drei Meter hohen Sockel aus Stein erhebt sich ein elegantes Bibliotheksgebäude. Es ist ganz aus Holz gebaut und mit einem schwungvollen dreistufigen Dach gedeckt. Durch die von unten nach oben abnehmende Größe der Dachflächen und die Bildung von Stufen innnerhalb einer Lage würden die großen Dachebenen in rhythmisch gegliederte, kleinere Einheiten geteilt und so die wuchtige Einförmigkeit chinesischer Dächer vermieden. Meint der künftige Bauherr Samai.

Das sehr alte Gebäude zieren geschmackvolle Schnitzereien. Die Windbretter am Ortgang sind schlangenförmig geformt, sie symbolisieren die Naga Schlange. Himmelwärts strebende Vorsprünge der Windbretter sind als Drachenschuppen oder Garudafedern gestaltet. Am Traufende laufen die Windbretter aus in einen Schlangen- oder Drachenkopf. Die Dachgiebel sind besetzt mit Neidstangen. Ein stark stilisierter geschwungener Vogelschnabel symbolisiert das Reittier Vishnus, den Garuda. Auch die Giebelbretter sind mit reichem Schnitzwerk verziert. Die Bauornamente der alten Bibliothek sind nicht vergoldet und nicht bunt bemalt. Die Patina des alten Holzes wirkt jedoch viel kultivierter als der pompöse Goldprunk und die Farbenpracht andernorts.

An der Außenwand des Viharns zeigt ein umlaufender Bilderzyklus wieder die üblichen Szenen aus dem Leben des Erleuchteten. Die Wandmalereien neueren Datums sind für meinen Geschmack kitschig. In einem Pavillon gibt es gleich vier, wie russische Matrjoschkas ineinder geschachtelte, Fußabdrücke des Erleuchteten. Zwecks besserer Haltbarkeit sind sie aus Beton gegossen.

Den Treppenaufgang zu einem prunkvollen Bot bewachen mannshohe Bildnisse von zwei furchteinflößenden Kampfhähnen. Der Bauherr, einer der Chakri Könige, war, wie alle Thais, ein glühender Anhänger der heute noch überall - teils illegal - veranstalteten blutigen Hahnenkämpfe.

Am strahlend weißen Nordtor des Klosters spielt ein Quartett aus Xylophon, Trommel, Schellen und Flöte. Die vier Musikanten sind blind oder an den Rollstuhl gefesselt.

Klingt ihre Musik deshalb so unbekümmert und schwerelos?

An der Ausfallstraße nach Sukhothai stehen sehr mächtige, ehrwürdig alte Bäume. Sie sind alle mit bunten Stoffstreifen umwickelt. Samai erklärt das Kuriosum: die alten Stämme sollten gefällt werden, um die Straße verbreitern zu können. Umweltaktivisten umwickeln jedoch die Baumveteranen einmal im Jahr feierlich mit einem farbigen Kummerbund; so umgürtet, würden die Alleebäume heilig und unantastbar.

Unterwegs halten wir wieder in einem ärmlichen Bergdorf.

Die Häuser am Hang sind im internationalen Favela-Stil kunstvoll aus Sperrmüll gestaltet. Ein junger, gut gebauter Mönch schlurft die Dorfstraße entlang. Er wird schon erwartet. Vor einem Haus kniet eine Greisin. Sie bietet dem Mönchlein in einem Plastikbeutel Reis und gekochte Eier an. Wortlos füllt der Klosterbruder die milde Gabe in seine Almosenschale um. »Danken muss die Spenderin. Denn der Mönch hat ihr Gelegenheit gegeben, Gutes zu tun.« Erklärt uns der stets spendierfreudige Samai.

Frauen und Kinder eilen herbei und bieten uns angeblich selbstgenähte Schals, Brustbeutel und Handy-Hüllen zum Kauf. In der Dorfmitte steht ein neues Gebäude auf Betonstelzen. Das Erdgeschoss ist rundum offen; das Obergeschoss mit Wellblech gedeckt. Im schattigen Erdgeschoss weben Frauen in Heimarbeit Decken für Aufkäufer aus der Stadt.

Unser Kindchenschema wird reich bedient von ganz jungen Mischlingswelpen und niedlichen Kindern. Ein fröhlicher Knirps mit viel zu großer, roter Baseballmütze schiebt an einer langen Holzstange ein Spielzeugauto vor sich her. Sein Traumwagen besteht nur aus vier Rädchen und vier Stöckchen, die mit Blumendraht zusammengebunden sind.

An einer Stallwand wirbt ein ungelenk gemaltes Grafitti für den Gebrauch von Kondomen. »Besser erst vorsorgen, dann poppen. Statt poppen und dann sorgen.«

Übersetzt Samai für uns frei ins Deutsche.

Eine Reifenpanne beschert uns einen ungeplanten Halt an der Landstraße. Samai möchte zu Fuß eine drei Kilometer entfernte Musterschule besuchen. Wir verzichten lieber auf den Spaziergang über die hitzeflirrende und staubige Chaussee.

Während Tom und der Lord mit viel Schweiß den Reifen wechseln, vertreiben wir uns die Zeit in einem der zahlreichen Freiluft-Restaurants am Straßenrand. Und lauschen andächtig den Fensterreden der Gefährten. Im Ringen um die Stammtischhoheit in unserem Verein kämpft noch ein Double von Edmund Stoiber mit. Der Doppelgänger ist von

Beruf ein Zeitungsschmierer und Gedönsrat. Der in Ostwestfalen-Lippe seit Urzeiten ausgestorbene Typ ›Lautsprecher‹ sondert ungefragt zu Allem und Jedem einen von keines Gedankens Blässe angekränkelten Leitartikel ab.

Da unser Lunch verschoben werden muss, spendiert Samai eine Runde Bananen.

Den Lunch nehmen wir dann mit Verspätung in einer Karawanserei für Touristenbusse ein. Das Lokal ist bei weitem nicht so schön, das Essen bei weitem nicht so schmackhaft wie bisher gewohnt. Zum Ausgleich bieten am Parkplatz wieder etliche Souvenirgeschäfte ein verlockendes Sortiment. Auch dieses Angebot wird dankbar angenommen.

Am späten Nachmittag erreichen wir die alte Königsstadt Sukhothai.

Die ›Morgenröte der Glückseligkeit‹ wurde anno 1238 gegründet; schon zweihundert Jahre später war das Glück verspielt: die Stadt fiel an das Königreich Ayutthaya. Vom alten Sukhothai blieb nur noch ein ausgedehntes Ruinenfeld.

Emsige Archäologen haben etwa zweihundert Gebäude und dreißig Tempel freigelegt. Den weitläufigen Historischen Park von Sukhothai kann man auf dem Fahrrad durchstreifen. An der Durchgangsstraße nach Tak steht ein Denkmal von König Ramkhamhaeng, dem dritten und bedeutendsten Herrscher von Sukhothai. Der König thront nicht hoch zu Roß, er sitzt volkstümlich auf einer Bank. Seine Rechte schwingt kein Schwert, sie hält eine Schrifttafel hoch. Das Denkmal ist mit Blumen bekränzt, davor knien Besucher barfuß im Gebet. Der Herrscher hat diese Verehrung verdient. Er hat den Thais die bis heute gebräuchliche Schrift geschenkt und den Theravada-Buddhismus in Thailand heimisch gemacht.

Wir radeln zunächst zum Wat Mahatat.

Von dem einst gewaltigen Tempel stehen nur noch Reste, dahinter erhebt sich ein Chedi aus Ziegelsteinen. Dutzende, fast lebensgroße, Elefanten tragen als Karyatiden den schweren Sockel des Reliquienschreins und bringen es dennoch fertig, dabei hintergründig zu lächeln.

Im Gelände treffen wir auf viele überlebensgroße, stehende oder sitzende Buddhas. Ihre blassen Gesichter zieren eigentümlich spitze Nasen. Vielen Statuen fehlen Teile der Arme oder Beine. Ihrer andauernden Anbetung tut das jedoch keinen Abbruch: fast alle Bildnisse sind mit frischen Blumen und gelben Tüchern bekränzt.

Spätestens hier im alten Sukhothai mag die Mehrheit die Truppe keine Buddhas, Mantras und Asanas mehr sehen. Mein anhaltendes Interesse wird indes ausdrücklich anerkannt: ‹Issoch schöön, wenn sich jemand so für alten Tüddelkram begeistern kann!«

Besonders ein feingliedriger schreitender Buddha im typischen Sukhothai-Stil hat es mir angetan. Der Körper des Erleuchteten biegt sich lianengleich wie eine gotische Madonna, seine weiblich zarte linke Hand ist zum Mudra ›Rad der Lehre‹ geformt.

Ein kurzer Abstecher bringt uns zum zum Wat Sri Sawai.

Von dem einst mächtigen Tempel stehen nur noch drei für eine Sakralarchitektur der Einschüchterung charakteristische monumentale Prangs im Khmer Stil.

Außerhalb der Mauern von Alt-Sukhothai liegt das Wat Phra Phai Luang. Wie ein westfälisches Wasserschloss von Wall und Wassergraben umgeben, spiegelt sich das alte Heiligtum mit seinem stehenden Buddha in den stillen Gewässern.

Das beeindruckendste Sanktuarium der ganzen Anlage ist der Wat Sri Choom. Der im Lotussitz elf Meter aufragende Buddha des Wat vollführt mit Unschuldsmiene die Geste der Erdanrufung. Seine rechte Hand weist noch Spuren der ehemaligen Vergoldung auf. Der geschichtskundige Samai berichtet, dieser Buddha habe einst persönlich die Heere des Königs vor reichswichtigen Schlachten angefeuert und ihnen einen leichten Sieg versprochen. In glorreicher Zeit war die Statue, hohl wie das Trojanische Pferd, innen begehbar. Heutzutage ist der geheime Zugang verschlossen. Man hat jetzt andere Möglichkeiten der vaterländischen Propaganda.

Wir übernachten in der Neustadt von Sukhotai in einem schäbigen Hotel mit miserabler Küche und üblen Gerüchen. Die Morgenröte ist rabenschwarzer Nacht gewichen.

AM KLEINEN KWAI

Heute steht uns eine 470 Kilometer lange Etappe südwärts zum River Kwai bevor.

Auf der Fahrt durch das zentrale Flachland Thailands bekommen wir einen Eindruck von der Fruchtbarkeit des Bodens. Endlose Felder mit Tapioka, Reis und Zuckerrohr geben laut Samai im Jahr bis zu drei Ernten her. Zwischen den Äckern wachsen Bananenstauden, Kokospalmen und immer wieder üppig blühende Bougainvilleen.

Die großen Landstraßen sind in hervorragendem Zustand. Im Weichbild der größeren Städte ist der breite Mittelstreifen mit einem gepflegtem Parkett aus Bodendeckern in unterschiedlichen Grüntönen bepflanzt. Darüber erheben sich mit elegantem Schwung elektrische Bogenlampen.

An einer Tankstelle mit einer riesigen Shopping area machen wir zwischen Burger-Burgen, Sandwich-Schmieden und Sushi-Stuben eine ›technische‹ Pause. Alles ist blitzsauber. Das Etablissement könnte so auch in Kalifornien oder Holland stehen.

Nach acht Stunden Fahrt erreichen wir die Provinzhauptstadt Kanchanaburi.

Im Zweiten Weltkrieg ließen die Japaner hier am River Kwai von Kriegsgefangenen eine Eisenbahnlinie zum ›Drei Pagoden Pass‹ nach Burma bauen. Sechszehntausend europäische Kriegsgefangene und fünfzigtausend Zwangsarbeiter verloren beim Bau der Nachschublinie ihr Leben. Auf jeden vierten Meter Gleise kam ein toter Mann. Die ›Eisenbahn des Todes‹ errang nur marginale miltärische Bedeutung. Die Holzbrücke über den River Kwai wurde noch während des Krieges zerstört.

Der Zweite Krieg ist sechzig Jahre vorbei, das Movie ›Die Brücke am Kwai‹ seit fünfzig Jahren Filmgeschichte. Gleichwohl hat das mehrfach mit einem Oscar ausgezeichnete Rührstück dem Krähwinkel Kanchanaburi gewaltige Touristenströme beschert.

Dabei wurde der Streifen nicht einmal hier am Originalschauplatz sondern in Sri Lanka gedreht.

Die gegenwärtige Brücke über den Kleinen Kwai ist ein Neubau aus Stahl, über die man zu Fuß hinüber ans andere Ufer laufen kann. Bequemer geht es mit einem kleinen Bähnchen, das Touristen im fünfzehn Minutentakt hin und zurück befördert. Am Ufer spielt sich der übliche Touristenrummel ab. Die Restaurants an und auf dem Fluss, die Souvenirläden im und vor dem Bahnhof und ein nagelneues, hässliches Museum beschallen ihre Besucher pausenlos mit dem berühmten River Kwai Marsch.

Willkommen in Disneyland.

Nach einem nicht weiter erwähnenswerten Tellergericht im Gasthaus eines guten Bekannten von Samai bringt uns der Bus zur Bahnstation.

Der Zug ist überfüllt mit thailändischen Pfadfindern und deutschen Touristen. Das Pfadfindertum ist in Thailand regulärer Teil des Lehrplanes an den Schulen. Unter den deutschen Touristen im Zug zeichnen sich vor allem witzige Landsleute von Karl May aus. Leider verstehen wir ihre geistsprühenden Kommentare nicht.

Hinter der Brücke verläuft die Bahntrasse in vielen Windungen hart am Steilufer des Kwai über hölzerne Hangviadukte. Nach einer halben Stunde Fahrt erreichen wir die derzeitige thailändische Endstation Nam Tok. Von Nam Tok geht es wieder mit dem Bus weiter nach Pakseng. Dort warten mehrere ‹Langschwanzboote› mit blauen Sonnensegeln auf uns. Die Barkassen werden angetrieben von alten LKW-Motoren und gesteuert mit einer sehr langen Getriebewelle, an deren Ende sich eine kleine Schiffsschraube dreht.

Unser Ziel, das Flusshotel ›Jungle Rafts‹, besteht aus zwölf am Ufer vertäuten Hausbooten. Am Landungssteg zur Rezeption versorgt uns der Bell Captain sogleich mit Schwimmwesten. Jedes Hausboot verfügt über vier spartanisch eingerichtete Zimmer. Warmes Wasser und elektrischen Strom gibt es nicht. Der zivilisatorische Luxus der Herberge am Fluss beschränkt sich auf Petroleumlampen, Moskitonetze und Toiletten mit Handpumpe, wie auf einem seetüchtigen Schiff. Die Betten erfüllen jedoch den hohen Standard einer gut geführten Tiroler Berghütte. Hohe Berge ringsum entschädigen uns bei Sonnenuntergang mit märchenhaftem Farbenspiel.

Das Dinner im Jungle Rafts ist die letzte gemeinsame Mahlzeit unserer Tafelrunde. Der frankophile Käsefresser hält nach dem Dessert die fällige Abschiedsrede. Er lobt Samai für seinen einzigartigen Einsatz und sein nie versiegendes Lächeln.

Mademoiselle Pöppelmann, die Samai gegenüber sitzt, gewährt dem Tiger einen freizügigen Blick auf ihre beiden mächtigen, von der sinkenden Sonne in flüssiges Gold getauchten Meruberge. Der lächelnde Budai Samai beginnt zu schielen als fürchte er, in diesem jungfräulichen Milchozean zu ertrinken. Und sucht moralischen Halt an der emsig kreisenden Mekhong Flasche. Um 21 Uhr sinken wir alle feuerwassertrunken in die sanft schaukelnden Daunen. Punkt 6:00 Uhr früh werden wir geweckt für die letzte Etappe unserer Abenteuerreise. Und reiben uns ernüchtert die Augen über diesen völlig sinnfreien Trip ins siamesische Outback.

EIN FLOTTIERENDER MARKT: DAMNOEN SADUK

In der Morgenkälte dampft der Fluss, die aufgehende Sonne läßt die Berggipfel leuchten. Nach einem kargen Breakfast geht es mit dem Boot, aber ohne den sterbenskranken Samai, flussabwärts. Die Region ist ein beliebtes Urlaubsziel für die Einwohner von Bangkok. Etliche Bettenburgen im Stil des international üblichen Touristenbarocks wetteifern mit phantasievollen Namen wie ›Golden Buddha Resort‹, ›Indigo Pearl Resort and Spa‹ oder schlicht ›Orchid Paradise‹ um zahlungskräftige Kundschaft. Eine trostlose Bauruine namens ›Emerald Strand Wellness Oasis‹ verrottet direkt am Ufer.

Nach vierzig Minuten erreichen die Langschwanzboote unser Ziel. Tom und Lord warten schon mit dem Bus und Frau Pöppelmann übernimmt das Regiment.

Ein kurzer Besuch auf dem Soldatenfriedhof bei Kanchanaburi weckt wenig Interesse.

Wir erwärmen uns mehr für zwei zivile thailändische und chinesische Totenäcker in der Nähe der Gedenkstätte für die Kriegsopfer. Die chinesischen Gräber sehen aus wie winzige Mausoleen der Ming-Kaiser. Ein bescheidener Erdhügel mit einem Scheinportal an der Ostseite beschützt die Ruhe des Toten. Die thailändischen Urnengräber sehen aus wie kleine Chedis.

Unsere letzte Station auf der Rundreise sind die ›schwimmenden Märkte‹ in Damnoen Saduk. Einen ähnlichen, aber etwas kleineren schwimmenden Markt haben wir schon in Bangkok auf den Klongs im Stadtteil Thonburi gesehen. Die meisten Kanäle wurden dort aber zugeschüttet, um Platz für Highways zu schaffen.

Hier in Damnoen Saduk herrscht wieder das ungebremste touristische Chaos. Unzählige Busse haben bereits Hunderte von Schaulustigen herangekarrt.

Der berühmte Floating Market erstreckt sich auf höchstens dreihundert Metern Länge rechts und links von der Hauptbrücke über den Klong. Die Wasserfläche ist zugepflastert mit Booten. Man könnte trockenen Fusses von Ufer zu Ufer über das Wasser wandeln.

Der Schauplatz wirkt, als drehe Bertolucci eine Massenszene für den ›Letzten Kaiser‹.

Für Fotografen ist die Szenerie allerdings ein Paradies. Die bunten Gewänder, die gewaltigen gelben Sonnenhüte der Marktfrauen, das zu Bergen aufgehäufte Obst, alles dichtgedrängt auf kleinster Fläche im hellen Sonnenschein mit farbigen Schatten, lassen das Herz eines jeden Lichtbildners höher schlagen.

Der Markt ist klar in der Hand der Frauen. Männer kommen nur als Kunden oder als Bootsführer für Touristen vor.

Die Boote quellen über von Ananas, Bananen, Mangos, Pamelos und Gemüse aller Art. Einige Kähne haben Fische oder Blumen im Angebot. Dazwischen locken Garküchen mit allerlei Leckereien hungrige Mäuler an. Langschwanzboote voller Touristen vergrößern das gefährliche Gedränge. Beidseits des Klong warten zweistöckige Wellblechhallen mit einer außergewöhnlichen Überraschung auf: unzählige Souvenirstände harren auf betuchte Weltenbummler.

Ein paar Schritte weiter ist von dem Touristenrummel nichts mehr zu spüren. Hier rinnt das Leben auf und am Kanal so still und ruhig dahin wie das Wasser im Klong.

Am zeitigen Nachmittag geht es mit dem Bus zurück nach Bangkok ins Hotel, wo wir einen Teil unseres Gepäcks eingelagert haben. Jetzt heißt es Abschied nehmen von Tom und Lord, unseren beiden fürsorglichen Schutzengeln auf allen Wegen. Samadii!

Diese Tour durch Thailand wurde angepriesen als Reise in das Land des Lächelns.

Ein Chinese würde da wohl energisch widersprechen wollen.

Dennoch haben die Thais mit ihren nördlichen Nachbarn vieles gemeinsam.

Die Freien sind hilfsbereit und mildtätig aber auch spiel-, wett- und gewinnsüchtig.

Im Land begegnet man echter Frömmigkeit und Gottesfurcht aber auch tief verwurzeltem Aberglauben und absonderlicher Geisterfurcht. Die Menschen sind im persönlichen Umgang höflich und liebenswürdig. Hinter der förmlichen Verbindlichkeit verbirgt sich aber auch reichlich Hochmut und Dünkel.

Im Thailändischen gibt es fünf Sprachstufen. Umgangssprache, Schriftsprache, Amtssprache, Hofsprache und Mönchssprache unterscheiden sich darin, wie häufig der Sprecher von Höflichkeitspartikeln Gebrauch macht. Die alltägliche Umgangssprache im Familien- und Freundeskreis kommt ganz ohne derartige Phrasen aus. Amts- und Hofsprache verwenden Höflichkeitsfloskeln natürlich häufig. Am häufigsten aber raspeln die lammfrommen Mönche gesittetes Süßholz. Doch nur im Gespräch untereinander.

Gegenüber einem Laien - und sei der ein König - sparen sie sich jede Verbindlichkeit.

In den Wats wird der Gläubige ermahnt, seine Nase nicht höher zu tragen als die unzähligen Buddhas. Und auch nicht höher als die Riecher der hochnäsigen Mönche.

Die förmliche Begrüßungsgeste Wai unterliegt einer Vielzahl von Regeln: die jüngere Person muss vor der älteren, die rangniedere vor der ranghöheren grüßen. Wer den Wai von kleinen Kindern, von Gesinde oder Bettlern erwidert, macht sich zum Gespött.

»Das Unglück schläft nie.« Beteuerte unablässig der vom Mekhong gebeutelte Samai.

Was soll man von ewig lächelnden Menschen halten, die ständig böse Geister beschwichtigen? Sind die tückischen Dämonen nicht Projektionen der eigenen verdrängten Aggression? Freundlich, stets auf Ausgleich bedacht, arrangieren sich die nach Harmonie süchtigen Freien im Alltag anscheinend lieber mit ihrem Gegner, anstatt mit ihm Tacheles zu reden. Das ist die angenehme Seite von Dr. Jekyll. Mr. Hyde indes zeigt sein böses Gesicht bei den derzeitigen brutalen Straßenschlachten zwischen den königstreuen Gelbhemden und den Thaksin-hörigen Rothemden. Der Aufruhr weckt Erinnerungen an rabiate Szenen bei der blutigen Niederschlagung der Studentenproteste durch die paramilitärischen Milizen der Roten Büffel vor genau dreißig Jahren.

‹Doppelgänger› ist in der Thai-Sprache ein Lehnwort aus dem Deutschen. Wie anderswo Sauerkraut oder Kindergarten. Aber hausen in der Brust jedes Deutschen nicht auch mindestens zwei Seelen?

Und sagt nicht das thailändische Sprichwort:

»In der Pagode ist selbst Buddha kein Heiliger.«

DIE SPHINX LÄCHELT

ÄGYPTEN

SPHINX, MEMPHIS, ÄGYPTEN

DER SÜDLICHE HAREM VON AMUN-RE, BEI NACHT

Meine beste Freundin glaubt beharrlich an die ewige Wiederkehr. So ist sie felsenfest davon überzeugt, auf ihrer langen Seelenwanderung vorzeiten auch als Heilige Katze Bastet im Alten Ägypten gemaust zu haben. Denn die berühmte Büste der Nofretete oder die nicht minder bekannte Totenmaske von Tut-anch-Amun und »überhaupt alles Ägyptische, die Pyramiden, die Sphinx, die Hieroglyphen« brächten bei ihr, wie bei einem uralten Cello, eine besondere Saite zum Schnurren. Während ihrer jetzigen Reinkarnation als züchtige Hausfrau habe sich leider noch keine Gelegenheit geboten, Beweise für ihr früheres Katzenleben im Land am Nil beizubringen.

Ihr lang gehegter Herzenswunsch, eine Kreuzfahrt auf dem Nil, bleibt für sie vorerst ein Traum. Für mich aber soll der Traum jetzt in Erfüllung gehen. Hoch und heilig musste ich der betrübt in Bad Salzloch gebliebenen besten Freundin versprechen, für sie im Land der Pharaonen wenigstens einen echt antiken Skarabäus als Glücksbringer zu erbeuten. Egal wie legal.

Mein Hauskater und Gemahl begleitet mich. Wir fliegen von Hannover direkt nach Luxor. Über dem ägyptischen Festland folgt die Flugroute dem Lauf des Nils. Vom Flugzeug aus sind die Pyramiden von Gizeh klein und zierlich wie Spielzeugklötze zu erkennen. Aus der Vogelperspektive erscheint das grüne Band des Fruchtlands zu beiden Seiten des Nils wie ein in den unermesslichen Sandmeeren der lybischen und arabischen Wüste verlorenes Fädchen.

Nach der glücklichen Landung bringt uns ein biblisch alter Bus zu unserem Schiff. Längs des Weges begegnen wir gut bekannten Szenen aus der Armen Welt. Magere Maultiere ziehen schwere Karren, Kamele schwanken unter Lastgebirgen. Tief verschleierte Frauen huschen mit ihren Einkäufen über die nicht befestigte Fahrbahn.

Unser Schiff, die Crown Emperor, übertrifft unsere von früheren Flusskreuzfahrten geprägten Erwartungen über alle Maßen. Der majestätisch anmutende, hundert Meter lange Kreuzfahrer ist ein schwimmendes Hotel Deluxe. Seine fünf Decks schimmern schwanenweiß auf dem grünlichen Wasser des Nils. Die nobel gestaltete Rezeption wirkt beinahe einschüchternd. Wir beziehen ein sehr geräumiges Zimmer mit zwei großen, getrennten Betten, einem Kühlschrank und einem neuen Fernseher mit Satellitenempfang. Im Bad verspricht sogar eine richtige Badewanne wohlige Entspannung.

Vor dem Dinner trifft sich unsere Reiseschar in der Lounge.

Unser europäisch korrekt gekleideter, auch am späten Nachmittag noch makellos glatt rasierter Führer stellt sich vor. Er heißt Ahmed und spricht sehr gut Deutsch. Angeblich hat er in Deutschland Germanistik und Ägyptologie »gelernt.« Was immer das heißen mag. Seit siebzehn Jahren arbeitet Ahmed als staatlich geprüfter Fremdenführer. Der Enddreißiger vermittelt den Eindruck eines wohlerzogenen und weltoffenen Ägypters. Er ist glücklich mit einer Lehrerin verheiratet. Das Paar hat zwei Kinder, einen zwei Jahre alten Buben und ein gerade erst zehn Monate altes Töchterchen, das er schon nach einem Tag sehr vermisst. Wir sind angemessen gerührt. Ahmed erläutert das Reiseprogramm und informiert uns über landestypische Besonderheiten in Bezug auf Klima, Essen und Trinken sowie Verkehrs- und Kommunikationsmittel. Er vermeidet jede Bangemacherei über Sicherheit und Kleinkriminalität in den touristischen Hochburgen.

Das kennen wir auch anders.

Unser erstes Abendmahl an Bord nehmen wir im Hauptrestaurant der Crown Emperor ein. In dem riesigen Saal finden alle Gäste des Schiffes auf einmal Platz. Dennoch bleibt genügend Raum für ein üppiges Buffet mit einer überwältigenden Auswahl an Leckereien aller Art. Es gibt als Vorspeisen verschiedene Salate, mit Reis und Hack gefüllte Krautwickel, Zucchini mit Knoblauch, diverse Pasteten, gekochte Eier und rohe Leber, Oliven, frische Gurken und Tomaten und in Essig eingelegtes Gemüse. Als Hauptgerichte laden Lamm mit Okraschoten, gegrillte Hackfleischröllchen und eine Art Moussaka zum Gaumenschmaus. Den kleinen Hunger danach können wir mit frischem Obst, Eis, hunderterlei Torten und Unmengen von süßem Konfekt bekämpfen. Die reiche Auswahl an süßen Leckereien verrät, dass Ägypten über Jahrhunderte zum Osmanischen Reich gehörte.

Nach dem köstlichen Buffet bringt uns ein moderner Reisebus zum Tempel von Luxor.

Der Tempel war dem Gott Amun, seiner Gemahlin Mut und beider Sohn, dem Mondgott Chons, geweiht und wurde ›Südlicher Harem des Amun‹ genannt. Nach Beginn des jährlichen Nilhochwassers im Juli haben die alten Ägypter hier ihr Neujahrsfest gefeiert. Kahlgeschorene Priester, begleitet von Musikanten und akrobatischen, nur in heiße Wüstenluft gekleideten, Tänzerinnen, brachten die Statuen der drei Götter mit der Heiligen Barke vom Tempel in Karnak nilaufwärts zum Gotteshaus in Luxor. »Im Allerheiligsten hielt Amun dann mit seiner Gemahlin Mut einmal im Jahr das fällige Beilager.«

Verrät uns der verehelichte Ahmed.

Das magische Massiv des beleuchteten Tempels in der Dämmerung übertrifft alles, was Bilder vermitteln können. Ein hoch aufragender Obelisk, der gewaltige Torturm und davor die thronenden Kolossalstatuen von Pharao Ramses II. erregen ehrfürchtiges Staunen. Der fehlende Zwilling des Obelisken schmückt heute den Place da la Concorde in Paris. »Das große eingetiefte Relief auf dem Eingangspylon macht die abstrakte Funktion des Pharao als Retter und Hüter der Ordnung in der Welt anschaulich. Die Szene zeigt, wie der allmächtige Gottkönig die Heerscharen seiner Feinde vernichtet.«

Schildert Ahmed ungerührt.

Für mich sind die idealisierten, aber unbestreitbar anmutigen Gesichtszüge des Königs mit dem archaischen Lächeln Ausdruck einer sehr menschenfreundlichen Gesinnung. Ich würde gerne wissen, ob irgend jemand dieses Gesicht nicht schön findet. Obwohl, unsere Reisegefährten - es gibt so wenig schöne Menschen.

Bevor wir die Anlage betreten, erläutert Ahmed uns den Bauplan der ägyptischen Tempel. Auf den Torturm folgt meist ein Säulengang, dann eine Säulenhalle und zuletzt das Heiligtum. Die ganze Tempelanlage ist für ein wichtiges Ritual der Gottesverehrung, die Heilige Prozession, konzipiert und von einer Umfassungsmauer eingefriedet.

Den Hof hinter dem Pylon umgibt eine Kolonnade aus Papyrusbündelsäulen mit geschlossenen Papyruskapitellen. Etwa in Höhe der Säulenkapitelle, ungefähr fünf Meter über dem Boden des Tempels, reckt eine rätselhafte, weiße Moschee ihr Minarett in den Himmel. Der kundige Ahmed löst das Rätsel auf: »Der Tempel von Luxor war fast völlig versandet. Spätere Generationen haben die Tempelsteine als willkommenes Fundament genutzt. Die Moschee wurde zu Ehren eines muslimischen Marabout gebaut, dessen Gebeine hier ruhen. An seinem alljährlichen Gedenktag werden noch heute die Reliquien in feierlicher Prozession auf einer Barke durch die Stadt Luxor geführt.«

Neunzig Prozent aller Religion kommt eben aus Ägypten.

Im Hof steht eine weitere Kolossalstatue von Ramses II. und seiner Angetrauten. Die Königin Nefertari reicht ihrem Gatten Ramses allerdings nur bis zum Knie. Die Machos in der Kompanie machen abgestandene Witze über den ewigen Kampf der Geschlechter. Ahmed führt uns durch die Prozessionskolonnade, den Hof von Amenophis III., eine Säulenhalle und einen Vorsaal ins Sanktuar von Alexander dem Großen. Der Beherrscher der Welt legte nach der Eroberung Ägyptens ungeheuren Wert darauf, als legitimer Sohn des widderköpfigen Amun-Re anerkannt zu werden.

When in Rome, do as the Romans do.

Vor dem Tempel beginnt eine etwa zwei Kilometer lange Sphingenallee, die einst zum Tempelbezirk von Karnak führte. Die Skulpturen sind teilweise zerstört, der Prozessionsweg ist weitgehend mit neuen Häusern überbaut. Aber selbst die Überreste machen Eindruck. Ich fühle mich sehr an die Prozessionsstraße zu den chinesischen Ming-Gräbern erinnert.

In der Nähe des Tempels hat noch ein Andenkenmarkt geöffnet. Das Angebot ist alles andere als verlockend. Wir gehen lieber zeitig ins Bett, weil wir morgen sehr früh geweckt werden.

HÄUSER FÜR MILLIONEN JAHRE

Weit vor Sonnenaufgang lässt Ahmed zum Wecken blasen. Es ist Anfang Februar, aber am Mittag wird es mit 32 Grad Celsius schon sehr heiß. Um der Hitze des Tages und dem Ansturm der Touristen zu entfliehen, hat der fürsorgliche Ahmed das Programm geändert.

Statt zu den Gräbern in Theben-West fahren wir zuerst mit einem Reisebus zum Tempel von Karnak, dem ›vieltorigen Theben‹ Herodots. Wir besichtigen die größte erhaltene Tempelanlage Ägyptens, das Heiligtum des Reichsgottes Amun-Re. Vom Alten Ägypten bis in die spätrömische Zeit haben hier unzählige Herrscher gottgefällig gebaut, erweitert, verschönert, renoviert und das Material aus den Gebäuden ihrer Vorgänger ohne falsche Scheu für neue Pylonen, Tempel und Kapellen recycelt. Alles wirkt noch monumentaler und gewaltiger als in Luxor.

Eine Allee aus widderköpfigen Sphingen führt uns zum ersten der insgesamt zehn Tortürme. Die Widder, Zeichen der Zeugungskraft von Gott Amun, halten kleine Statuen eines Pharao zwischen ihren schützenden Vorderbeinen.

Hinter dem ersten Torturm empfängt uns ein Vorhof mit einer einzelnen, über zwanzig Meter hohen Säule, vor der sich bereits einige britische Frühaufsteher zum Gruppenfoto drängeln.

Zwei seitliche Kapellen des Vorhofs sind der Dreifaltigkeit von Amun, Mut und Chons gewidmet. Den Vorhof der größeren Kapelle rahmen zwanzig Statuen von Ramses III.

Neben dem Eingang zum zweiten Pylon steht eine riesige Osirisstatue aus Granit. Sie stellt vermutlich den nach Kolossalem süchtigen Pharao Ramses II. mit einer seiner Töchter dar. Meint der wahrheitsliebende Ahmed: »Aber Jahrhunderte später hat der Hohepriester Pinodjem es für angebracht gehalten, die Skulptur mit seinem eigenen Vaternamen zu versehen. Auf diese Weise wollte er für sich selbst ein kostengünstiges, immerwährendes Gedenken sichern.«

Bevor wir weiter ins Innere der Anlage dringen, gibt der nationalstolze Ahmed uns einen Abriss über fünftausend Jahre ägyptischer Geschichte von Narmer bis Nasser. In fünfzehn Minuten.

Über die Selbstherrlichkeit des seit Jahrzehnten regierenden Präsidenten Hosni Mubarak macht er übrigens im kleinen Kreise gerne Witze: »Allah ahnt es, Mubarak weiß es. Alle anderen geht es nichts an!« Einer anderer Witz geht so: Ein Moslembruder ruft auf dem Tahrir Platz in Kairo: »Mubarak ist ein Dummkopf!« Der Mann wird verurteil. Zu drei Wochen Knast wegen Beleidigung eines Staatsmannes und fünfzehn Jahren Zuchthaus wegen des Verrats eines Staatsgeheimnisses.

Hinter dem zweiten, zerfallenen Pylon betreten wir eine riesige, fünftausend Quadratmeter große Säulenhalle. »Das Säulendickicht ist eine Allegorie des Papyrussumpfes, der bei Erschaffung der Welt den Urhügel umgab.« Erläutert Ahmed, der Sinndeuter. Die Säulen der überdachten Seitenschiffe münden in Kapitellen aus geschlossenen Papyrusknospen. Sie werden bei weitem überragt von den dickeren, dreiundzwanzig Meter in die Höhe steigenden Säulen des Mittelschiffs, die in Kapitellen mit weit geöffneten Papyrusblüten enden und damit eindringlich die lebenspendende Kraft der Sonne verkünden. Die Säulen und Wände der Halle sind lückenlos mit Reliefs und Inschriften übersät. Die Wände zeigen ruhmredige Szenen aus den Kriegszügen der Pharaonen gegen die asiatischen Völker des Nahen Ostens. Körperliche Eigenheiten der besiegten Palästinenser, Kanaaniter, Syrer, Juden und Hethiter sind mit großem Realismus dargestellt.

Ich könnte Stunden bei den sprechenden Reliefs verweilen. Doch ich bin froh, als wir das Säulendickicht verlassen, denn mir geht die Szene mit dem herabstürzenden Gebälk im ›Tod auf dem Nil‹ nicht aus dem Kopf.

Zwischen dem zerfallenen dritten und vierten Pylon erhebt sich ein zwanzig Meter hoher, von Thutmosis I. errichteter, Obelisk. Er wird nur überragt vom berühmten zweiunddreißig Meter hohen Obelisken der Königin Hatschepsut. Seine Spitze war einst mit Elektron, einer Legierung aus Gold und Silber überzogen. Den Namen Amun haben die Steinmetze auf Geheiß von Echnaton herausgemeißelt.

Ahmed führt uns zum Heiligen See.

Auf dem rechteckigen Wasserbecken übten die Priester einst ihre rituellen Bootsfahrten mit dem Götterbilde. Vor dem Heiligen See ruht auf einem hohen Sockel ein Skarabäus aus rotem Granit. Der Pillendreher ist größer als eine Riesenschildkröte. Wie einst die abergläubischen Thebaner laufen heute die aufgeklärten Pauschaltouristen um den Mistkäfer im Kreis herum. Das soll Glück bringen. Diesen Skarabäus kann ich leider nicht im Handgepäck mit nach Hause nehmen. In der Nähe des rosenfingrigen Insekts liegt die Spitze des Zwillingsobelisken der Hatschepsut. Auch hier sind halbherzige Versuche, den Namen Amun zu tilgen, deutlich zu erkennen.

Weiter geht es mit dem Bus auf das westliche Nilufer ins Tal der Königinnen.

Die Straße führt vorbei an den achtzehn Meter hohen Memnon-Kolossen, die einst den Totentempel von Amenophis III. bewachten. Die ziemlich lädierten, tönenden Hünen erinnern mich stark an futuristische Star Wars Krieger.

Unterwegs halten wir im berüchtigten Dorf Al-Qurna.

Laut Ahmed besitzen viele der mit Grafitti verunzierten Häuser verborgene Zugänge zu Felsengräbern aus der altägyptischen Königszeit. Seit dem dreizehnten Jahrhundert vor Christus wird das Gewerbe des ehrbaren Grabräubers in Al-Qurna vom Vater auf den Sohn vererbt: »Über Jahrtausende wurden aus den Gräbern unermessliche und unersetzliche Schätze gestohlen. Schon einige uralte Papyri berichten über Prozesse gegen erwischte Plünderer. Im Alten Ägypten wurden die Grabschänder gepfählt.« Heutzutage haben die Bürger von Al-Qurna von illegalem Grabraub auf legalen Touristen-Nepp umgeschult. Man darf ihnen sogar dabei zusehen, wie sie echte Antiquitäten fälschen.

Im Sturmschritt führt Ahmed uns zum Grab des Prinzen Cha-em-Waset.

Eine anrührende Szene im Korridor des Grabes schildert, wie der junge Königssohn von seinem Vater Ramses III. durch die Tore der Unterwelt zum Totengericht geleitet wird. Ahmed weist uns auf die Kennzeichen des Kindes in der ägyptischen Kunst hin: »Die lieben Kindlein werden nackt und mit dem Finger im Mund dargestellt. Ihr Kopf ist bis auf eine Schläfenlocke stets kahl geschoren.«

Der Bus fährt weiter nach Deir-Al-Bahari. Unser Ziel ist der hochberühmte Grabtempel der Hatschepsut, der faszinierendsten Frau auf dem Pharaonenthron.

Während der Fahrt erzählt uns der mythenfeste Ahmed ihre aufregende Geschichte.

Ihr Eheherr und Stiefbruder Thutmosis II. stirbt nach nur vier Jahren Herrschaft. Von Hatschepsut hat er nur eine Tochter, Nofrure. Der Thron fällt nach dem Tod des Pharao daher an den Sohn von seiner Nebenfrau Isis. Für den unmündigen Knaben übernimmt seine Tante und Stiefmutter, die Pharaowitwe Hatschepsut, zunächst die Regentschaft. Aber zwei Jahre nach dem Tod ihres Mannes läßt sie sich selbst zum Pharao ausrufen. Der Stiefsohn erhält den minderen Status eines Mitregenten und wird mit Hatschepsuts Tochter Nofrure verheiratet.

Unerhörtes geschieht! Eine Frau herrscht als Mann auf dem Pharaonenthron.

Aber Hatschepsut hat mächtige Parteigänger und kluge Ratgeber. Senenmut ist nicht nur ihr liebster Baumeister, ihr treuer Hausmeier und der fürsorgliche Erzieher der Prinzessin

Nofrure sondern auch allmächtiger Administrator der ungeheuren thebanischen Tempel-güter. Hapuseneb, der Hohepriester am Reichsheiligtum von Karnak, macht sich eben-falls für Hatschepsut als Pharao stark, weil sie eine Frau göttlicher Abkunft sei. Ihre Strip-penzieher verbreiten die Kunde, Hatschepsut sei ein Kind von Amun-Re. Der liebestolle Gott habe einst die Gestalt von Hatscheputs Vater Thutmosis I. angenommen und so ge-tarnt ihre Mutter Ahmose geschwängert. Die dankbare Hatschepsut soll Hapuseneb so-gar heimlich geheiratet haben.

Die Story erinnert sehr an die Anekdote von Amphitryon und Alkmene. Die pikanten Details könnten von Herodot sein. Aber bei dem darf man auch nicht Alles für bare Münze nehmen. Will er uns doch glauben machen, dass im Alten Ägypten die schönsten Mädchen auf dem Markt versteigert wurden und vom Erlös die weniger Schönen eine Mitgift erhielten: »Ein guter Brauch, der aber zu unserer Zeit nicht mehr geübt wird.« Rudert Herodot vorsichtig zurück. Er will uns auch weis machen, in Ägypten sei Vieles anders als bei anderen Völkern: »Die Frauen gehen auf den Markt und treiben Handel, die Männer sitzen zu Hause und stricken. Den Darm entleert man im Haus, gegessen wird auf der Straße. Die Frauen lassen ihr Wasser im Stehen, die Männer im Sitzen.« Mussten wir in Europa für diese hygienischen Fortschritte nicht jahrzehntelang kämpfen?

»Der Tempel der Hatschepsut ist eine der bedeutendsten und eigenwilligsten Schöpfun-gen der ägyptischen Baukunst.« Meint der kundige Ahmed.

Ich denke eher an Führerarchitektur.

Die Front des Grabtempels erhebt sich dramatisch vor einem natürlichen Halbrund des dreihundert Meter hoch aufragenden Westgebirges. Ahmed erklärt, die Erbauer hätten die Gegebenheiten des Geländes geschickt genutzt, indem sie die üblichen Pylone durch Kolonnaden und die Vorhöfe durch Terrassen ersetzten.

Vom Tal führt eine Rampe zur ersten Terrasse. Beidseits der Rampe erstrecken sich offe-ne Laubengänge, vor denen zwei Kolossalstatuen der Hatschepsut stehen. Die Reliefs in der südlichen Pfeilerhalle zeigen in detaillreichen Szenen, wie die Obelisken der Hat-schepsut in Assuan hergestellt, auf dem Nil transportiert und in Karnak aufgerichtet wurden. In der nördlichen Halle schildern idyllische Jagdstücke die Freuden der Pirsch auf Wasservögel und Nilbarsche.

Eine zweite Rampe führt auf die oberste Terrasse. Auch diese Rampe wird flankiert von Pfeilerhallen. In der linken Halle bringt ein Bildbericht von der wagemutigen Expedition in das ferne Land Punt den Betrachter zum Staunen. Hatschepsut hatte den Zug in das sagenhafte Südland, wo Gold und Weihrauch wuchsen, befohlen, weil ihr Obelisk in Karnak aus purem Gold bestehen sollte. Das erbeutete Edelmetall aus Punt hat dann a-ber doch nur zu einer vergoldeten Spitze gereicht. Mein ehelicher Anlageberater macht dazu einen frauenfeindlichen Kommentar. Ich ziehe es vor, die Sottise zu überhören.

Die Tiere und Pflanzen von Punt sind naturgetreu bis ins kleinste Detail abgebildet. Die grundehrlichen Bildreporter haben sogar den gewaltigem Fettsteiß und das unschöne ›Winke-Fleisch‹ an Armen und Beinen der Fürstin von Punt getreulich festgehalten.

Anhand dieses Bildberichtes können heutige Gelehrte die geographische Lage des Landes Punt genau verorten.

In der rechten Halle der zweiten Terrasse ist das Evangelium von der göttlichen Zeugung, der Geburt und der Erwählung der Hatschepsut durch Amun-Re in Stein beurkundet.

An die Hallen schließen sich rechts und links kleinere Bethäuser an, die der Hathor und dem schakalköpfigen Anubis geweiht waren. Die Kapitelle des Hathor-Tempels zeigen die bestrickenden Züge der ägyptischen Venus. Ihre abstehenden Kuhöhrchen betonen noch die Anmut ihres Liebfrauengesichts.

An der Front der obersten Terrasse erhebt sich eine dritte Pfeilerhalle, vor der sechsundzwanzig Osiris-Statuen der Hatschepsut stehen. Die schöne Königin trägt einen Zeremonialbart, der ihre edlen fraulichen Züge eher erhöht als schmälert.

Einige Damen unseres Ensembles sollten es auch mal mit einem Bart versuchen.

Hinter dem Portikus öffnet sich ein Säulenhof. Die Reliefs an seinen Wänden zeigen Bilder vom ›Schönen Fest des Wüstentales‹. Bei diesem Fest wurde die Statue des Gottes Amun von Karnak über den Nil in die Nekropole am Westufer gebracht. Dort beehrte der Gott den Grabtempel des gerade amtierenden Pharao, das ›Haus der Millionen Jahre‹, mit seinem hohen Besuch.

Der redliche Ahmed räumt ein, dass das gewöhnliche Volk bei der Prozession nur Staffage war. Bei den ägyptischen Bauern hieß das Fest ›Tag des Rauschtrunks‹. Die geistlichen Gesänge der Priester ersetzte der fröhliche Fellache durch geistige Getränke.

Hatschepsut regierte Ägypten zwanzig Jahre lang. Nach ihrem Tod verdammte ihr Stiefsohn und Nachfolger, Thutmosis III., die fähigste Frau auf dem Pharaonenthron zu ewigem Vergessen. Einem alten und beliebten ägyptischen Brauche folgend, wurden ihre Bildnisse zerstört und ihr Name aus den Inschriften gelöscht. In den erhaltenen Königslisten des Alten Ägypten taucht der Name Hatschepsut nirgendwo mehr auf.

Wir ziehen weiter zu den angeblichen Herren der Schöpfung ins Tal der Könige.

Dort stehen die Felsengräber von Ramses IV. und Ramses IX. auf unserer Hitliste.

Das Grab von Ramses IV. ist nahezu unversehrt erhalten geblieben. Am Gewölbe des Korridors zur Grabkammer blinken abertausend goldene Sterne. Wandmalereien schildern Szenen aus den zahllosen Totenbüchern der Alten Ägypter. Aus dieser üppig sprudelnden Quelle für Jenseitsphantasien von Himmel- und Höllenfahrten haben noch die Künstler viel späterer Kulturen ihren übersinnlichen Kleister angerührt. Die Grabkammer des Pharao ist ausgemalt mit Stundenbildern von der Nachtfahrt des Sonnengottes Re durch die Unterwelt. Während der zwölfstündigen Reise mit der Sonnenbarke muss der falkenköpfige Gott etliche Hindernisse überwinden, ohne dass die Sonnenscheibe vom göttlichen Haupte herunterfallen darf.

Zur fünften Nachtstunde findet in der ›Halle der vollständigen Wahrheit‹ das Totengericht vor Osiris, dem Herrscher der Unterwelt, statt. Das Herz des verstorbenen Grabherrn wird von Anubis gegen die Feder der Maat aufgewogen. Der ibisköpfige Thot führt Protokoll. Ein Ungeheuer, genannt die ›Fresserin‹, steht bereit, um die für böse befundenen Verblichenen sogleich zu verschlingen. Die Götter der Unterwelt überwachen den Wiegeakt. Zum Zeichen ihres Richteramtes halten sie eine Maat-Feder in den Händen. Mich gemahnen die Federn eher an gezückte Messer. Am Ende der Nacht hebt der Urgott Nun die Barke von Re wieder an den Tag.

Nach diesem Furcht erregenden Einblick in die dunkle Seite der altägyptischen Religion hasten wir weiter zum Grab von Ramses IX.

Die Fresken dieses Grabes sind zwar gut erhalten, wurden aber nicht vollendet. Noch gut sichtbare Vorzeichnungen in roter Farbe lassen erkennen, wie mit Hilfe eines rechtwinkligen Rasters die Größenverhältnisse der Figuren festgelegt wurden. Ahmed behauptet, auch die Schularbeiten der Kinder hätten die alten Ägypter schon mit Rot korrigiert.

An der Decke des Grabes prangt die Himmelsgöttin Nut in ihrer zweifachen Gestalt als Tag- und Nachtseite des Firmaments. Auch in diesem Grab ist die Nachtfahrt des Gottes Re durch die Unterwelt dargestellt. Seelenvögel strecken klagend kleine Händchen zum Sternenzelt, derweil ein Skarabäus mühevoll die Sonnenscheibe über das Himmelsgewölbe rollt. Manche der hoch stilisierten Figuren sehen aus wie moderne Piktogramme.

Den Nachmittag verbringen wir auf dem Oberdeck der Crown Emperor. Die Fahrt geht sechzig Kilometer nilaufwärts nach Esna, einer Stadt in der fruchtbaren Ebene am westlichen Ufer des Flusses. Unter einem wolkenlos blauen Himmel genießen wir bei Tee und Gurken-Sandwiches eine geruhsame Stunde an der Poolbar. Auf dem hohen Ostufer ziehen müde Esel Karren voller Schilfrohr heimwärts. Im Schatten von Palmen und Tamarisken schaukeln Kamele gelassen ihres Weges. Lautlos kreuzen Feluken mit blendend weißen Segeln auf dem Nil. Fischer holen am Ufer still und bedächtig ihre Netze ein, in denen kleine Fische zappeln.

Welcher Flaschengeist hat uns in die Zeit der Pyramiden versetzt? Ich höre und gehorche! Zum Abendbrot werden wir wieder mit einem reichhaltigen Büffet verwöhnt. Außer verschiedenen Vor- und Nachspeisen stehen als Hauptgang Lahm bis Salsa, eine Art ägyptisches Gulasch, oder Hühnchen mit Muskraut, Maluchiya genannt, zur Wahl.

Der Kellner schenkt sogar ägyptisches Bier der Marke Luxor aus.

Nach dem Dinner verfolgen wir an Deck den Sonnenuntergang.

Amun Re steht wie eine gewaltige Blutorange über der lybischen Wüste. Am amethystfarbenen Himmel zieht eine lange, schwarze Kette von Kranichen ihre Bahn.

BLICK IN DAS ÄGYPTISCHE PANTHEON

Über Nacht lag unser Schiff in Esna vor Anker.

Nach dem Morgenkaffee folgen wir Ahmed zu Fuß vom Schiff in die Altstadt.

Unser Ziel ist der nur wenige Schritte vom Ufer entfernte Tempel des Gottes Chnum.

Ahmed weiht uns zunächst ein in die Familiengeheimnisse des widderköpfigen Gottes.

Nach einem uralten Köhlerglauben formt Chnum, der Schöpfergott, auf der Töpferscheibe fortwährend Menschen nach seinem Ebenbilde. Mit seinem Zauberstab haucht er den Scherben seinen göttlichen Odem ein und erweckt sie so zum Leben. Die Hauptfrau

von Chnum ist die froschköpfige Heket, eine Tochter von Re. Das Götterpaar ist eigentlich zuständig für Zeugung und Geburt. Doch die Ehe bleibt kinderlos.

Mit seiner Nebenfrau Menhit, der löwenköpfigen Göttin der Zwietracht, zeugt Chnum
daher den Bankert Heka. Der wird, hochheilige Schriften versichern es, zuständig für
Magie und Zauberei. Auf Elephantine, einer Insel unterhalb des ersten Nilkataraktes,
hält Chnum noch Beischlaf mit Setjet, der ›Wächterin der Südgrenze‹. Die gemeinsame
Tochter Anuket sorgt für das alljährliche Nilhochwasser; daher wächst der schönen Göttin statt schwarzem Haar eine Krone aus grünem Riedgras aus dem Haupt.

In der altägyptischen Götterwelt war die Ein-Kind-Ehe offenbar gang und gäbe. Die ehelichen und außerehelichen Verhältnisse waren indes höchst verworren und verwirrend. In
dieser Hinsicht gaben die ägyptischen Götter, wie die Olympier der Alten Griechen, den
Menschen kein gutes Vorbild ab:

»Herodot erzählt vom Schicksal eines am Trachom erblindeten Pharao. Seine Leibärzte
sind ratlos. Doch die Priester schwören, wenn er den Harn einer Frau trinke, die in ihrem
Leben nur den eigenen Mann ›erkannt‹ hat, werde er wieder sehend. Die Königliche
Schwester und Große Gemahlin des Pharao erweist sich als unwirksam. Daraufhin ver-
kostet der König alle Ehefrauen von Ober- und Unterägypten. Als nach langem, vergeb-
lichen Suchen eine Bäuerin aus dem Delta ihm endlich eine neue Sicht der Welt schenkt,
heiratet der Pharao die ländliche Heilquelle.«

Für solche Anekdoten hat mein Hauskreuz und Gemahl ein untrügliches Gedächtnis.

Der frei gelegte Chnum Tempel liegt neun Meter unter dem heutigen Straßenniveau. Die
Müllberge späterer Zivilisationen sind ja immer mächtiger als man denkt. Mit dem Bau
des Heiligtums wurde unter der Herrschaft der Ptolemäer begonnen. In dieser Spätzeit
wirtschaftlicher Blüte entstanden auch in Dendera, Esna, Edfu, Kom Ombo und Philae
Tempel, die heute zu den am besten erhaltenen Heiligtümern Ägyptens zählen.

Die Vorhalle des Chnum Tempels wurde erst zur Römerzeit fertig gestellt. Das bezeugen
die gut erhaltenen Darstellungen mehrerer römischer Kaiser als Herrscher von Ober-
und Unterägypten. Die Cäsaren Claudius und Vespasian werden auf der Front des Tempels sogar mit Namen genannt. Kaiser Trajan steht noch als unfertiges Kindchen auf der
Töpferscheibe des Chnum. Die vergöttlichten römischen Kaiser hegten im Umgang mit
ihren tierköpfigen ägyptischen Kollegen offenbar keine Vorurteile.

Die Decke der Vorhalle wird getragen von zwei Dutzend Säulen, die in Kapitellen mit
überbordendem Pflanzen- und Blütenzierat enden. Reliefs an den Wänden schildern die
seit Jahrtausenden vertrauten erbaulichen Szenen. Wieder einmal erschlägt der Pharao in
Erfüllung seiner verdammten Pflicht die Heerscharen seiner Feinde. Für einen bequeme-
ren Body Count hat man den Gefallenen die Hände abgehackt und auf einen großen
Haufen geworfen.

Nach dem Besuch des Tempels flüchten wir vor zudringlichen Basaris aufs Schiff.

Bei strahlendem Sonnenschein geht die Fahrt weiter nilaufwärt nach Edfu.

Am Ufer sind Bauern mit der Ernte von Zuckerohr und Grünfutter beschäftigt. Hinter den Feldern ragen die grünen Kronen von Johannisbrotbäumen, Dattelpalmen und Sykomoren in den Himmel. Die Sykomore wurde im Alten Ägypten als Heiliger Baum der Liebesgöttin Hathor verehrt. Später galten die Maulbeerfeigen als Symbol der Himmelsgöttin Nut, die sich zärtlich über ihren Vermählten, den Erdgott Geb, neigt und ihm Schatten spendet.

»Während der Windgott Schu in ihrem Geäst säuselt.« Spottet mein Göttergatte.

Am westlichen Nilufer steht ein braun gebrannter Fischer mit Schurz und bloßem Oberkörper bis zu den Knien im Wasser. Er hat eine Kuh mitsamt ihrem Kälbchen an einen Baum gebunden und befreit zappelnde Fischlein aus einer Reuse.

Die Szene scheint direkt aus den Malereien der Königsgräber entsprungen.

Unser Fähnlein deutscher Ägyptenfahrer besteht aus sieben Damen und sieben Herren.

Der Fähnleinführer, Oberst a.D., ein Saure-Gurken-Gesicht mit Schnäuzer, wetteifert seit Luxor mit einem etwas öligen, rotblonden Anlageberater um die Gunst der Damen. Die beiden verheirateten Casanovas reisen allein. Ihre besseren Hälften sind zuhause geblieben. Sie vertrügen die Hitze nicht.

Ein seriöser Herr mit Schweizer Akzent hat sich leichtfertig als Arzt geoutet. Seither wird der ›Doc‹ mit jeder medizinischen Bagatelle behelligt. Hahn im Korb ist bei den Damen vom ersten Tag an der stattliche Eigner einer Detektei. Herr von Perrier trägt einen ›Es-ist-erreicht-Schnurrbart‹ und ist ein bekennender Hagestolz.

Die Damen dagegen treten alle als Zweigespanne auf.

Prominent im allerschlechtesten Sinne ist eine stutenbissige Hysterikerin. Sie vergnügt sich damit, ihre pferdegesichtige und gefügige Freundin zu kujonieren. Auch die obligate, vom Genuss geistiger Getränke gezeichnete Femme fatale darf nicht fehlen. Bei jedem Gericht fragt sie nach, ob die Speise auch alkoholfrei und mit guter Butter zubereitet sei.

Die Schnapsdrossel wird umsorgt von ihrer altjüngferlichen Tochter. Ein Jungsozialist mit Che Guevara Käppi schneidet dem Mauerblümchen schüchtern die Cour.

Erst am zweiten Tag zur Truppe gestoßen ist ein junges Paar auf Hochzeitsreise. Die beiden Turteltäubchen aus Itzehohe haben zuvor in Hurghada zuviel Sonne getankt. Jetzt möchten sie noch etwas für ihre Bildung tun. Die junge Braut erstrahlt hochblond und zeigt viel brandrotes Fleisch. Ihr Angetrauter spielt den Hans im Glück. Er trägt Gelfrisur mit kerzengeradem Scheitel und hält auf deutsche Pünktlichkeit. Von Beruf könnte er Sachbearbeiter einer Krankenkasse sein.

Und dann ist da noch eine sommersprossige Rothaarige. Mit ihrer irren Angst vor Terror-Anschlägen geht sie uns gewaltig auf die Nerven.

Am Nachmittag erreichen wir Edfu.

Etliche Kreuzfahrtschiffe liegen bereits, zu viert oder zu fünf nebeneinander vertäut, am Ufer vor Anker. Um an Land zu kommen, müssen wir durch die Lobbys der anderen Schiffe gehen. Wir nutzen die Gelegenheit, uns ein wenig umzusehen und kommen zum Schluss, es mit der Crown Emperor sehr gut getroffen zu haben.

Beim Landgang belästigen uns wieder aufdringliche, wild gestikulierende Händler. Für

»Ein Euro« kann man ihre Ware näher in Augenschein nehmen. Der Verkaufspreis liegt dann um das Zehnfache darüber. Zum Kauf stehen miese Nachbildungen von Skarabäen, Obelisken und Pharaonenbüsten. Der Oberst bemängelt, dass die Berliner Nofretete im Angebot fehlt.

Von der Schiffslände bis zum Tempel hat sich eine lange Warteschlange gebildet.

Jeder Besucher muss sich einer Sicherheitskontrolle wie an einem Flughafen unterziehen. Die Ägypter haben aus den islamistischen Anschlägen anno 1977 in Gizeh und im Totentempel der Hatschepsut in Theben-West gelernt. Überall, selbst in den Tempeln, steht schwer bewaffnete Touristenpolizei. Ahmed nennt die Truppe verharmlosend ›Altertumspolizei‹. Sollen die martialischen Gendarmen denn die ägyptischen Altertümer schützen? Vor wem?

Ein Bouquiniste hält schöne Bildbände mit Reproduktionen alter Lithographien feil. Die Drucke basieren auf Gemälden des schottischen Malers David Roberts. Der hat die versandeten Heiligtümer von Dendera, Luxor, Edfu und Abu Simbel in bewegenden Veduten festgehalten, bevor die Tempel Mitte des 19. Jahrhunderts ausgegraben wurden. Bis zum Eintreffen der Europäer interessierten sich offenbar weder osmanische Behörden noch ägyptische Fellachen dafür, was genau unter diesen wunderlichen Steingebilden im Treibsand steckte.

Auch der Tempel von Edfu war bis zu den Säulenkapitellen vom Sand verschüttet. Das erklärt seinen guten Erhaltungszustand.

Das Gotteshaus wird beherrscht von einem riesigen Torturm. Reliefs zeigen auch hier, wie der Pharao unter dem Auge des Horus seine amtliche Schuldigkeit erfüllt und böse Feinde totschlägt. Hinter dem Pylon öffnet sich ein geräumiger, von Kolonnaden umringter Hof. Den Eingang flankieren zwei mächtige Bildnisse finster blickender Falken.

Im Hof erklärt unser religionskundiger Führer Ahmed die Funktion des Heiligtums. Obwohl der Tempel auf dem westlichen Nilufer liegt, war er kein Grabtempel, sondern ein Festheiligtum, in dem reichswichtige religiöse Feierlichkeiten abgehalten wurden. Zum Beginn des ägyptischen Jahres im Juli wurde die stierige Hathorkuh von ihrem Heiligtum in Dendera auf einer Barke nilaufwärts nach Edfu gebracht. Dort hielt Hathor Heilige Hochzeit mit dem Horusfalken.

So wenigstens steht es in den Heiligen Papyri geschrieben.

Auch dem ärmsten Fellachen war dieses ›Fest der Begegnung‹ eine fromme Wallfahrt wert. Neunzig Prozent aller Religion kommt wie gesagt aus Ägypten.

Wir folgen Ahmed in die große Säulenhalle.

Wie in Esna sind die spätzeitlichen Kapitelle mit Zierat überladen. Die Wände schmückt ein ausführlicher Bildbericht über die Errichtung des Tempels, seine Weihe und die festliche Übergabe an den falkengesichtigen Horus. Leider sind viele Figuren von gottesfürchtig ignoranten koptischen Christen zerstört worden.

Nach der Säulenhalle öffnet sich der ›Saal des Erscheinens‹. An diesen schließen sich an ein Opfersaal und der ›Saal der Neunheit‹ Das Allerheiligste ist mit einem Kranz von neun Apsiden umgeben.

Ahmed erklärt, sie seien der Neunheit der Urgötter Ägyptens gewidmet.

Im Anfang erschuf Amun, das Licht, Tefnit, die Feuchte und Schu, die Luft.

Tefnit, die Feuchte, und Schu, die Luft, zeugten Nut, das Firmament, und Geb, die Erde.

Von diesen kamen die vier Geschwister Isis und Osiris, Nephthys und Seth.

Isis heiratet ihren Bruder Osiris; Nephthys ehelicht den Bruder Seth.

Der Schwagerbruder Seth liebt jedoch Isis. Er lockt Osiris mit List in eine Schatztruhe, tötet den arglosen Bruderschwager, zerstückelt seinen Leichnam und wirft die Brocken in den Nil. Die verzweifelte Witwe Isis sucht auf der ganzen Welt nach ihrem verschwundenen Gatten. Mit dem Beistand ihrer Schwägerinschwester Nephthys findet Isis alle Körperteile des Gatten wieder. Anubis, ein Bastard des Osiris von der Tante Nephthys, fügt den Körper seines Erzeugers wieder zusammen.

Zu guter Letzt zeugt der auferstandene Brudergatte Osiris mit Isis das Söhnchen Horus. Der Nachschrapsel nimmt späte, aber blutige Rache. Nach vielen Kämpfen bringt er Seth, den bösen Onkel mit der Statur eines Nilpferdes, um. Das Nilpferd wird zerstückelt und von den Göttern der Unterwelt verspeist. Osiris steigt auf zum Herrn der Unterwelt, Horus wird Herrscher über alles Irdische.

Die Bilderbibel an den Mauern des Umgangs erzählt das Familiendrama in packenden Szenen. Unsere spitzfindige Spürnase weist den tugendhaften Ahmed darauf hin, dass er uns eine sehr familientaugliche Version des Mythos erzählt habe. Schließlich spiele in dem saftigen Rührstück neben dem uralten Motiv des Bruderzwistes auch die ewige Drüsenmelodei von Ehebruch, Inzest und Homosexualität eine hormontrübe Rolle. Und die Schöpfungsgeschichte würde auch in mindestens drei anderen Versionen erzählt.

Ahmed übergeht den Einwand des Schnüfflers und berichtet weiter, jedes Jahr sei in Edfu auch ein ›Festival des Sieges‹ zu Ehren des Horus abgehalten worden. Dabei habe ein Hohepriester oder sogar der Pharao selbst den Horus im Stück gegeben. Am Ende der Messe hätten die Kommunikanten beim Heiligen Mahl ein Brot von der Form eines Nilpferdes gebrochen und gemeinsam verspeist. So sei im Alten Ägypten auch das Mysterienspiel erfunden worden.

Zu Recht werde das Land am Nil auch ›Mutterland der Theologie‹ genannt.

In den frühesten Zeiten hätten die Ägypter Pflanzen und Tiere als göttlich verehrt. Nicht nur Bäume und Sträucher, auch Gazellen und Schakale, Widder und Stiere, Katzen und Krokodile, ja sogar Nilpferde und Nilbarsche seien zu Lebzeiten angebetet, nach ihrem Tod mumifiziert und auf eigenen Friedhöfen bestattet worden.

Mit der wachsenden Einsicht der Priester in die himmlischen Verhältnisse seien aus den vergötterten Tieren Mischwesen mit Menschenkörper und Tierschädel geworden. Die weisesten Kirchenlehrer hätten schließlich aus den Göttern richtige Menschen gemacht. In diesem aufgeklärten Stadium der Gottesgelehrsamkeit erinnerten nur noch Löwenmähnen, Kuhöhrchen oder Bocksfüße die Götter an ihre animalischen Ursprünge. Die größten Gottsucher des Alten Ägypten aber hätten sich mit Amun, dem Verborgenen, und Aton, dem Licht, zum einzig wahren Monotheismus bekannt: »Es gibt keinen Gott außer Aton und Echnaton ist sein Prophet!« Intoniert Ahmed sichtlich ergriffen.

Von soviel Rechtgläubigkeit verwirrt, schlendern wir erschöpft zurück zum Schiff.

Die Crown Emperor lichtet Anker und fährt weiter nilaufwärts nach Kom Ombo.

Für den Abend ist ein Kostümball in der Lounge angesagt. Zuhause in Deutschland ist schließlich Faschingszeit. Wie zu erwarten war, benötigen die Damen zum Ball unbedingt die passende Entkleidung. Der Bordladen verkauft heute mehr Bauchtanz-Kostüme und neckische Häubchen mit Gesichtsschleier als an allen Tagen zuvor. Schon vor dem Dinner huschen die ersten halbnackten Salomes und Suleikas in Kunstseide und Pailletten kichernd über die Decks der Crown Emperor. Natürlich gibt es auch sinnige Tiermasken. Einige Herren der Schöpfung sind geradezu selig, für eine Nacht den eselköpfigen Seth oder den gehörnten Töpfer Chnum geben zu dürfen.

Nach dem Dinner haben wir Beiden das ganze, friedliche Oberdeck für uns allein.

Das eherne Gesetz in uns und der gestirnte Himmel über uns...

TOD AM NIL

Die Stadt Kom Ombo liegt etwa einhundertfünfzig Kilometer südlich von Luxor.

Auf einer Anhöhe am östlichen Ufer des Nils thront eine einzigartige Tempelanlage.

Auch sie stammt aus der Ptolemäerzeit. Wir gehen vom Schiff zu Fuß hinauf.

An der Uferstraße verdient ein etwa zwölf Jahre alter, pummeliger Knabe im himmelblauen Kaftan seinen Lebensunterhalt als Schlangenbeschwörer. Im Schatten einer Tamariske machen kleine Kobras auf sein Geheiß Männchen.

Der Tempel von Kom Ombo ist ein außergewöhnliches Doppel-Heiligtum. Im nördlichen Teil des Gotteshauses wurde ein Sohn des Re mit Vogelkopf verehrt. Auf den Reliefs trägt der Falke die Doppelkrone von Ober und Unterägypten. Ein streng altgläubiger Ägypter durfte diesen Haroeris auch als »Oh, Alter Horus!« anrufen.

Die südliche Hälfte der Anlage war dem krokodilköpfigen Gott Sobek geweiht. Seinen schuppigen Echsenschädel hat Sobek mit der Atef-Krone und Straußenfedern veredelt.

Die angstbesetzte Figur des Krokodilgottes spielt im Osiris-Mythos eine zwiespältige Rolle. Einerseits verkörpert er als Onkel Seth den bösen Feind des Horuskindes. Andererseits soll er - für ein Krokodil unglaublich selbstlos - Isis bei der Auffindung der Körperteile von Osiris geholfen haben.

Der Pylon der Tempelanlage ist völlig zerstört. Vom Vorhof sind nur Säulenstümpfe erhalten. Durch die Vorhalle führt Ahmed uns in einen Säulensaal. Von dort gelangt man durch eine Tür zur linken Hand in das Allerheiligste des Haroeris, rechts in das Sanktuar des Sobek. Beide Kapellen liegen in Trümmern; die Schönheit liegt auch hier im Auge des Betrachters.

Auf der Rückwand der Umfassungsmauer stoßen wir auf ein Relief, das unser professionelles Interesse weckt. Abgebildet ist ein umfänglicher Satz von chirurgischen Instrumenten für diverse Operationen.

Stammen nicht auch neunzig Prozent der Heilkunde aus Ägypten?

Ein anderes Relief zeigt Daten des ägyptischen Kalenders. Zahlensymbole aus Strichen, Kreisen und Hufeisen geben den Tag an. Hieroglyphen der Monatsnamen und der drei Jahreszeiten Achet, Peret und Schemu ergänzen die Datumsangabe. Achet bringt das Nilhochwasser, Peret Aussaat und Wachstum und Schemu die Ernte.

Am zerfallenen Geburtshaus vor dem Tempel des Haroeris zeigt ein idealisiertes Relief den Pharao Ptolemäus VIII. Euergetes; sein Übername Euergetes bedeutet ›Wohltäter‹. Von zwei Göttern begleitet, unternimmt er, sichtlich fadisiert, eine Spazierfahrt durch die Papyrussümpfe.

Der Pharao Euergetes war, alten Papyri zu Folge, ein verfressenes menschliches Ungeheuer. Ein Bigamist, ein Jungfernschänder und mehrfacher Mörder, der seinen eigenen Sohn abschlachtete und die Leiche in handliche Stücke zerhackt an die Mutter schickte.

Die alten Ägypter hatten viel Sinn für Humor. Die Steinmetze haben sich mit dem brutalen Fettwanst daher einen kleinen Scherz erlaubt. Statt den Pharao mit dem heiligen, die Krokodile reißenden, Wappentier der Ptolemäer, dem Ichneumon abzubilden, lassen sie einen gefrässigen, langmähnigen Löwen im Dickicht lauern.

In der ehemaligen Kapelle der Hathor träumen noch drei mumifizierte Krokodile vom Nil. Die übrigen dreihundert Krokodil-Mumies, die beim Straßenbau in der Umgebung von Kom Ombo entdeckt wurden, sind im städtischen Crocodile Museum ausgestellt. Wir verzichten auf einen Besuch der tückischen Kaltblüter und kehren zurück auf unser schönes Schiff. Vierzig Kilometer nilaufwärts geht die Crown Emperor an der Corniche von Assuan vor Anker. Ein Reisebus bringt uns zum Nasser-See.

Der Bürgersteig auf der Krone des Staudammes ist mit edlem Rosengranit belegt. Die ökonomischen und ökologischen Folgen des Projektes seien weniger prachtvoll.

Sagt unser vorsichtig regimekritischer Führer Ahmed.

Durch den Bau des Staudammes sei das ökologische Fundament der Landwirtschaft Ägyptens, die jährliche Nilschwemme, weggebrochen. Die Fruchtbarkeit der Felder unterhalb des Stausees habe stark gelitten. Statt des kostenlosen, nährstoffreichen Nilschlammes müssten die Bauern jetzt teuren, importierten Mineraldünger einsetzen, um ausreichende Ernteerträge zu erzielen. Der fruchtbare Nilschlamm lagere sich derweil tonnenweise vor dem Damm ab und gefährde die wirtschaftlich hochwichtige Stromerzeugung aus Wasserkraft. Daher müsse der Schlick regelmäßig unter hohen Kosten entsorgt werden. Auch moderne Pharaonen lieben gigantische Projekte.

Grässlich dieselnde Motorboote bringen uns zur Insel Agilkia im Nasser-See.

Ein bedeutendes Isis-Heiligtum wurde von der im Stausee versinkenden Insel Philae hierher umgesetzt. In der gesamten Antike wurde das Heiligtum auf Philae besungen als ›Perle des Nils‹. Auf Philae hat Isis das Herz ihres ermordeten Osiris gefunden.

Im linken Turm des ersten Pylons öffnet sich ein Tor, das uns zum Eingang des Geburtshauses, dem Mammisi, führt. Der Bildschmuck im Inneren des Mammisi schildert die Geburt des Horuskindes und seine Jugend in den Sümpfen des Nildeltas. Dort hielt Isis das göttliche Kind vor den Nachstellungen seines bösen Onkels Seth lange verborgen.

Der Eingang zum eigentlichen Tempel liegt im Zentrum des zweiten Torturmes. Hinter diesem Pylon öffnet sich eine Halle mit zehn ehemals bemalten Säulen. An diese Halle schließen sich zwölf mit liturgischen Szenen ausgeschmückte Räume und die Cella im Zentrum des Tempels an. In der Mitte des Allerheiligsten steht einsam und verloren der Sockel, der einst die Barke mit dem Standbild der Göttin Isis trug. Die Wände sind übersät mit Reliefs. Ägyptische Pharaonen und römische Kaiser bringen Isis und Osiris ehrfürchtig Opfergaben dar.

Vom Inneren führt eine Treppe zu einer Terrasse. Hier steht die Grabkapelle des Osiris. Die Wände erzählen von Tod, Grablegung und Wiederauferstehung des Gottessohnes.

Der Oberst erzählt, Herodot habe Osiris mit dem griechischen Dionysos gleichgesetzt. Nach Herodot hätten Weiber beim Osirisfest eine Art Gliederpuppe des Gottes von der Länge einer Elle durch die Dörfer getragen. Der Phallus der Puppe, fast so groß wie der ganze übrige Körper, habe dabei springlebendig gezuckt. Der schwer beeindruckte Herodot habe sich für die Wahrheit der Geschichte verbürgt. Unsere pingelige Detektei behauptet, Isis habe das Hauptstück ihres Gatten nicht wiedergefunden und *nolens volens* ein Ersatzglied aus Nilschlamm geformt.

Den Haupttempel der Göttin umstehen weitere kleinere Bauwerke.

Der Kiosk des Pharao Nektanebos I. wurde im 4. Jahrhundert v. Chr. errichtet. Sein rechteckiger Portikus besteht aus vierzehn mächtigen Säulen. Ihre Kompositkapitelle zieren Papyrusblüten, Rasseln und Hathorköpfe. Die Zahl vierzehn steht symbolisch für die Hälfte der Tage des Mondmonats.

Der so genannte Trajans-Kiosk wurde in echt von Kaiser Augustus erbaut. Kaiser Trajan hat die zerstörte Laube nur restauriert. An der östlichen Terrasse legte einst die Heilige Barke mit der Statue der Göttin Isis an. Auch dieser Pavillon besteht aus vierzehn Säulen mit Papyruskapitellen.

Die Bilder des kleinen Hathor-Tempels erzählen von der ›Heimkehr der Göttin‹.

Nach einem Streit mit Re war Hathor nach Nubien verzogen. Bei ihrer heimwehkranken Rückkehr machte sie Rast auf der Insel Philae. Die Reliefs zeigen die Göttin als ›Herrin der Freude‹, die zur Musik tanzt. Ein kurioses Orchester spielt für Hathor auf, um ihr leicht reizbares Gemüt zu besänftigen. Die Laute schlägt ein niedliches Äffchen, ein würdiger Priester bläst auf der Doppelflöte und Bes, der zwergenhafte Gott der Lustbarkeit, zupft ihr die Harfe.

Im sechsten Jahrhundert n.Chr. wurde der beliebte und weit verbreitete Kult der Isis durch ein Dekret des allerchristlichsten oströmischen Kaisers Justinian I. verboten. Aus dem heidnischen Tempel wurde ein christliches Gotteshaus. Die säugende Isis wurde zur orthodoxen Galaktotrophousa, der stillenden Mutter des Jesuskindes.

Neunzig Prozent aller Religion stammen, wie erwähnt, aus Ägypten.

An Nachmittag bringt uns ein überfülltes Motorboot zum Botanischen Garten auf der Kitchener Insel bei Assuan. Laut Programm war eine romantische Segelpartie mit Nilfeluken vorgesehen. Aber die Bootsführer arbeiten am Sonntag nicht.

Im Botanischen Garten stoßen wir zuerst auf hunderte von Exemplaren der Species Homo sapiens egypticus. Sie sind leicht zu erkennen an ihren randvollen Picknickkörben. Ahmed eilt im Schnellschritt durch den überfüllten Park. Er zeigt uns stolz, als habe er sie selbst gepflanzt, gewaltige Sykomoren und Tamarisken, immergrüne Mahagoni- und Brotfruchtbäume, seltene Muskatnuss- und rosablühende Trompetenhölzer. Im Geäst von blühenden Bougainvilleen und Oleanderbüschen, Hibiskus und Clematisstauden und haushohen Weihnachtssternen nisten Scharen von Vögeln, die bei jeder Annäherung mit ohrenbetäubendem Gekreisch aufflattern.

Auf dem Rückweg werfe ich vom Nil aus einen wehmütigen Blick zurück zum Mausoleum von Aga Khan und seiner Begum Om Habibeh alias Yvette Labrousse. In meiner Jugend waren die beiden Hoheiten das angesagte Liebespaar der Regenbogenpresse.

Als letztes Highlight des Tages steht noch ein Besuch in den antiken Granitsteinbrüchen bei Assuan auf dem Programm. Einzige Attraktion des Ortes ist ein unvollendet liegen gebliebener Obelisk. Obelisken galten im Alten Ägypten als Stein gewordene Strahlen des Sonnengottes.

Einige der schönsten altägyptischen Sonnenstrahler zieren heutzutage als Beutekunst markante Plätze in Rom, Paris, London, Istanbul und New York. Die kleinsten ägyptischen Sonnenstachel wogen etwa zweihundert Tonnen. Der Obelisk der Hatschepsut im Tempel von Karnak erreicht eine Höhe von zweiunddreißig Metern und wiegt fünfhundert Tonnen. Der verloren gegebene Wolkenspieß hier im alten Steinbruch ist einundvierzig Meter lang, wiegt elfhundert Tonnen, hat einen Sprung und ist nicht mehr zu gebrauchen. In vier Sprachen wird der Besucher höflich darauf hingewiesen, dass das Mitnehmen von Obelisken strengstens verboten ist.

Nach dem Abendmahl bietet uns der wackere Ahmed eine Überraschung.

Er hat für unser Star-Ensemble eine Kutschfahrt durch Assuan organisiert.

Meinen Angetrauten und seine bessere Hälfte verfrachtet Ahmed kurzerhand in eine einspännige Kutsche mit zwei Sitzen. Auf dem Kutschbock thront ein höchstens zwölf Jahre alter Knirps. Er hört, wenn er will, auf den Namen Ali. Ahmed erklärt, der Vater sei vor kurzem verstorben. Jetzt müsse der Junge die Familie ernähren. Die anderen Kutscher schanzten ihm daher gerne die eine oder andere Fahrt zu.

Vor die Kalesche ist ein zum Erbarmen magerer Klepper gespannt. Ein arabischer Witzbold hat das Hoppepferdchen auf den Namen ›Mona Lisa‹ getauft.

Ali galoppiert wie der Teufel durch den dichten Verkehr auf der Corniche. Die älteren Fahrer mahnen den wilden Knaben ständig, das Tempo zu drosseln. Unterwegs sammelt Ali noch seinen Kumpel Anwar als Beifahrer auf. Mit ihrem lausigen Englisch radebrechen die Steppkes im Nu unsere Herzen.

Das erste Ziel der Höllenfahrt ist das etwas in die Jahre gekommene Old Cataract Hotel. In der früheren Nobelabsteige am Ende der Uferstraße wurden vor Jahrzehnten die Hotelszenen zu ›Tod auf dem Nil‹ gedreht.

Nach einem nostalgischen Blick auf die schäbige Silhouette des Hotels vor der schwarzen Kulisse der dämmerigen Insel Elephantine geht es im Galopp weiter zum Souk. Im reichhaltigen Angebot stehen Gewürze, billige Parfüms und wohlriechende Öle ganz o- ben. Aber auch nubische Handwerkeleien werden in Masse feilgeboten.

Wir kaufen ein Tütchen Schwarzkümmel gegen Magen-Darm.

Es ist schon dunkel, als wir gesund und wohlbehalten zum Schiff zurück kommen. Mein Finanzchef und Gemahl gibt den beiden lausbübischen Wagenlenkern erleichtert ein fürstliches Bakschisch. Auch für die magere Mona Lisa fällt noch ein opulentes Zubrot ab.

LANG LEBE DER PHARAO!

Schon um 3.00 Uhr früh werden wir geweckt. Ein Reisebus soll uns zu den weltberühm- ten Tempeln von Abu Simbel bringen. Zum Schutz vor Überfällen fahren wir in einem langen Fahrzeugkonvoi. Unsere Kolonne wird von bewaffneter, motorisierter Tourismus- polizei eskortiert.

Die Piste führt teilweise am Scheich-Zayid Kanal vorbei. Ahmed berichtet, der Kanal lei- te Wasser aus dem Nasser-Stausee in die lybische Wüste. Im Nildelta gehe durch Erosion und wildes Bauen immer mehr Ackerland verloren. Das ehrgeizige Toshka-Projekt verfol- ge das Ziel, hier in der Wüste neue Anbauflächen und Heimstätten für drei Millionen Menschen zu schaffen. Wird hier nicht das Pferd von hinten aufgezäumt?

Die Felsentempel von Abu Simbel liegen auf einer Insel im Nasser-See. Um sie vor den steigenden Wassern des Stausees zu retten, wurden die Heiligtümer in einer Aktion ohne- gleichen von deutschen Ingenieuren an ihrem ursprünglichen Standort zersägt und auf der Anhöhe bei Abu Simbel Block für Block wieder aufgebaut.

Wir erreichen die Insel über einen Damm. Der Anblick der Tempelfassaden ist überwäl- tigend. Wegen des gewaltigen Andrangs führt uns Ahmed erst zum kleineren der beiden Tempel. Er ist der Liebesgöttin Hathor und Nefertari, der Lieblingsfrau von Ramses II., gewidmet.

Zu beiden Seiten des Eingangs ragen zehn Meter hohe Kolossalstatuen in den Himmel. Zwischen zwei Bildnissen des Pharao steht seine Gattin in Gestalt der Göttin Hathor. Ihr edles Haupt zieren die charakteristischen Kuhhörner und eine Sonnenscheibe. Ramses II. trägt verschiedene Kronen und einen Zeremonialbart.

Wir kennen das königliche Ehepaar schon aus Luxor. Dort reichte die lebende Große Gemahlin dem Ehemann nur bis ans Knie. Hier steht die tote Gattin als Zeichen der kö- niglichen Wertschätzung auf Augenhöhe mit dem Pharao. Zwischen den Beinen der Ehe- leute tummeln sich ihre Kinder. Die Säulenhalle im Inneren des Tempels stützen sechs Pfeiler mit Hathor-Kapitellen. An den Wänden schickt der pflichteifrige Pharao unter den Augen der Götter wieder reihenweise lybische und nubische Feinde in die Unterwelt.

Der größere der beiden Felsentempel ist dem Amun-Re und dem Horus Re-Harachte geweiht. Vor seiner Front thronen vier Kolossalstatuen von Ramses dem Großen. Die Sitzfiguren ragen imposante zwanzig Meter in den Himmel. Bei einem Erdbeben hat eine Statue den Kopf verloren. Das Haupt liegt zu ihren Füßen. Ein Bruchstück von der Stirn des zerbrochenen Kopfes überragt mich um Haupteslänge. Ich bin für dieses Trumm dankbar, denn es gibt mir ein Maß an die Hand, um mir die wahre Größe der Statuen besser vorstellen zu können.

In der Säulenhalle posaunen die üblichen Reliefs die Kriegstaten des Pharao aus. Die dargestellte Geschichte vom angeblichen Sieg über die Hethiter in der Schlacht bei Kadesch ist aber reine Propaganda. In Wirklichkeit ist Ramses II. nur mit knapper Not einer Niederlage entgangen.

Tief im Inneren der Felsenhöhle hat sich der Pharao zwischen die reichswichtigen Götter Ptah von Memphis, Amun von Theben und Horus von Heliopolis gedrängt.

Ahmed behauptet, die Tempelachse sei so präzis aus dem Fels gehauen, dass die aufgehende Sonne Ende Februar und Ende Oktober genau in das sechzig Meter tief im Berg versteckte Allerheiligste scheine und das Antlitz der Götter zum Leuchten bringe.

Ramses II. regierte sechsundsechzig Jahre und zeugte mehr als hundert Kinder. Seine angebliche Lieblingsfrau Nefertari war eine unter achtundvierzig Konkubinen.

Mehr als eine große Nachkommenschaft zählten für den Pharao große Bauten. Ägypten ist mit monumentalen Neu-, An- und Umbauten von Ramses II. übersät. Als der ebenso bauwütige wie zeugungskräftige Pharao hochbetagt starb, war die Staatskasse leer. Mit dem Neuen Reich ging es fortan bergab. So geht es immer. Auf der ganzen Welt.

Megalomane Sonnenkönige gieren nach Ruhm und ruinieren den Staat.

Nach vier Stunden Fahrt auf gleicher Piste erreicht unser Konvoi wieder Assuan.

Wehmütig nehmen wir Abschied von der wunderbaren Crown Emperor.

Ein Inlandsflug der Egyptair bringt uns von Assuan nach Kairo.

Mit einem Reisebus geht es dann vom Flughafen durch die siebzehn Millionen Stadt ins Hotel Meridien Pyramids. Wir kommen aber nur langsam voran. Schwer bewaffnete Soldaten kontrollieren die endlose Schlange der Fahrzeuge. Hinter Palmen lauert die Staatssicherheit. Getarnt mit Turnschuhen und Bomberjacken. Pharao Mubarak war zur Staatsvisite in Nigeria; er wird heute zurück erwartet. Daher der gewaltige Aufmarsch der Staatsmacht.

Ahmed sagt, im September fände zum ersten Mal in der Geschichte Ägyptens eine Präsidentenwahl mit mehreren Kandidaten statt. Trotz seiner siebenundsiebzig Jahre kandidiere der Superstaatsmann Mubarak für eine fünfte Amtszeit. Die Wahl sei aber eine demokratische Farce. Der neue Präsident werde mit hoher Wahrscheinlichkeit wieder der alte sein. Von seiner eigenen Prognose sichtlich gedrückt, erzählt Ahmed uns lahme politische Witze:

Zum neunzigsten Geburtstag bekommt der greise Präsident Mubarak eine Schildkröte geschenkt. »Diese Tiere können zweihundert Jahre alt werden«, verspricht der Gratulant. Darauf Mubarak: »Das werden wir dann ja sehen.«

Niemand lacht. Ahmed versucht es noch einmal:

Der lupenreine Demokrat Mubarak verteidigt die moderne ägyptische Verfassung: »Wir sind nicht Syrien, wo der Sohn des Präsidenten automatisch Nachfolger wird. Wir sind eine Demokratie. Bei uns kann man wählen. Ich habe nämlich zwei Söhne.«

Unser Fähnlein ist müde. Der Tag war lang und anstrengend.

Im Restaurant des Hotels speisen wir in Sichtweite der Pyramiden zu Abend.

Vier Jahrtausende blicken auf unsere Teller herab.

WUNDER DER WELT

Nach dem Gabelfrühstück bringt uns der Bus zur Ortschaft Mit Rahina.

Hier liegen die Ruinen von Memphis, der Hauptstadt des Alten Reiches.

Ihr Schutzgott war Ptah, der Patron aller Handwerker. Gottvater Ptah bildete in Memphis mit dem Gottessohn und Lotusliebling Nefertem, dem Erhalter, und der Gottesmutter Sechmet die Heilige Familie von Memphis.

Im Anfang war das Wort. Papa Ptah hat - typisch Mann - allein durch die Macht des Wortes die Welt erschaffen, allein indem er die Dinge, Pflanzen, Tiere und Menschen, laut beim Namen rief. Mutter Sechmet, die löwenköpfige Herrin des Zitterns, war zuständig für Krieg und Pestilenz. Es gibt mir schon zu denken, dass die für Hader und Unheil zuständigen Götter Ägyptens meist weiblichen Geschlechtes waren.

Wir haben nur Zeit für einen kurzen Besuch des Freilichtmuseums von Mit Rahina.

Auch hier begegnen wir wieder dem überlebensgroßen Ramses II.

Eine mehr als zehn Meter lange Kolossalstatue des Pharao liegt - vor Verwitterung geschützt - in einer überdachten Halle. Um den liegenden Koloss läuft eine erhöhte Galerie, von der man die Statue aus allen Blickwinkeln bewundern kann. Zusammen mit einer zweiten gleichgestalteten Skulptur stand der kolossale König einst vor dem Eingang des Ptah Tempels im Zentrum von Memphis Der König besitzt das makellose Antlitz eines achtzehnjährigen Milchbartes, nicht die welken Züge des alten Pharao.

Steine lügen nicht?

Im Park des Museums ruht eine über vier Meter hohe Sphinx aus Alabaster. Ihr prachtvoller Löwenleib zeigt Spuren der Verwitterung, aber ihr schönes Menschenantlitz ist wunderbar erhalten. Die rätselhafte Sphinx trägt Königstuch und Zeremonialbart.

So geheimnisvoll in den Zeremonialbart lächeln kann nur eine: die schöne Tochter des Amun-Re und grosse Pharaonin Hatschepsut.

Wir müssen weiter zum Pyramidenfeld von Sakkara.

Dort ragt die Stufenpyramide des Pharao Djoser sechzig Meter hoch in den Himmel. Die steinerne Stiege zum Firmament stammt aus der Zeit der 3. Dynastie um 2650 v. Chr. Ins Werk gesetzt hat den ersten monumentalen Steinbau der Geschichte ein Mann mit Namen Imhotep. Der war im Hauptberuf Wesir, Hohepriester und Arzt. Mit Hochbau beschäftigte sich er sich nur nebenberuflich. Der autodidaktische Baumeister kam auf den kühnen Gedanken, die Grablege seines Pharao ganz aus hartem Kalkstein zu errichten. Und nicht mit zundrigen Ziegeln aus Nilschlamm, wie es bis dahin Brauch war. Das Ergebnis hat der Zerstörungswut der Zeit nunmehr exakt 4655 Jahre standgehalten. Wegen seiner kolossalen Kreativität wurde der Halbgott in Weiß posthum zum Gott erhoben.

Anschließend führt uns Ahmed zur Mastaba des Ptahhotep.

Das Doppelgrab stammt aus der Zeit der 5. Dynastie des Alten Reiches. Hier wurden der Wesir Achethotep und sein Sohn Ptahhotep Chefi, Erster Wesir, Höchster Richter und Superintendent aller Tempel in einer Person, zur letzten Ruhe bestattet. Achethotep war der Sohn, Ptahhotep der Enkel eines Wesirs namens Ptahhotep, der unter dem Pharao Djedkare Isesi das Amt des Premierministers innehatte. Dieser Ptahhotep der Ältere wurde berühmt als Verfasser einer Weisheitslehre. Über Jahrtausende fand die ägyptische Jeunesse dorée in seinem Vademecum nützliche Tipps für den richtigen Umgang mit Menschen: »Niemand kommt als Weiser zur Welt.«

Der erlesene Bauschmuck der Mastaba zeugt von der hohen Stellung der Grabherren. Nirgendwo sonst haben wir bisher den Alltag der Alten Ägypter so genau, so fein und so bunt in des Wortes doppelter Bedeutung abgebildet gesehen.

Wir werden Zeugen davon, wie der Regierungschef von seinem Butler maniküt wird. Ein Sklave massiert derweil seine reichswichtigen Waden. Sänger und Harfenisten sorgen für launige Unterhaltung des geistlichen Rates.

Im Kontrast zum häuslichen Müßiggang herrscht im Freien emsiges Treiben.

Bauern schneiden Papyrus, bündeln die Halme und tragen die Garben zur Scheune. Hirten ziehen mit vielköpfigen Herden zur Weide in den Sümpfen. Knechte stellen Zugvögeln mit großen Netzen nach. Andere fahren in Barken über den Nil und stechen mit Lanzen nach Barschen. Mutige Nimrods pirschen in der Wüste wilden Tieren nach. Jagdhelfer ziehen Käfige mit Löwen vorbei oder treiben eingefangene Gazellen vorüber.

An einer anderen Wand sehen wir den feisten Premier beim opulenten Mahl.

Wir genehmigen uns einen Lunch in einem schönen Gartenrestaurant.

Es gibt ein reichhaltiges Salatbuffet und Köfte satt. Dazu wird leckeres, von der Hausfrau frisch am Ort gebackenes Fladenbrot aus dem Holzofen gereicht. Als Getränk steht ägyptischer Pfefferminztee und alkoholfreies Bier bereit. Auf nachdrücklichen Wunsch bekommen die Männer auch alkoholhaltiges Bier. Die Flaschen sind seltsamerweise mit Aluminiumfolie umwickelt. »So kann Allah die sündigen Büchsen nicht sehen.«

Hofft und glaubt der findige Wirt.

Nach dem Essen fahren wir zum letzten erhaltenen Weltwunder der Antike.

Die Pyramiden von Gizeh wurden in der Zeit der 4. Dynastie erbaut. Unter den gewaltigen Steingebirgen wollten die Pharaonen Cheops, Chephren und Mykerinos ewige Ruhe finden. Pietätlose Räuber haben dennoch diese ›Häuser für Millionen Jahre‹ geplündert.

Die Bauwerke zeugen von der niemals wieder übertroffenen Kunst der Ingenieure. Ohne Rad, ohne Wasserwaage und ohne Metallwerkzeuge haben sie es in zwanzig Jahren geschafft, zwei Millionen Steinblöcke zur einhundertsechsundvierzig Meter hohen Pyramide des Cheops aufzutürmen. Mit winzigen Abweichungen der Baumaße vom Bauplan.

Mehr als die Ingenieurskunst beeindruckt mich die logistische Leistung.

Ahmed berichtet, an der Cheopspyramide hätten sechsunddreißigtausend Werkleute

Frondienste geleistet. Nicht gerechnet die zehntausend Arbeiter, die in den Steinbrüchen auf dem Ostufer des Nils schufteten. Um diese Arbeitsheere bei Kräften zu halten, habe man täglich Unmengen von Brot und Bier, Zwiebeln und Knoblauch herbei schaffen müssen. Von gesundem Obst und Gemüse erwähnt Ahmed nichts.

Auf der Hochebene bei Gizeh ist es heiß und staubig. Es wimmelt von Touristen und Polizisten. Die Ordnungshüter reiten auf Kamelen und halten schußbereite Kalaschnikows im Arm. Majestätisch schweigend ragen die Pyramiden in den wolkenlosen Himmel.

Laut brüllende Souvenirverkäufer und Kameltreiber preisen ihre Dienste an. Sie sind hier noch lästiger und dreister als an den Schiffsländen am Nil. Ein fliegender Händler schenkt mir einen minderwertigen Skarabäus. Und macht mir dann nachdrücklich deutlich, dass dieses Geschenk mich zum Kauf von anderen Souvenirs verpflichte.

Wir retten uns in das Schiffsmuseum neben der Cheopspyramide.

Dort ist eine fünfundvierzig Meter lange, restaurierte Nilbarke zu bewundern. Das Prachtschiff aus Zedernholz war eine Grabbeigabe für den verstorbenen Pharao.

Über den Prozessionsweg folgen wir Ahmed hinunter zum Talgrab des Chephren.

Das Gebäude aus Rosengranit beeindruckt durch seine schmucklose Schlichtheit.

Draußen wacht Abu al Haul, der ›Vater des Schreckens‹ über die Pyramiden. Der riesige Löwe mit dem Antlitz des Pharao ist mehr noch als die Pyramiden selbst das Stein gewordene Symbol des Alten Ägypten. Leider hat der Zahn der Zeit dem dreiundsiebzig Meter langen und zwanzig Meter hohen Koloss übel mitgespielt. Ahmed beklagt, den Zeremonialbart der Sphinx hätten die Briten gestohlen. Und mutwillige türkische Kanoniere hätten Abu al Haul die Nase abgeschossen. Also war doch nicht Obelix schuld!

Auf dem Heimweg müssen wir noch den Pflichtteil jeder Studienreise absolvieren. Der gewissenhafte Ahmed führt uns in eine ›Carpet School‹. Kinderarbeit sei in Ägypten eigentlich streng verboten. Die kleinen Mädchen, die hier Teppiche knüpften, würden dafür aber gratis unterrichtet. Wir sind nicht beeindruckt und kaufen nichts.

Dann beehren wir noch ein ›Papyrus-Institute‹. Hinter dem anspruchsvollen Ladenschild versteckt sich ein gewöhnlicher Souvenirshop, der sich auf billige Kopien von altägyptischen Papyri und Grabmalereien spezialisiert hat. Hier endlich hat unser Fähnlein das wahre Ziel der Reise erreicht. Die Damen und Herren kaufen billige Andenken en gros. Ahmed hat sich seit Luxor nicht mehr rasiert.

KAIRO, DIE STARKE

Am letzten Tag der Reise steht eine Besichtigung der Hauptstadt des modernen Ägypten auf der touristischen Tagesordnung. Ahmed erscheint in einer blütenweißen Dschallabia mit dito Käppi und schwarzem Vollbart.

Nach dem Frühstückei bringt uns der Bus über den Nil und dann hinauf zur Zitadelle von Kairo. Ahmed erzählt, die Festung sei vom ritterlichen muslimischen Sultan Saladin errichtet worden, um die Stadt Kairo vor den Angriffen der bösen christlichen Kreuzritter besser schützen zu können. Zu Anfang des 19. Jahrhunderts habe Muhammad Ali Pascha vierhundertachtzig türkische Mamlukenführer zu einem Festmahl in der Zitadelle geladen. Sie wurden allesamt ermordet. Nach dieser Heldentat habe Muhammad Ali die Unabhängigkeit Ägyptens vom Osmanischen Reich ausgerufen und in der Zitadelle, Allah zum Dank, eine gewaltige Moschee errichtet.

Wir betreten zunächst den großen, von Arkaden gesäumten Hof der Moschee.

In der Mitte steht ein Brunnenhaus für die rituellen Waschungen vor dem Gebet. Die Wände im Inneren sind mit Alabaster verkleidet. Eine fünfzig Meter hohe goldverzierte Kuppel überwölbt den mit dicken Teppichen ausgelegten Gebetsraum. Kuppel und Halbkuppeln der ›Alabastermoschee‹ und ihre beiden schlanken Minarette erinnern mich sehr an die herrliche ›Blaue Moschee‹ in Istanbul.

Von den Bastionen der Festung blicken wir auf Kairo und die Pyramiden.

Wir fahren weiter zur Sultan Hasan Moschee unten in der Altstadt.

Die Moschee wurde Mitte des 14. Jahrhunderts errichtet. Sie war lange Zeit die größte Moschee der Welt. Ihr Erbauer, Sultan Al Nasir Al Hasan war wegen seiner Belesenheit berühmt. Zwischen zwei Regierungsperipdoden hat er seine Tage im Gefängnis offenbar klug genutzt.

Die Anlage umfasst die Moschee, das Mausoleum des Sultans und vier Koranschulen. Das monumentale Tor ist achtunddreißig Meter hoch und reich dekoriert.

Durch eine der Medresen kommen wir in den Innenhof. In seiner Mitte steht wieder der für Muslime unentbehrliche Brunnen für rituelle Waschungen. An jeder der vier Seiten des Hofes erhebt sich eine zum Hof hin offene Halle. Die Wände dieser Iwane sind mit ausgesuchtem Marmor inkrustiert. Zwischen den Iwanen gelangt man in die klosterähnlichen Medresen. Hier sind, laut Ahmed, einst zweihundert Schüler und fünfhundert Studenten im rechten Glauben, aber auch in Astronomie und Medizin unterwiesen worden.

In der Sultan Hasan Moschee läuft unser bisher so leutseliger Führer auf zu großer Form. Immer wieder hat der Biedermann uns erzählt, dass er von einem Leben auf dem Lande träumt. Dass er sich eigene Äcker und Vieh und mindesten vier Kindern wünscht.

Jetzt entpuppt sich der treuherzige Ahmed als fanatischer Brandstifter.

In einem wortreichen Sermon will er uns Ungläubige überzeugen von der moralischen Überlegenheit des Islam, seiner verbürgten Tradition und seiner ungebrochenen Glaubensgewissheit. Was für ein Kinderglaube.

Wurden nicht genau hier in den vier Medresen der Moschee des Al Hasan gleichberechtigt die vier wichtigsten Rechtsdoktrinen des sunnitischen Islam gelehrt? Haben hier nicht Hanafiten, Malikiten, Hanbaliten und Schafiten um die rechte Auslegung des Korans und der Überlieferungen gestritten? Ahmed kennt keine Textkritik am Koran, er hat nie etwas gehört von gefälschten Hadithen. Und die vielen streitsüchtigen Sekten der Schia hat er völlig verdrängt.

Ich erspare mir den Rest der Predigt und besichtige auf eigene Faust die Moschee.

Der anschließende ›Bummel‹ über den Khan er Khalili Basar in der Kairoer Altstadt erweist sich als lebensgefährliche Expedition. In den engen Gassen des größten Souks von

Afrika rempeln ruppige Lastträger ohne Ansehn der Person die Passanten an. Ein rücksichtsloser Fuhrmann fährt mir mit seinem Eselkarren über den Fuß. Die zahlreichen Baustellen sind mangelhaft oder nicht gesichert.

Das gerühmte orientalische Flair ist aus diesem Ameisenhaufen längst verflogen.

Zum Mittagsmahl führt uns Ahmed in ein schwimmendes Restaurant auf dem Nil.

Nach dem eher frugalen Lunch schlendern wir über den belebten Tahrir Platz zum Ägyptischen Museum. Das Gebäude mit der auffälligen roten Fassade wurde im Jahre 1902 eröffnet. Ein Neubau ist geplant und, wie sich zeigt, dringend erforderlich.

Die Präsentation wird dem Wert der Exponate nicht gerecht.

Die Ausstellung ertrinkt im Überfluss. Särge und Statuen sind an den Wänden gestapelt wie in einem Depot. Selbst vor dem Gebäude stehen ungeschützt etliche einzigartige Bildnisse. Darunter eine Sitzstatue von Amenemhet I., dem Begründer der 12. Dynastie.

Im Erdgeschoss präsentiert das Museum ein Sammelsurium aus Sarkophagen, Mumien, Totenmasken, Skulpturen und Grabmalereien. Die Halle wird beherrscht von der Doppelfigur des Pharao Amenophis III. und seiner Großen Gemahlin Teje.

Sie war eine Bürgerliche. Ihre Büsten verraten Witz, Skepsis und einen eisernen Willen.

Die Bildnisse der Pharaonen zeigen ein breites Spektrum von Herrschertypen.

Der große Gottsucher Djoser blickt melancholisch in die unermessliche Ewigkeit. Chephren, den schützenden Horusfalken im Nacken, hat selbstgewiß das Diesseits im Auge. Mykerinos, von Hathor und einer Gaugöttin flankiert, tritt festen Schrittes über die Jenseitsschwelle.

Die Zahl der Herrscherbildnisse von Cheops bis Echnaton ist Legion. Aber auch die privateren, intimeren Bildnisse berühren mich tief.

Prinz Rahotep, ein schönes, braungebranntes Mannsbild mit Menjoubärtchen und seine Gattin Nofret im feinen Plisseemantel und schwarzer Perücke eröffnen eine Reihe von Bildwerken liebender Ehepaare und zärtlicher Eltern.

Der Hofzwerg Senep war in der Zeit der Pyramidenbauer offennbar vermögend genug, um sich wie ein Prinz mit Frau, Sohn und Tochter in Kalk meißeln zu lassen. Kaaper, der Chef der Vorlesepriester, hat für seine fast lebensgroße Statue und die Büste seiner Frau mit feinem Sykomorenholz vorlieb genommen. Der lebensnahe Eindruck beider Bildnisse wird dadurch nur vergrößert. Die Araber gaben der Statue den Namen ›Sheikh-al-Beled‹, weil der arabische Dorfschulze von Beled genau so staatspfiffig in die Welt sah wie einst der altägyptische Kaaper. Die Ehefrau von Kaaper trägt eine schicke Kurzhaarperücke, um die ich sie beneide.

Verwalter und Schreiber und Mägde am Mahlstein erzählen vom ägyptischen Alltag. Ein kleines, wie Kinderspielzeug wirkendes Holzmodell zeigt, wie das Vieh gezählt wird. Eine Kompanie Soldaten im Schurz übt mit Lanze und Schild den militärischen Gleichschritt. Das kleine Spielzeugheer belegt, wie die große chinesische Terrakotta-Armee, dass Mann auch im Jenseits nicht ohne Kommiss auskommt.

Die kleinen Holzmodelle waren, wie unzählige Dienerfiguren, Uschebtis genannt, als

Helfer im Jenseits eine unerlässliche Grabbeigabe für die oberen Zehntausend.

In der obereren Etage betreten wir die Höhle des Ali Baba. Nur brauchen wir kein Sesam-öffne-Dich. Die märchenhaften Schätze aus dem Grab von Tut-anch-amun liegen offen vor uns. Überall glänzt Gold und Silber, schimmern Edelsteine und Halbedelsteine.

Der vergoldete Streitwagen, die vergoldeten Betten und die vergoldeten Särge des Pharao umgeben das Glanzstück der Sammlung, die berühmte Goldmaske, wie eine Monstranz.

Und erst der Schmuck! Ich kenne kein kostbareres und geschmackvolleres Geschmeide. Die Brillianten der Queen sind dagegen geschmacklose Klunker.

Einige der schönsten Exponate sind uns leider vorausgereist. Sie werden gerade in Bonn am Rhein gezeigt.

Doch der unsagbar schöne, vergoldete Kanopenschrein des Pharao, bewacht von den zierlichen Schutzgöttinnen Isis, Neith, Nephthys und Selket und gekrönt mit einem Fries aus Uräusschlangen genügt, um mich ehrfürchtig zu verneigen vor soviel Schönheit und Geschmack.

Zum letzten Abendmahl speisen wir noch einmal à la carte im Hotel.

Heute Abend tafelt auch eine ägyptische Hochzeitsgesellschaft im Meridien Pyramids. Man ist reich, schön und ausgelassen. Nach dem festlichen Dinner tanzen geschätzte zweihundert geladene Gäste in der Lobby zu lauter ägyptischer Musik. Um die Tanzfläche bildet sich ein dichter Zuschauerkreis aus neugierigen Touristen und Zimmermädchen. Mein Tanzbär und Gemahl klatscht begeistert den Takt mit.

Prompt bittet der Brautvater zum Tanz. Meinen Mann! Nicht mich!!

Die beiden legen eine Art Sirtaki auf die Marmorfliesen.

Ich fürchte nur, dass mein leicht beschwipster Gatte auch noch die Braut küssen wird. Doch als der Tanz zu Ende ist, drückt mein Eheknecht nur dem Bräutigam die Hand. Gegenüber der hübschen Braut begnügt er sich mit einer knappen Verbeugung. Dann wünscht er dem Brautpaar auf Arabisch viel Glück.

Morgen reisen wir nach Hause. Der Abschied von Ägypten fällt uns unsagbar schwer.

Im Gepäck habe ich eine schöne Kopie von einem Skarabäenfries in Lapislazuliblau. Meine beste Freundin wird mit mir zufrieden sein.

Warum hat auch mich dieses Alte Ägypten so fasziniert?

Lag es am Überfluss der Bilder, mit ihrer strengen Kanonisierung, ihrem stets wiederkehrenden, binnen Kurzem das Gefühl von Vertrautheit weckenden, Bildprogramm?

Lag es an den heiligen Hieroglyphen, die für den Laien nicht eigentlich lesbar, aber noch so gegenstandsnah sind, dass man Wiederkehrendes wie etwas Altbekanntes begrüßt?

Wie kalt lassen zum Vergleich doch die chinesischen Schriftstelen oder die Keilschrifttexte Mesopotamiens den Ungelehrten!

Lag es an der Kombination von weiblicher Anmut und männlicher Kraft der Bildnisse?

Oder war die Verbindung von wuchtiger Monumentalität und zartester Kleinheit schuld?

Hat mich der Gegensatz von fröhlicher, festseliger Diesseitigkeit und lebenslanger, sorgenvoller Vorbereitung auf das Leben im Jenseits so tief berührt?

Oder das ägyptische Pantheon, seine zahllosen, seltsam anmutenden, vielgestaltigen Götter?

Oder war es die ägyptische Geschichte mit ihrem von Pfaffenlist, Haremsintrigen und Eunuchenränken beherrschten Gottkönigtum?

Eine sozusagen filmreife Mischung aus sex, crime and religion? Ich habe noch keine Antwort.

Salam aleikum, ihr Alten Ägypter!

Wir kehren wieder!

IM MOHRENLAND

MAROKKO

GAUKLERMARKT, MARRAKESCH, MAROKKO

AUF DEN SPUREN DER MAUREN

Zum wiederholten Mal bereist mein Wandervogel und Gemahl mit mir Andalusien. Über die Nationalstraße 323 fahren wir von Granada aus südwärts nach Motril. Auf der Paß-höhe, am Puerto del suspiro del Moro, halten wir an. Und werfen einen Blick zurück über die grünfunkelnde Vega auf das herrliche, von den verschneiten Gipfeln der Sierra Neva-da gekrönte Granada. So muss Adam zumute gewesen sein, als er aus dem Paradies ver-trieben wurde.

> *»Berg des letzten Mohrenseufzers*
> *Heißt bis auf den heutgen Tag*
> *Jene Höhe, wo der König*
> *Sah zum letzten Mal Granada.«*

Hier auf diesen rauhen Bergen hat der glücklose letzte Maurenkönig Boabdil, von dem Heine singt, Unterschlupf gesucht, bevor er nach Marokko floh.

Andalusien bestrickt wie ein Märchen aus Tausendundeiner Nacht.

Auf Zehenspitzen sind wir, wie einst Hänsel und Gretel, Hand in Hand durch den ge-heimnisvollen Säulenwald der Mezquita von Cordoba geschlichen. Der Alkazar von Se-villa schien uns die Schatzhöhle des Ali Baba zu sein. In den Gärten des Generalife von Granada berauschte uns der Duft der Orangenblüten als hätten wir Haschisch gegessen. Die verschlungenen Arabesken der Alhambra verwirrten uns wie eine der verschachtelten Geschichten der Scheherazade. Selbst die weißen Dörfer auf den einsamen Höhen der Alpujarras erschienen uns als ein traumhafter Spuk. In der südlichsten Stadt Spaniens, in Tarifa, haben wir einen sehnsüchtigen Blick auf die zweite Säule des Herakles, den ma-rokkanischen Djebel Musa, geworfen.

Von dort kamen die Mauren über die Meerenge von Gibraltar nach Spanien. Sie haben Andalusien für Jahrhunderte in einen zweiten Garten Eden verwandelt. Und das errun-gene Paradies durch Bruderzwist und Parteienhader verspielt.

Wer waren diese ebenso schöpferischen wie streitbaren Mohren? Woher kamen sie und was trieb sie nach Europa? Auf einer Studienreise durch Marokko wollen wir nach Ant-worten suchen.

Der Airbus aus Hannover landet um fünf Uhr früh in Agadir. Unser Hotel liegt direkt am Atlantik. Um diese Zeit wirkt die riesige Anlage wie ausgestorben. Ein verschlafener Nachtportier händigt uns die Zimmerschlüssel aus. Wir machen zuerst einen kurzen Gang zum menschenleeren Strand. Aber Land und Meer sind noch in dichten Frühnebel gehüllt. Also erst einmal Schlaf nachholen; wir sind schon seit Stunden unterwegs.

Gegen Mittag unternehmen wir einen ausgedehnten Strandspaziergang.

Von ferne grüßen die Ruinen der alten Burg aus dem 16. Jahrhundert. Am Berg unter-halb der Kasbah steht in riesiger arabischer Schrift geschrieben: ›Allah, al watan, al ma-lik‹, auf Deutsch: Allah, Vaterland und König. Das brächte bei uns wohl kaum noch je-mand über die Lippen.

Beim einem schweren Erdbeben im Jahr 1960 wurde ganz Agadir zerstört. Fünfzehntausend Tote waren zu beklagen. Auf den Trümmern der alten, ehemals portugiesischen, Speicherstadt ist inzwischen wieder eine schöne saubere, etwas spießige Hafenstadt mit breiten Boulevards, gepflegter Strandpromenade und schönen Parks entstanden.

Vor dem Abendessen trinken wir ein Bière a la pression in der Pianobar.

Unsere Nobelherberge betreibt verschiedene kleinere Spezialitätenrestaurants mit marokkanischer, französischer und italienischer Küche. Wir werden aber im großen Speisesaal mit einem angeblichen Buffet italienne verwöhnt. Esst Pasta und Basta!

Nach dem Dessert trifft sich die Reisegruppe mit dem einheimischen Reiseleiter. Er heißt Zakaria: »Ohne S bitte!« Der Marokkaner im dunkelblauen Business dress von Boss ist sehr bestimmend. Als erstes schlägt er uns eine Abweichung von der geplanten Route vor. Statt direkt nach Marrakesch sollten wir morgen zuerst nach Essaouira fahren.

Niemand wagt es, dem Boss zu widersprechen.

ZIEGEN, DIE AUF BÄUMEN WACHSEN

Am Morgen fahren wir also in das nördlich von Agadir gelegene Essaouira. Die schöne Küstenstraße wird gesäumt von eigenartigen Bäumen, auf denen schwarze Ziegen zu wachsen scheinen. Neugierig halten wir an, um das Naturwunder näher zu beäugen.

Zakaria erklärt, der Arganienbaum sei eigentlich ein lebendes Fossil. Das schon sechzig Millionen Jahre den Katastrophen der Erdgeschichte trotze. Die Bäume werden etwa zehn Meter hoch; ihre Zweige hängen aber bis zum Boden. Daher können die wilden Ziegen leicht hinauf steigen. Die bärtigen Kletterkünstler lieben die dattelförmigen Früchte der Arganie über alles.

Den Bauern sei das Herabschütteln der Früchte verboten. Sagt Zakaria. Daher lesen Frauen die von den Ziegen unverdaut ausgeschiedenen Kerne auf. Aus der darin enthaltenen Mandel werde das begehrte Argan-Öl gewonnen. Vor allem für Kosmetika und in der Haute Cuisine werde das teure Öl verwendet. Gesegnete Mahlzeit.

Gegen Mittag erreichen wir Essaouira, eine vollendete Perle in Weiß und Blau.

Hier, am Außenposten der antiken Welt, sollen schon die Phönizier Purpurschnecken gezüchtet und den kostbaren Farbstoff nach Rom exportiert haben. Am Anfang des 16. Jahrhunderts haben Portugiesen die alte Hafenstadt befestigt Mächtige Kanonen dräuen noch heute von den Bastionen in Richtung Atlantik. Unter marokkanischer Herrschaft kam die Stadt durch den Karawanenhandel mit Timbuktu zu beträchtlichem Wohlstand. Heute werden im einst größten Seehafen von Marokko nur noch kleine Fischerboote aus Holz auf Kiel gelegt. An der Kaimauer flicken die Fischer sorgsam ihre Netze. Daneben stecken Freizeitangler gelassen Würmer an die Haken ihrer Angelleinen.

Nach der kurzen Besichtigung des verschlafenen Hafens machen wir einen Rundgang durch die Mellah, das ehemals blühende, mittlerweile arg zerfallene Judenviertel. Nach dem Fall Granadas wurden nicht nur Muslime sondern auch Juden aus dem allerchristlichsten Spanien vertrieben. Viele suchten und fanden Zuflucht im islamischen Marokko. Jetzt seien nur noch zwei jüdische Familien in Essaouira ansässig, erzählt Zakaria. Die verdienten hier im muslimischen Marokko ihr Geld mit Schnapsbrennerei. Das Volk Jahves habe eben Erfahrung in der Nutzung ökonomischer Nischen. Die marokkanischen Juden, die nach dem vorläufig letzten Weltkrieg nicht ins Gelobte Land heimkehren wollten, seien nach Amerika ausgewandert. Dort seien sie sämtlich Milliardäre geworden. Zum Dank würden sie ihre Heimat Essaouira weiter finanziell über Wasser halten.

Die Türstürze der Häuser sind noch mit Zunftzeichen und Davidssternen verziert. An einigen Türen wurde der Stern durch ein islamisches Pentagramm ersetzt.

Beim Bummel durch die Altstadt fällt auf, dass alle Straßen schnurgerade verlaufen. Eine mittelalterliche marokkanische Medina hatten wir uns anders vorgestellt. Zakaria erklärt, die ›Altstadt‹ sei erst im 18. Jahrhundert von einem gefangenen französischen Ingenieur entworfen und von schwarzen Sklaven erbaut worden.

Das Angebot der Geschäfte im Souk ist üppig, aber langweilig. Alle Läden preisen die gleichen bunten Lederwaren, Lampenschirme und Teppiche an. Aber die Kleinmöbel aus dem Holz der Berber-Thuja finde ich zum Verlieben. Die Thuja-Art wachse nur in dieser Gegend. Behauptet Zakaria.

Marokko im Jahre des Herrn 2005 ist ein Land voller Gegensätze. Eine winzige Schreibstube bietet Analphabeten ihre schriftkundigen Dienste an. Gegenüber lockt ein poppiges Internet-Café die Zeitgenossen ins World Wide Web.

In einem lebhaften Touristenrestaurant speist unsere hungrige Schar zu Mittag.

Das leckere, dreigängige Menü für zwei Personen kostet neunzig Dirhem. Das sind umgerechnet gerade mal neun Euro. Beim Essen riskiert Boss Zakaria einen kleinen Scherz: »Marokko ist ein sehr sozialer Staat. Schule, Hospital und Gefängnis sind gratis.« Und vom Land schmecke alles besser: das Gemüse, die Eier und auch die Frauen.

Frauen im blauen, roten oder gelben Dschilbab dominieren das Straßenbild. Sie halten ein Schwätzchen vor dem Fleischerladen. Oder ruhen sich im Schatten der Arkaden aus, bevor sie ihre Einkäufe auf dem Kopf nach Hause tragen.

Am späten Nachmittag fahren wir weiter landeinwärts nach Marrakesch.

Es ist Mitte Mai. Wegen der großen Trockenheit sind die Getreidefelder jetzt schon abgeerntet. Die Erträge seien kümmerlich und Schuld sei der Klimawandel. Meint Zakaria.

Biblische Bilder ziehen vorbei. Schlichte Häuser aus Feldstein, um die Ziegen, Schafe und wilde Hunde lungern. Der Esel als Arbeitstier und Transportmittel scheint unersetzlich.

Am frühen Abend erreichen wir Marrakesch, heute eine quirlige Stadt mit eineinhalb Millionen Einwohnern. Fußgänger, Mopeds, Autos, Eselkarren, alles schwirrt nach ungeschriebenen Regeln durcheinander. Unser Hotel bietet allen erdenklichen Komfort.

DIE ROTE PERLE: MARRAKESCH

Am frühen Vormittag besuchen wir zuerst die vielgerühmten Menara Gärten.

Durch einen ausgedehnten Olivenhain führt uns Zakaria zu einem rot gestrichenem Wasserbecken, aus dem die Pflanzung bewässert wird. Das Bild vom maurischen Kiosk, der sich mit den schneeweißen Gipfeln des Hohen Atlas scheinbar schwerelos in einem großen Teich spiegelt, fehlt in keinem Reiseführer über Marokko. Am Morgen ist bei Nebel und Dunst vom Atlasgebirge nichts zu sehen. Der Kiosk wirkt nur malerisch, wenn man ihn in einiger Entfernung betrachtet. Von Nahem gesehen möchte man als Hausfrau sofort zu Eimer und Schrubber greifen.

Auf dem Rückweg vertreibe ich mir die Zeit damit unsere bunte Schar zu mustern.

Ganz vorneweg laufen zwei Schwestern, pensionierte Erzieherinnen. Beide tragen Glaubenszwiebeln zum grauen Janker und Gesundheitsschuhe von Lurchi. Die ältere wirkt energisch, die jüngere schüchtern; sie plappern aber beide pausenlos.

Zwei männliche Cordhosen schnüren wie einsame Wölfe jeder für sich zum Bus. Einer spricht wie Honecker mit saarländischem Akzent, spielt aber nicht Schalmei.

Hinter den grauen Wölfen marschiert ein blutjunges Ehepaar aus München. Der großgewachsene Gatte hat sich als Businessman vorgestellt. Seine trippelnde Valentine ist nur halb so hoch wie er; sie arbeitet als Restauratorin.

Eine verblühte Seelenärztin hält ihren viel jüngeren Gefährten fest untergehakt. Der Macho trägt einen gewaltigen Schnauzbart und weißseidene Socken. Zu Jeans.

An unserer Seite spaziert ein nettes Ehepaar aus dem Elsaß. Wenn das Gespann mit uns Deutsch spricht, hört sich jedes Wort drollig an.

Unsere Nachhut kommt aus Wien. Die knabenhafte Japanerin spricht fließend Deutsch, ohne Wiener Akzent. Wegen ihrer Kleidung und Frisur habe ich sie zuerst für einen Mann gehalten. Die zarte Miyu muss zwanghaft Alles und Jeden fotografieren. Sie ist mit drei Kameras, einer Nikon, einer Canon und einer Minox, bewaffnet. Wahrscheinlich besitzt sie ein dreifaches Fotogen.

Auf der Rückfahrt erzählt uns Zakaria die bewegte Geschichte von Marrakesch.

Die Stadt sei anno 1070 von tapferen Berberstämmen gegründet worden. Ihr erstes festes Lager hätten die Nomaden schlicht Mraksch, die Stadt, genannt. Sich selbst hätten die Recken als Almoraviden, ›Krieger der Grenze‹ bezeichnet. Denn sie kamen von den kargen Landstrichen am Nordrande der Sahara. In kürzester Zeit hätten die mutigen Söhne der Wüste die fruchtbaren Hochebenen Marokkos überrannt und das blühende islamische Andalusien unterworfen. Natürlich nur zur höheren Ehre Allahs, denn ihre Streiter waren allesamt fromme Muslime.

Aus Mraksch wurde dann Marrakesch, die befestigte Königsstadt der Almoraviden. Entsetzt über den Prunk und die Pracht von Sevilla und Cordoba, hätten die strenggläubigen Könige der Almoraviden ein striktes Regiment nach der Scharia eingeführt. Bis sie langsam selbst den Verlockungen von Wohlstand und Luxus erlagen.

Die Geschichte wiederholt sich immer zweimal.

Siebenundsiebzig Jahre nach seiner Gründung sei Marrakesch von einer zweiten Welle nomadischer Berber erobert worden, berichtet Zakaria. Die hätten sich Almohaden, ›Bekenner der Einheit Allahs‹, genannt. Der Krieg gegen die irrgläubigen Almoraviden sei für sie heilige Pflicht gewesen. Aus rechtgläubigem Zorn hätten die sittenstrengen Almohaden alle Bauten ihrer Vorgänger, Moscheen wie Paläste, als gotteslästerliche Werke zerstört. Und schlichtere Bethäuser wie die berühmte Koutoubia Moschee errichtet.

Nun, das Leben in Wohlstand ließ auch den bigotten Eifer der Almohaden erlahmen. Ihre Mudschaheddin, vor allem jene, die einmal im jasminduftenden Al Andalus gedient hatten, wurden zu saft- und kraftlosen Weichlingen.

Auf die Trägodie folgte die Farce.

Anno 1269 wurde Marrakesch, und mit ihm ganz Marokko, von einer dritten Flut unverdorbener Nomaden, den Meriniden, überrollt. Die siegreichen Schafhirten machten aber Fes, die fünfhundert Jahre ältere Königsstadt im Norden Marokkos, zu ihrer Residenz; Marrakesch verlor an Bedeutung. Doch die Herrscher der Meriniden verspielten bald die Macht an ihre Wesire. In der Folge erlangten späte Nachkommen des Propheten, die Saadier, die Herrschaft über Marokko und führten Marrakesch zu neuer Blüte.

Unter der nachfolgenden Dynastie der Alaouiten, der auch das heute noch regierende Königshaus entstammt, hat Marrakesch den Status einer Hauptstadt an Meknes und dann wieder an den alten Rivalen Fes und zuletzt an Rabat verloren.

Am Bab el Jdid erreicht unser Reisebus wieder die Stadtmauer von Marrakesch.

Die Mauer aus Stampflehm hat Marrakesch den Titel ›Rote Perle‹ eingebracht. Mit dem Mauerbau wurde in der ersten Hälfte des 12. Jahrhunderts begonnen.

Auf der Fahrt zur Place de la Liberté freuen wir uns über die vielen bewohnten Storchennester auf den Zinnen der mittelalterlichen Mauer. Über die breite, von Pomeranzenbäumen gesäumte Avenue Mohammed V. fahren wir zur Moschee der Buchhändler, der berühmten Koutoubia.

Die Kuppel des über siebzig Meter hohen Minaretts krönen drei goldene Kugeln. Ein plumper Galgen für Gebetsfahnen schmälert den Eindruck schlichter Eleganz. Boss Zakaria erklärt uns den Zweck der Vorrichtung: »Die Banner mahnen zum Gebet. Falls man den Ruf des Muezzin überhört hat.« Dabei kann man die dezibelstarke Lautsprecheransage gar nicht überhören.

Das Minarett ist ein Zwilling des Kirchturms der Kathedrale von Sevilla, der Giralda. Zakaria sagt, den Drilling gleicher Bauart würden wir in Rabat sehen. Nicht nur Granada, Cordoba und Sevilla, auch Marrakesch, Fes und Rabat waren offenbar einst blühende Zentren der maurischen Kultur.

Betäubt vom Duft ungezählter Rosenbüsche der Grünanlage schlendern wir weiter zur Medina. Zakaria führt uns zuerst in den versteckt liegenden Innenhof der Medersa Ben Youssef. Die Medersa wurde im 14. Jahrhundert von den Meriniden gegründet und unter den Saadiern zur damals größten Koranschule des Maghreb ausgebaut. In winzigen Zellen fanden neunhundert Studenten eine klösterliche karge Unterkunft. Hier sind alle Elemente maurischer Baukunst auf kleinstem Raum vereint. Herrliche Majoliken, filigrane Stuckarbeiten und überreiche, alte Holzschnitzereien schlagen mich in ihren Bann.

Dann geraten wir in ein wirres Labyrinth von Gässchen, die nur so breit sind, wie ein Esel lang ist. Darin wuseln Mofas, Handkarren, Fahrräder und Passanten herum. Nur wenige Gassen sind mit Kopfstein gepflastert. Der Rinnstein in der Mitte quilt über von Abfällen.

Im größten Souk Marokkos hat jedes Gewerbe ein eigenes Quartier. Handwerker in winzigen, zur Gasse offenen Werkstätten, zeigen gerne ihr zünftiges Geschick. Wir sehen zu, wie Drechsler den Beitel akrobatisch mit den Zehen führen, während sie die Welle von Hand mit einer Art Fidelbogen antreiben. Ein kleiner, schwarzlockiger Jungunternehmer verkauft auf der Gasse hausgemachte Limonade. Grob- und Kesselschmiede, Schreiner und Schlosser, Schuhmacher und Schneider, Gerber und Färber, Weber und Klöppler bieten die Früchte ihres Gewerbefleißes an.

Hier darf man, hier muss man um den Preis der Ware feilschen.

Die äußerst kreative Preisgestaltung im Souk hänge ab von der Tageszeit und dem Wochentag, aber auch von der äußeren Erscheinung des Käufers und dem Grad der persönlichen Bekanntschaft mit dem ehrbaren Kaufmann. Am Vormittag vor dem Freitagsgebet würde ein gut gekleideter Abendländer daher beim Feilschen ausschließlich Höchstpreise erzielen. Warnt Zakaria.

In den berühmten Babuschenboutiquen leuchten Pantoffel in allen Regenbogenfarben. Kreischbunte Troddeln und Quasten baumeln in der Auslage eines Kurzwarenhändlers neben farbenfrohen Büstenhaltern mit Furcht erregender Körbchengröße.

Die Fleischerläden erkennt man am anschaulichen Ladenschild. Mit toten Augen sehen Kamel- und Hammelköpfe dem Treiben auf der Gasse zu.

Bei 35 Grad Celsius Außentemperatur ziehen wir uns zur Siesta ins Hotel zurück.

Nach der Mittagspause besichtigen wir die Grabstätte der Saadier, die Marokko vom Jahre 1549 bis 1664 regierten. Hier haben etwa sechzig Mitglieder der Dynastie ihre letzte Ruhe gefunden.

Im Saal der Zwölf Säulen steht der Sarkophag von Sultan Ahmed al Mansur, dem Erbauer des Grabmals. An seiner Seite ruht einer seiner Söhne, daneben sein Enkel. Die kunstvoll aus Zedernholz geschnitzte, vergoldete Kuppel wird getragen von zwölf jeweils aus einem Block von weißem Marmor gemeißelten Säulen. Ihre zarten Kapitelle tragen hufeisenförmige Zackenbögen. In einem kleineren Mausoleum schläft die Mutter von al Mansur neben kleinen Prinzen und Prinzessinen dem Tag des Gerichtes entgegen.

Der verträumte Garten im Innenhof mit Zitrusbäumen, Oleanderbüschen und Hibiskussträuchern weckt schöne Erinnerungen an die Alhambra von Granada.

Hier finde ich Alles was mich an der maurischen Kunst fasziniert.

Naturfarbige Mosaiken und Kacheln, zarte Stalaktiten-Decken aus Stuck und kalligraphische Inschriften zeugen vom erlesenen Geschmack der Maurenkönige.

Die verwickelten Arabesken symbolisieren die Einheit in der Vielfalt. Als Fingerzeig auf die Unendlichkeit Gottes weist ihr Muster über die Grenzen der Fläche hinaus. Die Arabeske ist aber zugleich Metapher und Beispiel für die Wiederkehr des immer Gleichen.

Ab 17.00 Uhr erhalten wir Zeit zu freien Verfügung auf dem Gauklermarkt.

Sein arabischer Name Jemaa el Fna bedeutet ›Treffpunkt der Toten‹. Hier wurden einst die Köpfe von hingerichteten Bösewichtern zur Schau gestellt.

Unser Reiseprospekt versichert, auf dem Platz würden sich »täglich Wasserverkäufer,

Straßenmusiker, Märchenerzähler und Schlangenbeschwörer einfinden.«

Wir sehen Straßenmusikanten in weißer Djellaba und knallbunt kostümierte Wasserver-käufer. Gegen ein Bakschisch lassen sich die Piratengesichter unter den riesigen, mit Quasten verzierten Hüten gerne mit wildfremden Männern - und Frauen - fotografieren. Schnell wird uns klar, dass wir durch ein Freilichtmuseum für Touristen laufen.

Die einheimische Bevölkerung nimmt die Dienste von würdigen, bebrillten Lohnschrei-bern oder verschmitzt lächelnden Kartenlegern in Anspruch. Marokkanische Schönhei-ten lassen sich zum Schutz gegen böse Geister die ›Hand der Fatima‹ mit Henna auf ihre haselnussbraune Haut tätowieren. Dabei tragen sie am Handgelenk schon Dutzende A-mulette gegen den bösen Blick.

An unzähligen Imbissbuden verlocken zarte, gekochte Lammköpfe mit glasigen Fischau-gen zur Völlerei. Die ›Pharmacie Homöopathique‹ eines schwulen Heilpraktikers ist der Touristenmagnet. In mehreren Behandlungsräumen werden deutsche, englische, französi-sche und italienische Touristen in ihrer Muttersprache gehörig eingeseift. Massagen mit teurem Argan-Öl sind besonders bei den Damen beliebt. Ich möchte lieber nicht wissen, welche Defizite da bedient werden.

Den für heute abend geplanten Folkloreabend hat Boss Zakaria freihändig nach Fes ver-legt. Das Tischgespräch beim Abendmahl kreist um Hellseher und Sterndeuter.

Unsere Seelenärztin legt Wert darauf, Jungfrau zu sein.

Der Macho an ihrer Seite sieht bedröppelt aus; denn er hat behauptet, er wäre ein Stier.

RICKS BAR HAT GESCHLOSSEN: CASABLANCA

Bevor wir Marrakesch verlassen, besichtigen wir noch das Palais de la Bahia.

Der Bus fährt zunächst vorbei am legendären Hotel La Mamounia. Die Nobelherberge verfügt über eine Gästeliste wie aus dem ›Who is who?‹ Sir Winston Churchil hat im Gar-ten in Öl dilettiert, während Hitchcock in den Salons Szenen für den Thriller ›Der Mann der zuviel wußte‹ drehte. Heute feiert der internationale Jet-Set im Mamounia rauschen-de Hochzeiten.

Im Palais de la Bahia zeigt ein Kniestück den feisten Erbauer des Palastes. Ich fühle mich peinlich an König Farouk von Ägypten erinnert. Dreiundzwanzig Damen zierten einst den Harem des Großwesirs. Eine der strahlenden Schönen hat dem Minister den ersten Sohn geboren. Dafür hat er ihr den Palast mit einhundertfünfzig Zimmern geschenkt.

Wir betreten eine weitläufige Anlage mit prachtvollen Gärten.

In schattigen, mit Marmorfliesen belegten Innenhöfen spielen die Brunnen. Die neurei-che Dekoration der leeren Räume zeugt von unsicherem Geschmack. Bei seiner Flucht anno 1912 hat der Staatsdiener alle Möbel mitgehen lassen.

Unter den Zitrusbäumen protestieren stolze Pfauen laut gegen den störenden Besuch. Wir verlassen die Anlage auf Zehenspitzen.

Kurz nach der Abfahrt vermissen wir unseren alleinreisenden Saarländer. Der Bus kehrt sofort um. Wir schwärmen aus und finden das hilflose Lämmchen am Bab Agnaou wieder. Er hat noch Postkarten gekauft und dabei die Truppe aus den Augen verloren. Da niemand seinen saarländischen Dialekt verstand, hat er ergeben am Stadttor auf seine Errettung gewartet. Der Orient prägt. Inschallah!

Erleichtert fahren wir nordwärts Richtung Casablanca.

In der Ferne grüßen die schneebedeckten Gipfel des Atlasgebirges. Vor uns liegt eine weite Ebene mit endlosen, goldgelb glänzenden Getreidefeldern.

In Casablanca, der größten Stadt Marokkos, leben vier Millionen Menschen. Tausende landflüchtige Bauern hausen in Kanisterstädten, den Bidonvilles.

Die Stadt der Industriekapitäne und Piraten beherbergt auch ein gigantisches Bethaus.

Die Grande Mosquée wurde auf Geheiß von König Hassan II. errichtet. Der inzwischen verstorbene Befehlshaber der Gläubigen liess dazu ein Altstadtviertel abreißen. Die meist armen Bewohner wurden zwangsweise umgesiedelt. Auf dem Gelände am Meer entstand in sieben Jahren eine bombastische Moschee. Das Bethaus mit Tiefgarage und elektronisch gesteuertem Schiebedach bietet Raum für fünfundzwanzigtausend Gläubige. Der Innenhof, der mich in vielem an den Petersplatz von Rom erinnert, kann weitere achtzigtausend Beter aufnehmen.

Es kommen aber nicht ganz so viele, nicht einmal am heutigen Freitag.

Zakaria erklärt stolz, vom zweihundertzehn Meter hohen Minarett weise nachts ein High-Tech Laserstrahl in Richtung Mekka.

Trotz ihrer traditionellen maurischen Ornamente wirkt die geleckte Kolossalarchitektur auf mich wie verzuckerter Thorvaldsen.

Warum nur leiden alle Autokraten an einem maßlosen Hang zum Monumentalen? Frage ich meinen Seelenkundler und Gemahl. Der meint, sie sorgten so dafür, dass die Armen hienieden auch arm blieben. Denn ihrer sei bekanntlich schon das Himmelreich.

Die fünfhundert Millionen Euro für den Bau waren ein Geschenk des Volkes zum sechzigsten Geburtstag des allseits geliebten Herrschers. Sanfter Druck von oben förderte die Spendierfreude. Auch der gottesfürchtige Zakaria hat drei Tagelöhne springen lassen.

Unser Spendenspezialist Helmut Kohl war mit einer ungenannten Summe dabei.

Die Geberlaune hat inzwischen deutlich nachgelassen. Eine geplante Medrese und die Bibliothek wurden nicht fertig gestellt, weil der nötige Bimbes nicht mehr zusammenkam.

Auf dem Weg zum Hotel verteidigt Zakaria die absolute Monarchie und die untergeordnete Stellung der Frau im Islam. Auf Nachfragen antwortet der Boss nur mit Placebos.

Ja, der Islam kenne zwar nicht so viele heilige Frauen wie heilige Männer. Aber Frauen seien doch schon von Natur aus heilig. Er sei ja auch für den Wandel, aber der müsse doch behutsam vor sich gehen.

Das moderne Casablanca ist sehr schön. Auf den breiten Boulevards mit französischen Namen flanieren attraktive, westlich gekleidete und geschminkte Marokkanerinnen neben ihren züchtig gewandeten Schwestern, die ihre Reize unter dem traditionellen Kopftuch verbergen. Im Stadtbezirk Corniche, wo Bars, Diskotheken und Moulin Rouges um die Gunst von Kunden buhlen, fühle ich mich auf den Montmartre von Paris versetzt.

Es gibt noch Touristen, die nach dem Weg zu Rick`s Bar fragen. *Play it again, Sam!*

Unsere Japanerin Miyu ist übrigens zehn Jahre älter als ich geschätzt habe. Sie sei österreichische Staatsbürgerin und von Beruf »Service-Kraft«. Was immer das bedeuten mag; ich verzichte diskret auf weitere Nachforschungen.

Unser Hotel liegt im lebhaften, mondänen Geschäftsviertel von Casablanca.

Shoping Malls, Diskotheken und teure Feinschmeckerttempel liegen gleich um die Ecke. Wir haben die Qual der Wahl, ob wir im Al Firdaous marrokanische, in der Brasserie französische oder im Four Seasons internationale Küche verkosten möchten.

Unsere Elsässer überreden uns zu Choucroute garni mit einer Flasche Edelzwicker.

SONNENKÖNIGE UNTER SICH: RABAT UND MEKNES

Heute geht es entlang der Atlantikküste weiter nordwärts nach Rabat.

Rabat liegt an der Mündung des Flusses Bou-Regreg in den Atlantischen Ozean. Wie Fès, Marrakesch und Meknès zählt Rabat zu den vier Königsstädten Marokkos. Der Name Rabat geht zurück auf eine Ordensburg, arabisch Ribat.

Muslimische Mönchsritter haben die Wehrburg im 10. Jahrhundert erbaut. Im 12. Jahrhundert bauten die Almohaden den Ribat zu einer befestigten Kasbah aus. Der größte Herrscher der Almohaden, Yacoub al Mansur, stampfte südlich der Kasbah eine neue Königsstadt aus dem Boden. Die Residenz Ribat el Fath, das ›Wehrkloster des Sieges‹, war pures Eigenlob. Yacoub el Mansur hatte just König Alfons VIII. von Kastilien in der Schlacht von Alarcos besiegt. Es sollte der letzte Sieg der Mauren auf der spanischen Halbinsel sein.

Nach dem Tod des Sultans anno 1199 wurden die Bauarbeiten eingestellt. Yacoubs Nachfolger kehrten zurück in die südliche Königsstadt Marrakesch. Aus al Andalus vertriebene jüdische und muslimische Zuwanderer bliesen dem vor sich hin dümpelnden Rabat im 17. Jahrhundert frischen Wind unter die Flügel. Die Migranten riefen eine autonome Republik aus und schulten um auf Seeräuber.

Seit 1956 ist Rabat offiziell Hauptstadt des Maghrebinischen Königreichs Marokko, Sitz der Regierung und Residenz des Königs. Und mit ihren wunderbaren Boulevards die mit Abstand schönste aller bis jetzt besuchten marokkanischen Städte. Ihre breiten Prachtstraßen verdankt die Stadt den Franzosen, die Rabat nach dem Jahr 1912 zur Hauptstadt ihres Protektorates ausbauten.

Wir fahren zuerst zum Königspalast.

Dort begrüßt uns ein sympathischer, etwa vierzig Jahre alter Cicerone. Said trägt eine hellblaue Djellaba mit langer Kapuze und ein buntes Wollkäppchen. Der Schnauzbart versichert uns, er habe Deutsch gelernt, um Goethes ›Faust‹ im Original lesen zu können. Wir sind beeindruckt.

Die Dächer des Palastes sind mit Ziegeln in der Farbe des Propheten gedeckt. Vor dem maurischen Prunkportal stehen Soldaten in roter Uniform Wache. Zum grünen Käppi tragen sie Gamaschen und Handschuhe aus weißem Leder. Der Wachwechsel fällt hier noch operettenhafter aus als sonstwo auf der Welt. Diese Krieger sind gefährlich, denn sie wissen nicht, was sie tun. Jeder hält sein Gewehr so, wie es ihm gerade gefällt.

Die Dienerschaft des Palastes erkenne man an ihren maisgelben Babuschen. Sagt Said. Ihre Pöstchen würden noch heute vom Vater auf den Sohn vererbt.

Danach fahren wir zum Mausoleum von Mohammed V.

Said meint, das Mausoleum von Mohammed V. sei nach dem Tadj Mahal und dem Mausoleum von Aga Khan im ägyptischen Elephantine die drittschönste Grabstätte der islamischen Welt. Er kennt wohl das indische Grabmal von Itimad-ud-daula nicht.

Am engen Tor zur Gedenkstätte posieren zwei Lanzenreiter auf rassigen Arabern. Von außen wirkt der weiße Marmorwürfel des Mausoleums mit dem grünem Zeltdach wie ein Legostein. Im dämmerigen Inneren blicken wir von einer Galerie auf drei Sarkophage. Hier ruhen König Mohammed V. und seine Söhne König Hassan II. und Prinz Moulay Abdallah. Wie im Topkapi in Istanbul rezitiert ein Vorbeter rund um die Uhr den Koran. Eine martialische Ehrenwache unterbindet jede Störung der Totenruhe.

Vor dem Mausoleum öffnet sich ein riesiger Platz. Hier stehen die traurigen Ruinen eines gewaltigen Projektes. Yacoub al Mansur wollte in Rabat eine der größten Moscheen des Dar ul Islam errichten. Durch sechszehn Tore sollten die Gläubigen in neunzehn geräumige Schiffe treten. Ein Wald aus über vierhundert Stützen sollte die Gewölbe der Hallen tragen. Nach dem Tode von Yacoub al Mansur wurden die hochfliegenden Pläne aufgegeben. Noch eine hohe Säule zeugt von verschwundner Pracht...

Fertiggestellt wurde nur der vierzig Meter hohe, viereckige Turm der Moschee. Dieser Hassanturm ist das von Zakaria angekündigte dritte Exemplar der minimalistisch verzierten Minarette aus der Zeit der puritanischen Almohaden.

Über den Pont Hassan II. fahren wir auf die andere Flussseite nach Salé, der Nachbarstadt und Handelsrivalin von Rabat. Vom Ufer des Bou Regreg werfen wir einen Blick hinüber auf die Altstadt von Rabat, die Kasbah des Oudaia mit ihrer mächtigen, zinnengekrönten Mauer. Ihren Namen habe die Kasbah von einem afrikanischen Stamm, aus dem der zweite König der Alaouiten, Moulay Ismael, seine ›Schwarze Garde‹ rekrutierte. Sagt Said.

Dann geht es wieder über den Fluss und die Rue Tariq el Marsa zum Bab el Kebir.

Said lädt uns ein zu einem Spaziergang durch den Andalusischen Garten. Der Lustgarten erhielt seine jetzige Form erst in der französischen Kolonialzeit. Doch der Duft der vielen Blumenbeete und Pomeranzenbäume weckt bei mir Erinnerungen an den Garten des Alcazar der Christlichen Könige in Cordoba. Breite Treppen führen uns hinauf zum zum Bab el Kebir. Hinter dem Großen Tor öffnen sich verwinkelte Gassen mit blau und weiß gestrichenen, von Bougainvilleen überwucherten Häuschen. Said versichert uns, die blaue Farbe vertreibe böse Geister. Seine Gebetsschnur gleitet rascher durch die Finger.

Ein Knäblein hat in die Hosen gemacht und ruft weinend die große Schwester zu Hilfe.

Das Mittagsmahl wird uns in einem überfüllten Schlemmertempel für Touristen serviert. Es gibt eine leckere Tajine. Poule au citron im Schmortopf und Pfefferminztee.

Nach einem türkischen Kaffee fahren wir weiter landeinwärts nach Meknes.

In der fruchtbaren Hochebene werden Gemüse, Obst und Zitrusfrüchte angebaut. Das Getreide steht noch auf dem Halm, ist aber auch schon erntereif. Überall füttern Weißstörche ihren unersättlich bettelnden Nachwuchs. Marokko muss sehr kinderreich sein.

Der Bus hält auf einem großen Platz vor der Stadtmauer von Meknès.

Hier, am Ufer des Oued Boufekrane ließ der zweite Herrscher der Alaouiten Dynastie, Moulay Ismael, eine riesige vierte Königsresidenz mit fünfzig Palästen errichten. Die gewaltige Stadtmauer sei einst vierzig Kilometer lang gewesen. Dreitausend Christensklaven hätten erst ihren Kerker und dann die Mauer gebaut. Fünfundfünfzig Jahre habe Moulay Ismael mit eiserner Hand in Meknes regiert. Hunderttausend Söldner seiner Schwarze Garde hätten für Ruhe im Staat gesorgt. Fünfhundert Odalisken hätten dem König mehr als tausend Kinder geschenkt. Im Marstall des Sultans hätten zwölftausend edle Pferde mit den Hufen gescharrt.

Zakaria hat, wie Marco Polo, der Messer Millione, keine Angst vor großen Zahlen.

Der mächtige Sultan glaubte sich seinem Zeitgenossen Louis Quatorze ebenbürtig. Seine Brautwerber hielten sogar um die Hand einer bourbonischen Prinzessin an. Ganz Versailles amüsierte sich königlich über den einfältigen Barbarenhäuptling. Statt einer lieblichen Odaliske schickte Louis seinem Amtsbruder zwei Standuhren. Damit Moulay Ismael immer wisse, was die Stunde geschlagen hat.

Der bauwütige Sultan schmückte seinen eigenen Palast mit Beutekunst aus der geschleiften Pfalz der Saadier in Marrakesch. Anno 1755 hat ein Erdbeben den gigantischen Prunkbau zerstört. Von der einstigen Pracht der Königsstadt sind nur einige Stadttore übrig geblieben. Und so profane Bauwerke wie der geräumige Getreidespeicher und die riesige Zisterne.

Das Mausoleum von Moulay Ismael dürfen wir nur mit Tempelsocken betreten.

Über dem Eingang zum Grab von Mulay Ismael dem Blutigen steht geschrieben: »Möge Allah seiner Seele beistehen.« Ich schließe mich dem frommen Wunsche an.

Von einem Vorraum aus blicken wir auf die prachtvoll dekorierten Grabraum. Neben dem Sarkophag stehen die beiden barocken Standuhren von Louis XIV.

Die beiden über dreihundert Jahre alten Pendulen gehen immer noch richtig.

Dann schlendern wir durch das gewaltige Bab el Mansur in die Medina von Meknes.

Den mächtigen Torbogen und zwei seitliche Loggien schmücken erlesene Mosaiken. Die Marmorsäulen des Siegestores stammen aus dem antiken Volubilis.

Der Bummel durch den Souk ist eher anstrengend. Es herrscht ein fürchterliches, lärmendes, Gedränge und es riecht nach Schweiß. Das Angebot von Oliven, Früchten und Naschwerk aller Art ist überwältigend.

Wir werfen einen kurzen Blick in den Innenhof der Großen Moschee und gehen dann einige Schritte weiter zur Medersa Bou Inania. Hier studierten einst fünfzig Studenten in winzigen, zum Teil fensterlosen, Zellen bei Kerzenlicht die hundertvierzehn Suren des Koran. Ein grün gekacheltes, viereckiges Minarett überragt die ehemalige Koranschule.

Im Innenhof steht ein Marmorbecken mit Wasser für rituelle Waschungen. Die Wände sind wieder reich verziert mit Mosaiken, Schnitzereien und Inschriften.

Unser Hotel liegt in einem ausgedehnten Park nahe beim Zentrum von Meknes.

Am Pool wartet bereits ein kalt-warmes Büffet mit marokkanischen Schmankerln.

RÖMISCHE UND ARABISCHE WURZELN

Heute ist Sonntag. Durch die reizvolle Hügellandschaft am Fuße des Djebel Zerhoun geht die Fahrt von Meknes zu den Ruinen der antiken römischen Stadt Volubilis.

An der Porte de Tingis begrüßt uns eine stämmige, sonnengebräunte Flüstertüte. Ihr Name ist Abdallah. Er trägt eine schneeweiße Djellaba und eine goldene Rolex am linken Handgelenk. Ohne Käppi und Sonnenbrille würde er als römischer Senator durchgehen.

Mit großer Geste weist er über das weite Ruinenfeld und hält uns Vortrag.

Volubilis, in römischer Zeit eine Stadt mit zehntausend Bewohnern, habe mehr als drei Jahrhunderte in Blüte gestanden. Volubilis sei sogar Amtssitz des Statthalters der Provinz Mauretania Tingitana gewesen. Volubilis habe den Bürgern Roms jahrhundertelang Brot und Spiele garantiert. Volubilis habe Rom nicht nur Korn und Öl für seine Armen, sondern auch wilde Tiere, Elefanten, Löwen und Leoparden für seine Arenen geliefert.

Der Name der Stadt, Volubilis, komme von der Ackerwinde, deren Blüten sich gerade, wie zum Beweis, über den Ruinen der Stadt tausendfach im Winde wiegen.

Über den *Decumanus maximus* schlendern wir zum Triumphbogen des Caracalla.

Die Stadt hat dem Kaiser das Siegestor errichtet, weil er sie von Steuern befreite.

Emsige Archäologen haben in den Ruinen von Volubilis Paläste, Villen, Thermen, ganze Ladenzeilen und mehr als fünfzig Ölmühlen freigelegt. Die Spatenhelden gaben den ›Häusern‹ phantasievolle Namen, die sich auf die darin gefundenen Kunstwerke, vor allem auf die Fußbodenmosaiken, beziehen.

Im Haus der Arbeiten des Herkules bewundern wir blumige Allegorien der vier Jahreszeiten und eine fesselnde Schilderung der zwölf Abenteuer des griechischen Supermanns.

Das Haus der Venus schmückt ein wunderliches Wagenrennen. Statt rassiger Rennpferde hat der Künstler Pfauen, Gänse und Enten vor die Karren gespannt.

Nebenan wird die Geschichte von Diana und Aktäon erzählt. Dem verwunschenen Spanner Aktäon wachsen gerade kleine Hirschhörner aus dem Kopf.

Im Haus des Akrobaten begegnen wir einem ungeschlachten, aber lustigen Silen. Er reitet verkehrt herum auf einem Esel und balanciert schmunzelnd mit einen Henkeltopf.

Ein großes, kreisförmiges Mosaik schmückt den Speisesaal im Haus des Orpheus. Im Zentrum spielt Orpheus auf seiner Lyra vor einem Auditorium wilder Tiere. Vom überirdischen Gesang des Lyrikers verzaubert, äsen die Bestien artig unter hohen Bäumen. Die Vögel in den Ästen schweigen verstimmt.

Vor dem Jupitertempel überschüttet der stimmgewaltige Abdallah uns von der Rostra herab mit weitschweifigen Erläuterungen über die Funktion des städtischen Aquädukts, der lauschigen Thermen und der öffentlichen Latrinen.

Dann kommt das Megaphon auf das spätere Schicksal der Stadt Volubilis zu sprechen. Im Palast des Statthalters seien Verträge mit Berberstämmen gefunden worden. In den Abkommen habe Rom die Stammesführer als gleichrangig behandelt. Und von einem »freundschaftlichen und dauerhaften Frieden« gesprochen. Das sei aber reines Wunschdenken gewesen. Bereits anno 285 hätten die römischen Beamten die Stadt aufgegeben. Volubilis sei aber weitere siebenhundert Jahre bewohnt worden.

Ein Ur-ur-enkel des Propheten Mohammed, Idris ibn Abdallah, habe im Jahr 789 hier in Volubilis die erste marokkanische Königsdynastie gegründet.

Idris I. war ein Urenkel von Fatima, der Tochter des Propheten, und seines Schwiegersohnes Ali ibn Abi Talib. Nach einer gescheiterten Revolte der schiitischen Aliniden gegen die sunnitischen Kalifen von Bagdad sei Idris nach Nordmarokko geflohen. Islamisierte Berberstämme hätten ihn als ihr Oberhaupt, ihren Imam, anerkannt. Häscher des Kalifen Harun ar Raschid hätten aber Idris I. zwei Jahre später vergiftet. Der ermordete Staatsgründer wurde im nahen Flecken Moulay Idris bestattet. Der abgelegene Weiler entwickelte sich rasch zu einem bedeutenden Wallfahrtszentrum Marokkos. Daher zog zweihundert Jahre später die gesamte Bevölkerung von Volubilis nach Moulay Idris um.

In den Ruinen der römischen Basilika von Volubilis nisten noch nur Störche. *Mutabor!*

Dankbar für eine Denkpause fahren wir ohne Abdallah weiter zum Wallfahrtsort.

Von der Höhenstraße aus überblickt man das grüngedeckte Mausoleum von Idris I. mit seinem schlichten, viereckigen Minarett.

Die Grabstätte verdankt ihre spirituelle Bedeutung dem Nimbus von Idris I. als Urvater Marokkos und seinem Prestige als direkter Nachkomme des Propheten. Sechs Wallfahrten zu diesem Grab seien soviel wert wie eine Hadsch nach Mekka. Allerdings erlange man nicht den Ehrentitel eines Hadschi. Erklärt Zakaria.

Wer hat sich bloß diese seltsame Gotteswährung ausgedacht? Mein Glaubenskrieger und Ehegespons grummelt nur, alle Religionen zahlten mit Falschgeld.

Über dem Heiligtum türmen sich weiße und gelbe Häuserwürfel himmelwärts. Als habe ein Dschinn Bauklötzchen über zwei Ausläufer des Djebel Zerhoun ausgeschüttet.

Bis zum Jahr 1917 durften Ungläubige das heilige Moulay Idris überhaupt nicht betreten. Heutzutage wird es devisenschweren Touristen wenigstens bei Tage gestattet, bis zu den Schranken vor dem Horm, dem Heiligen Bezirk, vorzudringen.

Im Inneren Heiligtum betreiben gottesfürchtige Heilpraktiker eifrig Exorzismus. Mütter bringen ihr Neugeborenes zur Kultstätte; das soll dem Baby Glück bringen. Viele Kinder scheinen aber nach ihrer Geburt nicht ›dargebracht‹ worden zu sein. Die zu kurz gekommenen Hosenmätze betteln in hellen Haufen die Touristen an.

Ein ungewöhnliches, rundes Minarett fesselt meine Aufmerksamkeit.

Das Gebäude ist grün gekachelt und mit Koranzitaten in weißer Schrift verziert. Auf der viereckigen, fensterlosen Laterne stehen - nach christlicher Zeitrechnung und in ›arabischen‹ Zahlen - das Baujahr des Minaretts, 1939, und das Todesjahr des letzten regierenden Sultans der Meriniden Abu Inan Faris. Der wurde anno 1358 von einem seiner undankbaren Wesire erdrosselt.

Gegen Mittag erreichen wir Fes, die geistige Metropole von Marokko.

Idris I. hat die Stadt gegründet; sein Sohn Idris II. erhob Fes zu Köngsstadt. Der erste Nachfahr des Stadtgründers regierte siebenunddreißig Jahre lang unbehelligt über Al Maghrib. Der Enkel von Idris I., Sultan Muhamad, teilte das Reich unter seine zwölf Söhne. Damit begann der Niedergang der ersten marokkanischen Königsdynastie.

Unser riesiges Hotel betreibt im fünften Stock ein marokkanisches Restaurant mit mehr als sechshundert Plätzen. Von der Außenterrasse hat man eine herrliche Aussicht auf die Stadt Fes. Zu Mittag gibt es Lamm mit Tomaten, Paprika und Zwiebeln auf Couscous. »Der Hunger treibt`s rein« würde man bei uns in Bad Salzloch sagen.

Boss Zakaria hat seinen Schäfchen Mittagsruhe befohlen. Bevor wir zum Schlafen kommen, müssen wir zweimal das Zimmer wechseln. Das erste Zimmer war nicht abzuschließen, im zweiten war die WC-Schüssel leck.

Nach der Siesta bringt uns der Bus hinauf nach Borj Nord; die Festung stammt aus der Zeit der Saadier. Zakarias Vorschlag, das Waffenmuseums zu besuchen, lehnen wir ab.

Als nächste Attraktion ist eine Besichtigung der Merinidengräber vorgesehen.

Verstört stolpern wir auf der kahlen Hochfläche durch die zerfallenen Grabstätten. Unser Prospekt schwärmt von der einmaligen Aussicht vom Friedhof auf die Stadt: »Fes sehen und sterben!« Ganz so lebensgefährlich ist der Ausblick dann doch nicht.

Fes besteht eigentlich aus drei Städten.

Die Anfänge der Altstadt, Fes al Bali, reichen bis ins achte Jahrhundert zurück. Im 13. Jahrhundert wurde die ›Neustadt‹, Fes el Djadid, errichtet. Zu Beginn des 20. Jahrhunderts erbauten die Franzosen dann ihrerseits eine Ville nouvelle.

Zurück in der Stadt erwartet uns an der Place des Alaouites ein freundlicher Stadtführer. Hussein spaziert mit uns zum Königspalast.

Hinter einer hohen Mauer liegt eine Welt für sich, die wir nicht betreten dürfen. Wir bescheiden uns damit, die sieben goldenen Portale des Torbaus zu bewundern. Ihre feinen Arabesken und bunten Majoliken stammen aus der Regierungszeit von Hassan II.

Dann schlendern wir durch die Mellah, das älteste Judenviertel Marokkos.

Mellah heißt Salz. Das Ghetto wurde nahe beim Palast in Salzsümpfen erbaut. Der König wollte damit seine teuren Schutzjuden vor Progromen bewahren. Die betagten Häuser gefallen mir wegen ihrer schön geschnitzten hölzernen Erker.

Nach dem Bummel durch das Judenviertel bringt uns der Bus zur Altstadt.

Durch die drei Bögen des blau gekachelten Bab Boujeloud führt uns Hussein zur Medersa Bou Inania. Die einst größte Koranschule von Fes wurde, wie ihr namensgleicher Zwilling in Meknes, vom letzten regierenden Sultan der Meriniden Abu Inan Faris gegründet. Dieser Förderer von Wissenschaft und schönen Künsten hat hier ein Wunder islamischen Kunsthandwerks entstehen lassen.

Nach einem Blick in den schmucken Innenhof spazieren wir die geschäftige, laute Talaa Kebira, die ›Große Steigung‹, tiefer hinunter ins Labyrinth der Altstadt. Hussein bringt uns zum ›Atelier‹ eines stadtbekannten Kupferschmiedes. Der Chef brüstet sich, auch er habe an den Toren des Königspalastes mitgewirkt. Oh, Ghiberti hilf!

Zuerst müssen wir einer Demonstration der Kupferschmiedekunst beiwohnen. Ein bedauernswerter Werktätiger hämmert fleißig auf Kupferblech ein. Dann werden wir von geschulten Verkäufern in Einzelhaft genommen. Ihre Mühe ist vergeblich; die Preise sind astronomisch; niemand kauft etwas.

Am Abend findet die von Zakaria selbstherrlich verschobene Folklore statt.

Der Boss führt uns in einem Gässchen der Altstadt zu einem unscheinbaren Haus. Hinter der Pforte überrascht uns ein prächtiger Innenhof mit Springbrunnen. Der Patio gehört zu einem eleganten Stadtpalast mit drei Geschossen. Um die oberen Stockwerke laufen zum Hof hin offene, zierliche Galerien aus Holz.

Die einfache Gastronomie bietet Cruditées Assorties zu Couscous mit Kichererbsen und Huhn. Originär marokkanische Musik und orientalischer Tanz umrahmen unser Candlelight Dinner. Die Tonkunst der drei Mann starken Gnaoua Kapelle ist stark gewöhnungsbedürftig. Zum Lärm einer Fasstrommel klappern eiserne Kastagnetten den Takt. Der Frontmann klimpert auf den drei Saiten seiner Langhalslaute und singt dazu herzzerreißend. So heulen in den Karpaten hungrige Wölfe den Mond an.

Als kultureller Höhepunkt marokkanischer Lebensart folgt dann der Danse du Ventre. Eine fleischige Matrone auf gefährlich hohen Pumps leidet unter schwerer abdominaler Epilepsie. Dann tanzt die Tochter. Sie ist erheblich jünger; ihr schlimmes Bauchweh erregt daher mehr Mitleid.

Zum Abschluß werden drei Damen und ein Herr unserer Truppe sowie eine zierliche Chinesin in Kostüme gesteckt und für eine Hochzeitspantomime missbraucht.

Nach der hochpeinlichen Darbietung verlassen wir bestürzt das Lokal.

LAND IM UMBRUCH

Am Morgen bleiben die ersten Diarrhoe-Opfer im Hotel zurück. Der Rest wird von Boss Zakaria zur Zitadelle Borj Sud verfrachtet. Danach können wir bestätigen, dass Fes von Süden ganz anders aussieht als von Norden.

Es folgt ein gnadenloser dreistündiger Spaziergang mit Hussein durch den laut Reiseprospekt schönsten Souk von Marokko.

In beklemmend engen Gassen stolpern wir über Abfälle aller Art. An Gemüse und Gewürzen, Holz- und Lederwaren, Stoffen und Teppichen, aber auch an Schafsköpfen herrscht kein Mangel. Die Auslagen der Läden quellen über von Datteln, Oliven, und süßem Backwerk.

In kleinen Gässchen, hinter hohen Mauern und unscheinbaren Toren versteckt, liegen die historischen Gebäude der Medina. Sie sind entweder nicht von innen zu besichtigen oder werden gerade renoviert.

Zwischen dem Souk der Stoffhändler und dem Gerberviertel liegen gleich vier der wichtigsten Sehenswürdigkeiten von Fes al Bali.

An der Place Nejjarine im Souk der Tischler macht Hussein uns aufmerksam auf einen wundervollen Wandbrunnen, an dem drei kleine Jungs sich gegenseitig nass spritzen. Unter seinem grünen Ziegeldach sprudelt aus einer mit Majolika verkleideten Wand frisches Wasser in das Becken. Die Steinmetzarbeiten auf dem rahmenden Bogen und den seitlichen Pfeilern sind so fein, dass sie wie geklöppelte Spitze wirken.

Nahebei liegt das Grabmal von König Idris II., eine viel besuchte Pilgerstätte. Das Gebäude darf von uns ungläubigen Giauren leider nicht betreten werden. Durch die offene Tür werfen wir einen verstohlenen Blick ins prächtige Innere. Wie an allen Wallfahrtsorten der Welt wird die Andacht gestört durch die Unzahl von Kerzenverkäufern, Devotionalienhändlern und Naschbuden gleich nebenan.

Noch mehr Gedränge herrscht an der Medersa Karaouine

Die anno 859 von einer reichen Kaufmannstochter aus dem tunesischen Kairouan gestiftete Medrese gilt als älteste islamische Hochschule überhaupt. In ihrer Blütezeit zog es achttausend Theologiestudenten aus der ganzen arabischen Welt an diesen Hort der Rechtgläubigkeit.

Auch hier muss uns ein Blick durch ein von Touristen umlagertes Tor genügen.

Im Souk der Gewürzhändler zeigt Hussein uns noch eine Koranschule aus dem 14. Jahrhundert. Die vertraute Sinfonie aus farbenfrohen Majoliken, feinen Stukkaturen und anspruchsvollen Holzschnitzarbeiten löst bei mir heute ein leichtes Gefühl der Übersättigung aus.

Zur Erholung führt uns Hussein in den ersten Stock eines Lederwarengeschäfts. Von dort werfen wir einen Blick auf die Tröge der Gerber und Färber. Das Bild mit den runden bunten Farbbottichen findet man in jedem Reiseführer. Unsere Kameras klicken pflichtschuldigst ohne Pause. Die feilgebotenen Taschen und Babuschen sind maßlos überteuert. Anschließend besichtigen wir eine Weberei; wir erleben einen typischen Familienbetrieb. An fünf veralteten mechanischen, mehrmals ausgebesserten, Webstühlen schießen die Söhne und Neffen des Inhabers ihre Weberschiffchen durch die Kettfäden. Der greise Patron arbeitet im Hof; er sitzt auf dem Boden und fädelt von Hand Agavenfasern auf eine Kunkel. Im ganzen Souk sehen wir, wie schon in Marrakesch, keine Dampfmaschine, geschweige denn ein elektrisches Werkzeug. Alle Arbeitsgeräte werden von Menschenhand angetrieben. Hier wird niemand von seiner Hände Arbeit reich.

Hussein behauptet, die Fassis lebten ohnehin nur von einem Tag zum anderen.

Dabei war Fes als Zentrum von Geist und Macht einmal das Florenz Marokkos.

Zum krönenden Abschluß des Tages dirigiert der Führer uns in ein Teppichemporium.

Bei süßem Pfefferminztee lauschen wir dem rhetorisch brillianten Präsentator. Man sollte die Anpreisung von Teppichen zur olympischen Disziplin erheben. Teppichhöker aus aller Welt könnten dabei um das Goldene Stimmband streiten.

Indes, alle oratorischen Tricks sind umsonst, unsere Truppe ist beratungsresistent. Nur unsere netten Elsässer zaudern etwas, kaufen dann aber doch nicht. Es ist interessant, wie sich die aufgesetzte Freundlichkeit der Verkäufer in mühsam gebändigten Zorn wandelt, wenn trotz langer Verhandlungen kein Kauf zustande kommt.

Vom gemeinsamen Besuch einer Keramik-Werkstatt melden wir uns ab. Statt dessen halten wir eine ausgedehnte Siesta. Dann besuche ich mit meinem Hausknecht und Gemahl einen nahen Supermarkt. Das weitläufige Gebäude steht auf der grünen Wiese außerhalb von Fes. Hier kann man Globalisierung vor Ort erleben. Im Angebot sind französische, spanische, italienische und deutsche Markenartikel. Dazu kommt ein internationales Sortiment an elektrischen Haushaltsgeräten. An langen Bedientheken findet Frau frisches Fleisch, Geflügel und Innereien.

Gegen diese moderne Konkurrenz hat der Souk keine Chance. Er wird allenfalls als Touristenattraktion überleben. Von den traurigen hygienischen Verhältnissen in der Medina mal ganz abgesehen. Hier im Supermarkt ist alles blitzblank gefliest. Die Verkäufer tragen Handschuhe. Die elektronischen Waagen zeigen gut lesbar Gewicht und Preis. Für die Kids gibt es Karrussels, für den Papa einen Geschenk-Service. Sogar geistige Getränke aller Art werden verkauft, allerdings nur an Männer. Bezahlt werden die sündigen Seelentröster an einer Kasse mit diskretem Hinterausgang.

MITTLERER UND HOHER ATLAS

Von Fes geht es heute streng nach Süden; Tagesziel ist das Städtchen Erfoud.

Vor uns liegt eine gebirgige Strecke von vierhundertfünfzig Kilometern, die über den Mittleren und Hohen Atlas führt. Der Bus folgt der Nationalstraße 8.

Auf der einstigen Karawanenstraße passieren wir am Fuße des Col du Kandar den reizvollen Luftkurort Imouzzer Kandar. In der Region werden vor allem Äpfel und Birnen angebaut. Im Tal liegen verstreut kleine, weiß gekalkte Grabkapellen sufischer Heiliger.

Nach einer Stunde erreichen wir auf einer Höhe von 1650 Metern das Städtchen Ifrane, das St. Moritz von Marokko. Von den Einheimischen wird der Nobelort auch ›Ville alsacienne‹ genannt. Sicher, die protzigen Chalets mit den roten Ziegeldächern könnten auch im Elsaß stehen. Zakaria erzählt, Hassan II., der ›König der Armen‹, sei ein gewaltiger Nimrod und begeisterter Wintersportler gewesen. Der Monarch habe in der schneesicheren und wildreichen Gegend ein prachtvolles Jagdschloss unterhalten.

Rings um den Ort erstreckt sich der Forêt de Cèdres. Hier gedeihen Atlas-Zedern, Aleppokiefern sowie Stein- und Korkeichen.

Wir rasten für einen kleinen Waldspaziergang mit naturnaher technischer Pause.

Zakaria warnt uns vor den dreisten Angriffen wilder Berberaffen. Doch es läßt sich kein Affe blicken. Touristen sind für die klugen Tiere offenbar keine Attraktion mehr.

Von Ifrane geht es dann in südwestlicher Richtung hinab in das Städtchen Azrou.

Mitten in diesem Marktflecken der umwohnenden Berberstämme erhebt sich ein erloschener Vulkankegel. Auf seiner Flanke steht der schon vertraute Wahlspruch: »Gott, Vaterland und König!«

Hinter Azrou geht es auf der Nationalstraße 13 wieder bergauf Richtung Midelt. Auf kahlen Hügeln drängeln sich Lehmhäuser aneinander, vor denen magere Schafe weiden.

Die wenigen kümmerlichen Wiesen duften nach blühendem, wildem Salbei.

Am Col du Zad ist mit 2178 Metern der höchste Punkt der Strecke erreicht. Von hier geht es wieder abwärts auf 1488 Meter in den Luftkurort Midelt.

Den Lunch nehmen wir in einer restaurierten Kasbah kurz hinter Midelt ein.

Die etwas schummerigen Gasträume sind geschmackvoll im marokkanischen Stil eingerichtet. Eine dampfende Soupe maroccaine aus Lamm, Linsen, Kichererbsen und Gemüse verleiht uns neue Kräfte. Dazu gibt es Sesamkringel und frische Datteln.

Nach dem Essen geht es über die Nationalstraße 13 hinauf in den Hohen Atlas.

Am Tagalm Pass genießen wir den Blick auf schneebedeckte Viertausender.

Die Route führt südwärts weiter zum ›Tunnel der Legionäre‹. Pioniere der französischen Fremdenlegion haben den Straßentunnel im Jahre 1928 aus dem roten Granit des Hohen Atlas gesprengt. Hinter dem Tunnel halten wir wieder an, um einen Blick in die wild zerklüftete Schlucht des Oued Ziz zu werfen. In der öden Steinwüste kündigen einige Palmen am Ufer des blauen Flüsschens an, dass wir bald die größte zusammenhängende Flussoase Marokkos erreichen. Diese Oase beginnt hinter dem Stausee bei Er Rachidia und erstreckt sich vierzig Kilometer südwärts bis Rissani, einem Flecken am Rande der Sahara. Zwischen Tamarisken und Oliven reiht sich beidseits der Straße Dorf an Dorf. Tausende Dattelpalmen überragen die sandfarbenen Häuser aus Stampflehm.

Am späten Nachmittag erreichen wir Erfoud, die letzte Stadt vor der Sahara.

Die Garnison Erfoud wurde anno 1913 von den Franzosen gegründet.

Unser Hotel ist spartanisch eingerichtet. Alkoholgenuss ist streng verpönt.

Wind kommt auf; durch alle Ritzen dringt feiner Flugsand ins Zimmer.

Für morgen früh ist ein Ausflug in die höchsten Dünen der Sahara vorgesehen. Schon um 3.oo Uhr soll es losgehen, damit wir bei Sonnenaufgang vor Ort sind. In der Nacht setzt mit Macht der Scirocco ein. Mehr Sand brauchen wir nicht; wir melden uns von der Jeepkarawane ab.

DIE WÜSTE WÄCHST

Nach einem sehr kontinentalen Petit Déjeuner mit Milchkaffee und Mandelhörnchen fährt der Bus durch den beharrlich tobenden Scirocco westwärts nach Tinerhir.

Die wenigen, die sich früh in die Wüste wagten, haben die Sonne nicht gesehen. Die Dünenwanderung gegen den stürmischen Wind hat ihnen als Andenken immerhin einen kräftigen Muskelkater beschert. Und Sand in allen Körperfalten.

Die Atmosphäre ist unheimlich; Harmaggedon scheint nahe. Der aufgewirbelte Sand verdunkelt den Himmel; das diffuse Licht taucht die Welt in olivgrüne und violette Farben; man sieht nur einige hundert Meter weit. Beidseits der Straße erstreckt sich eine endlose, dürre Steinwüste. Schlichte Barrikaden aus Schilf sollen die Piste vor Sandverwehungen schützen. Die helfen natürlich nicht; die Wüste wächst, die Oasen schrumpfen. Infolge Abholzung und Überweidung dehne sich die Wüste täglich um zehn Quadratkilometer aus. Behauptet Zakaria. Ehemals fruchtbare Äcker lägen brach, denn auch die

uralten Bewässerungskanäle würden nicht mehr instand gehalten. Bei einem kurzen Fotostop können wir einige, wieder freigelegte, Einstiegslöcher in die unterirdischen Levadas
der Wüste, die ›Rhettaras‹, im Bild festhalten. Bevor sie wieder versanden.

Nomaden, die in dieser Ödnis Ziegen hüten, winken uns aus braunen Zelten zu.

Ungefähr neunzig Kilometer hinter Erfoud erreicht die Piste die Nationalstraße 10. Der
Sandsturm hat sich inzwischen gelegt, die Sonne wechselt sich mit Wolken ab. Gegen
Mittag ereichen wir das Städtchen Tinerhir.

Nach all dem Sand und Geröll freuen wir uns über die grüne Insel in der Wüste. Zwei
ausgedehnte Oasen südlich und östlich des Marktfleckens umrahmen den braunen Ort
mit dem satten Smaragdgrün von Dattelpalmen und Feigenbäumen. Die roten, kahlen
Ausläufer des Hohen Atlas sorgen für den nötigen Farbkontrast. Vor dieser bezaubernden
Kulisse erwartet uns am Straßenrand ein junger Berber. Er stellt sich und seine beiden
Kamele für ein Erinnerungsfoto zur Verfügung.

Die drei haben sich malerisch in Schale geworfen. Der Wüstensohn trägt eine himmelblaue Djellaba über olivgrünen Jeans. Sein pfiffiges Korsarengesicht krönt ein amethyst-
farbener Turban. Die beiden Wüstenschiffe tragen krakelbunte Langflorteppiche aus
Schafwolle auf dem Rücken. Wir fotografieren nur die Aborigines. Jedes andere Antlitz
auf dem Foto würde nur stören.

Das Mittagessen nehmen wir in einem Restaurant oberhalb der Stadt ein.

Völlig überraschend serviert uns die Küche Hähnchen vom Grill mit pommes frites und
Salat. Satt und zufrieden halten wir eine kurze Siesta im Hotel.

Am Nachmittag bringt uns der Reisebus in die Todra-Schlucht. Vor einem Hotel, das sich
unter einen riesigen Felsüberhang duckt, hält der Fahrer an. Ein Erdrutsch hat die Straße
unpassierbar gemacht. Die Fahrzeuge werden über eine behelfsmäßige Piste weiterge-
führt. Wir gehen vom Parkplatz ein kurzes Stück zu Fuß durch die Schlucht.

Der Fluss hat einen dreihundert Meter tiefen Canyon in das Gestein gegraben. Beidseits
steigen die Felswände fast lotrecht in den Himmel. Vor uns zieht eine junge Berberfamilie
gemächlich bergauf. Der Mann reitet auf einem Muli; er führt einen hoch bepackten Esel
am Zaum. Die Frau folgt ihrem Eheherrn zu Fuß; sie trägt ihr Kind auf dem Rücken.

DAS MAROKKANISCHE BURGENLAND

Nach einem nicht weiter erwähnenswerten Abendmahl und einem sehr frugalen Starter-
frühstück geht es am nächsten Tag weiter auf der N10 von Tinerhir nach Quarzazate.

Auf der einhundertsiebzig Kilometer langen Etappe »wechseln sich prächtige Kasbahs
mit Palmenoasen und Steinwüsten ab. An der Schlucht des Oued Dades beginnt die
Straße der Tausend Kasbahs. Das marokkanische Burgenland erzählt vom Kampf ums
Dasein, vom Ringen gegen eine ungastliche Natur und von endlosen Fehden mit neidvol-
len Nachbarn. Selbst die aus Stampflehm errichteten Dörfer haben Festungscharakter.«
Schwadroniert unser Reiseprospekt. Wir erleben eine sterbende Kultur mit pittoresker
Architektur aus unmöglichem Baumaterial.

Die Mauern der Gebäude sind mit geometrischen Ornamenten verziert. Die sollen bösen Geistern wehren sowie vor Fremden, Feinden und Unheil schützen. Und auch das ersehnte Glück erzwingen. Aber die Gebäude aus ungebrannten Lehmziegeln müssen ständig ausgebessert werden; sonst ist der Verfall unaufhaltsam. Neben den Ruinen stehen neue Gebäude aus Beton und Ziegelstein. Ihre Fassaden sind in rotbrauner Einheitsfarbe gestrichen. Aufgemalte Muster in strahlendem Weiß mildern das triste Einerlei. Nur die geschmiedeten Fenstergitter zeigen noch die alte Vielfalt des Dekors.

Die verlassenen Ksour und Kasbahs hat Hollywood längst als wohlfeile Kulisse entdeckt. Hier wurden so bedeutende Zelluloidstreifen wie ›Die letzte Versuchung Christi‹ abgedreht. Auch das Weltkultur-Erbe Ait Benhaddou, zu dem jetzt wir fahren, blieb nur erhalten, weil sich hier inzwischen marokkanische Filmgesellschaften angesiedelt haben.

Behauptet Zakaria.

Die Siedlung Ait Benhaddou liegt nordwestlich von der Stadt Quarzazate an einem Berghang über dem meist ausgetrockneten Flüsschen Asif Mellah.

Über Trittsteine gelangen wir durch den flachen Bach an das andere Ufer. Dutzende Berberfrauen halten heute am Fluss ihren Waschtag ab. Zum Trocknen breiten sie die bunte Wäsche einfach über die Büsche am Ufer. Das sieht aus, als würden große Vögel in den Sträuchern ihr leicht Gefieder putzen. An der tiefsten Stelle dient ein verbeultes Autowrack als Brücke über den Fluss.

Auf der Bergkuppe über dem Ksar liegt die Zwingburg aus dem 17. Jahrhundert. Von hier hat man eine gute Aussicht auf die gesamte Ansiedlung. Die verschiedenen Stadien des Zerfalls pressen mir das Herz zusammen. Auch die allgegenwärtige Erosion ist nicht zu übersehen. Auf Sandkegeln versuchen harte Kugelfelsen zäh, die Balance zu halten.

In Quarzazate, dem ›Tor zur Wüste‹, führt uns ein örtlicher Lotse durch die aufwändig restaurierte, gewaltige Kasbah des einst mächtigen Glaoua-Klans.

Die Zimmerdecken sind mit Flechtwerk von verschieden gefärbtem Oleanderholz verkleidet. Mir gefallen ihre reizvollen, sprechenden Muster. Im Wohnzimmer blicken ›geöffnete Augen‹ auf den Bewohner; im ehelichen Schlafgemach sind die Augen diskret geschlossen. Der Geruch von Oleanderholz wehre auch das Ungeziefer ab.

Verrät mir der Cicerone.

In den reich verzierten Türmen der Kasbah gibt es praktische Ausluchten. Von dort kann Frau unbemerkt das Leben im Hof und auf der Straße verfolgen oder verstohlen potentielle Heiratskandidaten unter die Lupe nehmen. Die Pracht der restaurierten Räume gemahnt mich an die Paläste der Maharadschas in Rajastan.

Zu Mittag verwöhnt uns ein kreativer Gastronom aus Quarzazate wieder mit einer leckeren Tajine aus Kartoffeln, Oliven, Gemüseallerlei und Rindfleisch.

Auch in Quarzazate strömen gegen Mittag Scharen von Kindern aus der Schule. »Das ist die Zukunft!« Behauptet unser stolzer Baedeker. Werden diese kleinen Marokkaner wirklich eine gute Zukunft haben?

Entrüstet über diese Frage belehrt uns der Mann über den unerhörten Fortschritt im Königreich. Die marokkanische Frauenvereinigung sei unaufhaltsam auf dem Vormarsch. Geführt von der Prinzgemahlin plane sie schon die Übernahme der Macht durch ein Matriarchat. Alle Amtsrichter in Marokko seien bereits weiblichen Geschlechts. Die Polygamie werde durch Gesetze eingedämmt, die Scheidung erschwert. Geschiedene Männer müssten ihren Ex-Frauen sogar Unterhalt zahlen. Und fast alle erwachsenen Frauen würden moderne Verhütungsmittel benutzten.

Wir sind im schönen Hanane Club Hotel untergebracht.

Im Patio warten ein sauberer Swimmingpool, eine gut sortierte Poolbar und laute Popmusik. Wir ziehen eine Dusche auf dem Zimmer vor. Ein Platzregen aus dem defekten Duschkopf setzt den Wohnraum unter Wasser. Unsere Reklamation an der Rezeption wird mit Gleichmut entgegen genommen. Merhaba!

Immerhin wird die fehlende Fernbedienung für das Klimagerät hurtig herbeigeschafft.

Nachmittags steht wieder der Besuch einer Teppich-Kooperative im Pflichtenheft. Auf uns wartet das wohlbekannte Gesellschaftsspiel mit Tee- und Teppichkunde. Nur sind die hier präsentierten Stücke kräftiger und reicher im Dekor als die Teppiche in Fes.

Beim Abendessen sitzen wir mit den Münchnern und Elsässern an einem Tisch.

Ein wird ein unterhaltsamer Abend mit anregenden Gesprächen.

Der Bundestag hat mit großer Mehrheit der EU-Verfassung zugestimmt.

Die Elsässer hoffen auf eine Mehrheit auch im französischen Parlament.

Wir trinken eine gute Flasche Cap Blanc auf unser gemeinsames Europa. Salut, Europe!

ZURÜCK NACH AGADIR

Bei schönem Wetter starten wir freitags zeitig zur Rückfahrt nach Agadir.

Über dreihundert Kilometer läuft die Straße durch die Steinwüste des Anti-Atlas. Hier wachsen nur Disteln, Opuntien, Sand-Verbenen und Kandelaber-Kakteen. Kleine verstreute Herden von Kamelen und Ziegen vertreten in der Einöde die Fauna.

Den Lunch nehmen wir exklusiv in einem echten Palast ein.

Das Anwesen im einsamen Örtchen Oulad Berhil hat einmal dem Bierbaron Carlsberg gehört. Der hat das Juwel - zum Leidwesen der dänischen Sippschaft - seinem Gesinde vermacht. Die Anfechtung des Testaments vor Gericht war erfolglos.

Das Hotel, eine ehemalige Kasbah, liegt in einer gepflegten Gartenanlage. Unter exotischen Bäumen blühen prächtige Bougainvilleen und Oleanderbüsche. Dazwischen stolzieren Pfauen, die unter Wehgeschrei ihr schillerndes Weistum zeigen. Zahllose ausgemergelte Katzen jammern mit ihnen um die Wette. Beim Mahl auf der Terrasse weichen die Miezen nicht vom Tisch. Sie begleiten den Verzehr der leckeren Tajine mit einem herzzereißenden Konzert. Tierliebende Damen aus unserer Schar verfüttern ihr Essen an das Katzenvieh. Der Koch kann einem leid tun.

Nach einer weiteren Stunde Fahrt sehen wir erfreut die fruchtbare Ebene um die Stadt Taroudant vor uns auftauchen. Taroudant, die »kleine Schwester von Marrakesch« am Ufer des Oued Sous war einmal für kurze Zeit Residenzstadt der Saadier. Ihre acht Meter hohe Stadtmauer macht noch heute einen wehrhaften Eindruck.

Am späten Nachmittag erreichen wir ermattet den vertrauten Agadir Beach Club.

Über das Wochenende werden wir am schönen Strand von Agadir abhängen.

Der Samstag beginnt mit strahlendem Sonnenschein. Eine leichte Brise von See macht die Hitze erträglich.

Am Vormittag will mein Hauskreuz und Gemahl unbedingt den neuen Souk sehen. Unterwegs bietet sich ein freundlicher Berber als Wegweiser an. Er komme gerade von seiner Arbeit in einem der Hotels am Strand. Und sein Heimweg führe direkt am Souk vorbei. Der Markt liegt weiter vom Hotel entfernt, als wir dachten. Ohne den freundlichen Pfadfinder hätten wir längst aufgegeben. Endlich am Ziel angekommen, verweigert unser Lotse das angebotene Trinkgeld. Festen Schrittes geht er voran in die hellen, sauberen und weitläufigen Hallen.

Und wie das Leben so spielt. Wir kommen zu einem Gewürzladen, der zufällig dem Onkel unseres Cicerone gehört. Jetzt beginnt wieder das übliche orientalische Spielchen. Zunächst gibt es ein paar erklärende Worte über die Verwendung der feilgebotenen Gewürze. Dann folgt die drängende Einladung zum Tee. Wir lehnen ebenso entschlossen ab. Worauf die eben noch freundlichen Züge des ehrbaren Kaufmanns entgleisen. Im Weggehen höre ich, wie der Pfeffersack Verwünschungen in seinen schwarzen Bart murmelt.

Auf dem Rückweg vom Souk kaufen wir - trotz aller guten Vorsätze - in einem ›Centre artisanale‹ doch noch einen kleinen Berberteppich. Beim Versuch, an einem Automaten Bargeld für den Kauf abzuheben, wird die Kreditkarte völlig unerwartet eingezogen. Schreck laß nach! Es ist Samstag, kurz nach 13.00 Uhr. Die Banken haben bereits geschlossen. Uns bleibt nichts übrig, als die Karte telefonisch sperren zu lassen.

Am Sonntagvormittag schlendern wir am Strand in Richtung Hafen und Kasbah. Viele Familien verbringen den Tag bei strahlendem Sonnenschein am Meer. Man hört Sprachen aller Länder. Edmund Stoiber würde sagen: »Völlig durchrasst!«

Auch die Badekleidung könnte mannigfaltiger nicht sein. Die meisten einheimischen Frauen flanieren in Dschilbab und Kopftuch auf der Promenade. Manche Dame trägt auf dem Kopftuch noch eine Schirmmütze als Sonnenschutz. Junge Musliminnen baden und joggen sogar in dieser Garderobe. Unbedarfte Okzidentalinnen promenieren daneben im Bikini über die Corniche.

Am Wasser spielen gemischte Teams aus braunen Burschen und Mädchen Beachball. Die Jungs tragen Bermudas, die Backfische Caprihosen und lange Hemdblusen.

Ein traditionell gekleidetes Ehepaar läßt sich von einem der vielen, auf Opfer lauernden, Fotografen mit der Kasbah im Hintergrund ablichten. Maman hat sich in eine schicke blaue Dschilbab und ein farbenfrohes Kopftuch gehüllt. Der würdevolle Familienvater trägt zu Vollbart und weißer Pilgermütze einen weiten, dunkelbraunen Burnus mit einer breiten Bordüre aus Goldlitze. Das Söhnchen stolziert, wie zu Kaisers Zeiten, keck im

Matrosenanzug mit Bandmütze einher. Liegt denn die SMS Panther noch vor Agadir auf Reede? Das fesche Trio hat jedenfalls keine Angst, dass es durch ein Foto seine Seele verlieren könnte.

Vor dem Diner machen wir eine lange Strandwanderung. Erst an der Mündung des Oued Sous in den Atlantik kehren wir um. Auf dem Rückweg bestaunen wir den prächtigen Sonnenuntergang. Über die Kämme der Sanddünen ziehen Kamelreiter gemächlich landeinwärts.

Eine eindruckvolle Reise geht zu Ende.

Marokko und die Marokkaner leben in einer Zeit des Umbruchs.

Die romantische Überhöhung der alten Königsstädte zu den vielbeschworenen märchenhaften Orten aus Tausendundeiner Nacht wollte uns auf dieser Reise nicht so recht gelingen. Selbst der Geruch der Souks nach Pfefferminztee und Hammelfleisch war nicht dienlich. Die malerischen Verhältnisse sind arg rückständig und dringend sanierungsbedürftig. Überleben wird die Medina wohl nur als Freichlichtmuseum für Touristen.

Die letzte Woche hat uns gezeigt, dass auch das einfache, unverfälschte Marokko des Südens, von dem Zakaria so beredt schwärmte, längst in einem tiefgreifenden Wandel begriffen ist. Die Landflucht hält an, weil es kaum Arbeit für die vielen jungen Marokkaner gibt. Die verlassenen Lehmhäuser weichen allmählich Betonbauten im Einheitsstil. Satelitenschüsseln und Handys sind allgegenwärtig; die Motorisierung ist weit gediehen.

In den Kleinstädten tragen fast alle Frauen westliche Kleidung.

Möglicherweise ist sogar die Sprache des Propheten in Wort und Schrift auf dem Rückzug. Denn selbst auf dem tiefsten Lande sind Orte und Straßen, Geschäfte und Waren nicht auf Arabisch sondern auf Französisch in lateinischer Schrift beschildert.

Sogar die Preise, Telefonnummern und Kfz-Kennzeichen werden vielfach nicht mit arabischen Zahlzeichen sondern mit lateinischen Ziffern geschrieben.

Nannte man die ›lateinischen‹ Zahlen nicht vor Zeiten ›arabische Ziffern‹?

Die Wüste wächst.

Beslama, Marokko!

AUF DER SEIDENSTRASSE

USBEKISTAN

CHAHOR MINOR MEDRESE, BUCHARA, USBEKISTAN

Ein legendärer Handelsweg

Welches Kind kennt sie nicht, die abenteuerlichen Reisen des Marco Polo?

Auf seiner legendären Landfahrt vom Heiligen Land zu den fernen Küsten des Gelben Meeres reihten sich die Namen sagenumwobener Städte aneinander wie die Perlen an einem Rosenkranz. Von Vater Niccolo und Onkel Matteo begleitet, zog der junge Venezianer Marco aus Akkon über Trapezunt und Bagdad, Täbris und Hormuz, Herat und Faisabad, Kaschgar und Lanzhou ins chinesische Shangdu. Nach fünf Jahren und tausenden von Kilometern ereichten die Reisenden endlich ihr Ziel, die Sommerresidenz des Mongolenkaisers Kublai Khan.

Auf der beschwerlichen Reise über die berühmte Seidenstraße zogen die wagemutigen Kaufleute durch endlose Steppen und über reißende Flüsse. Dann vesperrten die höchsten Gebirge der Erde den Weg. Schneebedeckte Pisten führten durch enge Schluchten und über eisige Bergpässe hinüber auf die andere Seite. Dort warteten todbringende Wüsteneien auf die Karawane. Die wenigen lebensrettenden Oasen lagen weit auseinander. Sandstürme verdunkelten unversehens den Himmel und machten die Reisenden irre an der Welt. Böse Geister lockten Nachzügler vom rechten Wege ab. Mit Stimmen, die denen ihrer Gefährten täuschend ähnelten. Häufig gaukelte eine akustische Fata morgana aus sonderbaren Klängen und fernem Trommeln den zu Tode erschöpften Fremdlingen die Nähe von schützenden Heimstätten vor, die gar nicht existierten.

Es ist schwer zu glauben, aber auf dieser halsbrecherischen Route strömten bereits zweitausend Jahre zuvor die unermesslichen Schätze des Orients ins Abendland. Edelsteine und Perlen, Jade und Elfenbein, Gewürze und Porzellan und vor allem Seidenstoffe wurden von Ost nach West transportiert. Im Gegenzug wanderten Gebirgsladungen an Gold, Silber und Eisen von West nach Ost. Um die römischen Goldreserven zu retten, sah sich schon Kaiser Augustus gezwungen, strenge Luxusgesetze zu erlassen. Die untersagten seinen verweichlichten Bürgern, seidene Gewänder und orientalischer Juwelen zu tragen. Auf diesem Schlachtfeld erlitt Augustus eine Schlappe.

Auch wichtige Erfindungen aus Fernost wie die Kunst der Destillation, die Fertigung von Schwarzpulver, die Herstellung von Papier und der Buchdruck fanden über die Seidenstraße den Weg ins Abendland. Den Reitervölkern aus Zentralasien verdankt der europäische Rittersmann den Steigbügel und taugliches Zaumzeug.

Na, die Nutznießer bezahlten mit Religion. Mosert mein angetrauter Heidenbube.

Jüdische Kaufleute und muslimische Krieger, christliche Nestorianer und asketische Manichäer, verfolgte Zoroastrier und buddhistische Mönche zog es unwiderstehlich aus dem Nahen Osten und Nordindien in die weiten Räume von Mittelasien und Fernost. In Zentralasien gewann am Ende der Islam die Herzen der jungen, tatendurstigen Völker. Das uralte China dagegen verfiel dem Reiz der buddhistischen *vita contemplativa*. Juden und Christen überlebten nur versprengt in der fernöstlichen Diaspora.

Nicht nur die wilde Natur gefährdete die Sicherheit der Handelskarawanen.

Handel und Wandel auf der Seidenstraße wurden zu allen Zeiten auch bedroht durch die

Beutelust unzivilisierter Nomaden. Im 3. Jahrhundert n. Chr. läuteten die Heere der Hunnen den Fall Roms und den Untergang der klassischen Antike ein. Unter dem Ansturm der Hsiung-Nu zerfiel im Osten das chinesische Kaiserreich der Han in untereinander zerstrittene Fürstentümer.

Paradoxerweise brachten zu Beginn des 13. Jahrhunderts die Mongolenstürme unter Dschingis Khan den Handel auf der Seidenstraße wieder in die Höhe. Denn die Pax Mongolica und Passierscheine der Khane garantierten dem wagemutigen Kaufmann Schutz und Hilfe.

Die Namen von Universalgelehrten wie al Biruni, al Buchari, al Chwarizmi oder Ibn Sina, und der Ruhm von Poeten wie Firdausi, Hafis i Schirazi und Omar Khajjam, um nur einige zu nennen, reisten auf der Seidenstraße um die halbe Welt. Bis die Entdeckung des Seeweges nach Indien den uralten Handelsweg wieder in einen tiefen Dornröschenschlaf versinken ließ.

Legendäre Seidenstraße. Da müssen wir, da wollen wir hin.

AUFERSTANDEN AUS RUINEN: TASCHKENT

Wir haben beim Bad Salzlocher Tageblatt eine Leserreise nach Usbekistan gebucht.

Ein Condor bringt uns nonstop in die usbekische Hauptstadt Taschkent.

An Bord heißt uns ein witziger Purser mit hanseatischem Akzent willkommen. Er spielt mit der Flugangst der Passagiere. Der junge Co-Pilot werde in Taschkent seine erste selbstständige Landung fliegen. »So, bidde anß-nallen, dann geiht dat los!«

Nach einem ruhigen Flug landen wir ungefährdet und pünktlich um 17:00 Uhr Ortszeit in Taschkent. Die umständlichen Pass- und Zollformalitäten ziehen sich hin.

Danach bringt uns ein klappriger Reisebus zum Hotel. Während der Fahrt stellt sich der einheimische Reiseleiter vor. Er heißt mit Vornamen Shavkat, ist vierzig Jahre alt und hat in Taschkent Germanistik studiert. Reiseleiter in Usbekistan sei sein Traumberuf.

Wir logieren im Zentrum der Millionenstadt direkt am Amur Timur Platz. Das riesige Hotel sprüht auf sechszehn Stockwerken spätkommunistischen Liebreiz aus.

Zum gemeinsamen Abendessen bringt uns der Bus ins ›SIM-SIM‹. An langen Tischen verwöhnt uns das angesagte Lokal nicht nur, wie sein Name verspricht, mit köstlichen, frischen Sesamkringeln. Die Küche ist berühmt für ihre leckeren Schaschlik-Spieße mit gebratener Paprika und scharfem Ajvar. Dazu wird einheimisches Bier und russischer Wodka gereicht.

Während des Abendmahls stellen sich die Teilnehmer der Tour kurz selbst vor.

Unser deutscher Reiseleiter, Herr Strangwöhner, kommt aus Preußisch-Oldendorf. Er trägt zu einem gezwiebelten Schnurrbart einen gegelten Bürstenhaarschnitt. Damit sieht er nicht nur aus wie ein Feldwebel vom Dienst. Er benimmt sich auch so. Wir hören und gehorchen.

Herr Gauselmann, ein rüstiger Badearzt und Chiropraktiker aus Bad Holzhausen, reist in Begleitung einer leicht mitgenommenen, namenlos bleibenden Sphinx.

Herr Sudwischer lebt in Bad Rothenufflen. Der Hagestolz hat Lebercirrhose im Endstadium und will noch einmal ganz was Verrücktes erleben.

Meister Petros Pipinelis, naturalisierter Grieche, betreibt in Nettelstedt ein Feinkostgeschäft mit mediterranen Spezialitäten. Er hat seine schöne Elena im Gepäck. Warum muss ich bei ihr nur dauernd an die Venus von Willendorf denken?

Ein täuschend echtes Double von Frau Minister Dr. Schawan heißt in echt nur Strothotte. Ihre mitreisende beste Freundin hört auf den guten westfälischen Namen Grotendiek.

Frau Hildegard Ordelheide vertritt den Typ verfeinerter Mensch mit vergeistigtem Wesen und vornehmer Haltung. In ihrem ersten Leben amtete sie als Vorzimmerdrache eines sehr bekannten orthopädischen Chefarztes in Bad Senkelteich.

Eine mädchenhaft zierliche Achtzigjährige aus Bad Oexen, Frau Kleinehelftewes, verblüfft uns alle mit ihrem unersättlichen Appetit und ihrer Trinkfestigkeit.

Mein Hauskreuz und Gatte und die brave Tochter meiner Eltern machen das erste Dutzend voll.

Auch vom zweiten Dutzend am Nebentisch kommen die meisten von achtern Berge.

Gottlob ist sonst niemand aus Bad Salzloch dabei.

Der Abend ist frühlingshaft warm; überall blühen schon die Aprikosenbäume.

Altbackenes Fladenbrot, lauwarmer Tee, kalter Ayran und eiskalte Scheiben von grünen Gurken und grüngelben Tomaten chargieren als lukullisches usbekisches Frohstück.

Nach dieser *prima colazione* brechen wir auf zur Besichtigung von Taschkent.

Es ist Freitag. Der Himmel ist bedeckt. In der Nacht hat es geregnet. Die breiten Straßen und weiten Plätze glitzern in der Sonne. Die Bäume tragen noch kaum Laub.

Der Bus bringt uns zur Medrese Scheich Abdul Kasim.

Unterwegs gibt uns Shavkat einen Abriss über die jüngere Geschichte von Usbekistan.

Im 19. Jahrhundert gab es auf dem Gebiet des heutigen Usbekistan drei unabhängige, aber politisch schwache Staatsgebilde: die Khanate von Chiwa und Kokand und das Emirat von Buchara. Die imperialistische zaristische Expansion nach Zentralasien habe dazu geführt, dass diese Staaten unter russisches Protektorat gerieten oder gleich ganz von Russland annektiert wurden. Aus den zaristischen Eroberungen sei das Generalgouvernement Turkestan mit der Hauptstadt Taschkent gebildet worden. Nach der siegreichen bolschewistischen Oktoberrevolution wurde das Generalgouvernement zur Sozialistischen Sowjetrepublik Usbekistan erklärt.

Als dann im Jahre 1991 die Sowjetunion sang- und klanglos verschied, habe Islom Karimov die Unabhängigkeit Usbekistans von der ehemaligen UdSSR ausgerufen. Noch im gleichen Jahr sei Karimov, bis dahin Erster Parteisekretär der usbekischen Kommunisten und Mitglied im Politbüro des Zentralkomitees der KPdSU, zum ersten Präsidenten Usbekistans gewählt worden. Im Jahr 2000 wurde sein Mandat per Volksabstimmung verfassungswidrig zum zweiten Mal verlängert. »Ein Ende seiner Demokratur ist nicht abzusehen.« Raunt Shavkat verstohlen ins Mikrophon. Der Busfahrer versteht kein Deutsch.

In Usbekistan gelte jetzt der gregorianische Kalender und das lateinische Alphabet. Aber überall sieht man doch Reklame in kyrillischer Schrift? Das geschehe nur aus Rücksicht auf die älteren Einwohner von Taschkent. Beteuert Shavkat.

Das Gebäude der Koranschule Abdul Kasim ist fast fünfhundert Jahre alt.

Durch ein schön geschnitztes Holztor betreten wir den Innenhof. Auch hier blühen Aprikosenbäume. Die ehemaligen Zellen der Studenten öffnen sich auf den Patio. Über den Türen der Klausen stehen Koranverse in schöner Thuluth-Schrift auf blauglasierten Majolikatafeln. Shavkat schimpft auf die gottlosen Sowffjets. Die hätten Moscheen und Medresen als Magazine oder Stallungen mißbraucht.

Jetzt halten in dem renovierten Gemäuer betuliche Handwerker tradionelle Künste hoch. Ihre Miniaturen, Lackdosen und Schnitzereien verlocken uns nicht zum Kauf. Ein geschäftstüchtiger Jungkapitalist brennt für mich traditionelle usbekische Musik von seinem nagelneuen Notebook auf eine leere CD. Er verlangt und bekommt dafür fünf Euro.

Jenseits der Straße liegt in einer gepflegten Parkanlage das Parlament von Usbekistan, die Oberste Versammlung Oliy Majlis. Über einem quadratischen Peristyl aus originellen Säulen im gemischt-rheumatischen Stil schwebt eine himmelblaue Kuppel. Darüber weht lustlos die usbekische Staatsflagge in Blau-Weiß-Grün. Eine Arbeiterin in weiten Pluderhosen und gelben Gummistiefeln fegt die heute menschenleere Volksvertretung besenrein. Hinter dem Busparkplatz ragen Hochhausdatschen in den grauen Himmel.

Diese Perlen sozialistischer Baukunst sind uns aus anderen Teilen des verblichenen Sowjetimperiums vertraut. Doch die architektonisch anspruchsvolle usbekische Spielart befremdet. Hier verfügt jedes Proletarier-Sanssouci über eine eigene Loggia. An der Brüstung der Freisitze äffen graue Betonplatten maurische Hufeisenbögen nach.

Wir bummeln kurz durch den schönen Park und fahren dann über einen breiten Boulevard zum größten Basar von Taschkent.

Shavkat versichert, auf dem Chorsu Basar in der Altstadt könne man alles kaufen. Kein Wunder; das Sortiment wird durch eine überwältigende Fülle preisgünstiger Importwaren komplettiert. Made in the peoples republic of China.

Die Marktmenschen sind sehr freundlich und entgegenkommend. Shavkat erklärt das so: »In Usbekistan lebt ein Gemisch aus über hundert Völkerschaften. Usbeken und Russen, Armenier und Kurden, Karakalpaken und Kasachen, Tadschiken und Tataren, Turkmenen und Uiguren, ja sogar Chinesen und Koreaner üben sich seit uralten Zeiten in gegenseitiger Hochachtung und Duldsamkeit.« Wenn man von gelegentlichen Massakern an Minderheiten absieht. Bemerkt mein neunmalkluger Miesmacher und Gemahl dazu.

Junge Burschen lehnen lässig am Eingang eines Eisenwarengeschäftes. Andere trinken vor einer Tischlerei gemütlich grünen Tee aus Schnapsgläschen.

Im Laden nebenan entpuppen sich Säuglingswiegen als touristischer Hingucker.

Eine junge Frau im langen, dunkelblauen Taftrock mit bunter Borte, schwarzer Strickweste und silberfarbenem Kopftuch erklärt uns die usbekischen Babybettchen. Alle Wiegen haben ein Loch im Boden. Niedliche Röhrchen fungieren als ›Abwasserkanal‹. Für Knäblein und Mädgelein gibt es natürlich verschiedene Ausführungen. Diese praktischen Babypipelines wurden früher aus Holz gedrechselt, heutzutage sind sie aus Plastik. Die armen Kindchen werden an die Leitung angeschlossen und dann stramm gewickelt in die Wiege gelegt, damit die Pipeline nicht Leck schlägt. Heiliger Pampers, wir rufen zu Dir!

Die Stände für Frischgemüse und Salate sind fest in der Hand von reifen Matronen. Sie schnipseln blitzschnell und ohne hinzusehen auch die härtesten Knollen zu feinster Julienne. Dabei unterhalten sie sich angeregt mit der Kollegin von nebenan.

Verzehrfertige Salate in allen denkbaren Variationen türmen sich in sauberen Emaileschüsseln. Convenience food scheint bei der modernen Usbekin anzukommen.

Ein blutjunger, glutäugiger Bäcker schenkt mir ein frisch gebackenes, duftendes Fladenbrot. In den Imbisslokalen rund um den Basar steht neben Schaschlik vor allem das Reisgericht Pilaw auf der Karte. Die Zubereitung von Pilaw sei erstens eine Kunst und daher zweitens Männersache. Behauptet der unverbesserliche Macho Shavkat. Es würden sogar Meisterschaften im Pilawköcheln ausgetragen. Bei festlichen Anlässen werde die Lieblingsspeise der Usbeken stets von einer anerkannten Pilaw-Kanone zubereitet.

Gleich neben dem Chorsu Basar steht eines der wenigen antiken Gebäude in Taschkent, die das schwere Erdbeben von 1966 überstanden haben.

Die Kukeldasch-Medrese ist anno 1569 in der Regierungszeit von Abdulla Khan II., einem der bedeutendsten Usbekenherrscher, erbaut worden. Sein mächtiger, eiserner Kanzler Kulbobo Kukeldash, dem die Koranschule ihren Namen verdankt, hat das Gebäude seinerzeit von indischen Zwangsarbeitern errichten lassen.

Das Eingangsportal der Medrese, der Pischtak, ist fast zwanzig Meter hoch. Die zweigeschossige Front wird flankiert von zwei Türmen, die mit weißen und blauen Fliesen verkleidet sind. Durch das Portal betreten wir einen Innenhof, um den sich ein zweistöckiges Internat mit achtunddreißig Appartements gruppiert. Eine Studenten-Suite besteht aus einem zum Hof hin offenen Windfang und einem vier Quadratmeter kleinen Wohnraum. Jede Klause bot Platz für zwei bis drei Koranschüler. Verrät uns der akademisch gebildete Shavkat.

Ein eigenartiger spiralförmiger Rundbau auf einem Hügel in der Nähe des Basars erinnert mich an mittelalterliche Stiche vom Turmbau zu Babel. Shavkat erklärt, in diesem Gebäude sei das Taschkenter Kunst- und Kulturzentrum für Kinder untergebracht. Das Institut werde von der ältesten Tochter des Präsidenten Karimov protegiert. Sie gelte schon jetzt als »die Frau hinter dem Vorhang« und mutmaßliche Thronerbin.

Mit der U-Bahn fahren wir von der Station Chorsu Richtung Amur Timur Platz.

Die Taschkenter Metro ist die erste und bisher einzige Untergrundbahn Zentralasiens. Sie entstand in den Jahren nach 1977. Ihre drei Linien bedienen inzwischen eine Strecke von vierzig Kilometern. Die unterirdischen Bahnsteige sind, wie in Moskau, mit erlesenem Marmor verkleidet. Hier verbindet sich stalinistischer Marmorprotz mit pseudomaurischen Stalaktitendecken aus Beton zu einem unschönen architektonischen Synkretinismus.

Wir verlassen die Metro am Platz der Unabhängigkeit. Im Nieselregen begrüßt uns Amur Timur hoch zu Ross. Wie der römische Friedensfürst Marc Aurel spendet Timur der Stadt und dem Erdkreis mit der Rechten seinen kaiserlichen Segen.

An gleicher Stelle habe früher der russische Generalgouverneur von Turkestan seine imperialistische Pranke gegen die Stadt erhoben. Später hätten hier nacheinander Karl Marx und Friedrich Engels, Wladimir Iljitsch Lenin und Jossip Wissiaronowitsch Stalin gezeigt, wo es langgeht. Nun mache eben wieder Timur seine viel älteren Rechte geltend. Verteidigt Shavkat den historischen Rückschritt.

Amur Timur lebte von 1336 bis 1405; er war Zeitgenosse von Petrarca und Boccaccio. Dem Abendland ist der derzeitige usbekische Nationalheld Timur besser bekannt unter den Namen Tamerlan. Bis auf unsere Tage bezeichnen führende europäische Historiker das ›lahme Eisen‹ als »größten Menschenschlächter der Geschichte.«

»Timur annektierte den Punjab und mordete Delhi aus.«

»In Isfahan ließ er achtundzwanzig Türme aus den Schädeln von siebzigtausend hingerichteten Feinden errichten.« Das kolportierte ein zeitgenössischer Biograph von Timur.

Bei einem anerkannten deutschen Islamexperten unserer Zeit hört sich das so an:

»Aus den Köpfen der Erschlagenen hatte Timur Lenk, der ›Lahme Timur‹, zahllose Schädelpyramiden errichtet, die seine schreckliche Spur zwischen Damaskus und der Chinesischen Mauer wie Wegweiser säumten.« Hat einer von beiden Chronisten mal nachgezählt? Fakt ist, dass Tamerlan nur bis Schymkent im Süden von Kasachstan gekommen ist. »Dort starb der Eroberer nach einem mehrtägigen Alkoholexzess.«

Kolportiert Wikipedia.

So sieht ein wahrer Unhold aus: »Seinen Freund Husain ließ er töten. Dann heiratete er dessen Witwe Sarai Mulk Chanum aus dem Clan von Dschingis Khan. Damit erwarb er den Titel ›Königlicher Schwiegersohn‹, auf den er besonders stolz war.«

Die militärischen Leistungen Timurs werden gleichwohl, wenn auch halbherzig, anerkannt: »Er war ungebildet und brutal, aber ein großer Heerführer.« »Der Emir schuf eines der größten, wenn auch kurzlebigsten Reiche, das jemals in Mittelasien existierte. Es reichte vom Mittelmeer bis nach Nordindien.«

Aber andererseits liest man: »Timur hinterließ nichts als Ruinen.«

Meyers Konversationslexikon von 1897 urteilt wie immer milder und gerechter:

»Grausam und blutdürstig auf seinen gewaltigen Kriegszügen, war er im Frieden ein frommer Herrscher, weiser Gesetzgeber, gerechter Richter, Beschützer der Künste und Wissenschaften.«

Das Lob der staatsmännischen Tugenden von Timur sei heute usbekische Staatsräson.

Bekennt Shavkat beherzt.

Denn Amur Timur habe in seinem Riesenreich eine streng zentralisiertes Regiment eingeführt, das Bodenrecht vereinfacht, das Steuersystem gerechter gestaltet und für eine stabile Währung gesorgt. Seine Hauptstädte Samarkand und Buchara habe Timur zu Juwelen der islamischen Welt gemacht. All diese Maßnahmen hätten maßgeblich zur Wiederbelebung des brachliegenden Handels auf der Seidenstraße beigetragen.

Nach der Fahrt mit der Metro bringt uns der Bus noch zum Hast Imam Komplex.

Das historische Ensemble aus Mausoleum, Moscheee und Medrese wurde nach dem Erdbeben liebevoll restauriert.

Die zum Komplex gehörige Teleshayakh Moschee besitzt eine bedeutende Bibliothek. Zu ihren Schätzen zählt der so genannte Uthman Koran. Das einzigartige Exemplar stammt aus dem Jahr 655. Es gilt als das älteste erhaltene Koranmanuskript der Welt. Die Seiten des heiligen Buches sind getränkt vom Blut des dritten rechtgeleiteten Kalifen Uthman. Der wurde anno 656 in Medina von Rebellen ermordet. Amur Timur habe die Schrift aus Arabien nach Samarkand gebracht. Im 19. Jahrhundet sei das Werk von den zaristischen Truppen als Kriegstrophäe nach Sankt Petersburg verschleppt worden. Im Jahr 1924 hätten die Soffjets das kostbare Buch zurückgegeben.

Berichtet der nachsichtige Shavkat.

In der Nähe unseres Hotels steigen wir wieder aus dem Bus und spazieren durch eine gepflegte Grünanlage zum Navoi Theater. Vor dem Gebäude kündet ein Springbrunnen in Form einer Baumwollkapsel vom Weißen Gold Usbekistans. Das Theater ist benannt nach Ali Sher Navoi, der als Politiker, Mystiker, Kalligraph, Baumeister, Maler und Komponist noch ganz nebenbei die usbekische Literatur begründet hat.

Hier, im einzigen Grand Theater Zentralasiens, würden regelmäßig klassische Opern und Ballette aufgeführt. Aber auch die reiche nationale usbekische Tanz- und Theaterkultur werde bewusst gepflegt. Versichert der nationalstolze Shavkat.

DIE HAUPTSTADT VON TAMERLAN: SAMARKAND

Nach dem Mittagsmahl im Hotel fahren wir über Land nach Samarkand.

Es beginnt zu regnen. Die Landstrasse ist in einem abenteuerlich schlechten Zustand. Lange sehen wir nur flache, nassgraue Steppe. Nach Stunden geht es höher, von ferne blitzen die schneebedeckten Gipfel des Pamirgebirges. Hinter dem Städtchen Dschisak passieren wir in strömendem Regen ›Timurs Pforte‹. Der strategisch wichtige Pass in den Bergen von Turkestan ist das Einfallstor ins Tal des Serafschan. Diesem Fluss verdanken die Oasen Samarkand und Buchara ihre Fruchtbarkeit. Nach der Passhöhe geht es auf der M39 hinab nach Samarkand.

Die Stadt wurde schon im 14. Jahrhunder vor Christus gegründet. In seiner wechselvollen Geschichte wurde Samarkand, das antike Marakanda, von Alexander dem Großen erobert, von Dschinghis Khan zerstört und von Tamerlan zur Hauptstadt seines Imperiums erkoren. In den Erzählungen aus Tausendundeiner Nacht wird Samarkand gleich auf der ersten Seite rühmend erwähnt.

Wir beziehen Quartier in einem kleinen, versteckt liegenden Hotel in fußläufiger Entfernung vom Registan Platz. Unsere Horde ist hier unter sich. Das Dinner wird im Souterrain serviert. Der Speisesaal ist so gemütlich wie eine aufgegebene Discounter-Filiale.

Es gibt Fladenbrot und Salat, Hühnersuppe und Pilaw mit Lammfleisch.

In Bad Salzloch würden wir sagen: »Mit Maggi geht`s.«

Bei Tisch werden Erlebnisse von früheren Reisen ›ausgetauscht‹. Gespielt wird dabei eine Art Reise-Skat, bei dem die Teilnehmer mit Ortsnamen trumpfen. »Alaska!« sticht »Nordkap!«, »Finisterre!« übertrumpft das »Kap der Guten Hoffnung!«. »Kamtschatka!« schlägt »Feuerland!«. Trumpf-As im Spiel ist »Down under!« Offenbar haben all die guten Leutchen aus dem östlichsten Winkel von Ostwestfalen-Lippe schon die ganze Welt gesehen. Wenn alle Trümpfe ausgespielt sind, stellen die Stippgrützenschlemmer einmütig fest: »Bei uns im Mühlenkreis iss schöner.«

Shavkat hat Flaschenbier und Wodka organisiert.

Der Hotelbesitzer ist ein strenggläubiger Muslim und Mekkapilger. Der Ausschank alkoholischer Getränke durch sein Hotel ist daher streng verpönt. Den Genuss der von Shavkat mitgebrachten geistigen Erfrischungen übersieht das Personal geflissentlich.

Nach dem Dinner verdonnert uns Shavkat noch zu einem Besuch der zwei Kilometer außerhalb von Samarkand gelegenen Sternwarte von Ulug Beg. Der Ausflug war eigentlich erst für morgen vorgesehen.

Unterwegs werden wir von Shavkat gebrieft.

Ulug Beg, ein Enkel von Amur Timur, sei schon im zarten Alter von fünfzehn Jahren zum Gouverneur von Samarkand ernannt worden. Der schöngeistige Jüngling habe sich jedoch höchst ungern mit Politik befasst. Wichtiger war ihm das Studium der Mathematik und der Astronomie. Danach kamen Kunst und Poesie und ganz zuletzt das Studium des Koran. Anno 1417 habe Ulug Beg in Samarkand die nach ihm benannte Hochschule gegründet, an der Dutzende von Wissenschaftlern forschten und lehrten. Zehn Jahre später habe der Beg für seine Astronomen eine Sternwarte errichten lassen. Der dreistöckige Rundbau war dreißig Meter hoch und hatte einen Durchmesser von sechsundvierzig Metern. Die ungewöhnliche Sternwarte verfügte über einen Sextanten mit einem Radius von achtzehn Metern. Mit diesem Instrument sei die Genauigkeit der Himmelsbeobachtungen erheblich verbessert worden. Ulugh Beg und seine Mitstreiter hätten den heute gültigen Wert für die Dauer des Sonnenjahres auf achtundfünfzig Sekunden genau berechnet.

Den orthodoxen Ulemas und mystischen Sufis von Samarkand waren die astronomischen Studien des Vizekönigs indes verdächtig. Sie zettelten einen Aufstand gegen den ketzerischen Regenten an. Ulug Beg wurde festgenommen, zu einer Pilgerreise gedrängt und unterwegs ermordet.

Das Observatorium wurde par ordre du mufti zerstört.

Im Jahre 1908 haben russischen Archäologen die Lage des Observatoriums wieder entdeckt und die Grundmauern mitsamt dem unterirdisch in einen Felsen getriebenen Sextanten freigelegt.

Wir werfen einen ehrfürchtigen Blick in die schummerig beleuchtete Grube mit dem kolossalen Winkelmesser. Dann schlendern wir durch das kleine, aber feine Museum. Wandmalereien in einem etwas süßlichen persischen Stil zeigen Ulug Beg und seine Mitstreiter mit astronomischen Gerätschaften. Einige Manuskripte und Originalinstrumente sind in Vitrinen zu bestaunen. Vor dem Museum hat die weise Regierung dem Beg ein Denkmal errichtet. Wie die Ikonographie für Standbilder von Gelehrten vorschreibt, ist der Beg sitzend dargestellt. Er hält seine berühmte Himmelskarte auf dem Schoß.

Frisch gebackene Ehepaare lassen sich kichernd vor dem Standbild fotografieren.

Im Hotelzimmer ist es höllisch heiss, draussen regnet es Bindfäden.

Die überschüssige Fernwärme leiten wir gut kommunistisch zum offenen Fenster hinaus.

Am Morgen ist es wieder frühlingshaft warm, der Himmel zeigt sich heiter bis wolkig.

Der Bus bringt uns zur Nekropole Shah-i-Sinda im Nordosten von Samarkand.

Shavkat erklärt, die meisten Bauten der Gräberstadt stammten aus dem 14. und 15. Jahrhundert. Damals sei hier in Shah-i-Sinda die Haute Volée der Timuriden bestattet worden. Neben einer von Timurs Frauen, seiner Schwester und seiner Nichte würden in der Nekropole auch sein loyalster General und sein ehrlichster Astrologe dem Jüngsten Gericht entgegen schlafen.

Eine Freitreppe führt zum hohen Eingangsportal der Anlage. Es wurde von Ulug Beg errichtet, um der stillen Grabesstätte einen würdigen Abschluß gegen die wuselige Wohnstadt zu geben. Im zugehörigen Iwan stellen die Einheimischen heutzutage seelenruhig ihre Fahrräder ab.

Auf einem Hügel ziehen sich beidseits einer schmalen Gasse Gebäude hangaufwärts. Drei Gruppen von Grabstätten sind durch Torbögen miteinander verbunden, so dass der Eindruck eines geschlossenen Ganzen entsteht.

Die Vielfalt timuridischer Baukunst und die Entwicklung des Bauschmuckes kann man hier auf engstem Raum studieren. Der dekorative Aufwand spiegelt den Status des Toten oder die Ungunst der Zeitläufe wieder. Viele Grabstätten sind in feinster Technik dekoriert. Andere begnügen sich mit aparten Mustern aus glasierten Kacheln. Die kunstvoll konstruierten Fliesenpixel verkünden in geometrischem Kufi endlos den Namen des Propheten oder einige der neunundneunzig Namen Allahs.

Mein Gatte meint, diese Kachelkunst hätte auch Cornelius Escher Freude gemacht.

In einer Koranschule zieren Fayencen mit zarten, chinesisch anmutenden, Landschaftsidyllen die Wände. Bunte Vögel zwitschern in blühenden Bäumen, Fischreiher jagen an murmelnden Bächen, in der Ferne gischten Wasserfälle.

Das Bilderverbot des Islam ist wohl so verbindlich wie die muslimische Prohibition.

Zahlreiche usbekische Besucher drängeln sich durch die Torbögen. Schulkinder wuseln aufgeregt durch die Gassen. Die kleinen Usbeken amüsieren sich wie die Schneekönige über die seltsamen Firangis. Nicht die Denkmäler, wir ›Franken‹ sind für die Einheimischen sehens- und erinnerungswürdig. Ein Foto mit den drolligen Fremden ist heute für alle Usbeken ein Muss.

Von der Gräberstadt spazieren wir hinüber zum nahen und belebten Basar.

Hier herrscht Reinlichkeit und strenge Ordnung. Die Stände für Obst und Gemüse, Naschwaren und Haushaltsartikel sind in Bereiche mit gleichem Angebot zusammengefaßt. Das erleichtert der usbekischen Hausfrau den Preisvergleich. Der Handel ist auch hier fest in Frauenhand. Vor dem Basar bieten Landfrauen schlichte, selbst gewebte Teppiche und hausgemachte Häkelarbeiten an.

Direkt neben dem Siab Basar liegt die Bibi Khanum Moschee, einst eine der größten und prächtigsten Moscheen der islamischen Welt. Und eine der sonderbarsten dazu.

Wo auf der Welt gibt es sonst noch eine Moschee, die nach einer Frau benannt ist?

Im Volksmund gelten die Moschee und das gegenüber liegende Mausoleum als Bauwerke zu Ehren einer legendären chinesischen Lieblingsfrau von Tamerlan. Wahrscheinlicher ist, dass die Hauptfrau des Weltherrschers, Sarai Mulk Chanum, die Bauaufsicht führte, wenn der Hausherr im Felde stand. Mit dem Bau dieser monumentalen Freitagsmoschee wollte der bauwütige Timur seinen Anspruch als weltlicher und religiöser Beherrscher der Gläubigen unterstreichen.

Wenn der Schrecken der Welt in seiner Hauptstadt weilte, überwachte er persönlich den Fortgang der Bauarbeiten. War er mit dem Ergebnis nicht zufrieden, ließ er auch schon mal fertige Gebäudeteile wieder abreißen und änderte eigenhändig die Pläne. Dabei ließ der Hobbyarchitekt elementare baustatische Grundsätze außer Acht. Zudem war der Baugrund schlecht gewählt. Die Moschee steht auf einem bebenanfälligen Graben in der Erdkruste. Schon nach wenigen Jahren regneten aus der gewaltigen Kuppel die ersten Ziegel auf die Gläubigen herab. Die Moschee wurde aufgegeben, verfiel und wurde von den Einwohnern Samarkands jahrhundertelang als Steinbruch genutzt.

Inzwischen sind Teile der Anlage restauriert worden, andere sind noch eingerüstet.

Durch ein riesiges, etwa vierzig Meter hohes Schauportal kommen wir in den geräumigen Innenhof. An der gegenüberliegenden Hofseite erhebt sich ein monumentaler Kuppelbau über einem quadratischem Kiosk. Die große Kuppel ist vom Hof aus nicht zu sehen, denn ihr ist ein, den ganzen Bau verdeckender, Pischtak vorgelagert.

»Die riesigen Prunkportale erfüllen die gleiche Funktion wie ägyptische Pylone und griechische Propyläen. Sie signalisieren dem gewöhnlichen Erdenwurm, dass er dahinter den Bereich des Großartigen, des Erhabenen und Heiligen betritt.«

So deutet mein spitzfindiger Beckmesser und Gemahl die gewaltigen Proportionen.

An den Längsseiten des Innenhofes stehen sich zwei weitere, kleinere Kuppelbauten gegenüber. Auch ihnen sind an der Hofseite Schauportale mit Iwanen vorgelagert. Der reiche Dekor der Vier-Iwan-Anlage verwendet zentralasiatische, persische und indische Techniken und Motive. Die ausführenden Künstler wurden aus allen Ecken des timuridischen Imperiums herbeigeschafft. In der Mitte des Innenhofes steht auf einem steinernen Podest ein riesiger Koranständer aus Marmor. Es handelt sich um ein Geschenk des angeblich gottlosen Ulug Beg an die Gläubigen von Samarkand.

Der Bus bringt uns anschließend zum Gur Emir Mausoleum.

Shavkat erzählt, in diesem ›Grabmal des Gebieters‹ seien die sterblichen Überreste von Amur Timur neben seinem Sohn und Nachfolger Schah Rukh und seinem Enkel Ulug Beg beigesetzt. Das zunächst errichtete Gebäude habe Timur wenig beeindruckend gefunden. Also musste das Mausoleum auf sein Geheiß in kürzester Zeit vollständig umgebaut werden. Die Grablege sei dennoch vor Timurs Tod fertiggestellt worden.

Wir betreten den weiträumigen Innenhof der Anlage durch ein hohes, von Ulug Beg errichtetes Schauportal. Gegenüber, am Eingang zur eigentlichen Grabstätte, erhebt sich ein zweiter, zwölf Meter hoher Pischtak mit Iwan. Rechts und links schließen sich zwei Wände an, deren gemauerte Scheinfenster der Front das Aussehen einer Medrese geben. Von ursprünglich vier Schmuckminaretten sind zwei erhalten geblieben. Sie sind mit spiralförmigen Inschriften in geometrischem Kufi verziert. Um den überhohen Tambour läuft außen in kufischer Schrift ein Fries, der aller Welt verkündet: »Allah allein ist ewig!« Die kürbisförmige Kuppel besteht aus vierundsechzig Rippen. Diese Zahl soll das Lebensalter des Propheten bei seinem Eingang zu Allah symbolisieren.

Der Innenraum des Mausoleums wird von vier Nischen mit Stalaktitbaldachinen begrenzt. Über einem Stalaktitfries läuft ein goldenes Schriftband, das dem Besucher vom adligen Stammbaum und den ruhmreichen Taten Amur Timurs Kunde gibt. Die übrige Wandfläche ist mit geprägten Tapeten beklebt. Die Bemalung des Pappmaschés schwelgt in einer Orgie aus Gold und Blau. Auf dem Boden stehen Kenotaphe aus gelbem oder grünem Marmor. Der Kenotaph Amur Timurs ist aus schwarzem Nephrit.

Im Innenhof treffen wir wieder auf viele usbekische Besucher, die uns anstaunen und ungeniert fotografieren. Sehr hübsche, sehr junge Frauen lachen über beide Backen. Zwischen ihren blendend weißen Zahnperlen blitzen verblüffend viele Goldzähne. Shavkat behauptet, die goldigen Beißerchen dienten nicht nur der Schönheit. Wer sein Vermögen in Zahngold anlege, schlage zugleich der Steuer ein Schnippchen.

Auch Shavkat hat in zwei prächtig schimmernde Eckzähne investiert.

Zum Lunch führt uns der Schelm in ein Spezialitätenrestaurant an der Uliza Registon.

Das Menue startet mit einer kalten Gemüsesuppe aus Tomaten, Gurken, Radieschen und Zwiebeln in Hühnerboullion. Vor dem Verzehr wird die Vitaminbombe mit Weißbrotcroutons, Joghurt und Frühlingszwiebeln aufmontiert. Nach der kalten Vorspeise werden usbekische Manti aufgetragen. Diese asiatischen Maultaschen sind gefüllt mit gehacktem Lamm, Zwiebeln, Knoblauch und Pinienkernen. Eine kalte Sauce aus Joghurt, Knoblauch und Minze und eine warme Tunke aus zerlassener Butter mit Paprikapulver steigern den ungewohnten Genuss. Meine Hoffnung auf ein Dessert bleibt unerfüllt.

Nach dem usbekischen Pranzo spazieren wir im Nieselregen zum Registan Platz.

Den mächtigen ›Sandplatz‹ Registan umrahmen gleich drei majestätische Medresen.

Die älteste wurde vor sechshundert Jahren von Ulug Beg errichtet. Zwei Minarette von dreiunddreißig Metern Höhe überragen den mächtigen Pischtak. Durch das Prunktor betreten wir den schönen, mit blühenden Aprikosenbäumen bepflanzten Innenhof, auf den sich eine Moschee, Klassenräume und Studentenwohnungen öffnen. In der Regierungszeit von Ulug Beg war diese Medrese die größte und berühmteste muslimische Universität von Zentralasien. Hier wurden nicht nur die ewigen Wahrheiten des Koran studiert; hier lehrte Ulug Beg auch die zeitlosen Gesetze von Mathematik und Astronomie.

»Der heiße Anhauch der Glaubenseiferer ließ bald die Blüten der Wissenschaft welken.«

Mäkelt mein kritischer Eierkopf und Hausgenosse.

Die Sher Dor Medrese gegenüber ist zweihundert Jahre jünger. Der Dekor ihres Pischtaks ist für ein muslimisches Gebäude ungewöhnlich, daher weit berühmt. In den beiden Zwickeln über dem Spitzbogen des Iwan sieht man vor einem blauen Hintergrund zwei wilde Tiger, die auf blühender Flur Gazellen jagen. Über den Rücken der Raubkatzen steigt eine goldene Sonne mit menschlichem Antlitz auf.

Shavkat behauptet, der Sonnentiger sei ein Symbol der Anhänger von Zarathustra.

Die Tilla Kori Medrese schließt den Registan nach Norden ab. Das traditionelle Bauschema einer Koranschule hat der Baumeister hier verändert. Die Zellen der Studenten öffnen sich nicht zum Innenhof, sondern zur zweistöckigen, von kleinen Türmen begrenzten Aussenfassade. Die Minarette und der Pischtak zeigen eine brenzlige Schieflage. Auch diese Universität steht auf schwankem Terrain. Für eine solide Gründung war wohl keine Zeit. Erst bei der Restaurierung des Platzes durch die Soffjets seien nachträglich Fundamente aus Beton eingezogen worden. Gesteht Shavkat kleinlaut.

In den Innenhöfen der drei Medresen findet man überall das gleiche, wenig verlockende Angebot an kunstgewerblichem Pillepalle. Sogar allerhand Kasperlepuppen stehen zur Auswahl. Nur ein ehrwürdig alter Kalligraph erregt unser Bewunderung. Der Schönschreiber beherrscht sieben Schriftarten, vom blühenden Kufi bis zum veschlungenen Diwani. Leider betreibt er eine heutzutage wenig nachgefragte, brotlose Kunst.

Am Samstag wird in Samarkand geheiratet. Aus zahllosen Taxen und Kutschen quellen die Hochzeitsgesellschaften. Die Baudenkmäler am Registan geben auch im Nieselregen eine eindruckvolle Kulisse für Hochzeitsfotos ab.

Frauen und Kinder sind fein herausgeputzt. Fast alle Damen tragen zu pyjamaähnlichen langen Hosen und passender Tunika schwarze Lederjacken. Man sieht kaum ein Kopftuch. Die kleinen Mädchen sind in dicke, pelzverbrämte Wintermäntel mit Kapuze eingemummelt. Ein Firangi auf dem Hochzeitsfoto ist auch hier hoch willkommen.

Überall halten uniformierte Polizisten und zivile Geheime ein wachsames Auge auf Volk und Stadt und die ausländischen Touristen.

Um 19:00 Uhr bringt uns der Bus zum Abendmahl. Wir dürfen »im Kreise einer typisch usbekischen Familie« dinieren. Behauptet der Reiseprospekt. Ein staatlich gefördertes Etablissement zur Hebung des Tourismus öffnet für uns seine Tore. Shavkat führt uns in eine geräumige Deele. An langen Tischen sitzen schon etliche Dutzend Seidenstraßenfahrer. Nachdem alle einen Platz gefunden haben, stellt sich die Familie vor. Papa und Mama, Oma und Opa und die ganze Enkelschar zeigen ihre schon goldenen oder noch weißen Zähne. Dann tragen scheue Mägde das Essen auf. Die vorgeblichen Gastgeber ziehen sich diskret zurück. Es gibt Salat, Schurpa Suppe mit fettigem Hammelfleisch und hausgemachte Manti. Als Getränke werden Wein, einheimisches Bier und auch grüner Tee angeboten. Zum Nachtisch reicht man Kuchen und Konfekt. Und russischen Wodka.

GRÜNE STADT UND WEISSER PALAST: SHAR-I-SABS

Heute geht es von Samarkand nach Buchara. Die Schlaglöcher sind wieder monumetal. Der Busfahrer übt sich im Riesenslalom. Langsam lässt der Regen nach.

Shavkat, der Goldfisch, eine Mischung aus Derwisch und Napoleon, erzählt unterwegs über Land und Leute. Er ist ein guter Entertainer, aber seine deutschen Witze konnte schon vor Jahren kein Showmaster mehr erzählen, ohne ausgebuht zu werden.

Unterwegs halten wir für eine Bilderstrecke auf einem ländlichen Markt unter freiem Himmel. Es ist Sonntag und es wimmelt hier vor Menschen. Alle sind freundlich und fragen nach dem Woher? Germany? Und dann völlig überraschend: »Ah! Beethoven, Bach, Schiller, Goethe, Faust!« Auf dem platten Lande, mitten in Zentralasien! »Darauf darfst du ein bißchen stolz sein!« Flötet mir mein ehelicher Bildungsbürger ins Ohr.

Die Bäuerinnen breiten Rupfen oder Plastikplanen auf der Erde aus, arrangieren ihr Angebot, hocken sich dazu und warten geduldig auf Kunden. Es wird viel gefeilscht. Zufriedene Käufer tragen ihre Schnäppchen zu verbeulten Pickups. Die Menschen auf dem Lande ernähren sich wohl vorwiegend von Zwiebeln. Säcke mit den goldgelben Knollen beherrschen das reichliche Angebot an Obst und Gemüse. Ein freundliches Ehepaar macht uns einen Sonderpreis für ihre knusprigen, in einem qualmenden Holzkohleofen frisch zubereiteten Fladenbrote. Uns fehlt der Mut; die Teigschüssel steht am Boden neben einer trüben Pfütze. Auf regennasser Straße rollen wir weiter.

Schon nach einigen Kilometern halten wir in einem kleinen Dorf. Sofort kommen Frauen und Kinder zu unserem Bus gerannt. Sie bieten vor allem einfache Kelims zum Kauf. Für das Stück verlangen sie drei bis fünf Euro. Mehr Finger haben sie nicht an einer Hand; die andere wird ja gebraucht, um die Ware festzuhalten. Die gutherzigen Ostwestfalen kaufen fast alles auf. Es herrschen aber auch erbärmliche Verhältnisse. Die wenigen windschiefen Häuschen sind aus Lehm und Häcksel gebaut und mit Wellblech gedeckt. Kleine Knirpse und hagere Backfische hüten ein Handvoll Schafe und Ziegen. Ein räudiger Esel streitet sich mit ausgemergelten Kühen um ein paar Strohhalme. Der altersgraue, lendenlahme Hofhund ist sogar zum Bellen zu schwach.

Wir fahren weiter nach Shar-i-Sabs. Die uralte, fast dreitausend Jahre alte Oasenstadt Kesch wurde von Amur Timur auf ihren heutigen Namen Shar-i-sabs, ›Grüne Stadt‹, umgetauft. Der Schrecken der Welt hat in einem benachbarten Weiler das Licht der Welt erblickt. Zuerst besichtigen wir den ›Weißen Palast‹ Ak Sarai.

An dieser monumentalen Pfalz Timurs wurde mehr als zwanzig Jahre gebaut. Hier hatte alles riesige Ausmaße. Die Reste des Portals ragen noch über dreißig Meter hoch; das eingefallene Gewölbe des Iwan überspannte einst zweiundzwanzig Meter. Da ist sie wieder, die Leidenschaft bauwütiger Alleinherrscher für das Monumentale.

Shavkat erzählt eine Anekdote vom Besuch Leonid Breschnews an dieser Stätte.

Eigens für den hohen Gast wurde das welke Gras am Strassenrand mit viel Farbe begrünt. Der Versuch, die Glatze der Leninstatue vor dem Ak Sarai vom Taubendreck zu reinigen, schlug aber fehl. Daraufhin wurde der Kopf kurzerhand abgesägt und durch

einen neuen, pflegeleichteren ersetzt. Das Ergebnis veranlaßt den verblüfften General-
sekretär zur Frage: »Wieso trägt Wladimir Iljitsch denn einen spitzen Kalpak?«

Ein schlagfertiger Politruk verteidigt die wärmende usbekische Pelzmütze:

»Nu ja, bei dem frostigen Weltklima!«

Hinter dem Palast steht eine Kolossalstatue von Amur Timur aus dem Jahre 2003.

Auf dem riesigen Freigelände begegnen wir wieder zahllosen Hochzeitsgesellschaften.
Die hübschen Bräute sind alle nach europäischer Mode in Wolken blütenweißer Seide
gehüllt. Ihre blutjungen Bräutigame tragen dunkle Anzüge, als gingen sie zu einer Beer-
digung. Trommeln und Trompeten geleiten die Hochzeiter zum Standbild des Emirs.
Von dort gehen Schnappschüsse der Festgemeinde per Smartphone hinaus in alle Welt.

Mit dem Bus fahren wir weiter stadteinwärts zur Kok Gumbaz Moschee.

Ulug Beg hat sie zu Ehren seines Vaters Shah Rukh errichtet. Ihren Namen ›Blauer Dom‹
verdankt sie der riesigen, türkisblauen Kuppel. Die Wände des Eingangsportals zieren
feinste Fliesen, die mich wieder an chinesisches Porzellan erinnern. Zu dem Gebäudekomplex gehört noch das Mausoleum von Schamseddin Kulal. Dieser fromme Sufi diente
Amur Timur und seinem Vater Taragay als Seelenhirte.

Wir spazieren zum nahegelegenen Dorus Saodat, dem ›Sitz der Alleinherrschaft‹. Hier
befindet sich das Grab von Jahangir, dem Erstgeborenen von Timur. Der Lieblingssohn
starb im Alter von nur zweiundzwanzig Jahren nach einem Sturz vom Pferd. Sein früher
Tod »versiegelte das Herz von Timur auf lange Zeit.« Schreibt sein Biograph.

Eine zweite Grabstätte birgt die sterblichen Überreste von Timurs zweitem Sohn.
Scheich Omar starb fünfzehn Jahre nach seinem Bruder Jahangir und vierzehn Jahre vor
seinem Vater Timur. Erst im Jahre 1943 wurde hier noch eine weitere Krypta freigelegt.
In ihr stand ein Marmorsarkophag. Die Inschriften besagen, dass der Fleischfresser für
den Leichnam Timurs vorgesehen war. Den schlichten Steinsarg ziert das gottergebene
Bekenntnis: »Es gibt keine Majestät und es gibt keine Macht außer bei Allah, dem Erhabenen, Allmächtigen. Allah allein ist ewig. Alles Wohl liegt in seinen Händen.«

Der Lunch wird uns in einem pittoresken Hinterhoflokal serviert. Unsere Fachfrau für
das Schöne, Gute und Wahre, Frau Ordelheide, immer auf der Jagd nach einem vorderen Platz am Büffet, fällt vor dem Speisesaal in ein verdecktes Kellerloch. Herr Gauselmann leistet sofort ärztlichen Beistand. Gottlob hat die kunsthungrige Dame sich nicht
ernsthaft verletzt. Das Essen war diesen heroischen Einsatz auch nicht wert.

Nach dem Bankett geht es weiter Richung Buchara. Die Sonne scheint schüchtern.

Unterwegs halten wir an einer riesigen Baumwoll-Tenne. Wohlbeleibte Kolchosbauern
führen uns stolz durch gewaltige Iglus aus dem weißen Gold Usbekistans. Shavkat schildert bekümmert die Kehrseite der intensiven Monokultur. »Auf achtzig Prozent des A-
ckerlandes wird Baumwolle angebaut. Weite Teile der Ländereien müssen aber künstlich
bewässert werden. Die starke Entnahme von Wasser aus den Flüssen zur Soffjetzeit hat
zur Versalzung der Böden geführt. Der riesige Aralsee trocknet aus; das einst riesige Bin-
nenmeer ist schon auf weniger als ein Viertel der alten Größe geschrumpft.«

Shavkat hofft auf moderne Schamanen, die künstlichen Regen herbeizaubern können.

Die Landstraße führt zunächst durch Obstplantagen, dann durch staubige Steppe.

In der Ferne lodern rote Fackeln. Dort wird das Schwarze Gold Usbekistans raffiniert.

Moscheen, Medresen, Mausoleen und Basare: Buchara

Am Morgen strahlt die Sonne von einem wolkenlos blauen Himmel.

Wir knabbern ein frugales Frohstück in unserem Hotel am Navoi Prospekt.

Dann führt uns Shavkat zu Fuß durch ein altes, verwinkeltes Judenviertel. In Buchara habe es über Jahrhunderte eine blühende jüdische Gemeinde gegeben. Die ›Bucharajuden‹ waren meist als Kaufleute und Banker tätig. Andere verdienten ihre Schekel als Goldschmiede. Heute lebten kaum noch tausend Juden in Buchara. Nach dem Untergang der Sowjetunion seien viele Juden in die USA oder nach Israel ausgewandert. Dort wurden sie alle Milliardäre und Mäzene.

In der Altstadt läuft ein ehrgeiziges Wiederaufbauprogramm. Das habe der Präsident persönlich so angeordnet, weil das Arbeitsplätze schafft.

Die Kuppel des sorgfältig restaurierten Basars der Geldwechsler, Tak i Sarrafan, überwölbt eine ganze Straßenkreuzung. In der Blütezeit von Buchara konnten Kaufleute aus aller Herren Länder bei den Sarrafis Hartgeld jeder Art gegen andere Valuta tauschen.

Vor dem Eingang sitzt ein alter Usbeke im blauen Kaftan und schwarzer Lammfellmütze. Er macht gerade Kassensturz. Sein Kleinhandel mit Zigaretten erlaubt ihm hoffentlich bald, seine arg abgetretenen Stiefel durch ein neues Paar zu ersetzen.

Durch einen zweiten Basar hasten wir zur Po i Kaljan. Zum diesem Komplex ›Große Stiftung‹ gehört das Kaljan Minarett, die Kaljan Moschee und die Medrese Mir i Arab.

Das fast neunhundert Jahre alte ›Grosse Minarett‹, ein runder Backsteinturm von fünfundvierzig Metern Höhe, wird auch ›Turm des Todes‹ genannt. Denn von der Galerie hoch oben rief der Muezzin nicht nur fünfmal am Tag die Gläubigen zum Gebet. Von dort wurden auch Mörder und Ketzer in die Hölle gestürzt.

Die Kaljan Moschee besitzt einen großen Innenhof mit einem schönen achteckigen Brunnenhaus. Ein Prunkportal am Ende des Hofes führt in die eigentliche Moschee; Minbar und Mihrab sind reich dekoriert. Die Moschee wird offensichtlich genutzt. Religion werde als Privatsache geduldet. Der Freitag sei jedoch kein offizieller Feiertag.

Erklärt uns der weltlich gesinnte Shavkat.

Heute, am Montag, ist das Gotteshaus nahezu menschenleer. Im spärlichen Schatten eines Aprikosenbaumes lauschen fünf Frauen andächtig einem weißbärtigen Imam.

In der Medrese Mir i Arab gegenüber der Kaljan Moschee werden muslimische Vorbeter ausgebildet. Nur der Pischtak kann besichtigt werden. Aus den Lehrsälen tönt der monotone Singsang der Studenten, die im Chor endlos arabische Koranverse rezitieren.

Shavkat spaziert mit uns weiter zum Basar Tak i Sargaran.

Der Basar der Goldschmiede ist der größte und älteste Markt von Buchara. Wir sehen einem jungen Ziseleur bei seiner kniffligen Arbeit zu. Funkelnde Armreifen, glänzende

Ohrringe und schimmernde Halsketten entstehen in erstaunlich dusteren Werkstätten. Neben gefälligem Schmuck und schönen Tüchern werden auch echt alte Türklopfer aus blitzendem Messing und garantiert antike rostige Hufeisen als Glücksbringer feilgeboten.

In den vier Ecken des Hauptgewölbes lagen einst die Eingänge zu einer Moschee, einem Hamam und zu den Kontoren der Wucherer. Am meisten geschwitzt und gebetet hätten die alten Bucharis wohl in den Kontoren. Mutmaßt mein prosaischer Finanzberater und Hausgenosse. Ein freundlicher Basari spendiert uns eine Runde grünen Tee.

Vom Basar schlendern wir zur hinüber Ulug Beg Medrese. Eine Inschrift am Portal verrät, dass mit dem Bau anno 1417 begonnen wurde. Sogar der Name des Architekten steht am Portal geschrieben. Ismail ibn Takhir ibn Mahmud Isfargani war vermutlich der Enkel eines von Tamerlan verschleppten persischen Baumeisters. Der Opa hat auf dem Portal des Gur Amir Mausoleums in Samarkand seinen Namen verewigt.

Gegenüber der Ulug Beg Medrese liegt die Koranschule von Abdullasiz Khan.

Sie wurde im Jahre 1652, dem Todesjahr von Inigo Jones, erbaut. Die Nischen der Studentenwohnungen öffnen sich, abweichend vom üblichen Schulschema, fächerförmig auf den großen Innenhof. Auch der Wohnkomfort ist ungewöhnlich. Die luxuriösen Zellen verfügen hier sogar über winzige Wandnischen für Geschirr und Bettwäsche.

Ein älterer Basari nimmt ein Sonnenbad. Er handelt mit Musikinstrumenten und vertreibt sich die Zeit mit Fiedeln auf einer Art Kniegeige.

Südlich vom Tok i Sargaran bummeln wir durch den Basar Tilpak Foruschan. Hier wurden vorzeiten hauptsächlich Kopfbedeckungen aller Art gefertigt. Die Herren hatten die Wahl zwischen perlenbestickten Tupeteikas, gewaltigen Turbanen und Mützen aus Fuchsfell. Die Damen bevorzugten kesse Häubchen aus Brokat oder Seide.

Shavkat führt uns in eine dunkle Schmiede, wo wir die althergebrachte Fertigung von Messern und Werkzeugen bewundern können.

Unseren Mittagstisch hat Shavkat in einem Hotel gegenüber der Hauptpost reserviert.

Es gibt usbekische Mastawa, eine Reissuppe mit Sauermilch und viel Pfeffer. Danach kommt Pilaw mit Huhn auf den Tisch. Nicht originell, aber ungewöhnlich lecker.

Unser Bus hat einen Motorschaden. Satt und selig schlendern wir zu Fuß ins Hotel.

Nach der Siesta fahren wir mit dem reparierten Bus zum Mausoleum von Ismail Samani, dem Begründer der Samaniden Dynastie. Unter diesem persischstämmigen Herrscher stieg Buchara auf zur Hauptstadt eines mächtigen Reiches, wurde ein lebhaftes Zentrum von Handel und Handwerk und eine geistige Hochburg des Islam. Das Samaniden Mausoleum entstand zur gleichen Zeit wie der Dom von Magdeburg. Von weitem wirkt das älteste erhaltene Gebäude Zentralasiens wie ein Weidenkörbchen. Den würfelförmigen Zentralbau mit Fassaden aus geflochtenem Ziegelmuster und gedrehten Schlangensäulen krönt eine gemauerte, unverkleidete Kuppel.

Ganz in der Nähe des Samani Mausoleums liegt das schlichte Grabmal Chashma Ayub. Der Name bedeutet ›Hiobs Brunnen‹. Nach der Legende hat der biblische Unglücksrabe seinerzeit hier mit seinem Wanderstab eine Quelle zum Sprudeln gebracht. Im Inneren des Mausoleums knien junge Frauen. Sie füllen das heilende Wunderwasser aus Hiobs Born für den Hausgebrauch in leere Colaflaschen.

Wir spazieren durch den Samani Park weiter zur Bolo Chaus Moschee.

Sie wird auch ›Moschee der vierzig Säulen‹ genannt. Eine echt orientalische Prahlerei. Das bunte Vordach wird nur von zwanzig Säulen getragen. Aber die spiegeln sich im Teich vor der Moschee. Bolo Chaus heißt ›Kindertümpel‹. Solche Teiche dienten einst der Wasserversorgung der Bevölkerung. Sie waren aber Brutstätten für viele Krankheiten. Daher wurden die meisten Weiher von den Soffjets zugeschüttet. Die Moschee liegt an der vielbefahrenen Uliza Afrosiab, direkt gegenüber der Festung. Der Emir von Buchara ließ die Freitagsmoschee Bolo Chaus nahe bei der Burg erbauen, weil er sich beim Freitagsgebet gern unter das gemeine Volk mischte. Mutmaßt der leutselige Shavkat.

Der Ark, die wehrhafte Zitadelle der Stadt Buchara, wurde schon im 5. Jahrhundert errichtet. Die Festungsmauer ist achthundert Meter lang und bis zu zwanzig Meter dick. In der Zwingburg stand einst auch der Palast des Emirs von Buchara neben einer Moschee. Die Gebäude wurden im Jahre 1920 durch die Soffjets in Schutt und Asche gebombt. Moderne Archäologen sehen sich nicht in der Lage, die Bauwerke zu rekonstruieren. Die Russen haben sich jedenfalls aus dem Grabungsprojekt verabschiedet. Nur Franzosen und Japaner graben unverdrossen in den Schuttbergen weiter. Von den Festungswällen hat man einen herrlichen Rundblick auf die Altstadt.

Am Abend stehen Volkstanz und Modenschau auf dem Programm.

Seltsamerweise geht die Veranstaltung in einer aktiven Koranschule über die Bühne.

Wir lauschen ergriffen der ohrenbetäubenden Klängen einer usbekischen Vier-Mann-Kapelle und dem gräulichen Gesang von zwei beleibten Jungsenioren mit näselnder Falsettstimme. Zwischen den Gesangsnummern kreisen acht schon etwas reifere Bajaderen in wechselnden Trachtenkostümen auf immer gleichen Bahnen umeinander wie die Planeten um die Sonne. Eine Augenfreude sind dagegen die Models der Modenschau. Die schlanken Schönen tragen eine aufregende Mischung aus traditionellen Hosen, Blusen, Tuniken und Mänteln mit hochmodernem Schnitt. Besonders der Kopfputz hat es mir angetan. Bunte Seidenkäppis ohne Schirm aber mit Nackenschutz erinnern an Fremdenlegionäre. Seidenmützen, mit glitzernden Pailletten bestickt und mit blinkenden Silbertroddeln vor den Odaliskenaugen, machen aus den Manneqins taoistische Göttinnen.

Der Modemuffel Shavkat weiß natürlich nicht, wo die Kleider zu kaufen sind.

Das karge Frühmahl im Hotel läßt immerhin Raum für einen ausgiebigen Lunch.

Heute steht das Grabmal des Hodscha Baha ud din Naqshbandi auf dem Theaterzettel.

Baedeker Shavkat stimmt uns auf das heraufziehende Erlebnis ein.

Die Pilgerstätte sei auf persönlichen Befehl des Präsidenten restauriert und erweitert worden. Denn das Mausoleum gelte als Mekka von Zentralasien. Jeder achtbare Muslim kenne und verehre den Namen des Gründers der Sufi Bruderschaft ›Naqshbandia‹.

Mein Ex-Student und Lebensgefährte murmelt etwas von »schlagender Verbindung.«

Wir wandern durch beschauliche Innenhöfe, wo geschnitzte Holztüren und schlanke

Holzsäulen mit Stalaktitenkapitel die Blicke fesseln. Auf der Bank vor dem Brunnenhaus sitzen Matronen und plauschen. Ihre Töchter schnattern aufgeregt in ihre Handys.

Fast alle Wallfahrer zieht es zum Heiligen Maulbeerbaum. Der uralte Knorren soll aus dem Wanderstab vom Chefderwisch erwachsen sein. Die Pilger kriechen mühsam unter dem windschief zur Erde geneigten Stamm hindurch. Das bringt Glück. Als Dankeschön stopfen die Gläubigen andächtig Geldscheine in die Astlöcher. »Die Götter sind doch alle bestechlich!« Meckert mein knausriger Haushälter und Gemahl.

Auf der anderen Straßenseite wird für das leibliche Wohl der Hadschis gesorgt. In riesigen Kesseln schmurgeln Fleischbrocken und Gemüsestücke. Die usbekischen Köchinnen zeigen ihren schönsten Goldmund und betteln bei den langen Kerls aus unserer Schar um ein Foto zu zweit. Ihre Männer lächeln säuerlich über soviel feminine Erregung.

Der Sommerpalast des letzten Emirs von Buchara wartet auf uns.

Die Villen und Lauben des Palastes von Sayid Alim Khan wurden in den Jahren während des Ersten Weltkrieges erbaut. Offenbar ging die frühere Sicherheit des Geschmacks damals verloren. Die Räume bieten eine krude Mischung aus europäischen und orientalischen Stilen. Im ersten Gebäude sind die wertvollen Präsente ausgestellt, die fremde Botschafter dem Emir verehrt haben. Im zweiten Palast gibt es Chapans, Prunkgewänder mit Goldstickerei, zu sehen. Bis zum Anfang des zwanzigsten Jahrhunderts durften in den usbekischen Khanaten nur Männer Kleider mit Gold besticken. Verrät uns der Brauchtumsforscher Shavkat. Die Begründung dafür bleibt er schuldig.

Vor einem weißen Pavillion steht ein goldener Thron. Darauf liegen verschiedene traditionelle Gewänder und Kopfbedeckungen. Hier kann Mann als letzter Emir von Buchara posieren. Unsere Ballermänner glauben, die für ein Foto geforderten tausend usbekischen Soms, etwa dreißig Cent, seien gut angelegt. Wo habe ich das schon mal gesehen?

Im hinteren Teil des weitläufigen Parks lächelt der ›Mädchen-See‹ und ladet zum Bade. Hier verbrachten die jungen Konkubinen des Khans die heißen Tage. Derweil der Khan sich in der luftigen Laube vor dem Teich von seinen Haremspflichten erholte.

Ein Teil unserer Truppe besucht mit Shavkat noch das altertümliche Kontor eines Kaufmanns. Wir bummeln allein zu zweit durch die Basare.

Im schattigen Innenhof einer alten Karawanserei werden Teppiche ausgebreitet. Die Ware hat Qualität, ist aber unbezahlbar. Auf einer Mauer am Kaljan Minarett lassen vier Geschwisterkinder in der Mittagshitze Beinchen und Seelchen baumeln. Die beiden jüngeren Buben winken uns unbekümmert oder etwas verhalten zu. Ihre beiden älteren Schwestern zeigen vorsichtige Zurückhaltung bis offene Skepsis gegenüber den Firangis.

Ein einsames Dromedar ruft lautstark nach seinem Treiber. Sein verzweifeltes Blöken lockt aber nur neugierige Lausbuben an, die das arme Tier hänseln. Für die usbekischen Grünschnäbel gilt ein Wüstenschiff auf der Seidenstrasse als Kuriosum.

Zum Mittagsmahl kehrt das Fähnlein wieder in ein Restaurant in der Altstadt ein.

Shavkat kitzelt unseren Appetit mit dem ungewöhnlichen Ambiente. Die Schaschlik-schmiede liege direkt über dem Atelier eines berühmten Kunstmalers. Leider ist der Maler ein größerer Künstler als der Küchenchef. Nach dem Tran am Spieß meldet sich ein Teil der Meute, angeführt von Herrn Sudwischer, noch freiwillig zum Besuch einer usbekischen Bierbrauerei. Wir nehmen ein Taxi ins Hotel und halten Siesta.

Nach der Mittagspause geht es in die Altstadt zum Lab i Chaus Komplex. Im Schatten von alten Maulbeerbäumen gruppieren sich zwei Koranschulen und eine Chanaka um ein großes Wasserbecken.

Die Kukeldash Medrese, eine der größten Koranschulen von Buchara, bot Platz für einhundertsechzig Studenten. Sie ist nach dem Staatsmann und Haudegen Kulbobo Kukeldash benannt, dem wir schon in Taschkent begegnet sind.

Die Nadir Devon Begi Medrese nebenan wurde eigentlich als Karawanserei geplant. Im Hinterhof konnten Kamele und Maultiere versorgt werden. Als der betagte Khan von Buchara den fertigen Bau als »wunderbare Medrese« pries, wurde das Gebäude von den Hofschranzen schlankweg in eine Koranschule umfunktioniert. Das Raumprogramm war schließlich auch dieser Aufgabe gewachsen. Die Zwickel über dem Spitzbogen des Prunkportals sind mit herrlichen Mosaikfiguren dekoriert. Ein Sonnengott, umrahmt von zwei Phoenixvögeln, erinnert mich an die Sher Dor Medrese von Samarkand.

Gegenüber der Koranschule liegt die Nadir Devon Begi Chanaka. In der Herberge konnten durchreisende Bettelmönche in spartanischen Zellen schlafen und im Versammlungssaal fromme Ränke schmieden.

Direkt hinter dem Lab i Chaus steht die Chahor Minor Medrese. An den Ecken des quadratischen Torhauses ragen runde Minarette mit blauen Kuppeln in den Himmel. Jeden der vier Türme ziert ein anderes Dekor. In den Gassen ringsum bieten Miniaturmaler ihre Kunstwerke an.

Die Brauerei war für die Durstigen eine einzige Enttäuschung. Denn es gab kein Freibier.

Zum Trost hat Shavkat ein Dinner mit *life music* im Restaurant Dorin organisiert. Zwei charmante Studentinnen vom Konservatorium Buchara verfeinern das gute Essen mit schmelzenden Klängen einer Violine und eines Keyboards. Ihr Repertoire reicht von klassisch-europäischen Stücken bis zu moderner, aber melodischer, usbekischer Tonkunst. Nach dem Essen gibt es Wodka gratis. Jetzt wird Westfalen munter. Auf der Heimfahrt rühmen wir alle den Bolle von Pankow und sehnen uns nach dem Grossen Weserbogen!

WÜSTENINSEL IM DORNRÖSCHENSCHLAF: CHIWA

Auf einem uralten Handelsweg fahren wir durch die Wüste Kizilkum zur Oase Chiwa.

Die Kizilkum, der ›Rote Sand‹, ist fast so groß wie Polen. Im Norden wird die Wüste durch den Fluss Syrdarja, im Südwesten durch den Amudarja begrenzt. Jenseits des Amudarja liegt die noch größere Wüste Karakum, der ›Schwarze Sand‹.

Eine strahlende Sonne bringt die rote Erde zum Glühen. Spärliche Gräser, kleine Büsche und Bäume lockern die Einöde auf. Ein leichter Wind treibt von den Wanderdünen Sandfahnen vor sich her.

Wir halten an einem Wüstengrill mit dem uns wohlbekannten Namen Shavkat. Unser

Anführer schwört, dass er nicht der stille Eigner der Speisestätte sei. Auf einem kolossalen Plakat rühmen drei lachende Usbekinnen die Spezialität des Hauses. Der Grillroom sei berühmt für sein feuriges Shus Kehbsiz. Drinnen nimmt der Kebabschnetzler gerade frisch gebackene Fladenbrote aus dem Holzkohleofen. Unsere hungrige Horde kauft die Fladen en gros. Dabei hat Shavkat uns zu Mittag ein rustikales Picknick in der Wüste versprochen. Die westfälischen Pickertschlecker wollen wohl auf Nummer sicher gehen.

Aber unser fürsorglicher Shavkat überrascht uns in der Wüste mit üppigen Lunch-Paketen. Es gibt kalte Maultaschen, so genannte Usbek-Burger, leckeren Kuchen und frisches Obst. Den Durst bekämpfen wir mit Säften oder gut gekühltem Dosenbier der Marke Bucharapivo. Das knauserige Brauhaus in Buchara hat sich von einigen Dutzend Sixpacks getrennt. Herr Sudwischer lacht sich ins Fäustchen bis er auf den Rücken fällt.

Nach dem Festmahl sorgen wir in den spärlichen Gebüschen - die Damen links, die Herren rechts - für die Anhebung des Grundwasserspiegels.

Der landeskundige Shavkat hält dann Vortrag über die Flora und Fauna der Kizilkum. Seine Lieblingspflanze ist eindeutig der Stinkasant oder Teufelsdreck. Die Wurzeln des schnell wachsenden Doldenblüters würden zum einen vor Erosion schützen. Zum anderen werde aus den Blättern der Pflanze ein bewährtes Wurmmittel für Kleinkinder hergestellt. Der Stinkasant helfe auch gegen Blähungen. Bohnengerichte erhielten durch Zugabe von Asant erst den rechten Pfiff. Mein Leibarzt und Hobbykoch brummelt etwas von »Dreckapotheke« in seinen Drei-Tage-Bart.

In der Mittagshitze geht es weiter. Die eintönige, flimmernde Rollbahn verläuft schnurgerade bis zum Horizont. Den Amudarja, den größten Fluss Zentralasiens, überqueren wir auf einer Brücke mit Asphaltstrasse und parallel geführtem Schienenstrang. Je mehr wir uns dem Aralsee nähern, desto häufiger sehen wir versalzende Erde. Die Gegend sieht aus, als seien die Felder mit schmutzigem Schnee bedeckt. Shavkat erklärt bedrückt, die Entsalzung des Bodens sei kostspielig. Rückstände von Kunstdünger, Herbiziden und Pestiziden würden über das Grundwasser in die Nahrungskette gelangen. Die Zahl der Fehlgeburten sei in den letzten Jahren ständig gestiegen. In Choresmien werde trotz des Wassermangels von chinesischen Migranten immer noch Reis angebaut, weil sonst nichts anderes mehr gedeihe. In den Straßendörfern erkenne man die Häuschen der Chinesen am umhegten Gemüsegarten vor dem Haus und dem kleinen Hinterhof fürs liebe Vieh.

Dann erzählt Shavkat von Chiwa. Die Oase Chiwa sei schon früh ein Zentrum menschlicher Hochkultur gewesen. Ein ausgeklügeltes System von Bewässerungskanälen, gespeist aus den Nebenarmen des Amudarja, habe mitten in der Wüste eine Oase mit üppigem Weideland, fruchtbaren Obstwiesen und lieblichen Gärten entstehen lassen. Der biblische Sem, der älteste Sohn des Archebauers Noah, habe hier den ersten Brunnen gegraben. Dieser nie versiegende Born werde den Touristen noch heute in Chiwa gezeigt. Die Oase Chiwa wurde zum strategisch bedeutenden Etappenziel an der alten Seidenstraße. Hier rasteten die Karawanen, bevor sie die Wüste Karakum durchquerten. Vom Morgengrauen bis zur Abenddämmerung zog ein endloser Strom von Kamelen, beladen mit den

Schätzen Indiens und Chinas, durch die Tore der Stadt.

Unser Hotel liegt vor der Stadt in einer ansprechenden Grünanlage.

Nach dem Einchecken drängt Shavkat uns zu einem raschen Gang in die Altstadt. Wir müssen unbedingt den einmaligen Sonnenuntergang erleben. Der Himmel brennt. Die schlichten Kuppeln der Moscheen schimmern, als seien sie vergoldet. Schon kurz darauf zeigt das schlanke Minarett der Islam Hodja Medrese wie ein schwarzer, mahnender Finger zum nachtblauen Himmel.

Beim Dinner gibt es mal keine Suppe. Sondern Tungun; eine Art mit Hack und Zwiebeln gefüllter Tortellini. Als Hauptgericht reicht man uns das usbekische Leibgericht Laghman. Auf dicken, grünen Spaghetti thronen Lammfleischbrocken und gekochtes Gemüse. Stammt die italienische Pasta etwa auch von der Seidenstraße?

Am nächsten Morgen überrascht uns die Küche mit einem üppigen Frühstücksbuffet.

Es gibt Rühreier, Spiegeleier, gekochte Eier, heiße Würstchen, eine Käseauswahl und frisches Fladenbrot satt. Wir fühlen uns wie im Paradies. Sogar frische Äpfel lachen uns an. Die sind allerdings hausväterlich klein geschnitzt.

Heute vormittag steht ein Rundgang durch die Altstadt von Chiwa auf dem Spielplan.

Auf der Aussenböschung der zehn Meter hohen Mauer am Südtor zur Altstadt fallen uns zahlreiche Hügel auf. Shavkat erklärt, es handle sich um Grabmäler, die eine taktische Aufgabe erfüllten. Sie sollten böse Eroberer abschrecken. Denn gläubige Muslime würden sich scheuen, die Totenruhe zu stören. Leider hat diese militärische List gegen die heidnischen Horden von Dschingis Khan und die Heere Tamerlans nicht verfangen. Chiwa wurde von den Mongolen erobert und in Trümmer gelegt. Von den alten Bauwerken ist wenig geblieben. Die meisten Medresen, Moscheen und Mausoleen wurden im 18. und 19. Jahrhundert neu erbaut.

Das heutige Chiwa wirkt wie ein überdimensioniertes Freilichtmuseum.

Wir schlendern durch die Uliza Lermontowa zum Tash Kuli Palast.

Ein Labyrinth von Gängen führt durch Höfe und Gebäude. Im südlichen Teil des Palastes liegen der Empfangshof, Arz Kuli, und ein Hof für Lustbarkeiten, Ishrat Kuli. Die hofseitigen Wände der Gebäude sind mit wunderbaren Majolikafliesen verkleidet. Winzige arabische und lateinischen Zahlen auf den Kacheln stellten sicher, dass die verzwickten teppichartigen Muster auch richtig zusammengesetzt wurden. Auf Marmorsockeln ragen schlanke, reich geschnitzte Holzsäulen zum Dachgebälk. Zartblaue Inschriften erzählen von den Ruhmestaten der Khane. Im Nordteil des Palastes liegt der Harem.

Shavkat führt uns zum Westtor von Chiwa.

Vor dem mächtigen Stadttor erweisen wir dem Denkmal von Al-Chwarizmi unsere Reverenz. Der berühmteste Sohn von Chiwa, Zeitgenosse von Harun ar-Raschid und Karl dem Großen, scheint gerade über ein kniffliges Problem der Mathematik zu sinnieren. Dem ›Mann aus Chiwa‹ verdanken Orient und Okzident die Begriffe Algorithmus, Algebra und Ziffer. Er fügte die Null aus dem indischen in das arabische Zahlensystem ein und schenkte damit der lateinischen Welt die Dezimalrechnung.

Hinter dem Westtor erhebt sich zur Linken die alte Stadtfestung Kunya Ark.

Sie wurde im 17. Jahrhundert von Arang Khan erbaut. In der Zitadelle gab es wie in den Palästen der Mogule drei Höfe. Im äußeren Hof warteten Bittsteller auf eine Audienz; im zweiten Hof erschreckten dicke Kanonen die fremden Gesandten. Im dritten Hof versammelten sich die Wesire und Minister des Khans. Der Khan selbst residierte dort in einer schlichten Jurte aus Filz. Ein schmaler Gang führt hinüber in die Haremsgemächer.

Gegenüber der Zitadelle erhebt sich auf einer Plattform, zu der eine Treppe von der tiefer liegenden Hauptstraße hinauf führt, die Medrese von Muhammad Amin Khan. Sie war die größte der sechszehn Koranschulen im einst glaubensstarken Chiwa. Heute dient die alte Knabenschmiede als Hotel. Ein luftiger Steg verbindet die Medrese mit dem Wahrzeichen von Chiwa.

Das schön gekachelte Kurze Minarett, Kalta Minor, wurde im Jahre 1852 auch von Muhammad Amin Khan errichtet. Der Rundturm sollte mit über siebzig Metern der höchste Campanile der islamischen Welt werden. Als der Bau neunundzwanzig Meter hoch aufragte, wurde die Arbeit eingestellt. Der Bauherr fürchtete, der Muezzin könnte aus siebzig Metern Höhe den königlichen Harem des Kunya Ark einsehen. Und beim Anblick der betörenden Liebedienerinnen auf unfromme Gedanken kommen.

Im Zentrum der Altstadt besichtigen wir die Freitags Moschee.

Vor der Nordfassade, an der Ost-West-Achse der Stadt, ragt das zugehörige Minarett zweiundfünfzig Meter in den Himmel. Die Moschee hat keine einschüchternden Pischtaks und keine hohe Kuppel. Es gibt auch keine schattigen Galerien und keine großen Höfe. Der Innenraum der Djuma Moschee ist eine einzige große Halle. Ein zentraler Lichtschacht und viele kleine Öffnungen in der flachen Holzdecke sorgen für Licht und Belüftung. Neben dem Brunnenkiosk für die rituellen Waschungen wächst und gedeiht ein immergrüner Lebensbaum. Die Hallendecke wird gestützt von einem Wald aus über zweihundert kunstvoll geschnitzten Holzsäulen, die aus steinernen Basen aufragen. Inschriften in blühendem Kufi mahnen die Gläubigen: »Dieser Besitz gehört Allah!«

Südlich der Djuma Moschee glänzt die einzige blaue Kuppel von Chiwa in der Sonne. Sie schwebt über dem Mausoleum von Machmud Pahlavan, erbaut anno 1701. Pahlavan war ein gefeierter Faustkämpfer des 14. Jahrhunderts. Nach seinem Tod wurde der alte Haudegen und Verseschmied vom muslimischen Klerus kanonisiert.

Ursprünglich war das Mausoleum klein und bescheiden, aber es entwickelte sich rasch zu einer viel besuchten Pilgerstätte mit zahllosen Hjudras und Chanakas für wandernde Derwische. Auch heute scheint ein besonderer Wallfahrtstag zu sein.

Stolze, schwarzlockige Lausbuben in goldbestickten Seidenmänteln und mit bunten Tupeteikas auf dem Kopf besuchen mit ihren festlich gekleideten Angehörigen das Grabmal. Unter der herrlichen, achtstrahligen Kuppel halten Hunderte frommer Muslime ein stilles Gebet. Draußen trinken sie hoffnungsvoll heilendes Wasser aus einem Brunnen.

Shavkat gewährt uns noch Zeit zur freien Verfügung.

Wir schlendern durch winklige Gassen und werfen ungenierte Blicke in die offenen Werkstätten. Hier knüpfen geschickte Frauenhände an Webstühlen komplizierte Teppichmuster. Vor der Webstube hocken Arbeiterinnen, die mit breiten Schafscheren den Flor der fertigen Teppiche stutzen. Im Hof einer Tischlerei bestaunen wir Möbel mit kunstvollen Intarsien und reichem Schnitzwerk. Auch an geschmackvoll gearbeiteten Koranständern herrscht kein Mangel. Besonders beeindruckend ist die großen Auswahl an Diwanen. Die Himmelbetten auf schlanken Beinen laden ein zu geselligem Beisammensein beim Tee.

Auf der Straße präsentiert ein Krämer eine einmalige Kollektion von Karkuls. Die aus dem Fell von Karakulschafen gearbeiteten Mützen sind bei ihm in allen Farben des Regenbogens erhältlich.

Zum Abschied verehrt Shavkat jeder Dame ein gesticktes Handtäschchen. Die Herren bekommen bunteTupeteikas mit Applikationen. Der abergläubische Shavkat erklärt noch rasch die Bedeutung der Stickereien. Vier grüne Bögen stellen Türme dar, die nach allen Himmelsrichtungen Feinde abwehren. Die rote, brennende Paprika soll vor dem bösen Blick schützen. Und weiße Mandeln versprechen langes Leben und Fruchtbarkeit.

So gut behütet bringt uns der Bus zum Flughafen von Urgentsch.

Fahre wohl Usbekistan, du armes, reiches Land.

Du Schmelztiegel der Völker, reich an lebensfrohen und liebenswürdigen Menschen.

Dein Boden birgt ungeahnte Schätze an Gold, Gas und Uran. Deine Städte zieren berühmte Juwelen der Baukunst. Dein Bemühen, das kulturelle Erbe zu bewahren, verdient höchsten Respekt.

Aber du armes, reiches Volk hast keine Teilhabe an der politischen Macht. Die herrschende Nomenklatura unterdrückt und verfemt Andersdenkende. Mit Füssen getreten werden Menschenrechte und Pressefreiheit. Arbeitslosigkeit und Wohnungsnot verdunkeln die Zukunft deiner Kinder. Deine Umwelt ist vielleicht unumkehrbar geschädigt.

Die Zeichen für eine Restauration des islamischen Glaubensleben sind nicht zu übersehen. Werden aus deinem Schoß je wieder freigeistige Universalgelehrte hervorgehen?

Oder werden engstirnige religiöse Eiferer, Mullahs und Derwische, dich verführen zum Gottesstaat? Gilt bald der Koran wieder als letztgültiges Dokument der Wahrheit? Als das ewige, ungeschaffene Buch, in dem alles überhaupt Wissenswerte schon geschrieben steht? Werden erneut Bücher und Menschen brennen, weil sie dem Koran widersprechen? Oder als entbehrliche Güter zu Asche werden, weil sie das Gleiche lehren, wie der Koran?

Wie sagte schon Hodja Nasreddin Effendi:

»Nicht jeder, der einen Bart trägt, ist auch ein Prophet!«

HINTEN, WEIT, IN DER TÜRKEI

AMASYA, TÜRKEI

Im Herzen der türkischen Metropole

Ein lang gehegter Wunsch geht in Erfüllung. Wir brechen auf zu einer Reise durch Anatolien. Besonders gespannt sind wir auf die Fahrt mit dem Heißluftballon über die weltberühmten Feenkamine von Kappadokien. Während unseres letzten Urlaubs in Side hatten wir den Ausflug schon fest gebucht. Aber ein plötzlicher Wintereinbruch brachte viel Schnee. Die Pässe des Taurusgebirges wurden geschlossen. Unser Traum zerplatzte wie eine schillernde Seifenblase.

Heute bringt uns die Lufthansa nonstop von Bad Salzloch nach Ankara.

Am Ausgang des Flughafens empfängt uns der einheimische Reiseführer.

Er hört auf den schönen Vornamen Sülo. Der sinnenfrohe Saunagänger trägt Glatze, Leninbart und viele Goldkettchen. Gleich zu Beginn outet er sich als glühender türkischer Patriot. Er stamme zwar aus einer bettelarmen kurdischen Familie im Südosten der Türkei. Aber er und seine fünf Geschwister konnten alle eine Universität besuchen. »Was die Türkei zusammenhält ist die multikulturelle Toleranz.« Schwadroniert Sülo Bey. Er selbst sei in zweiter Ehe mit einer Vietnamesin verheiratet. Seine Frau und ihre beiden Kinder besäßen die Schweizerische Staatsbürgerschaft. Im Winter lebe die Familie an der türkischen Riviera bei Antalya. Den Sommer verbringe sie bei den Großeltern in der Schweiz.

Unser Hotel im morschen Wiener Jugendstil liegt zentral in der Neustadt von Ankara. Es verfügt über drei Restaurants, eine geräumige Lobby mit Kaminzimmer und eine Bar.

Am Nachmittag bummeln wir über den Mustafa Kemal Boulevard zum Unabhängigkeitsplatz. Es ist Sonntag, aber die meisten Geschäfte haben geöffnet.

In etlichen spezialisierten Etablissements am Boulevard werden glanzvolle Hochzeiten gefeiert. Die Männer stehen im feinen Zwirn und blitzblanken Schuhen rauchend vor der Tür. Jeder Herr Öztürk besitzt mindestens zwei Handys. Eines braucht er zum Telefonieren. Mit dem zweiten Smartphone surft er im Internet oder schießt Selfies von sich und der Braut. Durch die offenen Türen sieht man frisch frisierte Damen. In schillernden, stoffreichen Ballkleidern flattern sie wie bunte Kanarienvögel um das Kuchenbüffet. Kleine Kinder im Sonntagsstaat saugen gelangweilt an ihrer Cola. So feiert man türkische Hochzeit auch bei uns in Bad Salzloch.

Die Neustadt von Ankara wimmelt von Jungvolk.

Offiziell hat die türkische Kapitale etwas mehr als vier Millionen Einwohner. Wie viele Menschen in den ›über Nacht‹ gebauten Vierteln der Stadt wohnen, weiß wohl niemand so genau. Im Baedeker steht, das Durchschnittsalter der siebzig Millionen Türken liege unter dreißig Jahren; ein Drittel der Bevölkerung sei jünger als fünfzehn Jahre. Für die höhere Bildung der Jugend sorgen allein in Ankara zehn Universitäten.

Im Güven-Park am Unabhängigkeitsplatz begrüßt uns ein pompöses Denkmal.

Das ›Mahnmal des Vertrauens‹ ist dem türkischen Geheimdienst und Militär gewidmet. Der altösterreichische Bildhauer Anton Hanak hat es um 1933 geschaffen. Die berserkerhaften Allegorien sollen die drei türkischen Nationaltugenden verkörpern: Vaterlandsliebe, Schaffenskraft und Friedenswille. *Ne mutlu türküm diyene!* Glücklich, wer bekennen kann:

»Ich bin ein Türke!« Wie schon Mustafa Kemal Atatürk immer sagte.

Ein nach dem ›Vater der Türken‹ benannter, fünf Kilometer langer Boulevard verbindet die Altstadt mit der Neustadt von Ankara.

Die Geschäfte in der Fußgängerzone der Neustadt bieten ein reiches und vielfältiges Angebot. Geldautomaten sind allgegenwärtig und eng umlagert. Die Metro an der Kizil Kay Station ist so prallvoll besetzt wie ein Shinkansen in Tokio. In der Nähe stechen die vier schlanken Minarette der Kocatepe Cami wie Bajonette in den wolkenlosen Himmel. Das Gotteshaus wurde erst vor vierzig Jahren im altosmanischen Stil errichtet. »Baut Kirchen, wie im Mittelalter!« galt ja auch lange bei uns als baukünstlerische Richtschnur. In den Kellergewölben der größten Moschee von Ankara finde nicht nur der gläubige Muslim viele gemütliche Teehäuser und einen riesigen Süpermarket. Verspricht Baedeker.

Wir schlendern lieber durch den schönen Park hinter dem Parlamentsgebäude. Hier wird viel und ungeniert geschmust und geküsst. Ein älteres Ehepaar schlendert Hand in Hand vom Einkaufsbummel nach Hause. Die beiden sind elegant gekleidet und machen Bella Figura als lebten sie in Mailand. Frauen mit Kopftuch sehen wir im Park nur selten.

Nach Sonnenuntergang dönieren wir in einem Halal Restaurant. Ich entscheide mich für leckere İzmir Köfte, die mit Kartoffeln, Tomaten und Peperoni im Tontopf geschmort wurden. Die klügste Ehefrau der Welt wählt vorsichtig einen Hirtensalat mit Fladenbrot. Alkohol wird hier nicht ausgeschenkt. Also kaufen wir am Kiosk zwei Dosen Efes Bier und gehen damit zu Bett.

EIN VERSCHOLLENES IMPERIUM: HATTUSCHA

Bei der Prima Colazione geht es turbulent zu. Verhungerte Italiener kämpfen verbissen um die Lufthoheit am Frühstücksspeck. Wir bescheiden uns mit einer Portion Menemen. Das sind gehackte und gedünstete Stücke von Paprika, Tomaten und Zwiebeln in gestockten Rühreiern. Dazu gibt es herrlich duftenden, heißen Kaffee aus einem standhaft funktionierenden Automaten.

Nach dem Kahvaltı erwartet uns vor der Tür ein Reisebus aus dem Schwabenland. Mustafa, ein sympathischer junger Mann, wird uns durch Anatolien chauffieren. »Ich habe Mustafa extra für Euch angefordert.« Schwindelt Sülo Bey.

Der Transport und das Verladen der Koffer verläuft reibungslos. Das verdanken wir natürlich auch dem ›System Sülo‹. Alle Koffer tragen gelbe ›Sülo‹ Anhänger und fortlaufende Nummern. So läßt sich im Fall der Fälle sofort feststellen, welches Gepäckstück fehlt.

Zwei hüftstarke Blondinen in der Männerpause nisten sich im Bus gleich hinter Mustafa ein. Ihre Blicke suchen ständig nach dem ersehnten Märchenprinzen. Darunter leidet ihre Konversation: »Noch`n Raki?« »Ja!« Ende und over. Dann kichern die beiden wie Gwineth und Gwendolin in dem herrlichen Film ›Ein seltsames Paar‹.

Unser erstes Ziel für heute ist Hattuscha, die einstige Hauptstadt der Hethiter.

Bis zum Ende des 19. Jahrhundert wusste kein Mensch etwas von der Existenz dieses Volkes. Wenn man von einigen dunklen Stellen der Bibel absieht. Aber die hat ja immer recht. Dabei haben die Hethiter über ein halbes Jahrtausend grosse Teile von Kleinasien, Syrien und Palästina beherrscht. Zu den Großmächten ihrer Zeit, zu Ägypten, Assyrien und Babylon, unterhielten die hethitischen Großkönige diplomatische Beziehungen auf Augenhöhe. Die Ruinen ihrer einstigen Hauptstadt Hattuscha liegen zweihundertfünfzig Kilometer östlich von Ankara beim heutigen Dorf Boğazkale.

Zunächst führt unsere Route durch eine öde Karstlandschaft. Erst als wir das Tal des Kizilirmak erreichen, wird die Landschaft freundlicher. Der ›Rote Fluss‹ ist der längste Fluss der Türkei. Er fließt im großen Bogen quer durch Anatolien und mündet ins Schwarze Meer. Seine Ufer säumen hier Salweiden und hohe Silberpappeln. Auf den grünen Flussauen blüht roter Klatschmohn und gelber, süßduftender Raps.

Während der Fahrt erzählt Sülo Bey die fabelhafte Story von der Entdeckung der alten Hethiter.

Im Jahr 1834 führt ein anatolischer Bauer den französischen Abenteurer Charles Texier zu einem großen Ruinenfeld bei dem Dörfchen Boğazköy. Texier glaubt sofort, er hat hier die lange von ihm gesuchte Stätte entdeckt, wo der persische Großkönig Kyros II. einst König Krösos, den sprichwörtlich reichen Herrscher der Lyder, aufs Haupt geschlagen hat. Mehr als fünfzig Jahre später vermutet der britische Archäologe Archibald Sayce, die Ruinen bei Boğazköy seien in Wirklichkeit die Trümmer von Hattuscha. Sayce hat den Namen Hattuscha in den so genannten Amarna-Briefen, den eben erst entdeckten diplomatischen Noten des Ketzerpharaos Echnaton, gefunden.

Bis in Boğazköy mit Grabungen begonnen wird, vergehen weitere zwei Jahrzehnte. Dann findet der Assyriologe Hugo Winckler vor Ort zehntausende Tontafeln mit Keilschrift. Im Jahre 1917 gelingt dem Orientalisten Bedrich Hrozny die erste Entzifferung eines Textes. Der erste Satz, den Hrozny versteht, klingt wie ein Merseburger Zauberspruch:

»Nu Ninda an ezzateni vadar ma ekutteni.«

»Nun wirst du Brot essen und dann Wasser trinken!«

Hrozny identifiziert die Sprache der Hethiter als indoeuropäischen Dialekt. Und zwar als die älteste bisher bekannte Mundart des Indoeuropäischen überhaupt. Das ist eine wissenschaftliche Sensation. Aber noch vierzig Jahre gehen ins Land, bis die Schrift endgültig entschlüsselt ist. Ihre weltliche Korrespondenz erledigte die hethitische Staatskanzlei in Keilschrift und auf Akkadisch, der Diplomatensprache ihrer Zeit. Für Heilige Texte fanden die Hethiter ihre einheimische Bilderschrift angemessener.

Nach dieser Einleitung spult Sülo Pascha die Liste der dreißig hethitischen Großkönige ab. Nur einige der putzigen Namen bleiben im Gedächtnis hängen. Wie der von Hattuschili I. Der Gründer von Hattuscha führte in seinem Testament bewegende Klage über einen missratenen Prinzen. Der König schloss daher den Tunichtgut kurzum von der Thronfolge aus und ernannte statt des Sohnes seinen Enkel Murschilis zu seinem rechtmässigen Nachfolger.

Dieser Murschilis I. begründete das hethitischen Großreich. Er eroberte Aleppo in Syrien und plünderte Babylon. Zum Dank wurde der hethitische David von seinem Schwager und Mundschenken und ermordet. Es folgte - wie überall in der Welt der Autokraten - eine Zeit der Wirren.

Erst König Telipinu konnte um 1500 v. Chr. die hethitischen Rosenkriege beenden. Dieser anatolische Salomo schenkte den Hethitern ein modernes Gesetzbuch. Sippenhaft und Blutrache wurden von Telipinu abgeschafft.

Nach Telipinus Tod haben die Hethiter die Vormacht in Kleinasien wieder verspielt.

Erst der Großkönig ›Reiner Brunn‹ Schuppiluliuma I. führte das Reich wieder zu alter Grösse. Während der Regierungszeit dieses Sonnenkönigs reicht der hethitische Einfluss vom Pontischen Gebirge bis zum Libanon. Dort grenzt das Großreich der Hethiter an die nördlichste Provinz von Ägypten.

Prompt geraten die beiden antiken Supermächte aneinander.

Der Pharao Ramses II. will ganz Syrien unter seine Kontrolle bringen. Muwattalli II., ein Enkel von ›Reiner Brunn‹ bringt dem ruhmsüchtigen Ägypter in der entscheidenden Schlacht von Kadesch aber eine empfindliche Schlappe bei. Ramses II., der Große, ruft sich dennoch selbst zum strahlenden Sieger aus. Seine in Stein gemeißelten Propagandalügen über den Ausgang der Schlacht von Kadesch haben wir schon in seinen Tempeln bei Luxor und Abu Simbel belächelt.

Der Nachfolger von Muwattali II., sein thronräuberischer Bruder Hattuschili III., schließt mit Ramses II. schließlich einen Friedens- und Freundschaftspakt.

Das ist nicht nur der erste im Wortlaut erhaltene Friedensvertrag der Weltgeschichte. Es sei auch der erste Friedenspakt, der nicht gebrochen wurde. Meint der staatspfiffige Sülo Pascha. Der verwitwete Pharao Ramses nimmt sogar eine Tochter des hethitischen Großkönigs zur Frau. Hat sich nicht schon die Witwe von Tut-ench-Amun einen hethitischen Prinzgemahl gewünscht?

Zwei Generationen später wird das Großreich Hatti von wilden Fremdvölkern überrannt. Die Hauptstadt Hattuscha wird gebrandschatzt, verlassen und von der Welt vergessen.

Allein im Südosten von Anatolien halten sich noch hethitische Kleinstaaten. Deren Könige schwelgen in sybaritischer Dekadenz, die den Keim des Untergangs schon in sich trägt, »weil sie selbst auf rosenblättrigem Lager Schwielen bekommt.« Am Ende geraten all diese Duodezfürstchen unter die harte Knute der Assyrer.

Mustafa hält bei einer kleinen Ortschaft an. Der Flecken hieß früher Boğazköy, ›Schluchtendorf‹. Durch die Ruinen von Hattuscha weltberühmt geworden, finden die Bewohner den Namen Boğazkale, ›Schluchtenschloss‹, jetzt angemessener.

Vom Parkplatz schlendern wir langsam bergan. Auf halber Höhe begrüßt uns eine ockerfarbene Rekonstruktion der alten Stadtmauer. Der hethitische Schutzwall war einmal sechs Kilometer lang. Verputztes Mauerwerk aus ungebrannten Lehmziegeln wächst aus einem Sockel von Feldsteinen acht Meter in die Höhe. Zwei Türme ragen dreizehn Meter hoch in den Himmel. Die Archäologen hätten die Mauer mit Hilfe original antiker Techniken und Geräte errichtet. Verteidigt der gutmütige Sülo Bey den Frevel.

Hinter der pompösen Kulisse öffnet sich ein riesiges Ruinenfeld. Wie das alte Rom erstreckte sich die hethitische Metropole Hattuscha über sieben Hügel.

Wir folgen der Fahrstraße bergan zum Großen Tempel der Unterstadt. Dieser Tempel, ein Doppelheiligtum mit zwei Cellae, war dem hethitischen Wettergott Teschup und seiner Gemahlin Hepat, der Sonnenkönigin von Arinna, geweiht.

Der Weg führt sanft weiter bergan zur ummauerten Zitadelle.

In der Burg elfhundert Meter über Meereshöhe lagen der Palast des Großkönigs, die Kasematten der Leibwache und die hethitische Staatskanzlei. Hier hat Hugo Winckler die zehntausend Keilschrifttafeln des Reichsarchivs gefunden. Die Burg ist zur Zeit für Besucher nicht zugänglich.

Zwischen zwei Felsblöcken, die kaum noch sichtbare Hieroglyphen tragen, führt uns Sülo Bey in südöstlicher Richtung zum ›Königstor‹. Wie so oft hält sich der Name, obwohl längst bekannt ist, dass der kriegerische Herr, der das Tor bewacht, kein König, sondern ein echter Gott ist. Wir bestaunen allerdings nur eine schlechte Kopie. Das Original steht im Museum für Anatolische Zivilisationen in Ankara. Der überlebensgroße Gotteskrieger ist nur mit einem Schurz bekleidet. Sein göttliches Haupt schützt ein mit Stierhörnern geschmückter Wikingerhelm. Bewaffnet ist der Recke mit Streitaxt und Krummschwert.

Die Darstellung folgt unverkennbar dem ägyptischem Vorbild. Der Künstler hat das Gesicht im Profil, den Oberkörper en face und die Beine wieder im Profil dargestellt. Die anatomisch präzise Gestaltung der Muskeln und Sehnen der nackten Beine erinnert dagegen an assyrische Plastiken.

Durch das ›Königstor‹ führt uns Sülo Bey aus der Stadt hinaus auf eine blühende Wiese. Auf ihr wandern wir, von der Blumenpracht beschwingt, weiter südwärts. Schließlich türmt sich vor uns eine gewaltige, abgeschnittene Pyramide auf. Das Monstrum ist mit Blöcken aus Kalkstein verkleidet. In diesem wuchtigen Wall öffnet sich ein langer, dunkler Gang mit einem Kraggewölbe. Durch diese Poterne konnten bei einer Belagerung Ausfälle unternommen werden, ohne dass man die Stadttore öffnen musste.

Weiß der strategisch geschulte Sülo Pascha.

Dann führt uns der Cicerone durch die siebzig Meter lange Poterne zurück in die Oberstadt. Von einst vier geflügelten Wächtern des Sphinxtores hat nur eine Dame die Zeiten überlebt.

In der Oberstadt von Hattuscha wurden die Ruinen von mehr als zwanzig Tempeln gefunden. Wie die alten Römer gingen auch die noch älteren Hethiter in religiösen Fragen gern auf Nummer sicher. Sie hielten auch die Götter der von ihnen besiegten Völker in Ehren. Ihr Olymp wimmelte von Weltenlenkern sumerischer, babylonischer, assyrischer, syrischer, hattischer und hurritischer Herkunft. Ihr Jupiter, der Wettergott Teschup, kam aus Ur, seine Gemahlin Hepat hatte hurritische Wurzeln und ihr Sohn Scharruma, ›der den Tiger reitet‹, stammte aus Syrien. So kam diese kriegerische Nation zum frommen Ruf, ein ›Volk der tausend Götter‹ zu sein. Die Zahl Tausend in diesem Ehrentitel ist genau so zu verstehen, wie bei den Tausendfüsslern. Nachgezählt hat niemand.

Von der Oberstadt wandern wir westwärts sanft bergab zum Löwentor.

Unterwegs schwärmt Sülo Bey von den technischen Errungenschaften der Hethiter. Sie beherrschten zum Beispiel schon die Technik des erdbebensicheren Bauens. In die zyklopischen Steinblöcke der Mauer wurden armdicke Löcher gebohrt. Dann wurden die schweren Steine mit Bronzestäben verkeilt. Sülo Bey zeigt uns alte, akkurat kreisrunde Bohrlöcher und einen Bronzestab *in situ*.

Jahrhunderte vor Beginn der Eisenzeit in Europa hätten die Männer von Hattuscha schon Waffen aus Eisen hergestellt. Behauptet der Erzschelm Sülo. Damit waren sie bei Kadesch den mit Bronzeschwertern kämpfenden Ägyptern haushoch überlegen. Den leichten Kampfwagen hätten die Hethiter zwar nicht erfunden, aber erheblich verbessert. Und die Kampfkraft einer Einheit wurde dadurch erhöht, dass neben dem Wagenlenker nicht, wie bei den Ägyptern, nur ein Krieger, sondern gleich zwei Kämpen auf den Feind eindroschen.

Eine in Hattuscha gefundene Tontafel beschreibt im Detail, wie die Zugpferde der Streitwagen in wenigen Monaten zu Kampfmaschinen abgerichtet wurden. Diese Schrift sei das älteste hippologische Handbuch der Welt. Sagt der Pferdeflüsterer Sülo Bey.

Am ›Löwentor‹ von Hattuscha halten zwei riesige Raubkatzen Wache. Der linke Löwe hat den Kopf verloren. Der rechte gleicht eher einem gemütlichen Seehund als einem grimmigen Leu. Hier hat sich der Künstler nicht mit anatomischen Details aufgehalten.

Vom Löwentor geht es wieder bergab und zurück zum Großen Tempel.

Seine Fundamente sind umgeben von den Ruinen zahlloser Gebäude, in denen riesige Tonkrüge stehen. Darin wurden Korn und Öl gespeichert. Zum Tempel gehörten ausgedehnte Güter mit eigenen Werkstätten und Knechten. Die Kirche hatte offenbar auch im Hethiterreich einen großen Magen.

Das Mittagmahl nehmen wir bei Ari ein; er ist ein enger Freund vom Suppenchef Sülo Çorbacı. Dieser gute Freund hat uns schon bei der Führung durch die Ausgrabungen begleitet. Ari ist ein alter Grabungskämpe und profunder Kenner der Materie. Schwört Sülo Bey. Mit theatralischen Gesten und lebhafter Mimik schildert Ari, wie sie als Kinder immer auf dem Burgberg gespielt haben. »Niemand von uns ahnte ja, welche Schätze unter unseren Füssen verborgen lagen!« Naja, die freiliegenden gewaltigen Fundamente und die Reste der Langen Mauer waren wohl nicht zu übersehen.

Das Essen, von Aris Frau Ariana selbst zubereitet, ist vielseitig und sehr, sehr lecker. Zunächst trägt die Hausfrau eine aus Reis, Joghurt und Pfefferminzblättern zubereitete Almsuppe auf. Dann werden kalte Meze gereicht. Es gibt gefüllte Weinblätter, Tomaten, Paprika, Champignons und einen bunten Hirtensalat. Als Hauptgang serviert Madame Ariana ungezählte Spieße mit scharfem Adana Kebab. Dazu essen wir frisch gebackenes Fladenbrot und trinken grünen Tee. Zum Nachtisch gibt es Gebäck und türkischen Kaffee. Ich liebe die türkische Küche!

Nach dem köstlichen Mahl fährt Mustafa weiter zum ›Frühlingstempel‹.

Unweit von Hattuscha entfernt liegt, in engen Felsspalten versteckt, das Heiligtum Yazilikaya. Der ›beschriebene Fels‹ besteht aus zwei ungedeckten, natürlichen Steinkammern. In der grösseren Kammer wurde das hethitische Frühjahrsfest gefeiert. An dürftig geglätteten Wänden schildern Reliefs den Ablauf der Feierlichkeiten.

Eine lange Reihe einförmiger Figuren marschiert, Damen rechts, Herren links, durch das Langschiff zum Altarraum des offenen Felsendoms. Dort werden die Pilger Zeugen einer hochheiligen Zeremonie. Der Wettergott Teschup hält mit seiner Gattin Hepat Heilige Hochzeit. Ihre Söhne und Töchter wohnen der frommen Handlung bei.

Irgendwie erinnert mich die Darstellung an ein sumerisches Rollsiegel. Hier wie dort stehen die himmlischen Herrschaften auf Bergesgipfeln. Oder voltigieren wagemutig auf ihren Symboltieren. Hohe spitze Hüte, wie sie in meiner Kindheit die Magier trugen, weisen sie als Überirdische aus. An der Ostwand ist der Stifter des Tempels als Sonnengott dargestellt. Die Namenskartusche des Königs Tuthaliya IV. - eine geflügelte Sonnenscheibe - entspricht in Form und Funktion exakt dem ägyptischen Horusfalken.

Die zweite, kleinere Kammer sei die Grabkapelle des Großkönigs. Schwört Sülo.

Jedenfalls zeigt ein Relief, wie der Herrscher sich unter dem Schutzmantel des viel grösser dargestellten Gottes Scharruma versteckt. Auf der Seitenwand kommen zwölf Götter des Totenreichs im Gleichschritt daher. Die Unterweltler präsentieren ihre Krummsäbel, als zögen sie zur Kornernte. An einer anderen Wand ist ein mannsgroßes Schwert zu sehen. Sein Knauf zeigt einen Menschenkopf, der Griff wird von vier Löwen gebildet. Das Relief stellt Nergal dar, den altbabylonischen Gott der Unterwelt.

Der Stilwille der Hethiter war augenscheinlich eher unterentwickelt. Sie waren es schon zufrieden, wenn der ikonographische Kanon annähernd erfüllt war. Das Streben nach der schönen Form war den frommen Kriegern wohl zu mühsam.

Der schöne Sülo Pascha trägt jeden Tag andere Ringe und Kettchen.

Er glaubt fest, wir hegten jede Menge Vorurteile gegen die Türkei.

Solange die Truppe macht was er sagt, gibt er sich weitherzig und sanftmütig. Gehorchen wir nicht, wird Sülo autoritär. So beschliesst der Sülo Emir, die Grabungsstätte Alacahöyük schon heute zu besichtigen. Die Grabungsstätte stand erst für morgen auf dem Programm. Denn wie überall auf der Welt ist das dortige Museum am heutigen Montag geschlossen. Der Besuch des kleinen Museums lohne sowieso nicht. Beteuert Sülo. Die besten Fundstücke aus Alacahöyük seien eh in Corum und Ankara ausgestellt.

Der ›ockerfarbige Hügel‹ liegt fünfundzwanzig Kilometer von Boğazkale entfernt. Am Eingang zum Grabungsfeld hält ein Paar gewaltiger, steinerner Sphingen Wache. Der Zahn der Zeit hat arg an den Gesichtszügen der Damen genagt. Sie starren mit leeren Augenhöhlen in den wolkenverhangenen Himmel. Wie einst die alt-ägyptischen Sphingen tragen auch ihre hethitischen Schwestern ein Königstuch, einen Zeremonialbart und zwei große, abstehende Ohren. An der freien Flanke der Tierfrauen prangt der österreichische Doppeladler. Haben wir das gleiche Emblem nicht schon in Yazilikaya bewundert? Nun gut, die Hethiter trieben ja auch eine Heiratspolitik wie die alten Habsburger. Gut erhaltene Reliefs an den wuchtigen Sockelsteinen der Tortürme zeigen eine religiöse

Feier. König und Königin opfern am Altar dem stiergestaltigen Wettergott. Ein Diener führt Schafe und Ziegen am Strick zur Schlachtbank. Dahinter schreitet in feierlicher Prozession die Gemeinschaft der Gläubigen. Am Prozessionsweg erbauen Musikanten und Akrobaten die Kirchgänger mit ihren Kunststückchen. Abseits parkt ein Leiterwagen, auf dem ein steinerner Stier die Nüstern bläht. Dieser Prunkwagen zog während der Wallfahrt dem Festzug voraus. Auch im Hethiterland waren die Götter ständig unterwegs. Seit dem Jahr 1907 buddeln Archäologen in Alacahöyük die Erde um. Denn hier wurden reiche Fürsten des eingeborenen Volkes der Hatti bestattet. Dreizehn Gräber aus dem 3. Jahrtausend v. Chr. hat man hier bisher freigelegt. An einer Stelle des Areals haben die archäologischen Krümelsieber ein Fürstengrab nachgebaut. Die flachen, gemauerten Gruben waren nur mit Holzstämmen und Erde bedeckt. Darunter schliefen die Fürsten wie Embryos in Seitenlage und mit gekrümmten Knien.

Während des Rundgangs berichtet der Oberste Wasserverteiler Sülo von der herrausragenden Wasserkunst der Hethiter.

Als Zentralanatolien wieder einmal von einer Dürreperiode heimgesucht wurde, habe die Regierung Getreide aus dem befreundeten Ägypten importieren müssen. Großkönig Thuthaliya IV., den wir schon in Yesilikaya kennen lernten, habe deshalb zahlreiche Dämme und Rückhaltebecken errichten lassen. Die meisten seien inzwischen verfallen. Aber hier in Alcalahöyük habe sich eine Anlage erhalten. Speicherbecken und Bewässerungskanäle seien inzwischen von modernen Ingenieuren freigelegt und instand gesetzt worden. Aus dem uralten Wasserreservoir könne heutzutage wieder ein Areal von fünfundzwanzig Hektar Ackerland bewässert werden.

Wir übernachten wir in einem Vier-Sterne-Hotel in Corum.

Die moderne, mehrstöckige Bettenburg in Rubinrot und Efeugrün ist nach dem ersten hethitischen Großkönig Anitta benannt. In der Lobby müht sich eine trübsinnige, hohlwangige Pianistin am Bechstein-Flügel vergeblich um internationales Flair.

Unser Abendmahl beginnt mit einer viel versprechenden Auswahl leckerer Meze.

Bei uns am Tisch sitzt das Ehepaar Störmer aus Halle. Beide sind rüstige Rentner. Herr Störmer war früher im Salzbergbau tätig; sie arbeitete auf einer Kolchose. Seit der Wende fahren die beiden Turteltauben jedes Jahr für mehrere Woche nach Side. Sie wohnen immer im selben Hotel. Auch wir haben schon mehrere Male in dieser schönen Herberge am Strand logiert. Das schafft sofort Vertrauen; fortan setzten sich die Störmers immer gern zu uns an den Tisch.

Die braven Hallenser erzählen, sie nutzten ihre Zeit in Side für Besuche beim Zahnarzt, beim Optiker oder beim Schneider und Schuster ihres Vertrauens. »In der Türkei kommen Zähne ja viel, viel günstiger.« Glaubt Frau Störmer.

Als Hauptgericht wird uns eine Katastrophe namens ›Chicken nuggets‹ vorgesetzt. Die salzige Panade im Duett mit schlappen Fritten stoppt sofort jeden Speichelfluss.

Ein frisches Efes vom nächsten Kiosk muss die Stimmung wieder heben.

RESIDENZ OSMANISCHER KRONPRINZEN:AMASYA

Hotelsterne lügen doch! Unser Morgenmahl fällt jedenfalls eher karg aus. Es gibt weder Obst noch frisches Gemüse; nur Instant-Café. Aber reichlich Sonnenschein.

Sülo Aga hat angeblich wieder einmal seine politischen Verbindungen spielen lassen. Wir dürfen außer Plan den renovierten Musentempel von Corum besichtigen. Das Haus sei für das Ranking der zehn schönsten Museen der Welt nominiert. Versichert Sülo Bey.

Im ersten Saal erwartet uns abermals der Nachbau eines Fürstengrabes aus Alacahöyük. Die Grabbeigaben, Waffen, Schmuck und Gefässe, zeugen von Rang und Reichtum. Einzigartige Feldzeichen - vielgestaltige Sonnenräder, heilige Hirsche und Stiere mit wuchtigem Gehörn - künden von der irdischen Macht des Fürsten. Das Skelett des edlen Toten wirkt neben den Grabbeigaben irgendwie verloren. Auf den Deckbalken der Grablege schrecken schaurige Schädel von Opferstieren Grabräuber ab.

Ein maßstabgetreues Holzmodell der Hauptstadt Hattuscha vermittelt noch einmal einen guten Eindruck von der Grösse und Mächtigkeit ihrer alten Bollwerke.

Daneben steht eine imposante Vase mit bunten Reliefs an Hals und Schulter. Dargestellt sind wieder die mittlerweile vertrauten Szenen vom Frühjahrsfest. Nur vollzieht das Königspaar hier die heilige Hochzeit, wie es sonst nur Tiere tun.

Auf einer anderen Vase ist zu sehen, wie kretisch aussehende Jünglinge mit Wespentaillen auf dem Rücken eines schnaubenden Stieres akrobatische Kunststückchen vorführen. Barbusige Girlies mit roten Lippen und pechschwarzen Augen tanzen dazu einen Reigen.

Der klügsten und wissbegierigsten Ehefrau der Welt hat es die ›ethnografische Sammlung‹ im Keller des Museums angetan. Szenen aus dem anatolischen Dorfleben sind dort mit lebensgroßen Puppen aus Pappmaché nachgestellt. In der Werkstatt eines Kupferschmiedes hämmern rußgeschwärzte Gesellen dünnes Blech zu schlichten Töpfen und Tellern, Kannen und Kohlebecken. Männer mit gewaltigen Schnurrbärten rauchen im Teehaus geruhsam eine Wasserpfeife. Im kleinen Dorfgemeinschaftshaus spinnen, weben und stricken ihre Frauen. Zu einem schwarzen Kleid trägt Frau Schürze und Kopftuch in gedecktem Grau. So gingen noch unsere Großmütter in Bad Salzloch zur Kirche. Beichtet meine Angetraute.

Auf dem Innenhof des Museums begegnen wir einer Horde von Gymnasiasten. Die Jungschar in Uniform entbietet uns den englischen Gruß »Hello!« Heute würden die Kids ihre Jahrtausende alte Kultur kennen lernen. Jubelt der patriotische Sülo Bey.

Durch grüne Hügel fährt uns Mustafa ins neunzig Kilometer entfernte Amasya.

In der Busreihe neben uns sitzen Hahn und Henne. Der Hahn, höchstens einsfünfzig groß, stolziert umher wie ein britischer Feldwebel. Unter seinem engen Rennfahrerdress trägt deutlich sichtbar ein Schmachtriemen auf. Seine zarte Gockelstimme schützt er wie ein Operntenor mit bunten Schals vor bösen Winden. Die Gattin ist ebenfalls empfindlich; sie neigt zu Magen-Darm mit Schüttelfrost. »Aber die Ärzte finden ja immer nichts.« Beklagt sich die fleischige Glucke.

Ihr Appetit wird indes von dem offenbar chronischen Leiden nicht beeinträchtigt. Am liebsten isst sie dreimal täglich Pommes Bahnschranke und Torten aller Sorten.

Dahinter sitzt ein Autohändler aus München. Den baumlangen Solariumfreund ziert tiefbraune Haut und schlohweißes Haar. Er hegt eine Vorliebe für Golfbekleidung; die Markenimitate stammen sichtlich aus der Türkei. Seine Gattin fesselt ihr blondiertes Haar mit goldenen Kämmen zum Pferdeschwanz. Sie trägt hautenge Tigerleggins, durch die man ihre Cellulitis studieren kann. Gesäßfreundliche Hemdblusen aus Lurex mit vielen Pailletten ergänzen ihr Outfit. Nur ihre türkischen Zähne sind keine Markenware. Sie klappern, wenn sie mit offenem Munde kaut.

Amasya sei einer der schönsten Orte Anatoliens. Steht in unserem Baedeker.

Ihre größte Blüte erlebte die Stadt am Yesilirmak, als hier die osmanischen Kronprinzen Hof hielten. Den alles beherrschenden Berggipfel über der Ansiedlung ziert eine alte Zitadelle. In der Steilwand unter der Burg fallen die Schaufronten von Felsengräbern ins Auge. Die Fassaden der fünf Gräber ahmen die Giebelfronten griechischer Tempel nach. Ihre Grabkammern sind völlig leer und wirken unterirdisch langweilig. In diesen Kellern wurden einst die Könige des Pontischen Reiches begraben. Behauptet Strabo. König Mithridates VI. hat nicht nur Lukullus und Pompeius das Leben schwer gemacht. Als Gymnasiasten mussten wir sogar die Daten seiner Kriege gegen Rom auswendig lernen. Beim gefährlichen Abstieg ist die Trittsicherheit von Bergziegen gefragt.

Zu Füßen des Burgberges, am linken Ufer des Yesilirmak, ragen die großen Ausluchten alt-osmanischer Holzhäuser wie Schwalbennester über das Flussbett. Einige Häuser sind arg heruntergekommen, andere wurden aufwändig restauriert. Bezahlbare Wohnungen sind dort nicht entstanden, nur teure Restaurants und Luxushotels.

Eine Brücke mit schön geschnitztem Holzgeländer führt über den Grünen Fluss. Drüben angekommen, gewährt uns Sülo Efendi zwei Stunden Freizeit.

Zu Mittag leisten wir uns für einen Euro pro Person einen leckeren Döner To Go. Auf der eleganten neuen Promenade am rechten Flussufer verzehren wir den schwelgerischen Imbiss. Mit vollem Munde bewundern wir das Ehrenmal für einen der größten Söhne der Stadt. Der Geograph und Völkerkundler Strabo, ein Altersgenosse von Kaiser Augustus, wurde hier in Amasya geboren. Neben der lebensgroßen Gestalt des antiken Weltreisenden ruht auf einem Podest ein Globus mit den Konturen der Kontinente, wie wir sie heute kennen. Eine typische orientalische Übertreibung: der Erdkreis von Strabo reichte nur von Transoxanien bis nach Äthiopien und von Gibraltar bis zum Ganges.

Zwei Porträtbüsten von Sultan Murad II. und Sultan Selim I. dem Gestrengen blicken würdevoll aus den Rabatten auf die ungläubigen Müßiggänger. Der Sieger vom Amselfeld und der Eroberer von Mekka und Medina kamen auch beide in Amasya zur Welt.

Gesättigt halten wir Siesta im Schatten eines frisch vom Taubendreck befreiten Denkmals. Hoch zu Ross spreng Kemal Atatürk persönlich in den Freiheitskampf. Denn hier in Amasya hat der fahnenflüchtige Mustafa Kemal im Schicksalsjahr 1919 die Türken zum Befreiungskrieg gegen die griechischen Invasoren und zum Widerstand gegen die schlaffe Hohe Pforte aufgerufen.

Nach der Mittagshitze trifft sich unsere Jungschar an der Sultan Bayezid Moschee.

Zum Gebäudekomplex um die Moschee gehören noch eine Koranschule, eine Armenküche und die Türbe eines osmanischen Prinzen. Das Innere des Gotteshauses ist von schlichter Eleganz. Gebetsnische und Kanzel sind aus weißem Marmor; Fensterrahmen und Türen aus edlen Hölzern sind mit filigranen Intarsien ornamentiert.

Nach der Besichtigung fahren wir zum hoch über der Stadt gelegenen Hotel.

Während wir einchecken, geht aus schwarzen Wolken ein Platzregen nieder.

Das ist kein gutes Omen. Tatsächlich herrscht in der Herberge ein greifbarer Reparaturstau. Der Siphon unseres Waschbeckens ist provisorisch mit Klebeband befestigt. Bei soviel Wasserkunst verzichte ich schweren Herzens auf den Besuch des hauseigenen Hamam. »Ist ja nur für eine Nacht.« Tröstet mich meine kluge Bettgenossin.

Zum Abendmahl gibt es zuerst eine Linsensuppe mit saurem Zitronensaft. Danach wird ein Menu touristique gereicht: Döner Kebab mit Weißkohlsalat und Pommes frittes. Ehe man noch richtig gewahr wird, was auf dem Teller liegt, wird die Platte schon abgeräumt. Als Dessert erhält jeder Gast einen giftgrünen Apfel. Die Gegend um Amasya sei für ihre schmackhaften Äpfel bekannt. Beteuert der Pomologe Sülo.

Zum Trost bestellen wir eine Runde Raki.

Der Speisesaal wird aber soeben geschlossen. Die Ober machen bereits Feierabend. Also muss der Hausvorsteher ›Hasodabaşı‹ persönlich für uns in der Lobbybar das Licht einschalten. Dann macht er sich in Personalunion als Kellermeister ›Kilarçı başı‹ auf die Suche nach einer Flasche Anisschnaps. Fündig geworden, verschwindet der Hofmarschall ›Çavuşbaşı‹ gleich erneut, um Sodawasser zu holen. Als er wieder auftaucht, fällt er fast hintenüber: wir haben den Raki nicht zur Löwenmilch verdünnt, sondern gleich pur getrunken. Merhamet!

TÜRKISCHE SPEZIALITÄTEN

Im Apfelpalast erwartet uns am frühen Morgen ein karges Trauermahl aus salzigem Schafskäse an schwarzen Oliven. Der Tee ist nur in homöopathischer Verdünnung trinkbar. Dann folgt eine vierhundert Kilometer lange Fahrt südwärts nach Kappadokien.

Unser Tagesziel ist die Stadt Kayseri am Fusse des Erciyes Dağı.

Unterwegs setzt uns Sülo Bey über türkische Spezialitäten und Wunder ins Bild. Klarsichtfolien mit einschlägigen Abbildungen werden durch den Bus gereicht.

Zuerst zeigt der Bey Aufnahmen von den berühmten Van Katzen herum. Benannt sind die Tiere nach dem großen Van See im äußersten Osten der Türkei. Die Katzen seien klug, gesellig und verspielt bis ins hohe Alter. Findet Sülo, der verzückte Felidenfreund. Jede Dame im Bus möchte die kuscheligen Miezen mit den zweifarbigen Augen - das eine bernsteinfarben, das andere blau - am liebsten sofort knuddeln. Da Van Katzen aber sehr selten sind, ist ihre Ausfuhr bei Strafe verboten.

Nach den Katzen kommen die türkischen Hunde an die Reihe. Aufnahmen von den be-

rühmten Kangal Tölen machen die Runde. Benannt sei die Rasse nach der türkischen Kleinstadt Kangal, wo sich viele Nachkommen schafzüchtender Nomaden niedergelassen hätten. Der türkische Hirtenhund sei auch als Polizei- und Wachhund einsetzbar. Denn Kangal Hunde würde zwar Wölfe, aber niemals Menschen fressen.
Schwört der Oberrüdenwärter ›Zağarcıbaşı‹ Sülo.

Ein weiteres Unikat der türkischen Fauna seien die drehenden Tauben. Hochgeworfen, purzeln die Tiere durch die Lüfte, als hätten sie Raki im Blut. Zufällig kennen wir solche Tauben auch aus Bad Salzloch. Der Halter hat erzählt, die ›altösterreichischen Tümmler‹ stammten ursprünglich aus Indien. Die seltsamen Dönervögel seien einst den Türken bei der Belagerung von Wien entwischt.

Dann wird Oberstarzt ›Hekimbaşı‹ Sülo medizinisch. Kangal sei nicht nur für seine Hirtenhunde berühmt. Dort kämen auch Fische der Spezies ›rötliche Saugbarbe‹ vor. Die hätten einen unersättlichen Appetit auf verhornte Hautschuppen. Daher würden die Doktorfische zur Behandlung der Schuppenflechte eingesetzt. Tausende von heilenden Kangalfischen seien schon in alle Welt verkauft worden. Die Ausfuhr der Saugbarben aus der Türkei sei aber inzwischen verboten.

Einmal in Fahrt, brüstet sich Sülo auch damit, dass ehedem zwei der sieben antiken Weltwunder auf türkischem Boden erbaut wurden. Zwar von Griechen, aber immerhin.

Da sei einmal das weltberühmte Mausoleum in Halikarnassos nahe dem heutigen Bodrum. Leider hätten die Ritter des Johanniterordens den Wunderbau zerstört als sie von Sultan Süleyman dem Prächtigen nach Malta verjagt wurden.

Da sei zum zweiten der nicht minder berühmte Tempel der Diana von Ephesus. Den Kultraum der vielbrüstigen Göttin der Jagd umstanden einst über hundert schlanke, fast zwanzig Meter hohe ionische Säulen. Dieses Weltwunder, an dem hundertzwanzig Jahre gebaut wurde, sei in einer einzigen Nacht einem ruhmsüchtigen Brandstifter zum Opfer gefallen. »Ich verrate seinen Namen nicht. Sonst hat der Schuft sein Ziel erreicht!«
Witzelt Nasreddin Sülo Efendi.

Zum Lunch bittet der Bey ins Hofbräu eines nagelneuen Lunaparks.

Der Oberste Suppenverteiler Sülo nötigt uns, unbedingt die regionale Spezialität Pastirma zu verkosten: »Pastirma ist eine Art Bündnerfleisch vom Rind mit viel Knoblauch und Pfefferkruste. Pastirma bedeutet ›das Gepresste‹; die alten Türken haben rohes Fleisch unter den Sattel gelegt und beim Reiten das Wasser herausgepresst.«
Erklärt Sülo Bey für kavalleristisch Unerfahrene.

Laut Karte serviert die Küche den Leckerbissen entweder getoastet oder *cru*. Die Mehrzahl der Meute bestellt Toast, deshalb entscheide ich mich rasch für roh. Mein Kalkül, schneller bedient zu werden, geht aber nicht auf. Der Bräuwirt besitzt nur einen kleinen Brotröster mit zwei Schlitzen. Daher werden die Toaste nur im Schneckentempo als Doppelpack serviert. Mein dünn geschnittener Pressschinken wird erst aufgetragen, als das Weißbrot alle ist. Zum Ausgleich ist die Rohversion mit Käse, Salat und Tomaten garniert. Die getoastete Variante schmeckte wie Chaplins Schuhsohle. Sagt meine Gattin.

Es ist auch kein Trinkjoghurt im Haus; der Ayran wird flugs beim Nachbarwirt geborgt. »Wir haben ja noch keine Saison.« Entschuldigt sich der gestresste Gastronom.

In Kayseri angekommen, besteht Sülo Bey auf einem Bummel durch den Basar. Dort wird vor allem modische Bekleidung und teures Schuhwerk angeboten. »Da ist selbst der Basar von Manavgat reizvoller.« Mäkelt die klügste Marktfrau der Welt.

Mir kommen die seltsamen Handelsbräuche der maghrebinischen Basaris in den Sinn. Dem ersten Käufer des Tages wird ein riesiger Rabatt gewährt; mancher ehrbare Kaufmann wirft sogar verächtlich die wenigen Münzen für seine Ware auf die Erde. Das soll Allah - und dem Scheitan - zeigen, dass der Mann nicht am Mammon hängt.

Anschließend bummeln wir an der Zitadelle von Kayseri vorbei zur Honat Hatun Moschee. Zum Gebetshaus gehört das übliche Ensemble aus Medrese, Hamam, Armenküche und der Türbe der Stifterin. Honat Hatun war die Gattin des Seldschuken Sultans Alaeddin Keykubat I. Seine Herrschaft bescherte Anatolien im 13. Jahrhundert ein Goldenes Zeitalter.

Neben der wuchtigen Moschee aus grauen Quadern ragt ein schlankes Minarett himmelwärts. Das Portal mit Stalaktitendecke zieren verwitterte Arabesken und ein Koranvers. Reste der früheren Bemalung sind noch gut zu erkennen. Im Inneren des Gotteshauses erwartet uns eine große Pfeilerhalle. Zu beiden Seiten des überkuppelten Hauptschiffs liegen je drei niedrige Nebenschiffe, die an romanische Krypten erinnern. Den Minbar aus Ebenholz bedecken feinste Arabesken und Koranverse.

Vor der Moschee halten einige Senioren ein Schwätzchen in der Sonne. Unentwegt gleiten die Perlen der Gebetsschnüre dabei durch ihre Finger. Passanten sprechen uns immer wieder an: »Woher?« »Deutschland? Ah! Bielefeld!, Arminia! Wunderbar!«

Laut Programm war auch noch die Besichtigung des Döner Kümbet vorgesehen. Das ›drehende Gewölbe‹ ist das Grabmal der Tochter von Alaeddin Keykubat. Doch Sülo Bey drängt zur Eile; der Bus fährt ohne Halt am Grabmal vorbei. Schade. Der Name des Rundbaues mit spitzem Kegeldach zeugt von Kreuzberger Witz. Es sieht wirklich aus wie ein Dönerspieß bepackt mit Hühnerfleisch.

Auf der Fahrt zum Hotel macht Sülo Bey einen Umweg über kleinere Dörfer. An allen Miradores treffen wir wieder auf die Souvenirstände »guter Freunde«.

Zuletzt hält Mustafa auf einer Anhöhe mit besonders schönem Panoramablick. Vor uns breitet sich ein Blütenteppich aus Mohn, Kornblumen, Schwertlilien und Ginster. Unter uns ragen die geheimnisvollen Schlote der Elfen in den blauen Himmel. Aus der Ferne grüsst der schneebedeckte Doppelgipfel des Hasan Dağı.

Unser Hotel bietet wieder allen Komfort. Wir werden hier zweimal übernachten.

Am Abend überrascht uns die Küche mit einer türkischen Raki-Tafel. Wir schmausen wie einst der Sultan im Topkapi Serail zu Istanbul. In meinem Kopfkino leuchten Erinnerungsbilder von der gewaltigen Palastküche auf. Unter einem Wald von Kaminen glühten einst vierundzwanzig Feuerstellen. Tag für Tag wurde hier für mehrere Tausend Bewohner des Palastes gekocht. An riesigen Spießen wurden ganze Hammel und Ochsen gegrillt. Küchengerät aller Art aus gehämmertem Kupfer bedeckte Wände und Tische. Serviert wurden die Leckereien auf erlesenem, hauchdünnem chinesischen Porzellan.

Herr Bleibtreu rühmt sich beim Essen seiner Heldentaten im Sauerländer Gebirgsverein. Frau Bleibtreu ist das sichtlich peinlich. Da muss ich dringend eine Anekdote über Hodscha Nasreddin Efendi zum Besten geben.

Der türkische Eulenspiegel und Schalksnarr stand einst beim Sultan hoch in Gunst. Eines schönen Tages wurde Nasreddin wieder einmal zum Gastmahl geladen. Der Großwesir und der Scheik ul Islam waren mit von der Partie. Die beiden Nichtsnutze erschienen ja immer mit dem Löffel am Gürtel zu Besuch. Trotzdem sieht der Imam aus wie ein rechter Hungerhaken. Das gewaltige abdominelle Feinkostgewölbe des Großwesirs indes verrät jedermann, dass der feiste Falstaff knusprigen Kussmündchen, süßem Frauennabel und in Honig schwimmenden Mädchenbrüsten einfach nicht widerstehen kann.

Auf einer riesigen Platte werden sechs Dutzend verschiedene Meze hereingebracht. Beim bloßen Anblick fällt der Imam in Ohnmacht. Der kluge Sultan, der dumpfe Großwesir und der stoische Hodscha schmausen ungerührt weiter. Nach den Meze löffeln die drei Feinschmecker eine herzhafte Kuttelsuppe. Die macht bekanntlich trinkfest und schützt vor einem bösen Kater am anderen Morgen. Der Padischah löchert den Hodscha Nasreddin: „Ist dies nicht die wohlschmeckendste Suppe auf der ganzen Welt?« Mullah Nasreddin stimmt dem Herrscher bei: »Gewiss, Euer Majestät! Gewiss! Die allerallerbeste!«

Nach der Kraftbrühe läuten den Schlemmern die Glocken des Glückes. Womit sind gemeint knusprig gegrillte Hammelhoden. Auf die Testikel folgen in Ei gebackene Frauenschenkel. Ein Gulasch vom Milchlamm an Püree aus Eierfrüchten schließt den Reigen. Der Vorkoster meldet dem Obersten Suppenverteiler der Hohen Pforte erleichtert: »Es hat seiner Majestät gemundet! Inschallah!« Ein lautes Bäuerchen bezeugt es: auch der füllige Großwesir ist angenehm übersättigt.

Der Padischah lässt danach jungen Raki kredenzen. Doch der Großkanzler schmält: »Der schmeckt aber nicht wie echte Löwenmilch!« Im freigebigen Sultan steigt ein gewaltiger Ärger hoch. Kurz spielt er mit dem Gedanken, den Minister zum Nachtisch in seine käsebleichen Wesirfinger zu beißen oder ihm den gezwirbelten Turban vom Kopf zu schlagen. Doch ein Beherrscher der Gläubigen muss auch seine heiße Wut beherrschen.

Seine Majestät befiehlt, noch einmal Kuttelsuppe zu reichen. Aber jetzt findet der verstimmte Herrscher die Suppe versalzen: »Hinfort mit dieser eklen Brühe! Sie schmeckt schauderhaft!« »Ja, wirklich, Euer Majestät«, pflichtet Nasreddin Effendi eiligst bei. »Wahrhaftig, es ist die übelste Brühe, die ich je gelöffelt habe!« »Aber Nasreddin«, rüffelt der Sultan, »vor einigen Minuten noch hast du sie als allerbeste Suppe von der Welt gepriesen!« »Wohl wahr, Eure Majestät! Aber letztendlich lebe ich von Eurer Gnade und nicht vom Geschmack dieser salzigen Bouillon!«

Die nüchternste Gattin der Welt meint, ich hätte wohl zu viel Raki getrunken: »Marsch ins Bett!«

IM LAND DER HÖHLENMENSCHEN

Beim Morgenkaffee fehlt Familie Störmer. Unsere Abfahrt verzögert sich. Sülo Bey ist sauer. Nach einer Stunde taucht das Ehepaar auf. Frau Störmer hat in der Nacht ihre Ohrstöpsel zu tief in den Gehörgang gedrückt. Ein Hals-Nasen-Ohren-Arzt musste sie heute morgen von den Pfropfen entbinden. »Für nur dreißig Euro.« freut sich der Gatte. Mustafa soll uns dann zum Taubental kutschieren.

Seinen romantischen Namen verdankt das Tal den Tausenden von Tauben, die einst in den Berghöhlen nisteten und wertvollen Mist hinterliessen. Erklärt der Vogelfreund Sülo.

Bevor es hinunter ins Tal geht, halten wir auf der Anhöhe an einer Töpferei. In drei Sprachen ist zu lesen, dass wir bei Alis Antiquitätenshop gelandet sind. Hecken und Sträucher des Anwesens sind geschmückt wie Weihnachtsbäume. Mit der ›Hand der Fatima‹ und unzähligen magischen Blauen Augen gegen den bösen Blick. Bunte Turbane sowie echt antike Hecheln und Spinnräder ergänzen das Angebot. Natürlich wartet auch ein fotogen aufgezäumtes Kamel auf Kundschaft. Wir begnügen uns mit einem Blick auf das Panorama rund um den ›Burgberg‹ von Uschisar. Auf dem Gipfelturm weht die rote Flagge der Türkei mit Mond und Stern in Weiß.

Der Name Burgberg ist irreführend; auf dem Berg steht keine Burg. Im Berg wohnten einmal an die tausend Menschen in Höhlenwohnungen. Heute residieren dort nur noch arme, alte Leute und reiche Touristen. Klagt Sülo empathisch. Dann führt er uns gegen Bakschisch die Flugkünste der Purzeltauben von seinem Spezi Ali vor.

Nach der fesselnden Flugschau dürfen wir eine Felswohnung besichtigen. Wieder empfängt uns einer der Zehntausend besten Freunde unseres Rudelführers. Der alte Herr hat sich dem Räumungsbefehl der Behörden widersetzt. Nach langem Hin und her dürfe er bleiben, aber nichts mehr verändern. Behauptet Sülo Bey.

Die Wohnung ist erstaunlich geräumig und behaglich eingerichtet. Boden und Wände sind mit Teppichen bedeckt; es gibt sogar fließendes elektrisches Licht. Über dem Diwan hängt ein Zwilling der alten Silberbüchse von Kara ben Nemsi.

Vom vergitterten Balkon hat man einen herrlichen Ausblick ins Tal. In der Höhle gegenüber sitzen zwei Gendarmen gemütlich beim Brunch. Am Fuss des Burgberges streiten zwei niedliche Jungtürken um eine Sandschaufel.

Mustafa fährt weiter zum UNESCO Kulturerbe in Göreme.

In einem abgelegenen Tal erwarten uns besondere Klöster aus byzantinischer Zeit.

Nicht nur die Klosterkirchen, auch die Kapitelsäle, Refektorien und Dormitorien für die Mönche wurden hier aus dem anstehenden Tuffstein gehöhlt. Der Grundriss der meisten Kirchen hat die Form eines griechischen Kreuzes.

Es gibt eine Apfelkirche, eine Schlangenkirche, eine Sandalenkirche, eine Dunkelkirche, eine ältere und eine jüngere Schnallenkirche, ein Mädchenkloster und die Kirche der Heiligen Barbara. Um nur die bedeutendsten Bethäuser zu nennen.

Alle freien Flächen der Höhlenkirchen sind mit gut erhaltenen Fresken bemalt. Die Bildprogramme sind fast deckungsgleich. Dargestellt sind immer wieder dieselben Episoden des Neuen Testamentes. Szenen von Geburt und Kreuzigung, Auferstehung und Himmelfahrt Jesu und natürlich alle seine Wunder sind in jeder Höhlenkirche zu sehen. Aber eine individuelle Farbpalette verleiht jedem Felsendom ein eigenes Gesicht.

In der Barbarakirche gibt eine ganz andere Art der Bemalung viele Rätsel auf. Hier überziehen geometrische Figuren, Kreuze und stark stilisierte Tiere in strahlendem Rot auf ockerfarbenem Grund Wände und Decken. Das vordergründig schlichte Dekor stecke indes voller Symbolik. Der krakelige Hahn hier verweise auf die Verleugnung Christi durch Petrus. Und die skurrile Grille, die dort zum Kreuze kriecht, stehe für die Bekehrung eines Heiden zu Christus. Raunt Sülo Bey.

Am Nachmittag fährt uns Mustafa zu einer Teppichmanufaktur.

Dieser Pflichtpunkt stand eigentlich erst für morgen auf der Tagesordnung. Unser Häuptling hat sich wieder für uns ins Zeug gelegt. Behauptet jedenfalls Sülo Pascha. Denn der Chef selbst, der angeblich schon lange keine Vorträge mehr hält, werde uns belehren.

Es folgt die übliche Predigt bei Tee und Raki, dann kommt die Einzelbehandlung. Die geschulten Verkäufer stammen fast alle aus Krefeld, der Partnerstadt von Kayseri. Ein Verkäufer ist noch in Haselünne zu Hause, er hilft während der Saison nur hier aus. Die taffen Businessmen sprechen alle akzentfreies Deutsch und sind sehr, sehr clever. Doch die traditionellen Teppichmuster gehen voll am Geschmack der Zeit vorbei. Die klügste Ehefrau der Welt fragt vorsichtig nach Brücken mit modernem Design. Unser Betreuer bringt einen einzigen blauen Gabeh mit stilisierten Tieren in Rot aus dem Lager. Schade um die vertane Zeit. Niemand kauft etwas.

Zur Strafe schleppt Sülo Bey uns in eine der berühmten Töpfereien von Avalos.

‹Chez Galip›, ›Zum Gewinner‹ steht an der Hauswand neben dem Eingang.

Drinnen begrüßt uns eine Deutschtürkin mit typisch Berliner Schnauze. Üppig bemessen sind auch die Preise der türkisfarbenen Keramik. Für eine achtzig Zentimeter hohe Blumenvase will die Berlinale zwölftausend Euro. Dabei hat sie nur traditionelle osmanische Nelken und Tulpen im Angebot. Billiger sind kitschige Imitate alt-hetitischer Tupperware für süchtige Souvenirjäger.

Beim Abenmahl verwöhnt uns die Hotelküche mit einem kalt-warmem Büffet.

Familie Oberpfenning läuft auf zu großer Form. Er bürstet sein graues Resthaar immer gewaltsam vom linken Ohr zum Kalvarienberg. Das wandelnde Magengeschwür schenkt jedermann ein eingefrorenes Lächeln. Am Büffet reibt er sich heuchlerisch die Hände und klagt: »Eigentlich habe ich gar keinen Hunger.« Doch leider verlangt der Körper als Tempel der Seele sein Recht. Aus Respekt vor den muslimischen Kellnern trinke er keinen Alkohol. Sagt Tartüffe. Im Bus hält er aber immer stumme Zwiesprache mit einem Herrn namens Yeni Raki.

Seine dralle Gattin reicht ihm nur bis zur Hüfte; sie blickt zwangsläufig zu ihm auf. Madame futtert die Reste der Riesenportionen weg, die der Göttergatte nicht mehr schafft.

Seine Mutter wieselt mit einem Rollator zum Büffet; jeder macht Oma bereitwillig Platz. Die stellt beherzt einen Teller auf die Mittelstrebe ihres Laufrades, packt ordentlich was drauf und flitzt behände zurück an ihrem Platz. Bei Hochbetrieb läuft sie ganz ohne Krücke zur Krippe und trippelt, zwei hochbeladene Kuchenteller in beiden Händen jonglierend, wieder zu ihrem Tisch.

Satt und zufrieden auch ohne Efes sinken wir heute zeitig in die Kissen.

Für Morgen früh haben wir die Fahrt mit dem Heißluftballon gebucht.

Wo die Elfen kochen

Um Punkt vier Uhr früh klingelt der Wecker.

In halsbrecherischer Fahrt geht es per Taxi zum Startplatz der Heißluftballons. Dort werden wir mit heißem Tee und süßem Kuchen begrüßt. So gestärkt, spielen wir beim Aufheizen der vierzig bunten Ballone Kiebitz.

Schließlich pfercht man uns in einen gepolsterten Weidenkorb für fünfzehn Personen. Eine Dame mit starken Gewichtsproblemen quetscht sich noch dazu. So verkeilt kann wenigstens keiner der sechszehn Passagiere während der Fahrt herausfallen.

Lässig steuert der Pilot unser Luftschiff über die Wipfel blühender Aprikosenbäume. Dann schweben wir nahezu lautlos über die Märchenlandschaft Kappadokiens. Dort unten liegt das Feental, dort das Liebestal und da hinten das Zwiebeltal.

Die vielfältigen Formen jedes Tales verleiten zum beliebten Rorschach-Test für Gehemmte. Die meisten Ballonfahrer sehen niedliche Pinguine oder tollpatschige Robben. Manche erspähen Erdmännchen und Murmeltiere, andere springende Delphine. Etliche der Feenkamine tragen eine Haube aus härterem Gestein. Sie sehen in der Tat aus wie Schornsteine von unterirdischen Herdfeuern. Im Liebestal gemahnen die Gebilde an Spargelstangen oder riesige Stinkmorcheln. Der klügsten und züchtigsten Ehefrau der Welt sage ich lieber nicht, an was ich dabei denke.

Über einem Kamin weht der rote Halbmond, dort hält die türkische Jendarma Wache über die Herdfeuer der Elfen.

Die Stunde vergeht wie ein Lidschlag. Dann setzt der Pilot unser Gefährt sanft auf die Erde. Eine Urkunde und ein Glas Schampus besiegeln es: wir taugen zur Luftfahrt!

Nach der Rückkehr ins Hotel gönnen wir uns einen ausgiebigen Brunch.

Auf der Weiterfahrt erzählt Sülo Bey, dass zum ersten Mal ein Unglück passiert ist. Ein Ballon mit zehn Engländern ist aus fünfzig Metern Höhe abgestürzt. Der Pilot sei zu schnell aufgestiegen und habe einen anderen Ballon gerammt. Ein Mitfahrer kam ums Leben, die übrigen wurden zum Teil schwer verletzt. Bei dieser schlechten Nachricht sind wir traurig und froh zugleich.

Unser erstes Ziel ist heute eine unterirdische Stadt bei dem Flecken Derinkuyu.

Im Untergrund von ganz Kappadokien gebe es an die zweihundert Höhlenstädte. Nur einige von ihnen seien bisher überhaupt entdeckt worden. Prahlt der Grottenolm Sülo.

Die von frühen Christen geschaffenen Fluchtburgen reichen mehrere Stockwerke in die Tiefe und sind durch lange Stollen miteinander verbunden. Im Notfall wurden die Durchgänge von innen mit Mühlsteinen verrammelt. So ein Notquartier soll mehreren

Tausend Menschen Schutz geboten haben. Wir wandern unter Tage durch schwach beleuchtete künstliche Höhlen. In dieser Unterwelt von ›Tiefenbrunn‹ gab es Wohn- und Schlafräume, Küchen und Vorratslager, Ställe für das liebe Vieh und eine Weinkelter für die gute Laune. Zisternen und Schächte sorgten für frische Luft und und frisches Wasser. Zuunterst lag einst die Kirche; dort sorgten sich orthodoxe Popen um die armen Seelen. Als die mordbrennenden Araber Kleinasien überrannten, nannten sie die Gegend, wo die Christenhunde scheinbar vom Erdboden verschluckt wurden, ›Land der Dschinn‹.

Mustafa fährt uns weiter durch eine gebirgige Landschaft zu Peristremaschlucht.

Hinter uns im Bus sitzen übrigens Penelope und einer ihrer Freier.

Er ist ein Muffel mit Dreitagebart. Der große Schweiger liebt Bermudashorts und Jesuslatschen. Seine Penelope trägt ihr Haar nach Biedermeierart mit Stirnfransen. Ihre großen dunkelbraunen Augen passen gut zu ihrer Nase. Kaum sitzt sie auf ihrem Platz, kramt sie Strickzeug aus einer Strohtasche und zählt leise die Maschen vor sich hin. Ein Fortkommen der Stricksache kann ich nicht erkennen. Aber als Mann verstehe ich ja nichts vom Nadelfechten.

Wir halten beim Dörfchen Ihlara. Von weitem grüßen die schneebedeckten Wipfel des Hasan Daği. »In die Abhänge des erloschenen Vulkans hat das Flüsschen Melendiz einen tiefen, kilometerlangen und wildromantischen Canyon gegraben.« Schwärmt der Stadtmensch Sülo. »In den Wänden der Schlucht liegen zwanzig Höhlenkirchen verborgen.«

Auf einem abschüssigen Jägersteig klettern wir wie Gemsen von der Fahrstraße hinab zur Talsohle. Dann geht es über gelbe und blaue Blütenkissen bequem flussabwärts. Nur an einigen Stellen müssen wir den Damen durch enge Felsspalten helfen. Vorbei an aufgelassenen Wohnhöhlen wandern wir zur ›Kirche unter dem Baum‹. In ihrer Kuppel schwebt wieder, umgeben von lobpreisenden Cherubim, der bärtige Pantokrator. Die Zwickel sind mit geometrischen Mustern und schlichten Girlanden bemalt.

Wir kehren um; auf dem Rückweg zum Bus gibt mir Frau Bleibtreu die Ehre. Ich nenne sie so, weil sie eine Haartolle trägt wie die berühmte Schauspielerin. Frau Bleibtreu spricht auch, wie die Erste Tragödin am Wiener Burgtheater deklamiert. Die Gläser ihrer Sonnenbrille sind grösser als ein Bierdeckel. Sie nutzt das gewaltige Gestell offenbar nur, um ihr üppiges Haupthaar zu bändigen. Dame Bleibtreu ist kulturell sehr interessiert. Ihr fällt nur immer gerade nicht ein, was das war oder wie das hieß, was sie seinerzeit irgendwo schon so ähnlich gesehen hat. Ihr seniler Ehemann ist da keine Hilfe; der vergisst schon, wo unser Treffpunkt ist. Ab und an muss sie ihn von der Männertoilette holen, weil er gelegentlich dort einschläft.

Zur Mittagspause hält Mustafa hinter Aksaray an einer Tankstelle mit Rasthaus.

Die klügste und grazilste Ehefrau der Welt wählt Pide mit Spinat und Knoblauch. Ich wähle Pastırmalı Pide, mit Tomate und einem welken Salatblatt. Wir schmausen im Freien. Unser Standort gewährt einen schönen Blick auf den Salzsee Tuz Gölü.

Eine Handvoll Bronzebüsten funkelt in der Mittagssonne. Die hätten wir an diesem Ort am wenigsten erwartet. In der erlauchten Runde osmanischer Berühmtheiten entdecke ich auch Sultan Süleyman Kanuni und seinen Architekten Sinan. Diese beiden Männer haben zu ihrer Zeit aus Istanbul die Perle am Goldenen Horn gemacht.

Baumeister Sinan, als Sohn armenischer Christen in der Nähe von Kayseri geboren, kam über die Knabenlese zum Islam. In seinem langen Leben hat er über vierhundert Bauten in der Türkei errichtet. Darunter hundert herrliche Moscheen, die dem türkischen Baustil für die Restlaufzeit des Osmanischen Reiches ihren Stempel aufdrückten. Die größte Moschee von Istanbul, die Süleymaniye Cami, haben wir bei früheren Reisen durch die Türkei bestaunt. Zehn Balkone und vier schlanken Minarette des wunderbaren Gebetshauses verkünden noch heute aller Welt, dass ihr Bauherr, Süleyman der Prächtige, der zehnte Sultan der Osmanen und der vierte Padischah nach Mehmet Fathi, dem Eroberer, war. Nach der Mittagspause fahren wir weiter in Richtung Konya.

Schon nach kurzer Fahrt hält Mustafa an einer alten Karawanserei. Die Raststätte Sultanhani liegt an der historischen Seidenstrasse zwischen Konya und Kayseri. Auch ihre Gründung geht auf den Sultan der Seldschuken, Alaeddin Kaykobad I., zurück. Vor uns strebt eine Festungsmauer mit zwei Dutzend Türmen lotrecht in die Höhe. Über dem einzigen Zugang, einem reich verzierten Prunkportal aus Marmor, steht auf arabisch: »Die Herrschaft liegt bei Allah!«

Wir betreten den riesigen, offenen Sommerhof. In seiner Mitte erhebt sich auf einem Unterbau eine schlichtes, würfelförmiges Gebetshaus. Darunter liegt eine offene Kapelle; ihr marmorner Minbar ist fein ziseliert. Zur Linken liegen Küchen und Schlafräume, Bäder und Krankensäle. Rechts befanden sich im Erdgeschoss Stallungen für Reit- und Packtiere. Das Obergeschoss bot ringsum reichlich Lagerraum für Handelsgüter aller Art.

Durch ein zweites Prunkportal geht es in die fünfschiffige überdachte Winterhalle. Auf ihrem Dach spendet ein achteckiger Tambour der Halle Licht.

Die riesige Karawanserei war nicht nur ein Motel für durchreisende Chinafahrer. Hier wohnten und arbeiteten auch Sattler, Wagner, Bäcker, Köche und Ärzte. Für die Kosten von drei Tagen Aufenthalt im Kamelmotel kam die Börse des Sultans auf.

Heutzutage wirken die völlig kahlen Räume wie Gefängniszellen. Niemand hat den Versuch gemacht, den ratlosen Touristen das bunte Treiben auf der Seidenstrasse mit Antiquitäten und kostümierten Knechten vorzugaukeln. Wir helfen uns mit der lebendigen Erinnerung an den geschäftigen Koza Han Basar in Bursa.

Dann geht es über eine weite Ebene ohne neuen Halt in die Millionenstadt Konya.

Wir logieren in einem riesigen Designerhotel. Die Absteige bietet zwei noble Restaurants, drei stylische Bars, zwei urige Pubs und eine Disco mit dem treffenden Namen ›L`Inferno‹. *»Lasciate voi che entrate, ogni speranza!«* Lasst, die ihr eintretet, alle Hoffnung fahren!

Das Hotel ist voll und laut, der Service schlecht, das Essen nicht erwähnenswert.

Ist es Zufall, dass eine solche Hütte im Vatikan des mystischen Sufismus floriert?

In den Abendnachrichten werden Bilder von dem Unfall mit dem Heißluftballon gezeigt. Die Überlebenden befinden sich alle noch in stationärer Behandlung. Wir wünschen den verunglückten Ballonfahrern von Herzen »Gute Besserung!«

Mystische Vereinigung: Konya

Nach dem Morgenkaffee bringt uns der Bus zum Mevlana Komplex.

Konya bezaubert durch Wolkenkratzer, schrille Straßenbahnen und übles Verkehrschaos.

In Konya würden die teuersten Schuhe der Türkei fabriziert.

Rühmt Sülo, der Sandalenträger.

Das Mausoleum von Dschalal ad-Din Rumi, einst bedeutender Poet und Begründer der Mevlevi-Bruderschaft, ist das Wahrzeichen der Provinzhauptstadt. Wie ein Leuchtturm weist der türkisfarbene runde Tambour mit dem kegelförmigen Dach uns den Weg zum Mausoleum.

Konya, die einstige Hauptstadt der Seldschuken, war zugleich eine Hochburg der Sufi-Orden. Sind wir nicht schon in Marokko und Usbekistan allenthalben den mystischen Biedermeiern und politischen Brandstiftern begegnet? War ihr politischer Einfluss nicht überall gewaltig, aber nicht immer segensreich? Ist es nicht immer das gleiche Lied?

Orden werden gegründet von Besessenen und verbreitet von gutwilligen Adepten. Der Erfolg lockt die Schmarotzer an. Falsche Propheten, Wahrsager, Wunderheiler und Gaukler geben sich die Ehre. Ihnen folgen die bettelnden Tagediebe, die von den Almosen der Gutgläubigen leben.

In der säkularen Türkei von heute ist Konya eine Hochburg des islamischen Revivals. Führende Köpfe der islamistischen AKP stammen aus Konya und Kayseri.

Der einstige Klosterkomplex der Mevlevi Tariqa fungiert seit langem offiziell als Museum. Für Sufis und fromme Muslime blieb das Stift trotzdem ein wichtiger Wallfahrtsort.

Auch heute früh herrscht ein gewaltiger Andrang überwiegend weiblicher Pilger. Jedwede Variante fraulicher Mode, von hautengen Pullis und Jeans bis zum schwarzen, alles verhüllenden Tschador, ist hier vertreten. Ein Kopftuch ist allerdings *de rigeur*.

Die wenigen männlichen Rauschebärte stehen meist schon im biblischen Alter.

Frommes Innehalten geht hier Hand in Hand mit rücksichtsloser Drängelei. Die Männer fotografieren sämtliche Exponate, obwohl das streng verboten ist. Per Handy schicken sie die Bilder den daheim gebliebenen Kumpels nach Ezerum. Eben noch innbrünstig ins Gebet versunken, zückt Asli noch in der Moschee ihr Handy und setzt ihre Freundin in Adana über den Gegenstand ihrer fromme Fürbitte ins Bild.

Im Mausoleum ruhen die sterblichen Überreste von Dschalal ad-Din Rumi neben den Sarkophagen seiner Familie und seiner Apostel. In prunkvoll ausgestatteten Nebenräumen sind edle Möbel, feine Teppiche, alte Musikinstrumente und Handschriften ausgestellt. Mich faszinieren vor allem die Exemplare des ›Diwan von Shams-e Tabrizi‹ von Rumi und eine wunderschön illustrierte Handschrift der berühmten Gedichtsammlung ›Diwan‹ von Hafis.

Im Innenhof stehen wuchtige achteckige Grabbauten mystischer Marabouts. Grazile Grabstelen und duftende Rosen zieren die schlichteren Gräber subalterner Fakire. Die benachbarte Selim Cami ist nach Sultan Selim II.dem Säufer benannt. Der Betrieb rund um Kloster und Moschee erinnert an das unfromme Treiben an den Wallfahrtsstätten anderer Hochreligionen. Nur gibt es hier erheblich weniger Devotionalienbuden.

Wir hasten zum touristischen Höhepunkt der Reise, zu den tanzenden Derwischen.

Die Pirouetten der Derwische seien eine Art »meditatives Gebet«. Flüstert Derwisch Sülo Bey andachtsvoll. Im ekstatischen Sich-Vergessen erlebe der Sufi das Eins-Werden mit der geliebten Gottheit. Dieses hohe Glück blieb mir bisher erspart.

Ganz in Weiß gekleidete Männer mit hohen Filzkappen auf den Köpfen drehen sich im fahlen Licht einer Zirkusarena zur eintönigen Musik einer Vier-Mann-Combo. Gottlob gehören diese Derwische zur tanzenden und nicht zur heulenden Loge. Es ist streng verboten, während des Gebetes zu fotografieren oder zu applaudieren.

»Ihr sollt nicht bei der Predigt klatschen!« Mahnte schon Paulus die Apatschen.

Stumm wie sie gekommen sind, treten Tänzer und Musikanten nach der Andacht ab. Dann kehrt ein blutjunger Sufi in die Arena zurück. Zur Musik vom Tonband dreht er einsam und selbstvergessen einige Pirouetten. »Extra für Eure Kameras!«

Strahlt Sülo Bey. Scheinheiliger geht`s nicht.

Von Konya geht es zweihundertsechzig Kilometer nordwärts nach Ankara. Dort verabschieden wir uns von Sülo Bey und Mustafa. Von unserem Bakschisch können die Beiden sich in Konya neues Schuhwerk kaufen.

Nach einer kurzen Siesta verbringen wir den Nachmittag im Historischen Museum von Ankara. Das Haus der Anatolischen Zivilisationen logiert in einem ehemaligen Basar. Hier wurden früher Stoffe aus der berühmten Angorawolle gehandelt.

Frau Dr. med. Stock und ihr Lebensgefährte begleiten uns. Die beiden machen seit Beginn der Reise auf feinfühliges Künstlerpaar. Er trägt wallende, gräuliche Nazarenerlocken, lange Schals und zu weite Pullover. Wie Bischöfe, Eunuchen und klimakterische Frauen bevorzugt er die Farbe Lila. Jeden Morgen grüßte er mit einer Geste, als pflücke er für uns Sterne vom Himmel.

Die Frau Doktor trägt zu wasserblauen Augen schulterlange, blonde Schillerlocken und einen schmerzlichen Zug um den Mund. »Als laste alles Weh der Welt auf ihr.« Bemerkt die klügste und einfühlsamste Ehefrau der Welt dazu. Die Kollegin praktiziert als Nervenärztin in Bitterfeld.

Der Rundgang beginnt mit Exponaten aus der Alt- und Jungsteinzeit. Ein Modell zeigt, wie einst die Toten unter der Küche des Hauses beerdigt wurden. So hatte man die Geister der Verstorbenen immer unter Kontrolle.

Die früheste Darstellung des Feuer speienden Vulkans von Catalhöyük ist einmalig.

Fesselnd sind auch die Kleinplastiken und Keramiken. Aus den Vitrinen lächeln stillende Madonnen und überreife Matronen. Auf einem Sessel mit Löwenlehnen thront die nackte Venus von Catalhöyük. Die Große Mutter leidet an fortgeschrittener Elephantiasis. Im Blitzlichtgewitter zucken ihre schweren, hängenden Brüste furchterregend.

Reizend dagegen wirkt die Figur eines zierlichen Mädchens aus Gold und Silber. Das Püppchen hat ein kindliches Gesicht und ist nur mit einer Stola bekleidet. Ihre kleinen runden Brüste präsentiert sie nach Art der schönen Kreterinnen. Der Künstler hat ihr

Venusdreieck durch tief eingeritzte Konturen betont. Die knospende Schambehaarung wurde durch Punzen verdeutlicht.

Geradezu humoristisch wirken die originellen Trinkgefäße. Wir sehen schmunzelnde Henkeltöpfe mit abstehenden Ohren und Schlitzaugen. Auf Feldflaschen sitzen Tüllen mit pfeilförmigen Köpfen von Mann und Frau. Ihre großen Augen scheinen sich über den Betrachter zu wundern.

Auf Vasen finden wir wieder die vertrauten Comics von der Heiligen Hochzeit.

Hier sehen wir auch die Originale der Grabbeigaben aus Alacahüyük. Neben den gegossenen Standarten aus Bronze liegen meisterhafte, aus Gold getriebene, Diademe, Kannen und Pokale mit Fischgrätmuster und Spiralornamenten.

Drüben schreitet der Gott vom Königstor in Hattuscha im Original vorbei. Ein Priester mit nacktem Oberkörper trägt das Lächeln der Auguren zur Schau. Zu seinen Füßen bläst ein bärtiger Mann die Syrinx, ein junges Mädchen zupft die Kithara. Die beiden lustigen Musikanten spielen dem Gott in der Badehose auf.

Gewaltige Chimären mit gespaltener Persönlichkeit machen meiner Gattin Angst. Neben einem Löwenkopf ragt noch ein Götterhaupt mit Wikingerhelm aus dem Rumpf.

Nach drei Stunden kehren wir erschöpft in unsere Herberge zurück. Wir übernachten im gleichen Hotel wie am ersten Tag der Rundreise. Zum Dönieren gehen wir in das uns schon bekannte Halal Restaurant.

REVOLUTIONÄR IM CUTAWAY

Es ist Sonntag; in Ankara herrscht schon am Morgen drückende Hitze. Trotzdem gehen wir zu Fuß zum Mausoleum von Atatürk hoch über Ankara. Das Grabmal Anit Kabir wurde sechs Jahre nach Atatürks Tod erbaut.

Wir wandern durch einen schönen Park; das Betreten der Seitenwege ist leider verboten. Deshalb müssen wir bis zum höchsten Punkt weiter über heißes Pflaster laufen.

Als Mustafa Kemal Pascha im Jahr 1923 zum Präsidenten der Republik Türkei gewählt wurde, hatte er schon eine glänzende Militärkarriere hinter sich. In nur fünfzehn Jahren krempelt der Sieger von Gallipoli dann die Türkei um. Das osmanische Sultanat wird erledigt, das muslimische Kalifat abgeschafft. Die Sufi-Bruderschaften werden verboten, die Medresen geschlossen. Im Jahr 1928 verliert der Islam den Status einer Staatsreligion. Für die Bildung sind nicht mehr Koranschulen sondern staatliche Lehranstalten zuständig. Türkisch wird jetzt in lateinischer statt in arabischer Schrift geschrieben. Das öffentliche Leben richtet sich hinfort nach dem gregorianischen Kalender. Geheiratet wird jetzt beim Bürgermeister, geschieden wird vor dem Familiengericht. Der ›Neue Türke‹ trägt Hut statt Fes oder Turban und die emanzipierte Türkin gibt Kopftuch und Schleier in die Altkleidersammlung. Mustafa Kemal folgt der fragwürdigen politischen Devise: »Für das Volk, ungeachtet des Volkes«. Dieser Paternalismus hat Kemal Pascha im Jahr 1934 den Titel ›Vater der Türken‹ eingebrockt.

Doch dieser Mustafa Kemal ist nicht nur ein schneidiger Militär und energischer Staatsmann. Er hat auch etwas von einem Playboy. Die meisten Bilder zeigen den Präsidenten der Republik im förmlichen Morning Dress. Zur gestreiften Hose trägt er Cutaway und Weste, ein weißes Hemd mit Haifischkragen, Krawatte mit Windsorknoten und ein blütenweißes Kavalierstuch. Der Glimmstengel und ein betörendes Lächeln runden das Bild.

Man sieht, der Ghazi liebt Wein, Weib und den Gesang schwerer Motoren. Seine Luxuslimousinen der Marken Lincoln und Cadillac und seine Yacht gehören zu den am häufigsten fotografierten Exponaten des Anit Kabir.

Am Eingang zur Anlage müssen wir durch eine strenge Sicherheitskontrolle gehen. Unser Handgepäck wird durchleuchtet, unsere Waffen werden eingezogen.

Danach erschrecken wir vor zwei Ensembles überlebensgroßer Statuen. Drei kräftige Männer stellen den anatolischen Bauern, den neutürkischen Soldaten und ein säkularisiertes Schulmeisterlein dar. Drei Frauenstatuen symbolisieren Trauernde. Warum, weiß nicht mal der Baedeker. Vor tausend Jahren glaubten wir ja auch an diese Ideologie: Nährstand, Wehrstand, Lehrstand. Der Geschmack des Steinmetzen passt dazu.

Ein mehrere hundert Meter langer Prozessionsweg führt zum Ehrenhof. Zu beiden Seiten des Weges dösen hässliche, im alt-hethitischen Stil gemeißelte Löwen in der Hitze.

Da lobe ich mir die Sphingen- und Widderalleen von Luxor und Karnak.

Der riesige Ehrenhof bietet Platz für fünfzehntausend Menschen. Heute fehlen ein paar.

Fliesen aus Travertin in verschiedenen Farben erwecken die Illusion, der Ehrenhof sei mit kostbaren Teppichen ausgelegt. Um den zentralen Platz laufen Arkaden mit wuchtigen, viereckigen Pfeilern. Auf einem hohen Podest ragt das Mausoleum wie ein antiker Tempel in den Himmel. Eine breite Treppe mit zweiundvierzig Stufen führt hinauf. Zu beiden Seiten des Aufgangs sind zwei wichtige Schlachten des türkischen Freiheitskrieges in Stein verewigt.

In der Ehrenhalle des Grabmals steht ein Kenotaph aus rotem Marmor. Sieben Meter darunter schläft der Vater der Türken dem Jüngsten Tag entgegen.

Durch das riesige Gitterfenster der Halle schimmert die Zitadelle von Ankara.

Am frühen Abend fliegen wir zurück nach Deutschland.

Diese Reise hat unsere Erwartungen voll erfüllt. Auch wenn auf das wunderbare Erlebnis der Ballonfahrt ein Schatten fiel.

Die moderne Türkei steht offenkundig am Scheideweg.

Wird die Trennung von Staat und Religion weiter Bestand haben? Oder sind nach acht Jahrzehnten die Islamisten wieder auf dem Vormarsch?

Schon im Jahre 1826 hat Sultan Mahmud II. den Bektaschi-Orden aufgelöst. Den Seelsorgern der rebellischen Janitscharen wurde Irrlehre vorgeworfen. Die Derwische tauchten ab oder emigrierten auf den Balkan. Die daheim Gebliebenen übten sich in der Kunst der Konspiration.

Im Jahr 1925 hat Atatürk alle Bruderschaften verboten. Sie wurden bis heute offiziell nicht wieder zugelassen. Ihre Aktivitäten werden aber von den Behörden mehr oder minder geduldet.

Bis zum Jahr 1950 wurden die Gläubigen auf türkisch zum Gebet gerufen. Seither ruft der Muezzin seine Schäfchen wieder auf Arabisch in die Moschee.

Bis zum Jahr 1954 war auch der Sema-Tanz der Mevlevi-Brüder verboten. Danach durfte am Jahrestag von Rumis Tod wieder tänzerisch meditiert werden. Mittlerweile scheint die Zeremonie als Touristenattraktion und Goldesel willkommen zu sein. Sogar der Papst habe die tanzenden Derwische in den Vatikan eingelassen. Prahlte Sülo Pascha. Die Mevlevi Brüder agieren heute auf der ganzen Welt, sogar im sündigen Spree-Athen.

Der klägliche Untergang des Kommunismus und die Renaissance der russisch-orthodoxen Kirche hat es ja gezeigt: drei Generationen genügten nicht, um landläufige, bigotte Denkweisen zu überwinden.

Steht dem Kemalismus das Schicksal des Kommunismus bevor?

Ja, wenn es nicht gelingt, die Türkei enger als bisher an Europa zu binden. Solange die Spitzenpolitiker der AKP sich darum bemühen, besteht Hoffnung.

Noch im Flugzeug habe ich eine Erleuchtung.

In Deutschland leben mittlerweile zweieinhalb Millionen türkischstämmige Menschen. Hunderttausende Türken sind aus Deutschland wieder in die Türkei zurückgekehrt. Haben wir nicht auf allen Reisen durch die Türkei Deutschlandkenner getroffen? Warum tritt eigentlich die Bundesrepublik Deutschland nicht der Türkei bei? Dann wären unsere Türken Staatsbürger Erster Klasse.

Und unsere Sorgen wären ein türkisches Problem.

Allaha ismarladik, Türkiye!

SCHALLENDER BOCKSGESANG

GRIECHENLAND

TEMPEL DER APHAIA, AIGINA, GRIECHENLAND

EULEN IN ATHEN

Die Reise beginnt mit einem schlechten Omen. Der Flug nach Athen wurde von 4:00 Uhr früh auf 13:30 Uhr nachmittags verschoben. Das erfahren wir aber erst auf dem Flughafen. Würden wir an Orakel glaubten, müssten wir die Reise verschieben. Statt dessen fahren wir zurück nach Bad Salzloch und gehen wieder schlafen.

Beim zweiten Anlauf bringt uns ein Bus von Hannover nach Fuhlsbüttel. Daher landen wir erst um 20:00 Uhr Ortszeit auf dem Flughafen von Athen. Einige Koffer sind nicht mitgekommen. Wir müssen warten, bis alles protokolliert ist. Ein moderner Reisebus bringt uns in die Innenstadt der griechischen Metropole.

Unser Luxushotel verspricht in seinem Namen Goldene Zeiten wie unter Perikles. Im Restaurant wird uns mürrisch ein sehr spätes, lauwarmes Nachtmahl serviert. Zum Dessert müssen wir uns gar mit einem Becher Yoghurt begnügen. Das Bier ist sündhaft teuer; ein kleines Glas kostet vier Euro.

Kalinichta!

Zum Milchkaffee am Morgen beglückt uns die Direktion mit Butterhörnchen.

Kalimera!

Unsere griechische Reiseleiterin hört auf den schönen Namen Olympia. »Mit weichem Be, bitte!« Olympia ist mit einem Deutschen verheiratet und kinderlos. Wie sich bald herausstellt, werden wir, wie in Hoffmanns Erzählungen, von einer bezaubernd aussehenden, mechanischen Puppe angeführt.

Während der Stadtrundfahrt durch die Hauptstadt beginnt es zu regnen.

Von unserem Hotel im Stadtteil Ilisia fährt der Bus auf den Königin Sophia Boulevard. An der Konzerthalle biegen wir ab in südöstliche Richtung zum König Konstantin Boulevard und rollen vorbei am Panathenäischen Stadion.

Olympia spult ein mentales Tonband ab: »Das antike Stadion wurde im Jahre 1869 von dem deutsch-griechischen Architekten und Archäologen Ernst Ziller ausgegraben. Von ihm stammt auch der Entwurf für den Neubau des Stadions aus pentelischem Marmor. In dem getreuen Nachbau fanden im Jahre 1896 die ersten Olympischen Spiele der Neuzeit statt. Das Stadium wird gerade für die achtundzwanzigsten Spiele der Neuzeit in zwei Jahren renoviert.« Über den Königin Olga Boulevard rollt der Bus weiter.

»Zu Ihrer rechten Hand liegt der Nationalgarten mit dem Kongresszentrum. Zu Ihrer linken Hand steht der Tempel des Zeus. In seiner Nähe befindet sich das Hadrianstor. Es wurde vom römischen Kaiser Hadrian am Anfang des zweiten Jahrhunderts nach Christus erbaut.« Über die Amaliasstraße fahren wir weiter zum Syntagmaplatz.

»Am Verfassungsplatz erhebt sich das Parlamentsgebäude. Hier halten Soldaten der Präsidentengarde Wache am Grabmal des Unbekannten Soldaten.«

Nördlich vom Syntagmaplatz passieren wir das ehemalige Schliemann Palais.

»Der Architekt Ziller war mit Schliemann befreundet. Er hat das Palais im Stil des Historismus errichtet. Heute beherbergt das Gebäude das Numismatische Museum.«

Vorbei an den neoklassizistischen Gebäuden der Kunstakademie, der Universität und der

Nationalbibliothek rollen wir zum Omoniaplatz.

»Die Metrostation unter dem Platz ist ein bedeutender Verkehrsknotenpunkt. Zu Ihrer rechten Hand sehen sie zwei ehemalige Hotelgebäude. Die hat ebenfalls der Architekt Ziller entworfen. Beide Gebäude wurden kürzlich gründlich renoviert. Leider stehen beide Hotels bis heute leer.« Wir umrunden den zentralen Springbrunnen.

Der Bus biegt nach Südwesten ein zum antiken Friedhof im Stadtteil Kerameikos.

»Dieses Viertel war in der Antike das Zentrum der berühmten attischen Keramikproduktion.« Durch regennasse Scheiben blicken wir auf das ausgedehnte Grabungsfeld. Hier pflügen seit Jahrzehnten deutsche Archäologen die Erde nach bemalten Scherben um.

Weiter geht es südwärts zur altgriechischen Agora mit dem bestens erhaltenen Tempel des Hephaistos. Auf dem über hundert Meter hohen, nackten Felsen des Areopag klettern schon einige Touristen herum und fotografieren sich gegenseitig.

Der Bus parkt am Fuße der Akropolis; der Regen hat inzwischen aufgehört. Schon aus der Ferne ist die Silhouette des gewaltigen Parthenontempels zu sehen. Wir eilen zu Fuß hoch zur Burg; noch sind nur wenige Touristen unterwegs.

Der Nike Tempel ist komplett abgebaut. Die Propyläen sind eingerüstet. Dieser riesige Eingang zur Akropolis war eine gewollte politische Manifestation. Die monumentale Architektur sollte die Bundesgenossen Athens einschüchtern. Also meistern nicht nur Autokraten sondern auch so genannte Demokraten diese Kunst.

Im Parthenontempel hielten Religion und Geld, Gotteshaus und Bank Heilige Hochzeit. Hier lagerte einst der athenische Staatsschatz. Auch die Kasse des attischen Seebundes wurde unter Perikles von Delos nach Athen deportiert. Die berühmte Statue des Phidias, die Pallas Athene, bestand aus Elfenbein und mehr als einer Tonne Gold aus der Staatskasse. Perikles, der seine launischen Scherbenrichter nur zu gut kannte, hat seinem Freund Phidias geraten, die Statue so einzurichten, dass das Gold abgenommen und nachgewogen werden konnte. Das hat Phidias aber nicht vor der Verurteilung durch das missgünstige Volk bewahrt. Als man ihm keinen Diebstahl am Staatsgut nachweisen konnte, hat man ihn eben wegen Gottlosigkeit verurteilt. Und seinen Denunzianten lebenslang von allen Steuern befreit.

Der berühmteste Tempel des Alten Griechenland ist zur Zeit ebenfalls eingerüstet. Also gibt es keine sanfte Entasis und keine zarte Säulenneigung zu bewundern. Auch die gelinde Kurvatur aller Horizontalen bleibt unseren Augen verborgen.

Olympia plappert berauscht vom Alten Athen: »Hier stand die Wiege der Zivilisation und die Geburtsstätte der Demokratie. Hier wurden das Drama, die Geschichtsschreibung und die Philosophie erfunden. Die Herrschaft des Volkes ließ den Staat der Athener erblühen. Die Stadt wurde reich durch ihren Seehandel und ihre Silberminen. Der große Volksfreund Perikles war der erfolgreichste Premierminister der demokratischen Polis.«

Bei Thukydides liest sich das anders:

»Dem Namen nach eine Demokratie, hat es sich in Tat und Wahrheit um die Herrschaft eines Einzelnen gehandelt.«

Perikles wurde fünfzehn Jahre lang in Folge vom Volk zum Strategen gewählt. Aus dem delisch-attischen Seebund einst freier Städte formte der Mann mit der hohen Stirn ein vom hegemonialen Athen ausgebeutetes Imperium. Die abhängigen ›Verbündeten‹ wurden von attischen Garnisonen bei der Stange gehalten. Die wankelmütige Plebs der Stadt hielt Perikles durch Wehrsold, Schöffengeld, Freikarten fürs Theater und Sitzungsgeld für die Teilnahme an der Vollversammlung bei Laune. Den machiavellistischen Zynismus der führenden Politiker Athens hat Thukydides in seiner Geschichte des Peloponnesischen Krieges im Melierdialog schonungslos bloßgestellt.

Beim Rundgang auf dem Burgberg zieht sich die schöne Olympia gottlob zurück.

Wir dürfen auf eigene Faust überprüfen, ob der Baedeker recht hat.

An der heiligsten Stelle der Akropolis steht das Erechtheion mit der berühmten Korenhalle. Die Göttin Athena selbst soll hier einst einen immergrünen Ölbaum gepflanzt haben. Wir entdecken überraschende Details. Friese und Kapitelle sind mit Blumen verziert, Sockel und Bodenplatten tragen Flechtmuster, die an Arabesken erinnern. Dass die alten Griechenkünstler Sinn für Linie und Proportion besaßen, ist offenkundig.

Vom Burgberg werfen wir einen Blick auf die griechische Agora mit dem Aeropag. Hier tagten einst die verfassungsmäßigen Körperschaften des Staates. Die Volksversammlung wurde auf einem Hügel westlich der Akropolis abgehalten. Von den geschätzten dreißigtausend Vollbürgern der klassischen Zeit nahmen im Schnitt höchstens sechstausend Männer an der Versammlung teil. Zugewanderte Griechen, Sklaven und Frauen waren vom politischen Ränkespiel ausgeschlossen.

Am Südhang der Burg steht das Odeion des Herodes Atticus. Hier lauschte das Volk zu Klängen von Leier und Flöte den patriotischen Oden an die Freude. Ebenfalls am Südhang steigen die Ränge des Dionysos Theaters bergan. Dort wurden die Dramen des Äschylos, Sophokles und Euripides uraufgeführt. Dort lachten die Athener über das Wolkenkuckucksheim des Aristophanes und den solidarischen Bettstreik der athenischen und spartanischen Ehefrauen im Peloponnesischen Krieg.

Die klügste Ehefrau der Welt hält diese schändliche Strategie für vorbildlich.

Im Akropolis-Museum gibt es Meisterwerke griechischer Kunst zu bestaunen. Vor allem die Reste der Giebelskulpturen des Parthenon ziehen die Blicke auf sich. Schmerzlich vermisst werden die Elgin Marbles, Stücke vom Ost- und Westgiebel des Parthenon, einige Metopen sowie Teile des Panathenäen-Frieses. Die hat Lord Elgin in der Türkenzeit von der Akropolis geraubt und an das Britische Museum in London verkauft. Eines Tages werden die Briten die Elgin Marbles wieder zurückgeben müssen. Wie wir die schöne ägyptische Nofretete.

Aus der Fülle der Exponate bleibt der freundliche Gute Hirte mit dem Kälbchen in Erinnerung. Und natürlich die Originale der bezaubernden Karyatiden vom Erechtheion. Als Lord Elgin eine ihrer Schwestern nach London entführte, vergossen die versteinerten Prinzessinnen der Sage nach jede Nacht bittere Tränen über ihr schweres Los.

Wir sammeln uns am Bus und fahren zum Archäologischen Nationalmuseum.

Olympia nimmt wieder eine Auszeit. Sie muss noch dringend etwas organisieren.

Im Mykene-Saal bestaunen wir die goldene Totenmaske des Agamemnon. Goldene Becher und Siegel mit Kampf- und Jagdszenen und ein silberner Stierkopf mit vergoldeten Hörnern und Nüstern erzählen vom Reichtum Mykenes. Ein Elfenbeinfigürchen zeigt zwei nach kretischer Mode gekleidete Damen, die in liebevoller Umarmung gemeinsam ein spielendes Kindchen hüten. Der überlebensgroße, nackte Poseidon mit Waschbrettbauch und Bronzehaut in der Pose eines Speerwerfers ist von Dutzenden staunender japanischer Ladys umzingelt.

Auf einem großen Weihrelief übergibt Demeter dem Prinzen Triptolemos ein Ährenbündel. Der Jungspund soll den Menschen die Landwirtschaft beibringen. Hinter ihm steht Demeters Tochter Persephone, die Gattin des Hades und Symbol der im Frühling neu erstehenden Natur.

Vor der Grabstele ihrer Schwester Hegeso drängt es die klügste Ehefrau der Welt zu beten. Das Grabmal eines namenlosen Jünglings ist ebenso ergreifend. Der hält voll Kummer seinen aus dem Käfig entflohenen Singvogel in der Hand. Die Katze hat den Gimpel getötet. Ein junger Diener tröstet den Milchbart. Diese Bildsprache erinnert mich an eine kleine Grabstele im Museum von Side. Darauf wartet ein Hündchen sehnsüchtig, aber vergebens, an der offenen Haustür auf sein verstorbenes Herrchen.

Neben den Grabmalen steht eine frivol anmutende, nackte Aphrodite. Der lüsterne Pan bedrängt die Göttin. Eros hält den Unhold bei den Hörnern gepackt.

Professioneller Stolz steigt in uns auf vor dem wunderschönen Kopf der Hygieia. Diese Göttin der Heilkunst ist ein zeitloses Symbol von Sanftmut und Mitgefühl.

Museumspädagogisch ist die Präsentation unter aller Kritik. Die Säle sind mit Exponaten vollgestopft, der reiche Fundus hat die Kuratoren überfordert. Das Museum wird demnächst zur dringend gebotenen Generalüberholung für ein Jahr geschlossen.

Erst die Porträtbüsten aus römischer Zeit wecken wieder unsere Neugier. Lavater hätte an dieser Ansammlung von knorrigen Charakterköpfen seine helle Freude gehabt.

Zum Mittagsmahl kehren wir in eine überfüllte Taverne ein.

Als abenteuerlustige Touristen bestellen wir die griechische Bohnensuppe Fasolada. Zum griechischen Nationalgericht schmeckt Weißbrot und Bier.

Statt Siesta machen wir allein zu zweit einen Bummel durch die Athener Altstadt.

Unzählige Souvenirläden und Antiquitätenhändler, Kneipen und Kirchen ziehen Touristen an, wie der Mist die Fliegen. Vor dem Denkmal des unbekannten Soldaten sehen wir zu, wie die Evzonen zur vollen Stunde ihre marmorweißen Plisseeröcke schwenken.

Schon in der Antike hießen die Eliteeinheiten Evzonen, ›Leichtgeschürzte‹. Die Evzonen der Neuzeit wurde vom ersten König des befreiten Griechenland, dem vormals bayerischen Prinzen Otto von Wittelsbach, rekrutiert. Seine Königin Amalie persönlich hat die wunderliche Tracht der brandgefährlichen Krieger entworfen. Zum kurzen, gefälteten Rock, der Fustanella, tragen die Recken eine weitärmelige weiße Bluse, ein gestreiftes Wams und eine Weiberschürze aus Seidenbändern. Schnabelschuhe mit schwarzen oder roten Bommeln ergänzen das martialische Ensemble. So etwa stelle ich mir das angemessene Waffenkleid für alle Elitetruppen der Welt vor.

Das Dinner wird uns am Abend wieder im Golden Zeitalter serviert. Die Küche überrascht uns mit einer Metaxa Platte. Genau ein Suflaki und ein Suzuki prunken auf dem Teller neben viel Zaziki und Pommes. Ein Gläschen Drei Sterne Metaxa soll in uns »The greek spirit« wecken.

INSEL DER AMEISENMENSCHEN

Im Goldenen Zeitalter gibt es zum Morgenkaffee genau ein Hörnchen für jeden.

Eine Autofähre bringt uns vom vielbesungenen Piräus zur Insel Aigina.

Das Schiff gleitet vorbei an der berühmten Insel Salamis. Hier hat der listenreiche Themistokles einst die persische Flotte versenkt. Doch Athen hat es ihm nicht gedankt. Von seinen neidischen Mitbürgern zum Tode verurteilt, musste er zum persischen Erzfeind fliehen. Der Barbar Artaxerxes I. hingegen hat den einstigen Widersacher wegen seiner seemännischen Ruhmestaten mit Ehren überhäuft.

Warum macht man so eine Reise? Um Land und Leute kennen zu lernen?

Also muss ich mir die Passagiere auf Deck genauer ansehen. Die Fähre ist bedrohlich überladen mit Sonntagsausflüglern jeden Alters. Die jungen Mädchen zeigen offenherzig viel Speck; ihre Mütter sind schlankweg fettsüchtig. Aber auch ungeheuer vollbusig. Wie einst Mimi, die hochblonde Stewardesse und spätere Mätresse von Andreas Papandreou.

Ab und zu glaube ich in den Gesichtern einen vertrauten Zug zu erkennen. Hier ist das ›archaische‹, leicht dümmlich wirkende, Lächeln eingefroren. Dort erinnert eine glatte Wangenpartie an Alexander den Großen. Und in jenem Jünglingsgesicht prangt der berühmte griechische Gesichtserker. Faszinierend! Beinahe wäre ich in Aigina nicht rechtzeitig von Bord gekommen.

Auf der Ziegeninsel wimmelt es von Pfadfindern. Die tragen Wimpel zu weiß und blau gestreiften Halstüchern und, wie überall auf der Welt, viel zu große Hüte.

Der Name der Insel soll auf die Sage von der Nymphe Aigina zurückgehen. Die hat auf dem Eiland einen der vielen Zeussöhne, Aiokos, zur Welt gebracht.

Ovid erzählt eine hübsche Geschichte über die Aigineten. Nach einer von Hera geschickten Pest war die Insel fast menschenleer. Aiakos bat Papa Zeus, die Insel neu zu bevölkern. Der Chefolympier kam der Bitte gerne nach und machte Überstunden. Er zeugte neue Aigineten, so zahllos wie Ameisen. Die Emsen machten sich, wie es ihre Art ist, sogleich mit Fleiß daran, die Erde umzuwühlen, um fruchtbares Ackerland zu schaffen.

Die klügste Ehefrau der Welt weiß, warum Frau Hera sauer war: »Weil ihr Göttergatte wieder einmal eine sterbliche Prinzessin geschwängert hatte. In Gestalt einer winzigen Ameise! Das Göttersöhnchen wurde später der Stammvater der Myrmidonen.«

Die seefesten Aigineten trugen in der Schlacht von Salamis wesentlich zum Sieg der griechischen Flotte über die Perser bei. Doch Athen hat es ihnen nicht gedankt:

»Man muss Aigina vom Piräus wegwischen, wie den Rotz aus den Augen!«

Forderte der feinfühlige Superstaatsmann, Oberstratege und Kunstliebhaber Perikles.

Athen, die Stadt der Krämerseelen, wollte die Seemacht Aiginas brechen. Zwanzig Jahre nach Salamis überfielen die Athener die aiginetische Flotte. Die unterlegenen Insulaner mussten dem Attischen Seebund beitreten und Tribut zahlen. Im Peloponnesischen Krieg vertrieben die Athener die Aigineten endgültig. Auf der Insel wurden Kolonisten aus Attika angesiedelt. Erst Jahrzehnte später konnten die Aigineten auf ihre Insel zurück. Da lag das stolze Athen, von Sparta, Pest und Parteienhader besiegt, am Boden. Aigina erlangte aber nie mehr seine alte Bedeutung als seefahrende Handelsmacht.

Durch grüne Pistazienplantagen bringt uns der Bus hoch zum dorischen Tempel. Der war der Göttin Aphaia, der Lichten, geweiht. Andere riefen die Zeustochter ›Britomartis‹. Ihr in Liebe entbrannter Halbbruder, König Minos - der mit dem Labyrinth - stellte dem wilden Mädchen neun Monate lang (!) durch die Berge Kretas nach. Nur ein Sprung ins Meer konnte die bedrohte Jungfernschaft retten. Ein Fischer angelte die Meerjungfrau aus dem Wasser und brachte sie nach Aigina.

Oh, diese endlosen Weibergeschichten des Blitze schleudernden Zeus!

Zunächst vollzug er pflichtbewußt mit seiner Schwester und Gemahlin Hera die Ehe. Hera schenkte ihm die Söhne Ares und Hephaistos. Der Zweitgeborene war aber ein Kuckucksei, denn die rachsüchtige Hera hat ihn durch Selbstbefruchtung empfangen. Nur weil der Gatte nebenher mit seiner zweiten Schwester Demeter die Persephone zeugte. Der notorische Playboy teilte das Bett auch mit den Titaninnen Themis und Mnemosyne, den Titanentöchtern Leto, Eurynyme und Metis, mit den fünf Töchtern des Titanen Atlas und den sterblichen Damen Alkmene, Danae, Io, Leda, Semele und - last but not least - mit Europa, der Mutter von Minos.

Der Tempel der Aphaia steht heutzutage völlig schmucklos da. Einst zierten Rundplastiken mit Szenen aus dem Kampf um Troja die Giebelfelder. Die kunsthistorisch wichtigen Figuren wurden im Jahre 1812 nach Bayern verkauft. Sie sind bis heute ein Juwel der Münchener Glyptothek. Eine Sonderschau der Münchner präsentierte die rekonstruierte Originalfassung der Skulpturen. Bauornamente und Skulpturen waren ursprünglich kreischbunt bemalt wie eine Kirmesbude.

In einer kleinen Hafentaverne gönnen wir uns eine späte Mittagsmahlzeit zu zweit. Die Hauskatze streicht uns um die Beine, ein Beo flötet aufgeregt. Die dralle Kellnerin fragt mich nach meinen Wünschen. Ein großes Bier und eine ordentliche Portion Mussaka. Was sonst?

Warum kommt mir gerade jetzt Alexis Sorbas in den Sinn? Richtig, den Roman hat Nikos Kazantzakis hier auf Aigina geschrieben. Jetzt sehe ich die Ziegeninsel plötzlich mit ganz anderen Augen.

Mit der Fähre geht es weiter, vorbei an der kleinen Insel Poros. Die Häuser klammern sich an den Berg wie wilde Ziegen. Mitreisende vergleichen den Anblick von See her mit der Amalfiküste. Nur das Baugerüst um die weiß und blau bemalte Kirche wird als störend empfunden.

Nach der Ankunft in Galatas geht es mit dem Bus weiter nach Tolon. Das Fischerdorf am Argolischen Golf ist ein beliebter Badeort der Griechen.

Wir wohnen in einem hellhörigen und geschäftigen Hotel an der Uferstraße. »Unser hübsches und komfortables Hotel liegt direkt am Sandstrand in der malerischen Altstadt von Tolon. Die Zimmer sind mit sämtlichen modernen Annehmlichkeiten ausgestattet und das Restaurant serviert an einem hübschen Platz am Wasser gutes Essen.«

Schwadroniert der Hausprospekt.

Nach einem aufregenden Dinner mit Okraschoten in Tomatensoße an Wildreis machen wir einen kurzen Bummel am Strand entlang. Wie überall rund ums Mittelmeer lauern Souvenirhändler auch noch im Dunkeln auf einfältige Touristen. Ist der gesunde Menschenverstand wirklich die bestverteilte Sache der Welt, Mr. Descartes?

SCHLIEMANN UND PAUSANIAS

Der Morgen beschert uns wieder ein karges Armenmahl mit schwarzen Oliven, salzigem Fetakäse und Weißbrot. Dazu wird Instant-Café, aber ›me gala‹, mit Milch, ausgeschenkt. Erst jetzt fällt mir ein, dass in Griechenland ja noch Fastenzeit herrscht. Das griechisch-orthodoxe Osterfest wird erst in zwei Wochen gefeiert.

Wir fahren nicht, wie geplant, nach Epidauros sondern zuerst nach Mykene.

Unser Bus rollt durch eine reizvolle Gegend mit Oliven- und Orangenhainen. Der Himmel zeigt sich grau in grau, vereinzelt fällt etwas Regen. Als Kulisse ist das nicht unpassend für die mykenischen Horror-Geschichten.

Unterwegs breitet Olympia die schmutzige Wäsche der Tantaliden vor uns aus:

»Begonnen hat alles mit dem ruchlosen König Tantalos. Der Tischgenosse der Götter stahl ihnen Nektar und Ambrosia. Dann setzte er den Olympiern seinen Sohn Pelops als Götterspeise vor. Weil er beweisen wollte, dass die Götter nicht allwissend sind. Die Himmlischen entdeckten aber die Gräueltat und reanimierten Pelops. Den Tantalus verstießen sie in den Tartaros, wo er ewigen Durst leiden muss, weil er, bis zum Hals im Wasser stehend, nicht trinken kann. Pelops heiratete Hippodameia und hatte mit ihr die Söhne Atreus und Thyestes. Eine Nymphe schenkte Pelops den schönen Bastard Chrysippos. Der wurde von den legitimen Söhnen Atreus und Thyestes ermordet. Atreus floh nach Mykene, brachte es dort zum König und heiratete Airope. Die gebar dem Atreus die Söhne Agamemnon und Menelaos. Und erkor sich den Schwager Thyestes zum Liebhaber. Thyestes zeugte - auf Rat eines Orakels - mit seiner eigenen Tochter Pelopeia den Aigisthos. Der wiederum seinen Onkel Atreus tötete. Dann ging er mit Klytaimnestra, der Angetrauten von Agamemnon, ein Liebesverhältnis ein. Klytaimnestra, die Schwester der Schönen Helena, schenkte dem Agamemnon die literarisch berühmt gewordenen Kinder Iphigenie, Elektra und Orestes. Als Paris die Frau von Agamemnons Bruder Menelaos, die eben erwähnte Helena, nach Troja entführte, zog Agamemnon mit Menelaos gegen Troja. Wegen einer Flaute wollte er unterwegs seine Tochter Iphigenie den Göttern opfern. Aber die Göttin Artemis entführte Iphigenie auf die Krim. Als Agamemnon nach zehn Jahren, mit der trojanischen Prinzessin Kassandra im Gepäck, aus dem Krieg nach Hause kam, wurde er von seiner Gattin und ihrem Liebhaber Aigisthos im Bad erdolcht. Später wurden die beiden Mörder von Agamemnons Sohn Orestes getötet, den die Erinnyen deshalb mit Wahnsinn schlugen.«

Ohne diese schrecklichen griechischen Familien wäre die Psychoanalyse wohl nie erfunden worden.

Obwohl sattsam bekannt von zahllosen Abbildungen, machen die kyklopischen Mauern und das große Löwentor der Burg von Mykene vor Ort gleichwohl gewaltigen Eindruck.

Olympia öffnet die Schleusen ihrer Gelehrsamkeit:

»Mykene wurde in der Bronzezeit erbaut. Die Burg umfasst ein Areal von dreißigtausend Quadratmetern. Die Mauer, auf Geheiß des Perseus von den Kyklopen errichtet, ist neunhundert Meter lang, drei bis sieben Meter dick und zwölf Meter hoch. Das Löwentor besteht aus vier Steinblöcken, zwei Torpfosten, dem Querbalken und dem Löwenrelief. Die Säule zwischen den beiden Wache haltenden Löwen steht für die ganze Burg. Das Tor konnte mit einer zweiflügeligen Holztür verschlossen werden.«

Wir bestaunen die auf der Schwelle noch gut sichtbaren Gruben für die Türangeln.

»Die Schachtgräber von Ring A gleich hinter dem Löwentor hat Schliemann im Jahre 1876 ausgegraben. Hier hat er auch den Goldschatz gefunden, den Sie im Nationalmuseum in Athen bewundern konnten. In den Gräbern waren siebzehn Erwachsene und zwei Kinder beigesetzt.«

Schliemann hat eben die antiken Schreiberlinge beim Wort genommen. In Troja führte ihm Homer den Spaten, in Mykene war es Pausanias.

Seine Irrtümer waren gewaltig, aber seine Taten machten ihn unsterblich.

Der Aufstieg zur Königspalast bringt uns etwas aus der Puste. Die Ausmaße des Fürstenhauses sind ebenfalls kyklopisch. Allein der Hof misst zwölf mal fünfzehn Meter im Geviert. In der Mitte des Thronsaals befand sich einst, umringt von vier Säulen, eine offene Feuerstelle. Ich verbeuge mich kurz im Gedenken an Iphigenie. Die Priesterin der Artemis war wohl die anständigste der ganzen Sippschaft.

Wir gehen weiter zur unterirdischen Zisterne. Eine Leitung aus Terrakottaröhren versorgte von hier den Palast mit frischem Trinkwasser. Das ist große Ingenieurskunst.

Olympia führt uns bergab zum ›Schatzhaus des Atreus‹. Der Name geht auf eine Stelle im Pausanias zurück: »In den Trümmern von Mykene befinden sich die unterirdischen Gebäude des Atreus und seiner Söhne, in denen sich ihre Geldschätze befanden.«

Olympia spult wieder ihr mentales Tonband ab: »Das Rundgrab wurde um 1250 v. Chr. außerhalb der Akropolis gebaut. Es wurde schon in der Antike geplündert. Ein sechsunddreißig Meter langer Korridor führt zu einem zehn Meter hohen Portikus, durch den man die runde Grabkammer betritt. Das Kraggewölbe der Kammer besteht aus dreiunddreißig parallelen Lagen von Steinen. Die Kuppel ist etwa dreizehn Meter hoch und hat einen Durchmesser von mehr als vierzehn Metern.«

Genial ist für diese Grablege ein zu schwacher Begriff.

Zu Mittag kehren wir in eine überfüllte Taverne ein. Völlig überraschend serviert mir die Küche ein denkwürdiges Stifado vom Kaninchen mit Zwiebelgemüse in Tomaten-Zimt-Sauce. So ein lecker zubereitetes Kounelli habe ich bisher nur auf Korfu gegessen. Die klügste Ehefrau der Welt begnügt sich mit gefüllter Paprika an Reis und kleinem Salat.

Nach dem Essen fahren wir weiter nach Epidauros. Dort befand sich eine der bedeutendsten Kur- und Wallfahrtsorte der Antike: »Innerhalb des Heiligtums sterben keine Menschen und die Frauen gebären nicht.« Behauptet der niemals irrende Pausanias.

Einst strömten Pilger aus der ganzen Oikumene herbei. Jeder Kranke hoffte, im Schlaf an der Heiligen Quelle durch Apollon oder Asklepios kuriert zu werden. Oder zumindest vom Gott im Traum zu erfahren, ob himmlischer Theriak oder höllische Latwerge ihn heilen könnten. Für die Deutung der Träume standen beschlagene Priesterärzte bereit.

Unzählige Votivtafeln im Tempel beurkunden echte Wunderheilungen: »Klio schlief im Heiligtum, wurde von Asklepios besucht und gebar nach fünfjähriger Schwangerschaft einen Sohn.« Oder: »Äreas hatte eine Glatze. Als ihm in der Nacht der Gott den Kopf mit einer Salbe einrieb, erwachte er am Morgen mit einer gewaltigen Lockenpracht.«

Die Patienten dankten den Göttern mit Weihegeschenken. So kamen im Laufe der Jahrhunderte ungeheure Schätze zusammen. Sechsundachtzig Jahre vor der Niederkunft der Heiligen Jungfrau verschleppte der römische Feldherr und Diktator Sulla den Tempelschatz nach Rom.

Die klügste Ehefrau der Welt zeigt höchstes professionelles Interesse an den Zaubertricks der antiken Kollegen:»Die Traumdeutung ist der Königsweg zur schlüssigen Seelendiagnose, Wunderheilungen eingeschlossen.«

Hat Sigmund Freud etwa antike Quellen angezapft?

In Epidauros herrschte der jedem Bad Salzlocher bestens vertraute Kurbetrieb. Morgens Bäder oder Fango, nachmittags Kuchen und Korso. Und am Abend Theater mit gealterten Diven oder niedlichen Ballettratten.

Das Große Theater, sozusagen der Grüne Hügel von Epidauros, bot Platz für sechstausend Zuschauer. Die vorderen Reihen waren für die VIPs der antiken Welt reserviert. Logiert haben die Reichen und Schönen im Katageion, einem Luxushotel mit einhundertsechzig Zimmern.

Alle vier Jahre gab es in Epidauros ein Festival, auf dem die neuesten Ohrwürmer und Bühnenschocker uraufgeführt wurden. Noch heute werden hier solche Festspiele veranstaltet. Denn die Akustik der halbrunden Arena ist legendär. Fast jeder Tourist fühlt sich berufen, hier seine Lieblingsarie zu schmettern.

Musik wird störend oft empfunden...

Die Abendmast nimmt unser Rudel wieder im Hotel in Tolon ein.

Unsere Götterspeise heißt heute Mykene-Platte. Das übliche Duett von Suflaki und Suzuki ist mit gegrillter Leber, Lammkotelett und Zaziki orchestriert. Dazu schenkt der lokale Ganymed harzig-trockenen Landwein ein.

So lieben wir es auch beim Griechen in Bad Salzloch.

KREUZFAHRER UND GELEHRTE

Auch heute beginnt der Tag mit einem kargen Fastenmahl.

Dann geht es über Nauplion westwärts durch das Hochland von Arkadien. In den Wacht-räumen empfindsamer Asphaltliteraten lebten die Griechen in Arkadien einst frei von ge-sellschaftlichen Zwängen in idyllischer Natur als glückliche Hirten: »Als ich einst Prinz war in Arkadien...«

Hinter Tripolis fahren wir südwärts; unsere Tagesziele sind Sparta und Mistra. Das hoch-fahrende, adelsstolze Sparta, einst Athens größte Rivalin, ist heute ein verschlafenes Pro-vinznest ohne rechtes Gedächtnis an seinen makabren Ruhm. Thukydides hat es voraus-gesagt: »Denn wenn Sparta verödete und nur die Tempel und Grundmauern der Bauten blieben, würden gewiss die Späteren, nach Verlauf langer Zeit, voller Unglauben seine Macht im Vergleich zu seinem Ruhm bezweifeln.«

Olympia würdigt denn auch das Denkmal des Leonidas mit keinem Kommentar. Der König trägt zu Panzer und Helm einen ganz unprotokollarischen Lendenschurz. Er nimmt damit Rücksicht auf die moderne Empfindsamkeit.

Unser Programm konzentriert sich auf die verlassene spätbyzantinische Stadt Mistra an den Hängen des Taygetos-Gebirges.

Olympia löst ihre Zunge und sprudelt los:

»Während des Vierten Kreuzzuges eroberten die Kreuzfahrer auf Betreiben der Repub-lik Venedig die byzantinische Hauptstadt Konstantinopel. Sie ermordeten den byzantini-schen Kaiser Alexios V. und gründeten das von Venedig abhängige Lateinische Kaiser-reich. Innerhalb von zwei Jahren geriet auch die Peloponnes in ihre Gewalt. Der Franzose Gottfried v. Villehardouin wurde Fürst von Achaia. Sein Sohn Gottfried II. regierte das Fürstentum länger als ein Vierteljahrhundert. Er residierte in Sparta. Sein Bruder und Nachfolger, Wilhelm II., erbaute anno 1249 in Mistra eine Kreuzfahrerburg. Inzwischen hatte sich das byzantinische Kaiserreich in Kleinasien wieder gefestigt. Neue Kaiser ero-berten die früheren europäischen Reichsgebiete zurück. Auch Konstantinopel wurde wie-der genommen. Wilhelm II. geriet in byzantinische Gefangenschaft. Als Preis für seine Freilassung musste er sein Fürstentum an Kaiser Michael Paläologus VIII. abtreten. Jetzt siedelten die Bürger der aufgegebenen Residenz Sparta nach Mistra um. Die Stadt wuchs und gedieh und entwickelte sich zum wirtschaftlichen und kulturellen Zentrum der Pelo-ponnes. Im Jahre 1348 wurde Mistra Sitz eines prinzlichen byzantinischen Statthalters mit dem Titel Despotes, was damals so viel bedeutete wie Herrscher. Zu Anfang des 15. Jahrhunderts kam der Philosoph Georgios Gemistos nach Mistra. Er erneuerte hier die neuplatonische Philosophie. Vier Jahre vor der türkischen Eroberung von Konstantinopel wurde in Mistra der letzte byzantinische Kaiser Konstantin XI. Paläologos gekrönt. Sechs Jahre nach dem Fall von Konstatinopel geriet auch Mistra in türkische Hand. Die Klöster wurden geschlossen, die Kirchen in Moscheen umgewandelt.«

Endlich sind wir am Ziel.

Olympia hat den Bus fürsorglich zum Eingang in der Oberstadt dirigiert.

Es folgt ein etwas beschwerlicher Abstieg mit wechselnden Ausblicken in die Ebene.

Die Ruinen der Klöster und Paläste liegen verstreut auf Terrassen in verschiedener Höhe. Vom höchsten Punkt des Berges grüßt die Kreuzfahrerburg. Bis auf das Pantanassa Kloster ist keines der Gebäude mehr bewohnt. Das Mauerwerk mit der schmucken Mischung von Bruchstein, Haustein und Ziegeln verleiht den Fassaden der eher schlichten Gebäude Würde und Reiz. In den Kirchen ist jede erreichbare Fläche ausgemalt. Vor allem sind Szenen aus der Bibel oder dem himmlischen Jerusalem dargestellt. Von den Apsiden blickt entweder der Pantokrator streng auf die Gemeinde herab oder die Muttergottes mit Kind winkt huldvoll hinunter.

Das religiöse Sight Seeing löst in unserer Seniorenschar ganz unverhofft einen Glaubensstreit aus. Wie hitzige Scholastiker disputieren die Reisegefährten plötzlich über Glaubensinhalte und Glaubenspraxis bei Katholiken, Protestanten und Orthodoxen.

Nun ja, jeder Mönch lobt seinen Orden.

Zum Lunch bestelle ich Giouvetsi. Der Schmortopf aus Lammfleisch, Gemüse, griechischen Nudeln und Feta ist höllisch scharf. Das Feuer muss mit einem einem guten Merlot gelöscht werden. Die klügste Ehefrau der Welt hat sich für einen leckeren Hirtensalat entschieden. Nach dem Kaffee geht es weiter nach Gythion am Lakonischen Golf.

Hier soll Paris den ersten Beischlaf mit der schönen Helena vollzogen haben. Offensichtlich zur Zufriedenheit der viel umworbenen Schwanentochter.

Ein kurzer Halt bietet Gelegenheit für brillante Schnappschüsse.

Der Leuchtturm, die Fischer, die Boote und das Meeeeer.

Und totenblasse Kalamares, die auf Wäscheleinen trocknen.

Dann rollen wir quer über den Mittelfinger der Peloponnes nach Limeni.

Uns erwartet eine echte Überraschung. Das Hotel liegt an einer schönen, blauen Bucht des Messenischen Golfes. Die Gebäude wurden im Stil alter Wehrtürme errichtet. Ihre spanischen Möbel heben sich wohltuend ab vom üblichen Holliday-Innerlei.

Vor dem Abendmahl steigen wir zu zweit allein vom Hotel über eine steile Treppe hinunter ans Meer. Eine weiß und blau gestrichene, von Rosen umrankte, Kapelle hat uns angelockt. Auf den Felsen hockend sehen wir zu, wie die rote Sonne im Meer versinkt.

Die Hotelküche verwöhnt uns mit einem reichhaltigen kalt-warmen Büffet.

Dazu trinken wir grünweißen Domestica.

EINGANG ZUR UNTERWELT

Heute steht ein Tagesausflug in die rauhe Mani in unserem Pflichtenheft.

Olympia gibt uns im Bus eine Geschichtsstunde:

»Die Mani gehört geografisch zu den südlichen Ausläufern des Taygetos-Gebirges. Wegen ihrer Unwegsamkeit diente die Mani schon immer als Rückzugsgebiet. Hierhin zog es Menschen auf der Flucht vor ständig neuen Eroberern. Nicht Dorer, noch Serben, Franken, Venezianer und schon garnicht die Türken vermochten in der Mani die staatliche Gewalt durchzusetzen. Auch viele Piraten fanden die Mani als Schlupfwinkel bestens geeignet. Erst im neunten Jahrhundert konnte das Christentum in der Region Fuß fassen. Die Manioten blieben aber urwüchsig, ehrpusselig und streitsüchtig. Das ungeschriebene Gesetz der Blutrache bestimmte über Jahrhunderte das Leben in der Mani. Ganze Sippen stritten um Besitz und Einfluss, um ihre Ehre oder ihr Gesicht. Jedes Haus wurde zur Festung ausgebaut. Die Ruinen der mehrstöckigen Wohntürme ragen noch heute als Zeugnis der maniotischen Wehrhaftigkeit drohend in den Himmel. Hier in der Mani begann dann auch der Kampf zur Befreiung Griechenlands von den Türken. Im Jahre 1821 hisste Petros Mavromichalis auf der Erzengel-Kirche von Areopoli die Fahne der Freiheit. Seine Familie war seit Menschengedenken in der Mani ansässig und mächtig. Die Losung der Freiheitskämpfer lautete: »Nike i thanatos!«, also »Sieg oder Tod!« Nach sechs Jahren Revolution wurde Griechenland frei. Doch schon im Jahr nach der Staatsgründung erhob sich die Mani gegen die Zentralregierung. Petros Mavromichalis wurde als Rädelsführer verhaftet. Sein Bruder und sein Sohn schworen Blutrache. Sie ermordeten das erste frei gewählte Staatsoberhaupt Griechenlands, Ioannis Kapodistrias.«

Wir halten bei der Ortschaft Pyrgos Dirou direkt am Meer. Hier befindet sich der Eingang zu einer touristisch ausgebeuteten Tropfsteinhöhle. Die Bootsfahrt durch das unterirdische Felslabyrinth ist die Attraktion des Tages. Olympia entrichtet für alle den obligaten Obolos. Kräftige Männerarme packen zu und verfrachten uns in blaue Kähne. Dann stakt uns ein düsterer Charon im Schifferkittel eine halbe Stunde lang über den Acheron. Wir gleiten durch dunkle Engpässe in große, dämmerige Hallen. Hier irgendwo muss der Eingang zur Unterwelt liegen. Wider Erwarten lässt der alte Fährmann uns wieder unbehelligt ans Tageslicht.

Der Bus fährt weiter südwärts in Richtung Porto Kayio.

Im kargen Maquis sind die Spuren von altem Fleiß und Schweiß noch deutlich zu erkennen. Die Berghänge sind terrassiert, die Parzellen mit Steinmauern eingegrenzt. Aber Landflucht und Überalterung sind auch nicht zu übersehen. Unterwegs begegnet uns nur eine alte Frau, die zwei Esel nach Hause treibt. Die Grauchen sind schwerbepackt mit Brennholz und Grünfutter für die Ziegen. Später auf der Rückfahrt, beim Stop in Vathia, lernen wir auch die Ziegen kennen.

Die Dörfer in der Mani verfallen, viele Häuser stehen leer. Nur die Blumen sind geblieben. Auf verwitterten Treppenstufen wuchern Geranien und Oleanderbüsche.

Gegen Mittag wandern wir durch steiniges und teils steiles Gelände zum Leuchtturm von Kap Tenaro, dem südlichsten Punkt der Balkanhalbinsel. In einer dusteren Höhle der Landspitze residiert Hades, der König der Unterwelt.

>*Auch den Kerberos sah ich, mit bissigen Zähnen bewaffnet.*
>*Böse rollt er die Augen, den Schlund des Hades bewachend.«*

Der räudige Höllenhund streunt heute um den Leuchtturm und bettelt Wanderer an. Das Bellen des Struppis klingt blechern, sein Atem riecht nach Siechtum und Tod.

Wir wandern über Frühlingswiesen, die übersät sind mit gelben Margeriten und blauen Levkojen. Kissen aus Zistrosen riechen nach Weihrauch und Andacht.

Auf dem Rückweg halten wir für eine Kaffeepause in Aeropoli. Die Stadt hat ihrem großen Sohn Petros Mavromichalis ein Denkmal errichtet. Tracht und Schnurrbart des Erzgriechen passen indes eher zu unseren Vorstellungen von einem starknasigen Türken.

Am Abend naschen wir wieder Nektar und Ambrosia vom üppigen Büffet. Danach bleibt nur die Frage offen: »Ouzo oder Metaxa?«

Wir lösen das Problem demokratisch; jeder darf wie er will.

KRIEG UND FRIEDEN

Heute genießen wir zum letzten Mal die Gastfreundschaft im Limeni Village.

Nach dem Fastenbrechen machen wir uns auf zum Tagesziel Olympia.

Zunächst geht es an der Küste entlang nordwärts zur Hafenstadt Kalamata. Von dort führt eine schmale, kurvenreiche Straße hoch ins Bergland.

Im Bus bleibt Zeit genug, bei Pausanias über die Messenischen Kriege nachzulesen.

Laut Pausanias war ein spartanischer Raubmord der Auslöser für den ersten Krieg. Sparta weigerte sich, den mörderischen Ziegenräuber zu bestrafen. Der geschädigte Messenier schwört daher Blutrache und tötet jeden Spartaner, den er zu fassen kriegt. Daraufhin überfällt Sparta Messenien ohne Kriegserklärung. Denn Messenien war fruchtbar und Sparta hatte zu viel tatendurstiges aber beschäftigungsloses Jungvolk.

Nach zwanzig Jahren Kampf unterliegt Messenien und wird Sparta tributpflichtig. Drei Generationen später proben die unterdrückten Messenier den Aufstand. Pausanias behauptet, der zweite Krieg wurde durch einen Ehebruch entschieden. Ein spartanischer Viehhirt verführt eine messenische Frau zum Seitensprung. Wenn ihr Ehemann auf Wache zieht, schleicht der Spartan Lover zum Stelldichein. In einer mondlosen Nacht verlassen alle Messenier ihre Wachposten. Der Himmel hat seine Schleusen geöffnet. Niemand rechnet bei solchem Unwetter mit einem spartanischen Angriff. Der gehörnte Ehemann kommt also früher als üblich nach Hause. Die untreue Frau versteckt rasch ihren Ziegenwirt im Schrank. Nun erzählt der doppelt betrogene Mann seinem untreuen Weib, dass die Wachposten nicht besetzt sind. Der lauschende Hirte entfleucht heimlich und erstattet dem spartanischen Kommandeur Bericht. Der lässt ungesäumt die unbewachten Mauern stürmen. Nach zwölf Jahren zäher Belagerung fällt so die messenische Bergfeste Eira. Die Messenier werden von Sparta zu unfreien Heloten herabgedrückt.

Doch dieser Sieg der Spartaner war ein Pyrrhussieg. Zu ständigem Dienst an der Waffe gezwungen, entwickelt sich Sparta zu einer Zuchtanstalt für rückständige, fremdenfeindliche und blutsaufende Kommissköpfe. Die Schönen Künste verkümmern.

Nach einem weiteren Aufstand wurden die gebeutelten Messenier umgesiedelt. Erst hundert Jahre später konnten sie aus der Diaspora zurückkehren. Das stolze Sparta, vom thebanischen General Epaminondas besiegt, lag damals am Boden. *Oh fortuna, sicut luna!*

Der Sieger half den Umsiedlern beim Bau einer neuen Heimstädte. Das neue Messene wurde mit den stärksten Stadtmauern der Antike befestigt.

Der Bus hält beim Flecken Mavromati am Hang des Berges Ithomi. Hier lag die Fluchtburg der aufständischen Messenier. Hier entstand auch das neue Nachkriegs-Messene. Olympia läßt die Zügel ihrer Zunge schleifen:

»Die Stadtmauer war einst neun Kilometer lang. Mauerwerk, Wehrtürme und Stadttore wurden aus sorgfältig behauenen Steinen errichtet. Der Mauerring umfasste den Berggipfel, die Äcker und Weiden, ein Heiligtum des Asklepios, einen Tempel der Artemis, ein Heiligtum des Zeus Ithomatas und einen Tempel der göttlichen Hebamme Eleuthia. Rund um die Agora lagen Wandelgänge und Brunnenhäuser, gespeist von der Quelle Klepsydra. Ferner gab es ein Stadion und ein kleines Theater mit zwölf Sitzreihen. Am Berg Ithome fand jährlich ein Fest zu Ehren des Zeus Ithomatas statt.«

Wir schlendern über die Grabungsfelder. Zur Zeit wird beim Theater die Erde umgewühlt. Die Grundmauern des Äskulap Heiligtums sind schon freigelegt. Die erhaltenen Teile der Stadtmauer beeindrucken durch die Größe der Steine und die Präzision der mörtellosen Fugen.

Im kleinen Museum bestaunen wir eine berückende Artemis Statue. Die Göttin der Jagd hält in der Linken einen Bogen und zieht mit der Rechten einen Pfeil aus ihrem Köcher. Kühlen Blickes taxiert sie, wo die Beute wohl am tödlichsten zu treffen sei.

Dann fesseln zwei gesichtslose Statuen der Söhne von Äskulap unseren ärztlichen Tunnelblick. Podaleirios, der jüngere, ist mit seinen langen Schillerlocken schön wie Apoll. Der ältere, athletisch gebaute, Machaon gehörte zu den Männern, die um die schöne Helena freiten. Beim Kampf um Troja sollen die beiden altgriechischen Kollegen als Regimentsärzte gedient haben.

Zum Lunch führt uns Olympia in eine urige Taverne. Es gibt leckere Lammkotteletts vom Grill *ad libitum*, dazu grüne Bohnen und Reis. Olympia hat heute die Spendierhose an; der Hauswein geht auf ihre Kosten.

Wir fahren durch die grüne messenische Ebene, vorbei an Gärten mit Orangen-, Zitronen- und Feigenbäumen. Dazwischen immer wieder Olivenhaine. Eine Gänseherde hält im Schatten der Bäume Siesta. Meine Silberbraut witzelt:»Die haben wohl Angst, knusprig braun zu werden.« Im lieblichen Tal des Alphaios erwartet uns der Ort Olympia.

Unser Vier Sterne Hotel ist in einer Art griechischem Bauhausstil gehalten. Süßliche Replikate antiker Statuen bemühen sich vergeblich um klassisches Ambiente.

Wieder erwartet uns ein sehr schmackhaftes griechisches Büffet.

In den Karaffen funkelt es rubinrot und goldgelb.

MYTHOS OLYMPIA

Auf dem Weg zum Heiligtum plätschert unsere Nachrichtenquelle Olympia:

»Vom 10. Jahrhundert v. Chr. bis zum Jahr 426 n. Chr. schlug in Olympia das Herz der hellenischen Welt. Hier lag das wichtigste religiöse, kulturelle und sportliche Zentrum aller Griechen. Olympia war die Klammer, welche alle Griechen mit dem Mutterland verband. Die Olympischen Spiele im Heiligen Hain wurden anno 776 v. Chr. auf Geheiß des Orakels von Delphi durch die Könige von Elis, Pisa und Sparta eingerichtet. Die

Spiele fanden alle vier Jahre zur Zeit der Sommersonnenwende statt und dauerten fünf Tage. Alle freien, unbescholtenen Söhne griechischer Eltern konnten teilnehmen. Frauen durften während der Spiele den Heiligen Hain nicht betreten. Bei den Wagenrennen wurde nicht der Lenker, sondern der Besitzer des Gespanns zum Sieger erklärt. So ist es zu erklären, dass in den Siegerlisten auch Frauennamen auftauchen. Die Zählung der olympischen Spiele bildete die Grundlage für die griechische Zeitrechnung. Die Periode zwischen zwei Spielen, die Olympiade, wurde nach dem Sieger im Wettlauf benannt. Für die Dauer der Wettkämpfe galt ein Heiliger Waffenstillstand. Allen Teilnehmern musste freies Geleit zum Heiligtum gewährt werden. Die höchste Ehrung der Sieger bestand in einem Olivenkranz.«

Wir schlendern durch einen Hain mit schönen, blühenden Mandelbäumen. Der Pfad führt hügelabwärts zum Gymnasion. Auf dem Freigelände mit Säulengang trainierten einst die Wettläufer und Fünfkämpfer. In der Palaestra nebenan bereiteten sich Boxer, Ringer und Springer auf ihre prestigeträchtigen olympischen Siege vor.

Vorbei an der Residenz der olympischen Priester trollen wir zu einem Gebäude, das man beim ersten Blick für eine Kirchenruine halten könnte. »Hier lag die Werkstatt, in der Phidias die weltberühmte Statue des Olympischen Zeus geschaffen hat. Hier wurde der schlichte Trinkbecher des großen Bildhauers gefunden. Später hat man in dem Gebäude eine byzantinische Basilika errichtet.« Gluckert Olympia. Die Karawane zieht unbeeindruckt weiter. Vorbei an den Ruinen des einstigen Gästehauses für panhellenische VIPs. Ein reicher Privatmann hat das Hotel mit den hundertfünfzig Appartments gestiftet.

In den Fundamenten des nächsten Gebäudes zeichnen sich zwei Apsiden ab. »Dies sind die Ruinen des Buleuterions. Hier tagte der olympische Senat. Hier schworen die Athleten, ihre Väter, ihre Brüder und ihre Trainer auf einem Eberkopf dem Olympischen Zeus, dass sie die Wettkampfregeln achten würden. Die Kampfrichter gelobten, ohne Rücksicht auf Name und Herkunft zu urteilen.« Erläutert die Fachfrau Olympia.

Das Gelände ist übersät mit den Basen verschwundener Standbilder. Wir haben nicht die Zeit, sie, wie Pausanias, alle im Einzelnen zu würdigen. Der hatte bei seinem Besuch ja auch einen kundigen Baedeker an seiner Seite. Aber selbst Pausanias glaubte nicht alle Märchen der Fremdenführer:

»Von den Erklärern sagen die einen Dies, die anderen meinen Das.«

Der trockene Geschichtsschreiber kennt aber auch schöne Geschichtchen: »Phidias betete zum Gott, ob ihm das Werk nach Wunsch sei. Und der Gott hat sofort einen Blitz niederfahren lassen an eine Stelle, die ich noch selbst gesehen habe.« Sechs Jahrhunderte später! Na, schließlich hatte Phidias ja eines der sieben Weltwunder geschaffen.

Von der einstigen Pracht und Herrlichkeit des Zeustempels ist fast nichts mehr geblieben. Anno 426 n. Chr. ließ der christliche Kaiser Theodosius II. die Anlagen von Olympia zerstören. Der Zeuskult wurde verboten. Nur einige Säulentrommeln und eine steinerne Treppe markieren das Heim des einstigen Weltwunders.

Ohne weiteren Kommentar führt Olympia uns zur Echohalle.

»Die Echohalle hat ihren Namen von dem einst berühmten siebenfachen Echo. Hier waren unzählige Weihegeschenke aufgestellt. Die ganze Halle war mit Fresken verschiedener Künstler ausgemalt.« Genau wie die Wandelhalle im lippischen Bad Salzloch.

Wir hasten weiter durch einen Torbogen ins Stadion.

»Das Stadion war zweihundertundzwölf Meter lang und achtundzwanzig Meter breit. Es bot Platz für fünfundvierzigtausend Zuschauer, die auf Rasenbänken saßen. Sitze aus Stein gab es nur für die Kampfrichter. Im Stadion stand ein Altar der Göttin Demeter. Ihre Priesterin durfte als einzige Frau den Wettkämpfen zusehen. Nicht nur alle Athleten mussten nackt antreten. Auch die Trainer durften seit den 94. Spielen nur noch im Adamskostüm einlaufen. Denn vier Jahre zuvor hatte sich eine Frau namens Kallipateira, als Trainer verkleidet, eingeschlichen. Als ihr Sohn siegte, entblößte sie sich. Nur weil alle Männer in ihrer Familie gefeierte Olympiasieger waren, sahen die Behörden von der gesetzlichen Todesstrafe ab.«

Wir verzichten auf eine Ehrenrunde und hasten zurück in den heiligen Hain.

Auf einer leicht erhöhten Terrasse nördlich der Echohalle standen einst die Schatzhäuser hellenischer Städte, die überquollen vor kostbaren Weihegeschenken.

Olympia macht uns auf behauene Plinthen am Fuß der Terrasse aufmerksam:

»Hier standen einst mehrere Zeus Statuen. Sie wurden von den Behörden aufgestellt. Die Standbilder wurden aus Bußgeldern finanziert, die ein Athlet zahlen musste, wenn er gegen die Regeln verstieß. Auf dem Sockel wurden Name und Herkunft des Schummlers eingemeißelt. Das bedeutete ewige Schande.«

Und eigentlich nicht beabsichtigte Unsterblichkeit.

Der gründliche Pausanias hat selbst mehrere Fälle von Regelverstößen überliefert.

Während der 98. Spiele bestach ein gewisser Eupolos aus Thessalien, ein Boxkämpfer, drei seiner Gegner. Die vier Beteiligten wurden dazu verurteilt, sechs mannshohe, bronzene Statuen des Zeus zu spenden.

Bei den 112. Spielen einigte sich ein Herr Kallipos aus Athen mit korrupten Gegnern über den Ausgang des Fünfkampfes. Da der Gauner selbst mittellos war, sollte seine Heimatstadt für die fälligen Bußgelder aufkommen. Athen weigerte sich, boykottierte die Spiele und lenkte erst ein, als die delphische Pythia der Stadt mit Orakelentzug drohte. Der erwischte Athlet durfte Titel und Siegerkranz behalten. Die Namen der Trickser stehen noch heute ohne tadelnden Aktenvermerk auf den Siegerlisten.

Bei der 192. Olympiade vereinbarten die Väter der Ringer Polyktor von Elis und Sosandros aus Smyrna den Ausgang des Wettkampfes ihrer Söhne. Der einheimische Knabe Polyktor gewann. Der Name des ertappten Schwerathleten wurde gleichwohl gelistet.

Sarapion aus Alexandria ergriff bei der 201. Olympiade die Flucht, weil er sich seinem überlegenen Gegner Hermas von Antiochia im Pankration lieber nicht mehr stellen wollte. Er kam nicht auf die Siegerliste.

»Wundern muss man sich schon, dass jemand vor dem Olympischen Gott gar keine Scheu hat und für den Ausgang des Wettkampfs Geschenke annimmt oder gibt.«

Kommentiert der gottgläubige Pausanias.

Nun, hat nicht auch Asterix den olympischen Wettlauf nur gewonnen, weil alle anderen Teilnehmer des Dopings mit Zaubertrank überführt und disqualifiziert wurden?

Olympia lotst uns zum Heratempel: »Der Heratempel ist der älteste Tempel des Heiligtums. Er datiert aus dem Jahr 600 v. Chr. Der Tempel im dorischen Stil stand auf einem zweistufigen Stylobat und war ringsum von Säulen umgeben. An den Schmalseiten standen je sechs, an den Längsseiten jeweils sechszehn Säulen. Die ursprünglich hölzernen Stützen wurden im Lauf der Jahrhunderte durch Säulen aus Stein ersetzt.«

Ein Pedant aus der Rotte fragt nach: »Wo hat denn die letzte Holzsäule gestanden?«

Olympia schweigt betreten, doch Pausanias weiß Rat: »Eine der Säulen der rückwärtigen Halle ist aus Eichenholz.«

Vor dem Tempel stand der Altar, auf dem das olympische Feuer entzündet wurde. Wenn im Fernsehen gezeigt wird, wie die stämmigen Jungfrauen des griechischen Nationaltheaters heutzutage das olympische Feuer entfachen, muss ich immer lachen. »Übrigens wurden in der Antike auch olympische Wettkämpfe für Jungfrauen veranstaltet. Zu Ehren der Hera.« Trumpft Olympia auf. Pausanias schildert sogar die Tracht der Athletinnen: »Ihr Kleid reicht kaum bis zum Knie, die rechte Schulter zeigen sie bis zur Brust.«

Wir hasten weiter zu den Ruinen eines Rundtempels.

Einige der einst achtzehn Säulen wurden ganz oder teilweise wieder aufgerichtet. Das Philippeion ließ König Philipp II. zum Gedenken an die Schlacht von Chaironeia anno 338 v. Chr errichten. Damals zwang der als Barbar verachtete Makedonier Philipp ganz Griechenland unter seine Knute. Der Tempel wurde von Philipps Sohn, Alexander dem Großen, vollendet. Im Allerheiligsten ließ Alexander Statuen von sich und seinen Ahnen aufstellen. Vorbei am Prytaneion, dem Kontor der olympischen Funktionäre, eilen wir zum Museum.

Just heute haben sämtliche griechischen Schulen ihre Zöglinge nach Olympia geschickt. Die Hauptstücke des Museums sind von lärmenden Eleven umzingelt.

In der Vorhalle geben zwei Modelle des Alten Olympia Orientierungshilfe. Ein kleines Bronzepferd aus geometrischer Zeit berührt mit strenger Abstraktion. Der kolossale Kopf der Zeusgattin Hera mit dem archaischem Lächeln zieht alle Blicke auf sich.

Zeus entführt derweil den trojanischen Prinzen Ganymed zum Olymp. Der ›Schönste der Sterblichen‹ hält einen Hahn, ein uraltes Liebessymbol, in Händen.

In den Helm des Siegers von Marathon ist nur der Name Miltiades eingraviert. Wie es sich für einen schnörkellosen Soldaten gehört, trägt der Helm auch keine Zier.

Ein Prachtstück wartet im nächsten Saal. Dort steht die Nike des Paionios. Die Skulptur war ein Weihegeschenk der Einwohner von Messene und Nauplakos. Sie bedankten sich damit bei Zeus für einen unverhofften Sieg über die verhassten Spartaner. Mit ausgebreiteten Armen und vom Wind gebauschten Mantel schwebt die Göttin des Sieges vom Himmel. Ihre Flügel hat sie leider verloren. Die gefiederte Nike von Samothrake im Pariser Louvre zeigt mehr hellenistische Dynamik.

Im achten Saal beherrscht der berühmte Hermes von Praxiteles die Szene.

Pausanias hat den Hermes noch an seinem ursprünglichen Standort im Heratempel bewundert. Der nackte Gott mit dem herrlichen Körper trägt den Dionysosknaben auf dem linken Arm. Er neckt den zukünftigen Gott des Rausches mit einer Weintraube und schenkt dem Kind ein fast mütterlich anmutendes Lächeln.

Warum kam Praxiteles nicht auf die Idee, auch die störende Strebe zwischen linker Hüfte und Baum mit dem Mantel zu verdecken? Da stehe ich nun vor einem wahrhaftig Überirdischen, dem ich wahrscheinlich nie wieder begegnen werde. Und dann gehen mir solche banalen Fragen durch den Kopf. Die klügste Ehefrau der Welt meint, das liege am griechischen Frohstück.

Im Hauptsaal sind die Giebelfiguren und Metopen vom Zeustempel ausgestellt.

Am Ostgiebel freit Pelops um die Hand von Hippodameia, der Tochter von König Oinomaos. Der bärbeißige Vater fordert jeden Verehrer zum Wagenrennen heraus. Schon dreizehn Freier hat der König besiegt und danach getötet. Dargestellt ist der Moment vor Beginn des Rennens. In der Mitte steht Zeus, der über die Einhaltung der Kampfregeln wacht. Für die Alten Griechen war der Olympier immer unsichtbar anwesend.

Am Westgiebel steht der Gott Apollon für jedermann sichtbar unsichtbar in der Mitte. Trunkene, lüsterne Kentauren fallen bei der Hochzeit der Deidameia über die Frauen her. Schon hält der Kentaur Eurytion die Braut brünstig umschlungen. Ihr edles Gesicht zeigt eine einmalige Mischung aus Abscheu, Scham und Trauer.

Wie die Gigantenschlacht und der Amazonenkampf gehörte die Kentauromachie, der Kampf zwischen den edlen Gutmenschen und den tierischen Untermenschen, zu den beliebtesten Sujets griechischer Kunst. Hader und Streit liegen offenbar nicht nur den heutigen Griechen im Blut.

Nur das archaische Lächeln ist ihnen während der Perserkriege vergangen.

Olympia frohlockt über Marathon und Salamis: »Der Sieg war uns gewiß, weil wir die geistig und moralisch Überlegenen waren!« Kannten die alten Griechen denn schon die augustinische Prädestination? Die Arbeiten des Herakles auf den Metopen würdigt Olympia mit keinem Blick. Verkünden denn nicht gerade die Taten des Halbgottes aller Welt, dass ein tugendhaftes Leben geistig und moralisch viel höher steht als das Streben nach Ruhm?

Das moderne, glückselige Griechenland erleben wir am Mittag in der Taverne. Es geht laut, rücksichtslos und theatralisch mediterran zu. Sind die eisenköpfigen Dorer wieder zurückgekehrt? Zum Lunch gönnen wir uns ein Gyros Pita. Aber mit Allem!

Bei Patras fährt der Bus auf die Fähre, die uns von der Peloponnes wieder auf das griechische Festland bringt. Gewaltige Dampframmen treiben Pfeiler für die seit Olims Zeiten geplante Brücke über den Golf von Patras in den Schlick.

Auf Deck spielt ein alter Mann auf der Ziehharmonika griechische Evergreens. Das Mädchen von Piräus hat beim Warten auf den Einen zu viel griechischen Wein getrunken. Die weißen Rosen aus Athen sind ihr leider ins Meer gefallen. Etliche Passagiere singen mit. Die Zugabe, der flotte Sirtaki aus dem Film ›Alexis Sorbas‹, macht auch meine Beine zucken. Aber ich zügele mein altgriechisches Temperament. Manche antike Philosophen meinen ja, die Eudaimonia bestehe letztlich in der Arete. *Vice versa.*

Wir übernachten in der Kleinstadt Itea an der Nordküste des Golfs von Korinth.

Unser Hotel rühmt sich: »Ihre Bedürfnisse im Auge, haben wir emsig daran gearbeitet, Ihnen alle erdenklichen modernen Annehmlichkeiten, gepaart mit unserer wärmsten Gastfreundschaft, zu bieten.« Die lauwarme Gastfreundschaft heißt Sikoti - gebratene Leber mit Knoblauchpaste. Das passt ja vorzüglich zum Orakelwesen.

DUNKLE ORAKELSPRÜCHE

Das Hotel ist riesig, das Morgenmahl lausig.

Wir fahren zum Heiligtum des Apollon am Steilhang der leuchtenden Phädriaden. Zu ihre Füssen sprudelt unter Zypressen und Kiefern die Heilige Quelle Kastalia. Heller Berg und schwarze Schlucht; das ist die griechische Version von Feng chui.

Hier kreuzten sich in der Antike die Handelswege von Süd nach Nord und von Ost nach West. Für die alten Griechen lag hier der Nabel der Welt. Aber liegt der Mittelpunkt der Welt nicht im fernen Peking? Ich bin doch selber dort gewesen! So argumentiert auch Pausanias ständig.

Die Einrichtung des Orakels verdanken wir, wie so oft, unverständigem Vieh.

Die Heilquellen von Bad Salzloch haben Schweine, die berauschenden Dämpfe von Delphi haben Ziegen entdeckt. Ihre beduselten Hirten errichteten über einer dämpfigen Felsspalte einen Tempel. Den widmeten sie der Urgöttin Gaia. Als das Matriarchat aus der Mode kam, wurde der strahlende Apollon für den Tempel zuständig.

Bevor er sein Regiment antreten konnte, musste er noch das Ungeheuer Python erlegen, das die Heilige Quelle bewachte. Aus Phöbus Apollon wurde Apollon Phythias, das Orakelweib wurde zur Pythia. Bei ihr fragten die Griechen an, ob und wo und mit wem sie mal wieder Krieg führen sollten. Oder Kolonien gründen. Im Laufe der Zeit wurde die Pythia auch für verwickelte Probleme des Kultes, der Justiz und des Handels zuständig.

Die anfangs berufenen Jungfrauen wurden später durch reife Matronen ersetzt. Bei den Seancen mussten die welken Damen allerdings jugendlich gewandet sein.

Zur Konsultation des Orakels mussten die Petenten einen Termin vereinbaren und im Voraus die Orakelsteuer bezahlen. Im Sommer hatte die Pythia jeden siebten Tag eines Monats Dienst an der Spalte. Im Winter machte sie mit Apollon Urlaub in Land der Hyperboräer. Doch das ist eine andere Geschichte.

Verdeutscht wurde das schwer verständliche Gestammel der Pythia durch offizielle Prophetes. Für die Auslegung und sprachliche Formulierung der mehrdeutigen Prophezeiungen war eine Spruchkammer von mehreren Exegeten zuständig.

Trotz oder wegen der offenkundigen Vieldeutigkeit seiner Wahrsprüche errang das delphische Orakel in der ganzen antiken Welt gewaltigen politischen Einfluss. Zu den betuchten Kunden und Mäzenen von Delphi zählten VIPs wie der Pharao Amasis von Ägypten, König Midas von Phrygien und König Krösos von Lydien. Der bekanntlich sein Reich verlor, weil er ein zweideutiges Orakel zu seinen Gunsten auslegte.

Im Lauf der Jahrhunderte stapelten sich an der gefragtesten Orakelstätte von Hellas riesige Schätze. Das Geld für die Weihegeschenke stammte meist aus der Beute der ewigen Bruderkriege. In eigens erbauten Schatzhäusern wurden die Preziosen zur Schau gestellt. Offenbar hat sich kein Grieche darüber gewundert, dass ›der Gott‹, der bei einem Waffengang einer bestimmten Stadt den Sieg schenkte, bei der fälligen Revanche die einst unterlegene Stadt obsiegen ließ. Wer aus einem Orakelspruch die falschen Schlüsse zog, war doch selber schuld. Er hätte eben - gegen Gebühr - noch einmal nachfragen müssen.

Die Reichtümer des Heiligtums weckten immer die Begehrlichkeit anderer Städte. Um den Besitz des Orakels wurden folglich vier ›Heilige Kriege‹ geführt. Der banausische Sulla hat das Heiligtum anno 86 v. Chr. geplündert. Der Künstler Nero hat sechzig Jahre nach der Niederkunft der Heiligen Jungfrau noch einmal fünfhundert Standbilder nach Rom verschleppt.

Alle vier Jahre wurden in Delphi die panhellenischen Pythischen Spiele abgehalten. Die größten Dichter von ganz Hellas, Hesiod und Homer, durften aber an den musischen Wettbewerben nicht teilnehmen. Denn Hesiod konnte nicht Kithara spielen und Homer war bekanntlich blind. Den Dichter Äsop wollten die Priester sogar vom Felsen Hyampeia in den Tod stürzen. Nur weil er in seinen Fabeln das Orakelwesen als hochtrabenden Hokuspokus bespöttelt hat.

Wegen der vielen Schulklassen besuchen wir zuerst das Museum.

Im Vorraum steht der phallische Kultstein Omphalos. Das Wahrzeichen für den Nabel der Welt stand einst im Allerheiligsten des Apollontempels. Es ist mit Wollbändern umwickelt und hat die Form eines alten Bienenkorbes.

Die Sphinx der Naxier gehörte einst zum Heiligtum der Gaia. Das geflügelte Weib mit dem Hinterleib eines Löwen lächelt selbstironisch ob ihrer seltsamen Gestalt.

Im Saal der Jungmänner treffen wir die beiden unbekleideten, athletisch gebauten Brüder Kleobis und Biton. Die archaischen Skulpturen erinnern an ägyptische Standbilder. Ihre Mama war Priesterin der Hera. Am Fest der Göttin musste Mütterchen dringend zum Tempeldienst. Die Zugtiere für ihren Wagen aber hatten Verspätung. Kurz entschlossen spannten sich die durchtrainierten Söhne ein und brachten Mutti pünktlich zum Altar. Daraufhin bat die Priesterin Frau Hera, ihren Sprösslingen das Glück zu schenken, das sie am meisten verdienten. Die ermatteten Brüder legten sich zum Schlafen nieder und wachten nie wieder auf. Wen die Götter lieben...

Im Saal des Wagenlenkers steht die berühmte Bronzestatue vom Anfang des 5. Jahrhunderts v. Chr. Der Tyrann von Gela hat das Standbild gestiftet zum Gedenken an seinen Sieg bei den Pythischen Spielen. Würdevoll fährt der junge Rennfahrer mit seinem Gespann eine Ehrenrunde.

Viel anrührender ist eine Trinkschale mit Gott Apollon.

Der Olympier sitzt vor einer schwarzen Krähe und bringt ein Trankopfer dar. Die schwarze Krähe spielt an auf Apollons Geliebte Koronis, die ihm den Sohn Äskulap schenkte. Aber die bereits göttlich geschwängerte Koronis schlief nebenher noch mit einem menschlichen Liebhaber. Die weiße Krähe, von Apollon zum Tugendwächter bestellt, beichtet dem Musenchef den Fehltritt. Zum Dank verurteilt der Lichtgott die Krähe, hinkünftig schwarz zu sein. Seither wird nicht der Urheber sondern der Überbringer einer schlechten Botschaft bestraft.

Im letzten Saal des Museums stehen wir ergriffen vor dem schönen Antinoos. Der Jüngling war dereinst der Geliebte von Kaiser Hadrian. Mit nicht einmal zwanzig Jahren suchte Antinoos den Freitod im Nil. Ein Orakel hatte ihm eingeflüstert, seine durch den Freitod verschenkten Lebensjahre würden von den Parzen seinem Liebhaber Hadrian gut geschrieben. Kaiser Hadrian war zu der Zeit vierundfünfzig Jahre alt; er lebte nur noch acht Jahre lang. Konnten die delphischen Prophetes nicht rechnen oder steckte Absicht dahinter? Besser man verlässt sich nur auf Prophezeiungen im Nachhinein.

Olympia bringt uns vom Museum zum Eingang des Heiligtums. Hier warten bereits zahllose andere Pilger auf den göttlichen Ratschluss. Eine zweite Olympia klärt ihre deutsche Schar über die Halle der Athener auf: »Die wurde gebaut, um die Pilger im Sommer vor Sonne und im Winter vor Regen zu schützen. Die bei Salamis erbeuteten Schiffsschnäbel standen bloß im Wege.«

Unsere Olympia nimmt wieder eine Auszeit. Sie muss noch dringend etwas besorgen.

Wir vertrauen uns für den Rundgang dem Wegweiser Pausanias an. Doch anders als in Olympia hatte Pausanias in Delphi keinen Cicerone an seiner Seite. Von den vielen Sehenswürdigkeiten gibt er nur eine staubtrockene Aufzählung.

Die heute nicht mehr erhalten Wandmalereien im Wirtshaus der Knider beschreibt er dagegen in ermüdender Ausführlichkeit. In diesem Haus für zwanglose, entspannte Männerrunden hat Polygnotos, einer der berühmtesten Maler des 5. Jahrhunderts v. Chr, die Wände mit Darstellungen der unsterblichen Szenen aus den homerischen Epen geschmückt.

Vor dem antiken Eingang zum Heiligtum standen und stehen die üblichen Devotionalienläden. »Das Heiligtum in Delphi scheint schon von Anfang an von sehr vielen Menschen heimgesucht worden zu sein.« Lesen wir im Pausanias und nicken fernhin sinnend.

Die Heilige Straße führt leicht bergauf zum Apollontempel. Einst säumten Statuen und Schatzhäuser den Prozessionsweg. Einzig das Schatzhaus der Athener ist restauriert. Im eher kleinen Gebäude war die Kriegsbeute von Marathon zur Schau gestellt. Auf den Metopen hatten Künstler wieder einmal die zwölf Taten des Herakles und den Amazonenkampf in Stein gemeißelt.

Neben dem Ratsgebäude ragte einst eine Bronzesäule aus drei umeinander gewundenen Schlangen in den Himmel; zuoberst glänzte ein goldener Dreifuß. Auf der Säule standen die Namen der Städte, die bei Plataä die Perser aufs Haupt geschlagen hatten.

Das gut erhaltene Original der Schlangensäule haben wir auf dem Sultan Achmed Platz in Istanbul bestaunt.

Der Apollon Tempel wurde mehrmals von Naturgewalten zerstört und immer wieder aufgebaut. Der erste Tempel bestand der Sage nach aus geflochtenen Lorbeerzweigen, der zweite wurde aus Bienenwachs errichtet. «Die Geschichte, dass sie den Tempel aus grünem Farnkraut geflochten hätten, erkenne ich überhaupt nicht an.«

Schreibt der unbestechliche Pausanias.

In der Vorhalle des vierten, steinernen Tempels mahnten die berühmten Sprüche der griechischen Sieben Weisen »Erkenne dich selbst!« und »Nichts im Übermaß!«

Das war wohl nötig bei einem Volk, das unzählige bedeutende Künstler, aber nur sieben Weise hervorbrachte.

Wir steigen weiter bergan, hoch zum Theater. Auf den Rängen wächst grünes Gras, in den Spalten blühen Mohn und Raps. Von der Skena sind nur die Fundamente erhalten. Wir setzen uns und genießen in Ruhe die Aussicht in die frühlingsbunte Ebene. Wegen der Hitze ersparen wir uns den Aufstieg zum Stadion.

Statt dessen schlendern wir wieder bergab. Vorbei an der Kastalischen Quelle führt ein Fußpfad hinunter zum Tempel der Athena Pronaia und dem weltbekannten Rundtempel. Die Tholos war einst von zwanzig dorischen Säulen umgeben. Archäologen haben drei davon samt Architrav, Triglyphen und Metopen wieder aufgerichtet. Das fotogene Ensemble wurde zum Wahrzeichen von Delphi. Die Metopen der Tholos zeigten - welche Überraschung - Szenen vom Kampf gegen Amazonen und Kentauren.

Zum Mittagessen kehren wir in eine überfüllte Taverne ein. Der Auflauf mit Kritharaki, Lammfleisch und Auberginen schmeckt sehr lecker.

Ohne Siesta fahren wir nordwärts nach Kalambaka in Thessalien.

Die Kleinstadt liegt am Fuße der Meteora Klöster, die wir morgen besuchen.

DEM HIMMEL GANZ NAH

Wieder erfreut uns die Hoteldirektion mit einer Fastenspeise. Es gibt Dakos, klein gehackte Tomaten mit Olivenöl und Feta auf Zwieback. Dazu schwarzen Kaffee. Milch ist aus und nicht zu beschaffen, weil Sonntag ist.

Der Himmel ist bewölkt; schon beim ersten Fotostop beginnt es zu regnen. Das ist genau die richtige Beleuchtung für die eindrucksvolle Landschaft.

Der Name Meteora bedeutet ›in die Höhe heben, schweben‹.

Auf der Flucht vor marodierenden Serben und Türken erbauten orthodoxe Mönche ihre Klöster auf den Felsnadeln der Gegend. Menschen und Lebensmittel mussten in Körben mit Seilwinden hinauf gehievt werden. Von den einst vierundzwanzig Klöstern sind nur noch sechs bewohnt. Die übrigen wurden aufgegeben und sind verfallen.

Geplant war ein Besuch der Klöster Metamorphosis und Agios Stephanos. Die sind aber vor allem am Sonntag völlig überlaufen. Behauptet Olympia. Also fahren wir statt dessen mit dem Bus zuerst ins Kloster Rousanou. Das Kloster ist Sankt Barbara, der Patronin der Bergleute, Artilleristen und Totengräber geweiht. Rousanou ist eins von zwei Frauenkonventen unter den Meteoraklöstern.

Das mehrgeschossige Gebäude klebt hoch an einem Felsen. Steile Treppen und zwei schmale Brücken führen hinauf. Eine blutjunge Novizin mit Zahnspange begrüßt Olympia wie eine alte Bekannte. Wegen des sonntäglichen Andrangs müssen wir lange auf Einlass warten. Dann öffnet sich die Vorhalle der Kirche. Hier beteten früher die Taufanwärter und die Büßer, die nicht in die Hauptkirche durften.

Wir tauchen tief ein in die Gedankenwelt der spätbyzantinischen Orthodoxie.

Die Wandmalereien der Vorhalle aus dem 16. Jahrhundert zeigen alle erdenklichen Arten von Folter und Verstümmelung. Eine Beischrift erklärt jeweils, wer da gerade gerädert, geröstet und geviertelt wird. Ein ganzes Martyriologicum scheint hier illustriert zu sein.

Warum kommen mir gerade hier die Qualen des gefesselten Prometheus, des durstenden Tantalos und die sinnlose Arbeit des Sisyphos in den Sinn?

In der Legenda Aurea stehen aber auch wirklich mitreißende Anekdoten.

Die Heilige Afra zum Beispiel wurde der Legende nach auf dem Scheiterhaufen verbrannt. Wie es sich für eine unschuldige Märtyrerin gehört, blieb ihr Leichnam unversehrt. Mit ihr wurden dreißig andere Christen in den Tod geschickt. Bescheiden wenig, im Vergleich zu den sechstausend Soldaten der Thebaischen Legion, die mit Sankt Mauritius die Märtyrerkrone errangen. Oder den elftausend Jungfrauen, die Sankt Ursula von Köln ins Jenseits begleiteten.

Wir betrachten eine späte Kunst. Es fehlt die Grandeur von San Marco in Venedig, der goldene Schmelz von Monreale oder die höfische Pracht der Hagia Sophia in Istanbul.

Unter dem Ruß von abertausend Kerzen ist das Sendelicht der Ikonen längst erloschen.

Nach dem Nonnenkloster fahren wir weiter zum Männerkloster Varlaam.

Auch dieses Kloster war früher nur über Körbe und Seilwinden zu erreichen. Heute kann man über zweihundert Stufen hinauf steigen. Im Kloster gilt für alle Besucher eine strenge Kleiderordnung. Bei Herren sind Shorts, bei Frauen Miniröcke und schulterfreie Oberteile tabu. Für Frauen in langen Hosen bietet die Klosterregel eine barmherzige Alternative. Sie können ihre Beinkleider unter bereit gehaltenen Wickelröcken verstecken. »Nicht die Bedeckung des Fleisches ist wichtig. Eine Frau muss hier im Kloster als Frau erkennbar bleiben. Und dazu gehört nun einmal ein Rock.« Plappert unsere sonst sehr weiblich gewandete Olympia. Das ist so absurd, wie Bierflaschen in Aluminiumfolie zu wickeln. Und wieso tragen dann die Mönche lange Röcke?

Das Kloster nennt viele wunderwirkende Reliquien sein eigen. Darunter einen Finger des Evangelisten Johannes und das Schäufele vom Sankt Andreas.

Die Wände der Hauptkirche sind im Stil der Kretischen Schule ausgemalt. Zu erkennen an überlangen Figuren und Spuren von Genremalerei im Beiwerk. Zum berühmtesten Künstler dieser Schule wurde El Greco.

Das ehemalige Refektorium des Klosters dient heute als Museum. Gezeigt wird eine beeindruckende Sammlung von alten Ikonen und uralten Handschriften. Im Museumsshop werden moderne Ikonen feilgeboten. Zu sündhaft gepfefferten Preisen.

Einige Gläubige küssen auch diese teuren Bildnisse.

Draußen regnet es inzwischen in Strömen. Der berühmte Fernblick vom Varlaam Felsen auf das liebliche Tal des Pinios und das rauhe Pindosgebirge fällt buchstäblich ins Wasser. Wir fahren von Lamia südwärts auf der Autobahn Nr. 1 Richtung Athen.

Die Straße führt durch die berühmten Thermopylen. In der Antike war die Engstelle zwischen Meer und Gebirge nur fünfzehn Meter breit. Der Engpaß bot den einzigen Zugang von den thessalischen Ebenen ins griechische Herzland.

Hier haben anno 480 v. Chr. die Spartaner unter ihrem König Leonidas I. das Riesenheer der Perser drei Tage aufgehalten. Als der Perserkönig Xerxes den Leonidas aufforderte, in aussichtsloser Lage die Waffen zu strecken, soll der Spartaner trotzig geantwortet haben: »Molōn Labe!«,»Komm und hol sie dir!«

Die Spartaner kämpften bis zum letzten Mann, auch Leonidas fiel.

Niemand im Bus zitiert unseren lieben Schiller: »Wanderer, kommst du nach Sparta...«

Heute ist der Küstenstreifen durch Anschwemmung versandet und mehrere Kilometer breit. Östlich der Autobahn hat man dem heldenhaften Leonidas ein Denkmal errichtet. Hier ist der König nach der altgriechischen Heeresdienstvorschrift gekleidet; der Speerwerfer trägt nur einen Helm.

Wir erfreuen uns heute noch einmal am sonntäglich gestimmten Hellas.

Die Straßen sind heillos verstopft; die Raststätten überfüllt. Wie hungrige Wölfe drängen die Ururenkel des rasenden Achill zur Futtergrippe.

Zum letzten Mal erwische ich mich dabei, wie ich versuche, den modernen Griechen mit den antiken Hellenen zu vergleichen.

Wo sind sie bloß geblieben, die edle Einfalt und die stille Größe, wie sie Winkelmann so ergreifend beschrieben hat?

Aber waren die alten Hellenen nicht genauso wie diese lärmenden modernen Dorer?

Am späten Nachmittag erreichen wir unser Hotel auf der Insel Euböa.

Verstreut liegende Bungalows blinken hellweiß durch das dunkle Grün alter Olivenbäume. Ein schöner großer Pool lädt zum Bade. Das Restaurant ist Spitzenklasse.

Hier werden wir einige Tage bleiben, über blühende Wiesen zum schönen Strand von Eretria wandern und die vielen Eindrücke und Erlebnisse sortieren.

Was für ein Volk!

Es erfindet Götter und Heroen, die so lasterhaft sind wie ihre Schöpfer.

Die Olympischen lügen, stehlen und brechen die Ehe am laufenden Band.

Die Nektar- und Ambrosiaschlemmer sind genau so treulos und nachtragend wie ihre rechthaberischen, rauflustigen, rachsüchtigen und ruhmsüchtigen Anbeter.

Die von Vorzeichen und Orakelsprüchen nicht genug bekommen.

Und unbändige Freude empfinden, wenn andere vom Orakel genasführt wurden.

Soweit passt Alles zusammen.

Aber wie erklärt sich, dass die Griechen dem ewigen Krieg Aller gegen Alle ebenso zugetan waren wie den unbestreitbar schönen Werken ihrer Künstler?

Genau genommen ist das Goldene Zeitalter des Perikles aber keine kulturelle Singularität. Die italienische Renaissance und das Elisabethanische Zeitalter sind nur zwei weitere Beispiele der geheimen Verbindung von Agon und Techné.

Ist doch der Krieg der Vater aller Dinge?

Immerhin haben die modernen Griechen ihr Motto entkrampft:

Früher riefen sie »Nike i thanatos«, »Sieg oder Tod!«

Jetzt haben sie den Sieg durch Freiheit ersetzt: »Elephteria i thanatos!«

»Alles ist Übung.« Schreibt Periandros.

Αντιο Ελλαδα!

ZAREN, POPEN, BONZEN

EUROPÄISCHES RUSSLAND

USPENSKIJ SOBOR, MOSKAU, RUSSLAND

DOBRO POZHALOVAT!

Zum Geburtstag habe ich mir eine Kreuzfahrt von Moskau nach Sankt Petersburg gewünscht. Die klügste Ehefrau der Welt ist von der Aussicht auf geruhsame Tage an Bord ganz begeistert. Zwar jährt sich heuer der Untergang der UdSSR zum dreizehnten Male. Aber wir in Bad Salzloch sind überhaupt nicht abergläubisch.

Nach der Landung in Moskau bilden sich an der Passkontrolle lange Schlangen. Die Grenzpolizisten sind höflich, freundlich und unheimlich gelassen. Am Ausgang erwartet uns die deutsche Reiseleitung. Beim Sprechen kneift Frau Edeltraut häufig ihren linken Mundwinkel ein, als missbillige sie ihre letzten Worte.

Auf der achtspurigen Schnellstraße ins Zentrum herrscht ein überwältigender Verkehr. Überall begegnet uns noch der Zauber der verblichenen Errungenschaften des Sozialismus. Garniert mit den wohlvertrauten Werbe-Ikonen internationaler Konzerne der Konsumgüterindustrie. Schon von ferne grüßt ein riesiger, einsamer Cowboy; er reitet für Freiheit und Abenteuer. Die Slogans der Werbeplakate sind auffallend häufig in lateinischer Schrift gedruckt. Tresore für wertvolle Werktätige, größer, aber genauso grau wie seinerzeit in der DDR, säumen die Straßen.

Die Kreuzfahrtschiffe liegen im Binnenhafen in der Vorstadt Chimki. Das Hafengebäude mit seinem hohen, schlanken Turm wirkt selbst wie ein großes Schiff. Am Ufer erwartet uns die MS Gluschkow. In der Rezeption hängt eine Gedenktafel für den Namenspatron des Schiffes. Der Informatiker Gluschkow war Mitglied zahlreicher wissenschaftlicher Akademien. Gewissermaßen ein Konrad Zuse der Sowjetunion und Held der Sozialistischen Arbeit. Über mathematischen Formeln lächelt ironisch ein kluges Gesicht.

Nach altem Brauch reicht uns eine Trachtenjungfer zum Willkommen Brot und Salz.

Die Kabinenzuteilung klappt reibungslos.

Frau Edeltraut hat alles generalstabsmäßig vorbereitet.

Die MS Gluschkow verfügt über einen Tanzsalon mit live Musik. Ein Minishop hält überlebenswichtigen Touristenbedarf bereit. Die Bordbar und ein Leseraum bedienen höhere geistige Ansprüche. Zwei Restaurants verwöhnen die Passagiere mit Leckerbissen aus der russischen Küche. Um das leibseelische Wohl kümmern sich ein Bordarzt und ein ›Parikmakker‹. So heißen in Russland die männlichen Lockenwickler.

Unsere Außenkabine liegt auf dem Oberdeck und ist gut überschaubar. Der Gang zwischen den beiden schmalen Kojen erlaubt keinen Begegnungsverkehr. Ein Passagier muss immer auf das Bett ausweichen. »Das ist für das eheliche Zusammenleben äußerst förderlich.« Meint die klügste Ehefrau der Welt. Im Bad ist Platz für ein winziges Waschbecken und eine ebensolche Toilette. Zum Duschen wird einfach ein Vorhang vorgezogen. Das Wasser läuft gurgelnd im Boden ab. Nur Camping ist schöner.

Das Dinner in vier Gängen wird als Tellergericht am Tisch serviert. Aber wir sitzen mit einem sehr netten Ehepaar aus Wittmund zusammen.

Für die Getränke ist die Kellnerin Lilitschka zuständig.

Sie sieht aus wie eine Bordsteinschwalbe von Toulouse-Lautrec, oder, galanter formuliert, wie die berühmte schwarzäugige ›Pariserin‹ aus dem Palast von Knossos. Lilitschka stammt aus Armenien und ist immer lustik. Sie quält uns mit der Frage, ob wir den Tag mit Pivo, Wodka oder lieber mit Krimsekt beschließen wollen.

Weit nach Mitternacht fallen wir in einen unruhigen Schlaf. In der Kabine ist es höllisch heiß; wir schwitzen beide wie in der finnischen Sauna.

Dobro pozhalovat!

DAS HERZ VON MÜTTERCHEN RUSSLAND: MOSKAU

Schon um halb sieben werden wir über Bordradio geweckt. Die Dusche funktioniert; auch die Klimaanlage lässt sich überraschend von der höchsten Heizstufe auf angenehme Kühlung umstellen.

Zum Gabelfrühstück gibt es Brot, Butter, Marmelade, Joghurt und Kaffee oder Tee.

Pünktlich um 9:00 Uhr fahren an der Uferstraße moderne Omnibusse vor. Die Passagiere werden für den Rest der Tour in vier Rudel eingeteilt. Deutsch sprechende Scharführer halten Schilder mit ihren Vornamen in die Luft. Frau Edeltraut teilt meine frühere Verlobte und den einzigen Sohn meiner Eltern dem Fähnlein Anastasja zu. Name und vornehme Erscheinung wecken in der Altschar Erinnerungen. Gab es nicht eine Zarentochter gleichen Namens? Hat deren Schicksal nicht jahrelang die deutsche Regenbogenpresse beschäftigt! Unsere Anastasja ist aber auch keine Prinzessin; sie stammt aus Armenien und ist Lilitschkas beste Freundin.

Im Bus stellt sich unsere moskowitische Stadtführerin vor. Sie heißt Galina, trägt hohe Jochbögen, weit auseinander stehende Augen und eine Stupsnase. Aufgeprezelt mit einem knalligen Make-up sieht sie aus wie eine einfältige Kokotte. Ein üppig geschminktes Gesicht hat ja in Russland eine lange Tradition: »In den Städten schminken sie sich alle; auch so grob und merklich, dass es ein Ansehen hat, als wenn ihnen einer mit einer Handvoll Mehl über das Gesicht gefahren wäre und mit einem Pinsel die Backen rot gemalt hätte.« So mäkelte ein deutscher Pastor auf Durchreise schon im 17. Jahrhundert. Ist ›rot‹ im Russischen nicht ein Synonym für ›schön‹?

Galina, die Dame ohne Pünktchen, betet ihren Text ohne Halt und Amen herunter. Überschüttet uns mit Daten über Russland im Allgemeinen und Moskau im Besonderen.

Sie erzählt bekümmert, dass im 9. Jahrhundert skandinavische Wikinger in Russland einfielen. Die seien allmählich mit den Einheimischen zu einer neuen Ethnie, den Rus, verschmolzen. Deren Nachfahren hätten in Kiew das erste altrussisches Reich, die Kiewer Rus, gegründet.

Wir hören, warum ihr Fürst Wladimir anno 988 zum orthodoxen Glauben übertrat: »Weil, seine Sendboten chaben geschwärmt von der überirdischen Schönheit von Liturgie, byzantinischer.«

Dann erzählt Galina von einer zweihundertfünfzigjährigen Schreckensherrschaft. Als die Tartaren, Männer, die aus der Hölle kamen, über die russischen Fürstentümer herrschten. Und Städte und Klöster von Mütterchen Russland mit Raub und Mord heimsuchten. Bis der Gründer von Moskau, der Großfürst und spätere Kirchenheilige Dimitri Donskoi, anno 1380, in der Schlacht auf dem Schnepfenfeld, mit Hilfe der Muttergottes die Mongolen besiegte. Doch als die Tartaren endlich geworfen waren, mussten die Fürsten gegen Russlands europäische Erbfeinde, die Deutschritter, die Schweden, die Litauer und die Polen ums Überleben kämpfen.

Der Aufstieg des Heiligen Russland war aber nicht aufzuhalten: »Im Jahre 1472 Iwan der Große, er chat geheiratet Nichte vom letzten Kaiser, byzantinischen.« Damals sei Moskau vom Allmächtigen im Himmel höchstpersönlich zum Dritten und sicherlich letzten Rom erkoren worden.

Lenin wird von Galina häufig erwähnt; immer mit hörbarem Missfallen. Der Name Stalin fällt nur einmal, als der Bus an der Erlöserkathedrale vorbei fährt. Erbaut wurde die Kathedrale nach Russlands Sieg über Napoleon im Jahre 1812. Nach historischen Siegen haben die Russen ja schon immer gerne prachtvolle Kirchen erbaut. Das Gotteshaus galt seither als wichtigstes Monument der russisch-orthodoxen Kirche. Im Jahre 1931 wurde die Kathedrale daher auf Befehl Stalins gesprengt. Für die Fundamente fand sich zwanzig Jahre danach eine neue Verwendung. Sie wurden für die Errichtung eines Schwimmbades mit einem riesigen Becken genutzt. In seinen warmen Wogen konnten die vergesellschafteten Moskowiter ganzjährig und zwanglos in Freiheit baden gehen. Nach dem Fall der Sowjetunion wurde die Erlöserkathedrale wieder originalgetreu aufgebaut. Zwölf Kilogramm Spendengold auf den Kuppeln unterstreichen den Nimbus des Neubaus.

Unser Bus hält am berühmt-berüchtigten Roten Platz.

Der russische Name bedeute eigentlich ›Schöner Platz‹. Behauptet Galina. Hier auf dem Roten Platz wurden alle Zaren prunkvoll gekrönt. Selbst zu den Zeiten, als Sankt Petersburg die offizielle Hauptstadt von Russland war. Das Forum diente indes nicht nur als Krönungsstätte sondern auch als Richtplatz. Iwan der Schreckliche liess auf dem Schönen Platz missliebige Adlige abschlachten. Durch seine Leibgarde, die so genannten Opritschniki, eine Art staatlich durchgefütterter Schmarotzer. Zum Ausgleich wurden hundert Jahre später - unter tätiger Anteilnahme von Zar Peter dem Großen - über tausend aufständische Strelizen auf dem Roten Platz hingerichtet. Dieses Militärkorps war auch eine Schöpfung von Iwan dem Schrecklichen. Die Prätorianergarde entwickelte sich nach Janitscharenart zum Staat im Staate. Ihre Rebellion gegen die, ihnen verhassten, petrinischen Reformen mussten sie mit ihrem Leben bezahlen.

Heute morgen ist der Rote Platz beinahe menschenleer. Welch ein Kontrast zu den früheren kommunistischen Massenparaden am 1. Mai! Im deutschen Fernsehen wurden die vielköpfigen Marschkolonnen immer ausführlich gezeigt. Hinter den strammen, vaterländischen Massen rollten die Furcht einflößenden Kolosse der Interkontinentalraketen. Und auf der Tribüne des Lenin Mausoleums klatschte die sowjetische Gerontokratie sich selbst Beifall. Vor dem Grabmal Lenins stehen heute keine Menschen mehr Schlange. Die Stufenpyramide aus Granit mit dem schlichtem Namenszug ›Lenin‹ liegt verlassen da. Nicht einmal eine Ehrenwache ist aufgezogen. *Sic transit gloria mundi.*

Hinter dem Mausoleum, dicht an der Kremlmauer, existiert noch ein sowjetischer Ehren-friedhof. Dort wurden einst verdiente Söhne und Töchter der Sowjetunion beigesetzt. Wie Lenins Frau Nadeschda Krupskaja, der Dichter Maxim Gorki und der Kosmonaut Juri Gagarin. Die beleuchteten roten Sowjet-Sterne auf den Kremltürmen haben der Wende widerstanden. Am Erlöserturm zeigen vier riesige Zifferblätter an, was die Stunde geschlagen hat. Seinen Namen verdankt der Turm einer Ikone, die einst über dem Tor-weg hing. »Wer wollte passieren das Tor, ob Zar, ob Zimmermann, er musste zuvor ab-nehmen den Chut.« Beteuert Galina.

Vor dem Historischen Museum fegt eine Putzkolonne das Kopfsteinpflaster. Das blutrote Bauwerk erinnert mich an ernste, norddeutsche Backsteingotik mit viel weißem Zucker-guß. Am Südende des Platzes steht das Wahrzeichen von Moskau, die Basileus-Kathedra-le. Iwan der Schreckliche ließ das Prachtstück nach seinem Sieg über die Tartaren von Kasan erbauen. Das gewaltige Gotteshaus ist ein Komplex aus acht in Kreuzform ange-ordneten Kirchen. Opernhaft setzt sich das Münster auf jeder Seite neu und überra-schend in Szene. Seine Zwiebeltürme sind bunt bemalt und vielgestaltig wie mittelalterli-che Hörnerhauben. «Nu, Zwiebelspitzen bunte, sie zeigen Weg hinauf zum Himmel.« Erklärt Galina ihre pastorale Funktion. Der gotisch bierernste Turm auf der Hauptkirche bewacht die acht frivol-farbenprächtigen Jungfern im Grünen.

Überdachte Treppen mit weiß-rotem Schmuckmauerwerk führen ins Innere. In einer der Kapellen der Kathedrale ruht der Mönch Basileus der Gesegnete. Der galt zu Lebzeiten, wie viele asketische Wandermönche auch, als ein ›Gottesnarr‹. So nannte man im alten Russland die Armen im Geiste, die das schreiende Unrecht in Kirche und Staat freimütig beim Namen nannten und dabei zu ihrer eigenen Sicherheit den Schalksnarr mimten.

Angeblich ließ Iwan der Schreckliche die Baumeister der Basileus-Kathedrale blenden. Er wollte nicht, dass sie woanders eine noch schönere Kirche bauen konnten.

Solche Schnurrpfeifereien über beklagenswertes Künstlerpech gehören zum anekdoti-schen Kaffeesatz aller Kulturen.

Die Basileus-Kathedrale ist heute ein Museum; ab und an werden auch wieder Messen gelesen. Vor dem Münster feiert ein Bronzedenkmal zwei Nationalhelden. Der Kauf-mann Minin und der Fürst Poscharski haben zu Anfang des 17. Jahrhunderts an der Spitze eines Volksheeres Moskau von den Polen befreit.

Wir erweisen den Freiheitskämpfern im Vorübergehen unseren Respekt und folgen Gali-na zum berühmten Warenhaus GUM. Zur Sowjetzeit galt das GUM als wahres Ein-kaufsparadies. Auf seiner zehn Fussballfelder großen Verkaufsfläche fand der Moskowiter Vieles, was in der Mangelwirtschaft draußen partout nicht aufzutreiben war. Im Kauf-haus lässt Anastasja die schon ungeduldige, kauflustige Meute von der Leine. Auf zwei Etagen locken heutzutage schicke und teure Boutiquen aller europäischen Edelmarken zum Kauf. Symptomatisch für den Wandel der Wirtschaft ist der protzige, vergoldete Springbrunnen im Erdgeschoss. Ich komme mir vor wie im Zoo und übe Konsumver-zicht. Die klügste Ehefrau der Welt hat seltsamerweise zur Zeit auch keinen Bock auf

Gucci und Versace.

Nach der Freizeit im GUM bringt der Bus uns hoch zur den Sperlingsbergen. Bis zum Fall der UdSSR hießen diese Hügel noch Leninberge. Viele Straßen und Plätze wurden wieder so benannt, wie sie vor der Oktoberrevolution hießen. Aber zwölf Jahre nach der Wende gibt es in Moskau immer noch einen Leningrader Bahnhof. Selbst Galina gebraucht immer mal wieder die Namen aus der Sowjetzeit.

Wegen des starken Verkehrs bleiben wir den ganzen Tag in der Stadt. Anastasja verteilt Lunchpakete. Es gibt trocken Brot, harte Eier, kalten Braten, saure Gurken und warmes Mineralwasser. Zum Dessert reicht die bezaubernde Armenierin jedem Gast einen verführerisch roten Apfel. Wir schmausen die Leckereien im gepflegten Park der Lomonossow Universität. Der gewaltige Hochschulkomplex im stalinistischen Zuckerbäckerstil beherbergt eine Stadt für sich. Hier leben und studieren zigtausend Studenten aller Fakultäten. Der Turm samt rotem Stern ragt zweihundertvierzig Meter in den Himmel. Das Gebäude gehört zu den Sieben Stalinfingern in Moskau. »Die sieben Wolkenkratzer, sie sind Anspielung, bauliche, auf Kremltürme.« Glaubt Galina.

Von der Aussichtsterrasse des Parks hat man einen schönen Panoramablick auf Stadt und Fluss. Soweit die in der Mittagshitze flimmernde Luft und der starke Smog das zulassen. In der Ferne winken die Türme und Kuppeln des Neujungfrauenklosters.

Den heißen Nachmittag verbringen wir im Herzen Moskaus, dem Kreml. Der Bus bringt uns zum Besuchereingang der Burg am Dreifaltigkeitsturm. Von dort schlendern wir im Kielwasser von Galina zum Kongresspalast. In dem Zweckbau aus Glas und Marmor fanden früher die Reichsparteitage der KPdSU statt. Heute tänzelt dort nur noch das weltberühmte Moskauer Bolschoi-Ballett. Hammer und Sichel hat Putin durch den zaristischen Doppeladler ersetzen lassen.

Auf der linken Seite dräut die ockerfarbene Fassade des Arsenals. Seine militärische Funktion erkennt man unschwer an der Dicke der Mauern. Sicherheitshalber sind vor dem Gebäude noch erbeutete Kanonen aus den vaterländischen Kriegen aufgefahren.

Vom streng bewachten Senatspalast an der Kremlmauer halten wir respektvoll Abstand. In dem Fürstenhaus lebten und arbeiteten die beiden unermüdlichen Handlanger der Weltrevolution, Wladimir Iljitsch Uljanow, Kriegsname Lenin, und Iossif Wissarionowitsch Dschugaschwili, alias Stalin. Jeder Moskowiter konnte damals sehen, dass das Licht in ihrem Arbeitszimmer erst früh am Morgen erlosch. Heute residiert hier, von grimmen Gendarmen streng bewacht, der Präsident Wladimir Putin. Jeden Abend zeigt das staatstragende Fernsehen, wie der neue Zar mit fester Hand das Land regiert. Die herbei zitierten Minister sitzen, die Hände brav gefaltet, um den riesigen Kabinettstisch. Sie wirken wie Schuljungen, denen der Direx eine Standpauke hält.

Galina führt uns weiter zum Kathedralenplatz. Gleich am Eingang erhebt sich der ehemalige Palast des Moskowiter Patriarchen. Zur Zarenzeit beherbergte der Gebäudekomplex neben den Amts- und Wohnräumen auch die Privatkapelle des Kirchenfürsten. Der höchste russisch-orthodoxe Geistliche bekleidete somit ein bequemes Pantoffelamt.

Erbaut wurde der Palast vom machtbewussten Patriarchen Nikon. Wegen seiner drastischen Reform der Liturgie sagten sich viele Altgläubige von der Kirche los. Der starrsinnige Nikon wurde daher von einem Konzil seines Amtes enthoben. Nach seinem Sturz richtete die erlöste Kirche im Palast einen Herd für die Zubereitung von Salböl ein.

Es gibt noch allzeit Balsam in Gilead.

Auf den Patriarchenpalast folgt ein Ensemble der schönsten Kirchen Moskaus. Die herrlichen Gotteshäuser, die Vermählung altrussischer Kirchenbautraditionen mit Bauformen der italienischen Renaissance, wurden zu Lebzeiten Michelangelos errichtet. Ihre Namen erinnern an einige der zwölf orthodoxen Kirchenfeste. In der Mariä Entschlafenskirche wurden Machthaber gekrönt, liegen Patriarchen begraben. In der Erzengelkathedrale erwarten die verewigten Zaren ihr Jüngstes Gericht. Die Gewandlegungskirche ist ein Dankmal für Errettung aus Tartarennot.

Innen bergen die Gotteshäuser kunstgeschichtlich bedeutende Fresken und Ikonen. Die Wandmalereien präsentieren sich in unterschiedlichen Stadien des Verfalls oder der Restaurierung. Der Stil reicht von schlichter Frömmigkeit bis hin zum kitschigsten Nazarenertum. Auf manchen Ikonen sieht der Erlöser genau so aus wie der davor kniende Pope.

Nach der Betrachtung der Zeugnisse eines felsenfesten Glaubens führt Galina uns zu zwei Kuriositäten, die sehr viel über die russische Seele verraten. Vor dem Glockenturm Iwans setzt die Zaren-Glocke auf einem Sockel trotzköpfig Patina an. Die größte Glocke der Welt hat niemals geläutet, denn sie ist bei einem Brand zersprungen. Das tonnenschwere, mannshohe Bruchstück lehnt gleichsam als Vanitas-Denkmal zu ihren Füßen. Nahebei protzt die Zaren-Kanone mit Kaliber 890 Millimeter; sie gilt als größte Bronzekanone der Welt. Aber niemals wurde daraus auch nur ein Schuss abgegeben. Zeugen die beiden Giganten nicht von einem tiefen russischen Minderwertigkeitskomplex?

Für den Besuch der Rüstkammer mit den Reichskleinodien bleibt leider keine Zeit.

Zum Trost entführt uns Anastasja vor dem Abendmahl zu einer zweiten Stadtrundfahrt.

Wir sollen ›Moskau bei Nacht‹ erleben. Auf den Sperlingsbergen lassen jetzt Rotten von Bikern ihre Motoren heulen. Souvenirläden und Buden bieten unverdrossen immer noch Matruschkas und Lackdosen an. Die dämmerige Skyline von Moskau wirkt eher verschlafen. Anastasja dirigiert den Bus weiter zum Weißrussischen Bahnhof. Von dort fahren wir mit der berühmten Moskauer Metro bis zur Station Komsomolskaja. An jeder Station steigen wir aus und bestaunen - zwischen zwei Zügen - die unerhörte Pracht dieser unterirdischen Paläste des Volkes.

Die gewölbte Kassettendecke der Station Belorusskaja schimmert weiß wie frisch gefallener Schnee. Bunte Mosaiken erzählen vom einfachen Leben des weißrussischen Brudervolkes. Knallbunte Glasmalereien mit russischen Säulenheiligen verleihen der Station Novoslobodskaja das magische Gepräge einer unterirdischen Kathedrale. Am Ende der Halle fordert ein Mosaik im Stil des kommunistischen Evangeliums: »Friede auf Erden!« Die nächste Station heißt sogar ›Allee des Friedens‹, auf Russisch ›Prospekt Mira‹. Hier glorifizieren blasse Tondi die ungeheuren Errungenschaften der sowjetischen Kolchosenwirtschaft. Unser kurzer Trip mit der Moskauer Metro endet an der Station Komsomolskaja. Deren Deckenmosaiken rühmen die Taten großer russischer Sieger. Dmitri Donskoi besiegt auf dem Schnepfenfeld die Goldene Horde. Alexander Newski bezwingt in der Schlacht an der Newa den Erzfeind Schweden. Und Feldmarschall Kutusow wirft Napoleon an der Beresina aus dem heiligen Russland. Der Sieger von Stalingrad fehlt in der Runde. In der Tauwetter-Periode wurde der finstere Georgier durch den freundlichen Russen Lenin ersetzt.

Die Züge sind überfüllt, die Bahnhöfe wimmeln vor gehetzten Moskowitern. Aber wenn sie sehen, wie wir mühsam die Namen der Stationen buchstabieren, fragen sie hilfsbereit nach unserem Fahrtziel. Auf Deutsch folgt dann der Rat: »Da muss ich auch aussteigen, Sie können mir folgen.« Der Alkoholkonsum an den Metroeingängen entspricht unseren Befürchtungen. Das Abendmahl an Bord auch.

GEH´INS KLOSTER, GUTES KIND...

Um halb sieben knackt schon wieder das Bordradio. Nach der Frohkost fahren wir mit dem Bus ins Zentrum von Moskau. Unser erstes Tagesziel ist das Neu-Jungfrauenkloster. Galina, Rauch und Wodka in der Stimme, erzählt von seiner Geschichte. Das schöne Kloster wurde im Jahr 1524 vom Großfürsten Wassili III. gegründet. Der hatte zehn Jahre zuvor die altrussische Stadt Smolensk heim ins Reich geholt. Zum Dank ließ er hier um die Ikone der Gottesmutter von Smolensk eine Kathedrale erbauen. Das Wehrkloster gehörte mit anderen Klöstern zum südlichen Moskauer Befestigungsring. Vom Neujungfrauenkloster aus konnten die Brücken über die Moskwa leicht überwacht werden.

Auch die Witwen und Waisentöchter des Adels wurden im Kloster verwahrt. Noch der fortschrittliche Peter der Große schickte nach altrussischer Tradition seine erste Frau Jewdokija als Nonne Jelena hierher. Nach dem gescheiterten Aufstand der Strelizen leistete Peters Halbschwester Sofia, der Mitverschwörung verdächtigt, als Nonne Susanna Peters Exfrau wider Willen Gesellschaft. Die üppige Mitgift von adligen Witwen und Waisen machten den Konvent steinreich. Drei Dutzend Dörfer mit fünfzehntausend hörigen Bauern waren ihm schließlich zu Eigen.

Anno 1898 entstand an der Südmauer des Klosters ein Ehrenfriedhof. Hier wurden bedeutende russische Dichter wie Anton Tschechow und Nikolai Gogol neben großen Komponisten wie Sergei Prokofjew und Dimitri Schostakowitsch bestattet. Tschechows letzte Ruhestätte umrahmen sinnige Grabmale, auf denen stille Möwen Trauer tragen. Die Gräber von Nadeshda Stalinowa und Raissa Gorbatschowa schmücken frische rote Nelken. Neben dem entseelten Schuhplattler Nikita Chruschtschow, einst Erster Sekretär des Zentralkomitees der KPDSU, ruht der ewig griesgrämige Außenminister der UdSSR, der selige Andrej Gromyko. Auch eingefleischte Kommunisten konnten im hohen Alter wieder fromm werden. Gorbatschow war sogar getauft.

Die kreative Gestaltung der Grabmale der beiden Spätkommunisten ist doppelsinnig. Das Haupt von Gromyko ist einmal erhaben und einmal in versenktem Relief dargestellt.

Weißer und schwarzer Marmor rahmt den Kopf von Chruschtschow.

Wo viel Licht ist, ist auch viel Schatten?

Nach dem Friedhof fahren wir zur Tretjakow-Galerie. Sie beherbergt eine der größten Sammlungen altrussischer Kunst. Vor dem Musentempel steht eine Statue von Pawel Tretjakow. Der Kaufmann hat im Verein mit seinem Bruder Sergej einst die zahllosen Kunstschätze gehamstert.

Die Galerie ist in einem Gebäude mit orientalisch anmutender Fassade zu Hause.

Wir lenken unsere Andacht zunächst auf die Ikonen. Hier kann man die Meisterwerke besser betrachten als in den Kirchen. Und Unterschiede entdecken im Detail, der Kolorierung, der Zeichnung.

Vor der berühmten ›Dreieinigkeit‹ von Andrej Rubljow drängeln sich die Besucher. Auf der Ikone sind nur drei alterslose, geflügelte Engel mit Heiligenschein dargestellt. Sie sitzen an einem Tisch und betrachten nachdenklich einen Kelch. Im Hintergrund deuten ein Haus, ein Baum und ein Berg ländliche Idylle an. Die Szene ist einer Stelle des Alten Testamentes entnommen. Da besuchen drei nicht näher benannte Männer Abraham und seine Frau Sarah. Sie prophezeien dem betagten, bisher kinderlosen Ehepaar Nachwuchs binnen weniger Monate. Sarah ergeht es schon lange nicht mehr nach Weiberart. Sie kann deshalb über die Prophezeiung nur lachen. Rubljow hat die menschlichen Hauptfiguren einfach weggelassen. So geschieht große Kunst.

Die folgenden Säle präsentieren viel Russisches in Öl. Doch wir freuen uns, alte Bekannte endlich bei sich zu Hause kennenzulernen. Wie Wassili Surikows ›Verhaftung und Verschleppung der Bojarin Feodossia Morosowa‹. Die altgläubige Bojarin schlägt das Kreuz mit zwei ausgestreckten Fingern statt mit dreien. Diese Art der Bekreuzigung war nach der Liturgiereform des Patriarchen Nikon verboten. Welcher Teufel hat den Oberpopen damals geritten? Wie kann man Menschen wegen solcher Äußerlichkeiten verketzern?

Auch die Gemälde von Ilja Repin sind uns vertraut. Iwan der Schreckliche, den erschlagenen Sohn in den Armen, bereut seine Übeltat. Die Mühsal der ›Wolgatreidler‹ ist mit Händen zu greifen. Wenn ›Die Saporoger Kosaken schreiben dem türkischen Sultan einen Brief‹, ich muss immer lachen.

Der Hetmann diktiert und die Umstehenden bejubeln seine saftigen Beleidigungen.

Auf dem Weg zum Ausgang der Galerie müssen wir durch die Kirche des Heiligen Nikolaus. Vor der Ikone der Gottesmutter mit dem Kinde beten Gläubige jeden Alters. Steht der russisch orthodoxen Kirche eine glorreiche Revitalisierung bevor? Hat sich nicht auch der lupenreine Demokrat Wladimir Putin bei seiner Amtseinführung vorsorglich des Segens der Kirche versichert?

Am Mittag verteilt Anastasja wieder Lunchpakete. Wir verzehren das Hasenbrot von gestern im Gorki Park nahe der Raumfähre Buran. Dieser ›Schneesturm‹ fegte auch nie durchs All. Nach der Mittagspause fahren wir mit dem Bus zum Arbat-Viertel.

Das Quartier, einer der ältesten Stadtteile Moskaus, gilt heute als angesagtes Szeneviertel. Der Flohmarkt auf der Arbatstraße punktet in der Tat mit bleierner Tristesse. Dafür entschädigen uns einzelne Gebäude mit sehenswerten Fassaden. Auf der rechten Seite erhebt sich das dreistöckige Gebäude des Restaurants ›Praga‹. Dieses Etablissement gehört bis heute zu den beliebtesten Tempeln der Gesellichkeit. Hier feierte schon Tschechow die tränenreiche Premiere seines Theaterstücks ›Drei Schwestern‹.

Unser fachliches Interesse wird wachgerufen von der Fassade des ehemalige Ärztehauses. Menschenfreundliche Mediziner haben hier einst ein Ambulatorium und eine Apotheke eingerichtet. Arme Moskowiter wurden kostenlos behandelt und mit wohlfeilen Arzneien versorgt. Die Apotheke ist noch im Betrieb; aber: »Cheute, man verlangt wieder Preise, gepfefferte.« Klagt Galina.

Vor dem Wachtangow-Theater plätschert ein Brunnen. Ihn krönt eine vergoldete Figur, die sich bemüht, wie eine Prinzessin auszusehen. Galina erhellt den Hintergrund: »Der Brunnen, er soll erinnern an legendäre Aufführung der Comedia dell´arte von Gozzi. Im Jahre 1922, Jewgeni Wachtangow chat inszeniert chier das lange vergessene Stück von chinesischer Prinzessin Turandot.«

War Lady Turandot in ›Tausendundeiner Nacht‹ nicht eine Prinzessin aus Russland?

Im Haus Nr. 53 verbrachte Alexander Puschkin seine Flitterwochen. Vor dem Haus macht ein erzener Puschkin seiner achtzehnjährigen Frau Natalja den Hof. Der Dichter hat sich später wegen Eifersucht im Duell erschießen lassen. Seine Schwägerin heiratete danach den Gewinner des Waffengangs.

Noch so ein bezeichnender Fall von beklagenswertem Künstlerpech.

Vor dem Wolkenkratzer des russischen Außenministeriums, dem zweiten Stalinfinger, warten wir auf unseren Bus. Um ein Haar werden wir Opfer einer Rotte von zigeunernden Taschendieben. Auch am Roten Platz bettelten gestern unbehelligt viele bedauernswerte Kinder.

Um 17:30 macht die MS Gluschkow im Binnenhafen die Leinen los. Gemächlich gleitet das Schiff auf den Moskau-Wolga-Kanal und nimmt Fahrt auf in Richtung Norden. Bis zur Mündung des Kanals in die Wolga werden wir sechs Schleusen passieren. Die einhundertachtundzwanzig Kilometer lange Wasserstraße wurde im Jahre 1937 eröffnet. Zweihunderttausend Häftlinge wurden zum Frondienst gepresst; jeder zehnte Zwangsarbeiter kam dabei um.

Am Abend gibt es einen Kapitäns-Cocktail mit namentlicher Vorstellung der Crew. Beim Einzug zu fideler Marschmusik beklatschen sich die Akteure selbst. Alles ist wie früher.

ZEIT DER WIRREN: UGLITSCH

Vorbei an den Städten Kimry und Kaljazin schippern wir gemächlich die Wolga abwärts. Unser Tagesziel ist das Städtchen Uglitsch an der Wolga. Nach den heißen Sonnentagen in Moskau ist es auf dem Fluss richtig kalt. Den Versuch, an Deck zu lesen, geben wir rasch auf. Gegen den kalten Ostwind helfen auch dicke Pullover und Windjacken nicht. Wir flüchten in die gläserne Lesekanzel im Bug der MS Gluschkow mit ihrem schönem Panoramablick.

Ich greife zum Thriller ›Gorki-Park‹ von Martin Cruz Smith. Ein beigelegter Stadtplan von Moskau hilft, die Schauplätze des Romans im Geiste wieder auferstehen zu lassen.

Ein einziges Mal gehen fast alle Passagiere trotz der Kälte für ein Foto an Deck.

Aus dem Uglitscher Stausee ragt der Glockenturm der versunkenen Nikolaikirche anklagend zum Himmel.

Das Mittagsmahl wird heute an Bord serviert. Am späten Nachmittag legt die MS Gluschkow in Uglitsch an. Etliche Kreuzfahrtschiffe liegen bereits in Reihe vertäut nebeneinander. An Land werden wir begrüßt von den Klängen einer unermüdlichen Drei Mann Kapelle. Zwei Schifferklaviere und ein Schlagzeug geben russische Ohrwürmer zum Besten. Kalinka, Kalinka...

Hinter der Anlegestelle reiht sich ein Souveniershop an den anderen. Wir haben unseren Bedarf an Matruschkas schon in Moskau gedeckt. Ein Holzpüppchen hat der klügsten Ehefrau der Welt besonders gefallen. Außen lächelt verklemmt der Riesenstaatsmann Wladimir Putin. Kleiner und saurer feixen innen Jelzin, Gorbatschow, Breschnew, Chruschtschow, Stalin und zuletzt Lenin.

In einem gepflegten Park am Wolgaufer besuchen wir die Verklärungskathedrale. Fünf tiefgrüne Zwiebeltürme krönen das in Gelb und Weiß gestrichene Gotteshaus. In der Vorhalle hinter dem klassizistischen Portikus ertönt *a capella* Gesang. Vier junge Mönche, die dringend zum Friseur müssten, singen zu Herzen gehende Choräle.

Wenige Schritte weiter erhebt sich in strahlendem Weiß mit Kokoschinen und blauen Zwiebeltürmen die Epiphanienkirche. Man glaubt, wieder im Moskauer Kreml zu stehen. Nebenan, direkt am Wolgaufer, lockt die Dimitri Blut Kirche. Ihre fünf blauen, mit gelbweißen Sternen verzierten, Kuppeln waren schon vom Schiff aus zu sehen. Das Gotteshaus wurde im Jahre 1692 zum Gedenken an eine schreckliche Bluttat erbaut.

Fröhlich zwitschernd erzählt die Stadtpflegerin Nadescha eine grausige Mordgeschichte. Sie handelt vom Schicksal des jüngsten Sohnes von Iwan dem Schrecklichen. In Moskau herrschten damals rechtlose Zustände, schlimmer als seinerzeit im alten Mykene.

Zar Iwan IV. war achtmal verheiratet. Der englische Blaubart Henry VIII. gab bekanntlich nur sechsmal sein Jawort. Drei Ehefrauen steckte der Zar wegen hoffnungsloser Abneigung oder Ehebruch in ein Kloster. Zwei weitere angetraute Herzblätter ließ er vergiften. Die siebte Gemahlin wurde gleich nach der Hochzeitsnacht ertränkt. Iwan hatte spitz gekriegt, dass schon ein Anderer in den roten Apfel gebissen hatte. Mit seiner ersten Frau Anastasja zeugte Iwan IV. sechs Kinder. Den erwachsenen Erstgeborenen aus dieser Ehe erschlug der Zar im Streit. Nach Iwan IV. besteigt daher sein geistesschwacher dritter Sohn als Fjodor I. den Zarenthron. Die Staatsgeschäfte besorgt ein Adelsrat, dem auch der hochadelige Bojar Boris Godunow angehört. Iwans achte Frau wird vom Bojarenrat mit dem kleinen Zarewitsch Dimitri nach Uglitsch verbannt. Zar Fjodor I. heiratet Irina Godunowa, die Schwester von Boris Godunow. Ihre Ehe bleibt kinderlos. Boris Godunow träumt von der Zarenkrone.

Eines Tages wird der achtjährige Dimitri in Uglitsch mit durchschnittener Kehle aufgefunden. Bis heute hält sich das Gerücht, dass Godunow einen Mord befohlen hat. Nach der Entdeckung der Bluttat werden die Bürger durch Glockengeläut alarmiert. Daraufhin schlägt die rasende Plebs alle in Uglitsch lebenden Moskowiter tot. Zum Ausgleich lassen die überlegenen Moskowiter zweihundert Uglitscher köpfen. Der Glocke aber wird - hochsymbolisch - ihre Zunge, der Klöppel, herausgerissen. Das verstummte Idiophon wird dann ausgepeitscht und in Ketten nach Sibirien verbannt. Jetzt hängt die Blutglocke wieder in Uglitsch. Die grausige Tat ist auf den Wänden der Kirche dokumentiert. Schiller und Hebbel, Puschkin und Mussorgski haben aus der Geschichte ein Drama gemacht. Also wird sie wahr sein.

Als Fjodor I., der letzte der Rurikiden, ohne Erben stirbt, ist Boris Godunow am Ziel. Er lässt sich zum Zaren ausrufen und krönen. Das verschwägerte Adelshaus der Romanows wird von Zar Boris gnadenlos verfolgt. Der Chef des Hauses, Fjodor Nikititsch Romanow, muss als Mönch Philaret ins Kloster gehen. Seine Frau wird als Nonne Marfa in ein Stift am Onegasee verbannt. Ihr gemeinsamer Sohn Michail Romanow kommt in die Obhut zweier Tanten.

Mit der Regierung von Zar Boris beginnt eine Zeit der Hungersnöte und Hungerphantasien. Gerüchten zufolge hat der Zarewitsch Dimitri das blutige Attentat in Uglitsch überlebt. Ein entlaufener Mönch gibt sich als Kronprinz aus, der dem Anschlag entronnen sei. Mit der Hilfe eines Polenheeres besiegt der falsche Dimitri die Truppen des Zaren. Godunow stirbt plötzlich und unerwartet, sein Sohn wird vorsorglich ermordet. Fromme Jesuiten rufen danach den Pseudo-Dimitri in Moskau zum Zaren aus. Der lässt sich gehorsamst katholisch taufen; wird aber nach einem Jahr ebenfalls gemeuchelt. Danach wird der Bojar Schuiski, ein Intimfeind Godunows, als Wassili IV. zum Zaren gewählt. Doch inzwischen ist ein zweiter Pseudo-Dimitri aufgetaucht. Der bringt wieder mit Hilfe polnischer Truppen weite Teile Russlands in seine Gewalt. In seiner Not bittet Zar Wassili IV. den Erzfeind Schweden um Hilfe.

Mir schwedischem Beistand wird auch der zweite falsche Dimitri besiegt und umgebracht. Schuiski fällt aber den Polen in die Hände; wird abgesetzt, geschoren und ins Kloster gesteckt. Die Polen besetzen Moskau und beherrschen weite Teile Russlands.

Drei Jahre lang hat das Dritte Rom keinen rechtmäßigen Herrscher.

Bis Michail Fjodorowitsch Romanow, der Sohn des Mönchs Philaret, zum Zaren gekrönt wird. Der junge Herrscher ernennt seinen Vater zum Mitregenten und Patriarchen von Moskau. Den heiß herbei gesehnten Rachefeldzug gegen Polen verlieren die Romanows.

Nadescha verlässt uns so heiter und unbekümmert wie sie gekommen ist.

Vor dem Ablegen bleibt noch Zeit für einen gemütlichen Bummel durch Uglitsch. Die Kasaner Kirche sieht fast aus wie ein westeuropäisches Gotteshaus. Nur ein einziger, barock anmutender Glockenturm zeigt den Weg in den Himmel.

Die meisten Straßen außerhalb des Zentrums von Uglitsch sind Betonpisten ohne Bürgersteige. Zu beiden Seiten wuchert üppige, unberührte Natur. In den Schrebergärten leuchten einfache, aber fröhlich bunt gestrichene Datschen aus Holz.

Auf dem Rückweg finden wir nahe der Anlegestelle die ›Biblioteka russkoy vodki‹. Von einem Glas Uglitscher Wodka beschwipst, grübeln wir in dieser wunderlichen Bildungsanstalt über den tieferen Sinngehalt einer Kollektion leerer Wodkaflaschen aus allen Zeiten und Provinzen. Na zdorov´ye!

ZEUGEN AUS GROSSER ZEIT: JAROSLAWL

Mein Geburtstag beginnt als strahlender Sommertag auf der Wolga. Die Fahrtroute führt nordwärts Richtung Rybinsker Stausee. Am seinem Südende macht die Wolga einen weiten Bogen. Wir folgen dem Flusslauf wolgaabwärts bis Jaroslawl. Auf dem niedrigen Wiesenufer tauchen immer wieder trauliche Bauernhöfe und hübsche Badehäuschen auf.

Spät am Vormittag geht die MS Gluschkow an der Schiffslände von Jaroslawl vor Anker. Die Stadt wurde anno 1010 von Jaroslaw dem Weisen gegründet. Sich selbst zu Ehren nannte er den Ort, seine Weisheit war erst eine zarte Knospe, etwas einfallslos ›Jaroslawl‹. Vorher hat er noch einen russischen Bären erlegt, den seine Stadt noch heute im Wappen führt. An Land begrüßt uns eine New Ohr Lienz Dixieband mit Trompete, Klarinette, Banjo, Bass und Drummer.

Dann nimmt uns die Stadtministrantin Ljuba, eine ganz, ganz Liebe, in Empfang.

Jaroslawl liegt auf einer Landzunge zwischen der Wolga und dem Flüßchen Kotorosl. Bedeutende Handelswege und kluge Politik verhalfen der Stadt zu Wohlstand in Fülle. Reiche Pfeffersäcke bauten auf eigene Kosten prestigeträchtige Kaufmannskirchen. In denen sie nicht nur beten, sondern bei Bedarf auch gute Geschäfte machen konnten. Die bedeutendste der Kontorkirchen fiel unter Stalin der Abrissbirne zum Opfer. Ljuba erzählt, die Maria Entschlafenskirche werde bald an gleicher Stelle wieder aufgebaut. »Der Gouverneur chat das versprochen, er chat auch schon gefunden Finanzmann, willigen.«

Ja, wenn der Gouverneur das versprochen hat, wird es wohl was werden.

Von der Strelka fahren wir zurück zum Kunstmuseum an der Wolgapromenade. Das leicht verwahrloste Gebäude im Stil der Neo-Renaissance will beherzt erobert sein. Zum Eingang gelangt man nur über eine steile, betagte Holztreppe mit morschen Stufen. Im Museum werden uninspirierte, fabrikneue Ikonen und Lackmalereien präsentiert. Nach der Oktoberrevolution haben die Kommunisten die Herstellung von Ikonen verboten. Die Lackmalerei bot vielen Künstlern eine Nische für den Broterwerb. Viele der feilgebotenen Schachteln ziert ein furchtbarer Revolutionskitsch. Neben verzuckerten Troikapferdchen tobt ein Infanterieangriff oder ein Panzergefecht.

Na, auch bei uns gibt es ja hunderttausende Menschen, die schartige Militaria sammeln.

Vom Kunstmuseum fahren wir weiter zum Erlöser-Kloster. Die Mauer des einstigen Wehrklosters umhegt ein Ensemble aus Kirchen und klerikalen Amtsgebäuden. Im Jahre 1612 wurde hier das Volksheer aufgestellt, das Moskau von den Polen befreite. Das Denkmal für die Kommandeure haben wir schon auf dem Roten Platz in Moskau bewundert. Zur Zeit werden die Klostergebäude aufwändig restauriert und reaktiviert.

Ich frage Ljuba, wie denn die christlichen Traditionen den Kommunismus überlebt hätten. »Nu, chat mir immer erzählt Babuschka meinige Geschichten aus Bibel!« In der Schule sei sie allerdings streng atheistisch erzogen worden. Der Besuch von Gottesdiensten war bei Strafe verboten. Nach der Perestroika habe sie selbst »die ganze Bibel gelesen und zum Glauben gefunden.« Befürchtet sie nicht, erneut manipuliert zu werden? Hat die offizielle Kirche denn jemals für die Leibeigenen Partei ergriffen?

Ljuba zieht es vor, meine törichten Fragen nicht zu verstehen.

Durch den gewaltigen Wachturm des Klosters gehen wir in den Paradehof. Die Heilige Pforte schmücken fromme, aber verblichene Fresken. Im Kloster begrüßt uns die grüne Kuppel der Hauptkirche des Konvents. Die Christi-Erlöser Kathedrale wurde anno 1516 fertiggestellt. Sie ist, laut Ljuba, das älteste erhaltene Bauwerk aus Stein in Jaroslawl. Vor der weiß gekalkten Apsis der Kathedrale leuchten blaue und gelbe Schwertlilien. Nebenan ragen drei goldene Kuppeln auf schlanken Tambouren in den wolkenlosen Sommerhimmel. Dieses kleinere Gotteshaus beherbergt die Reliquien von drei Heiligen aus Jaroslawl. Ihre Knochen wurden im 15. Jahrhundert an eben der Stelle gefunden, wo jetzt die Kirche steht. Überragt wird das Ensemble von einem frei stehenden Glockenturm. Der wird heute als Aussichtsplattform benutzt.

Im Kloster wurde im *annus mirabilis* 1795 ein einzigartiges Manuskript entdeckt. Die russische Odyssee besingt die Heerfahrt des Fürsten Igor Swjatoslaw gegen die heidnischen Polowezer. Der Fürst unterliegt, gerät in Gefangenschaft, kann fliehen und kehrt heil nach Hause zurück. Angeblich hat ein Mönch namens Nestor das Epos kurz nach der Heimkehr des Fürsten geschmiedet. Der Archimandrit des Klosters will die Handschrift in einem alten Messbuch gefunden haben. Das Kloster verkauft das kostbare Manuskript mit anderen Schriftrollen an einen russischen Grafen. Als Buch gedruckt, wird das Igorlied zum russischen Nibelungenlied hochgejubelt. Beim großen Brand von Moskau im Jahre 1812 fällt auch die Handschrift den Flammen zum Opfer. Der wahre Autor ist bis heute nicht bekannt. Höchst wahrscheinlich hat ein patriotischer Romantiker das schmale Werkchen verfasst. Doch darüber sind sich die Gelehrten noch nicht einig.

Das Schmuckstück von Jaroslawl ist ohne Zweifel die schneeweiße Prophet Elias Kathedrale. Die Kirche sollte eigentlich auch gesprengt werden, blieb aber wunderbarerweise verschont. Innen finden wir die nun schon vertraute Einrichtung mit einer prächtigen, mehrstöckigen Ikonostase. Auch die Wandmalereien haben Großbrände und Kriegswirren nahezu unversehrt überstanden. Wieder erfreuen uns drei bärtige Mönche mit herrlichem *a capella* Gesang. Langer Beifall und ein guter Absatz ihrer glitzernden, gepreßten Tonscheiben werden ihnen zum Lohn.

Nach dem Besuch der Kathedrale verabschiedet sich Ljuba mit einem fürstlichen Trinkgeld. Anastasja gewährt uns Freizeit für einen Bummel durch die Altstadt.

Jaroslawl gilt heute als wichtiger Binnenhafen und bedeutendes Industriezentrum. Mit Kassel und Hanau pflegt die Kommune eine langjährige Städtepartnerschaft. Schon seit zehn Jahren gibt es hier ein Haus der deutsch-russischen Freundschaft. Der himmelblaue Holzbau könnte auch in Punxsutawney, Pennsylvania, stehen. In Jaroslawl ging auch die erste Frau im All, Valentina Tereschkowa, zur Schule. Im Jahre 1963 flog sie mit dem Raumschiff ›Wostok 6‹ achtundvierzigmal um die Erde.

Klassizistische Patrizierhäuser wechseln sich ab mit zerfallenen Gebäuden aus der Sowjetzeit. Wir bewundern das Jugendstilpalais des Kaufmanns Wachromejew, das pompöse Gebäude der ehemaligen Gouvernementsverwaltung und das in Gelb und Weiß gehaltene Wolow Theater. Unter den Kollonaden im Handelshof bieten Kleinhändler ein schütteres Sortiment zum Kauf.

Am Nachmittag fährt die MS Gluschkow wolgaaufwärts zurück zum Rybinsker Stausee. Das Rybinsker Meer ist achtmal so groß wie das Schwäbische Meer. In seinen Fluten versanken zwei Städte, siebenhundert Dörfer, vierzig Kirchen und drei Klöster. Etwa hundertfünfzigtausend Menschen wurden unter Stalin zwangsweise umgesiedelt. Durch den Stausee geht es nordwärts bis Tscherepowez. Von dort führt die Route über das Flüsschen Scheksna weiter zum Wolga-Ostsee Kanal. Während wir über den Stausee kreuzen, vertreiben wir uns wieder die Zeit im Leseraum.

Die klügste Ehefrau der Welt hat einen Krimi von Patricia Highsmith gefunden. Ich gerate an eine deutsche Ausgabe von Maxim Gorkis ›Meine Kindheit‹. Schon nach den ersten Seiten hat es mich gepackt; ich kann nicht mehr aufhören. Gorki schildert wahrhaftig unvergessliche Charaktere und erschütternde Szenen. Das Buch beginnt mit dem frühen Tod des Vaters. Die großherzige, gottesfürchtige Großmutter bringt Tochter und Enkel in ihren Haushalt nach Nischni Nowgorod. Für Mutter und Kind beginnt damit eine betrübliche Odyssee des sozialen Abstiegs. Der Großvater, jähzornig, geizig und selbstgerecht wie Jehova, kennt nur zwei Erziehungsmittel: Prügel und Prügel. Seine händelsüchtigen und verrohten Söhne ertrinken, wie der Vater, in Selbstmitleid. Der einzige junge Freund des Knaben wird von den heimtückischen Oheimen aus Mißgunst und Eifersucht zu Tode gebracht; die Übeltat wird von ihnen als Unfall verschleiert. Das bewegende Buch endet mit dem Tod der vom Leben arg gebeutelten Mutter. Danach schickt der hartherzige Großvater den verwaisten, zwölfjährigen Enkel in die Welt: »Du bist kein Medaillon an meinem Hals. Geh du mal unter fremde Menschen!«

Die Blini Party mit Wodka-Verkostung zur Teestunde muss ohne uns stattfinden.

Nach dem Abendmahl serviert Lilitschka mir einen Kuchen. Sie ist ewig um mich besorgt, weil ich niemals nicht Nachtisch esse. Die Saaltöchter singen mit Engelsstimmen: »Happy birthday to you!« Die klügste Ehefrau der Welt teilt sich den kleinen Gugelhupf mit unseren Tischgenossen aus Wittmund.

KLÖSTER MIT SCHIESSSCHARTEN, KATHEDRALEN AUS ELLERNHOLZ

Am Morgen legt die MS Gluschkow in Goritsy an. Auf der To-do-Liste steht heute der Besuch eines berühmten Klosters. Den Schiffsanleger beleben wieder unzählige Buden. Hier liegt der Schwerpunkt auf Rauchwaren aller Art. Das Wetter ist mit den Pelzjägern im Bunde. Unsere frierenden Damen können der Verlockung nicht widerstehen und kaufen wie im Rausch.

Ein Bus bringt uns zum Kirillow Kloster am Weißen See. Dort wartet schon unsre neue örtliche Lotsin. Sie heißt Wera; jedes Wort von ihr ist wahr. Das Kloster, im Jahre 1397 gegründet, sei nach seinem Urheber, dem Mönch Kirill benannt. Wie Gautama Buddha war Kirill ein sinnsuchender Prinz aus der Moskauer Aristokratie. Wie Gautama floh Kirill die hoffärtige Welt des Adels und zog in die Einsamkeit des Nordens. In der Hoffnung, dort endlich seinen Seelenfrieden zu finden. Aber wie Buddha schlossen sich auch Kirill nach und nach andere Gottsucher als Jünger an. In wenigen Jahrzehnten entwickelte sich um eine schlichte Holzkapelle und ein rustikales Blockhaus eines der größten und bedeutendsten Wehrklöster Russlands. In seiner Blüte gehörten sechshundert Dörfer und über zwanzigtausend Leibeigene zu den Habseligkeiten des Konvents.

Großfürsten und Zaren suchten im Kirillow Kloster geistlichen Rat für eine Gute Regierung. Iwan der Schreckliche nächtigte im Kloster sogar in einer eigenen Zelle. Der jähzornige Zar erblickte übrigens das Licht der Welt genau neun Monate nach dem Bittgang seiner bis dahin kinderlosen Eltern zu den wundertätigen Klosterbrüdern des Heiligen Kirill. Hier am Konvent hat der schwer geprüfte Zar auch seinen zweiten Sohn Wassili verloren. Der Säugling ertrank in den Armen seiner Amme, als der Landungssteg unter den beiden Erdenwürmern zusammenbrach.

Vor dem wuchtigen Heiligen Tor wartet schon eine lange Schlange von Touristen auf Einlass. Souverän alle Proteste ignorierend führt Wera unser Fähnlein an der Kasse vorbei ins Innere. Eine elf Meter hohe und sieben Meter dicke Mauer mit Schießscharten und wehrhaften Türmen umringt ein Dutzend Kirchen und etliche profane Klostergebäude. Darunter zwei Spitäler und ein Gefängnis. Seit Iwan IV. diente das Kloster auch als Haftanstalt für in Ungnade gefallene Persönlichkeiten. Der berühmteste Insasse war der uns schon bekannte Ex-Patriarch Nikon.

Einige Wehrtürme tragen so poetische Namen wie Kochturm, Brotturm oder Blindenturm. Mehrmals belagerten fremde Truppen das Kloster; es wurde aber nie erobert.

Wehrklöster sind uns auf der ganzen Welt begegnet. In China und Nepal, in Marokko und Ungarn, in Serbien und Griechenland, in Irland und jetzt also auch in Russland. Die japanischen Sohei-Klöstern und die Klosterburgen deutscher Ritterorden ergänzen den Reigen. Die Alchimistin und klügste Ehefrau der Welt hat dafür eine einleuchtende Erklärung: »In einer Atmosphäre aus Armut, Keuschheit und Gehorsam vermählt sich die spirituelle Energie gerne mit militärischem Schneid, um einen gewaltbereiten Homunkulus zu zeugen.«

Das ehemalige Refektorium, jetzt ein Museum, präsentiert eine Fülle goldgrundiger, alter Ikonen. Ein Pantokrator aus dem 15. Jahrhundert fesselt mich wegen seiner subtilen Technik. Der pneumatische Zipfel, das Symbol für die Anwesenheit des Heiligen Geistes, weht hier gleich vierfach. Den thronenden Christus umgibt eine dunkelgrüne Mandorla. Dahinter ist ein blassrotes Tuch gespannt. Auf die vier Zipfel des spirituellen Spinakers hat der unbekannte Künstler die Embleme der vier Evangelisten mit feinsten Pinselstrichen hingehaucht.

Außer den Ikonen beherbergt das Museum eine beeindruckende Sammlung byzantinisch prunkvoller Kirchengewänder und prächtige Paramenten-Stickereien. Ach ja, die überirdische Schönheit der orthodoxen Liturgie! Wenn nur die Gottesdienste nicht so elend lange dauern würden! Hat mich jetzt der *Bazillus fidei* erwischt? Dafür bin ich denn doch noch nicht alt genug! Eher ist es ein Anfall von ›Umilene‹; jener rührseligen Liebe des Russen zu allem Schönen. Sei es ein Wölkchen, ein Blümchen, ein Tierchen, ein Kindchen oder ein trauriges Liebesliedchen.

Nach dem Besuch des Museums dürfen wir frei durch das Klostergelände streifen. Auf einer grünen Wiese, im weißen Meerschaum wilder Möhrenblüten, träumt ein altes, grausilbernes, dem Fest Mariä Gewandniederlegung geweihtes, Holzkirchlein seinem Feiertag entgegen.

Die Mittagsmahlzeit wird wieder an Bord der MS Gluschkow serviert.

Dann kreuzt unser Dampfer über den Weißen See in Richtung Wolga-Ostseekanal. Unser nächstes Ziel ist die Insel Kischi im Norden des Onegasees. Zwischen Weißem See und Onega See muss das Schiff erneut sechs Schleusen passieren. Wir vertreiben uns die Zeit unter Deck in unserem neuen Wohnzimmer, dem Leseraum im Bug der MS Gluschkow. Ich wähle Tom Clanceys ›Red Rabbits‹, übersetzt ›Rote Karnickel‹. So nannten westliche Schlapphüte in den Zeiten des Kalten Krieges die Überläufer des sowjetischen Geheimdienstes. Das sowjetische KGB plant ein Attentat auf den charismatischen Papst Johannes Paul II. Denn im Großen Spiel, genannt »Managing the Decline of the Sovjet Empire«, dreht der Stellvertreter Christi aus Polen ein großes Rad: »Wer hat die stärkeren Bataillone?« Ein Red Rabbit verrät dem CIA die Mordpläne. Das Attentat kann zwar nicht verhindert werden; aber der Papst kommt mit dem Leben davon.

Liegt das Alles nicht schon Ewigkeiten hinter uns?

Während der Fahrt über den Onegasee regnet es ununterbrochen. Unsere gemütlichen Lesestunden werden nur unterbrochen von einer kleinen Siesta. Erst am späten Nachmittag hat der Himmel ein Einsehen und schließt seine Schleusen. Wie eine Fata Morgana tauchen plötzlich zwei riesige, graue Vögel im Dunst vor uns auf. Am Schiffsanleger von Kischi wartet bereits die ortskundige Lotsin Sonja. Sie gibt uns einen kurzen Überblick über die Besiedlungsgeschichte der Insel. Dann führt sie uns fröstelnd durch das Freilichtmuseum.

Eine Mauer aus Feldsteinen umfriedet zwei Kirchen, einen Glockenturm und den Gottesacker. Die größere der beiden Kirchen, die Verklärungskirche, ist laut Sonja die einzige erhaltene Holzkirche der Welt mit mehreren Kuppeln. Drei turmartig übereinander gestapelte Oktogone bilden den Baukörper. Vier rechtwinklige Apsiden in den Hauptrichtungen der Windrose ergänzen den Bau. Zweiundzwanzig Zwiebelkuppeln, die stufenförmig zur großen Hauptkuppel aufsteigen, bekrönen das Bauwerk. Die Kuppeln sind gedeckt mit dreißigtausend Schindeln aus Erlenholz.

Diese Sommerkirche ist ein wahrer Tempel der Winde. Es gibt keine Heizung. Kein Moos oder Werg verstopft die Fugen zwischen den Holzbalken. Ein ständiger Durchzug sorgt für die erwünschte Lüftung, Kühlung und Trocknung der Räume. Der Gebetsraum besitzt keine Decke, nicht mal einen wetterfesten Fußboden. Aber eine reich geschnitzte und vergoldete Ikonostase. Den kühnen, komplexen Holzbau soll ein Baumeister namens Nestor erdacht haben. Nein, es ist nicht derselbe mythische Nestor, der angeblich auch das Igorlied geschaffen hat. Nach Vollendung des Gotteshauses warf der Nestor von Kischi seine Axt in den Onegasee. Nie wieder sollte so ein prächtiges Münster errichtet werden. Das kommt uns doch sehr bekannt vor.

Neben der Sommerkirche erhebt sich eine kleinere Winterkirche, ebenfalls ganz aus Holz. Das heizbare Bethaus trägt den schönen Namen ›Mariä Schutz und Fürbitte‹. Im spärlich möblierten Inneren erhebt sich eine vierstöckige Ikonostase mit einer großartigen Zarenpforte. Mehr als hundert Ikonen des 17. und 18. Jahrhunderts sind in aufwändige Rahmen gefasst. Zu den beiden Kirchen gehört ein dreigeschossiger Glockenturm aus Kiefernholz. Das untere Geschoss hat einen viereckigen Grundriss, das zweite Stockwerk ist achteckig, das Obergeschoss ist rund.

Hat da etwa ein hinduistischer Lingam Pate gestanden?

Beide Kirchen wurden vor zehn Jahren neu geweiht, seither finden wieder Gottesdienste statt. Nach dem Kirchenbesuch führt uns Sonja weiter durch das Gelände.

Die kleine Kapelle ›Auferweckung des Lazarus‹ sei der älteste, erhaltene Sakralbau aus Holz.

Von Sonjas langwierigen Ausführungen erschöpft, lauschen wir auch anderen Lotsen.

Eine junge Patriotin stellt Mütterchen Russland für die Zukunft eine gute Prognose: »Wenn wir die Schönheit dieser Kirchen betrachten, erkennen wir, wie begabt unser Volk schon immer war. Und dieses Genie ist noch längst nicht erloschen. Gewiß, die heutige politische Situation in Russland ist nicht stabil, aber ich bin fest davon überzeugt, die Zeit für Russland wird noch kommen!«

Und Deutschland ist gerade bei der Fußball-Europameisterschaft ausgeschieden!

Über regennasse, rutschige Knüppelstege schlendern wir weiter hinunter zum See. Dorthin wurden alte Bauernhäuser und Nebengebäude aus Dörfern der Umgebung verpflanzt. Jedes Bauernhaus bietet Platz für fünf bis sechs Generationen einer Familie. Wohnräume und Viehställe, Scheune und Werkstatt und die Remise für Kutschen und Schlitten drängeln sich unter einem Dach. Innen beherrscht der riesige gemauerte Kaminofen den Wohnraum. Auf dem Ofen und den umlaufenden Bänken sind kuschelige Schlafplätze eingerichtet. An der rußigen Hausikone im Herrgottswinkel steckt ein frischer Buxuszweig. Spinnrad und Webstuhl warten am niedrigen Fenster auf Arbeit. Daneben steht ein Tischchen mit einem silbern glänzenden Samowar.

Plötzlich riecht es nach heißem Kaffee und frisch gebackenem Brot, als hätte mich ein dienstbarer Theatergeist in die Eingangsszene von Gogols ›Nase‹ versetzt.

Am Abend legt die MS Gluschkow wieder in Kischi ab. Die Fahrt geht zum südlichen Auslauf des Onegasees, dem Flüsschen Swir. Von dort führt unsere Route in westlicher Richtung zum Ladoga See.

Nächstes Etappenziel ist Mandrogi, ein Museumsdorf auf einer Insel im Swir.

Das Essen an Bord ist eintönig; die Speisenfolge immer die gleiche. Nach einer kalten Vorspeise wird eine lauwarme Suppe mit einem Klecks Schmand aufgetragen. Zuerst gab es Borschtsch, dann Schti, dann Rassolnik, dann, als quasi summarisches Potpourri der Woche, Soljanka. Dann begann der Reigen von vorn. Das erinnert mich an die Krankenhauskantine in Minsk. Allerdings wurde ich dort entschädigt durch private Gastereien in den Datschen der Kollegen. Da bog sich der Tisch unter Platten mit Sakusi. Russische Eier und Piroggen, kalter Braten, belegte Schnittchen, Ölsardinen und milchsauer eingelegtes Gemüse hätten selbst einen Lukullus begeistert. Und der Wodka wurde grammweise aus Zahnputzgläsern konsumiert.

An Bord der MS Gluschkow gibt es als Hauptgericht entweder Kotlety oder Bifschtek. Dazu reicht die Küche als Beilage Kapusta oder Kapusta, also Kohl aller Sorten und Zubereitungsarten. Zum Dessert servieren die Saaltöchter Blini mit Honig, Creme brulé oder Götterspeise.

Am Sonntagmorgen macht die MS Gluschkow in Mandrogi fest. Auf der Insel im Fluss hat ein russischer Oligarch einige alte Häuser restauriert und in einen neuen, quirligen Erlebnispark mit einem Elchgehege, einer Starenzuchtstation und einem Märchenwald integriert. Die anspruchslosen Szenen im Märchenwald stammen aus dem Gedicht ›Ruslan und Ljudmila‹ von Puschkin.

Nach dem Morgenmahl dürfen wir die neurussische Disney World auf eigene Faust durchstreifen. Auf den Uferwiesen blüht zwischen hohen Gräsern gelber Hornklee und blaßblaue Akelei. Unter Fichten träumen ergraute Blockhäuser; der Garten davor ist mit Weidenruten umzäunt. Neue Holzhäuser werden als Ferienwohnungen vermietet. Ihre Fenster- und Türrahmen sind mit traditionellen Schnitzereien verziert und bunt bemalt. In der Mitte der Wohnanlage steht das Empfangsgebäude. Auf seinem First faucht ein stark stilisierter Drache aus Holz. In der hohen, spitzen Giebelfront heißen grell bemalte Waldgeister den verschüchterten Gast willkommen.

Wie man hört, hat Putin für die Zeit nach seiner Präsidentschaft auf Mandrogi ein Haus gebaut. Kann der Mann so einfältig sein, sich auf diesem Rummelplatz einen Alterssitz einzurichten?

Als kulinarischer Höhepunkt unserer Landpartie auf Mandrogi ist ein Picknick im Freien vorgesehen. Wir freuen uns auf die hoch willkommene Abwechslung von der Bordroutine. Die Küche überrascht uns mit Schaschlikspießen vom Grill, dicken weißen Bohnen und Rotkohlsalat. Zum Essen spielt die Bordkapelle die beliebten Evergreens von Iwan Rebroff. Katjuscha, Katjuscha...

Die klügste Ehefrau der Welt flüchtet mit mir gleich nach dem Essen zurück aufs Schiff.

Am Nachmittag kreuzt die MS Gluschkow über den Ladogasee. Bei Schlüsselburg erreichen wir die Newa. Ihr folgen wir bis zur Liegestelle in Sankt Petersburg, wo wir am Abend festmachen. Insgesamt haben wir von Moskau bis Sankt Petersburg fast zweitausend Kilometer zurückgelegt.

Zum Abschied spendiert die Reederei ein Kapitäns-Dinner. Der Kommandant trägt zur Feier des Tages ein weißes Gala-Jäckchen mit Affenschaukel. Darin sieht der Skipper aus wie der brave Soldat Schwejk in erbeuteter Russenuniform. Sonst erschien der Seebär zum Essen im legeren, beigefarbenen Hemdblouson à là Honecker. Frau Edeltraut wirkt ernst und gespannt wie eine Abiturientin bei der Zeugnisvergabe. Dabei ist die Reise bisher ohne jede Panne verlaufen.

Das Essen ist heute üppiger als sonst. Es gibt Salat Olivier, kalte Okroschkasuppe und Boeuf Stroganoff in Senf-Sahne-Sauce. Der Wodka geht auf Kosten des Hauses.

VENEDIG DES NORDENS: SANKT PETERSBURG

Nach dem Frühmahl steigen die Rudel für die Fahrt durch Sankt Petersburg in ihre Busse. Anastasja gibt das Mikrofon an unsere örtliche Lotsin Jekaterina weiter. Die hat sich Wangen und Lippen dick mit Rouge stuckiert und kommt gleich zur Sache: »Die Stadt Sankt Petersburg wurde gegründet im Jahre 1703 von Zar Peter dem Großen. Der Zar, er wollte schaffen für Russland ein Fenster zum Westen. Im Jahre 1712, der Zar chat erhoben Sankt Petersburg zur Hauptstadt des Reiches. Später, Peter der Große chat angenommen den Titel eines Imperators und chat sich selbst ernannt zum geistlichen und weltlichen Oberhaupt von Kirche und Staat. Nach dem Tod von Peter dem Großen, die Zarinnen Elisabeth und Katharina II., eine geborene deutsche Prinzessin von Anhalt-Zerbst, chaben geholt nach dem Vorbild von Zar Peter europäische Kienstler und Baumeister an die Newa. Sie liessen dort errichten scheene Schlösser und Paläste, aber auch Kirchen, Klöster und Akademien. Die Stadt Sankt Petersburg, sie besteht aus vierzig Inseln; über ihre Kanäle und Flüsse führen mehr als sechshundert Brücken. Mit gutem Recht Sankt Petersburg wird deshalb auch genannt das Venedig des Nordens.«

An der Newa entlang fährt der Bus vorbei am Alexander Newski Kloster. »Das Kloster ist benannt nach Nationalhelden, russischem, Alexander Jaroslawitsch Newski. Der Metropolit von Sankt Petersburg, er chat auch seinen Amtssitz im Newski Kloster. Das Kloster ist eines von vier russischen Klöstern, die führen dürfen Ehrentitel ›Lawra‹, was auf Deutsch heißt soviel wie Lorbeer. Auf den Friedhöfen des Klosters schlafen beriehmte Kienstler wie Tschaikowski, Rimski-Korsakoff, Musorgski und Dostojewski entgegen Auferstehung.«

Zur Linken tauchen die Türme der Kathedrale des Smolny-Klosters auf. Dann kommt die klassizistische Fassade des Smolny-Institutes zu Gesicht. »Auf dem Gelände einer ehemaligen Teerfabrik, Zarin Elisabeth I. chat geplant ein Kloster für Ruhesitz ihrigen im Alter. Die aufgeklärte Zarin Katharina die Große später chat im Kloster eingerichtet Höhere Schule für hochadlige Töchter. Nu, weil Bedarf an höherer Bildung war so groß, sie ließ bauen auf Klostergelände dann neues Smolny-Institut.« Die klügste Ehefrau der Welt spottet: »War Smolny erste Schule für Frauen in Russland überchaupt!«

Während der Oktoberrevolution diente das Smolny Lenin als Hauptquartier. Hier forderte der Allrussische Sowjetkongress: »Alle Macht den Räten!« Hier wurden der Rat der

Volkskommissare und die gefürchtete Tscheka aus der Taufe gehoben.

Am Taurischen Palais weht schon wieder der Mantelzipfel der Geschichte. Hier tagten vor ihrer gewaltsamen Auflösung Staatsduma und Verfassungsrat. »Katharina die Große ließ bauen das Palais für ihren Liebhaber und Feldmarschall, den beriehmten Fürsten Grigori Potjomkin. Der was chat ihr geholfen, zu stürzen ihren Gatten Zar Peter III. nach sechs Monaten vom Thron.«

Seinen Beinamen ›Der Taurier‹ hat sich Pjotomkin mit der Eroberung der Krim verdient. Die Legende von den Potjomkinschen Dörfern gehört aber ins Kapitel ›Üble Nachrede‹.

Der Bus folgt der Uferstraße bis zum Winterpalast. Nach kurzem Fotostop geht es weiter über die Schlossbrücke auf die Haseninsel zur Peter-Pauls-Festung.

Im Kielwasser von Jekaterina schlendern wir durch die Peterpforte ins Innere der Zitadelle. Wie in allen Zwingburgen der Welt gibt es auch in diesem Bollwerk eine Kommandatur, ein Zeughaus, eine Münze, ein Gotteshaus und ein Gefängnis. In den Verliesen der Trubetskoi-Bastei hat auch der junge Dostojewski geschmachtet. Zum Tode verurteilt, wurde er - nach einer arglistig vorgetäuschten Erschießung - von Väterchen Zar Nikolaus I. zu vier Jahren Zwangsarbeit begnadigt.

In der prunkvollen Peter-Paul-Kathedrale liegen die russischen Zaren seit Peter I. begraben. Siebzig Jahre nach der Mordtat von Jekaterinburg haben in einer Seitenkapelle auch der letzte Zar Nikolaus II., seine Familie und seine getreue Dienerschaft eine letzte Ruhestätte gefunden.

Über dem Kirchturm dreht ein goldiger Engel auf einer sechzig Meter hohen Spitze Pirouetten. Der Bus fährt über die Kirow Brücke durch den Sommergarten zum Newski Prospekt. An der Kasaner Kathedrale glauben wir für einen Augenblick, im Vatikan zu sein. Hinter der Moika, einem Nebenfluss der Newa, biegt der Bus nach links ab. Wir halten am Isaaksplatz zu Füßen der mächtigen Isaakskathedrale. Auf dem Platz reitet, einen Helm mit Doppeladler auf dem Haupt, Zar Nikolaus I. Attacke. Zu Füßen des Autokraten grämen sich Fides, Sapientia und Justicia über ihre Schwester Potentia.

»Die Isaakskathedrale, sie ist größte Kirche von Sankt Petersburg und eine der größten Kuppelkirchen der Welt. Der Durchmesser der vergoldeten Hauptkuppel, er beträgt sechsundzwanzig Meter. In der Kirche es gibt Platz für vierzehntausend Gläubige.« Verkündet Jekaterina stolz. »Der Heilige Isaak, er war ein Mönch und Prophet, was chat gelebt im 4. Jahrhundert in Syrien. Peter der Große, er wurde geboren am Namenstag. des heiligen Isaak. Daher chat der Zar kurz nach der Gründung von Sankt Petersburg erbaut eine Isaakskirche aus Holz. Nach dem Sieg über Napoleon, Zar Alexander I. chat die Kathedrale zu einem Nationaldenkmal umgebaut. Heute werden an hohen Feiertagen in der Kathedrale wieder orthodoxe Gottesdienste abgehalten.«

Jekaterina führt uns zu Fuß zum Dekabristenplatz. Hemmungslose Verschwendungssucht und himmelschreiende Günstlingswirtschaft der russischen Aristokratie führten schon im Dezember 1825 zu einem Aufstand junger Offiziere. Der scheinheilige Nikolaus I. ließ den Aufstand niederschlagen und die Anführer hinrichten.

Am Dekabristenplatz bestaunen wir das wuchtige Denkmal Peters des Großen von Falconet. Katharina die Große hat das Reiterstandbild gestiftet. Die lapidare lateinische Widmung lautet: »*Petro primo Katherina secunda 1782*«. Der Bildhauer Falconet hat für das Standbild eine raffinierte Statik erfunden. Das Gewicht der Bronze wird von den Hinterhufen und dem Schweif des Pferdes aufgefangen. Die Hufe treten auf die Schlange der Zwietracht, zugleich bietet die Viper dem Ross festen Halt. Mit lorbeerumkränzter Stirn sprengt der Eiserne Reiter auf einer gewaltigen Plinthe einher. Der Granitblock, sechszehnhundert Tonnen schwer, wurde eigens aus Finnland herbeigeschafft. Jekaterina schwärmt: »Ist sich größte und kiehnste Riesenskulptur aller Zeiten und Völker!«
Der Russe will offenbar um jeden Preis ins Guiness Buch der Rekorde.
Vom Dekabristenplatz spazieren wir vorbei am Haus der Admiralität. Eine Kogge unter vollen Segeln krönt als Wetterfahne die vergoldete Turmspitze des Gebäudes. An dieser Stelle liefen einst die ersten Schiffe der ruhmreichen kaiserlichen Flotte vom Stapel.
Auf dem Schlossplatz staunen wir über einen achtundvierzig Meter hohen Maibaum.
»Die Alexandersäule wurde im Jahr 1834 zum Gedenken an den Sieger über Napoleon errichtet. Dreißigtausend geteerte Baumstämme wurden dafür in den morastigen Untergrund gerammt. Der Obelisk, ein über sechshundert Tonnen schwerer Monolith aus Granit, ist größter der Welt.« Schwört Jekaterina.
Das berühmte Winterpalais und die nicht weniger berühmte Ermitage begrenzen den Schlossplatz nach Norden. Gegenüber erhebt sich das imposante Halbrund des Generalstabsgebäudes. In seiner Mitte führen zwei Triumphbögen zum Newski Prospekt. Den inneren Bogen krönt nicht die übliche, schlichte Quadriga; Russland triumphiert sechsspännig. Während der ersten russischen Revolution im Jahr1905 wurden hier auf dem Schlossplatz am Blutsonntag die aufständischen Fabrikarbeiter auf Befehl Nikolaus II. niederkartätscht. Nach der bürgerlich, demokratischen Februarrevolution des Jahres 1917 und dem Sturz des Zaren amtete im Winterpalais die Provisorische Regierung Kerenski.

BILDER EINER AUSSTELLUNG

Der zweite Vormittag an der Newa ist ganz für den Besuch der weltberühmten Eremitage reserviert. Anastasja lotst unser Fähnlein an einer langen Schlange vorbei zum Eingang.
Das Wort ›Ermitage‹ bedeutet bekanntlich Einsamkeit.
Aber hier drängeln sich täglich zehntausend Besucher und machen einen höllischen Lärm. In dem Getümmel bleibt kaum Zeit, die interessantesten Kunstwerke mit Muße zu betrachten. Offenkundig sind Kunstmuseen heutzutage zu Massenmedien verkommen. Von der bedeutenden Sammlung moderner Malerei bekommen wir überhaupt nichts zu Gesicht. Wir kaufen uns unter Protest einen reich bebilderten, deutschsprachigen Katalog bester Qualität für zu Hause.
Gegen Mittag fahren wir gern zurück aufs Schiff.
Am frühen Nachmittag bringt uns der Bus wieder ins Zentrum von St.Petersburg.
An der Schlossbrücke werden wir ausgesetzt; wir dürfen die Stadt in eigener Regie er-

kunden. Auf uns wartet ein einmaliges, lebendiges Freilichtmuseum mit geschäftigen Menschen. Über die Schlossbrücke schlendern wir zur Strelka, einer Landzunge zwischen zwei Armen der Newa. Zu unserer Linken erhebt sich ein klassizistisches Gebäude mit einem hohen Säulenportikus. In der früheren Börse ist jetzt das Seekriegsmuseum untergebracht. Über fünfzehnhundert Schiffsmodelle erzählen von der ruhmreichen Geschichte der russischen Armada.

Auf der Strelka bestaunen wir zwei burgunderrote, über dreißig Meter hohe Siegessäulen. Allegorische Figuren der Flüsse Newa, Wolchow, Wolga und Dnjepr halten ihre Podeste fest. Nach altrömischem Brauch sind die einstigen Leuchttürme mit Schiffsschnäbeln verziert. Die Russen wollten sich wohl auch unbedingt mit dem Ersten Rom messen. Zwei sehr hübsche Russinnen haben sich mit schmucken Uniformen als Husaren verkleidet. Unter schwarzen Tschakos blitzen grüne, dezent mit Lidschatten betonte, Augen. Die Schönen lassen sich vor der einmaligen Kulisse für Geld mit und für Touristen fotografieren. Jetzt schlendern sie müde und in ernste Männergespräche vertieft nach Hause.

Wir gehen westwärts über den Universitätskai, vorbei am Völkerkundemuseum, zur Universität. Hier hat der Kollege Dimitri Iwanowitsch Mendelejew das periodische System der Elemente und Mendelejews Schüler, Iwan Petrowitsch Pawlow, seine bedingten Reflexe erfunden. Meine studierte Weggefährtin merkt an, dass Mendelejew schon anno 1860 Frauen in seinen Hörsaal ließ.

Wir gedenken der beiden Geistesgrößen und ziehen weiter zum Menschikow Palast.

Der weitläufige Prunkbau wurde vom ersten Generalgouverneur von Sankt Petersburg errichtet. Alexander Danilowitsch Menschikow war russischer Generalissimus, treuer Ratgeber und unzertrennlicher Zechbruder von Zar Peter dem Großen. Er führte Peter die neunzehn Jahre junge baltische Bauerntochter Jekaterina Alexejewa zu. Der frühere Zimmermann nahm die dralle Deern zur Geliebten und machte sie - nach Bewährung - zur offiziellen Ehefrau. Als Peter starb, bestieg die Kurländerin mit Menschikows Rat und Hilfe selbst den Zarenthron. Nach Katharinas Tod verbrachte der fähige, aber korrupte Fürst den Rest seiner Lebenstage im fernen Sibirien.

Das nächste klassizistische Gebäude am Universitätskai beherbergt die Akademie der Künste. Hier haben Repin und Surikow die Kunst der real-illusionistischen Schildereien erlernt. Am Kai bewachen zwei ägyptische Sphingen mit Königstuch und Doppelkrone die scheuen Musen.

Über die Leutnant-Schmidt-Brücke laufen wir zurück auf das südliche Ufer der Newa. Vorbei am Winterpalais ziehen wir über die Kirow Brücke zum Liegeplatz des Panzerkreuzers Aurora. Von der Aurora kam am 25. Oktober 1917 der Startschuss zur Erstürmung des Winterpalais und zum Sturz der bourgeoisen Provisorischen Regierung unter Alexander Kerenski. Jetzt liegt der Veteran des Roten Oktober in Sichtweite vom Schloss als Museum vor Anker. Auf Deck proben kleine Jungs an schweren Geschützen den Umsturz. Unter Deck bietet ein Souvenirshop Restbestände an sozialistischem Schnickschnack zum Kauf. Ein freundlicher Veteran informiert uns über die Geschichte des

Kreuzers. Zur Fünfzig-Jahrfeier der Revolution im Jahre 1967 wurde die Kanone wieder
abgefeuert. Das Kommando gab der gleiche Geschützführer, der schon 1917 den Schieß-
befehl gab. Die Uhr in der Funkkabine ist auf 21:40 Uhr stehen geblieben. Sie hält den
Moment des epochalen Urknalls fest, der den Lauf der Weltgeschichte verändert hat.

Am Gorki Prospekt steht die einzige Moschee von Sankt Petersburg. Das Gotteshaus
wurde von einer sehr unfrommen, russischen Primaballerina finanziert. Die verdiente ihr
Geld nicht nur auf den Zehenspitzen, sondern auch auf dem Rücken. Zwei Großfürsten
und der letzte Zar, Nikolaus II., gehörten zu ihren feurigen Sponsoren. Als die Nachtigall
davonflog, nisteten sich ausgerechnet die proletarischen Bolschewikengeier in ihrem feudalen Adelshorst ein.

Wir traben zurück auf das Südufer und dann durch den Sommergarten. Der Park wurde
unter Peter I. angelegt und mit vielen nackten Frauen und Männern bevölkert. Auf dem
Ufer des Gribojedow-Kanals begegnet uns eine Fata Morgana. Welcher Flaschengeist hat
die Basileus-Kathedrale aus Moskau in die Newaburg versetzt? Die Auferstehungskirche,
auch Bluterlöser-Kirche benannt, ist nach dem Vorbild der Moskauer Basilius-Kathedrale
im altrussischen ›Neuen Stil‹ gestaltet. An dieser Stelle fiel Zar Alexander II. einer Bombe
des Volkswillens zum Opfer. An der Türkischen Riviera wird die Blutkirche heute gern als
Vorbild für Themenhotels genutzt.

Auf dem Newski Prospekt bummeln wir stadtauswärts in Richtung Moskauer Bahnhof.
»Es gibt nichts Schöneres als den Newski Prospekt. Wenigstens nicht in Sankt Peters-
burg.« Behauptet Gogol. Heimlich halte ich Umschau nach einer Nase in goldbestickter
Uniform.

‹Gostiny Dwor›, Gasthof, so heißt irreführend bescheiden das teuerste Kaufhaus der
Stadt. Die Fassade des gewaltigen Gebäudes ist mehr als tausend Meter lang. An die
zweihundert hochpreisige Einzelhandelsgeschäfte werben um zahlungskräftige Kunden.
Die Versorgung mit Luxusgütern scheint gut zu sein, vor allem die mit Alkohol. Noch der
schäbigste Kiosk führt mindestens vier ausländische Biersorten im Angebot.

An der Anitschkow-Brücke über die Fontanka bändigen vier nackte Männer ihre scheu-
enden Rosse. Mir ist, als hätten wir das Drama schon in Rom gesehen. Oder in Neapel?
Oder Berlin? Am Ostrowski-Platz grüßen wir unsere Landsmännin Katharina II. und ihre Helfershelfer. Vom Moskauer Bahnhof fahren wir mit der U-Bahn zurück zur Kasaner
Kathedrale. Müde Menschen dösen vor sich hin; von Aufbruchstimmung oder Begeiste-
rung keine Spur.

Bei der Kathedrale der Mutter Gottes von Kasan mit der gewaltigen Kuppel und den
weit ausholenden Kolonnaden musste natürlich der Petersdom von Rom Pate stehen. Die
Kirche beherbergt erbeutete Fahnen und Stadtschlüssel aus den vaterländischen Kriegen.
Vor der Kathedrale stehen Standbilder der verdienten Landsknechte Barclay de Tolly
und Kutusow. Die Gebeine von Generalfeldmarschall Kutusow, Fürst von Smolensk, ruhen im Eingang der Kathedrale. Unter Stalin wurde aus der Kirche ein Museum zur Geschichte der Religion und des Atheismus. Leider kommen wir zu spät; das Museum ist

Dienstags nur bis 16:00 Uhr geöffnet.

Schade, was hätte ich hier nicht alles noch lernen können!

Der Bus bringt uns vom Newski Prospekt zurück zum Schiff.

Frau Edeltraut bietet unentwegten Kulturbeflissenen noch Karten für ›Schwanensee‹ im Marinski Theater an. Uns schmerzen die Füsse auch ohne *Fouetté en tournant*.

TRÄUME EINER GROSSMACHT

Mit dem Bus fahren wir nordwärts zum Schloss Peterhof am Finnischen Meerbusen.

Die Sommerresidenz von Zar Peter I. umfaßt das Große Schloss, die Schlosskirche, Parkanlagen, unzählige Wasserspiele und zwei intimere Lustschlösschen unmittelbar an der Ostsee. Das Ensemble war ein leuchtendes Fanal für den Aufstieg Russlands zur europäischen Großmacht. Im Zweiten Weltkrieg wurde Peterhof während der neunhundert Tage dauernden Blockade von Leningrad von der deutschen Wehrmacht geplündert und zerstört. Heute recken die fünf vergoldeten Kuppeln der Schlosskirche ihre Kreuze wieder triumphierend zum Himmel.

Von der Aussichtsterrasse des Schlosses werfen wir einen Blick hinunter auf die Große Kaskade. Getreue Nachbildungen antiker Statuen flankieren die Stufen des Wasserfalls. Die Bronzen sind von Kopf bis Fuß vergoldet als wären sie Gerd Fröbe in die Finger gefallen. Im Hauptbassin reißt der biblische Samson einem Löwen die Kinnladen auseinander. Wie Zar Peter bei der Schlacht von Poltawa dem Schwedenkönig Karl XII. Die Vorgeschichte der Schlacht anno 1709 liest sich wie eine Vorwegname der napoleonischen Niederlage anno 1812.

Wie Napoleon gilt hundert Jahre zuvor der junge Schwedenkönig als der beste Feldherr Europas. Karl will die Hegemonie Schwedens über Nordeuropa mit der Eroberung Moskaus besiegeln. Auf den Vormarsch der Schweden reagieren die Russen nur mit gezielten Guerillasticheleien. Doch ihre Taktik der verbrannten Erde behindert die Versorgung der Wikinger empfindlich. Auf halbem Wege nach Moskau befielt Karl XII. einen Schwenk nach Süden in die Ukraine. Er hofft, dort die katastrophale Versorgungslage seiner Armee verbessern zu können. Der härteste Winter des Jahrhunderts macht die Berechnungen des Königs jedoch zunichte. Der Verlust an Spannpferden ist so enorm, dass nur vier schwedische Kanonen einsatzfähig bleiben. Nach verlorener Schlacht flieht der schwer verwundete Karl XII. über den Bug zu den Türken. Schwedens Gastspiel als Großmacht ist zu Ende; seine Rolle übernimmt nun der russische Bär.

Wir schlendern weiter durch den Unteren Garten. Zwischen den Touristen äffen käufliche, kostümierte Komparsen eine hochadelige Hofgesellschaft nach. Die Damen tragen Reifröcke zu Schönheitspflastern, die Herren Knickerbocker und Dreispitz. Livrierte Musikanten mit weiß gepuderten Perücken blasen dazu ein barockes Divertimentchen auf der Trompete. Die Scherzfontäne, genannt der ›Regenschirm‹, ist von johlenden Touristen umlagert. Über einer Steinbank wölbt sich ein schattenspendender Schirm, der zum Verweilen einlädt. Wenn sich ein müder Besucher auf die Bank setzt, fließt plötzlich Wasser aus den Schirmstangen. Wer jetzt erschrocken den Parapluie verlassen will, wird kalt geduscht. Wie spaßig.

Direkt am Ufer des Finnischen Meerbusens liegt das Lustschlösschen Monplaisir. Das flache eingeschossige Gebäude aus roten Backsteinen ist eine wehmütige Erinnerung an die schöne Zeit Peters als unbekannter Zimmermann im holländischen Zaandam.

Von Peterhof fährt der Bus südwärts nach Puschkin. Das Städtchen hieß früher Zarskoje Selo, ›Zarendorf‹. Seinen jetzigen Namen verdankt es der Poesie von Alexander Puschkin. Denn der hat in Zarskoje Selo die Schulbank gedrückt und seine ersten feurigen Jünglingsverse verbrochen.

Peter der Große schenkte seinem Busenfreund Menschikow hier eine Meierei. Wenig später musste der Zechkumpan Hof und Gut der baltischen Geliebten Katharina übereignen. Nach ihrer Thronbesteigung ließ Katharina I. hier ein bescheidenes Schlösschen errichten. Unter Kaiserin Elisabeth wurde die behagliche Bleibe zu einer prächtigen Residenz ausgebaut. Ihrer Mutter Katharina zu Ehren wurde die Unterkunft auf den Namen ›Katharinenhof‹ getauft.

Durch eine Goldene Pforte mit kunstvoll geschmiedetem Gitter kommen wir zum Schloss. An der Fassade des Palastes tragen Dutzende muskulöser Atlanten die Last der Gesimse. Ihr Nacken ist tief gebeugt, ihr Blick auf die eigenen Füsse gerichtet; sie sehen nichts von all der Pracht. Wollte der Architekt damit auf das Los der Leibeigenen russischer Selbstherrscher anspielen?

Kostbare chinesische Vasen und Teller schmücken das wunderbar stuckierte Treppenhaus. Die Stuckarbeiten in den intimeren Gemächer erinnern an Porzellan von Wedgewood. Der Große Ballsaal ist eine Phantasmagorie aus unendlich vielen Spiegelungen in Gold. Im Gemäldesaal bedecken Ölschinken aller Art und Größe die Wände wie eine Patchworkdecke. Gewaltige Kaminöfen aus Delfter Kacheln beherrschen die Räume; sie wurden seltsamerweise nie beheizt.

Im Bernsteinzimmer bewundern hunderte Touristen eine Replik des verschollenen Originals. Die Paneele aus dem Gold des Baltikums schmückten ursprünglich einen Raum im Berliner Stadtschloss. Der preußische König Friedrich Wilhelm I. schenkte anno 1716 das einzigartige Juwel Peter dem Großen. Zarin Elisabeth I. ließ das Bernsteinzimmer später im Katharinenpalast einrichten. Im Jahr 1941 verschleppte die Wehrmacht die Wandtäfelung nach Königsberg. Dort verlor sich ihre Spur. Spekulationen über ihren Verbleib schießen bis heute ins Kraut. Im vergangenen Jahr wurde zur 300-Jahrfeier von Sankt Petersburg eine originalgetreue Rekonstruktion des Bernsteinzimmers durch Basta-Kanzler Schröder und Zaren-Imitator Putin dem russischen Volk übergeben.

Auf der Fahrt zurück zum Schiff hat der Bus eine Panne.

Anastasja telefoniert nach Ersatz. Trotz regem Verkehr ist nach nur zwanzig Minuten ein neuer Bus zur Stelle. Die Ballettbesucher berichten, während der Vorstellung gestern Abend sei zweimal der Strom ausgefallen. Das Publikum habe mit stoischer Ruhe gewartet, bis es im Theater wieder hell wurde.

Behauptete nicht schon Lenin: »Kommunismus ist Sowjetmacht plus Elektrifizierung«?

Der Höhepunkt unseres Aufenthaltes in Sankt Petersburg steht bevor. Nachts werden die Brücken über die Newa hoch geklappt. In den berühmten Weißen Nächte bieten die beleuchteten, dem Himmel zuwinkenden Brückenglieder ein besonderes Erlebnis. Wir bestaunen das Schauspiel bei strömendem Regen. Freiwillig verlässt niemand den Bus. Zum Trost verordnet Schwester Anastasja Wodka pur. Das hilft wenigstens gegen die Kälte.

Gegen die gedrückte Stimmung verabreicht Doktor Anastasja Witze.

Frage: »Wer waren die ersten Kommunisten?«

Antwort: »Adam und Eva. Sie hatten nichts anzuziehen, ernährten sich von einem Apfel und behaupteten, sie lebten im Paradies.«

Witze von Radio Eriwan mit dem berühmten ›Im Prinzip ja‹ sind auch wieder angesagt.

Frage an Radio Eriwan: »Stimmt es, dass der Westen am Abgrund steht?«

Antwort: »Im Prinzip ja, aber wir sind bereits einen Schritt weiter.«

Lilitschka beteuert: »Ein Armenier ist schlitzohriger als drei Georgier oder fünf Türken.«

Anastasja bekennt: »Ich bin nicht gläubig. Aber mein Mann sagt, ich sei unglaublich.«

Dann lacht sie so ungestüm, als sei sie gerade mit der Arche Noah heil auf dem Ararat gelandet.

Wir sind liebenswerten Menschen begegnet, haben viel Schönes gesehen und von unglaublichen Begebenheiten gehört. Den gewaltigen Anstrengungen zur Restaurierung und Bewahrung der russischen Kulturgüter zollten wir verdienten Respekt.

Der menschenverachtende Kommunismus scheint endgültig überwunden.

Aber ziehen über Russlands Himmel nicht schon wieder dunkle Wolken auf?

Teilt nicht bereits ein Dutzend Oligarchen die Reichtümer des Landes wieder unter sich?

Strebt die orthodoxe Kirche nicht zurück nach einstiger Macht und Herrlichkeit?

Bilden autokratische Politiker und orthodoxe Popen nicht schon wieder eine Unheilige Allianz?

Wird das russische Volk bald erneut die gewohnte Knute spüren?

Plokho Rossii.

Do Svidaniya!

BALTISCHES GOLD

ESTLAND, LETTLAND, LITAUEN

ÄNNCHEN VON THARAU, KLAIPEDA, LITAUEN

AM FINNISCHEN MEERBUSEN: TALLINN

Im vergangenen Jahr reisten wir durch Nordpolen von Stettin über Köslin, Danzig, Marienburg und Allenstein bis zu den Masurischen Seen um Nikolaiken. Unser Route führte dann über Osterode, Thorn und Posen zurück nach Frankfurt an der Oder. Obgleich auf den Ortsschildern nur die heutigen polnischen Namen standen, konnten wir auf unseren Straßenkarten verfolgen, dass wir während der ganzen Reise durch ehemals deutsche Siedlungsgebiete fuhren. Unvergessliche Eindrücke von Stadt und Land, Lesefrüchte aus der Jugend über Hansekontore, Kaufmannsehre, Seefahrerromantik und Piraterie und die unvergleichlichen Erzählungen über Hamilkar Schass aus Suleyken versetzten uns immer mehr in eine nostalgisch-beschwingte, von stillem Bedauern über den selbst verschuldeten Verlust blühender Landschaften leicht getrübte Stimmung. Zugleich erwachte die Lust, mehr vom Gleichen zu erkunden.

Die Deutsche Lufthansa bringt uns nach Tallinn, Hauptstadt der Republik Estland.

Während des Fluges werfe ich noch einmal einen Blick auf die Notizen, die ich mir aus Meyers Konversationslexikon von 1897 und noch älteren Kommentaren zusammengestellt habe:

»Das Baltikum ist im Ganzen geteilt in drei Regionen. Deren eine bewohnen die Esten, die andere die Litauer und die dritte Leute, die in ihrer eigenen Sprache ›Latviesi‹, in unserer aber Letten genannt werden. In alter Zeit wurden die beiden größten Gaue des lettischen Siedlungsgebietes als Livland und Kurland bezeichnet. Feldnamen, worin noch die Erinnerung weiterlebt an zwei andere Stämme der Eingeborenen, die sich Liven und Kuren nannten. Diese alle unterscheiden sich in Sprache, Gewohnheiten und Gesetzen.

Letten und Litauer sind slawische Zweige der großen indogermanischen Sprachfamilie. Die Esten, Kuren und Liven aber sind nach Sprache und Nationalcharakter am ehesten verwandt mit den benachbart siedelnden Finnen.

Am tapfersten von all diesen sind die Esten. Zum Einen, weil sie von der verfeinerten Zivilisation und Kultur der galloromanischen Provinzen am weitesten entfernt hausen und nur selten Kaufleute zu ihnen kommen, welche gewöhnlich all das einführen, was zur Verweichlichung der Gemüter beiträgt. Und zum Anderen, weil die Esten den Russen, mit denen sie ständig Krieg führen, sehr nahe wohnen. Die tapferen und schroffen Esten haben daher die heidnischen Sitten und Bräuche ihrer Ahnen reiner bewahrt als irgend ein anderer Stamm des Baltikums.

Estland beginnt im Osten an den Gestaden des Peipus-Sees und erstreckt sich im Westen mit vielen Inseln weit hinein in den Finnischen Meerbusen. Im Süden grenzt Estland an Lettland. Dieses Land, das, wie schon gesagt, hauptsächlich Letten bewohnen, findet im Osten seinen Ursprung an der westlichen Grenze von Russland, folgt zu beiden Seiten dem Lauf der Düna bis zu ihrer Mündung in den Rigaischen Meerbusen und grenzt im Süden an Litauen. Litauen wiederum reicht in west-östlicher Richtung von der Bernsteinküste am Baltischen Meer und dem Unterlauf der Memel bis zur Grenze von Weißrussland. Im Süden grenzt Litauen an Polen und an das Gebiet um Kaliningrad, als

Königsberg einst die Hauptstadt von Preußen.

Das Großfürstentum Litauen war über Jahrhunderte mit der polnischen Krone nicht nur durch Heirat und Blutsbande vereit; sondern auch im gemeinsamen Kampf gegen ihre kriegslüsternen, katholischen Glaubensbrüder vom Deutschen Orden, die sie in der berühmten Schlacht von Tannenberg aufs Haupt schlugen.

Bevor die Dänen, und später die Deutschen, sie unterjochten, galten die Esten als die berüchtigsten Seeräuber des Baltischen Meeres. Während die Unterjochung der verschlagenen, aber fügsamen Letten den Deutschen im ganzen nicht schwer wurde, dauerten die Kämpfe mit den Esten lange und waren sehr blutig. Ursprünglich müssen Esten und Letten aber von edlerer Natur gewesen sein, denn sie dichten und singen sehr gerne; die Frauen bei der Hausarbeit, die Männer in vielköpfigen Liederzirkeln.

Der dänische König verlor dennoch die Freude an so trutzigen Untertanen und verkaufte unter dem Pontifikat von Clemens VI., dem Alles käuflich war, das nördliche Estland an den Orden der Deutschritter. Revolten gegen die neuen Herren, Bischöfe und Ritter, schlugen fehl. Litauer, Esten und Letten, die zur Hauptsache von Ackerbau, Fischfang und Schnapsbrennerei lebten, sanken herab zu Leibeigenen.

Nach dem Zerfall des Ordensstaates bildeten in den Städten deutschstämmige Kaufmannsgilden der Hanse, auf dem Lande die Rittergutsbesitzer eine privilegierte Herrenschicht. In der Hand der Ritterschaften von Estland. Livland, Kurland und der Insel Ösel, die ihre inskribierten Mitglieder zu den Tagsatzungen entsandten, waren legislative, iurisdiktive und exekutive Gewalt vereit. Daneben führte der Landadel ein recht bukolisches Leben. Auf seinen ausgedehnten, von ortsgebundenen Kolonen bewirtschafteten Latifundien war er sein eigener König und Gerichtsherr. Die Abgeschiedenheit von der zivilisierten Welt versüßte er sich durch den Bau von ansehnlichen Herrenhäusern im normannischen oder italienischen Stil.

Im Laufe ihrer wechselvollen Geschichte als Spielball mächtiger Nachbarn drehten Stadtbürger und Landadel ihren Mantel geschickt in den Wind und verstanden es, ihre Privilegien auch unter einem anderen Imperium zu sichern.

Als der Ordensstaat zerfiel, huldigten die inzwischen lutherischen Städte und Ritterschaften dem protestantischen Schwedenkönig. Nach dem Nordischen Krieg zwischen Schweden und Russland verständigten sich Stadträte und Ritter mit dem Sieger, Zar Peter dem Großen. Die Ritter erhielten ihre eigene Rechtssprechung zurück, die ihnen während der Herrschaft von Gustav Adolf entzogen worden war. Sogar die Ausübung des evangelischen Ritus verbriefte der orthodoxe russische Kaiser den baltischen Ständen. Staatsrechtlich wurden aus den baltischen Landen russische Gouvernements. Der baltendeutsche Adel erlangte danach in der Geschichte Russlands hohe Bedeutung. Aus seinen Reihen stammen zahlreiche Minister, Generäle und Admiräle des Zarenreiches.

Während der Herrschaft von Zar Alexander Pawlowitsch Romanow wurde die Leibeigenschaft im Baltikum aufgehoben. Das Deutsche blieb aber im Baltikum bis zur Herrschaft von Zar Alexander Alexandrowitsch Romanow die Sprache der Gesetze, der Behörden, der Gebildeten, des höheren Unterrichts und der Predigt. Die eingeborene Bevölkerung verstand kaum ein Wort Deutsch. Deutsche lutherische Pastoren mussten Letten und Esten in ihrem heimischen Idiom vom Jüngsten Gericht predigen. Zwar wurde an den von den Ritterschaften unterhaltenen Schulen Deutschunterricht angeboten, aber die Eingeborenen wurden von der Erlernung der deutschen Sprache eher abgehalten als darin gefördert, da die Optimaten, um ihre Herrschaft nicht zu gefährden, keine durchgreifende Germanisierung der Einheimischen anstrebten. Wenn ein Lette oder Este einmal eine höhere Bildung erwarb, trat er zur Deutschen Nation über.«

Am Flughafen sammelt sich unsere Kompagnie unter dem Banner einer friesisch-frischen jungen Dame. Sie heißt mit Vornamen Lemmikki.

Ein nagelneuer Reisebus bringt uns zum Hotel.

Während der Fahrt brieft uns Fräulein Lemmikki über die Geschichte von Tallinn:

»Die Geschichte der Stadt beginnt mit einem Kreuzzug. Im Jahre 1219 eroberte der christliche, dänische König Waldemar II. den Norden von Estland. Er baute am Finnischen Meerbusen eine Burg. Der Name Tallinn bedeutet soviel wie ›Dänenburg‹. Etwa hundert Jahre später verkauften die Dänen ihr Gebiet an den Deutschen Ritterorden. Bis zur Unabhängigkeit Estlands im Jahr 1918 hieß die Stadt dann offiziell Reval.

Reval wurde Teil des Livländischen Drittels der Hanse und erhielt anno 1346 zusammen mit Riga und Pernau das Stapelrecht. Dieses lukrative Handelsprivileg machte allen Kauffahrern zur Auflage, auf ihrem Seeweg nach Russland eine der drei Hansestädte anzulaufen und dort ihre Waren feil zu bieten. Der Einfall der Moskowiter in Livland im Jahre 1481 bescherte der Stadt die Pest. Die Reformation erreichte Reval im Jahre 1523. Als die Moskowiter bei einem erneuten Einfall unter Iwan dem Schrecklichen Livland besetzten, rief Reval Schweden als Schutzmacht an. Bis zum Ende des Nordischen Krieg im Jahre 1710 blieb Reval unter schwedischer Herrschaft, dann fielen die Stadt und das Land an die Zaren. Nach der russischen Oktoberrevolution erklärten Estland, Lettland und Litauen ihre Unabhängigkeit vom Russischen Reich. Aber schon im Juni 1940 wurden die jungen Republiken von Stalin annektiert. Hitler hatte zuvor die Deutschbalten in den neu geschaffenen Warthegau umgesiedelt. 1941 überfiel die deutsche Wehrmacht Tallinn; Ende 1944 wurde die sowjetische Herrschaft wiederhergestellt.«

Der erste Eindruck von Tallinn sagt mir, dass das Feng shui stimmt. Die Stadt liegt direkt am Gestade des Finnischen Meerbusens. Und auch der Berg ist vorhanden; auf einer kleinen Anhöhe stehen Schloss und Dom, zu ihren Füßen lebt und webt die Altstadt. Dicht daneben prunkt das moderne Tallinn mit postmodernen Hochhäusern. Unser Friesenmädel behauptet, die Gebäudehöhe sei gesetzlich auf dreißig Stockwerke begrenzt. An den längsten Eugens leuchten die Hoheitszeichen von Banken und Hotelketten.

Unser Logis an der Narva Maantee liegt nur drei Gehminuten entfernt vom Sängerfestplatz. Das kleine Hotel wirkt familiär und sehr sauber. Das Treppenhaus wird gerade renoviert. Auch im Brandfall sollen wir ruhig den Fahrstuhl benutzen, rät Lemmikki.

Zum Abendessen serviert die Hotelküche Salade nicoise, Schweinerollbraten mit

Schwenkkartoffeln und frischen Cole slaw.

Den kleinen Hunger danach stillen wir mit Erdbeerkuchen und Sahne.

Nach dem Essen folge ich meinem Führer und Pfadfinder zu einem Bummel durch den Sängerpark. Es ist zehn Uhr abends und noch taghell. Vorbei an einer riesigen Konzertmuschel, zehnmal größer als die von Bad Salzloch, schlendern wir hinab zum Strand, bewundern von der Seeseite die Silhouette von Tallinn und trotten müde zurück ins Hotel. Der Fahrstuhl funktioniert.

HANSEHERRLICHKEIT

Nach einem guten Frohstück mit frisch gebrautem Bohnenkaffee brechen wir auf zur Stadtrundfahrt durch Tallinn. Der Bus hält schon wenige hundert Meter vom Hotel am Sängerfestplatz. Fräulein Lemmikki berichtet stolz, dass hier schon seit dem Jahre 1868 regelmäßig Liederfeste mit bis zu fünfundzwanzigtausend Chorsängern stattfänden. Die riesige Muschel sei nicht, wie man denken könnte, für die Zuhörer, sondern für die vielen Bänkelsinger erbaut worden. Gotthilf Fischer sieht da eher blass aus. Madonna und Michael Jackson waren auch schon da.

»Von hier nahm die Singende Revolution Ende der achtziger Jahre ihren Anfang. Zu Sowjetzeiten war das Absingen von Freiheitsliedern streng untersagt; es drohte Sibirien. Hier auf dem Sängerfestplatz wagten es im Jahr 1988 dreihunderttausend Estinnen und Esten zum ersten Mal wieder ihre verbotene Nationalhymne zu singen. Ein Jahr später bildeten zwei Millionen Esten, Letten und Litauer eine Menschenkette von Tallinn über Riga bis nach Vilnius. Im Frühjahr 1990 proklamierten die baltischen Staaten ihre erneute Unabhängigkeit. Die sterbende Sowjetunion erkannte schließlich im Jahr 1991 die Souveränität der drei Republiken an.«

Oben auf dem Hügel steht ein Denkmal des estnischen Komponisten Gustav Ernesaks. Aus seiner Mundorgel stammte die Hymne der verblichenen Estnischen Sozialistischen Sowjetrepublik. Zur Sowjetzeit organisierte Ernesaks auch die großen Sängerfeste. Manche halten den Musikus trotzdem für den Wegbereiter der Singenden Revolution.

Nun, geht nicht alle Kunst nach Brot?

Jetzt werden wir überrollt von den bunten Massen der Kreuzfahrer. Wir fahren schnell weiter zum Stadtteil Pirita. Hier wurden im Jahre 1980 die olympischen Segelregatten ausgetragen. Die Spiele wurden vom Westen boykottiert, weil die Sowjets in Afghanistan einmarschiert waren. Für Tallinn blieb ein langer, natürlicher Sandstrand, ein Yachthafen und ein scheußlicher Betonbau. Unser Friesenmädel glaubt, das Olympische Hotel habe mediterranen Flair. Recht hat sie; La Grande Motte ist auch nicht schöner. Ebenfalls für die Spiele wurde eine breite Uferstrasse von Pirita ins Zentrum von Tallinn gebaut. Mittwegs bröckelt eine wuchtige Stufenpyramide aus Beton vor sich hin. Der weitläufige ehemalige Lenin-Palast war einmal als Zentrum für Kultur und Sport gedacht. Fräulein Lemmikki witzelt: »Das Bauwerk sollte eigentlich eine Brücke nach Finnland werden. Nur wurde der finnische Teil nicht fertig.«

Wir fahren weiter ins Katharinental. Dort überrascht uns ein wunderbares, schmuckes Barockschloss in Rosa und Weiß. Zar Peter der Große hat die kleine Klause am Meer für seine baltische Bauerndirne, Ehefrau und Nachfolgerin Katharina als Luftschloss für den Sommer erbauen lassen. Die Kurpfalz liegt in einem weitläufigen Park mit Schwanenteich, Neptun-Brunnen und einem Quellen-Pavillon wie in Bad Salzloch.

Fräulein Lemmikki gibt uns freien Auslauf.

Umrahmt von blühenden Bäumen thront eine Statue des Kollegen Friedrich Reinhold Kreutzwald auf einem Granitsockel. Er war Armenarzt und Schriftsteller, Ehrenmitglied der Gelehrten Estnischen Gesellschaft und Mitschöpfer des estnischen Nationalepos. Dessen Titelheld Kalevipoeg, Kalevs Sohn, ein launischer Riese, ist eine Art estnischer Rübezahl und eng verwandt mit dem finnischen Herrn Kaleva. Sein Schöpfer sieht aus wie ein Doppelgänger von Abe Lincoln.

Die Datscha von Zar Peter ist sehr bescheiden möbliert. Hat er wirklich hier gewohnt, wenn er seine Gemahlin in der Sommerfrische besuchte? Mein Frauenversteher und Bettgenosse hütet sich vor einer Antwort. Auf der Anhöhe des Lasnamäe Hügels steht ein Gebäude, das entfernt an eine Raumstation erinnert. Hier ist seit dem Jahr 2006 das estnische Kunstmuseum zu Hause.

Im Park wimmelt es von Schulkindern. Die haben Kunstunterricht und klecksen, wie die ersten Impressionisten, mit Tubenfarben im Freien nach der Natur.

Am Fährterminal im Hafen von Tallinn ist Gelegenheit zu einem Sprung in den Powder Room und zum Geldwechsler. Vier Kreuzfahrer liegen im Passagierhafen. Offenbar sind an Bord der Traumschiffe die Toiletten defekt.

Auch die Kreuzfahrer der Neuzeit sind eine echte Pest.

Der Bus fährt hoch zum Domberg. Dort begrüßt uns das Schloss, ehedem Residenz des Bischofs von Reval, später des russischen Gouverneurs von Estland. Gegenwärtig tagt hier das Parlament der Republik Estland. Über dem Portal prangt das Staatswappen: drei blaue, brüllende Löwen erheben ihre Tatzen. Von der alten Ordensburg sind nur Reste erhalten. Der mittelalterliche Bergfried ›Langer Hermann‹ sticht mit einem Gardemaß von fast fünfzig Metern ins Auge.

Gegenüber weisen fünf blaue Zwiebeltürme der Alexander-Newsky-Kathedrale zum Himmel. Das Gotteshaus wurde im Jahrr 1900 vom letzten russischen Zaren Nikolaus II. als Machtsymbol aufgerichtet.

Das Duo infernale von Thron und Altar knechtet überall die Völker.

Der Bauschmuck der Kathedrale folgt außen dem Neuen Stil mit Kokoschinen und aufwändigen Mosaiken. Im Inneren ist der Zentralbau üppig bemalt und mit einer protzigen Ikonostase versehen. Der echt russische Hang zum Gigantischen spiegelt sich in der Größe der Glocken wider. Die dickste Berta wiegt fünfzehn Tonnen.

Estland hat heute etwa 1,4 Millionen Einwohner, jeder Vierte ist Russe. Man lebt gleichgültig nebeneinander her. Sagt Fräulein Lemmikki resigniert. Dann führt sie uns zum Dom der Heiligen Jungfrau Maria, dem Hauptsitz der evangelisch-lutherischen Kirche

Estlands. In früherer Zeit diente der Dom als Grablege der estländischen deutschen Ritterschaft. Die Grabmale im Langschiff zieren lebensgroße, geharnischte Ritter und imposante Wappenschilde. Vor dem Dom steht ein Fliegender Händler, der aus dem Mittelalter übrig geblieben scheint. Auf dem Verdeck seines Planwagens steht zweisprachig: ›Maias Monk, Gourmet Monk‹. Mönche sind nicht in Sicht; an ihrer Stelle verkaufen zwei mittelalterlich kostümierte Mägde duftenden Kräutertee; in Zellophantütchen!

Daneben zaubert Till Eulenspiegel einem Zwergen Dukaten aus der Nase. Drei mit Akkordeon, Gitarre und Bass bewaffnete Spielleute geben ihre Airs zum Besten.

Im Kielwasser von Lemmikki schlendern wir zur Aussichtsplattform am Ende der Kohtu Straße. Von hier aus schweift der Blick über die Türme und roten Dächer der Altstadt bis hinüber zum grauen Wasser der Ostsee. Alles überragt der nadelspitze Turm der Olaikirche. Sie ist dem heilig gesprochenen norwegischen König Olav II. Haraldsson geweiht. Mit seinem Turmfinger wies der Schutzpatron der Seefahrer den Hansekoggen die Einfahrt zum Hafen von Reval.

Über eine steile Treppe folgen wir dem Friesenmädel hinunter in den dänischen Königsgarten. In dem kleinen Park hält ein gewaltiger, gekrönter Roland ein Langschwert und einen Schild mit den Farben Dänemarks vor seine blecherne Brust. Verschreckt ziehen wir weiter zum Komandantenhaus. Der Urgroßvater des russischen Nationaldichters Alexander Puschkin war seinerzeit Kommandant auf dem Burgberg. Wegen seiner äthiopischen Abstammung und seinem tiefdunklen Teint war er bekannt als »Mohr von Peter dem Großen.« War Puschkin ein Achtelmohr?

Jetzt sollten wir eigentlich die Sammlung religiöser Kunst in der Nikolaikirche besichtigen. Deutsche Pfeffersäcke ließen diese Kaufmannskirche anno 1230 auf ihre Kosten erbauen. Heute beherbergt die Kirche ein Museum für sakrale Kunst. Wir freuen uns schon auf den berühmten ›Revaler Totentanz‹ vom lübbischen Bernt Notke. Auf diesem Danse macabre bleibt kein Stand vom Tod verschont. Ob Papst oder Kaiser, Kardinal oder Mönch, Kaufmann oder Handwerker, unter dem tödlichen Anhauch der Pest werden alle gleich, sogar die Ärzte. Zum höchsten Erstaunen von Lemmikki ist das Museum nicht nur montags, sondern auch dienstags geschlossen.

Unverdrossen trotten wir zum Marktplatz. Der wird beherrscht vom spätgotischen Rathaus. Auf der Spitze seines achteckigen Campanile verrät eine Landsknechtsfigur den Bürgern, woher der Wind weht. An der Dachtraufe reißen grüne Drachen, die goldene Krönchen tragen, ihren zahnstarrenden Rachen auf und begießen die Bürger je nach Wetter mit Regen oder Hohn. Unter den Rathauslauben laden ›Tristan und Isolde‹ zu Tisch. Die müden Hausmägde tragen estländische Tracht und gehäkelte Häubchen. Als Tagesgericht wird Elchsuppe angepriesen.

Rings um den Platz stehen alte Kaufmannshäuser. Über dem gotischen Haustor von Nr. 6 steht wahrhaftig noch ›Peppersack‹. Im Haus Nr. 11 praktiziert ein Apotheker. Seine Offizin stammt von anno 1422 und ist eine der beiden ältesten noch dienstfertigen Apotheken Europas. Die andere steht in Dubrovnic. Vor Jahren hat mein angetrauter

Schluckspecht dort eine Flasche Klosterbrand ›Abyssus Ragusanus‹ gekauft. Mit schlimmen Folgen. Hier macht die Inneneinrichtung einen eher abstinenten Eindruck, es riecht nach trockenen Kräutern, frischer Seife und Lysol.

Fräulein Lemmikki empfiehlt sich auf Estnisch: »Hüvasti!«

Der Nachmittag steht uns zur freien Verfügung. Leider ist die Altstadt fest in der Hand der nach Mittelalter süchtigen Kreuzfahrer. Ritterspiele auf der Sparrenburg sind ja auch in Ostwestfalen groß im Schwange.

Am Restaurant ›Olde Hansa‹ flattern Wimpel mit den Wappen und Namen der alten Hansestädte. Reval, Dorpat, Fellin, Riga, Pernau und wie sie alle hießen zeigen hier furchtlos Flagge. Die Speisekarte offeriert in gespreiztem Sütterlindeutsch abgeschmackte Kost: »Das Herzstück der Frau Bürgermeisterin, fein garniert« oder »Der Burgherrin Bärenschinken im Kräutersud.« stehen zur Wahl. Dazu pfeifen kostümierte Landsknechte Generalmarsch ins gewürzte Starkbier.

Vor der Kneipe nötigen als Piraten verkleidete Studenten zahlende Kunden in die altfränkische Kombüse. Jedem Kostverächter drohen die albernen Vitalienbrüder mit dem dritten Grad im Foltermuseum gleich nebenan. Vor dem Verlies verteilt der Scharfrichter seine Visitenkarten.

Über die Vana Viru schlendern wir zum Wollmarkt an der Stadtmauer. An allen Ständen gibt es die immer gleichen Mützen, Schals und Pullover aus grober Wolle mit Elchmuster zu kaufen. Neben dem gut beschickten Blumenmarkt der Bauern bieten ärmlich gekleidete Mütterchen selbstgepflückte Sträusse aus Maiglöckchen an. Für einen Euro. Bei ›Tristan und Isolde‹ bekommt man dafür eine Terinne Elchsuppe.

Die Esten bekommen im nächsten Jahr als erstes Land des Baltikums den Euro. Seit sechs Jahren gehören alle drei baltischen Republiken zur NATO und zur Europäischen Union. Ich bin sicher, dass der russischen Bär diese Laus im Pelz sehr übel nimmt.

Durch das alte Stadttor, die ›Lehmpforte‹ gehen wir zum Mittagessen ins niegelnagelneue und belebte Einkaufszentrum am Viru Platz. Es ist eine lärmende, neumodische Glitzerwelt für sich. Im ›Magic Buffet‹ wählen wir Soljanka und Zwiebelfleisch mit Krautsalat und Kartoffeln. Dazu schmeckt ein kleines Bier der Marke Saarema Ölu.

Nach dem Cappucino bummeln wir zurück in die Altstadt. Die Lange Straße Pikk verbindet die Speicherhäuser der Innenstadt mit dem Hafen. Die Heilig Geist Kirche trägt eine schöne barocken Turmhaube. Zu ihren Schätzen gehört ein Flügelaltar von Notke von anno 1483. Das Gotteshaus ist leider geschlossen. Unser Spaziergang führt zum alten Katharinenkloster. In der schmalen Katherinengasse logieren Kunsthandwerker aller Couleur. Das grobe Gemäuer aus Feldsteinen ist nicht mehr verputzt; an einigen Stellen sind noch Reste alter Bemalung mit Ranken und Putten zu sehen. Eine menschenleere Pizzeria führt den Namen ›Controvento‹, Aufwind, im Schilde.

Das Haus der Knutigilde glänzt im schönsten britischen Tudor Stil. Martin Luther und der Namensgeber und Schutzpatron der Fernfahrer, der Heilige Knut Lavard, letzter Samtherrscher der Obodriten, bewachen einmütig den Eingang. Die ehrenwerten Mitglieder der elitären Gilde der Goldschmiede, Uhrmacher, Hutmacher, Schuhmacher und Kunstmaler waren zumeist deutscher Herkunft. Heute wird das Haus für kultivierte Veranstaltungen genutzt. Nur zwei Häuser weiter steht das Haus der Olaigilde. Hier machten die Mitglieder der einfacheren Handwerkerzünfte Kirchturmpolitik.

Daneben steht das Haus der Schwarzhäuptergilde. An der Fassade des Renaissancehauses prunken Wappen der Hansekontore von Brügge, Nowgorod, London und Bergen. Über dem prachtvoll ornamentierten Eingang springt ein Mohrenkopf ins Auge. Die hier ansässige Bruderschaft der Schwarzhäupter, junge, ledige Kaufleute der Hanse, hatte den Heiligen Mauritius zu ihrem Schutzpatron erkoren. Der Märtyrer wird traditionell als Mohr dargestellt. Mauritius ist Schutzheiliger der Landsknechte und aller Handwerker, die mit schwarzer Farbe arbeiten und zuständig für Ohrenleiden, Besessenheit, und Gicht. Ich frage meinen Heraldiker und Schildknappen, wieso die Schwarzhäupter noch vor Barak Obama auf Political Correctness achteten und sich nicht ›Mohrenhäupter‹ nannten. Er weiß mal wieder keine Antwort.

In der Tolli Straße grüßen wir die ›Drei Schwestern‹ aus dem 15. Jahrhundert. Die drei aneinander stehenden Altbauten waren einst Speicherhäuser; die Hebekräne sind noch erhalten. Heute locken die ›Drei Schwestern‹, verkleidet als extravagantes Romantikhotel, zahlungskräftige Kundschaft an. Wir staunen über den erwerbstüchtigen Esprit der Esten und ziehen weiter zum Strandtor. Dort wacht die ›Dicke Margarete‹, ein Geschützturm von vierundzwanzig Metern Durchmesser über den Hafen von Tallinn. Heute beherbergt der Turm ein Schifffahrtsmuseum.

Entlang der alten, turmbekränzten Stadtmauer mit restauriertem Wehrgang wandern wir zum Park am Fuße des Domberges. Hier findet gerade eine Gartenschau statt. Die Themengärten präsentieren teils ansprechende, teils völlig ausgeflippte Ideen für Kleingärtner. Tote Holzstämme und Glassplitter dominieren, Blumen und Pflanzen kommen nur minimalistisch zum Einsatz.

Ein Treppe führt vom Park wieder hoch zum Dom. Wir brauchen dringend eine Ruhepause und nehmen erleichtert Platz auf den harten Kirchenbänken. Geistliche Orgelmusik ist Balsam für unsere heißen Füsse. Das Feldsteinpflaster in der Altstadt war sehr kräftezehrend.

DIE ROSE VON TURAIDA

Das Frühstück ist heute so gut wie gestern. Die Arbeiten im Treppenhaus gehen weiter, aber der Fahrstuhl ist außer Betrieb. Es gibt auch keine Hoteldiener. Also müssen wir selbst unsere Koffer durch das staubige Treppenhaus wuchten.

Unser Bus rollt südwärts Richtung Lettland.

Für den Rest der Reise begleitet uns eine neue Lotsin.

Warwara spricht gut verständlich, aber ohne jede Modulation und Betonung. Einen neuen Gedanken oder Satz leitet sie immer mit der Floskel »Na« oder »No« ein. Allmählich wird uns klar, dass sie mit diesen kleinen Partikeln so etwas wie logische Konsistenz in ihren Redefluss bringt: »Na« steht für Selbstverständliches, zu Erwartendes: »Na, das Schicksal tat, was es immer tut, es nahm seinen Lauf.« »No« signalisiert etwas Überraschendes: »No, aber hier, wie überhaupt, kommt es anders, als man glaubt.«

Die Landschaft rechts und links der Straße wirkt eintönig. Eine schnurgerade Piste führt durch endlose Nadelwälder. Erst hinter Pärnu, ehemals Pernau, blitzt hin und wieder die blaue Ostsee durchs dunkle Grün.

Dafür scheint wenigstens die Sonne und es ist angenehm warm.

Kurz vor der Grenze zu Lettland machen wir einen technischen Halt. Warwara empfiehlt, unbedingt hier Geld zu wechseln. Nur mein pfiffiger Schatz- und Zahlmeister schlägt ihren Rat in den ablandigen Wind. Hinterher murren die Reisegefährten über den schlechten Kurs. Besonders der Wiedergänger von Charles Darwin, ein Antlitz aus schütterem Haarkranz, buschigen Brauen und struppigem Bart, vergisst seine sonst hoffentlich gute Kinderstube.

Erst als wir von der Nord-Südachse nach Osten abbiegen, wird die Landschaft hügeliger und gefälliger. Zwischen Wiesen und Gärten warten hinfällige Holzhäuschen auf bessere Zeiten. Zum Mittagsmahl halten wir an einer Raststätte im Wilden Osten.

Der Gourmettempel nennt sich ›Hexenküche‹. Mit uns ist ein zweiter Bus angekommen. Es beginnt das große Hauen und Stechen um den besten Platz an der Theke. Die Speisen sehen wenig einladend aus. An der Tankstelle kaufen wir uns Sandwiches und ›Coffee to go‹ und verzehren unseren Lunch im Grünen. Wir sind nicht die Einzigen, die auf die Gaumenfreuden in der Hexenküche verzichten. Ein Hans Albers Double mit großer Hakennase aus unserer Schar pflegt die feine Ironie und bevorzugt deutsche Kost. Der bärbeißige Hans ernährt sich nur von mitgebrachtem Schüttelbrot und Pfefferknackern.

Nach dem Picknick fährt der Bus weiter zum Volksliederpark beim Städtchen Sigulda, ehemals bekannt als Burg Segewold. Zeitweilig fallen ein paar Regentropfen, dann sticht wieder die Sonne; die Mückenplage wird sehr lästig.

Ein stattliches Gutshaus aus Holz beherbergt die Parkverwaltung. Im Skulpturenpark nebenan begrüßen uns nicht nur realsozialistische, sondern auch expressionistische, aber ebenso menschenfeindliche Skulpturen. Irgendwie erinnern die Bildwerke an die völkische Kunst von Breker oder die Bronzen von Gustav Vigeland im Frognerpark von Oslo.

Wir bestaunen noch eine, an Schlichtheit der Inneneinrichtung nicht zu überbietende, alte lutherische Holzkirche im skandinavischen Stil und einen Gedenkstein für den Fürsten Kaupo. Der Häuptling der Liven ließ sich anno 1191 taufen. Seine heidnischen Stammesgenossen erhoben sich gegen ihn und Kaupo sah sich gezwungen, anno 1212 den livländischen Schwertbrüdern bei der Eroberung und Zerstörung seiner eigenen Burg Turaida zur Hand zu gehen. An ihrer Stelle ließ Bischof Albert von Riga zwei Jahre später eine Steinburg errichten. Der Name Turaida kommt vom livischen ›Tarapita‹ und wird als ›Gottesgarten‹ übersetzt.

Hinter der Ruine eines wuchtigen Torturmes aus gebrannten Ziegeln ragt ein mächtiger Burgfried in den Sommerhimmel. Der hohe Palas ist samt Wehrgang liebevoll restauriert.

Ein kleines, aber feines, Museum zeigt Exponate zur Geschichte der Burg und zum Leben ihrer Bewohner.

Am Busparkplatz warten Souvenirbuden mit einer großen Auswahl von erlesenem Kitsch. Grässlich sind vor allem billige Imitate von Marienikonen. Ihr Hintergrund besteht nicht aus gemaltem Gold, sondern aus falschen Bernsteinbröseln. Die nussbraune, selbstverliebte Haselmaus an der Seite von Hans Albers ist süchtig nach Reiseandenken; sie erwirbt auch hier allerlei Krimskrams als Mitbringsel.

Der Bus rollt weiter zur ehemaligen Ordensburg der Schwertritter hoch über dem anderen Ufer der Gauja. Die Ruine der Ordensburg gibt heute eine malerische Freilichtbühne ab. Über dem Torturm prangt, flankiert von Ritter und Adler, ein Wappen mit der Inschrift »Omne trinum perfectum«, »Aller guten Dinge sind drei.« Den Giebel des ehemaligen Remters ziert das rote Tatzenkreuz der Templer, deren Regeln auch die Schwertbrüder verpflichtet waren. Vom Burgberg blickt man hinüber auf die einzige Seilbahn Lettlands zur Burg Turaida und auf das Schloss Grimulda, in dem ein Sanatorium untergebracht ist.

In der Nähe der Burgruine steht das Neue Schloss; hier arbeitet manchmal die Stadtverwaltung von Sigulda. Das Gebäude im gemischt-rheumatischen Stil wurde laut Warwara zu Ende des 19. Jahrhunderts im Auftrag des russischen Prinzen und Anarchisten Pjotr Kropotkin erbaut. Davor erstreckt sich ein gepflegter Park. Eine lebensgroße Statue des Jungletten Atis Kronvalds zeigt den Weg in die Freiheit. Etwas seitwärts steht eine steinerne Kriemhild in altdeutscher Tracht.

Ist das Maija, die berühmte Rose von der Burg Turaida? Die war verliebt in Viktor, den Gärtnerssohn. Zwei lüsterne polnische Besatzungsoffiziere stellen der Jungfer nach und locken sie mit einem fingierten *Billett doux* ihres Lustgärtners in die nahe gelegene, unverdächtige Gutmannshöhle. Doch die lettische Lukretia ließ sich lieber von den Bösewichten köpfen, als ihnen ihre Tugend zu opfern. Viktor beerdigte seine geliebte Maija, pflanzte am Grab eine Linde und verließ mit einem Beutel Heimaterde sein Vaterland. Niemand hat je wieder von ihm gehört. Bis im Jahr 1927 ein Dichter aus der Liebesgeschichte ein Drama gemacht hat. Und ein Musikus ein Ballett.

Bei der kurzen Fahrt durch Sigulda müssen wir an einer Bahnschranke warten. Ein endlos langer Güterzug rollt vorbei; von allen Tanks grüßt GASPROM. Warwara bemerkt bitter: »No, die rollen alle nach Kaliningrad!«

In Riga logieren wir in einem neuen Hotel an der Freiheitsstraße.

BALTISCHE SCHICKSALE

Beim Frühstück herrscht große Empörung. Wir haben für 7:00 Uhr gebucht, aber ungezogene polnische Wallfahrer drängeln sich vor. Unser Piet Klocke Imitator steht kurz vor dem Schlaganfall. Er fuchtelt mit seinen langen Ärmeln durch die Luft als übe er für einen kaukasischen Säbeltanz und bringt in seinem Ingrimm keinen Satz zu Ende.

Wozu die Aufregung? Nach zwanzig Minuten sind die frommen Landeier verschwunden und das Büffet wird hurtig neu beschickt. Draussen strahlt die Sonne.

Die Stadtpflegerin Ludmilla, eine junge, charmante Lettin, spricht tadelloses Deutsch; sie übernimmt das Kommando und erzählt von Rigas bewegter Geschichte:

»Riga wurde im Jahre 1201 von Bischof Albert von Buxhoeveden aus Bremen gegründet. Die Stadt wuchs rasch zum bedeutenden Handelsplatz. Riga trat früh der Deutschen Hanse bei, wurde Hauptstadt von Livland und Sitz eines Erzbischofs. Die weitere Geschichte von Riga war gekennzeichnet durch Streitigkeiten zwischen Erzbischof und Ritterorden um die Vorherrschaft. Im Jahre 1522 schloss sich Riga der Reformation an, womit die Macht der Erzbischöfe ein Ende fand. Allerdings kam Riga im folgenden Streit der Großmächte zuerst unter polnische, dann unter schwedische und zuletzt unter russische Herrschaft. Im Jahr 1796 wurde Riga Hauptstadt des russischen Gouvernements Livland. Bis 1891 blieb die offizielle Amtssprache aber Deutsch, denn fast die Hälfte der Bevölkerung von Riga war damals deutschstämmig. Nach dem Ende des Ersten Weltkrieges wurde die unabhängige Republik Lettland mit Riga als Hauptstadt ausgerufen. Von 1944 bis 1991 war Lettland eine sozialistische Sowjetrepublik. Seit fast zwanzig Jahren ist Lettland eine parlamentarische Demokratie. In Lettland leben gegenwärtig noch viele Russen; die Letten bilden aber die Mehrheit. Riga ist berühmt für seine weitläufigen Grünanlagen, seine Jugendstilhäuser und eine malerische Altstadt. In Riga finden schon seit dem Jahre 1873 Sängerfeste statt. Im ›Krieg der Lieder‹ treten die besten Chöre des Landes gegeneinander an.«

Was verrät uns diese martialische Wortwahl über den lettischen Nationalcharakter? Mein ehelicher Bänkelsänger lästert, die Schnapsdrosseln würden zuviel Riga Balzams trinken. Die gelungene Synthese von Feuer und Wasser verleihe Mut und Manneskraft.

War nicht die fromm-strenge Clara Buddenbrook nach Riga verheiratet? Mit einem Pastor Tiburtius? Der für diese gute Tat 80.000 Mark Mitgift einstrich? Und von der alten Senatorin Buddenbrook hinter dem Rücken des Clanchefs Thomas 127.500 Kurantmark als Erbteil Claras erschlichen hat?

Mein Literaturfreund und Mann-Verehrer gibt mir diesmal bei allen Fragen recht.

Zuerst ist Jugendstil angesagt. Wir schlendern mit Ludmilla vom Kronvalda Park zur Albertastraße und zur Elisabetstraße, wo sich eine Jugendstilfassade an die andere reiht. Das ist aber kein walzerseliger Wiener Jugendstil, sondern eine seltsame und pompöse Mischung von Floralem und Groteskem. Vor allem hatten die Väter dieser Art Deco ein schräges Bild von Frauen. Ihre Trauf-Sirenen und Giebel-Nymphen wirken wie kokainsüchtige Vamps mit schweren Brüsten und Leibweh. Adolf Loos hatte unbedingt Recht: »Ornament ist Verbrechen!« Viele dieser Rigaischen Bausünden hat der Vater des Regisseurs Sergeij Eisenstein entworfen. Der Sohn machte sich einen Namen mit dem Revolutionsfilm ›Panzerkreuzer Potemkin‹. Auch Papa Michail Eisenstein entwarf bei seinen Bauten zuerst die üppig verzierte Schauseite, danach erst plante er das Haus hinter der Blendfassade.

Unser Reisebus fährt weiter zur Altstadt.

Am Parkplatz vor der Nationaloper steigen wir aus. Das klassizistische Operngebäude glänzt mit einem eleganten ionischen Säulenportikus. Wir schlendern durch den blühenden Garten zu beiden Seiten des Schlosskanals bis zum Boulevard der Freiheit. Von weitem grüßt ein pompöses Mahnmal. Die Lady Liberty von Riga steht auf einem zwanzig Meter hohen Obelisken und heftet, als gäbe es dort noch nicht genug, drei goldene Sterne ans Firmament.

Ludmilla führt uns zum Pulverturm. Die Dicke Margarete von Riga beherbergt ein Kriegsmuseum. Durch die Handwerkerstraße kommen wir zum Haus der Großen Gilde Das Gebäude sieht aus wie ein deutsches Postamt zu Kaisers Zeiten. Hier politisierten einst die tonangebenden Monopolisten der Kaufmannschaft. Heute spielt hier die Lettische Philharmonie auf.

Gegenüber der Großen Gilde steht das Katzenhaus; seinen Namen verdankt es zwei Katzenfiguren auf dem Dach. Ludmilla erzählt die zugehörige Schnurrpfeiferei: »Die Mitglieder der Großen Gilde verweigerten einem reichen, aber lettischen, Kaufmann die Aufnahme in ihren exklusiven Kreis. Aus Protest ließ er zwei Kater mit aufgerichteten Schwänzen auf das Dach seines Geschäftshauses setzen.« Die buckelnden Miezen reckten einst ihr Weistum gegen das Gildehaus. Der folgende Tumult wurde erst durch eine salomonische Entscheidung des Rates von Riga beigelegt; die Katzen durften auf dem Blechdach bleiben, mussten sich aber umdrehen.

Wenige Schritte weiter zwängt sich das Haus der Kleinen Gilde mit einem rundem Tortreppenhaus im Tudor-Stil zwischen schlichtere Gebäude. Wie in Tallinn verteidigten hier die wackeren Handwerksmeister ihre Privilegien.

Über den weitläufigen Domplatz kommen wir zur Basilika.

Hier hat der Bischof der evangelisch-lutherischen Landeskirche seinen Sitz. Der Grundstein zum Dom wurde bereits anno 1211 vom Bischof Albert gelegt. Im größten Gotteshaus des Baltikums ist Platz für fünftausend Gläubige. Die Orgel von 1884 war einmal die größte Orgel der Welt. An einem Backsteinpfeiler steht überlebensgroß Bischof Albert im vollen Kirchenornat. Er droht seinen Schäfchen mit seinem Hirtenstab und dem Modell einer noch größeren Kathedrale.

In einer schmalen Seitenstraße führt uns Ludmilla zu den ›Drei Brüdern‹. Die Bürger von Riga wollten unbedingt die ›Drei Schwestern‹ von Reval toppen. Beim geistigen Diebstahl haben die braven Leute großzügig darüber hinweg gesehen, dass die steinernen Herzbrüder in drei verschiedenen Jahrhunderten das Licht der Welt erblickten.

Am Ufer der Düna führt Ludmilla uns zum Schloss.

Das Gebäude wurde zu Anfang des 14. Jahrhunderts vom Schwertbrüderorden als Festung errichtet. Zur Zarenzeit war es Sitz des russischen Gouverneurs. Heute ist das schlichte, weitläufige Anwesen Amtssitz des lettischen Staatspräsidenten.

Der Reisebus wartet schon. Er bringt uns auf der breiten Dammstraße zu einem Parkplatz in der Nähe des alten Rathauses. Im modernen Ratspalast beeindruckt ein weitläufiges Foyer und ein blitzblanker Powder Room in Marmorweiß. Gegenüber vom Rathaus steht das pittoreske Gebäude der Schwarzhäuptergilde. Die Brüder kennen wir ja schon aus Tallinn. Das Gebäude wurde im Jahr 1999 nach historischen Ansichten komplett neu errichtet. Die rote Backsteinfassade ziert eine große astronomische Uhr. Darunter prangt wie selbstverständlich das Wappen von Riga auf Augenhöhe mit den Wappen der Vormächte der Deutschen Hanse, Bremen, Hamburg und Lübeck. Auf weißen Konsolen posieren vier allegorische Figuren. Der heidnische Poseidon mit seinem Dreizack steht ulkigerweise für die christliche Seefahrt. Zu Füßen der launischen Fortuna mit ihrem beglückenden Füllhorn unkt ein Kriegerhelm; Justizia fordert mit Schwert und Palmwedel Gerechtigkeit. Merkur trägt Flügelhut und schwingt das Symbol des ehrbaren Kaufmanns, einen Caduceus mit zwei Schlangen. Am Toreingang mustern links die Jungfrau Maria und rechts der Heilige Moritz die Besucher mit argwöhnischen Blicken.

Auf dem großen, leeren Rathausplatz ertönt fetzige Filmmusik aus einem bettelnden Saxophon. Eine Flöte hält mit einem Kunststück dagegen: die Rechte spielt Volkslieder, die Linke füttert simultan eine Taube mit Brotkrumen. Der Münzberg im Hut des Flöterichs zeigt an, welchen Musikgeschmack die meisten Touristen haben.

Roland, der Ries`, steht auch am Rathaus zu Riga; in deutschen Städten gilt er ja als Beschützer der Stadtrechte. Seit 1985 unterhält die Pflanzstadt Riga eine Städtepartnerschaft mit Bremen. Vor der Johanniskirche haben wir auch ein schönes Standbild von den Bremer Stadtmusikanten bewundert. Die vier tierischen Tonkünstler staunten über das bunte Angebot auf dem Trödelmarkt im Schatten des Münsters.

Auch für den sparsamen Lipper ist ein Sonntag ohne Flohmarkt kein schöner Sonntag.

Zur Mittagszeit wird es drückend heiss.

In einem der vielen Restaurants auf dem Livenplatz suchen wir einen schattigen Tisch zum Lunch und frönen beim Dessert dem People watching.

Während der Fahrt zum Schloss Rundale halten wir eine kleine Siesta.

Das Versailles an der Ostsee wurde von dem Architekten Rastrelli gebaut, der auch Sankt Petersburg mit schönen Barockbauten aufgehübscht hat. Schloss Rundale war die Sommerresidenz von Ernst Johann Biron. Der Deutschbalte mit westfälischen Wurzeln brachte es zum Oberkammerherrn und Ersten Favoriten der lebenslustigen Zarin Anna Iwanowa. Sein dankbares Ännchen erhob ihn zum Herzog von Kurland. Nach ihrem Tod wurde Biron nach Sibirien verbannt, aber von der Zarin Elisabeth schon nach einem Jahr begnadigt. Dennoch musste er ein Menschenalter Geduld aufbringen, bevor ihn Zarin Katharina II. wieder als Herzog von Kurland einsetzte.

Das Schloss ist ein dreiflügeliger Barockbau mit einer in Weiß und Gelb gestrichenen Fassade. Auf den Schornsteinen nisten Störche. Eine breite Freitreppe im Innenhof führt ins Schlossmuseum. Im kurländischen Sanssouci gibt es einhundertachtunddreißig Räume. Wir begnügen uns mit dem Besuch von dreien. Der Goldene Audienzsaal, der Weiße Tanzsaal und das Rosenzimmer mit Tapeten aus Seidenbrokat genügen vollauf, um sich klein und unbedeutend zu fühlen. Ein imposanter Sonnenkönig aus Silber und Gold an der Decke gibt uns den Rest.

Wie ein russischer Zar hat sich der Herzog von Kurland mit Kaminöfen aus echt Delfter Kacheln, feinstem chinesischen Porzellan und alten Holländern an der Wand eingerichtet. Das Schloss liegt in einem ausgedehnten Park im streng französischen Stil. Aufwändig gestaltete Blumenrabatten wechseln ab mit Labyrinthen aus Taxushecken und luftigen chinesischen Pavillons.

Wenige Kilometer hinter Schloss Rundale überquert der Bus die Grenze nach Litauen. Wir halten am ›Berg der Kreuze‹ bei der litauischen Stadt Siauliai. In der historischen Schlacht von Schaulen brachten die Litauer dem livländischen Schwertbrüderorden eine vernichtende Niederlage bei. Nach der schweren Schlappe wurden die überlebenden Brüder in den Deutschen Orden eingegliedert.

Der ›Berg der Kreuze‹, ein kaum zehn Meter hoher Erdbuckel, ist übersät mit Abertausenden von Herrgottskreuzen jeder Größe und Machart. In dem monströsen Kalvarienberg ist keine Ordnung, kein Plan, keine Regel zu erkennen; das Ganze wirkt wie ein grausiges Chaos aus Schwemmholz. Aus dem hier und da noch die Schädel von Christusstatuen und Madonnenfiguren auftauchen wie Ertrinkende.

Nach der Dritten Polnischen Teilung wurde Litauen Teil des Zarenreiches. Aufstände gegen die russischen Zwingherren wurden im 19. Jahrhundert niedergeschlagen. Seither stellen oder hängen die Litauer hier Kreuze zum Gedenken an ihre gefallenen oder verschleppten Angehörigen auf. Mit der Zeit entwickelte sich hier ein beliebter Wallfahrtsort. Besonders vor grünen Hochzeiten, nach glücklichen Geburten oder zu Ostern strömen mittlerweile Pilger aus aller Welt herbei.

In der Sowjetzeit wurde der Kreuzberg zum Symbol des litauischen Widerstands. Wiederholt haben die Kommunisten die frommen Kruzifixe abgeräumt. Angeblich wurden bereits in der jeweils nächsten Nacht neue Kreuzzeichen aufgerichtet. Die Kommunisten haben zuletzt vor solcher Halsstarrigkeit resigniert. Hatten die litauischen Sowjets schon im Jahr des Berliner Mauerbaus die Lust am ideologisch strammen Durchregieren verloren? Mein Kirchturmpolitiker und Gemahl meint lakonisch: »Ja!« Nach der Unabhängigkeit Litauens besuchte auch Papst Johannes Paul II. dieses pathetische Golgatha. Unter freiem Himmel feierte der Pontifex vor Tausenden Gläubigen eine Siegesmesse. Der polnische Strippenzieher hatte wohl größeren Anteil am Fall des Sowjetimperiums als mancher so denkt.

Unser heutiges Etappenziel ist Klaipeda, ehemals bekannt als Memel, an der Mündung des Kurischen Haffs in die Ostsee gelegen. Wir sind spät dran, es bleibt kaum Zeit, die Hände zu waschen und die Bluse zu wechseln. Warwara führt uns zügig in eine Futterkrippe für Touristen nahe beim Hotel. Es herrscht eine Atmosphäre wie auf dem Münchner Oktoberfest, nur lauter und enger. Neben mir sitzt unser Blondchen mit Permanent Make up. Sie erscheint, wie Thomas Wolfe, immer im altweißen Hosenanzug mit beigefarbener Krawatte. Sogar die vielen Haarklammern, mit denen sie ihre platinierte Mähne bändigt, sind aus speckweißem Kunststoff. An ihrer Seite thront und dröhnt ein alter Falstaff; vermutlich ist Blondchen seine Trophy Lady.

Während des Essens zanken sich die beiden Turteltäubchen wie die Kesselflicker.

Auf unseren reservierten Tischen welkt als Vorspeise schon der gewohnte Hirtensalat. Wir üben Solidarität mit den bankrotten Griechen und essen auch die zwei halben Oliven auf. Danach wird jedem Gast ein paniertes Schweineschnitzelchen mit Mischgemüse und Kartoffeln gereicht; zum Dessert gibt es Pistazieneis.

Nach dem geräuschvollen Genuss machen wir einen kurzen Spaziergang durch die Altstadt. Es ist sehr kalt geworden; wir suchen Zuflucht vor der Abendkälte in einer Kneipe mit dem viel versprechenden Namen ›Memelis‹, deutsch ›Zur Stille‹. Das Pils der Marke ›Švyturys‹, zu deutsch ›Leuchtfeuer‹, schmeckt leider nicht so, wie es heißt.

Sommerhaus am Kurischen Haff

Nach dem Frohstück rollt unser Reisebus auf eine Fähre. Das Schiff bringt uns hinüber nach der Ortschaft Smiltynė, ehemals Sandkrug, am Ende der Kurischen Nehrung. Die Mündung des Kurischen Haffs in die Ostsee ist an dieser Stelle so schmal, dass wir Warwara gleich fragen, warum es keine Brücke zur Süderspitze gibt. »Na, eine Autobrücke über das Haff wird von den Politikern abgelehnt. Die würde die Arbeitsplätze der Fährleute vernichten.« Auch wieder wahr.

Der Bus fährt durch endlose Nadelwälder südwärts Richtung Nida. Unser erstes Tagesziel ist die Hohe Düne nahe der Grenze zur russische Enklave Kaliningrad. Vom Busparkplatz führen markierte Holzstege zum Strand oder hoch zum Leuchtturm. Der Reiseprospekt hat uns »einen der faszinierendsten Landstriche Europas mit seltenen Tierarten« versprochen. Die aufwühlende Synthese aus Sand, Strandhafer und Krüppelkiefern haben wir schon von Heringsdorf bis Biarritz besungen. Die Hohe Düne ist fast menschenleer. Knutschende Elche sind auch nicht in Sicht.

Vom Aussichtspunkt wandert der Blick von der Ostsee über die Nehrung zum Haff, zum Hafen von Nida und im Süden bis zur Küste von Samland. »Kaliningradskaja Oblast!« korrigiert uns Warwara umgehend. Ganz gegen ihre Gewohnheit mit unüberhörbarem Groll in der Stimme.

Zur Hebung des Fremdenverkehrs hat die findige Touristbehörde am höchsten Punkt der Hohen Düne eine Sonnenuhr mit einem hohen Obelisken als Zeiger errichtet. Ringsum stehen Granittafeln, die mit Runen beschriftet sind. Warwara kann die rätselhafte Botschaft auch nicht lesen.

Der Bus fährt weiter nach Nida, ehemals Nidden, an der Haffseite der Nehrung. Am Ortseingang lässt Warwara für einen technischen Stop halten. Zufällig befinden sich die volksnahen Annehmlichkeiten in einer kleinen Ladenzeile. Hier bieten Boutiquen teure Bekleidung aus Wolle oder Leinen an. Und dazu passenden Bernsteinschmuck in jeder Preislage. Die Textilien im skandinavischen Design sind sehr ausgefallen, wären aber in Bad Salzloch tragbar. Ein rotes Wollkostüm mit elegantem Stehkrägelchen würde mir sicher gut stehen. Etliche Damen, Frau Albers vorneweg, geraten in Verzückung und erwerben einige Accessoires.

Warwara führt uns zum berühmten Haus von Thomas Mann. Der Dichter schrieb über den Zauber der Landschaft auf der Kurischen Nehrung: »Die phantastische Welt der Wanderdünen, die von Elchen bewohnten Kiefern- und Birkenwälder zwischen Haff und Ostsee, die wilde Großartigkeit des Strandes haben uns so ergriffen, dass wir beschlossen, an so entlegener Stelle einen festen Wohnsitz zu schaffen.« Das mit Reet gedeckte Haus liegt auf dem Schwiegermutterberg, einer Anhöhe mit schöner Aussicht auf das Haff. Die Windbretter an den Giebeln sind in Kurisch-Blau gestrichen und laufen in stilisierte Pferdeköpfe aus; die sollten wohl Neider abschrecken. Das Haus hat der Wortkünstler sich - mitten in der Weltwirtschaftskrise - von der Ehrengabe zum Nobelpreis gebaut. Aus München dauerte die Anfahrt mit Mann und Maus und Wagen mehrere Tage. Vom kleinen Arbeitszimmer im ersten Stock genoss der Wortzauberer nach seinen eigenen Worten den »Italienblick« auf das Kurische Haff. Hier fand Mann Zeit und Ruhe für die Arbeit an der langatmigen Tetralogie ›Josef und seine Brüder‹.

Das Haus fungiert heute als Thomas-Mann-Museum und Kulturzentrum. Ein jährlich im Juli stattfindendes Internationales Thomas-Mann-Festival sucht Antworten auf die Frage: »Warum Nidden?« Im Museum werden Fotos, Typoskripte von Romanauszügen und handschriftliche Briefe aus Manns umfänglicher Korrespondenz präsentiert.

Unsere handfeste, kulturell sehr interessierte Reisegefährtin aus Bayern fühlt sich berufen, darauf hinzuweisen, dass Thomas Mann über die Bohèmiens der Malerkolonie im Gasthaus Blode kein Wort verlor. »Man ist schließlich kein Zigeuner im grünen Wagen.« zitiert sie Mann ironisch.

Für seine rotarischen Freunde in München hat der immer ängstlich auf seine großbürgerliche Reputation bedachte Künstler einen Essay mit dem Titel ›Mein Sommerhaus‹ gedrechselt. Sein Motiv für den Essay: »Man möchte doch auch wieder sein Scherflein beitragen zum geistigen Leben!« Auf mich wirkt der Versuch wie eine Eigenreklame: mein Haus, meine Yacht, mein Auto! Enkel Thilo hat den Essay vom erhaltenen Typoskript auf Tonband gesprochen. Im Wintergarten wird das Elaborat, unterlegt mit historischen Fotografien, alle volle Stunde vorgeführt. Nidden ging ein in die Weltliteratur.

Die Herrlichkeit in der weltfernen Idylle hat indes nur ganze drei Sommer gehalten. Nach ihrem Exil kamen die Manns nie wieder zurück nach Nida.

Im Schatten der alten Backsteinkirche und hoher Bäume liegt der alte Fischerfriedhof. Fast so unberührt und verwunschen, wie Lovis Corinth ihn gemalt hat. Auf den von Gras und Blumen überwucherten Gräbern stehen Kurenkreuze aus Holz mit heidnischen Ornamenten. Stark stilisierte Frösche, uralte Symbole der Erdgötter, tragen ein christliches Kreuzchen auf dem Kopf. Die Unken erinnern mich an den Froschkönig im Grimmschen Märchen.

Warwara berichtet, die Europäische Union habe viele der verfallenen Kurenkreuze auf ihre Kosten erneuern lassen: »Na, die Frauen bekamen Kruzifixe aus Lindenholz, das hält so ungefähr zwanzig Jahre; für die Männer kamen nur Kreuze aus Eiche in Frage, die halten mindestens doppelt so lange wie Linde.« Ich bin empört: »Das sollte man vor den Europäischen Gerichtshof für Totenrechte bringen!«

Mein künftiger Grabgenosse hüllt sich in beredtes Schweigen.

In der alten Pfarrkirche empfängt uns der Seelenhirte vom Dienst. Unser Kirchenmann vertritt den Pastor von Nidden, der weilt gerade auf Urlaub in Italien. Der Frühprediger wohnt in Lübeck, ist aber aus Nidden gebürtig; sein Vater war hier Fischer. Aufgeräumt erzählt der Diener Gottes, wie sein Tantchen Hannah nach dem Zweiten Weltkrieg jeden Sonntag übers Haff ruderte, um die Glocken von Nidden für den Gottesdienst zu läuten. Dabei war die Gegend schon beinahe entvölkert. Die Soffjets hätten schließlich vor soviel weiblicher Beharrlichkeit kapituliert und Tantchen gewähren lassen. Dann gibt der Pastor noch die Geschichte von dem evangelischen Konsistorialrat zum Besten. Im katholischen Litauen wurde das alte evangelische Kirchlein von Nidden den Römischen zugesprochen. Schließlich kamen nach Flucht und Vertreibung auf hundert Katholische nur mehr sechs Lutheraner. Der aus Nidden gebürtige Geistliche Herr aus Buxtehude hat es aber - Gott allein weiß, wie - geschafft, dass die gottlosen Bolschewiken das Kirchlein wieder den wenigen verbliebenen Protestanten übereigneten. *Ecclesia triumphans.*

Über die schmucke Strandpromenade am Haff schlendern wir zum Bernsteinmuseum. In diesem Haus sei auch der Fischersohn von vorhin geboren worden. Beteuert Warwara. Eine hagere Litauerin hält uns auf Deutsch einen kurzen, aber recht unterhaltsamen Vortrag über Bernstein und seine Wunderkräfte: »Bernstein vertreibt Dämonen, Hexen und Trolle. Wenn ein Mann seiner Angetrauten nachts heimlich eine Bernsteinkette auf den Busen legt, wird seine Gattin im Schlaf alle ihre Sünden ausplaudern.« Das war schlecht fürs Geschäft. Die Damen haben jedes Interesse an Bernsteinschmuck verloren. Selbst den Bernsteinschnaps will keiner mehr kaufen. Dabei scheut das Haus bei der Anpreisung dieses kurischen Balzamas keine Kosten: ein einziges, winziges Gläschen von dem Schnäpschen wird herum gereicht; jeder darf mal nippen.

Wer behauptet jetzt noch, die Lipper seien geizig?

Im Zentrum von Nida geht es geruhsam zu. Es ist noch Vorsaison, aber im Yachthafen liegen schon einige Millionen Schwarzgeld vor Anker. Zum Lunch leisten wir uns in einem Gartenlokal Matjesfilet mit Salzkartoffeln in Specksauce und ein Glas Leuchtfeuer.

Beim postprandialen Bummel durch Nida freuen wir uns über renovierte, bunt gestrichene und blitzsaubere Fischerkaten aus Holz. Vor einigen stattlichen Häusern stehen hohe Schiffsmasten, die am Topp vielfarbige, hölzerne Standarten tragen. Warwara entzaubert die fremdartigen, rätselhaft anmutenden Piktogramme: »Na, mit den Farben im Kurenwimpel zeigten die Fischer am Kurischen Haff an, aus welchem Heimathafen sie kamen. Wer ohne oder mit einem falschen Wimpel erwischt wurde, musste eine empfindliche Geldstrafe zahlen. Na, und weil der Mensch sich gerne wichtig macht, haben die Schiffseigner auf dem Brettchen obendrein ausposaunt, wie zahlreich ihre Familie war, wie viele Schiffe und Kähne sie besaßen und wie viele Seeleute unter ihrem Kommando fuhren. Dazu kamen noch heidnische und christliche Symbole als Talismane. No, heute, solche Kurenwimpel sind bei Touristen beliebte Mitbringsel.«

Nach der Mittagspause macht die ganze Korona bei schönstem Kaiserwetter eine ermüdende Wanderung am Strand der Ostsee. Zurück in Klaipeda führt Warwara uns zum Abendbrot in ein neues Gasthaus. Unser erschöpftes Fähnlein ist unter sich. Die Bedienung muss nicht hetzen und ist ausgesprochen freundlich. Als Tischnachbarn gesellt sich wieder das deutsch - französische Ehepaar zu uns, das uns schon beim Lunch mit Stammtischparolen die Matjes versüßt hat. Der deutsche Gatte unterrichtet Englisch an einem Gymnasium im saarländischen Blieskastel. Aber er weigert sich, mit der litauischen Bedienung Englisch zu sprechen: »Das Gesinde soll ruhig seine Deutschkenntnisse auffrischen.« Seine französische Gefährtin hat den Prachtkerl beim deutsch-französischen Schüleraustausch kennen und lieben gelernt. Wir verzichten auf den Nachtisch und wünschen dem deutsch-französischen Gespann eine geruhsame Nacht.

ÄNNCHEN VON THARAU

Heute morgen steht zunächst eine Besichtigung von Klaipeda auf dem Stundenplan.

Memel wurde um das Jahr 1250 mit bedeutender finanzieller Beihilfe von Dortmunder Pfeffersäcken gegründet und war bis 1920 die nördlichste Stadt Deutschlands. Wie das gesamte Baltikum durchlebte die Stadt eine stürmische Geschichte mit wechselnden Herrschaften. Deutsche Ordensritter, polnische, schwedische und preußische Könige und der Völkerbund führten im Laufe der Jahrhunderte das Regiment im Memelland. Nach dem Zweiten Weltkrieg wurden Stadt und Land um Memel in die Litauische Sowjetrepublik eingegliedert und mit ihrem kurischen Namen Klaipeda benannt. Heute ist Klaipeda der bedeutendste Ostseehafen der unabhängigen demokratischen Republik Litauen. In der Altstadt sind einige, geschmackvoll restaurierte Fachwerkhäuser zu bestaunen. Die meisten Gebäude beherbergen Kunsthandwerker oder Kneipen und Restaurants. An einem Weinhaus sind die Türläden mit barfüßigen jungen Frauen bemalt. Sie treten in großen Bottichen mit geschürzten Kleidern aus Trauben Most. Betrunkene Zecher sehen ihrem Treiben argwöhnisch zu. Eine urige Kneipe lädt mit einem originellen Wirtshausschild zur Einkehr. Dort wird offenbar ein besonderer Drachenputzer ausgeschenkt. So deute ich jedenfalls die Figur eines feuerspeienden Drachens, den vom Schwanz bis zum Maul ein eiserner Pfeil durchbohrt. Unter seinem krummen Lindwurmleib baumelt ein Schnapsfässchen wie an einem Schweizer Bernhardinerhund. Alte hanseatische Speicherhäuser aus Fachwerk und rotem Backstein stehen einträchtig neben baukünstlerisch verwandten modernen Wohnhäusern. Auf dem Platz davor stützt sich ein müder Schauermann auf eine Kornschaufel.

Das ehemalige Rathaus gegenüber war ein Jahr lang die Residenz des preußischen Königs, als Friedrich Wilhelm III. vor Napoleon in den östlichsten Zipfel seines Reiches fliehen musste. Eine Gedenktafel in Litauisch und Deutsch zeigt das Bildnis seiner anmutigen Königin Luise, die sich Napoleon in Tilsit mental zu Füßen warf, um vom Kaiser Schonung für ihr besiegtes Volk zu erflehen. Es hat nicht geholfen. Dabei trug sie ein tief ausgeschnittenes, silberdurchwirktes Kleid aus weißem Crêpe de Chine unter ihrem roten

Königsmantel. Am schmiedeeisernen Geländer der Dangebrücke hängen zahlreiche Hochzeitsschlösser. Ein Lohengrin mit Wikingerhelm balanciert mit seinem Ross auf der Weltkugel. Auf einem Hausdach turnt ein lustiger Schornsteinfeger mit Kaminbesen und Zylinderhut.

Die Attraktion von Memel ist der Simon-Dach-Brunnen vor dem Theater. Über dem Porträt des Namensgebers lauscht das niedliche Ännchen von Tharau seinen liebeskranken Reimen.

»No, Anna Neander, die Tochter des Pfarrers von Tharau bei Königsberg, wurde im Alter von vierzehn Jahren Waise. Sie wuchs während des Dreißigjährigen Krieges bei ihrem Onkel und Paten, einem reichen Brauereibesitzer in Königsberg, auf. Dort verliebte sich der Schwede Johann von Klingsporn in das anmutige Wesen.«

Auf sein Bitten schrieb der führende Auftragslyriker von Königsberg, der Philosoph und Theologe Simon Bach, ein Liebeslied für Anna. Herder hat die siebzehn Strophen aus dem Königsberger Platt ins Hochdeutsche übertragen, Silcher und andere haben die Verse vertont. In der elften Strophe droht der Bewerber seinem Ännchen: »Was ich gebiete, wird von dir getan. Was ich verbiete, das lässt du mir stahn.« Was Wunder, dass Ännchen weder einen schwedischen Klingsporn noch einen preußischen Reimeschmied heiraten wollte. Sie brachte viel lieber nacheinander drei lutherische Seelenhirten ins Grab. Als dreifache Pfarrerswitwe zog sie zuletzt zu ihrem ältesten Sohn, dem Pastor an der Lutherkirche zu Insterburg. Hier starb die vielbesungene in ihrem 75. Lebensjahr.

Warwara bringt unser Fähnlein tatsächlich dazu, gemeinsam die beiden ersten Strophen des Volksliedes zu singen. Erleichtert kommentiert sie unsere textschwache Leistung: »No, besser als die ersten Strophen von dem anderen Lied.« Offensichtlich hatte sie Schlimmeres befürchtet. Dann erzählt sie noch eine nette Anekdote. Die erste Statue des Ännchens sei von den bösen Sowjets abgeräumt worden. Nostalgische Memeldeutsche hätten Geld für ein neues Brunnenmädchen gesammelt. Bei der Einweihung im Jahre 1990 sei die Dame, die für das erste Ännchen Modell gestanden hat, als mittlerweile Neunzigjährige Ehrengast beim Festakt gewesen.

AKROPOLIS AN DER MEMEL

Nach dem Rundgang durch Klaipeda rollt der Bus auf einer erstklassigen Autobahn ostwärts Richtung Kaunas. Die Landschaft wirkt einschläfernd. Warwara spielt Volksweisen vom Band vor. Hans Albers stopft sich ostentativ die Ohren zu wie Odysseus bei den Sirenen. Dann hält Warwara uns einen heiteren Vortrag über die Cholesterinchen:

»Na, das waren noch Zeiten, frieher! Damals, als es noch nich de Cholesterinchens gab. Damals konnst noch essen, dass das Maulchen bloß so schäumte! Späck, Klunkersupp, Keilchen, Flinscn, Fläck, immer rein damit, macht ja nuscht! Das Essen machte richtig Spaß. Aber heite? Erbarmung! Zum Beispiel so e Klopsche! Königsberger oder e Bratklops. Die sehen doch scheen aus, so rund und saftig, nich zu zart und nich zu weich. Hast Deine Freid dran, bloß beim hinkucken.

Aber da haben se doch jetzt jesättichtes Fett reingemacht. Jesättichtes! Schweinerei! Denn in dem jesättichten Fätt haben sich nu de Cholesterinchens jemietlich jemacht! Hucken da und lauern wie Aasjeier. Und wenn du nu de Kräten gejessen hast, dann lassen se sich so ganz langsam treiben in deinem Blut, de Beine rauf, de Arme runter, immer so heimlich still und leise, bis se so e ruhjes Äckche in dir jefunden haben, das ihnen jefällt. Und da klammern sich die koddrijen Biester an deine Aderwände ran. No, und das Scheenste is, du märkst nuscht davon, kein Durchfall, keine Ibelkeit, rein garnuscht. Das is so wie mit de Bakteriens. Sind auch so kleine Dubasse. So klein, kannst se nich mal sehen. Haben kein Kopp nich, nich mal e kleines Zagelche. Und diese krätschen Äster huschen auch ieberall auf dir rum. Na, auf deine Hände, Fieße, sogar in deinem Mund. Pfui Deiwel! Und wenn man zum Beispiel einem e Kußche jiebt, dann springen so - na sagen wir mal - e Million von diese Dinger zu dir rieber und umjekährt. Was se da eijentlich so machen den ganzen Tach, weiß ich auch nich so richtig, se jucken nich und beißen nich.

Na, was ich noch sagen wollte: de neumodschen Cholesterinchens sind auch klein und still. Und wenn du nun zu viele Klops`chen oder Spirkelchen ißt, dann verwirrcklichen se sich immer mehr sälbst, drängen sich in große Klumpen an deine Aderwände ran und dann - mittemal - Prost Mahlzeit! Krichst vielleicht Legasthenie oder wie das heißt. Deshalb äß ich jetzt was andres. Müsli heißt das Zeug. Müsli - wann du Plattdeutsch kennst, möchst denken, das sind kleine Mäuse. Sieht aber auch e bißchen aus wie Mäusedreck. Aber in diesem Pampel is nu auch Fätt drin, aber paßt auf: unjesättichtes! Deshalb wirst auch nich richtig satt davon!

Ach ja, frieher, das waren noch Zeiten. Wenn da einer im Dorf Jeburtstag had, wurd e Schwein jeschlachtet und drei Taje lang jefeiert, bis alle bedammelt waren. Aber heit jibt jeder einen Ämpfang. Ja, Ämpfang muss heite sein. Hast im Flur dem Paleto ausjezogen, krichst erst mal e Schlubberche Sherry. Dann jibbt es noch e Schinkenrollche und natierlich Lachs mit Kaviar.

Kennt ihr den? Als ich den das erste Mal sah, dacht ich, das sind nasse Schrotkugeln ausse Jachtflint. Damit haben se bei uns de Haskes jeschossen. Aber nei, das sind Fischeier! Und zum Schluß jiebt es Weinbeerchens mit son Prickel auf e Stick Keese jesteckt. Schmäckt nich schlecht. Aber Vorsicht! Wenn du das Beerchen essen willst, musst du vorher den Prickel rausziehen, sonst kommst dir vor wie e Hecht am Angelhaken. Ja, ja, das Ässen is heit e jefährliche Angelegenheit und nu huck ich jeden Tach vor so e Pampel Müsli. Mir is ganz kodderig im Magn von diesem Färdefutter. Nu überleg ich, ob ich nich doch auf die Cholesterinchens pfeiffen und wieder was Verninftijes ässen soll.«

Womit uns der unbekannte Humorist aus dem Herzen gesprochen hat.

Gegen Mittag erreichen wir Kaunas.

Die Stadt liegt strategisch und verkehrstechnisch günstig auf der Landspitze zwischen den Flüssen Neris und Nemunas, der letztere hat auch unter den Aliasnamen Memel und Njemen Geschichte gemacht. Zwischen 1920 und 1940, als die traditionelle litauische Hauptstadt Vilnius von Polen besetzt war, fungierte Kaunas als Regierungssitz.

Zum Lunch kehren wir auf der Flaniermeile von Kaunas ein im Crazy Horse. Obwohl kaum Betrieb ist, müssen wir lange auf unser Essen warten. Dabei hatten wir uns für ›Cepelinai‹, eine, von Warwara vielgelobte, Spezialität der litauischen Küche entschieden. Als das Leibgericht endlich aufgetragen wird, lachen uns auf den Tellern alte Bekannte aus dem Lipperland entgegen. Die litauischen Luftschiffe entpuppen sich als schlichte Kartoffelklöße in Specksauce. Erst die pikante Füllung aus gewürztem Hack macht daraus einen echten Leckerbissen. In Bad Salzloch hätte ich dazu einen Endivien- oder Löwenzahnsalat gereicht.

Warwara hastet nach dem Mittagsmahl zur Burgruine aus dem 13. Jahrhundert.

Die Burg beherrschte einst die Landspitze zwischen Neris und Nemunas und war gedacht als Bollwerk gegen die Deutschordensritter. Sie wurde zwar mehrfach erobert und zerstört, von den unverzagten Litauern aber immer wieder aufgebaut. Die ›Litauerreisen‹ des Deutschen Ordens hatten zum Ziel, eine sichere Landbrücke zwischen den Besitzungen des Ordens in Ostpreußen und Livland in die Hand zu bekommen. »No, mit der vernichtenden Niederlage des Deutschen Ordens in der Schlacht bei Grunwald anno 1410 wurde dieser Streit zugunsten der Litauer entschieden.« Russen und Schweden, Brände und Pest stärkten offenbar nur den Selbstbehauptungswillen der Bürger von Kaunas. Der Burgfried ist eingerüstet, auch er wird gerade wieder restauriert. Auf dem Blechdach weht die gelb-weiße Fahne von Kaunas mit dem bekreuzigten Stier.

Den Rathausplatz beherrscht der ›Weiße Schwan‹. Das Gebäude ziert ein hoher, weißer Turm. Das verleiht dem ehemaligen Rathaus das Ansehen einer Kirche. Heute ist hier nur noch das Standesamt untergebracht. Vor dem Hochzeitspalast wimmelt es von Brautpaaren. Es ist Samstag und offenbar ist eine Heiratsepidemie ausgebrochen. Herausgeputzte Bräute, etwas ungelenk wirkende Bräutigame und putzige Brautjungfern geben sich vor dem Amt die Ehre. Die Jungfern tragen alle das gleiche Kleid, nur die Farbe wechselt von Rot zu Grün oder Blau. Eine Hochzeitsgesellschaft fährt in alten, kunterbunt lackierten VW-Käfern vor. Schräg gegenüber macht die Jesuitenkirche dem ›Weißen Schwan‹ Konkurrenz. Die Franz Xaver Basilika streckt gleich zwei hohe Glockentürme zum Himmel. Das in die Jahre gekommene Jesuitengymnasium nebenan ist eingerüstet. Die Gebäude werden aufwändig renoviert. Der Vatikan muss wohl ein Schweinegeld investieren, um seine östlichen Vorposten in Glorie aufzurüsten.

Plötzlich donnert eine Rotte Hells Angels auf Feuerstühlen vor die Peter-Paul Kathedrale. Die Engel der Unterwelt machen einen Höllenlärm. Hinter ihrem Rücken umklammern irre gestylte Bräute die Wänste ihrer Beelzebuben. Einer von den Satansbraten heiratet heute. Die Brautleute schreiten aber gut spießbürgerlich im weißen Schleier und schwarzem Anzug zum Altar.

Die Kathedrale ist Sitz des katholischen Erzbischofs von Kaunas. Von außen macht das Gotteshaus mit seinem vierschrötigen Kirchturm neben dem Langhaus einen sehr schlichten Eindruck. Innen überrascht ein völlig überladenes Barock. Auch hier wird liebevoll restauriert. Der Hochaltar ist umstellt von acht Säulen; auf jeder schmachtet im barocken Überschwang ein verzückter Heiliger nach der Krone des Martyriums. Doch statt ins Himmlische Jerusalem blicken die Glaubenshelden nur auf ein spätgotisches Netzgewölbe.

An der Südseite des Rathausplatzes bewundern wir ein Juwel der Spätgotik.

Das Perkunas Haus gehörte einmal der Deutschen Hanse. An der Hofseite sind noch Reste des Ziermauerwerks, Rauten aus glasierten Ziegeln, zu erkennen. Aus der Straßenseite kragt eine Auslucht vor; den gotischen Giebel krönen zierliche Fialen.

Am Memelufer erhebt sich wuchtig die Witautas Basilika. Mit diesem Dom wollte die katholische Kirche ihre frisch bekehrten litauischen Schäfchen beeindrucken. Erbaut hat sie Fürst Witautas der Große zu Ehren der Jungfrau Maria. »No, weil die Gottesmutter ihm bei der Niederlage in der Schlacht gegen die Tartaren anno 1399 aus der Patsche geholfen hat. Na, die Schlacht an der Worskla, einem Nebenfluss des Dnepr, war eine der blutigsten in der schlachtenreichen Geschichte von Osteuropa. Tataren unter dem Emir E-digü, von Truppen des schrecklichen Tamerlan verstärkt, und ein gemischtes Heer des Großfürsten Witautas standen sich gegenüber. No, Fürst Witautas konnte mit Mühe dem Gemetzel entkommen.« Schließt Warwara erleichtert.

Fürst Witautas war ein rechter Wendehals. Erst nahm der Heide den katholischen Glauben an; er wurde auf den Namen Wigand getauft. Zu der Zeit suchte er den Beistand der katholischen Ordensritter gegen seinen Vetter und Konkurrenten Jagiello. Drei Jahre später fand Wigand, das christlich-orthodoxe Credo sei seinen Zwecken dienlicher; bei der zweiten Taufe nahm er den Namen Alexander an. Schon im Jahr darauf wurde er wieder gut katholisch. Weil sein Vetter die katholische Königin Jadwiga von Polen heiraten wollte. Zum Lohn für soviel Glaubenseifer ernannte der königliche Vetter, jetzt Wladislaw II. Jagiello von Polen, den wankelmütigen Witautas zum Statthalter in Litauen und erhob ihn zum Großfürsten.

Neben der Brücke über die Memel steigen wir hinunter zum Ufer und wandern flussaufwärts am Memelwerder vorbei zum hochmodernen Einkaufsparadies von Kaunas. Der gewaltige Komplex trägt den anspruchsvollen Namen ›Akropolis‹. Anders als in Athen herrscht hier Goldgräberstimmung. Ich kann die Zahl der Rolltreppen gar nicht zählen. Warwara berichtet, ›Akropolis‹ nenne sich eine Handelskette, die auch in anderen Städten des Baltikums solche Konsumpaläste aus Chrom und Glas betreibe.

Müde und beeindruckt fahren wir mit dem Reisebus zum Hotel. Der Fahrer hält am Rande der Altstadt vor einem Fabrikgebäude, steigt aus und öffnet ein knirschendes Hoftor aus Holz. Mir fährt der Schreck in die Glieder. Kommt nach den bisher guten Hotels jetzt der billigste Posten in der Mischkalkulation des Reiseveranstalters? Nach mehreren Anläufen manövriert der Fahrer sein Vehikel unversehrt in den Innenhof. Vor unseren erstaunten Augen liegt ein hochmodernes Hotel mit elegantem Foyer und einem Restaurant mit Flair und Geschmack; eine gelungene Synthese aus urigen Ziegelsteingewölben und postmodernem Glasbau. Die Zimmer lassen keine Wünsche offen. Es gibt sogar deutsches Fernsehen. Die Tagesschau liefert gerade die Breaking News: Bundespräsident

Köhler hat hingeschmissen; Wulff und Gauck kandidieren für den Posten.
Denk ich an Deutschland in der Nacht...

ROM DES OSTENS UND JERUSALEM DES NORDENS: VILNIUS

Der Sonntag beginnt mit einem geruhsamen Frühstück. Im Innenhof der Karawanserei
duftet der Flieder, mit am Tisch sitzt nur mein ausgeschlafener Hausmeier und Gemahl.
Fein mit Ei.

Unser erstes Ziel ist heute die Wasserburg Trakai. Sie liegt auf einer Insel zwischen drei
Seen. Trakai war im Mittelalter sieben Jahre lang die Hauptstadt des Großfürstentums
Litauen. Dann verlegte der Großfürst Gediminas die Hauptstadt nach Vilnius. Unter seiner Führung war Litauen in Osteuropa zur Großmacht aufgestiegen. Weite Regionen der
ehemaligen Kiewer Rus wurden Gedimas untertan. Wie in Kaunas sollte auch die Burg
Trakai als Bollwerk gegen die marodierenden Christenbrüder vom Deutschen Orden
dienen. Nach der schmählicher Niederlage der Ordensritter bei Tannenberg verlor die
Burg ihre militärische Bedeutung und verfiel. Heute ist das weitgehend restaurierte Kastell eine Art Nationalheiligtum. Es ist Sonntag und der Andrang gewaltig. Auch viele Polen pilgern nach Trakai in Erinnerung an glorreiche Zeiten, als die Könige von Polen-Li-
tauen von der Ostsee bis zum Schwarzen Meer herrschten.

Eine lange Holzbrücke führt über den See zum Torhaus. Zu beiden Seiten des Torhauses
steigt die restaurierte Burgmauer mit einem überdachtem Wehrgang aus Ziegelstein
hoch. An den Ecken ragen wuchtige, runde Wehrtürme in den Himmel. Innen bietet eine
zweite Befestigungsmauer um die Hauptgebäude zusätzlichen Schutz. Ein tiefer Graben
mit Seewasser trennte einst den Palast von der Vorburg ab. Wir werden über eine zweite
Brücke in den inneren Burghof geschoben. Der Palas ist eine Zweiflügelanlage mit einem
mehrstöckigen Burgfried in der Mitte. Steile, knarzende Holztreppen, die in das Innere
der Gebäude führen, können die Massen kaum tragen. Im Museum sind Modelle der
Burg und alte Stiche zu sehen. Gemessen an den Ruinen, die zu Bismarcks Zeiten noch
übrig waren, haben die Litauer hier einen Lazarus wieder zum Leben erweckt. Die Exponate des historischen Museums sind sehr interessant. Wir haben aber den falschen Tag
erwischt, um auch nur einige in Ruhe betrachten zu können.

Nach einem kurzen Gewitter hinter Trakai lacht in Vilnius wieder die Sonne.

Wie bei vielen Städten gibt es auch für Vilnius eine Gründungslegende, in der ein Totem-
tier die Stelle markiert haben soll, wo die Stadt gegründet wurde. Im Traum soll ein eiserner Wolf dem Großfürsten Gedimas den Burgberg von Vilnius empfohlen haben.

Auch Vilnius wurde vom Deutschen Orden oft zerstört, aber im Gegensatz zu Tallinn
und Riga nie beherrscht. Wenn man sie ließ, war die Stadt weltoffen und tolerant. Sie bot
verfolgten Israeliten aus ganz Mitteleuropa und Russland Schutz. Um 1900 war Vilnius
eine der größten jüdischen Städte überhaupt; mehr als vierzig Pozent der Einwohner waren Juden. Daher nannte man Vilnius auch das ›Jerusalem des Nordens‹. Nach dem Nazi-
terror ist auch dieses Jerusalem dahin.

Auch die Jesuiten spielen in der Stadtgeschichte eine bedeutende Rolle. Die Truppen des Ignaz Loyola sollten von Vilnius aus die Gegenreformation im Litauischen Großfürstentum durchsetzen. Sie brachten nicht nur zeitgenössische Bildung, sondern auch den Barock nach Vilnius.

Am Rathausplatz steigen wir aus. Warwara gibt ein paar Tipps, wo man gut und günstig zu Mittag essen kann. Dann sind wir auf uns selbst gestellt. Eine Grünanlage zwischen zwei viel befahrenen Straßen scheint die Gourmetmeile von Vilnius zu sein. Hier reihen sich teure Restaurants, billige Imbissbuden und schlichte Stehbierausschänke wie die Perlen auf der Schnur. Es ist überall proppevoll und kein freier Platz zu finden.

Vor der rosafarbenen Barockfassade der Sankt Kasimir Kirche ist ein Altar unter freiem Himmel aufgebaut. Der Gottesdienst ist eben zu Ende; Gläubige im Sonntagsstaat formieren sich zu einer Prozession. Viele Frauen und Mädchen tragen Tracht, die Männer schwenken Fahnen mit dem Osterlamm und Bildnissen des Heiligen Kasimir. Der ist der Schutzheilige von Litauen und war mal ein keuscher polnischer Königssohn, bevor er mit fünfundzwanzig Jahren starb und ein Heiliger wurde. Hinter den Klerikern folgt ein langer Zug singender Gläubiger. Noch mehr Menschen folgen der Prozession auf dem Bürgersteig; sie singen die frommen Kirchenlieder mit, nur leiser. Die Prozession zieht mit vielen Stockungen zum alten Stadttor. Im ›Tor der Morgenröte‹ wartet eine Ikone der Schwarzen Madonna ohne Kind auf die Anbetung der Pilger.

Zum Lunch gehen wir in ein Restaurant mit verlockender litauischer Speisekarte. Das angesagte mittelalterliche Kellergewölbe ist noch nicht geöffnet. Also nehmen wir im Biergarten Platz. Ich entscheide mich heute wieder für eine kleine Portin Zeppeline, mein Gurnemantz und Gemahl wählt litauische Schweinswürste auf Sauerkraut. Die lange Wartezeit hat sich gelohnt. Die Cepilinai sind wieder lecker gefüllt, die Schweinswürste eine echte gastrale Herausforderung.

Der Bus bringt uns zur Peter und Paul Basilika im Stadtteil Antakalnis. Die Kirche liegt auf einer Anhöhe oberhalb der Neris. Ein mächtiges Säulenportal wird flankiert von zwei zu kurz geratenen Türmen. Im Inneren treffen wir auf eine Symphonie aus Stuck. Säulen, Pilaster, Gurtbögen und Wände sind überzogen mit Pflanzenornamenten, Gesichtern und Fratzen, mit Putten und Cherubimen. Die Stukkateure haben sich auch kleine Scherze erlaubt und lächelnde Elefanten in die heilige Umgebung eingeschmuggelt.

Gerade fromm gestimmt fahren wir im ›Rom des Nordens‹ zum nächten Ziel.

Hier empfängt uns ein heidnischer Tempel. Mächtige dorische Säulen tragen einen Fries aus Triglyphen und Metopen. Das Relief im Giebeldreieck zeigt eine heidnische Opferszene. Vor dem Altar kniet der amtierende Opferpriester, hinter dem Altar steht die Göttin Ceres, von links führt ein Knecht weitere Opfertiere heran, Rauch steigt zum Himmel. Warwara beteuert, die Szene zeige Noahs Dankopfer nach der Errettung vor der Sintflut. Das Gebäude sei kein heidnischer Tempel, sondern eine katholische Kathedrale. Das bezeugten auch die Statuen auf dem Dach der Kirche. Links bete St. Stanislaus, der Schutzheilige Polens; rechts blicke der Schutzheilige Litauens, St. Kasimir, andächtig ins

Jenseits. Auf dem First halte die Heilige Helena das Wahre Kreuz aufrecht. Die sterblichen Reste des Heiligen Kasimir ruhten in einer Seitenkapelle der Kathedrale.

Der freistehende Campanile des Gotteshauses kann seine kriegerische Vergangenheit als Teil einer Ritterburg nicht verleugnen; Schießscharten verraten seinen ursprünglichen Zweck. Der über fünfzig Meter hohe Glockenturm macht inzwischen seinem berühmteren Kollegen in Pisa Konkurrenz, er steht auf weichem Untergrund und daher schief. Hinter der Kathedrale erstreckt sich das weitläufige, etwas verfallen wirkende erzbischöfliche Palais. Warwara beichtet: »Na, über die Kosten für die Renovierung des Palastes liegen Bischof und Bürger von Vilius in heftigem Streit.« *Tempora mutantur?*

Vom Kathedralenplatz schlendern wir zur Universität. »Na, die Hochschule ist eine der ältesten Universitäten von Europa. Sie wurde anno 1579 als Jesuitenkolleg gegründet. Die zugehörige Bibliothek beherbergt fünf Millionen Biecher.«

Warwara, die in Vilnius zu Hause ist, platzt fast vor Stolz.

Müde und hungrig fahren wir zurück zum Hotel

EINE SUBVERSIVE REPUBLIK

Der Tag steht uns zur freien Verfügung, unser Rückflug ist erst für 19:00 Uhr geplant.

Wir kommen an etlichen ausländischen Botschaften vorbei. Begegnen einem kleinen Hans-Guck-in-die-Luft und einer Pippi Langstrumpf aus Bronze, die ihre Näschen in die Sonne recken. In wunderbar stillen Innenhöfen mit viel Grün entdecken wir einige originelle Kunsthandwerkeleien. Von weitem grüßen die grünen Zwiebeltürme der russisch-orthodoxen Kirche St. Michael und Konstantin. Die Kirche wurde im Jahre 1913 kurz vor dem Ende der Zarenherrlichkeit eingeweiht. Über dem Präsidentenpalast weht die Fahne Litauens, im Wappen am Giebel schwingt der ›Weiße Reiter‹ sein Schwert. Vorbei am ehrwürdigen Hotel Astoria und dem imposanten Gebäude der litauischen Philharmonie schlendern wir zur Heilig Geist Kirche. Offene Türen laden ein zum Besuch. Im orthodoxen Gotteshaus überrascht uns ein ganz unorthodoxer barocker Innenraum. Die Vierung unter der hohen Kuppel ist in kräftigen grünen und blauen Farben bemalt. Selbst die tiefgrüne Ikonostase gleicht, trotz Zarentor, eher einem barocken Hochaltar als der traditionellen Ikonenwand. Das Bethaus dient als Klosterkirche für die beiden letzten orthodoxen Konvente von Litauen. Hier feiern die Mönche vom Heiligen Geist und die Nonnen der Heiligen Maria Magdalena ihren Gottesdienst.

Wir schlendern weiter zum ›Tor der Morgenröte‹; das Tor öffnet sich nicht nach Osten. Den irreführenden Namen haben sich kirchenhörige litauische Zeitungsschreiber ausgedacht. Die Ikone der Muttergottes mit der goldenen Doppelkrone gilt in Litauen, Weißrussland und Polen als wundertätig.

Vor der Stadtmauer führt die Straße bergan auf die Höhen über Vilnius. Unsere Mühe wird belohnt mit einen Ausblick auf das von Kirchtürmen geprägte alte Vilnius und das vom Europa Tower markierte neue Vinius jenseits der Neris.

Langsam trotten wir den Berg hinab. Eine Brücke über die Vilnia führt in die Republik

Ulice. Das Bohèmeviertel ist laut Reiseprospekt ein unbedingtes Muss! »Hier gibt es zahlreiche Kunstgalerien, Workshops über Kunst und Cafés. Mit dem Quartier Montmartre von Paris unterhält die Republik eine Städtepartnerschaft.« Wir finden menschenleere Strassen, baufällige Häuser und geschlossene Fensterläden. Auf dem Place de la Republique bläst ein Bronze-Engel ganz, ganz leise in einen Olifanten; er will die kreativen Langschläfer nicht aufwecken. An der Wand des Parlamentes, einem Kaffeehaus, sind einundvierzig Thesen der Verfassung des Freistaates in vier Sprachen angeschlagen.

Die ehernen Grundrechte von Mensch und Tier verkünden: »Ein Hund hat das Recht ein Hund zu sein!« Oder: »Jeder Mensch hat das Recht, eine Katze zu lieben und für sie zu sorgen.« Den streunenden Katern sieht man an, dass sie mehr geliebt als umsorgt werden. Die eigensinnige Republik hat nicht nur eine eigene Währung und eine eigene Flagge, sondern ernennt auch eigene Botschafter. Auch der Pontifex maximus aller frommen Schitzauditen gehört zu ihrem diplomatischen Korps; er ist der Welt bekannt als Dalai Lama.

Im schattigen Park hinter dem Gotischen Winkel machen wir eine Verschnaufpause. Dann bestaunen wir noch das rote Backsteinwunder von Annenkirche und Bernhardinerkloster. Die Fassade der Annenkirche ist im Stil der ›flammenden‹ Gotik gestaltet. Runde, spitze und geschweifte Mauerbögen, durchbrochene Türmchen und lodernde Fialen erwecken den Eindruck als brenne die Kirche vor heiligem Eifer.

Die Nationen, die das Baltikum im Laufe seiner unglücklichen Geschichte überrannten, haben sich alle nicht als Leuchttürme der Christenheit erwiesen.
Auch nicht die Deutschen.
Waren die oft verklärten Kulturbringer des Deutschen Ordens nicht alles andere als barmherzige Samariter? Diente nicht die Heidenmission den gnadenlosen Rittersleuten zuletzt nur als Vorwand, um ihre Machtversessenheit als Glaubenseifer zu verbrämen?
Entpuppen sich die ehrpusseligen hansischen Kaufleute bei genauem Hinsehen nicht als hartherzige, scheelsüchtige Profitlichs, die mit Ränken, Boykotten und Kriegen die unliebsame Konkurrenz niederhielten?
Wir hoffen für Land und Leute auf eine bessere Zukunft im Hause Europa.

෨෨෨෨෨෨

Indian Summer

Neu-england

Kürbisfarm, New Hampshire, USA

WHO WANTS TO BE IN AMERICA?

Wer kennt nicht Amerika? Genauer, wer kennt nicht die Vereinigten Staaten von Amerika? Sind nicht Menschen und Gebräuche, Landschaften und Städte, ja sogar Fauna und Flora jedem Deutschen aus unzähligen Hollywoodfilmen und unendlichen Fernsehserien bestens vertraut?

Glauben wir nicht alle fest an das Märchen vom Land der unbegrenzten Möglichkeiten?

Erste eigene Eindrücke von God`s own country haben wir einst in Miami, Florida, gesammelt.

In den Everglades besuchten wir eine Alligatorfarm und ein Seminolenreservat. Im Seaquarium bestaunten wir eine Delphinschau und in Cape Canaveral die Zeugen längst vergangener Raumfahrtabenteuer. Ich weiß bis heute nicht, ob es mich mehr bei den hässlichen, heimtückischen Echsen oder bei den niedlichen, versklavten Flippern gruselte. Oder warum mir die stickigen Wigwams der Indianer mehr Platzangst einjagten als die engen Raumkapseln der Astronauten.

Öffentliche Busse nahmen uns nur mit, wenn wir das Fahrgeld genau abgezählt in Münzen bezahlten. Wegen der häufigen Raubüberfälle durften die Driver keine Dollarscheine annehmen. Selbst in einer Boutique in Miami Beach war es schwierig, bar zu bezahlen. Die Verkäuferin musste das Rückgeld bei Nachbarn zusammen betteln.

Seither besitzen wir eine Kreditkarte.

In unserer letzten Nacht wurde im Hotel in Little Havanna ein Exilkubaner ermordet. Die Polizei räumte das Gebäude komplett. Im Schlafanzug und Regenmantel auf die Straße verbannt, trösteten wir uns gegenseitig: »Vielleicht wird ja nur eine Szene für Miami Vice gedreht?« Am andern Morgen fanden wir echten Trost in Walt Disneys Magic Kingdom nahe bei Orlando. Seine Take Home Message versprach, das Leben sei ein einziger Kindergeburtstag. Florida war so surreal!

Aus Atlanta, der Hauptstadt von Georgia, sind mir nur noch der riesige Wolkenkratzer der Bank of America und das Headquarter von Coca Cola in Erinnerung. Wurde die Stadt im Bürgerkrieg nicht von den Yankees ruchlos niedergebrannt? Beim Bummel durch Midtown Atlanta glaubte ich plötzlich, eine Kutsche mit Clark Gable und Scarlett O`Hara käme um die Ecke. Und eins, zwei, drei, knatterte drüben nicht Horst Buchholz mit dem Motorrad nach Haus zu seiner Frau Scarlett, geborene Hazeltine? Eine schwarze Eisverkäuferin wollte wissen, woher wir kämen. Ich ging davon aus, dass die Lady noch nie etwas von Bad Salzloch gehört hatte. Daher nannte ich ihr unseren Abflughafen: »From Hannover!« Da lachte sie wie einst Louis Armstrong und verblüffte uns mit ihren Geschichtskenntnissen: »Oh, the town where all the kings came from!«

In Minneapolis, Minnesota, erklang auf den Skywalks unverhofft aus rätselhafter Quelle die Neunte Symphonie in e-moll, ›Aus der Neuen Welt‹, von Antonin Dvorak: »Minnehaha!«

Das staatliche Public Health Institute, wo wir einen Kurs besuchten, war in den Katakomben eines riesigen Stadions untergekommen. Über Football, Basketball und Baseball rümpften die dortigen Professoren aber ihre akademischen Nasen.

Für die täglich joggenden, veganisch kochenden Gesundheitsapostel waren die ungemein beliebten Ballspiele nur ›Spectator Sports‹.

An unserem letzten Abend war ich mit meinem Gourmetmännchen bei einem der jüngeren Dozenten zum Essen eingeladen. Dr. Grimm hielt viel auf seine deutschen Wurzeln. Seine Frau hatte, wie viele Einwohner von Minnesota, schwedische Vorfahren. Sie war eine geborene Lindgren. Das Paar bewohnte ein bescheidenes Häuschen mit prächtiger Aussicht auf den Lake Calhoun. Nach dem Begrüßungsdrink mussten wir das Haus besichtigen. Im Keller präsentierte die stolze Hausfrau, wie einst Doris Day, selbst gemachtes Tomatenketchup. Das Spitzdach hatte sich der Nachfahr der deutschen Märchenbrüder und Heimwerker-King als Arbeitszimmer hergerichtet. Zum Dinner gab es Fine Enchilladas. Dazu kredenzte der Hausherr lieblichen kalifornischen Chardonnay. Nach der letzten Margarita sang Marilyn: »My heart belongs to Daddy!«

Oh, Minneapolis war wundervoll!

Während unseres Kurztrips nach Dallas, Texas, war es tagaus, tagein schwül. Die feuchtheiße Luft machte das Atmen schwer. Die Vorstellung, draußen auf der Southfork Ranch denke sich J.R. Ewing ein neues Bubenstück aus, drückte nur noch mehr aufs Gemüt.

Zwischen den himmelhohen Wolkenkratzern von Downtown Dallas lag versteckt ein Factory Outlet von Samsonite. Jedes Ehepaar deckte sich mit eleganten, preisgünstigen Rollkoffern ein. Mein Carnivore und Gemahl begeisterte sich aber nur für tellergroße, texanische T-Bone-Steaks.

In Dallas war alles gigantisch.

Bei einem Kongress in Phoenix, Arizona, schwänzten wir einen Tag die Vorträge; ein Ausflug zum Grand Canyon erschien uns weit verlockender. Der Rundflug über den Colorado River im Helikopter war großes Kino, aber verdammt bumpy. Auf der Rückfahrt überholten uns in der flirrenden Hitze der Sonora Wüste mysteriöse Pick-ups. Sie waren alle mit großen Schneemännern beladen. Die Fahrer schafften die frostigen Kunstwerke im Höllentempo aus den McDowell Bergen in ihre Vorgärten nach Phoenix. Über soviel Torheit reckten die Carnegia Kakteen ihre riesigen Kandelaber klagend zum Himmel. Plötzlich sprengte aus dem flimmernden Nichts ein Trupp heulender Kommantschen zu den rasenden Kutschen. Die tollkühnen Rothäute versuchten, die Pickups zu entern und die Schneemänner zu skalpieren.

Wie war ich froh, als ich die Trompetensignale der 6. US-Cavalry hörte!

War in Arizona der Wilde Westen auferstanden?

Auf dem Heimweg von Montreal fuhren wir einmal über Niagara Falls nach New York City. Bei der Einreise in die Staaten gab es eine böse Überraschung.

Zu unserer lippischen Ärztegruppe gehörte auch ein Exil-Rumäne. Sein Visum für die USA war aus unerfindlichen Gründen zwei Tagen zuvor abgelaufen. Der Immigration Officer schickte den Kollegen sofort zurück zum kanadischen Ufer. Das kanadische Visum galt aber nur für eine einmalige Einreise. Also schickten die Kanadier den armen

Kerl wieder ans amerikanische Ufer. Dort steckte die unerbittlichen Cops den unbescholtenen Mann ins Gefängnis. Hilflos, empört und traurig zugleich, fuhr der Rest der Gruppe weiter nach New York City.

Wir logierten damals in einem noblen Hotel am Central Park.

Beim Breakfast versicherte uns eine Kellnerin, die aussah wie Helen Hunt, jedes Mal, wenn sie uns Kaffee nachschenkte, hoch und heilig: »You are welcome!« In den Aufzügen begrüßten uns wildfremde Menschen wie gute, alte Bekannte. Aber sie drohten stets, man werde sich wiedersehn.

Ein unerwarteter Kälteeinbruch brachte New York eisigen Schneeregen. Bei einem Straßenhöker erstanden wir für fünf Dollar einen Regenschirm. Der hielt genau so lange, wie der Schneeschauer dauerte. Nach drei Tagen stieß der verloren geglaubte Kollege wieder zur Kompanie. Das deutsche Konsulat hatte für eine Verlängerung des Visums gesorgt. Besser geht`s nicht.

In den Straßen von San Francisco trafen wir seinerzeit weder Karl Malden noch Michael Douglas. Also bestaunten wir die Painted Ladies am Alamo Square. Mit einem der berühmten Cable Cars fuhren wir von der Fressmeile an Fisherman`s Wharf hoch zum Russian Hill. Von dort hat man eine herrliche Aussicht auf die Gefängnisinsel Alcatraz.

Auf dem Telegraph Hill schlenderten wir vom Coit Tower arglos die Serpentinen der Lombard Street hinab. Plötzlich schoss Barbara Streisand im VW-Käfer an uns vorbei: »What`s up, Doc?«

Mein Computerfreak und Gemahl hielt damals an der Stanford University in Palo Alto einen Vortrag über Künstliche Intelligenz. Am Urquell intelligenter Informationstechnology, im Apple Headquarter in Cupertino, schlenderten wir durch die für jedermann offenen Büros und sahen den Systemprogrammierern auf die Finger. Amerikanischer Erfindergeist hat der Welt ja nicht nur die Glühbirne und das Grammophon, die Lichttelegraphie und das Fließband, den Transistor und den Personal-Computer geschenkt, sondern auch die Atombombe und das Internet.

Hoch oben in der Sierra Nevada, am Lake Tahoe, wohnten wir *anno domini* in einem All Inclusive Resort, das tief in den umgebenden Redwoodwäldern versteckt lag. Noch vor dem Frühstück joggten wir über den Grizzly Trail. Die Bären suchten derweil in den Mülltonnen des Resort nach Leckerbissen. Nach dem Morgenschmaus lauschten wir hochgelehrten Vorlesungen. An sonnigen Nachmittagen segelten wir auf dem Lake, schwammen im kalten Wasser der Emerald Bay und wärmten uns in einem Whirlpool am Strand wieder auf.

Oder wir amüsierten uns beim Rafting auf dem fischreichen, reißenden Truckee River.

An einem sternenklaren Abend improvisierte Professor Huckabee eine Weinverköstigung. Sein höchstes Lob ernteten die hervorragenden kalifornischen Weine nur, wenn sie mundeten »like german Liebfrauenmilch«. Sein Auditorium kuschelte derweil unter Wolldecken auf den Liegstühlen am Pool und frönte dem Stardust Watching. Die Luft roch schwer und süß nach Gras.

Lake Tahoe war so überirdisch!

In Las Vegas musste sich mein zwanglos gekleideter Hausmeier erst in eines der bereit gehaltenen Dinnerjackets zwängen und eine krass gemusterte Krawatte umbinden, bevor man uns im Restaurant einen Tisch anwies. Aus Rache luchste mein Glückspilz von Gemahl einem einarmigen Banditen eine schöne Stange Bucks ab; dann machte er mir ein unmoralisches Angebot.

Auf der Weiterfahrt durch die einsame Mojave Wüste wiesen uns die anbetend zu Himmel gereckten Äste der Joshua Bäume den Weg ins Gelobte Land von Palm Springs, dem Paradies für ›Snowbirds‹. So nennt man die Senioren, die im Winter in Scharen aus dem kalten Norden in die Stadt einfallen. Unser Hotel hieß uns mit einem stimmigen Banner willkommen: »Alzheimer Society is with You!«

Verstört zogen wir am nächsten Tag weiter Richtung Los Angeles; angeblich eine Stadt der Engel. In Long Beach erwartete uns auf dem musealen Ozeandampfer Queen Mary I. ein köstliches Dinner. Am nächsten Morgen rollte unser Chevy gemächlich über den Mulholland Drive, vorbei an den riesigen Anwesen der Reichen und Berühmten und weiter zu den Universal Studios. In dieser Traumfabrik wurde uns gezeigt, wieso King Kong beliebig oft eine Metrostation fluten konnte; auf welche Weise Anthony Perkins immer wieder Janet Leigh unter der Dusche ermorden musste; mit welchem Spezialeffekt Captain Kirk sich auf einen anderen Planeten beamte und wie taffe Cowboys eine blutige Schlägerei im Pulverdampf überstehen.

Und wie unverzichtbar im Film wie im echten Leben ein Happy End ist.

YANKEE DOODLE DANDY

Seit diesem unvergesslichen Erlebnis war ich davon überzeugt, dass das Leben in Amerika nur das Storyboard für eine gigantische Truman Show abgibt. Blieb nur noch die Frage offen: »Wer hat das Drehbuch für dieses irre Dramolett geschrieben?«

Eine Antwort suchen wir dort, wo zu Olims Zeiten Alles angefangen hat.

Um 13.00 Uhr Ortszeit landet unser Flugzeug am Boston International Airport.

Im Gegensatz zu dem früher üblichen, ruppigen Umgangston sind die Immigration Officers sehr viel freundlicher geworden, seit sie nach ›Nine Eleven‹ ausnahmslos jeden Ausländer erkennungsdienstlich behandeln können. Vollelektronisch! Wir schenken dem US-amerikanischen Volk eine Sammlung unserer Fingerabdrücke und unser schönstes Lächeln für zukünftige Fahndungsfotos. Dann dürfen wir wieder einmal das Land der unbegrenzten Möglichkeiten betreten.

Draußen wartet unser deutscher Reiseführer. Serdal ist gebürtiger Bayer; sein Vater war Türke, die Mutter ein Münchner Kindl. Nach eigener Angabe lebt Serdal schon seit vierzehn Jahren in New York. Sein Äußeres kann den spät berufenen Schwabinger Bierbeiselbarden aber nicht verleugnen. Den Reisemarschall für unseren Trip durch Neu-England macht er aushilfsweise. Der zuständige Fachmann ist plötzlich erkrankt. Den Busfahrer stellt Serdal als Bob aus Brooklyn vor.

Schon auf der Fahrt ins Hotel wird uns klar: die Beiden sind das wahre Dream-Team. Der Geniebubi Serdal hat keine Ahnung vom Programm und Brooklyn Bob keinen Plan von der einzuschlagenden Route.

Unser Tagesziel ist die Stadt Peabody etwa zwanzig Kilometer nördlich von Boston.

Ihr Namenspatron, George Peabody, war zu seiner Zeit bekannt als gefinkelter Investmentbanker und notorischer Menschenfreund. In London gründete er eine Heimstättengesellschaft für Arme, in Baltimore, Maryland, die Peabody Musikschule und die Peabody Bibliothek. Museen für Archäologie, Päläoontologie, Ethnologie, Naturkunde und die schönen Künste, die seinen Namen rühmen, sind in Neu-England verteilt wie Streusel auf einem Kuchen. Durch seine vielen guten Werke wurde Peabody zum Urvater der viel gerühmten amerikanischen Philanthropie. Nach seinem Vorbild haben Stahlbarone wie Andrew Carnegie, Eisenbahntycoons wie Cornelius Vanderbilt, Ölmagnaten wie John D. Rockefeller, Bankbosse wie J.P. Morgan, Großindustrielle wie Henry Ford und der Softwaretyrann Bill Gates ihr milliardenlastiges Gewissen erleichtert.

Nach einer Stunde Fahrt dreht Brooklyn Bob um; er hat die richtige Ausfahrt vom Highway verpasst. Unsere Herberge von der Stange liegt in einem verschlafenen Vorort.

Die Hotelküche hat zum Glück noch geöffnet. Im ›Ristorante Paradiso‹ sind Wände und Decken mit Fischernetzen dekoriert, in denen Meeresfrüchte aus Plastik verwesen. Auf den Tischen weinen knallbunte Wachskerzen heiße Tränen auf die Strohröckchen von angestaubten Chiantiflaschen. Wir spülen die fade ›home made‹ Pizza mit einem ›Oktoberfestbier‹ der Sam Adams Brewery herunter.

Samuel Adams aus Boston, Massachusetts, war ein enragierter Patriot und gewiefter Pamphletist. Als Brauer und Steuereinnehmer gescheitert, ging der studierte Jurist in die Politik. Er wurde einer der Unterzeichner der amerikanischen Unabhängigkeitserklärung und Gouverneur von Massachusetts. Sein weniger sanguinischer Vetter wurde nach George Washingtons Tod zum zweiten Präsidenten der USA gewählt.

Am Morgen lacht die Sonne.

Bis auf die Essigbäume tragen die Bäume noch grünes Laub.

Unsere heutige Tour zu den Anfängen der Besiedlung Neu-Englands durch den Weißen Mann führt uns zunächst siebzig Kilometer südlich von Boston zum Pilgrim Village. Serdal bleibt während der Fahrt stumm. Von ihm sind wohl keine erhellenden Beiträge zur amerikanischen Siedlungsgeschichte zu erwarten. Gut, dass ich zwei Romane von J.F. Cooper als Reiselektüre dabei habe. Der Lederstrumpfautor, geboren im Jahr der Französischen Revolution, war ja zeitlich viel näher dran an den Helden- und Gräueltaten des weißen Mannes bei der Landnahme; er gilt überdies als verlässlicher Schilderer und furchtloser Kritiker der damaligen Sitten und Gebräuche.

Zur Einstimmung sehen wir im Besucherzentrum des Village einen Film über die Pilgrim Fathers. Die werden in dem professionell gemachten Movie wie Kirchenheilige dargestellt. Beim ironischen Cooper schwärmt ein Pächter: »Desperat gute Leute das! All unsre besten Lebensumstände haben wir von unseren puritanischen Vorvätern überkommen.

Manche sagen sogar, dass wir Alles, was wir in Amerika haben, eben diesen Heiligen zu verdanken hätten!«

Wer waren diese Pilgerväter wirklich? Gab es nicht auch Pilgermütter?

Im Winter des Jahres 1620 landeten Aussiedler in einer Nussschale von Schiff - es trug den hoffnungsfrohen Namen ›Mayflower‹ - an der amerikanischen Küste beim heutigen Plymouth. Unter den etwa hundert Passagieren der Maienblüte befanden sich englischbürtige Puritaner aus Leiden in Holland. Jahre zuvor waren sie vor religiöser Verfolgung aus England in die republikanischen, protestantischen Niederlande geflohen. Nach dem Ausbruch des Dreißigjährigen Krieges und der Niederlage der Protestanten in der Schlacht am Weißen Berge, suchten sie mit Kind und Kegel ihr Seelenheil in der Neuen Welt. Mit an Bord waren auch Engländer, die der anglikanischen Hochkirche angehörten. Sie wurden von den Puritanern als ›Strangers‹ bezeichnet.

Obwohl in der Minderheit, nahmen die Heiligen, wie sie sich bescheiden nannten, das Heft des Handelns in ihre Hände. Sie schlossen mit den Fremdlingen einen Vertrag, den Mayflower-Compact, der allen Siedlern in der Kolonie Gleichbehandlung vor dem Gesetz garantierte. Nach der Landung schafften es die pfiffigen Pilgerväter indes, alle wichtigen Posten des Gemeinwesens ihren eigenen Glaubensgenossen zuzuschanzen. Einer ihrer Anführer, William Bradford, war dreißig Jahre hintereinander Gouverneur der neuen Pflanzstätte. »Auf ihn geht der schöne Brauch des Thanksgiving Turkey zurück.« Spottet mein bissfester Gatte.

Die puritanischen Ansiedler zeichneten sich aus durch Bienenfleiß, strengste Selbstzucht, stoischen Gleichmut und spartanische Genügsamkeit. Ihr Glaube lehrte sie, bittere Not und tiefes Elend als Prüfungen des HERRN zu begreifen; Gedeih und Erfolg aber als Zeichen ihres Auserwähltseins zu verstehen. »Zugleich waren sie selbstgefällige Frömmler, die Andersdenkende genau so unnachgiebig bedrängten, wie sie in Mery Old England verfolgt worden waren.« Mosert mein Gemahl.

Aus diesen Ingredienzien entwickelte sich in den Neu-England-Staaten der Yankee, eine besondere Spielart menschlichen Wesens, die Cooper in der Gestalt des Pastors Modestus Wolfe schildert: »Der Pfarrer war das absonderlichste Gemisch aus demütigster Selbstverleugnung und schroffster geistlicher Strenge und Tadelsucht. Nach seiner Ansicht konnte der schmale Pfad zum Heil - außer seiner eigenen Herde - nur Wenige fassen. Es fand sich in ihm eine solche Mischung von christlicher Liebeslehre und Unduldsamkeit bei ihrer Verkündigung, eine Nichtachtung seiner Person, gepaart mit größtmöglicher selbstgefälliger Unfehlbarkeit, eine sich nie beklagende Unterwerfung unter die Übel der Zeitlichkeit bei den hoffärtigsten Ansprüchen ans Jenseits.«

Unter solchen Geistlichen herrschte, wie Copper erzählt, strenge Kirchenzucht:

»Bei den Puritanern ist Jedermann der starrsten und strengsten Aufsicht durch die Kirche unterstellt. Wenn ein Gemeinwesen sich erst einmal eingebildet hat, ihm stehe das Recht zu, über jegliche Handlung eines seiner Mitglieder zu Gericht zu sitzen, dann ist es nur natürlich, dass man dieses Recht darauf ausdehnt, sich auch in die kleinsten Angelegenheiten einzumischen.« Auf ein öffentliches Amt in der Kolonie konnte ein Mann zuletzt nur hoffen, wenn die hohe Geistlichkeit ihm bescheinigte, ein nützliches Mitglied der Gemeinde zu sein.

Andersdenkende, wie die Quäker, wurden Opfer von Hexenjagden:

»Die verstiegen falschen Maximen waren im 17. Jahrhundert in den amerikanischen Kolonien unter den religiösen Fanatikern so verbreitet, dass sie Hexen verbrannten, Quäker aufhenkten, und Jeden, bis auf die wenigen Auserwählten, a priori verdächtigten.«

Die Redlichkeit verlangt festzuhalten, dass die Verhältnisse in Europa nicht besser waren. Mit dem fortschreitenden Ausgreifen des Weißen Mannes nach Westen prägte diese Geisteshaltung die Einstellung der ganzen großen, amerikanischen Nation. Cooper geißelt »die kaltschnäuzige, selbstverständliche Art, in der wir uns einbilden, hinsichtlich Moral, Ordnung, Justiz und Tugend über alle Nationen erhaben zu sein.«

Nach dem verklärenden Film dürfen wir uns im Village umsehen.

Das Freilichtmuseum präsentiert ein belebtes Abbild des Lebens im 17. Jahrhundert.

Am sanft ansteigenden Strand der Bucht erhebt sich eine mannshohe Pallisade aus unbehauenen, von Wind und Sonne gebleichten, Baumstämmen. Das hinfällige Hindernis hätte einem Ansturm der Indianer wohl kaum standgehalten. Vom Strand führt die unbefestigte Main Street hoch zu einer Anhöhe, auf der das Versammlungshaus steht.

Alles ist genau so, wie Cooper es beschrieben hat: »Die Wohngebäude bestanden aus Fachwerk, säuberlich mit Schalbrettern verkleidet. Die meisten besaßen zwei niedrige Stockwerke, von denen das obere ein oder zwei Fuß über das untere hervorkragte. Vor jedem Wohnhaus befand sich, durch einen Fichtenzaun von der Straße getrennt, immer ein kleiner Vorplatz mit Rasengrün. Hier und da drängelten sich Heckenrosen durch die Zaunlatten und große, duftende Fliederbüsche standen in den Ecken nahezu aller Hofräume. Mitten in der Hauptstraße stand das kleine Gebetshaus; seine Gestalt und Einfachheit lieferte keine üble Illustration zu den selbstverleugnenden Dogmen und kuriosen Einfällen der Sektierer, die unter seinem Dache beteten.«

Das Meeting House ist heute nicht zugänglich; drinnen wird gerade ein Film gedreht.

Pilgrims Village wird nicht nur von Touristen bevölkert. Schauspieler in hausbackenen Kostümen spielen Pilgersfrau und Pilgersmann. Auch sie adressieren jeden Besucher als ›Stranger‹. Den Mimen obliegt, neben der Belehrung der Fremdlinge, auch die Zubereitung der Mahlzeiten, die Bestellung der Gärten, die Versorgung des Viehs und die handwerkliche Arbeit. Hier wird Brot gebacken, dort ein Reetdach ausgebessert. Im Handwerkshaus zeigen Schreiner, Schmiede und Weber ihre Künste. Im Schatten eines Bretterzaunes hält ein ermatteter Heiliger sein verdientes Mittagsschläfchen; neben ihm pult derweil seine Pilgersfrau grüne Erbsen aus.

Unterhalb vom Pilgrim Village haust an einem See ein halbes Dutzend Rothäute.

Ein großes Hinweisschild am Eingang zum Lagerplatz verrät, es handle sich um American Natives vom Stamm der Wampanoag. Der Besucher wird eindringlich um politisch korrekte Ansprache der Herrschaften gebeten: ›Hugh‹, ›Chief‹ oder ›Squaw‹ geht garnicht! Korrekt heißt es: ›Hello, Mister und Miss‹.

Vor drei primitiven, mit Baumrinde gedeckten, Unterständen arbeiten stämmige Frauen. Sie tragen wildlederne Hemdkleider mit Fransensäumen und Mokkasins. Über der offenen Feuerstelle baumelt an einem Dreifuß ein eiserner Topf; darin köchelt Truthahnfleisch mit Gemüse. Eine junge Indianerin beackert nebenan ein kleines Maisfeld. Die Pflanzen kümmern. In einem filmreifen offenen Wigwam throhnt, zwei Truthahnfedern im Stirnband, das Familienoberhaupt. Der Indianer ist etwa vierzig Jahre alt. Unter seinem Lendenschurz ragen nackte Waden hervor. Die arme Rothaut leidet offenkundig an einer schweren Durchblutungsstörung beider Beine. Vermutlich die Spätfolgen einer schlecht eingestellten Zuckerkrankheit.

Im Lehrfilm über die Plimoth Plantation wurden auch die ach so guten Beziehungen der Pilgerväter zu den American Natives gepriesen. Kurz nach seinem Amtsantritt hat Gouverneur Bradford mit dem Häuptling der Wampanoag, Massasoit, einen beiderseits befriedigenden Vertrag ausgehandelt. Der Weiße Mann erwarb Anrechte auf Indianerland. Der Rote Mann gewann mächtige Verbündete »die ihn gegen die Angriffe seiner alten und durch Kriege und Seuchen weniger dezimierten Feinde zu schützen imstande waren.« Schreibt Cooper verständnisvoll.

Dieser erste Vertrag zwischen Weißen und Roten auf amerikanischem Boden wurde, wie viele folgende Abkommen auch, bald gebrochen. Schon Massasoits Sohn und Nachfolger, Metacom, von den Neusiedlern nach dem Erzfeind Englands ›King Philipp‹ gerufen, grub das Kriegsbeil wieder aus. Denn für die Söhne Manitus hatten sich alle Klischees vom American Dream in ihr Gegenteil verkehrt.

Wo der Weiße Mann an Zahl wuchs, schwanden die Roten. Statt Demokratie erlebten die Indiner Tyrannei, statt Wohlstand erbten sie Armut. Statt Freiheit erlitten sie kulturellen und sittlichen Niedergang, Betrug und Übervorteilung, Vertreibung und Vernichtung.

»Große Kanus kamen von der aufgehenden Sonne her und brachten ein hungriges, verworfenes Volk ins Land. Erst sprachen die Fremdlinge sanft und kläglich wie Weiber. Sie baten um Raum für wenige Wigwams, und sagten, wenn die Krieger ihnen Land geben wollten, zum Anbau, wollten sie ihren Gott anflehen, dass er auch gnädig herab sähe auf die Roten Männer. Aber als die Bleichgesichter stark geworden, vergaßen sie ihrer Reden und machten sich zu Lügnern. Oh, es sind schreckliche Schurken!«

Klagt Metacom mit der Zunge Coopers.

Im Besucherzentrum der Pilgrim Foundation wird uns ein Mittagessen serviert.

Es gibt traditionellen Truthahnbraten mit Kürbiskompott, dazu trinken wir frischen Apfelsaft. Bei Cooper schwärmt ein weitgereister New Yorker von dieser uramerikanischen Hausmannkost: »Sicher ist ein französischer *dindon aux truffes* ein kapitales Essen; aber ein amerikanischer Turkey mit Kronsbeersauce ist es auch auch! Manchmal ist mir so, als könnte mich sogar nach einer Kürbispastete gelüsten, obwohl sich doch wahrlich kein Körnchen vom Plymouth Rock im Mineralhaushalt meines Körpers befindet.«

Eine bildhübsche Irin mit blitzgescheitem Gesicht trägt die Speisen auf.

Meine angetraute Raupe Nimmersatt bittet das schöne Kind um einen Nachschlag.

Er mag überhaupt keinen Kürbis!

Nach dem Truthahn begegnen wir den Wampanoags vom See am Parkplatz wieder; in Jeans und großkarierten Baumwollhemden.

Sie steigen in einen Full Size Pickup und suchen schleunigst das Weite.

Wir fahren weiter zum Forefather Monument in Plymouth, der Hometown Amerikas.

Hier posiert auf einem himmelhohen Postament aus Granit eine riesige, sechsunddreißig Meter hohe Frauenstatue. Ihre Schwurhand weist zum Himmel. Mit der Linken umklammert dieses heroische Sinnbild des Glaubens und der Gottesfurcht die Bibel. Zu ihren Füssen thronen Personifikationen jener ehernen Grundsätze, auf denen die Pilgerväter ihr Gemeinwesen gründen wollten: Sittlichkeit und Recht und Freiheit.

Ach ja, und Bildung!

Unter den hehren Prinzipien sind Schlüsselszenen aus der Geschichte der Pilgrim Fathers in Marmor gemeißelt: ihre Einschiffung, die Unterzeichnung des Vertrags auf der Mayflower, die Landung in Plymouth und das erste Abkommen mit dem Roten Mann.

Marmortafeln verkünden der Nachwelt die Namen der Passagiere der Mayflower.

Als ich mich umdrehe, stehe ich unversehens einem muskulösen, bronzehäutigen Mannsbild gegenüber. Es ist Massasoit, der große Häuptling der Wampanoags.

Der edle Wilde trägt zum Lendenschurz eine Adlerfeder im langen Haar, in seiner linken Armbeuge ruht die Friedenspfeife.

Nach dem Forefather Monument besichtigen wir einen getreuen Nachbau der Mayflower. Die Maienblüte II liegt in der Nähe des berühmten Plymouth Rock vor Anker.

Dieser unscheinbare Steinbrocken ruht in einem Tempel wie die Hostie im Tabernakel. Durch den Findling mit der schlichten Jahreszahl 1620 zieht sich ein Riss. Auf genau diesen Felsen hat der Sage nach der erste Pilgervater seinen Fuß an Land gesetzt:

»It`s a smal step for me..«

Auf dem Museumsschiff spinnen wieder kostümierte Officiers und Sailors ein altertümelndes Seemannsgarn. Der Blick unter Deck nötigt mir höchsten Respekt vor dem Mut der Pilgersleute ab. Diese Menschen nahmen qualvolle Enge und verheerende sanitäre Bedingungen in Kauf, fest glaubend, dass der HERR sie nicht verlasse. Von den etwa hundert Männern, Frauen und Kindern überlebte nur die Hälfte den ersten Winter. Im ersten Jahr starben ganze Familien aus.

Wir kehren zurück in unser tristes Hotel in Peabody.

Auf der Fahrt gerate ich ins Grübeln über dieses Land der unbegrenzten Widersprüche.

Wenn immer die Moralkrawatte zu eng gebunden wird, erfindet der Mensch tausend Ausflüchte, warum er zur größeren Ehre Gottes den Knoten ein wenig lockern darf. Die Puritaner machten von dieser allgemeinen Regel keine Ausnahme:

»Es lag etwas für die menschliche Schwachheit so außerordentlich Verführerisches in der Weise, wie sie Hass und weltliche Vorteile mit ihren religiösen Pflichten taschenspielerisch vereinigten.« Schreibt Cooper. Seinem Anti-Helden Jason Newcome bescheinigt er einen

Hang zum geläufigen Heucheln und Speichellecken: »Er verneigt sich vor dem Goldenen Kalbe, all seinem Puritanertum, seiner Freiheitsliebe, seinen frechen Ansprüchen auf Gleichheit und dem gespreizten Sichbrüsten zum Trotz.«

Die Puritaner suchten politische und religiöse Freiheit gegen staatliche Regulierung, zwangen aber jeden Einzelnen zur weitestgehenden Konformität. Gleichheit und Eigentum waren für sie hehre Grundsätze, aber erzwungene Kirchensteuern sicherten die Vorangstellung des neu aufkommenden puritanischen Establishments. Ihr calvinistischer Erwähltheitsglaube sah in Amerika Gods own country, das der HERR für seine Auserwählten reserviert hatte: »Dieser Weltteil wurde mit einer ganz besonderen Absicht geschaffen; eine Tatsache, die ohne weiteres einleuchtend wird durch den Reichtum des Landes, durch sein Klima, seine Größe, die Leichtigkeit der Schifffahrt; und ganz besonders dadurch, dass es genau so lange unentdeckt geblieben, bis der vorgeschrittene Zustand der Gesellschaft verdienstvollen Leuten Gelegenheit und Aufmunterung gegeben hat, sich seinetwegen anzustrengen.«

Aus diesem Geist erwuchs die Idee von der ausgemachten Bestimmung der weißen Amerikaner: »Dann kann das Volk dieser Republik getrost zur Erfüllung einer Bestimmung fortschreiten, die, im Sinne der Absichten des Weltenlenkers ausgeführt, sämtliche uns im Laufe der Geschichte vorausgegangenen Großreiche so in den Schatten stellen wird, wie der Berg das Tal überragt.« Schreibt Cooper ganz ohne Ironie. Nervt dieses frömmelnde Sendungsbewußtsein der USA nicht die Welt bis auf unsere Tage?

NACH DER PARTY IST REVOLUTION

Boston ist eine der ältesten, reichsten und kulturell vielseitigsten Städte der USA. Die Stadt ist nicht nur Standort der renommierten Harvard University und des Massachusetts Institute of Technology, sondern auch Heimat des weltbekannten Boston Symphony Orchestra und prominenter Kunstmuseen.

Als Ärztin denke ich bei Boston an ein welthistorisches Ereignis. Am 16. Oktober 1846 entfernte der Chirurg John C. Warren in Gehrock und Straßenschuhen bei einem jungen Mann eine Geschwulst der Speicheldrüse. Das geladene Fachpublikum war Zeuge der ersten Operationen in Vollnarkose mit Äther, dessen narkotische Wirkung der Zahnarzt William T.G. Morton kurz zuvor entdeckt hatte. Im historischen Ether Dome des Massachusetts General Hospital wird dieser Sternstunde der Menschheit noch heute am Ether Day feierlich gedacht.

Zur Zeit ist Boston eine Großbaustelle. Viele Straßen werden in unterirdische Tunnel verlegt. Für die zwanzig Kilometer vom Hotel in Peabody nach Boston braucht Bob zur Rush Hour weit mehr als eine Stunde.

Im Zentrum angekommen, rauschen wir mit dem Fahrstuhl auf die Aussichtsterrasse im fünfzigsten Stockwerk des Prudential Tower. Zu unseren Füssen liegt der Vatikan der Christian Science Kirche. Die byzantinisch anmutende Kuppel der First Church of Christ, Scientist, wirkt winzig im Vergleich zum riesigen Headquarter der Sekte. Der

Blick schweift über den Charles River mit der Esplanade hinüber nach Cambridge und Bunker Hill. Und bleibt am zweihunderteinundvierzig Meter hohen Wolkenkratzer des Hancock Tower hängen. Serdal sagt, die Aussichtsterrasse auf diesem höheren Gebäude sei nach Nine Eleven geschlossen worden.

Über den Charles River fahren wir vorbei an schönen Backsteinhäusern im Georgian Style zur Harvard University in Cambridge. Auf dem grünen Campus fallen besonders die schönen Wohnheime ins Auge. Die Studenten sehen aber genau so ungenial aus, wie bei uns. Ob wohl eine oder einer dieser Jungakademiker in fünfzig Jahren Präsident der Vereinigten Staaten wird? Eine Handvoll Studierende putzt gerade ganz unakademisch die Fenster der Bibliothek.

Vor dem Gebäude steht ein Denkmal für den Namenspatron der Universität. Den linken Schuh der Statue haben Kandidaten, auf Examensglück hoffend, blitzblank gerieben. Reverend John Harvard ist nach alter bildhauerischer Tradition als Gelehrter sitzend mit Buch dargestellt. Die Inschrift auf dem Sockel lautet: »John Harvard, Founder, 1638.« Im Fremdenführer steht, in diesem Denkmal seien gleich drei Flunkereien verewigt. Die Statue zeige eine fiktive Person, da es vom Reverend kein zeitgenössisches Bild gebe. Die Hochschule sei auch schon anno 1636 eröffnet worden; der ehrwürdige Kleriker habe Harvard nicht gegründet. Die dankbare Universität habe sich aber nach seinem Tod anno 1638 wegen eines nicht unbedeutenden Legates nach dem Puritaner benannt. Gehört nicht die Mythenbildung zu den starken Seiten der USA?

Bei Cooper wird die Bildungsschmiede lobend erwähnt:

»Modestus Wolfe wurde in dem jüngst errichteten Harvard-College zum Seelenhirten ausgebildet. Dieser Spross eines strenggläubigen Stammes wurde dort aufs Beste zur künftigen geistlichen Kriegsführung abgerichtet.«

Über die Longfellow Bridge fahren wir zurück zum Quincy Market in Boston. Der Markt ist benannt nach dem Bürgermeister Josiah Quincy III., »who organized its construction without any tax or debt.« Quincy hat sich um Boston verdient gemacht als schillernder Congressman, Richter, Bürgermeister und Harvard Präsident. Sein Standbild vor der Old City Hall steht neben der Statue von Benjamin Franklin. Quincy sieht dem reifen Goethe ähnlich. Franklin scheint über seinen Blitzableiter nachzudenken.

Das ehemalige Marktgebäude beherbergt heute eine riesige Schlemmermeile. Alle Küchen dieser Erde sind gleich mit mehreren Lokalen vertreten. Hier schlürft ein Gourmet chinesische Wan tan Suppe, dort pflückt ein Lukull Shushihäppchen vom Band. Mexikanische Enchilladas duften mit italienischer Pasta um die Wette. Die indischen Genusstempel riechen nach frischem Koriander, die thailändischen nach Zitronengras. Alle Speisen werden auch in der Geschmacksrichtung ›To Go‹ angeboten. Wir entscheiden uns für Schwertfisch im Sitzen; er schmeckt dumpf und salzig.

Nach dem Lunch bummeln wir zu zweit allein über einen Teil des Freedom Trail.

Der mit roten Ziegeln markierte Pfad der Freiheit führt zu mehreren historischen Landmarken in Boston.

Das Old State House, anno 1713 erbaut, ist das älteste erhaltene öffentliche Gebäude in Boston. Das rote Backsteinhaus mit weißem Glockenturm war einst Zeuge des ›Boston Massacre‹. Bei einer chaotischen Demonstration wurden im Jahre 1770 fünf aufgebrachte Bürger von englischen Truppen getötet. Der Tatort ist auf einer Verkehrsinsel vor dem Rathaus markiert. Heute befindet sich in dem Gebäude ein Heimatmuseum.

Im Old Corner Bookstore, an der Ecke von Washington und Tremont Street, traf sich einst die literarische Haute Volée von Boston; derzeit hält hier ein Juwelier seine wertvollen Preziosen feil.

Das Old South Meeting House, an der Ecke Washington und Milk Street, war zur Kolonialzeit ein puritanisches Gebetshaus. In dem unscheinbaren Kirchlein wurde anno 1773 von Samuel Adams und Konsorten die Boston Tea Party ausgeheckt. Britische Monopole und Handelsschikanen, immer neue Zölle und Steuern haben über Jahrzehnte die Einwohner der Kolonien gegen das englische Mutterland aufgebracht. Denn die Kolonisten haben keinen Einfluss auf die englische Gesetzgebung. Samuel Adams, der Ex-Brauer, fördert die Gärung mit der Parole: »No taxation without representation!«

Nach dem Kriegsrat in der Kirche entern am 16. Dezember 1773 als Indianer kostümierte Bostonians drei Schiffe der East India Company und werfen Teeballen aus den Laderäumen ins Hafenwasser. Der britische Gouverneur der Kolonie hat sich umsichtig in sein Landhaus abgesetzt. Britische Marines schauen dem Mummenschanz tatenlos zu.

Auf dem ältesten Friedhof von Boston, dem King's Chapel Burying Ground, schlafen verdiente Bostonians neben einem Passagier der Mayflower dem Jüngsten Tag entgegen.

In der ersten öffentlichen Schule Amerikas, der Boston Latin School, hat Benjamin Franklin neben den Söhnen der Brahmanen von Boston, den Adams, Cabots, Peabodys, Quincys oder Winthrops die Bänke gedrückt. Franklin, der zukünftige Tausendsassa, riss aber im zarten Alter von siebzehn Jahren nach Philadelphia aus.

An der Ecke Tremont und Park erhebt sich die Park Street Church. Hier hielt William Lloyd Garrison im Juli 1829 eine flammende Rede gegen die Sklaverei. Auf dem Friedhof nebenan liegen Gefallene des Unabhängigkeitskrieges begraben.

Im Boston Common, dem ältesten Stadtpark der USA, hat die Wiege der Freiheit bis 1817 ihre Verbrecher öffentlich aufgeknüpft. *Anno domini* 1660 haben die Puritaner die Quäkerin Mary Dyer durch Hängen am Hals zu Tode gebracht. In aufgeklärteren Zeiten hat man die alte Richt-Eiche durch einen praktischen Galgen ersetzt.

Am Ende unseres Spaziergangs wundern wir uns doch sehr über das ›Ether Day‹ Denkmal im Public Garden. Ein mit Kaftan und Turban bekleideter Arzt spielt den Barmherzigen Samariter, der den halbnackten, unter die Räuber gefallenen Wanderer versorgt. Der mittelalterliche maurische Medikus war ein fauler Kompromiss. In dem wüsten Prioritätsstreit um die Äthernarkose, der zwischen den amerikanischen Ärzten William Morton, Horace Wells und Charles T. Jackson entbrannt war, wollte das Denkmalkomitee nicht für einen Physikus Partei ergreifen.

Ein Coffee To Go bei Starbucks soll uns aufmuntern. Die Bedienung unterzieht uns aber

einem scharfen Verhör: »Wie groß? Welche Art? Welches Aroma? Welches Topping?«
Wir wollten doch einfach nur guten Bohnenkaffee!

Am Nachmittag trifft sich unser Fähnlein wieder auf dem Quincy Market an der Statue
von Samuel Adams vor der Faneuil Hall, wo der glühende Patriot aufrührerische Reden
gehalten hat. Bob fährt zum North End von Boston.

Wir halten an einem ganz unscheinbaren, grauen, zweistöckigen Holzhaus. Hier wohnte
einst ein amerikanischer Held namens Paul Revere. Revere fabrizierte Goldzähne, Silber-
schmuck und Kupferstiche. Mit einem reißerisch bebilderten Flugblatt vom ›Boston
Massacre‹ brachte er die antibritische Stimmung zur Weißglut. Auch beim arglistigen
Teeversenken im Bostoner Hafen war der rührige Patriot mit von der Partie.

Zu Beginn der amerikanischen Revolution war Revere Kurierreiter der Miliz von Massachusetts. In der Nacht des 18. April 1775 ritt er von Boston nach Lexington und Concord, um die Anführer der Aufständischen, Samuel Adams und John Hancock, vor anrü-
ckenden britischen Truppen zu warnen. Diese Episode wurde später von Henry W. Longfellow in dem Gedicht ›Paul Revere's Ride‹ verewigt. Historisch gesehen ist das Gedicht
pure Fiktion. Paul Revere kam nie bis Concord; ein zweiter Kurier, William Dawes, hatte
auf einer anderen Route vor Revere das gleiche Ziel erreicht. Doch die Botschaft des Ge-
dichtes, ein Einzelner könne den Lauf der Geschichte ändern, machte aus Paul Revere
einen idealisierten Helden der amerikanischen Revolution.

Generationen von Schulkindern mussten das Gedicht auswendig lernen.

»Was bleibt, schreiben die Fabeldichter.« Lästert mein Gemahl, der Wahrheitsfanatiker.

Mit den Scharmützeln bei Lexington und Concord begann der Krieg der Dreizehn Kolonien um ihre Unabhängigkeit von England. Die Schüsse wurden in der ganzen Welt
gehört. Vom Turm der Old North Church in der Salem Street soll der Küster den An-
marsch der Engländer auf Lexington mit einer Laterne signalisiert haben: »One if by
land, and two if by sea.« Unser Reisemarschall findet lange den Eingang nicht. Im
schlichten Kirchenraum blickt George Washington aus einer Nische höchst ungnädig auf
unseren unfähigen Cicerone.

Über die Charlestown Bridge fährt Bob hoch zum Bunker Hill Monument.

Dort sticht ein über sechzig Meter hoher Obelisk aus Granit in den Himmel. Das
Mahnmal erinnert an eine Schlacht während der Belagerung des von den Engländern
besetzten Boston durch die Patrioten. Die Engländer siegten, konnten den Belagerungs-
ring aber nicht durchbrechen. Die Patrioten verloren mit dem Arzt und General Joseph
Warren einen ihrer führenden Köpfe.

In Gedanken ziehen wir unseren Hut vor dem freiheitsliebenden Kollegen.

Über die Adams Street fahren wir hinunter zum Marinehafen.

Dort liegt die USS Constitution vor Anker. Die im Jahre 1797 gebaute Fregatte gilt als
das älteste noch seetüchtige Kriegsschiff der Welt. Ihr ironischer Neckname ›Old Ironsides‹ spielt an auf ihre starken Bordwände aus Holz, die jedem feindlichen Beschuss
standhielten. Im Krieg von 1812 erfocht Old Ironsides gegen britische Kriegsschiffe wich-

tige Siege. Gegen die tiefstehende Abendsonne wirkt die verwickeltete Takelage des imposanten Dreimasters wie eine schwer zu entziffernde Geheimschrift.

Wir müssen weiter zur Hafenstadt Falmouth südöstlich von Boston.

Das Hotel verwöhnt unser erschöpftes Fähnlein mit einem leckeren Büffet. Bei Tisch will unser unverbrüchlicher Ami-Freund aus der Pfalz von mir wissen: »Und was hat der Tag ihnen gebracht?« »Viel, sehr viel!«

UNSERE KLEINE FARM

Heute morgen sind wir reif für die Insel.

Geplant ist ein Ausflug nach Martha`s Vineyard.

Viele Berühmtheiten und Angehörige der amerikanischen Oberschicht unterhalten auf dieser Insel vor der Südküste von Cape Cod prächtige Villen. Die Lebenshaltung auf dem Weinberg der Oberen Zehntausend ist sechzig Prozent teurer als in anderen Staaten der USA; Häuser kosten das Doppelte. Die Insel hat ungefähr fünfzehntausend Einwohner. Im Sommer fallen noch hunderttausende Touristen ein.

Connétable Serdal zeigt heute wieder seine ganz besonderen Führerqualitäten. Bereits um 6:00 Uhr morgens scheucht er uns aus den Betten. Wir müssen pünktlich um 9:00 Uhr an der Fähre in Falmouth sein. Mit knapper Not kommen wir beizeiten an. Nur sind wir weder im richtigen Fährhafen noch auf der gebuchten Fähre gelandet. Das Terminal für die Überfahrt nach Martha`s Vineyard befindet sich im Ortsteil Woods Hole von Falmouth. Als wir dort ankommen, erfahren wir, dass unsere gebuchte Fähre erst um 10:30 ablegt. Zeremonienmeister Serdal gewährt uns eine Stunde Zeit, um das gottverlassenen Schlafstädtchen näher zu erkunden. Am Strand frieren graue Ferienhäuser, von der Insel winkt der kreideweiße Leuchtturm von Edgartown.

Die Fahrt mit der Fähre über die kabbelige See dauert gottlob nur eine halbe Stunde.

Nach der Landung in Oak Bluffs erkunden wir zu siebt die Insel mit dem Rad. Der Rest der Truppe fährt mit Serdal im Bus voraus. Auf der flachen Strandstraße nach Edgarstown kämpfen wir, tief über den Lenker geduckt, gegen einen bösartigen, böigen Wind.

Die Landschaft erinnert mich an die Strände und Dünen von Usedom.

Im 19. Jahrhundert lebten die Einwohner von Edgartown hauptsächlich vom Walfang. Nach der Entdeckung von Erdöl in Pennsylvania starben die Walfänger aus. Den Wandel der Gezeiten überlebt haben nur die alte Walfängerkirche mit ihrem klassizistischem Portikus und einige stattliche Kapitänshäuser. Die Sonne brennt inzwischen gnadenlos vom Himmel. Zeit zur Umkehr.

In Oak Bluffs bestaunen wir vor dem Lunch noch die berühmten Gingerbred Cottages. Diese knallbunten, verschnörkelten Lebkuchenhäuschen sind Überbleibsel des Gothic Revival am Ende des 19. Jahrhunderts. Sie erinnern mich an russische Holzhäuschen auf der Insel Mandrogi.

Die Seafood Restaurants am Hafen sind überfüllt; alle Welt will Lobster essen. Wir begnügen uns beide mit einem als ›Cheese Sandwich‹ deklarierten Snack.

Die Kellnerin serviert uns zwei kolossale Cheese Burger und zwei Körbchen, randvoll mit Kartoffelchips. Heiliger Kalorius, hilf!

Während der Rückfahrt zieht ein Sturm auf. Die ›Island Queen‹ stampft und rollt gewaltig. Am Bug spritzt die Gischt hoch über Bord. Bereits kurz nach der Landung regnet es Cats and Dogs.

Vorbei an Providence, der Hauptstadt von Rhode Island, fahren wir weiter nach Sturbridge in Massachusetts. Nach dreihundert Kilometern Fahrt erreichen wir sehr spät unser Nachtquartier. Bob ist mal wieder an der richtigen Ausfahrt vorbei gesaust.

Zum inklusiven Abendessen führt Truchsess Serdal das Fähnlein in ein Restaurant nahe beim Hotel. Es ist brechend voll, die Bedienung sichtbar überfordert. Niemand hat unsere Meute auf dem Zettel. Nach langem Warten werden wir an verschiedene Tische plaziert. Weil keine Reservierung vorliegt, bekommen wir auch nicht automatisch etwas zu essen. Also beschließen wir, auf eigene Kosten zu dinnieren.

»Do You have any money?« Will die Kellnerin vorher wissen.

Nach langem Hin und Her stellt sich heraus: wir sind im falschen Lokal gestrandet.

Sofort räumen wir die gastliche Stätte; die aufgetragenen Getränke bleiben unberührt stehen. Bob hat schon seit zwei Stunden Dienstschluss. Es hilft nichts, er muss das gebuchte Lokal finden.

Gegen 21:30 Uhr landen wir in einem Restaurant, wo man uns schon abgeschrieben hat. Das Essen ist aber sehr gut. Es gibt leckeres Huhn und Meatballs mit diversen Beilagen. Als wäre die Prohibition noch in Kraft, müssen wir alle alkoholischen Getränke am Tresen im Drugstore nebenan kaufen und selbst zu unserem Tisch tragen. Restaurant und Drugstore sind weder durch eine Wand, noch durch einen Zaun oder Schlagbaum getrennt. Oh, du scheinheiliges Amerika!

Der nächste Tag beginnt kühl, aber sonnig. In unserem Pflichtenheft steht die Besichtigung von Old Sturbridge an. Das Freilicht-Museum aus der Zeit um 1830 bietet Courths-Mahler pur. Alles ist so ungemein heimelig und traut. An der klappernden Mühle rauschet der Bach, in der Schmiede singt der Amboß, beim Böttcher knarzen die Dauben. Holde Jungfern mit Busentuch und Häubchen putzen im schattigen Winkel Gemüse. Auf der Streuobstwiese sammelt eine fleißige Magd rotbackige Äpfel in Weidenkörbe. Auch der goldene Mais und die riesigen Kürbisse warten auf ihre Ernte. Die kleine Schule und die behäbige Pfarre haben sich mit grünem Moos herausgeputzt. In der Redaktionsstube des ›Sturbridge Chronicle‹ verheißen feuchtfrische Druckfahnen erbauliche Lektüre. Die Regale im General Store gleich nebenan locken mit bunten Tuchen, Garnen und Knöpfen. Elegante Hüte und Schuhe warten neben duftenden Seifen und Gewürzen auf kauflustige Damen. Im verschlafenen Lawyers Office träumen gediegene Möbel aus Walnussholz von einträglichen Prozessen. Ein putziges Eichkätzchen huscht ins Gebüsch.

Mir ist, als stünde ich im Heimatmuseum von Bad Salzloch.

Nur, so ein strenges, völlig schmuckloses Bethaus mit engen Pferchen für die frommen Schäfchen gibt es bei uns nicht.

Das Mittagessen wird in einem urigen Speicherhaus serviert. Uns erwartet ein opulentes Büffet mit Hühnersuppe, frischem Salat, Rinder- und Truthahnbraten, Erbsengemüse, Maisgrütze und Stampfkartoffeln. Zum Nachtisch stehen drei Sorten Kuchen und ein Kompott aus Kronsbeeren bereit. Obwohl von Allem reichlich vorhanden ist, drängeln sich unsere Gefährten ums Büffet wie die Ferkel um den Futtertrog. Unser Frührentner und Gendarm hortet noch vor der Suppe drei Stücke Kuchen für sich. Auf den meisten Tellern türmt sich wahllos etwas von von allen Gerichten. Vieles bleibt dann liegen, weil es nicht so schmeckt, wie zuhause.

Nach dem Lunch rollt der Bus nordwärts in die Weißen Berge von New Hampshire. Nach fünf Stunden erreichen wir unser Tagesziel, ein kleines, familiär geführtes Hotel am Ufer des Lake Winnipeasaukee. Hier werden wir zwei Nächte bleiben. Freudig begrüßt vom Hofhund, einem seltsamen Mix aus Labrador und Retriever, beziehen wir unsere Unterkünfte. Die Zimmer sind kalt und klamm, denn für Hotel und Küche ist die Saison eigentlich schon zu Ende.

Zum Abendessen bringt uns der freundliche Patron mit seinem Landrover in ein Seafood-Restaurant in Lakeport. Das Etablissement trägt den vielversprechenden Namen ›O‹. Laut Karte erwartet uns »ein gehobenes Speiseerlebnis mit Seeblick. Genießen Sie von Hand geschnittene Steaks und die frischesten Fische und Meeresfrüchte in einer neu gestalteten Welt der Weine und Martinis. Im ›O‹, wo die Klassiker der amerikanischen Küche Auferstehung feiern!«

Der Verzehr von Lobster mit Mayonnaise ist für Ungeübte eine ziemliche Kleckerei. Die Bedienung legt vorsorglich jedem Freund von gekochten Schalentieren einen roten Frisierumhang vor. Die Lätzchen geben dem Ganzen den richtigen Look: heute ist Kindergeburtstag. Zum gestandenen Mann passe besser ein anderthalb Zoll dickes Steak.

Verteidigt mein Karnivore und Gemahl seine Wahl.

Der Himmel ist sternenklar und verheißt für morgen schönstes Wetter. Zu unserem Fähnlein gehört auch ein studierter Astrophysiker aus München. Während wir für die Heimfahrt auf unseren Herbergsvater warten, erklärt uns der Alpen-Einstein das Weltall auf Bayrisch. Seine vier Töchter heißen Andromeda, Berenike, Kassiopeia und Lacerta.

POCAHONTAS

Heute steht das Spektakulum auf dem Spielplan, dessentwegen die meisten unserer Reisegefährten nach Neuengland gekommen sind: die legendäre Herbstfärbung des Zuckerahorns in den Wäldern der White Mountains. ›Leaf Peeping‹ wird weltweit als Erlebnisreise nachgefragt. Hofprediger Serdal belehrt uns, dass die Bezeichnung ›Indian Summer‹ nicht mehr erlaubt ist. Der Ausdruck sei in Neuengland inzwischen genau so verpönt, wie bei uns die Bezeichnung ›Altweibersommer‹. Der politisch korrekte Peeping Tom spreche heutzutage vom ›Golden October‹.

Schon Cooper klagt über »wählige Geziertheit und Affektation anstelle sinnfälligem Freimut.«

Beim Frühstück herrscht wieder Gedränge. Es gibt zu wenig Sitzplätze, die Bedienung ist zu lahm, der Toaster zu langsam. Endlich gibt es wieder richtig was zu meckern!

Lake Winnipesaukee heißt auf Deutsch: »Das Lächeln des Großen Geistes.«

Verschwiegen und sanft lächelt der Große Geist in der Morgensonne. Jeden Augenblick wird die scheue Pocahontas in einem Kanu erscheinen und ›Colors of the Wind‹ singen.

Nach dem Frühtoast fahren wir auf der New Hampshire Route Nr. 112 durch den White Mountain National Forest. Der östliche Abschnitt des Highways trägt den Namen des Indianerhäuptlings Kancamagus. Kancamagus herrschte seinerzeit über das Gebiet von New Hampshire. Des ständigen Kampfes mit den falschen Heiligen müde, zog er im Jahre 1691 mit seinen Stämmen nach Norden ins heutige Quebec. Der ›Kanc‹ ist die Lieblingspiste aller Leaf Peeping Touristen.

Laut Prospekt erwarten uns tosende Wasserfälle und idyllische Berglandschaften. In Wirklichkeit ist die Route eher unspektakulär. Bei den zahlreichen Fotostops gibt es kaum andere Motive als buntes Herbstlaub über grauem Asphalt. Spektakulär sind allerdings die Waldschäden; überall stehen bereits tote oder sterbende Bäume. Jede mir bekannte Route durch das Allgäu oder den Vinschgau bietet schönere Ausblicke.

Zum Mittagessen halten wir in Lincoln, New Hampshire. Die Kleinstadt zählt nur zwölfhundert Einwohner und lebt sommers wie winters vom Tourismus. Die grösste Sehenswürdigkeit weit und breit ist eine zweihundertvierzig Meter kurze Klamm zu Füssen des Mount Liberty. Der Lunch besteht aus höllisch scharfem Chili con carne und einem frischen Krug Sam Adams.

Über den White Mountains Trail rollen wir weiter zum Cannon Mountain, gerühmt als Paradies für Bergsteiger und Angler. Eine Seilbahn bringt uns hinauf. Nach kurzer Wanderung erreichen wir einen Aussichtsturm. Bei guter Sicht kann man angeblich bis Kanada sehen. Heute nicht. An der Gipfelstation feiert eine Hochzeitsgesellschaft. Die Gäste stehen Schlange, um die Braut zu küssen. Die trägt zum weißen Hochzeitskleid rosa Flip-Flops und friert unübersehbar.

Auf der Weiterfahrt nach Bretton Woods gibt es endlich einen Aufreger: ein Moosedeer, der riesige amerikanische Elch, quert gemächlich vor uns die Fahrbahn. Dann hüpft noch ein Streifenhörnchen munter hinterher.

In Bretton Woods bricht zum ersten Male an diesem Tag lauter Jubel aus. Man glaubt sich in eine Postkarten-Schweiz versetzt. Über grünen Almen lodern Ahornbäume in allen Schattierungen von Goldgelb bis Purpurrot in den wolkenlosen, blauen Himmel.

Ich übergebe das Wort an den beredteren Cooper: »Aber menschliche Kunst konnte schwerlich je so lebendige und heitere Färbungen ersinnen, wie das strahlend bunte Laub der Wälder sie jetzt zeigte. Die scharfen Fröste hatten schon die breiten, gezackten Blätter des Ahorns betroffen und auch bei allen übrigen Pflanzenwesen hatte der jähe und geheime Vorgang jene magische Wirkung hervorgebracht.«

Inmitten dieser Idylle liegt ein schwanenweißes Schloss mit roten Dächern, das Mount Washington Hotel. Hier wurde im Kriegsjahr 1944 eine internationale Währungsordnung aus der Taufe gehoben. Die teilnehmenden Staaten vereinbarten feste Wechselkurse zum US-Dollar, die Gründung der Weltbank und des Internationalen Währungsfonds. Dreißig Jahre später war das Währungssystem von Bretton-Woods bereits Geschichte.

Auch am Hotel sind die Spuren des Verfalls unübersehbar. Fensterrahmen und Türen könnten einen Anstrich vertragen. Im Golden Room, wo einst die Verträge unterzeichnet wurden, wartet ein runder Tisch mit dreizehn goldlackierten, blassblau gepolsterten Stühlen auf Diplomaten. Alte Dokumente gilben in einem Schaukasten vor sich hin. Von der gusseisernen Veranda geht der Blick auf den fast zweitausend Meter hohen Mount Washington. Aus der Flanke des Berges steigt dicker schwarzer Rauch zum Himmel: die Zahradbahn schnauft bergauf. Der Gipfel war früher mit ewigem Eis bedeckt. Für den Roten Mann wohnte dort der Große Manitu. Jetzt verschandeln Sendetürme und Skilifte den einst heiligen Berg. »Ein Beweis für die tiefe Empathie des weißen Mannes.«

Lästert mein Gutmensch und Gemahl.

Wir fahren zurück zum Lake Winnipesaukee. In der der Kleinstadt Meredith am See findet alljährlich ein Großes Wettangeln statt. Hat sich nicht Howard Hawks in seiner Screwball Comedy ›Ein Goldfisch an der Leine‹ gehörig über die Rituale der Angler lustig gemacht?

Zu Abend essen wir auf Harts Turkey Farm. Das Haus ist eine Institution; ein Selfie vor dem riesigen Hart-Logo und ein Besuch im Gift Shop sind für durchreisende Touristen ein ›Must Have‹.

Laut Eigenwerbung verwirtet die Puterschmiede an einem einzigen Tag mehr als eine Tonne Truthahnfleisch, begossen mit einhundertfünfzig Litern diverser Saucen. Die hungrigen Gäste phagozytieren dazu pro Tag eine halbe Tonne Kartoffeln, viertausend Brötchen und über einhundert Torten. Es ist Samstag; das Lokal mit fünfhundert Sitzplätzen ist proppevoll. Das Essen wird vom Fließband serviert; es schmeckt, wie es in einer solchen Armenküche zu erwarten war.

PUMPKIN QUEEN

Heute sollen wir die Green Mountains im Bundesstaat Vermont entdecken.

Der Prospekt verspricht: »Das atemberaubende Panorama des dicht bewaldeten Gebiets wird Sie faszinieren!« Die Green Mountains sind ein Teil der Appalachen, ein Höhenzug, der sich über vierhundert Kilometer von Quebec im Norden bis nach Alabama im Süden erstreckt. Lange Zeit setzte das Gebirge dem Vordringen des weißen Mannes nach Westen eine Grenze.

Unser Bus rollt zunächst wieder am Lake Winnepesaukee entlang. Erstes Tagesziel ist das so genannte ›Castle in the Clouds‹. Die Villa steht auf einer Felsnase, die früher als ›Ravensnest‹ bekannt war. Das Anwesen mit sechszehn Zimmern und zentraler Klimaanlage hat der Millionär Thomas G. Plant kurz vor dem Ersten Weltkrieg für seine zweite Frau gebaut. Plant gehörte eine der größten Schuhfabriken der Welt. Scheidungskosten und Fehlspekulationen machten den Schuster wieder zum armen Schlucker. Haus und Mobiliar wurden versteigert. Aber Plant durfte bis zu seinem Tod weiter im Castle wohnen. Seit 1956 ist das Haus für Touristen zugänglich.

Plant war wohl ein kleiner Selfmademan mit großem Napoleon-Komplex. Der Kaiser ist im Castle als Wandbild und Standbild überall gegenwärtig; selbst die Tapeten im Empirestil ziert das kaiserliche Monogramm ›N‹. An Ritterrüstung und Waffenschrank erkennt man das Arbeitszimmer. Im Spielzimmer steht ein Billardtisch und eine elektrisch angetriebene Drehorgel mit Lochkartensteuerung; die spielt sogar Händel. Die schöne Bibliothek ist gut sortiert. Hat der Hausherr die Schinken alle gelesen oder waren die Bücher für ihn nur Coffee Table Books? Möglicherweise hat sich Präsident F. D. Roosevelt bei einem seiner Besuche damit die Zeit vertrieben. Die Bäder sind mit monströsen Armaturen bestückt, es gibt sogar eine Rundumdusche. Die Küche ist ganz mit handgeschliffenen Fliesen aus Hartgummi gekachelt.

Wir nehmen Abschied vom Lake Winnipesaukee. Etappenziel unseres Giro d`autunno ist heute Albany, die Hauptstadt des Bundesstaates New York. Serdal meckert über die Planung des Reisebüros: »Kein normaler Mensch fährt nach Albany!«

Bei Cooper erfüllt Albany immerhin eine tragende Funktion als Schaubühne der Besseren Gesellschaft, aber auch als Tribüne für üble Politiker: »Treffliches, altes Albany, dessen Kern selbst politische Korruption nicht zu ändern vermag, wie herrlich du lagerst, hingebreitet am Hügelhang, umgeben von einer malerischen Kulisse. Über Dir liegt ein Hauch von Ehrbarkeit und ein gelassener Wohlstand, der meinem Herzen teuer ist.«

Unsere letzte Station in New Hampshire ist das Dartmouth College in Hanover am Connecticut River. Auf dem jenseitigen Ufer liegt der Bundesstaat Vermont. Das Dartmouth College, mit dem Beinamen ›Big Green‹, gehört zu den acht prestigeträchtigsten Universitäten der Ivy League. Selbst am Sonntag ist der Campus von Studenten bevölkert. In der Baker Library des College erschrecke ich über schauerliche Wandmalereien. Geschaffen hat den Totentanz über die Entdeckung und Eroberung Amerikas einer der ›Tres Grandes‹ des mexikanischen Muralismo, José Clemente Orozco.

Gott sei seiner Seele gnädig.

Der Bus rollt weiter durch malerische Dörfer. Überall bieten mit dem Star-Spangled Banner beflaggte Hofläden Kürbisse aller Sorten, Größen und Farben zum Kauf.

Hier genießt die Pumpkin Queen größeres Ansehen als in Bad Salzloch die Weinkönigin. Nach vierhundert Kilometern Fahrt durch endlose Wälder erreichen wir Albany.

Es wird schon dunkel. Aber Marschall Serdal besteht auf dem Besuch eines Supermarktes. Während der Fahrt hat er uns mit Gräuelgeschichten über die üblen Praktiken von WalMart unterhalten. Der Mann leidet am Warenhaus-Komplex. In jeder Stadt will er uns in irgend einem Konsumtempel das wahre Amerika zeigen. Er war wohl schon lange nicht mehr in Deutschland.

Unsere puritanische Unterkunft hat viele Veteranen der US-Army zu Gast.

Für das schlechteste Abendmahl bisher verleihen wir der Hotelküche den Golden Turkey Award. Das Fernsehen bringt Breaking News. Auf dem Lake George, auch ›Queen of

American Lakes‹ genannt, ist bei ruhiger See ein Ausflugsschiff gekentert. Zwanzig Veteranen sind ertrunken.

Erst heute nachmittag sind wir am lieblichen, friedlichen Lake George entlanggefahren.

FIRST MONDAY IN OCTOBER

Heute ist der erste Montag im Oktober. Zum Breakfast gibt es noch mehr schlechte Nachrichten. Präsident George W. Bush hat seine langjährige Mitarbeiterin, Harriet E. Miers, für das Richteramt am Supreme Court nominiert. Darüber sollte ich mich eigentlich freuen. Aber die Berufung riecht nach evangelikaler Spezlwirtschaft. Frau Miers glaubt, dass die Bibel wörtlich zu verstehen ist, dass Homosexualität Sünde und Abtreibung Mord ist. Oh, Justice Walter Matthau, hilf!

Unsere heutige Tour führt über vierhundertfünfzig Kilometer von Albany nach Harrisburg. Bob muss zuvor einen neuen Bus ordern, der vorige hat einen Getriebeschaden.

Das Restaurant, wo wir zu Mittag erwartet werden, liegt nur eine Fahrstunde entfernt.

Serdal muss in Albany Zeit schinden. Er weist Bob an, erst mal einen WalMart anzufahren. Nach zwei Versuchen wird Brooklyn Bob fündig. Nur vier Reisegefährten melden sich zum Erlebnis-Shopping im unteren Preissegment.

Den Rest des Fähnleins setzt Bob an der Empire State Plaza ab. Serdal gewährt uns eine dreiviertel Stunde zur Erkundung des Regierungsviertels. Der Hudson River ist nicht zu sehen, gewaltige Hochstraßen versperren die Sicht.

Albany wurde zu Beginn des 17. Jahrhunderts von holländischen Siedlern gegründet. Im Jahre 1664 eroberten Engländer die Stadt; aus Beverwijck wurde Albany.

Bei Cooper leben Holländer und Briten, Protestanten und Anglikaner hier friedlich miteinander, vereint in der Verachtung der puritanischen Yankees:

»Beten und plündern, das ist so ihre Art.«

Einer Vision des früheren Gouverneurs des Bundesstaates New York, Nelson A. Rockefeller, verdankt Albany die Empire State Plaza. Das riesige Ensemble aus Regierungs- und Verwaltungsgebäuden gruppiert sich um drei Wasserbasins. Der gesamte Komplex soll mehr als zwei Milliarden Dollar verschlungen haben. Fast alle Gebäude sind mit Naturstein aus drei Kontinenten verkleidet. Mit ihren schlanken Lisenen und schmalen Fensterschlitzen sehen die Bauwerke trotzdem aus, als hätte Gotham City Pate gestanden. Ein Bürogebäude erinnert mich an den Grabtempel der Hatschepsut in Deir el-Bahri. An der Nordseite des Platzes steht das New York State Capitol, Amtssitz des Gouverneurs und Stätte des Parlaments. Das im Jahre 1899 fertig gestellte Bauwerk, seinerzeit das teuerste Regierungsgebäude der Welt, ist ein gräulicher Stilmix aus Neoromanik, Neorenaissance und viktorianischem Geschnörkel. Ein Tunnelsystem führt von dort in den Untergrund von Albany. Dort findet der gesetzestreue Bürger Geschäfte, eine Post, eine Bank und einen Busbahnhof. Zahlreiche Cafeterias und eine Burger-Schmiede kümmern sich um das leibliche Wohl der Regierungsbeamten während der Mittagspause.

Wir nehmen den Lunch heute in Poughkeepsee, New York.

Auf der Landkarte ist das Kaff nur verzeichnet, weil dort in der Nähe, in Hyde Park, der spätere Präsident F. D. Rossevelt geboren wurde. Sein ehemaliges Geburts- und Wohnhaus beherbergt heute die Presidential Library mit Roosevelts Korrespondenz und privaten Dokumenten.

Truchsess Serdal führt uns in ein suspektes italienisches Restaurant. Die einzige Toilette liegt ohne Vorraum direkt am Speisesaal, die Tür ist nicht abschließbar. Die Lasagne *al forno* schmeckt überraschend italienisch und im Lokal riecht es plötzlich nach Neapel. Bei Müllstreik.

Die postprandiale Müdigkeit hilft, die eintönige Fahrt über endlose Highways zu ertragen. Während der langen Busfahrt reicht Serdal zur Einstimmung auf die Exkursion morgen Exemplare einer Zeitung der Amischen herum. Der redaktionelle Teil ist eine einzige Bleiwüste; das Blatt besteht zur Hauptsache aus Werbung mit unzähligen Vouchers. Warum sind die Frommen bloß immer so geschäftstüchtig?

Nach fünf Stunden erreichen wir Harrisburg, die Hauptstadt von Pennsylvania. Die Stadt am Susquehanna River hat weltweit Schlagzeilen gemacht, als es am 28. März 1979 im Atomkraftwerk Three Mile Island, nur zehn Kilometer von der Stadt entfernt, zu einer partiellen Kernschmelze im Reaktorblock Zwei kam. »Die Politiker haben aus diesem Unfall nichts gelernt.« Murrt mein mir angetrauter Atomkraftgegner.

Wir übernachten auf der anderen Seite des Susquehanna River im Städtchen Mechanicsburg. Im Quality Inn. Der Name des Hotels ist ein schlechter Witz.

DEVIL'S PLAYGROUND

William Penn, der Gründer des Bundesstaates, war der Sohn eines britischen Admirals. Der Vater gehörte zu den reichsten Männern Englands. Sogar die britische Krone war bei dem Seebär hoch verschuldet. Seinen Sohn hat der Vater indes wegen der Religion verstoßen: Jung William bekannte sich zum Quäkertum. Nach dem Tod des Vaters beglich der ewig klamme englische König Charles II. im Jahre 1681 elegant seine Schulden, indem er dem Sohn ein riesiges Territorium im Indianergebiet ›schenkte‹ und William zu dessen Gouverneur ernannte. Penn gründete die Stadt Philadelphia, die Stadt der brüderlichen Liebe, und ›kaufte‹ das Land von den Indianern für eine Handvoll Tand und ein paar Vorderlader. Dann warb der rührige Gouverneur in ganz Europa um Ansiedler, indem er jedermann vollständige Freiheit der Religionsausübung zusicherte. Pennsylvania wurde zum Gelobten Land für all jene Menschen, die in Europa wegen ihres Glaubens verfolgt oder diskriminiert wurden.

Der heutige Besuch auf einer Farm soll uns laut Prospekt das einfache Leben der Amishleute näherbringen. Das Völkchen haben wir zuerst im Upper Canada Village im St. Lorenzstrom, unweit von Toronto, kennengelernt. Dorthin haben die Kanadier Gebäude aus ihrer Pionierzeit verpflanzt. In dem musealen Ambiente lebten freiwillig Menschen wie zu Olims Zeiten. Die Amischen stammen von Alemannen, Elsässern und Deutschschweizern ab, die ihres täuferischen Glaubens wegen in der Heimat verfolgt wurden und nach Amerika flohen. Sie sprechen untereinander noch einen deutschen Dialekt, das so genannte Pennsylvaniadeutsch.

Eine gebürtige Pfälzerin mit typischem, aber angenehmen Akzent führt uns über das Anwesen. Sie ist aber keine Amische. Vielleicht erzählt sie deshalb ganz unbefangen von den seltsamen Ansichten und Gebräuchen der Täufer. Ja, es gibt auf der Farm elektrischen Strom, aber nur aus dem farmeigenen Generator. Denn über die externe Stromleitung könnte ja das Böse ins Haus gelangen. Ja, alle Kinder gehen zur Schule; aber nur bis zur achten Klasse. Höhere Bildung ist unerwünscht, weil sie die Jugend hoffärtig machen könnte. Ja, es gibt auch Spiegel auf der Farm; aber nur für die Männer; zum Stutzen ihrer Vollbärte. Die Frauen könnte ein Spiegel zur Todsünde der Eitelkeit verführen. Deshalb benutzen die Damen auch Stecknadeln statt Knöpfe; Buttons wären bei Weibern ja Schmuck! Alle Frauen tragen einfache, dunkelblaue, wadenlange Kleider und perlweiße Häubchen. Sie sehen darin aus wie die Diakonissen von Bad Salzloch.

Sexuelle Enthaltsamkeit ist sehr erwünscht, aber feurige Jünglinge dürfen in ihrer Sturm- und Drangzeit ›rumspringa‹, also die Hörner abzustoßen. Mit Erlaubnis der Eltern gibt es sogar voreheliche Kontakte zum anderen Geschlecht. Aber zur Nacht wird zwischen die Freiersleute ein Brett gelegt. Über soviel Einfalt hat sich schon William Makepeace Thackeray lustig gemacht.

Und wie steht es mit Geld verdienen? Aber Ja doch! Es gibt sogar mehrere Millionäre bei den Amischen. Die spenden aber ihr Geld der Gemeinde. Na ja, nur was sie erübrigen können. Meine Reisegefährtinnen zeigen sich von der Schilderung des bäuerlichen Landlebens fernab vom Teufelswerk der Zivilisation beeindruckt. Träumen denn alle vom eigenen Bauernhof?

Der Höhepunkt des Tages ist eine Fahrt mit der Strasburg Rail Road durch die ›Deitscherei‹ nach Paradise. Das Bähnchen aus dem Jahre 1832 ist die älteste, kontinuierlich arbeitende Eisenbahn in den USA. Waggons und Lokomotiven der Museumsbahn sind echte Oldtimer. Die Strecke führt über sieben Kilometer von der Kleinstadt Strasburg zur neu-englischen Metropole des Rhabarber Anbaus namens Leaman Place. An der Strecke liegen Flecken mit so anregenden Namen wie Bareville, Blue Ball, Bird in Hand, Mount Joy und Intercourse. Die Menschen, die ihren Dörfern solche Ortsnamen gaben, hatten offensichtlich mehr im Kopf als nur Religion.

Wir rollen im nobel getäfelten, von Lüstern erhellten, bewirtschafteten Salonwagen nach dem Weiler Paradise. Unterwegs sehen wir Amische bei der Feldarbeit. Ein Bauer pflügt mit einem Kaltblüter den Acker um, andere fahren vierspännig Heu ein. Die Ballen werden mit der Heugabel auf einen Leiterwagen gehoben. Alles riecht nach schweißtreibender Schwerstarbeit.

In einem geschäftigen Restaurant lernen wir beim Lunch die Küche der Amischen kennen. Es gibt süß-saure Pickles und Cole Slaw als Vorspeise. Als Hauptgericht können wir wählen zwischen Backhendl, Sauerbraten, Würstl mit Sauerkraut oder ›Schnitz un Knepp‹. Zum Nachtisch vernaschen wir Apfeltaschen mit Vanilleeis. That`s Paradise!

Der Bus rollt weiter nach Gettysburg.

Hier fand im Jahre 1863 eine der grössten und blutigsten Schlachten des Bürgerkrieges statt. Im Sezessionskrieg standen die quasi feudalen, sklavenhaltenden Junker des agrarischen Südens gegen die neureichen, ausbeuterischen Industriekapitäne des Nordens. Das Gezänk um die Sklavenbefreiung war nur propagandistische Camouflage. Es gewann die Seite mit der besseren Technik: Eisenbahnen waren kriegsentscheidend. Der Eisenbahnbau bereicherte das Amerikanische mit einem neuen Begriff. Eine rüchsichtslose Aktion nennt man seither ›railroading through‹.

Bei Gettysburg vereitelte Unionsgeneral George G. Meade mit seiner Potomac Armee einen Vorstoß der Konföderierten unter General Robert E. Lee auf Washington und Baltimore. In dem dreitägigen Gemetzel wurden Tausende Soldaten getötet.

Noch nach hundertfünfzig Jahren lockt die Walstatt jährlich zwei Millionen Hobbystrategen an. Unser Bus rollt hinter der Einfahrt zum Gettysburg Military Park über das ehemalige Schlachtfeld.

Die Blutstätte ist übersät mit namenlosen, nummerierten Grabsteinen für die einfachen Gefallenen. Den kommandierenden Offizieren haben beide Seiten heroische Standbilder errichtet. Unionsgeneral John F. Reynolds hat sich gleich drei Ehrenmale erfochten. An McPhersons Ridge reitet er; am Military Cemetery kämpft er einsam zu Fuß; am Pennsylvania Monument teilt er sich den Nachruhm mit anderen Generälen der Potomac Armee. Er ist schon am ersten Tag der Schlacht gefallen. Ein ›First Shot‹ Gedenkstein hält Ort und Uhrzeit des ersten Schusswechsels für die Nachwelt fest. Die vorderste Kampflinie der anstürmenden Konföderierten markiert eine Art ›Hochwassermarke‹. Die Flut brach sich kurz vor dem Hauptquartier von General Meade. Ein Sieg der Konföderierten lag zum Greifen nahe.

General Lee sitzt daher immer noch hoch und stolz zu Ross. Er glaubte sich unbesiegbar, spielte *Hannibal ante portas* und musste einen bitteren Rückzug antreten. Der Sieger, General Meade, scheint sein Schlachtpferd zu zügeln. Der große Zauderer versäumte es, den fliehenden Südstaatlern druckvoll nachzusetzen. Damit verschenkte er einen noch größeren Triumph. Nach Gettysburg schleppte sich der Bürgerkrieg noch zwei Jahre hin.

Bei der Eröffnung des Ehrenfriedhofs hielt Präsident Abraham Lincoln eine kurze Rede. Darin definierte er vier Monate nach Gettysburg die Kriegsziele der Union neu. Im Sezessionskrieg gehe es um das Grundprizip demokratischer Regierung, um:

»Government of the people by the people for the people.«

James Joyce hat diese staatsmännische Sentenz in Finnegans Wake entlarvend persifliert:

»Impoverment of the booble (Tölpel), by the bauble (Tand), for the bubble (Schwindel)!«

Das Visitor Center dröhnt vor Hurrah Patriotismus.

Der Gift Shop nebenan hat bunte Schlachtpläne, billige Ölschinken und alte Taktik-Schwarten im Angebot. Auch mit Kaffeebechern, Schnittbrettchen und Servietten oder Briefbeschweren kann der Patriot zuhause Flagge zeigen.

Neben dem Visitor Center bieten die Kirchen von Gettysburgh dem Schlachtenbummler ihren Service an: »Come out to hear the word of God at 3003 Old Harrisburg Road.« Auf Dutzenden verblasster Täfelchen stehen Adressen, Telefonnummern und die Zeiten der Gottesdienste. Der gute Christ hat die Qual der Wahl, ob er das Wort Gottes hören will aus dem Munde eines adventistischen, baptistischen, episkopalen, katholischen, lutheranischen, mennonitischen, methodistischen oder presbyterianischen Frühpredigers. Oder zur Not auch von einem Nazarener. Egal, ob man freikirchlich, fundamentalistisch oder evangelikal gesinnt sei: »All are welcome.«

Schon Cooper schilderte das rege religiöse Leben von Ravensnest: 26 Congregationalisten, 25 Presbyterianer, 14 Methodisten, 9 Baptisten, 3 Universalisten und 1 Episkopaler eiferten um die wahre Auslegung von Wort und Willen des HERRN.

Der Dichter sah die Zukunft rosig: »Ravensnest wird peu à peu soviel Religionen kriegen, als mißvergnügte Geister vorhanden sind.« Die Sektenvielfalt hat auch ihr Gutes: kein Credo konnte in den Vereinigten Staaten die Oberhand erringen.

Mit Einbruch der Dämmerung erreichen wir unser Hotel in Washington D.C.

MR. SMITH GOES TO WASHINGTON

Unser Hotel liegt nahe beim Pentagon. Die Lobby wimmelt von Uniformierten. Ohne rote Biesen an der Hose komme ich mir bald wie nackt vor. Die französischen Offiziere tragen die schicksten Käppis. Sie werden hier wohl NATO-tauglich abgerichtet. Die amerikanischen Krieger sind alle hoch dekoriert. Reich drapiert ist sogar die Cafeteria ›McArthur‹. Ihre Wände zieren patriotische Versatzstücke aus der Propagandakiste. Ein finsterer Uncle Sam zeigt auf mich und donnert: »I Want You!« Die Schlagzeile auf einem Extrablatt posaunt: »Germany surrenders!« Das Foto von der Siegesparade in New York belügt mich mit einem spontanen Kuss. Die Aufnahme war bekanntlich inszeniert.

In Washington führt zum ersten Mal eine ortskundige Dame unser Fähnlein. Lady Hildegard ist siebzig Jahre jung. Im Inneren ihrer hundertfünfzig Zentimeter großen Zierlichkeit brodelt ein vulkanisches Temperament. Sie spricht so schnell, wie sie rennt.

Zuerst erweisen wir den Gräbern auf dem Arlington Cemetery unsere Reverenz.

Hier liegt auch der ermordete Präsident John F. Kennedy begraben. Bis zu den Schüssen von Dallas an einem Sonntag im November 1963 ruhte unsere Hoffnung für eine bessere Zukunft auf ihm. Die posthumen Enthüllungen über den schlimmen Womanizer taten mir persönlich weh. »Trau grundsätzlich keinem Mann!«

Kommentiert ausgerechnet mein Göttergatte und Gemahl.

Der Bus rollt weiter zum Lincoln Memorial.

Vor uns steigt ein gewaltiger dorischer Peripteros mit sechsunddreißig Säulen in den Himmel. In der Cella sitzt Abraham Lincoln entspannt auf einem Sessel. Die riesige Präsidentenstatue erinnert mich an die Zeusstatue von Phidias zu Olympia. Der Präsident hält indes weder Nike noch Herrscherstab; seine schlanken Hände ruhen entspannt auf der Armlehne. Nur zwei Liktorenbündel signalisieren, wie bei einem römischen Konsul, seine exekutive Gewalt.

Nebenan sind die markigen Worte seiner Gettysburg Address in Marmor gemeißelt.

Vom Lincoln Memorial stürmt Hildegard zu den naheliegenden Kriegsdenkmälern.

Am Denkmal des Koreakrieges greift ein Platoon in Keilform an. Neunzehn lebensgroße Eisenfresser werden von einer Granitwand hochsymbolisch gespiegelt; so verdoppelt sich die Kampfstärke. Verlief die Front in Korea nicht am 38. Breitengrad? Verrät dieser Kunstgriff Inspiration und Kreativität? Hildegard sagt, 38 lebensgroße Bronzekrieger wären wohl zu teuer gekommen.

Am Mahnmal des Vietnamkrieges empfängt uns eine lange Wand aus schlichten Steintafeln mit den Namen aller gefallenen Amerikaner. Wir erleben Szenen wie an der jüdischen Klagemauer. Vater und Sohn knien betend vor einer Tafel; der Vater weint, sein Knabe tröstet ihn. Die Kriegshandlungen gingen vor dreißig Jahren zu Ende; Schmerz und Trauer nicht.

Der erschütternde Eindruck der schlichten Ehrenwand wird sofort beiseite gewischt von einem Denkmal im Arno Breker Stil. Vor drei Bronzesoldaten mit dickem Bizeps in engen Muskelhemdchen posieren zwei blutjunge, lebende GIs im Battle Dress zusammen mit einem Veteranen im Rollstuhl für ein Erinnerungsfoto. Als Hintergrund für Schnappschüsse dieser Art nicht gefragt ist das Denkmal für die Florence Nightingales des Vietnamkrieges. Wie eine Pietà hält eine Krankenschwester den schwer verwundeten Soldaten in ihrem Schoß, ihre Kollegin hält weinend Ausschau nach dem rettenden Helikopter, die dritte Nurse betet um Beistand.

Zwischen Lincoln Memorial und Washington Monument ist noch viel Platz für mehr Heldenverehrung. Vermutlich sind die Monumente für die beiden Irak-Kriege der Bushs schon in Arbeit. Das Denkmal für den Zweiten Weltkrieg will niemand mehr sehen.

Lady Hildegard hastet weiter zur Nordseite des Weißen Hauses.

Mitten im Lafayette Park reitet Andrew Jackson Attacke. Der nachmalige siebente Präsident der USA hatte sich mit Tatenruhm in Indianerkriegen der Nation empfohlen. Als Präsident ließ er fünf große Indianernationen auf dem ›Pfad der Tränen‹ ohne Pardon nach Oklahoma verjagen.

In den vier Ecken stehen Helden des Unabhängigkeitskriegs. Die adeligen Kämpen eilten aus der Alten Welt zu Hilfe. Baron Friedrich Wilhelm von Steuben brachte der Kontinentalarmee preußischen Drill bei. Der Marquis de Lafayette und der Comte de Rochambeau kommandierten die französischen Hilfstruppen. Sie trugen bei zum Endsieg über die Engländer bei Yorktown. Tadeusz Kościuszko, der Landadelige und spätere polnische Nationalheld, diente in der Kontinentalarmee als Chefingenieur. Später begegnen wir seinem kleinadligen Landsmann Kazimierz Pulaski; der gilt als Schöpfer der US Kavallerie. Groß in Szene gesetzt ist auch der Erfinder der Taktik der verbrannten Erde, General William T. Sherman. Beschämend klein und mit Grünspan überzogen wacht dagegen Benjamin Franklin vor dem Old Post Office. Das Allround Genie Franklin hat ja nicht nur den Blitzableiter erfunden, er war auch Printer, Philosoph, Politiker und Patriot. Und der erste Chef des heute noch existierenden United States Postal Service.

Warum setzt die Menschheit den Kriegshelden pompösere Denkmale als den Geistesgiganten? Mein Sozialpsychologe und Seelenkundler erklärt, das sei ein Problem der trägen Masse: »Mit Krieg kennen sich mehr Menschen aus als mit Physik oder Astronomie.«

Der Anblick des Weißen Hauses mit dem übel beleumundeten Oral Office, vertrauter Bühnenprospekt unzähliger skandalöser Korrespondentenberichte, lässt mich frösteln.

Nach Kennedys Tod begann die politische Kultur der USA zu verrotten.

Watergate, Irangate, und Monicagate waren Stationen auf einem Kreuzweg, der mit der ›Achse des Bösen‹ von George Walker Bush noch lange nicht zu Ende ist.

Wir traben zum Capitol Hill und finden eine riesige Baustelle vor. Der weltbekannte Kuppelbau von L`Enfant, ein Stilmix aus Petersdom und Sacre Coeur, muss dringend restauriert werden. Vor dem Kapitol windet sich eine riesige Warteschlange. Jeder Besucher wird einem umständlichen Sicherheitscheck unterzogen. Wir votieren lieber für einen Lunch an der Waterfront Pier.

Nach dem Lunch spazieren wir allein zu zweit zur Library of Congress.

Es hilft nichts, auch hier muss der Besucher zuerst durch einen langwierigen Security Check. Die imposante Architektur ist leider überladen mit Ornamenten. Putzige Putti figurieren als Allegorien der Erdteile. Aus der Großen Halle führen hohe Korridore in den Haupt-Lesesaal mit den kreisförmig angeordneten Lesepulten. Gewaltige Treppenhäuser geleiten den Besucher hoch zur Galerie. Auf der darüber umlaufenden Balustrade zeugen große Dichter wie Moses und Homer, Milton und Shakespeare von der Macht des Wortes. Sogar unser guter Goethe ist anwesend. Die verschiedenen Sparten der Literatur sind im Stil von Alfons Mucha als wollüstige, spärlich bekleidete Damen dargestellt. Weil dem Künstler keine schlüssigen Attribute eingefallen sind, hat er sicherheitshalber jeder Dame ein Namensschild beigegeben. So kann man Kommödie und Tragödie, Lyrik und Roman, Fantasy und Erotika leichter auseinander halten.

Als nächstes besuchen wir, beschattet von unserem Pastor und seiner Kantorin, die National Gallery of Art. Auch hier müssen wir einen Sicherheitscheck überstehen. Ein himmelhoher Portikus mit ionischen Säulen führt in die grandiose Kunstarche. In ihren Sälen erwartet uns eine erstklassige Sammlung der Malerei von Giotto bis van Gogh.

Überwältigt von den Meisterwerken der Palette, fasst unser Armenprediger den Guten Vorsatz: »Ich sollte auch mal wieder malen!«

In der Skulpturenhalle bestaunen wir Glanzstücke der Bildhauerei von Donatello bis Canova. Leider bleibt nur wenig Zeit, denn das Museum schließt schon um 17.00 Uhr. Im Sculpture Garden nebenan können wir unter freiem Himmel noch einen argwöhnischen Blick auf Schöpfungen von Bourgeois, Calder und Oldenburg werfen. Zu dem dadaistischen Ensemble gehört auch eine surrealistische ›Personage Gothique‹. Joan Miro hat ihren Quadratschädel geformt nach einem Pappkarton und den Leib nach dem Kummet eines Esels. Verrät uns der Katalog. Ein ›Thinker on a Rock‹ des Briten Barry Flanagan entlockt uns beifälliges Schmunzeln. Der riesige, sinnierende Hase ist eine witzige, respektlose Parodie des berühmten ›Denkers‹ von Rodin.

Auch die Galerien der Smithsonian Institution an der National Mall und das Washington Monument sind nach 17.00 Uhr geschlossen. In der Food Area des Ronald Reagan Buildings finden wir ein italienisches Restaurant. Antipasto misto und Pollo al limone werden von der Abendsonne vergoldet; dazu schmeckt ein staubtrockener Frascati.

In den Maulbeerbäumen spielen graue Eichhörnchen ›Fang mich doch!‹

Die U-Bahn bringt uns zurück zum Hotel in Arlington.

THE PHILADELPHIA-STORY

Heute verlassen wir leider Washington Richtung Philadelphia.

Ich bin gespannt auf die Stadt der brüderlichen Liebe. Spielen dort die Girlies der oberen Zehntausend wirklich alle Piano wie Fats Waller? Und parlieren Französisch: »Enchantée!« Heiraten ihre Töchter aus Trotz noch reiche Kohlenhändler? Haben die ehrbaren Familienoberhäupter noch alle ein Krösken mit Showgirls? Gibt es noch so couragierte Zeitungen wie das ›Spy Magazine‹, das mutig Gesellschaftskritik übt?

Unser Bus hält an der Independence Hall. Hier wurden die Unabhängigkeitserklärung und die Verfassung der Vereinigten Staaten verabschiedet. Wir müssen wieder durch einen Sicherheitscheck. Dann stehen wir vor der weltberühmten Freiheitsglocke. Das Besondere an der Glocke ist ein Riss im Klangkörper; Liberty Bell klingt nicht mehr gut.

Ihr Schicksal ist von Legenden umrankt. Niemand weiß, ob sie bei der Deklaration der Unabhängigkeit geläutet wurde. Niemand weiß, wann sie den ersten Riss bekam. Niemand weiß, ob sie danach nur ausgebessert oder zweimal neu gegossen wurde. Heute gilt die Glocke als das amerikanische Symbol von Freiheit und Demokratie schlechthin; nach ihrem Vorbild wurde die Freiheitsglocke in Berlin geschaffen. Aber nicht nur die Gegner der Sklaverei, auch die Suffragetten haben die gesprungene Glocke als Symbol für ihre hehren Ziele in Anspruch genommen. Gibt es ein treffenderes Symbol für das Land der unbegrenzten Gegensätze? »Der Zarenglocke schickt Liebesgrüße aus Moskau!« Tönt mein James Bond-Fan und Gemahl.

Dann hetzen wir im Geschwindschritt durch die ›Altstadt‹.

Eine Heidjer Deern mit sonnigem Gemüt, gebürtig aus Lübeck, rast auch verbal durch die Geschichte von Philadelphia. Nach ihr ist Philadelphia eine Zitadelle der Schönen Künste und der Höheren Bildung. In Philadelphia gibt es nach ihrer Meinung mehr Kunst im öffentlichen Raum als in jeder anderen amerikanischen Stadt.

Meint sie damit die unzähligen, allgegenwärtigen Grafitti?

In der Congress Hall an der Chestnut Street tagte von 1790 bis 1800 der Kongress der Vereinigten Staaten. Damals war Philadelphia die Hauptstadt der USA.

Hier wurden die beiden ersten Präsident der USA, George Washington und John Adams, in ihr Amt eingeführt.

Das Grab von Benjamin Franklin ist mit einer schlichten Marmorplatte bedeckt.

Auf einer schnörkellosen Gedenktafel mit Porträtmedaillon wird Franklin durch Zitate von berühmten Zeitgenossen lebendig. Turgot, Aufklärer und glückloser Finanzminister von Louis XVI., würdigt Franklin mit den Worten: »Er entriss dem Himmel den Blitz und den Tyrannen das Szepter.«

Auf einen lieblos servierten Lunch in einem Hotelrestaurant folgt eine ermüdende Busfahrt nach New York. Dort verabschiedet sich der fahrtüchtige Bob von uns.

Wir scheiden ohne Groll.

Das altehrwürdige Hotel Edison liegt an der 47. Straße, unweit vom quirligen Times Square. Der Erfinder der Glühbirne persönlich hat bei der Einweihung des Art Deco Gebäudes im Jahr 1931 das Licht angeknipst. Das Haus beherbergt auf 26 Stockwerken tausend Gäste. In der mit Fotografien von Jazzgrössen geschmückten Lobby herrscht ein irrer Betrieb. Big Apple boomt. Wir wohnen Holzklasse. Das winzige Zimmer verfügt jedoch über ein eigenes noch winzigeres Bad.

Zum Tagesabschluss gönnen wir uns eine romantische Hafenrundahrt. Von Pier 54 geht es vorbei an Ellis Island. Bis 1924 war das Inselchen Kontroll- und Quarantänestation für alle Einwanderer. Dann kommt Liberty Island mit der berühmten Freiheitsstatue in Sicht. Lady Liberty ist ein Geschenk der französischen Nation an die USA zum Gedenken an gemeinsame Waffentaten im Unabhängigkeitskrieg. Leider setzt heftiger Regen ein. Lower Manhattan duckt sich unter einen wolkenverhangenen Himmel, die Spitzen der Wolkenkratzer verschwinden im Dunst. Battery Park und Castle Clinton sind von See aus nicht mehr zu auszumachen. Um die Südspitze von Manhatten dampfen wir den East River hoch. Überall gehen die Lichter an und verwandeln New York in ein märchenhaftes Raumschiff. Unter erleuchteten Brücken fährt das Schiff bis zum UNO Gebäude.

Das Weltgericht ragt finster drohend in den nachtschwarzen Himmel.

Nach der Rundfahrt tafeln wir bei einem Italiener zu Abend. Mi piace!

NEW YORK, NEW YORK!

Der Breakfast Room des Edison ist überfüllt; die Bedienung trägt rote Flecken.

Für unseren Voucher stehen uns nur Eier mit Speck und Toast zu. Wir haben aber die Wahl zwischen Rührei und Spiegelei. Letzteres wird auf Wunsch auch ›sunny side up‹ oder ›sunny side down‹ gereicht.

Draussen wartet ein neuer Bus. Er hat nur zwanzig Sitzplätze. Stallmeister Serdal hat nicht bedacht, dass unser Fähnlein sechsundzwanzig Köpfe zählt. Ohne seinen. Nach einer Stunde Wartezeit bringt uns ein grösserer Bus über den Columbus Circle mit der Statue des tragischen Genuesers zum Lincoln Center for the Performing Arts. Zu diesem Gebäudekomplex gehören das New York State Theater, die Avery Fisher Concert Hall, Heimat der berühmten New Yorker Philharmoniker, und die nicht minder berühmte Metropolitan Opera. Die Fensterfront des Opernhauses zieren hohe gotische Kirchenfenster mit romanischen Rundbogen. Eine geschwungene, zweiläufige Treppe führt vom Foyer hinauf zu den Rängen.

Als nächstes hält der Bus an der Straße Central Park West. Hier wohnen die Reichen und Berühmten, wie Michal Douglas. Hier wurde vor fünfundzwanzig Jahren John Lennon erschossen. Draußen regnet es. Das lausige Wetter von Big Apple ist mir noch in unguter Erinnerung. Unser Bus ist nicht klimatisiert, viele Damen haben Kreislauf. Trotz des Nieselregens wollen alle liebend gern durch den Park bummeln. Von weitem ist Cleopatras Needle zu sehen. Der Obelisk wurde von Pharao Thutmosis III. in Heliopolis aufgestellt. Der Renegat Mehmet Ali hat den Obelisken an die USA verschenkt. Ein Zwilling steht in London. Christos safrangelbe Bettlaken vom heurigen Frühjahrsputz sind schon wieder abgehängt. Wir spazieren am Zoo vorbei zur Fifth Avenue.

Neben dem über zweihundert Meter hohen Wolkenkratzer des Trump Tower nimmt sich der Nachbar Tiffany sehr bescheiden aus. Das Atrium des Tower, sechs Stockwerke hoch, eine Orgie aus Marmor und Gold, hätte Holly Golightly bestimmt imponiert. Die neugotische St. Patricks Cathedral ist der Sitz des katholischen Erzbischofs. Im Gotteshaus warten fünfzehn Altäre auf Beter. In der riesigen Halle der Central Station zeigt eine große Uhr den New Yorkern was die Stunde geschlagen hat. Für das Grundstück des UNO Quartiers am East River hat John D. Rockefeller III. mehr als acht Millionen Dollar spendiert. Auf dem Vorplatz steht eine kuriose Plastik. Ein Revolver mit einem Knoten im Lauf symbolisiert den Willen der UN zum Gewaltverzicht. Oder zur Ladehemmung?

Das Rockefeller-Center an der Fifth Avenue wurde während der Weltwirtschaftskrise finanziert von John D. Rockefeller Junior, dem Sohn des gleichnamigen Gründers der Standard Oil und Vater zweier Gouverneure. Nelson A. Rockefeller haben wir schon in Albany kennengelernt. Sein Bruder John D. Rockefeller IV. war Gouverneur von Virginia und sitzt derzeit für Virginia im Senat. Wir werfen einen Blick auf die weltbekannte Lower Plaza, wo im Winter ein riesiger Weihnachtsbaum steht und die Eisläufer vor dem kitschig vergoldeten Prometheus ihre Runden drehen. Heute ist wegen des schlechten Wetters wenig Betrieb.

Zum Lunch führt Truchsess Serdal uns nach Chinatown. Die Auslagen der Geschäfte wirken so exotisch-gruselig wie auf einem Markt in Peking. Die fernöstlich anmutenden Antiquitäten sind aber meist Made in Brooklyn. Fast in jedem der schäbigen Häuser schmort und köchelt ein Chinese. Unser chineser Garkoch serviert im Souterrain, das Essen schmeckt nach Wau-Wau.

Der Nachmittag steht uns zur freien Verfügung.

Im Empire State Building warten Hunderte Besucher auf den Fahrstuhl zur Aussichtsplattform. Jährlich kommen vierzigtausend Neugierige hier her. Wir müssen fünfundvierzig Minuten auf den Aufzug warten. Aber der Ausblick von der rappelvollen Plattform auf das Häusermeer von Broadway und Lower Manhattan bis zur New York Bay macht die Wartezeit rasch vergessen.

Macy`s in der 34. Strasse bietet ein riesiges Angebot im unteren Preisegment. Im Keller lockt ein Feinschmecker Restaurant. Wir werfen einen Blick auf die Karte und geben einer vorgeblich original französischen Prasserie den Vorzug.

Choucroute garni mit Würstel und Bauchfleisch.

»Wie Wurstebrei ohne Wurst« Würde man in Bad Salzloch mäkeln.

Am heutigen Samstag stehen eigentlich »die bunten New Yorker Stadtteile Bronx, Brooklyn und Queens, von den New Yorkern liebevoll ›BBQ‹ genannt«, auf dem Plan.

Aber Marschall Serdal lässt zum Financial District in Manhattan fahren. Bei Nieselregen bummeln wir zur Wall Street. Zwischen Wolkenkratzern ragt verschüchtert der Turm der neugotischen Trinity Church zum Himmel. Die Börse ist seit Nine Eleven nicht mehr für Besucher zugänglich. Aber Wallstreet schläft nicht. In den Gebäuden der Chase Manhatten Bank, von Merill Lynch Investment, des Morgan Guaranty Trust und der First National Bank wirkt und werkelt nach wie vor die blanke Gier. Vor der bescheidenen Federal Hall steht klein und verloren eine Statue von Präsident George Washington.

Was hätte der ehrenwerte Gentlemen zu dieser Umgebung gesagt?

Dann trotten wir zum Ground Zero. Hier standen bis zu jenem 11. September 2001 die Zwillingstürme des World Trade Center. In den über hundert Stockwerken gab es Arbeitsplätze für fünfzigtausend Menschen. Große Tafeln schildern den Terroranschlag mit zwei gekaperten Flugzeugen bis ins Einzelne. Bei dem Anschlag verloren Tausende ihr Leben. Jetzt finden wir an dieser Stelle nur noch ein in jeder Beziehung riesiges Loch.

Über die Pläne zum Wiederaufbau ist New York heillos zerstritten. Bürgermeister Bloomberg, Anwalt eines Neubaus, kandidiert für eine zweite Amtszeit; der Multimilliardär macht den Job zur Zeit für ein symbolisches Gehalt von einem Dollar. Die Times berichtet, er investiere fünfzig Millionen Dollar in seinen Wahlkampf.

Mit dem Bus fahren wir dann über die weltbekannte Hängebrücke mit den getrennten Ebenen für Fußgänger und Fahrzeuge nach Brooklyn. Dort halten wir, um die Skyline von Manhattan zu fotografieren. Leider verstecken sich die höheren Stockwerke der Skyskraper wieder in schwarzen Wolkenmassen. Vorbei an der riesigen, strohgelben Weltzentrale der Zeugen Jehovas mit der Druckerei des ›Wachturms‹ rollen wir über den East River zurück nach Greenwich.

Der Regen hat inzwischen aufgehört. Auf einem kurzen Spaziergang durch das Village mit zum teil sehr schönen Häusern und verschwiegenen kleinen Parks schnuppern wir Bohèmeluft. Hier haben Henry James, John Dos Passos und Eugene O`Neill Literaturgeschichte gemacht.

Zum Lunch ist Barbeque angesagt. Unser Seneschalk Serdal schleppt uns in ein Restaurant: es ist wieder das falsche! Mit dem Bus fahren wir zurück von der 52. zur 22. Straße.

Jedem Mitglied unserer hungrigen Meute wird ein halbes Brathähnchen mit fettigen ›French Fries‹ vorgesetzt. Vor zwei Jahren hießen die heißen Kartoffeln noch ›Freedom Fries‹. Weil die Franzosen im Zweiten Irak Krieg nicht mitbomben wollten, war es plötzlich politisch unkorrekt, etwas Französisches überhaupt in den Mund zu nehmen.

Der Nachmittag steht wieder zur freien Verfügung.

Wir stellen uns an der Kasse des Minskoff Theaters am Broadway an für zwei Karten. Heute steht ›Anatevka‹ auf dem Spielplan. Das vierte Revival des Musicals läuft seit achtzehn Monaten.

Am Abend ist das Theater mit seinen 1621 Plätzen ausverkauft. Wir erleben eine bittersüße Aufführung mit einem glänzenden Harvey Fierstein als ›Tevje‹. Der lässt sich auch durch Patzer des Beleuchters nicht aus der Ruhe bringen. Mehrfach rückt der träumende Tevje sein Bett zurück in das irrlichternde Spotlicht und singt weiter, als sei die Panne ein besonderer Einfall der Regie.

GOSPEL SONG AND SOUL FOOD

Heute ist Sonntag. Geplant ist der Besuch eines Gottesdienstes in Black Harlem.

Angemessen gekleidet fahren wir mit dem Bus pünktlich um 9.00 Uhr vom Edison ab.

Als wir nach langer Suche bei der angeblich für uns reservierten Kirche ankommen, staunen wir über eine große Warteschlange. Das Fähnlein meutert, niemand will im Nieselregen auf Einlass warten.

Marschall Serdal telefoniert. Oh Wunder, wir sind auch in einer anderen Kirche willkommen! Der Gottesdienst beginnt dort aber erst um 11.00 Uhr. Deshalb machen wir noch eine kleine Stadtrundfahrt, vorbei am Yankee-Stadion, durch Harlem und Queens.

Die Methodisten-Kirche ist peinlich leer. Wie in Bad Salzloch nehmen am Gottesdienst hauptsächlich Senioren teil. Alle Gläubigen führen ihren Sonntagsstaat vor; die Damen tragen Hut und gehäkelte Handschuhe, die Herren Anzug und Krawatte. Um es korrekt zu formulieren: der füllige Geistliche hat unverkennbar afroamerikanische Wurzeln. Er begrüßt unser Fähnlein mit warmen Worten und bittet, uns von den Bänken zu erheben. Dann kommen die Gemeindemitglieder und schütteln uns begeistert die Hände. Der Gospel Chor fängt an zu jubeln; Orgel und Klavier fallen mitgerissen ein. Die Gemeinde fängt an, zu schunkeln und zu klatschen. Ist das ein Take für ›Sister Act Three‹?

Zunächst verkündet der Pfarrer Bad News. In Kaschmir gab es ein schweres Erdbeben mit mehreren zehntausend Toten. Er bittet alle Anwesenden, freigebig für die armen Opfer zu spenden.

Die anschließende Predigt dreht sich um völlige Verderbtheit, unvermeidbare Gnadenwahl, persönliche Erweckung und das Ausharren der Auserwählten im HERRN.

Nach der geistlichen Seelenspeise fahren wir zu ›Sylvia`s Soul Restaurant‹ in der Lenox Avenue. Das Gästebuch des angesagten Lokals ist imposant. Sportsleute, Filmstars, Fernsehmoderatoren und Politiker aller Couleur gaben der Table d`hôtes schon die Ehre ihres Besuches. Die unansehnliche Stätte für die leibliche Seelenspeisung liegt im Erdgeschoss eines fünfstöckigen, in die Jahre gekommenen, Wohnhauses. Truchsess Serdal findet mal wieder den Eingang nicht; schließlich werden wir in einen Anbau gebeten. Wir sitzen zusammengepfercht wie die Hühner auf der Stange.

Die Speisekarte verrät noch die frühere Imbissbude.

Soul Food, einst die Küche der armen Negersklaven, verarbeitet billiges Gemüse und wenig nachgefragte Fleischwaren wie Innereien, Schweinefüße oder Hühnerflügel. Die panierten und frittierten Gerichte werden mit leckeren, als Sauce getarnten, Geschmacksverstärkern serviert. Nun, ›Chicken Wings‹ und ›Spare Ribs‹ haben ja auch in der Alten Welt Liebhaber gefunden. Wir schlemmen gebratenen Schweinebauch und frittierte

Hähnchenschenkel an Okraschoten und Süßkartoffeln. Zum Dessert gibt es Säuglingskost: ein bräunliches Püree aus Bananen und Biskuit.

Der Bus bringt uns zurück nach Midtown Manhattan.

Nach dem Seelenschmaus lassen wir uns über die die Sixth Avenue treiben.

Hier, auf der Avenue of the Americas, laufen sich die Tänzer für die alljährlich am zweiten Montag im Oktober stattfindende Columbus Day Parade warm. So bekommen wir ganz ungeplant einen Eindruck von dem Spektakel. In der Neuen Welt ist der Tag der Ankunft von Christoph Kolumbus in Amerika am 12. Oktober 1492 seltsamerweise ein Feiertag. Die multikulturelle Parade hier erinnert an den Carneval in Rio; die Kostüme sind genau so farbenprächtig, aber viel, viel sittsamer.

Das neoklassizistische Gebäude der Frick Collection wurde vor dem Ersten Weltkrieg von dem Pittsburger Stahlmagnaten und Kunstsammler Henry C. Frick errichtet. Jetzt beherbergt die einmalige Kunstsammlung Gemälde, Skulpturen, erlesene Möbel und edles Porzellan in geschmackvoll gestalteten, ohne die üblichen roten Kordeln wie privat wirkenden Räumen. Den Großmeistern des französischen Rokoko, Boucher und Fragonard, sind eigene Säle gewidmet. Gezeigt werden dort Auftragsarbeiten der Mätressen des französischen Königs Louis XV., Mme. Pompadour und Mme. DuBarry. Mein Frauenversteher und Gemahl kann sich in der Nordhalle kaum von der kühl und schnippisch lächelnden ›Comtesse d`Haussonville‹ von Ingres trennen. Mich faszinieren mehr die beiden Vermeers in der Südhalle.

In der anbrechenden Dämmerung schlendern wir durch den Central Park zum Hotel.

Vor dem Heimflug am heutigen Montag bleibt vormittags noch Zeit für einen Besuch im Museum of Modern Art in der 53. Straße West. Das MoMA ist erst seit elf Monaten in völlig renovierten Räumen wieder geöffnet. Im 6. Stock bewundern wir Werke der Klassischen Moderne. Das 5. Stockwerk ist der Postmoderne gewidmet. Hier verdrehen uns Schöpfungen von Jackson Pollock, Joseph Beuys und Andy Warhol die Köpfe.

Im schattigen Innenhof stürzt sich Maillols üppge ›La Rivière‹ rücklings ins Wasser.

Die ›Sie-Ziege‹ von Picasso meckert darüber; der ›Balzac‹ von Rodin wendet sich mit Grausen.

Unser Flieger wartet. Marschall Serdal beweist zum letzten Mal seine ganze Klasse als Führer. Er dirigiert den Bus zum Kennedy Airport. Die Truppe muss aber nach Newark in New Jersey. »Unterstelle nie Bosheit, wo Dummheit als Erklärung völlig ausreicht.«

Mahnt mich mein menschenfreundlicher Gemahl.

Kennen und verstehen wir nach dieser Reise das Land der unbegrenzten Möglichkeiten besser?

Da sind zunächst die beiden Probleme, die Amerikas Geschichte von Anfang an belastet haben. Weder die Aussöhnung mit den American Natives noch die völlige Gleichstellung der Afroamerikaner sind bislang zu einem guten Ende gebracht.

Aussenpolitisch schwankt die Politik der USA wie eh und je zwischen Isolationismus und militärischer Intervention. Auf eine gute Tat folgen stets zwei Schurkenstücke, in denen unter der zivilisatorischen Tünche der ›Ugly American‹ zum Vorschein kommt.

Die immer wieder beschworene Religionsfreiheit scheint vordergründig gesichert; aber unter George W. Bush haben die Fundamentalisten aller Couleur an Boden gewonnen.

Die USA haben eine demokratisch legitimierte Regierung, aber die Macht der Lobbyisten schlimmster Sorte, wie die National Rifle Association, ist ungebrochen.

Die Kluft zwischen Arm und Reich, zwischen denen im Licht und denen im Schatten, hat sich unter den Bushs weiter vertieft. Die viel beschworene puritanische Ethik der Selbstzucht und Genügsamkeit ist längst im Casino-Kapitalismus ertrunken.

Überragende Universitäten, hochgebildete Alumni aller Fakultäten, Spitzenleistungen in Wissenschaft und Technik, die liebevolle Pflege der Schönen Künste, hervorragend kuratierte Kunstsammlungen: das alles macht Hoffnung, dass die Nation der unbegrenzten Gegensätze die unbestrittenen Tugenden der Heiligen nicht vergessen hat und ihrem Hang zu »pathetischem Sendungsbewußtsein und selbstgefälliger Unfehlbarkeit«, den schon der Autor der ›Lederstrumpf‹ Romane rügte, Zügel anlegt.

God bless America!

ZURÜCK IN DIE STEINZEIT

MALTA

MEGALITH HEILIGTUM GIGANTIJA, GOZO, MALTA

MAGNA MATER: FRAUEN AN DER MACHT

Ein langes mentales Armdrücken und zähes intellektuelles Fingerhakeln ist zu Ende. Mein geistiger Sparringspartner und Gemahl streckt die Waffen. Wir reisen - endlich, endlich - nach Malta. Ich habe seine Eminenz davon überzeugt, dass es dort mehr zu sehen gibt als alte Ordensburgen.

Bei der Landung auf dem internationalen Flughafen tobt gerade ein Sandsturm über die Insel. Der Himmel glimmt schweflig; in der schummrigen Nachmittagssonne wirkt Malta unheimlich. Auf der Insel Malta gilt noch immer der althergebrachte britannische Linksverkehr. Für die Fahrt zum Hotel im Norden leisten wir uns vorsichtshalber ein Taxi.

Zuerst rollen wir über eine gut ausgebaute, mehrspurige Straße nordwärts. Später holpern wir in wildem Tempo über kurvenreiche Pisten. Es geht ständig himmelauf und bergab. In den Marfa Hügeln ist die Straße stellenweise so eng, dass zwei Autos nicht aneinander vorbei kommen. Am Strand der Paul`s Bay hat der Sturm auf der Fahrbahn eine mächtige Saharadüne angeweht. Die wenigen Autos schleichen abseits der Piste vorsichtig darum herum.

Unser frisch renoviertes Hotel liegt an der Ramla Bay. Die Gartenkunst ist noch im Werden. Beim Check-In gibt es ein Problem. Wir haben keinen Hotelvoucher, sondern nur die Buchungsbestätigung dabei. Nach einigem Hin und Her klärt unser örtlicher Reiseleiter die Situation. Der studierte Ökonom hört auf den schönen Namen Hans Sachs.

»Und ist ein rechter Schlacks.« Kalauert sofort mein Schüttelreimer und Gemahl dazu.

Zu Beginn seiner Laufbahn untersuchte Herr Sachs die Chancen und Risiken für deutsche Unternehmen am kleinen maltesischen Markt. Die nähere Bekanntschaft mit den Inseln Malta, Gozo, Comino und einem Dutzend winziger Eilande mündete in einer tiefen Zuneigung zu dem mediterranen Archipel. Der kühle Wissenschaftler mutierte zum begeisterten Minnesänger von Malta.

Vor dem Abendessen macht sich unsere Fähnlein bei einem Glas maltesischer Cola miteinander bekannt. Wir erleben ein buntes Potpourri deutscher Dialekte.

Eine studierte Geodätin aus Zwickau wird von ihrer hübschen Tochter begleitet. Beide Damen reden wenig. Wenn, dann nur scheenstes Säggssch: »Sie gloom je gornich, mei Guhdsdorr, was ich frne Freide hab, dass mier so ne scheene Reise mochn genn.«

Ein Ehepaar aus Hannover streitet über Petitessen und s-tösst dabei s-tändig an den s-pitzen S-tein. Er verkörpert den Typ triebstarker Saunagänger, sie chargiert als zänkische Xanthippe. Aus München ist eine Viererbande dabei. Ein Paar aus Hof hat bei ihnen gleich Anschluss gefunden. Obwohl Franken, halten die beiden wacker mit, wenn die Altbayern laut dischbuddiern. Dann gibt es noch einen Hagestolz aus Grinzing, er pflegt den näselnden Wiener Schmäh. Unüberhörbar aus Zürich kommt ein schwyzerdeutsches Ehepaar. Sie ist ausgefallen, aber geschmacklos, gekleidet. Ihren Trophy Man hat sie vermutlich nur seiner schönen Larve wegen geheiratet. Das Menjoubärtchen trägt Goldkettchen am solariumbraunen Hals und blickt höchst bedeutend in die Welt. Im Gespräch entpuppt sich der Schönling aber rasch als taube Nuss.

Zum Dinner erwartet uns eine angenehme Überraschung.

Das leckere kalt-warme Büffet straft alle Unkenrufe der gedruckten Reiseführer über Maltas »einfache englisch-italienische Küche« Lügen!

Am nächsten Morgen lacht die Sonne vom Himmel. Um diese Jahreszeit scheine sie acht Stunden am Tag; es regne kaum; die Tagestemperaturen lägen bei milden zwanzig Grad Celsius. Verspricht uns hoch und heilig Hans Sachs.

Auch das reichhaltige Frühstücksbuffet erfüllt all unsere Wünsche.

Um Punkt 9:00 Uhr rollen wir mit einem urbritischen, sportlich gefederten Reisebus südwärts. Unser erstes Tagesziel sind die jungsteinzeitlichen Tempel von Mnajdra und Hagar Qim. Die Namen der Orte sind wahre Zungenbrecher.

Malti, die Mundart von Malta, wurde geprägt von den vielen Eroberern des Archipels. Phönizier, Araber und Italiener haben die nachhaltigsten Spuren in der Sprache hinterlassen. Das halbsemitische Malti ist heute, neben Englisch, die offizielle Amtssprache von Malta; es wird mit lateinischen Buchstaben geschrieben. Das Idiom wird dadurch nicht eben verständlicher.

Hoch über dem Meer begrüßen uns die ältesten, frei stehenden, steinernen Dome der Welt. Die Anlagen aus der Jungsteinzeit wurden erstmals im Jahre 1840 freigelegt, aber erst um 1950 wissenschaftlich erforscht und teilweise restauriert.

Diese megalithischen Gotteshäuser sind viel älter als die Pyramiden oder das bekanntere Heiligtum von Stonehenge. Ihr gigantisches Mauerwerk besteht aus maltesischem Kalkstein von Korallen und Globigerinen. Die gewaltigen Steinblöcke, die bis zu sechzig Tonnen wiegen, haben dem Zahn der Zeit getrotzt. Doch in den Mauerritzen wachsen schon Wolfsmilch und Steinbrech.

Die ersten Siedler sollen siebentausend Jahre vor unserer Zeitrechnung aus dem nahen Sizilien nach Malta gekommen sein. Diese Steinzeitsizilianer müssen sich gewaltig vermehrt haben. Denn schon nach weiteren zweitausend Jahren waren sie in der Lage, diese einmaligen Ingenieurleistungen zu vollbringen. Das setzt Überfluss an Menschen, Gütern und Zeit voraus. Ohne technisches Know How und Organisationsmacht waren solche Projekte sicher nicht zu stemmen.

Die Orientierungstafeln auf dem Vorplatz von Mnajdra bieten neben dem Grundriss der Tempelanlage auch Abbildungen der Gottheit, die hier verehrt wurde. Die maltesische Große Mutter ist so aufreizend wohlgenährt wie die Venus von Willendorff.

Alle Anzeichen sprechen dafür, dass diese Wunderwerke der Megalith-Architektur von einer Gesellschaft errichtet wurden, in der Fürstbischofinnen das Sagen hatten.

»Geht doch!« Wie mein bester Freund in Bad Salzloch immer sagt.

Zur Anlage gehören drei Tempel, die im Zeitraum von anderthalb Jahrtausenden entstanden. Der Grundriss des kleinsten und frühesten Tempels gleicht einem Kleeblatt.

Bei den späteren Tempeln wucherten Seitenkapellen und Apsis, das Kleeblatt blähte sich zur Doppelniere. Der südliche Tempel diente auch als Kalender. Behauptet Hans Sachs.

»Zur Zeit der Sommer- und Wintersonnenwende stand die aufgehende Sonne in Linie mit den Torwangen, nur ein schmaler Lichtstrahl fiel ins Tempelinnere. Zur Zeit der Tag-und-Nacht-Gleichen im März und September dagegen fiel das Sonnenlicht voll in die hintere Apsis.« Ein Abu Simbel, schon tausend Jahre vor Pharao Ramses dem Großen.

Durch den trapezförmigen Eingang betreten wir den nördlichen Tempel. Die Innenwände sind grob behauen und mit Wellen, Waben und einfachen Spiralen verziert. In der Apsis steht ein mächtiger Pilz aus Stein; der diente einst als Altar. »Bei den frühesten Tempeln bestand der Opfertisch nur aus einer einfachen Stufe an der Apsiswand. Daraus entwickelte sich der Altar zu einem Tisch aus drei Steinplatten und schließlich zum Säulenaltar.« Erläutert der gescheite Hans.

Im südlichen Tempel klafft in der Wand einer Seitenkapelle ein kleines Orakelfenster. In der Nische dahinter suchte eine Seherin nach Antworten auf die Sinnfragen der Gläubigen. »Beichtstühle sind viel älter, als ich immer dachte.« Flüstert mein Gemahl, der Sündenknecht. Mich erinnert die schmale Luke eher an die ›Bocche di Leone‹ von Venedig.

Wie der Kölner Dom wurde Gottes Haus offenbar schon in der Steinzeit niemals fertig. Auch in Mnajdra wurden Kapellen um- und angebaut. An einer Wand ist der Aufriss des Tempels eingeritzt. Eine sonnenbadende Mauereidechse studiert andächtig den Bauplan.

Nach kurzem Gang kommen wir zur wenige hundert Meter entfernten Anlage Hagar Qim. Der Name ist treffend: ›Hoch ragende Steine‹ tragen riesige Architrave.

Draußen begrüßt uns der Torso einer Riesenstatue der Großen Mutter. Die hannöversche Böse Sieben fühlt sich gleich an die Nanas von Niki de Saint-Phalle erinnert.

Auf einer Plakatwand sind vier weitere Schönheiten abgebildet, deren Standbilder hier gefunden wurden. »Die kostbaren Originale werden wir im Ärchäologischen Museum in Valletta sehen.« Gelobt Hans Sachs.

Reste der Umfassungsmauer ragen bis zu zehn Metern hoch in den frühlingsblauen Himmel. Auch in Hagar Qim gibt es drei Tempel. Der älteste ist schlicht und bescheiden; der Grundriss des mittleren Tempels zeigt schon die bekannte Doppelniere. Der jüngste Tempel ist ein Musterbeispiel für einen wuchernden Tumor. Hier wurde bis etwa 2500 v. Chr. um- und angebaut.

Zur Zeit der Hochblüte dieser, scheinbar für die Ewigkeit gedachten, Megalithkathedralen hat sich wohl keine Priesterfürstin träumen lassen, dass ihre Kultur einmal, etwa zur Zeit der Pyramidenbauer, sang- und klanglos untergehen würde. Jedenfalls fanden die Archäologen bisher für die Zeit von 2500 bis 2000 v. Chr. keine Zeugnisse menschlicher Bebauung. Erst ab 2000 v. Chr. haben Sizilianer den Archipel wieder neu besiedelt.

Unser Bus rollt weiter Richtung Süden. Wir halten an einer hohen Steilküste.

Hier hat das Salzwasser aus den Kalkfelsen mehrere Höhlen ausgewaschen.

Diese viel gerühmte ›Blaue Grotte‹ ist nur von See aus zu erreichen und ernährt, ähnlich wie ihre capresische Cousine, viele Bootsführer. Die intensive Färbung des Wassers rührt von den Millionen Blaualgen, die sich in der kalten Lagune wohl fühlen.

»Dunnerlitzchen noch emool - isses Draum oder Woohrheet? Ich ganns nicht fassen.« Jubiliert verzückt unsere Zwickauer Nachtigall.

Auf den Klippen ist der Frühling voll erwacht, überall grünt und blüht es. Nicht so üppig und flächendeckend wie um diese Jahreszeit auf Sizilien. Aber die verkarstete Landschaft mit den gelben und blauen Tupfern, gehüllt in den betörenden Duft von Thymian und Rosmarin, Salbei und Dost wirkt weniger karg und streng. Bienen sammeln eifrig Honig. »Dem Honig verdankte Malta seinen römischen Namen Melita.« Behauptet Hans Sachs. Doch ich vermisse hohe Bäume. Der gescheite Hans klagt, die seien schon im Altertum dem Schiffsbau zum Opfer gefallen. Niemand habe sich um die üblen Folgen des Raubbaus Gedanken gemacht. Die Landschaft sei allmählich verkarstet, Vögel fanden keine Nistplätze mehr. Die Briten hätten dann die letzten Olivenhaine gerodet, weil sie Baumwolle für ihre heimische Textilindustrie anbauen wollten. Wegen des chronischen Wassermangels sei der Baumwollanbau wieder aufgegeben worden. »Zuletzt wuchsen auf Malta nur noch Feigenbäume und Kakteen. Dann hat die Regierung wieder aufgeforstet; ausgerechnet mit schnell wachsenden, aber unheimlich durstigen Eukalyptusbäumen. Dabei gibt es auf Malta keine ganzjährig Wasser führenden Flüsse mehr. Für den Anbau von Gemüse, Obst und Wein ist Malta auf Meerwasser-Entsalzungsanlagen angewiesen.« Im überraschend starken Sonntagsverkehr rollen wir durch kleine Ortschaften westwärts. Unser Ziel ist das Hafenstädtchen Marsaxlokk. ›Marsa‹, das phönizische Wort für Hafen, kommt auch im Namen von Marseille vor. Mit Xlokk ist der heiße Wüstenwind Scirocco gemeint. Hinter dem Städtchen Birzebbuga hält der Bus an.

Wir sollen hinabsteigen in die Höhle der Finsternis. In dieser Karsthöhle ›Ghar Dalam‹ wurden bedeutende Fossilien gefunden. Im kleinen Museum vor der Unterwelt sind einzelne Knochen und ganze Skelette von Tieren aus dem Erdaltertum ausgestellt.

Die Sammlung strahlt noch den sozialistischen Appeal aus der Zeit des ultralinken Premiers Dom Mintoff aus.

»Malta war nicht immer eine Insel. In grauer Vorzeit - vor zwei Millionen Jahren - gab es eine Landbrücke zwischen Afrika und Europa. Als diese Verbindung unterbrochen wurde, entwickelten sich Pflanzen- und Tierwelt auf Malta eigenständig. Das Ergebnis der insularen Evolution bescherte der Flora des Archipels etwa ein Dutzend endemische Arten, die Fauna bereicherten Zwergformen von Elefant und Flusspferd.« Sagt Hans Sachs. Zwei rekonstruierte Skelette dieser Paläo-Däumlinge bilden die Hauptattraktion des Museums. Der Orkus selbst ist nur insoweit bemerkenswert, als in dieser Höhle auch die ältesten Spuren von menschlicher Besiedlung auf Malta gefunden wurden.

Im Fischerort Marsaxlokk ist die Hölle los. Es ist Sonntag und es ist Markttag.

Die Uferstraße ist mit Verkaufsständen vollgestellt wie beim Herbstmarkt in Bad Salzloch. Dieser Fischmarkt wird in den Reiseführern als »schönster und urspünglichster von ganz Malta« gerühmt. Nicht nur frischer Fisch und frisches Gemüse werden feilgeboten. Mann und Frau können auch Eingemachtes, Putzmittel, Hausrat und neue Kleidung kaufen.

Halbstarke Rennfahrer rasen in britischen Minis an der Kirche ›Unsere Liebe Frau von Pompeji‹ vorbei. Die Kleinwagen werden offenbar vom höllischen Lärm ihrer Subwoofer angetrieben. Im Fischereihafen kämpfen Touristen um die besten Standorte für einmalige

Schnappschüsse von den farbenfrohen Fischerbooten. So ein ›Luzzi‹ zieren, wie schon die Feluke des Odysseus, am Bug zwei große, aufgemalte Augen. Rund um das Mittelmeer schwören ja die Eingeborenen, das altägyptische Horusauge halte böse Geister fern.

Nach dem Lunch fährt unser Bus nordwärts in Richtung Tarxien. Dort überrascht uns mitten in der Stadt eine ausgedehnte steinzeitliche Tempelanlage, die erst bei Bauarbeiten im Jahre 1915 entdeckt wurde.

Der weitläufige Komplex umfasst insgesamt sechs Tempel; die drei jüngsten Bauwerke sind am besten erhalten. Sie zeugen von einer letzten Blütezeit der maltesischen Megalithkultur. Das bezeugen nicht nur die besser geglätteten Wände, sondern auch die verfeinerten Ornamente. Die älteren, schlichten Spiralen haben sich zu gefälligen floralen Rankenmustern fort entwickelt. Ritzzeichnungen von Hirschen und Büffeln rufen Erinnerungen wach an die noch viel ältere Höhlenmalerei. Ein Mutterschwein mit zwölf Ferkeln galt wohl als Sinnbild für Fruchtbarkeit.

Vor einem der Tempel steht eine Nachbildung der ehemals drei Meter hohen Magna Mater. Der göttlichen Großen Mutter fehlt indes der nährende Oberleib.

Leider wurde die Tempelanlage restauriert, die Megalithe tragen grauen Putz. Damit sehen die einst heiligen Mauern so anmutig aus wie die Lärmschutzwände an deutschen Autobahnen. Im Garten versöhnt uns der Duft von Levkojen und Rosen mit der Schandtat. Der Bus bringt uns aus der Steinzeit zurück in unser Hotel an der Ramla Bay.

MALTESER FALKEN

Heute steht Valletta, die Hauptstadt von Malta, auf der touristischen Tagesordnung.

Die Hauptstadt wird von abscheulichen Hoteltürmen umzingelt. Unser Eisenhans ätzt, diese einförmigen Bienenstöcke wären bei den Engländern sehr beliebt. Den britischen Urlauber gelüste es nur nach Fish`n Ships, Bier und Sonne. »Wenn Sie in Valletta einem krebsroten Mann in Bermudashorts und Flip-Flops begegnen, können Sie sicher sein, er ist ein Untertan der Queen.«

Am Omnibusbahnhof staunen wir über orange und gelb lackierte Oldtimer. Die Linienbusse haben keine Türen, der Fahrtwind ersetzt die Klimaanlage. Kilometerzähler und Tachometer funktionieren nicht. »An Tempolimits hält sich auf Malta sowieso niemand.« Die Fahrzeuge waren alle einmal grün lackiert. Hans Sachs kolportiert, ein Abgeordneter habe mit dem Umspritzen der Busse seinen Reibach gemacht. Neben den Omnibussen warten Dutzende ›Karozzis‹, einspännige Pferdekutschen, auf Kunden. Am alten Stadttor ›Beit il Belt‹ begrüßen uns auf einem Banner gute Bekannte aus China. Truppen der Terrakotta-Armee von Xian haben gerade das wehrlose Valletta eingenommen.

Hinter dem Stadttor beginnt die Republic Street. Durch diese autofreie Flaniermeile wälzt sich ein dichter, nicht abreißender Menschenstrom bis hinüber zum Fort St. Elmo.

Über den Köpfen prangen schöne Häuserfronten mit vorgehängten maurischen Erkern aus Holz. An manchen Häusern gibt es die Ausluchten gleich im Sechserpack neben- und übereinander. Die meisten sind blau oder grün gestrichen.

Vor einem Beisel lungert eine pausbackige Figur; Lederhose, Gamsbart am Hut und ein schäumendes Maß Bier in der Hand kennzeichnen den Herrn eindeutig als Bajuwaren. Der fröhliche Jodler wirbt für Todays Special: ›Maltese Curry mit Chicken, Beef or Prawns‹. Unser Bayernquartett möchte am liebsten sofort in das verlockende Brauhaus. Aber der eiserne Hans treibt uns weiter zum Archäologischen Nationalmuseum in der ehemaligen Auberge de Provence. Dort dürfen wir die Originale der Bildnisse aus den Tempeln von Mnajdra und Hagar Qim bewundern.

Hier zeigt die herrliche Venus von Hagar Qim ihre göttlichen Reize. Dort thront die Große Mutter; wie ein sinnender Buddha macht sie die Geste der Erdanrufung. Gleich daneben frönt sie dem Tempelschlaf. Ihre zierlichen roten Pantöffelchen leuchten noch wie vor viertausend Jahren. Die Tempel von Mnajdra und Hagar Qim werden vom kundigen Kurator sinnbildlich gedeutet: ihr Grundriss soll die barocken Kurven einer auf der Erde schlafenden Magna Mater abbilden.

In einer Vitrine stehen kleine Figurinen mit geometrischen Körpern, die an kykladische Idole erinnern. Ein sitzendes Ehepaar blickt genauso würdevoll in die Welt, wie der Vorsteher der Maurer und seine Frau im Ägyptischen Museum zu Kairo. Daneben staunen wir über Sternscheiben, die der Himmelsscheibe von Nebra verblüffend ähneln.

Unser kunstgeschichtlicher Horizont weitet sich gleich um Jahrtausende!

Ein Besuch des weltberühmten unterirdischen ›Hypogäums‹ bei der Stadt Paola steht leider nicht auf dem Programm. Die Besucherzahlen dort sind stark rationiert, die Wartezeiten zu lang. Schweren Herzens begnügen wir uns mit der Betrachtung der im Museum gezeigten Fotografien von dieser einzigartigen Höhlenarchitektur.

In dem über drei Stockwerke in die Tiefe führenden Heiligtum fanden nur Hohepriesterinnen ihre Letzte Ruhe. »Die Erdbestattung beweist den Glauben an eine künftige Auferstehung«. Schwört Hans Sachs. »Das ›Hypogäum‹ gilt als eine Art neolithischer Hades. Die schlafende Priesterin ist eine Ururgroßtante von Persephone. Und unterirdische Gewässer nahmen den griechischen Mythos von Charon und Acheron vorweg.« Einige Pfeiler an den Wänden des Hypogäums sind als mächtige Lingams gestaltet. War für neolithische Bauern und Hirten große Fruchtbarkeit nicht das Alpha und Omega des Lebens?

Draußen schlägt das Menschengetümmel über uns zusammen wie die Fluten des Roten Meeres über die Ägypter. Die Sonne brennt gnadenlos vom Himmel.

Der wendige Hans disponiert um: statt zum Großmeisterpalast führt er uns zuerst zum nahen Manoel Theater in der Old Theater Street. Der Musentempel wurde im Jahre 1731 vom portugiesischen Großmeister Manoel de Vilhena in Auftrag gegeben, um dem Orden mehr Raum für gehobene weltliche Lustbarkeiten zu schaffen. An einer Hausecke steht in lateinischer Schrift. ›Theatru Manoel‹. Der Hinweis ist nicht überflüssig. Das Gebäude macht von außen einen etwas herunter gekommenen Eindruck.

Das Theater besitzt über dem Parterre vier Ränge mit viel Blattgold und Rokokogeschnörkel. Hans Sachs beteuert, noch heute herrsche auf Malta eine strenge Theaterzensur. Drei geistliche und zwei weltliche Herren würden über Sitte und Anstand in der Mo-

ralischen Anstalt wachen. Für die maltesischen Censoren seien im Parkett ständig die besten Plätze reserviert. »Malta ist bis auf eine Handvoll britischer Anglikaner fast ausnahmslos und streng katholisch. Das im Sinne der Mutter Kirche absolute Abtreibungs-
verbot wurde sogar beim Beitritt zur Europäischen Union vertraglich abgesichert.«
Offenbart Hans Sachs.

Im winzigen, etwas verstaubt wirkenden, Theatermuseum stehen alte Theatermaschinen.
Wir dürfen Petrus spielen und nach Lust und Laune donnern, hageln und Wind machen.
An einer Wand im Foyer entdecke ich eine Gedenktafel aus Bronze. Ein stattlicher,
freundlich lächelnder Herr im Renaissancekostüm stützt sich auf eine Brüstung.

Auf der Tafel steht eine Widmung, die ich nicht entziffern kann. Nur den lateinisch ge-
schriebenen Namen des Mannes kann ich lesen: Oreste Kirkop. Der gescheite Hans verrät mir, das Relief zeige den weltberühmten Tenor in seiner Paraderolle als Herzog von
Mantua in Verdis Meisteroper ›Rigoletto‹. Der maltesische Caruso habe sich allerdings
schon mit siebenunddreißig Jahren von der Bühne zurückgezogen. Seine Ärzte hätten
den herzkranken Mimen gewarnt, singe er weiter, werde er bald auf offener Bühne sterben. »Kirkop ist vor neun Jahren gestorben; er wurde vierundsiebzig Jahre alt.« Mein
Leibarzt und Gatterich bemerkt dazu: »Der Kasus Kirkop beweist nicht, dass man auf
Ärzte hören soll. Viel wahrscheinlicher handelte es sich um eine krasse Fehldiagnose.«

Zur Mittagspause fliehen wir mit belegten Baguettes aus dem Trubel der Republic Street
hinunter zur schattigen, menschenleeren St. Andrew Bastion am Marsamxett Hafen.

Nach der Siesta stoßen wir vor dem Großmeisterpalast wieder zur Truppe.

Die schlichte Fassade des Palastes verrät nichts von dem Prunk, der sich im Inneren entfaltet. Durch ein hohes, von einem grün gestrichenen Holzerker gekröntes Bogentor treten wir in einen Innenhof und glauben uns in eine orientalische Karawanserei versetzt.

In dieser grünen Oase hält der Meeresgott Neptun unter Palmen Hof.

Der gescheite Hans hält eine Rede:

»Die Geschichte des Johanniterordens erzählt die uralte Tragödie von Hochmut und Fall.
Der erste Akt spielt in Jerusalem. Dort nimmt der Orden einen bescheidenen Anfang. Als
Bruderschaft barmherziger Samariter, die im Hospital des Hl. Johannes des Täufers
Kranke aller Konfessionen pflegen. Nach der blutigen Eroberung von Jerusalem durch
die Christen im ersten Kreuzzug anno 1099 wandelt sich der Samariterbund zur kriegerischen Einsatzgruppe. Die geistlichen Kämpen kümmern sich jetzt auch um den militärischen Schutz der Pilgerwege durch das Gelobte Land. Christliche Kleinfürsten lohnen es
dem Orden mit Schenkungen von Ländereien in Pälästina und Europa. Als Zuwaage gibt
es den Zehnten aus der Kriegsbeute.

Aber die Sarazenen erobern die christlichen Kleinstaaten in Palästina Stück für Stück
wieder zurück. Jerusalem fällt schon anno 1187 in die Hand von Sultan Saladin. Hundert
Jahre später streckt auch die letzte Bastion der Christenheit in Akkon die Waffen. Anno
1291 müssen die Johanniter vor den Sarazenen auf ihre zypriotischen Güter fliehen.«

Uns verdrängen moderne Kreuzfahrerheere. Hans führt uns in einen zweiten Innenhof.

Der stille Patio wird überragt von einem Wehrturm mit Glockenspiel und Sendemast.

»Im zweiten Akt dreht sich das Rad der Fortuna wieder. Neun Jahre nach seiner Flucht aus Palästina erobert der Orden die byzantinische Insel Rhodos. Für diesen Theatercoup machen sich die geistlichen Brüder Thronwirren im christlichen Konstantinopel zu Nutze. Selbst Seeräuber und anderes Gesindel sind dem Orden als Bundesgenossen willkommen. In den folgenden Jahren wird Rhodos zur Festung ausgebaut. Die Bruderschaft firmiert um zum ›Militärorden vom Hospital des Hl. Johannes des Täufers zu Rhodos, vormals Jerusalem‹. Der internationale Orden organisiert sich in acht Landsmannschaften gleicher Zunge, die von einem Vorsteher geleitet werden. Jede Zunge wird für die Verteidigung eines ihr zugewiesenen Abschnitts der Zitadelle von Rhodos zuständig. Aus den Reihen der acht Landesmeister wird ein regierender Großmeister gewählt. Die Besitzungen des Ordens in Europa, gegliedert in Komtureien, Balleien und Priorate, werden von abkommandierten Ordensrittern verwaltet.

Die ebenso fromme wie wehrhafte Bruderschaft gliedert sich in drei Stände.

Der erste Stand legt, wie die Weltpriester, ein ewiges Gelübde ab; die ›Professen‹ geloben immerwährende Armut, Keuschheit und Gehorsam. Der zweite Stand, die ›Ritter in Obödienz‹, geben nur das Versprechen ab, nach diesen Tugenden zu streben und dem Großmeister zu gehorchen. Der Dritte Stand leistet weder ein förmliches Gelübde noch ein Versprechen; er begnügt sich mit Friedfertigkeit, Wohltätigkeit und Nächstenliebe.

Anno 1312 fällt den Johannitern ein unverhoffter Schatz in den Schoß. Papst Clemens V. löst den konkurrierenden Orden der Tempelritter auf. Wegen Götzendienst und Sodomie. Der Stellvertreter Christi spricht die Besitztümer der Templer den Johannitern zu.

Mit dieser Finanzspritze erbaut der Orden gewaltige Kriegsschiffe und entwickelt sich zur gefürchteten Seemacht im Mittelmeer. Einträgliche Kaperfahrten gegen Piraten und Sarazenen bescheren dem Orden noch mehr weltliche Güter. Die Ritter nennen ihre Raubzüge ›Corso‹ und schenken so der Sprache den Begriff ›Korsar‹.

Nun, Opulenz und Dekadenz sind bekanntlich eineiige Zwillinge. Mehr und mehr widmen sich die braven Brüder auf Rhodos den Freuden des Lebens. Folgerichtig findet nach mehr als zweihundert Jahren die Ritterherrlichkeit ein jähes Ende. Anno 1522 erobert der Türkensultan Suleyman der Prächtige die rosenfarbige Insel. Der ritterliche Muslim gewährt den besiegten Ungläubigen freien Abzug. Geschmälert an Hab und Gut findet die geschrumpfte Junkerschar Asyl in Viterbo bei Rom.«

Über eine schmale Treppe führt Hans uns ins Obergeschoss. Auf dem prächtigen Waffenflur stehen schimmernde Rüstungen ganz ohne Recken Wache. Die Böden sind mit eleganter Cosmatenarbeit und prunkvollen Pietra Dura Wappen ausgelegt. Alle achtundzwanzig maltesischen Großmeister sind mit Porträts und Wappen zugegen.

Hans spinnt sein Ordensgarn weiter: »Der dritte und der vierte Akt des Ritterdramas spielen auf Malta. Sieben Jahre nach dem unrühmlichen Abzug von Rhodos dreht sich das Rad der Fortuna wieder zu Gunsten der Asylierten. Anno 1530 gibt Kaiser Karl V., in dessen Reich die Sonne ja nie unterging, dem Orden die maltesischen Inseln zum ewigen Lehen. Als jährlichen Tribut begnügt sich der Weltherrscher mit einem Falken zu Allerheiligen. Der Legende nach soll der hocherfreute Orden dem Kaiser im ersten Jahr statt eines lebendigen Beizvogels eine juwelengeschmückte Falkenstatue aus purem Gold überreicht haben. Dashiell Hammett hat aus der Jagd nach dem Original des verschollenen Prunkstücks bekanntlich einen mehrfach verfilmten Kriminalklassiker gemacht.

Nun, nach der Belehnung mit Malta, wiederholt sich die Ballade von Rhodos. Malta wird befestigt, gewaltige Kriegsschiffe werden gebaut. Der Stolz der Flotte ist das Flaggschiff des Ordens, die ›Gran Carracca‹. Die Bordwände ihrer acht Kanonendecks sind mit Eisen beschlagen; an Deck liegt eine große Galeere als Rettungsboot bereit. Das Städtchen Birgu mit dem geschützten Großen Hafen wird Hauptsitz des Großmeisters. Wieder einmal firmiert die Bruderschaft um. Sie nennt sich jetzt: ›Militärorden vom Hospital des Hl. Johannes des Täufers zu Malta, vormals Rhodos, vormals Jerusalem‹. Im allgemeinen Sprachgebrauch aber werden aus den vormals ›Johannitern‹ jetzt die ›Malteser‹.

Eine hartnäckige Belagerung duch die Türken anno 1565 können die Malteser mit knapper Not abwehren. Danach errichten sie vis-a-vis von Birgu, auf einer weit in die Bucht vorspringenden Landzunge, eine unbezwingbare Festung als neuen Ordenssitz. Das Kastell wird nach seinem Bauherrn, dem Großmeister Jean de la Valette, benannt. Der war von 1557 bis zu seinem Tode im Jahre 1568 der neunundvierzigste Großmeister des Ordens. Als einfacher Bruder Jean geriet er anno 1541 bei einem Seegefecht in türkische Gefangenschaft. Wie Cervantes wurde er auf die Galeere geschickt. Sein Orden hat ihn nach einem Jahr freigekauft. Auf Grund seiner seemännischen Erfahrung brachte es der Provencale zum Admiral der Ordensflotte. Dieses Kommando stand eigentlich nur einem Bruder der italienischen Zunge zu. Während der ›Großen Belagerung‹ von Birgu kämpft der schon einundsiebzigjährige Großmeister Valette persönlich und verbissen an der Spitze der Verteidigungstruppen.

Nach dem glorreichen Sieg der Heiligen Liga über die Türken in der Seeschlacht bei Lepanto anno 1571 erlebt der Orden eine dritte Blüte. Jede der acht Zungen errichtet eigene, prächtige Herbergen; der Großmeisterpalast entsteht in unerhörtem Prunk.«

Wir schlendern durch die prachtvoll ausgestatteten Räume.

Hier zieren riesige Gobelins mit Bildnissen vom afrikanischen Großwild die Wände. Dort schildern Wandmalereien die Heldentaten während der ›Großen Belagerung‹.

Vor einem Schlachtengemälde erzählt der eiserne Hans den Rest der Geschichte:

»Opulenz und Dekadenz sind, wie gesagt, nur zwei Seiten der selben Münze. Während der zweiunddreißigjährigen, selbstherrlichen Regentschaft des achtundsechzigsten Großmeisters, Manuel Pinto de Fonseca, erlebt der Malteserorden den Gipfel der Macht- und Prachtentfaltung. Im Jahre 1768 vertreibt der gebürtige Portugiese sogar die Gesellschaft Jesu aus Malta und konfisziert ihr gesamtes Vermögen. Danach kommt es im Orden zu einem unglaublichen Verfall von Zucht und Sitte. Fonseca selbst soll anno 1773 im Alter von zweiundneunzig Jahren in den Armen einer jungen Gespielin gestorben sein.

Der letzte Akt des Dramas bringt die Katastrophe.

Zum einundsiebzigsten Großmeister der Johanniter auf Malta wird anno 1797 der Deutsche Ferdinand von Hompesch gewählt. Nach seiner Wahl lässt er sich im Stil des französischen Sonnenkönigs Louis XIV. in voller Rüstung und einem mit Hermelin gefüttertem Krönungsmantel porträtieren. Aber schon ein Jahr später muss Hompesch die maltesischen Inseln kampflos an den General der französischen Revolution, Napoleon Bonaparte, übergeben. Zum einen verbietet die Ordensregel den Malteserrittern den Kampf gegen Christen. Zum anderen verweigern die französische und die provencalische Zunge des Ordens in dieser existentiellen Krise dem deutschen Großmeister die Gefolgschaft. Unter den achtundzwanzig Großmeistern, die dem Orden in Malta vorstanden, waren übrigens zwölf Franzosen, acht Spanier, vier Italiener, drei Portugiesen und nur ein einziger Deutscher. Hompesch war eine echt tragische Figur. Er starb arm und verachtet in Montpellier in Südfrankreich. Die siegreiche französische Revolution hat bekanntlich alle Großgrundbesitzer auf französischem Territorium enteignet. Das Edikt betraf auch den Malteserorden. Daraufhin gewährte der Zar Paul I. den armen Rittern Asyl in Russland. Nach dem Tod des Zaren zerstreuten sich die letzten Malteserritter in alle Winde.«

Für die Besichtigung der Rüstkammer des Ordens bleibt erfreulicherweise keine Zeit.

Wir hasten weiter zur St. Johns-Co-Cathedral.

Das ›Co‹ im Namen des Gotteshauses ist eine typisch jesuitische Finte.

Papst Pius VII. hat nicht vergessen, dass der Orden Malta kampflos an General Bonaparte übergeben hat. Ein erbitterter Widerstand der Ritter hätte dem Papst womöglich spätere Demütigungen durch den triumphierenden Napoleon erspart. So musste Pius VII. im Jahre 1804 unter großem politischen Druck Napoleon I. in Paris zum Kaiser der Franzosen salben. Napoleon bedankt sich beim Pontifex Maximus nicht mit der erhofften Rückgabe des Vatikanstaates an Pius; er hebt dem Papst zuliebe nur den revolutionären französischen Kalender auf. Zwei Jahre später konfisziert der Kaiser sogar den Kirchenstaat und setzt Pius VII. als »meinen Untertanen« in Fontainebleau gefangen. Erst nach der Abdankung Napoleons wird Pius VII. von den siegreichen Alliierten befreit.

Kaum hat der Wiener Kongress Pius VII. wieder die Souveränität über den Kirchenstaat zugesprochen, präsentiert der Papst offene Rechnungen. Er setzt die aus Malta vertriebenen Jesuiten wieder in ihre alten Rechte ein und erhebt die ehemalige Hauskirche der Johanniter, St. Giovanni, zur zweiten Mutterkirche des Erzbistums Malta, mit dem spitzfindigen Titel ›Co-Cathedral‹. Denn auf Malta gibt es schon eine Mutterkirche, die Peter- und Paulskathedrale in der alten Hauptstadt Mdina.

Als die Johanniter nach Malta kamen, fand der Erzbischof es politisch klüger, seinen Sitz von Mdina an den neuen Hauptplatz Birgu zu verlegen. Nach dem Umzug des Ordens ins neu erbaute Valletta wünschte auch der Erzbischof, dorthin umzuziehen. Die Malteser wollten aber in Valletta keine anderen Götter neben sich haben. Der Kirchenfürst musste zähneknirschend weiter in Birgu residieren. Mit der Erhebung der früheren Malteserkirche zur ›Co-Cathedral‹ des Erzbischofs durch Pius VII. war der alte kirchenrechtliche Grundsatz wieder hergestellt:

»Roma locuta, causa finita.« Rom hat gesprochen und damit basta!

Wir stehen wieder vor einer eher unscheinbaren Fassade.

»Fast alle offiziellen Gebäude Vallettas aus dieser Zeit wurden von dem maltesischen Architekten Geralomo Cassar erbaut. Er liegt in der Augustinerkirche von Rabat begraben.« Berichtet Hans.

Für eine Kirche ungewöhnlich ist der geräumige Balkon über dem Eingang und die Kanonen zu beiden Seiten. Der gescheite Hans behauptet, vom Balkon aus sei dem Volk, wie nach einem Konklave zur Papstwahl, das Ergebnis der Großmeisterwahl verkündet worden. Die Kanonen kann Hänschen Dumm uns aber nicht erklären.

Am Glockenturm verraten drei Zifferblätter den Maltesern Monat, Tag und Stunde.

Wir betreten den Innenraum der mutmaßlich reichsten Kathedrale der Welt.

Auf dem Hauptaltar steht unter einem grünen Baldachin eine überlebensgroße Marmorskulptur. Die Szene zeigt die Taufe Christi im Jordan durch den Hl. Johannes Baptist.

Alle Pilaster und Gurtbögen des Hauptschiffs sind über und über vergoldet. Die Gewölbe zwischen den Gurtbögen bilden eine barocke Bibel für sich. Jochbogen für Jochbogen entfaltet sich das Schauspiel von Verkündigung und Geburt, Taufe und Passion Christi.

Die Böden des Hauptschiffs und der Kapellen sind mit hunderten von Grabplatten bedeckt. Herrliche Pietra Dura Arbeiten veredeln die wappengeschmückten Grabplatten zu kostbaren Kunstwerken. Den Schnitter Tod haben die Künstler in allen denkbaren Variationen dargestellt. Ein Grabherr hat sich als Jonas verewigt, den gerade der biblische Wal verschluckt. Er wollte mit dieser wunderlichen Szene sicher seinen Glauben an die Auferstehung zum Ausdruck bringen.

Unter den Grabplatten schlafen nicht nur sechsundzwanzig Großmeister der Malteser dem Jüngsten Gericht entgegen; auch entseelte toskanische Medicis, monegassische Grimaldis und genuesische Dorias wurden hier beigesetzt.

In den zwölf Nebenkapellen eiferten die Zungen des Ordens untereinander um die prunkvollste Ausstattung. Auch die Gewölbe über ihren Tabernakeln flimmern vor Gold.

Die Kapelle der deutschen Zunge ist den Heiligen Drei Königen aus dem Morgenland geweiht. In der französischen Kapelle ruht der vierundfünfzigste Großmeister, Alof de Wignacourt.

Wignacourt regierte den Orden von 1601 bis 1622. Kaiser Ferdinand verlieh dem Fra Alof als erstem Großmeister der Malteser den Titel einer ›Allerdurchlauchtigsten Hoheit‹.

Neben seiner glänzenden Hofhaltung machte der sich aber auch verdient als Förderer der Künste. Michelangelo Merisi, genannt Caravaggio, ein Zauberer mit Licht und Schatten, hat bei seinem einjährigen Aufenthalt auf Malta seinen Gönner Wignacourt in goldbesetzter Prunkrüstung porträtiert. Neben dem bärbeißigen Großmeister hält ein schöner Page den Prunkhelm bereit.

Wie so oft bei Caravaggio blickt der reizende Ephebe schmachtend auf den Betrachter.

War Caravaggio ein homoerotisches Verhältnis mit dem niedlichen Modell eingegangen?

Niemand weiß darauf eine verbürgte Antwort. Sicher ist nur, dass Merisi, erst kurz zuvor zum Ehrenritter des Ordens geschlagen, eines unschönen Tages als »verdorbenes und schädliches Glied« aus dem Orden ausgestoßen und ins Gefängnis geworfen wurde.

Wie schon so oft in seinem stürmischen Leben gelingt dem Ausnahmemaler aber die Flucht. Doch die Häscher des Ordens bleiben auf seiner Spur. Im Jahre 1609 wird Caravaggio in Neapel von Unbekannten überfallen und schwer verwundet. Zeitgenossen glauben fest an einen Racheakt der Malteser. Auf der Flucht nach Rom stirbt Caravaggio am Strand von Ercole. Die Todesursache ist bis heute nicht eindeutig geklärt.

Im Oratorium der St. Johns Kathedrale hängen noch heute zwei weitere Gemälde des Künstlers.

Eines zeigt den Bibelübersetzer und späteren Kirchenvater, den Hl. Hieronymus, als meditierenden Einsiedler. Der halbnackte Eremit sieht dem Großmeister Wignacourt verblüffend ähnlich.

›Die Enthauptung Johannes des Täufers‹, das einzige je von Caravaggio signierte monumentale Gemälde, schildert eine grausliche Szene.

Der erste Schwertstreich des Henkers ist nur halb gelungen. Der gefesselte Täufer liegt blutend am Boden. Mit seiner Linken fasst der Scharfrichter das Haupt des Märtyrers; hinter dem Rücken hält er schon ein Messer bereit, um sein abscheuliches Werk zu vollenden. Ein Rauschebart zeigt dem Schlächter, was mit dem abgeschnittenen Haupt geschehen soll. Lady Salomé Macbeth hat schon eine goldene Schale parat. Voller Entsetzen über den Mord rauft sich eine alte Magd die Haare aus. Zwei Mitgefangene begaffen die Untat durch das Gitter ihrer Zelle.

Nach dem Mord gönnt der Hans im Glück sich und uns eine Auszeit.

Allein zu zweit spazieren wir zu den Upper Baracca Gardens oberhalb der St. Pauls Bastion. Hier spenden Springbrunnen Kühle, laden Bänke zur Rast, drohen dicke Kanonen allen Übeltätern.

Vor einer Arkadenmauer steht ein Büste von Winston Churchill. Er trägt Fliege und Einstecktuch und blickt wild entschlossen, als habe er der Nation gerade Blut, Schweiß und Tränen angedroht. Eine zweite Büste zeigt unseren Kollegen John Bathurst Thomson. Der Stabsarzt des 69. britischen Infanterieregimentes fiel im Jahre 1850 im Kampf gegen die Cholera. *Requiescat in pace!*

Durch steinerne Arkaden sehen wir hinab auf den Grand Habour. Auf der anderen Seite der Bucht liegen die ›Three Cities‹ Birgu, Senglea und Cospicua. Im Hafen ankern vier Kreuzfahrerschiffe, auch eine nuttenbunt bemalte Aida ist dabei.

»Kreuzfahrerheere waren und sind überall eine Pest. Nicht nur auf Malta!«

Mosert mein eingefleischter Wandervogel.

Auf der Rückfahrt spielt Hans Sachs eine Scheibe mit maltesischer Folklore-Musik vor. Die Geräusche erinnern mich sehr an marokkanische Gnaouaharmonien.

Zum Dinner schlemmen wir ein schmackhaftes maltesisches Nationalgericht.

Die Küche verwöhnt uns mit in Rotwein geschmortem Kaninchen. Dazu werden Ratatouille-Gemüse und Rosmarinkartoffeln gereicht.

Hans Sachs versichert uns, Kaninchen seien das einzige jagdbare Wild auf Malta.

»Früher war die Kaninchenjagd ganz den Ordensrittern vorbehalten. Nur am Fest von St. Peter und Paul durfte auch das gemeine Volk auf Kaninchen schießen.«

»In der Not frisst der Edle auch Karnickels.« Kommentiert mein gutbürgerlicher Gatte.

MDINA: EINE OASE DER STILLE

Die Sonne hält sich heute bedeckt, aber es ist angenehm warm.

Über die nun schon vertrauten Straßen rollen wir von der Ramla Bay südwärts. Unser Tagesziel ist die alte Hauptstadt Mdina.

Aber zunächst halten wir an den Dingli Klippen. Hier fällt die Steilküste fast zweihundertfünfzig Meter tief zum Meer ab. Von der Anhöhe bietet sich ein schöner Fernblick auf die offene See. Die Karstlandschaft trägt wieder bunten Blütenschmuck. Dort blaut kopfiger Thymian, die wilde Pistazie ist schamvoll errötet; vielblütige Erika und nickender Sauerklee bilden in windgeschützten Mulden violette und gelbe Polster. Vor grünen Feigenbäumen leuchten rote Löwenmäulchen, blauer Salbei und gelber Salz-Alant. Die Essbaren Mittagsblumen schlafen noch.

Bis heute geben zahlreiche Furchen im Schrattenkalk von Malta den Archäologen Rätsel auf. Eine besonders markante Stelle mit den etwa vierzig Zentimeter tiefen, parallelen Rillen wurde von einem britischen Eulenspiegel ›Clapham Junction‹ getauft. Sie erinnerten ihn wohl an die weitläufigen Gleisanlagen des gleichnamigen Bahnhofs in London. Alter und Entstehung der Furchen sind noch nicht eindeutig geklärt. Vermutlich handelt es sich um Schleifspuren von Transportschlitten mit Kufen aus Stein. Unsere Geodätin erinnern die kreuz und quer verlaufenden Rillen an einen kniffligen Schnittmusterbogen.

Der Bus rollt weiter nach Rabat und Mdina.

Den Namen der Zwillingsstädte merkt man ihren arabischen Ursprung noch an. Mdina bedeutet ummauerte Stadt. Rabat verweist auf die ehemaligen Marställe der Burg.

Im Tal hält der Bus für einen Schnappschuss von Mdina. Stadt und Kathedrale thronen würdevoll auf einem Hochplateau inmitten von terrassierten Feldern.

In Rabat besuchen wir zunächst die St. Paulskirche am St. Pauls Square mit der St. Pauls Statue daneben. Nach der Apostelgeschichte hat Paulus auf seiner Reise nach Rom in der St. Pauls Bay von Malta Schiffbruch erlitten. Die Fama will wissen, dass er genau hier in Rabat, dem damals römischen Melita, im Gefängnis saß. Ein aus Gold getriebener Arm mit einer Reliquie des Apostels und eine lebensgroße Paulus-Statue in der unterirdischen St. Pauls Grotte neben der Krypta bezeugen das. Paulus sieht aus, wie der gehörnte Moses von Michelangelo.

»*Si non è vero, è molto lucroso!*« Spottet mein stets argwöhnisches Hauskreuz.

Von der St. Agatha Street führt uns der eiserne Hans hinunter in die St. Pauls Katakomben. Die Grabnischen sind vollkommen leer. Nicht einmal ein Plastikschädel hilft der Fantasie auf die Sprünge. Gruseln lässt mich nur der Gedanke, welcher Verwesungsduft einst in diesen Höhlen waberte.

Nach den traurigen Grabhöhlen besuchen wir den freundlichen Zuckerbäcker am Marktplatz. Das Schlitzohr reicht freigebig maltesische Leckereien herum, denen auch reichlich zugesprochen wird. Seine Rechnung geht auf; unsere Gefährten kaufen fast die gesamte Tagesproduktion.

Über die St. Pauls Street spazieren wir weiter zur römischen Villa, einem der wenigen erhaltenen Relikte der alten Römer auf Malta. Immerhin beherrschte Rom vom Beginn des zweiten Punischen Krieges im Jahre 218 v. Chr. bis zu seinem eigenen Untergang anno 395 n. Chr. länger als sechshundert Jahre auch den maltesischen Archipel.

Ein sehr schönes Fußbodenmosaik im ›Roman Domus‹ zeigt eine berühmte Kunstikone.

Auf einem Mischgefäß turteln, umrahmt von einem mäandrierenden Laufenden Hund in Schwarz-Weiß, zwei Täubchen. Im Raum nebenan starrt ein Medusenhaupt mit vor Schreck geweiteten Augen und offenem Mund unter meinen Rock.

Das Privathaus hier war offenbar viel kleiner und bescheidener ausgestattet als die luxuriöse Villa Casale in Sizilien. Vor einigen Jahren haben wir die einzigartigen, hervorragend erhaltene Mosaiken dort bestaunt. Im Wohnzimmer mit der kleinen Jagd veranstalteten römische Nimrods eine Hatz auf Hirsche und Wildschweine mit anschließendem Picknick im Grünen. In der Wandelhalle mit der Großen Jagd fingen Soldaten afrikanische Löwen und Panther, Nashörner und Strauße für den Circus von Rom. Im Vestibulum wurden die beliebten circensischen Wagenrennen verspottet. Vor die Rennwagen hatte der Künstler, wie in Volubilis, nicht Pferde, sondern Flamingos, Gänse, Stelzen und Tauben gespannt. Im ehemaligen Gesindezimmer sahen wir zehn anmutigen römischen Jungfrauen im Bikini bei possierlichen Leibesübungen zu. Natürlich kamen auch die unsterblichen Heldentaten von Herakles und Odysseus nicht zu kurz.

Melita war wohl nur ein verlorener römischer Vorposten in der Diaspora. Nach den Römern kamen die Vandalen, die Ostgoten und die Byzantiner. Anno 870 n. Chr. eroberten die tunesischen Aghlabiden die maltesischen Inseln und machten das strategisch günstig gelegenen Melita als Mdina zu ihrer Hauptstadt. Mit ihnen kamen vergitterte Balkone, terrassierte Felder, der Anbau von Baumwolle und Citrusfrüchten, die Vorliebe für Süsses und tausend Lehnwörter aus dem Arabischen.

Hans Sachs führt uns zu einem kleinen Bistro und spendiert dem ganzen Fähnlein gefüllte Windbeutel. Die werden zügig verputzt, immerhin ist es kurz vor zwölf Uhr mittags!

Dann spazieren wir weiter zur Nachbarstadt Mdina. Ihr Neckname ›silent city‹ ist treffend. Die Stadt ist so gut wie autofrei und wirkt jetzt zur Mittagsstunde wie ausgestorben.

Die alte Hauptstadt zählt noch fünfhundert Einwohner und steht unter Denkmalschutz.

Eine Brücke führt über den Festungsgraben.

Im Wallgraben liegt ein lauschiger kleiner Park in dem Orangen-, Oliven- und Granatapfelbäume gedeihen. Ganz Mdina ist von einer wuchtigen Stadtmauer umgeben. Die Normannen haben die überkommenen arabischen Befestigungen so verstärkt, dass die Türken mehrfach vergeblich gegen Mdina anrannten.

Durch das große, steinerne Stadttor kommen wir in die Altstadt. Über dem Tor prangt das Wappen seines Bauherren Manoel de Vilhena, den wir schon vom Rokoko-Theater kennen. In den engen Gässchen mit den schönen alten Gebäuden aus gelbem Kalkstein werden Erinnerungen an Dubrovnik oder San Gimignano wach.

Wir begegnen jungen Frauen in hübscher Tracht. Zur weißen Bluse, einem roten Mieder und einem himmelblauen Rock hüllt frau ihr Haar in ein ebenfalls himmelblaues Kopftuch. Der mintgrüne Hüftbeutel für die Geldbörse bildet dazu einen reizvollen Kontrast.

An fast jedem Haus sind Majoliken im Stil der Della Robbia zu sehen. Die Madonnen sind meist umrahmt von Erntedankkränzen aus Äpfeln, Zitronen, Weintrauben, Birnen, Granatäpfeln und Artischocken. Aber die Medaillons sind von von höchst unterschiedlicher Qualität. Für eine Maria im Lilienkranz hat wohl eine sinnliche örtliche Schönheit Modell gestanden. Neben holden Bürgerstöchtern gingen aber offenbar auch rustikale Bauermägde als Madonna durch.

Von der Festungsmauer am anderen Ende der Hauptstraße hat man einen schönen Ausblick auf die Landschaft bis hinüber zu den Kuppeln der Kirchen von Mosta und Mgarr.

»In Malta leistet sich jeder Weiler einen Petersdom.« Mäkelt mein Voltairianer und Gemahl. Unser Grinzinger Konfusionsrat grantelt: »I hob` im Konversationslexikon gelesn, die katholische Goistlichkeit auf Malta hätt allweil ein Viertel der Renten oller Liegenschaften in Händen.«

Im kühlen Innenhof des Palazzo Notabile speisen wir eine aristokratisch genügsam belegte Pizza. Nach der Mittagspause trifft sich unser Fähnlein wieder auf dem St. Pauls Platz.

An seiner Ostseite erhebt sich die Peter und Pauls Kathedrale, an der Nordseite steht das neugotische Rathaus. Der Palast des Erzbischofs liegt etwas versteckt an der Südseite der Kirche. Die Kathedrale gilt als das Meisterstück des Architekten Lorenzo Gaffà, der auf ganz Malta steinerne Spuren hinterlassen hat. Am Kirchportal prangen die Wappen der Stadt Mdina, des Großmeisters Perellos y Roccaful und des Weihbischofs Cocco-Palmieri. Belehrt uns Hans Baedeker.

Hinter der eher schlichten, doppeltürmigen Fassade öffnet sich ein prächtig ausgestalteter dreischiffiger Innenraum. Der Boden ist wieder mit Grabplatten in feinster Pietra Dura Technik bedeckt. Hier liegen hochadlige Edle und ehrwürdige Hochwürden begraben.

Das Altarbild zeigt die Bekehrung des Saulus. In der Apsis hängt ein Augenzeugenbericht vom Schiffbruch des Hl. Paulus. Beide Werke stammen von Mattia Preti. Auch er hat in ganz Malta Kirchen und Paläste verschönert. Das Deckengewölbe zieren Szenen aus der Apostelgeschichte.

Eine Überraschung ist der silberne Tabernakel.

Geschaffen hat ihn der weltberühmte Goldschmied und Bildhauer Benvenuto Cellini.

Hat der Großmeister des Manierismus nicht auch die wunderbare ›Saliera‹ geschaffen?

Den famosen Salzstreuer des französischen Königs Francois I.? Auf dem der Meeresgott Neptun mit der Erdgöttin Ceres, in schöner Anstrengung vereint, Salz und Pfeffer zur Suppe zeugt?

»Der Franzmann war eben ein lüsterner Schneckenschlemmer.« Ätzt mein Salzknecht.

Nach dem Gotteshaus besuchen wir noch das Kathedralenmuseum gegenüber.

Wir finden die gewohnte Mischung von Kunst und Krempel, Gemälden, Noten und Münzen. Dann machen wir in dem verschlafenen Musentempel eine völlig unerwartete Entdeckung. Das Haus besitzt eine einzigartige Sammlung von Holzschnitten und Kupferstichen von Albrecht Dürer. Die Kleine Passion ist vollständig vertreten; drei Dutzend Holzschnitte aus dem Marienleben liegen unter Glas und sogar der Hl. Hieronymus sitzt im Gehäus.

Eine Kuriosität gibt es auch zu sehen: gefälschte Dürer, gestochen von Marcantonio Raimondi. Der bolognesische Begründer der künstlerischen Nachbildung von Meisterwerken anderer Kollegen hat zu Anfang des 16. Jahrhunderts mehrere Dutzend Graphiken von Albrecht Dürer kopiert. Mitsamt der berühmten Dürersignatur.

Albrecht Dürer zog in Venedig gegen Raimondi vor Gericht. Im ersten urheberrechtlichen Prozess der Kunstgeschichte wurde der Fälscher nur wegen der widerrechtlichen Benutzung von Dürers Künstlersignatur verurteilt. Dürers epochale Grafiken zu kopieren, erschien den Richtern nicht als strafwürdiges Vergehen. Raimondi vertrieb daraufhin seine Raubkopien eben ohne die Initialen Dürers.

Mein Kunstfreund tröstet alle Opfer von Fälschern: »Viel kopiert, heißt arriviert.«

GOZO: DIE INSEL DER CALYPSO

Heute steht Gozo, die kleine Nachbarinsel von Malta, auf unserer Neugierkarte.

Der Himmel ist teilweise bewölkt, aber es ist bei leichter Brise trocken und warm.

Der Fährhafen Cirkewwa liegt zwar in fußläufiger Entfernung vom Hotel, aber wir fahren mit dem Bus zum Pier. Der Bus wird uns auch auf Gozo herumkutschieren. Die Überfahrt nach Mgarr auf Gozo dauert dreißig Minuten. Auf der Akropolis der Kleinstadt streckt die Kirche ›Our Lady of Lourdes‹ wehrhaft ihren Glockenspieß zum Himmel. Darunter droht eine wuchtige Festung allen Ungläubigen mit Arrest.

Über holprige Straßen rollt der Bus hoch zur neolithischen Tempelanlage bei dem Städtchen Xaghra. Die Tempelanlage Gigantija, ›Haus der Gigantin‹, stammt aus dem 4. Jahrtausend v. Chr. Die Umfassungsmauer aus Bruchsteinen müssen wirklich Giganten oder Zyklopen aufgetürmt haben. Ursprünglich war die Ringmauer bis zu sechzehn Meter hoch. Derzeit werden die verfallenen Wände mit Eisengerüsten gestützt, um den völligen Niederbruch aufzuhalten.

»Für ein Schutzdach über der Anlage fehlt das nötige Kleingeld.« Barmt Hans Sachs.

Zum Heiligtum von Gigantija gehören zwei Tempel.

»Der ältere und grössere Südtempel zeigt im Grundriss noch die typische Kleeblattform mit vorgelagerter Querhalle. Der kleinere, jüngere Nordtempel erinnert wieder an die Doppelnieren von Mnajdra. Auch die Megalithen der hiesigen Tempel bestehen aus gelbem Globingerinenkalk, der noch heute auf Gozo gebrochen wird. In einer Apsis stehen drei Altäre nebeneinander. Die Spiral-Ornamente auf den Trilithen sind leider stark verwittert.« Bedauert der gescheite Hans.

Vom Hochplateau von Gigantija genießen wir den Ausblick auf die Umgebung mit den zahllosen Kirchen bis hinüber zur Zitadelle und Kathedrale von Rabat (Gozo).

»Hier hast Du fünftausend Jahre Sakralbau im Blick.« Doziert mein Häuslebauer.

Im Tal grünen Oliven- und Zitronenhaine. Vereinzelt blitzen Gewächshäuser in der Sonne. Gozo und seine Orte wirken wie ein kleineres, grüneres, und hübscheres Double von Malta.

Unser Bus rollt über Land nordwärts zur Ramla Bay (Gozo).

An der schönen Bucht will der eiserne Hans uns unbedingt die Höhle der Calypso zeigen. Homer schwört, die schöngegürtete, lockichte Nixe habe dort sieben Jahre lang den Odysseus an der Heimreise gehindert. Der war nach einem Schiffbruch auf ihrer menschenleeren Insel Ogygia gestrandet. Die in Liebe entbrannte Nymphomanin soll - laut Homer - Odysseus ewige Jugend versprochen haben, wenn er in ihrer Grotte bliebe. Aber der edle Dulder hatte nach seiner Höllenfahrt die Nase voll von der Unterwelt und wollte partout nach Hause zu seiner Penelope. Nach Homer ließ die Herzdame ihren Bettschatz erst ziehen, als Zeus selbst ihr das befahl.

»Wer Grotten mog!« Grantelt der Grinzinger Einspänner über die reizlose, dunkle Höhle. Mein Kritikaster von Gemahl mäkelt, dass Homer, wie bei Dichtern üblich, über die Lage des Schlupflochs der Calypso sehr vage Angaben gemacht hat. Daher würden die portugiesche Insel Madeira, die kroatische Insel Mljet, die griechische Insel Gavdos und die sizilianische Insel Pantelleria mit dem kleinen Gozo um die wahre Grotte der Calypso streiten: »Von den beharrlichen Ansprüchen der liparischen und kanarischen Inseln will ich erst garnicht reden.«

Der Bus rollt von der Küste wieder ins Innere der Insel zur Hauptstadt Rabat (Gozo).

Während der Britenherrschaft hieß der Ort zu Ehren der betagten Queen ›Victoria‹.

Wir halten zuerst an steinalten, aber heute noch genutzten Waschhäusern. Sie liegen in ausgewaschenen Karstgrotten mit artesischen Quellen. Die Waschtröge wurden anno 1800 auf Befehl des deutschen Ordensritters Fra Wolfgang Philipp von Guttenberg aus dem anstehenden Kalkgestein gemeißelt.

»Ei verbibsch! Meine Woschmoschiene dorrheeme is mr lieber!« Kommentiert Zwickau.

Die Zitadelle von Rabat wurde im Jahre 1551 von den Türken völlig zerstört und von den Johannitern wieder aufgebaut. In der Zitadelle ragt die Kathedrale von Rabat (Gozo) in die Höhe. Als Gozo im Jahre 1864 eine eigenständige Diözese wurde, stieg die Mariä Himmelfahrts Kirche zur Kathedrale auf. »Die Kirche steht auf den Fundamenten eines alten römischen Tempels.« Schwört Hans Sachs

Bemerkenswert ist die Trompe d`oeil Malerei an der Decke. Sie täuscht dem Betrachter eine hohe Kuppel mit Laterne vor. Dabei ist das Gewölbe pure Illusion. Man kann das draußen leicht nachprüfen.

Der Kirchenraum quillt über von religiösem Talmi. Geradezu übel wird mir beim Anblick eines lebensgroßen, lebensechten, blutüberströmten Jesus. Christus hat sein Kreuz geschultert, er trägt echte Gewänder, die Dornen seiner Krone sind fingerlang. Die Figur wirkt wie ein Filmstill aus der albtraumhaften ›Passion‹ von Mel Gibson.

Vor allen Heiligenstatuen sperren die unvermeidlichen Opferstöcke ihr hungriges Maul auf. Auch auf Malta haben Moderne Zeiten Einzug gehalten. Beim Einwurf einer Münze flammt statt einer Kerze kurz ein elektrisches Lämpchen auf.

Vor dem Mittagessen machen wir mit dem rastlosen Hans einen Spaziergang über die Stadtmauer. Unser Meistersinger erzählt voller Stolz, das kleine Rabat (Gozo) leiste sich gleich zwei Opernhäuser namens ›Astra‹ und ›Aurora‹. Alljährlich im Herbst würden die beiden Koloraturtempel um die prunkvollste Inszenierung wetteifern.

Als Höhepunkt des Tages lunchen wir heute ›Ta`Ricardo‹.

Seine kleine Bodega aus unverputzten Feldsteinen ist sparsam mit spanischen Holzmöbeln ausstaffiert. Der Gastronom tischt üppige Tapas auf. Es gibt verschiedene, in Wein eingelegte, Käsesorten. Dazu reicht der Küchenchef getrocknete Tomaten, saftige Oliven, salzige Kapern, rohe Zwiebeln und Weißbrot. Roter und weißer Landwein von Gozo krönen die Tafelfreuden.

Zum Abschluss serviert Ricardo Honigkringel. Das mürbe Gebäck, gefüllt mit Datteln, Mohn, Zimt und hausgemachter Marmelade, schmeckt großartig zum schwarzen Kaffee.

Nach dem Lunch bummeln wir durch die verwinkelte Altstadt von Rabat (Gozo).

Auf den lärmigen Plätzen herrscht reger Verkehr, aber hinter jeder Biegung der verträumten Gässchen mit den schön renovierten Häusern tauchen wir tief ein in die mittägliche Stille Pans.

Nur hie und da halten zwei Frauen ein kleines Schwätzchen vor der Haustür.

In halsbrecherischem Tempo fährt der Bus über schmale Strassen weiter.

Unser Fahrer macht wahrlich keine Konzessionen an seinen Selbsterhaltungstrieb.

Der Weg führt zur Dwejra Bay mit dem berühmten ›Blauen Fenster‹. Das glasklare, tiefblaue Wasser in einer Mondlandschaft mit Krater und Salzsee lockt in der Saison zahllose Taucher an.

Leider verunzieren Blechbaracken, Verkaufsbuden und Snack-Bars den schönen Mirador.

Dann erzählt uns der belesene Hans das Histörchen vom Malteserschwamm.

»Die kleine, unbewohnte Insel hier vor der Dwejra Bay wird von den Maltesern ›Il-Ġebla tal Ġeneral‹, Generalsfelsen, genannt. Denn dort entdeckte einst ein Offizier des Malteserordens eine höchst rare Pflanze. Der Malteserschwamm ›Cynomorium coccineum‹ wächst in Malta nur auf diesem winzigen Felsen vor Gozo. Die Ritter vom Spital verwendeten den Schwamm zur Blutstillung und Wundbehandlung. Gerissenere Brüder verkauften Extrakte des phallusförmigen Vollschmarotzers für horrende Summen als Potenzmittel an europäische Fürstenhäuser. Laien war es bei Strafe verboten, den Fels zu betreten.« »Das streng bewachte Wundermittel war nur ein Placebo.«

Flötet mein Leib- und Magenarzt dazu die Koda.

Die Fairness gebietet es, zu erwähnen, dass die Hospitäler der Johanniter, ›Sacra Infirmeria‹ genannt, seit den glorreichen Tagen von Jerusalem als Leuchttürme der Heilkunst galten. Großmeister Ramon Perellos y Roccaful erweiterte um 1700 aus eigenem Vermögen die Infirmeria des zölibatären Ordens in Valletta merkwürdigerweise sogar um eine gynäkologische Station.

Am Fährhafen in Mgarr (Gozo) warten riesige Menschenmengen, die alle zurück auf die Hauptinsel wollen. Es gibt Streit mit dem Schiffspersonal. Jedermann will noch auf die Fähre kommen, aber einige Dutzend Menschen müssen zurückbleiben.

Die Abgewiesenen schimpfen, als hätten sie die Arche Noah verpasst.

Dabei geht in einer halben Stunde schon die nächste Fähre.

BIRGU: DIE SIEGREICHE STADT

Über kreuz und quer übereinander laufende Hochstraßen, die mich an Bangkok erinnern, und durch dunkle Tunnel rollen wir an Valletta vorbei nach Birgu.

Am Yachthafen steigen wir aus wir aus; vor uns dümpeln viele Millionen Euro im Wasser.

Nach der glücklich überstandenen ›Großen Belagerung‹ verliehen die Johanniter ihrem Hauptplatz Birgu den Ehrennamen ›Vittoriosa‹, die Siegreiche.

Dann zogen sie um nach Valletta.

Vor uns erhebt sich das ›Freedom Monument‹.

Es soll an den endgültigen Abzug der Briten aus Malta im Jahre 1979 erinnern.

Die revolutionären Franzosen hatten sich nach 1798 bei den Bürgern von Malta noch schneller unbeliebt gemacht als die zuletzt absolutistisch regierenden Großmeister. Revolutionen kosten Geld, viel Geld. Die Franzosen rafften auf den Inseln zusammen, was sie kriegen konnten. Als sie sich auch an Kirchenschätzen vergriffen, stand Malta mannhaft auf. Nach einer Seeblockade durch die zu Hilfe gerufenen Briten räumten die Sansculotten das Feld. Doch das arglistige Albion nutzte seine Chance. England besetzte den Archipel und machte Malta zur Kronkolonie. Erst im Jahre 1979 ging der letzte britische Soldat über die Planke zum Schiff, das ihn auf die angestammte Insel seiner angelsächsischen Ahnen zurück brachte.

Am Denkmal hisst ein standhafter Zinnsoldat die Flagge von Malta mit dem Georgs-Kreuz. Diese Auszeichnung hat England dem ›unsinkbaren Flugzeugträger‹ Malta in Anerkennung seiner Treue und Standhaftigkeit im Zweiten Weltkrieg verliehen.

Neben dem Fahnenjunker übergibt ein britischer Offizier den symbolischen Stadtschlüssel an einen maltesischen Zivilisten. Ein Trompeter bläst den Zapfenstreich.

Immerhin gingen die Briten in aller Freundschaft. Warum sie Malta nicht ins United Kingdom aufnahmen, wie die Mehrheit der Malteser in einer Volksabstimmung es wünschte, bleibt ein Rätsel, das selbst der gescheite Hans nicht lösen kann.

Wir spazieren weiter zur St. Lorenz-Kirche.

Ihr Namenspatron steht im Mittelpunkt einer bewegenden Märtyrerlegende.

Der heidnische Kaiser Valerian wollte den christlichen Erzdiakon Laurentius von Rom zur Herausgabe des Kirchenschatzes zwingen. Der zukünftige Heilige aber verteilte, der Legende nach, den Sparstrumpf der Diözese an die christliche Gemeinde. Dann präsentierte er dem Caesar Witwen und Waisen, Blinde und Lahme als »den wahren Schatz der

Kirche.« Für diese fromme Impertinenz musste Laurentius einen glühenden Eisenrost besteigen. Aber Lorenz verfügte offenbar nicht nur über Mannesstolz vor Kaiserthronen, sondern auch über einen gusseisernen Humor. Eine Weile lag er rücklings auf dem glühenden Grill, dann forderte er: »Diese Seite ist gar, ihr könnt mich wenden!«

Im Gotteshaus prangt der schon vertraute Barock von Gaffa und Preti.

Der lebengroße, naturgetreu bemalte Heilige Laurentius reckt seinen silbernen Rost wie einen Siegerpokal in die Höhe. An seinem Namenstag, dem 10. August, wird der Märtyrer alljährlich in einer Glasvitrine durch die Stadt getragen. Der Schutzpatron der Feuerwehren und Garküchen soll auch bei Ischias und Hexenschuss helfen.

Den Boden der Kirche bedecken wieder viele Grabplatten.

Pietra dura scheint seinerzeit die angesagte Grabmode der Haute volée gewesen zu sein.

Von St. Lorenz bummeln wir durch stille Gassen zum Palast des katholischen Inquisitors.

Die Haustüren in den engen, schattigen Gässchen tragen auf einem Türblech mit Malteserkreuz hübsche, messingfarbene Türklopfer in Form von Fischen, Seepferdchen oder Delphinen. Einen besonders vergnüglichen Klopfer ziert ein drolliger Pudelkopf. Der Wächter des Hauses hält ein Stöckchen im Maul. An den beiden Enden des Ästchens schaukelt ein nacktes Liebespaar im Wind. Zwischen den Schenkeln des Pärchens späht ein putziges Äffchen aus, wer denn da die traute Zweisamkeit stört.

Die allgegenwärtigen Herz-Jesu Bilder und Madonnenstatuen verbreiten eher Langeweile. Denn das christkatholische Malta lebt ästhhetisch offenbar noch im Nazarenertum.

Der Inquisitorenpalast von Biru sei das einzig erhaltene Gebäude seiner Art in Europa.

Beteuert Hans Sachs.

Die Inquisition wurde anno 1574 auf Malta eingeführt. Bis 1798 haben achtundsechzig Ketzerröster im Namen der Kirche hier ihr Unwesen getrieben. Erst Napoleon hat sie mitsamt den Malteserrittern ausgetrieben. Zwei Hunde Gottes brachten es als Alexander VII. und Innocenz XII. sogar zum Papst. Zwei Dutzend Inquisiteure galten als Kardinäle immerhin für *papabile*.

In den Gerichtssaal des Palastes führen zwei Eingänge. Die Tür für das Heilige Offizium hat normales Menschenmaß; die Angeklagten hingegen mussten den Raum durch eine viel niedrigere Tür betreten. Was sie schon zu Beginn der Verhandlung zu einer Geste der Unterwerfung zwang. »Menschenverachtendes social engeneering.«

Schimpft mein stets aufrechter Gatte.

Gerichtssaal, Folterkammer und Kerkerzellen lagen im Palast des Inquisitors unter einem Dach. So konnte man die Ketzerverfolgung in aller Stille bis zum finalen Autodafé betreiben.

Zur Durchlüftung unserer trüben Gedanken treibt uns der eiserne Hans hinauf zum Herbergsviertel. Dort lagen vor dem Umzug nach Valletta die Versammlungshäuser der Zungen des Malteserordens. Das Betreten dieses Quartiers war den nur Einmalgeborenen aber streng verboten. Die Gebäude sind auch heute noch für Touristen nicht zugänglich. Auf dem zentralen Victory Square von Birgu zeigt noch immer ein Grenzstein die

Scheidelinie zum verbotenen Viertel.

Unser Bus bringt uns hinüber nach Sliema.

Die Stadt im Norden von Valletta gilt als teure Touristenhochburg. Die Uferstraße ›The Strand‹ wimmelt vor Weltenbummlern; hier legen die Boote für die Hafenrundfahrt ab.

Vor der lustigen Seefahrt gehen wir zum Lunch in ein Restaurant, das den fabelhaften Namen ›Magic Kiosk‹ im Schilde führt. Wie oft sind wir auf unseren Reisen in magische Spelunken eingekehrt und wurden mit Maggi abgespeist!

Doch das freundlich servierte gebratene Kaninchen an Spaghetti *aglio e olio* hebt unsere gedrückte Stimmung ganz ungemein.

Der Himmel, anfangs blau und wolkenlos, zieht sich langsam zu. Wir gehen dennoch an Bord für eine eineinhalbstündige Bootsfahrt durch die Häfen von Valletta. Zunächst kreuzen wir im Hafen Marsamxett. Auf der Insel Manoel stand einst ein Hospital, es diente als Quarantänestation für die ankommenden Seeleute. Jetzt wirken die Gebäude verlassen und verfallen.

Um das Fort St. Elmo an der Spitze von Valletta herum schippern wir weiter in den Grand Harbour. Zur Rechten blicken wir auf die Bollwerke von Valletta; zur Linken, an der Landspitze von Birgu, droht das Fort St. Angelo. Dort lag einst Caravaggio in Banden. Von See aus wirken die Bastionen noch wuchtiger und mächtiger als an Land.

Dann tuckert das Boot in den Dockyard Creek; links liegt das Marinemuseum von Birgu, rechts die Stadt Senglea. Im brackigen Wasser dümpeln Schrottkähne neben stolzen Dreimastern. Zahlreiche Containerschiffe unter Malteser Flagge liegen hier vor Anker; auch ein Grimaldi ist dabei. Der Containerhafen werde wohl noch weiter ausgebaut.

Bedauert Hans Sachs.

Die alten Gebäude der Hafenverwaltung haben verschiedenfarbig gestrichene Eingangstüren. Mit diesem simplen Trick finden auch analphabetische Seebären stets die richtige Hafenbehörde. Am Ende der Landspitze von Senglea grüsst ›La Gardiola‹, das Wahrzeichen von ganz Valletta. Der kleine Wachturm ist mit riesigen, stark vorstehenden Augen und Ohren verziert. Das plumpe Ornament sollte die Wachsoldaten allezeit an ihre Pflichten erinnern. Auf der Landseite des Türmchens prangt ein Pelikan als Symbol aufopfernder Vaterlandsliebe.

Das Boot fährt zurück durch den Grand Harbour zur Schiffslände von Sliema.

Während der Fahrt zum Hotel lässt Meistersinger Hans Arien erklingen; es singt Oreste Kirkop. Dazu erzählt der gescheite Hans die landläufige Legende aus der Jugendzeit eines Genies. Einst ging der Papa Kirkop mit dem zwölfjährigen Knaben Oreste ins Kino.

Auf dem Programm stand der Film ›The Great Caruso‹; die Titelrolle sang Mario Lanza. Da wusste Jung-Kirkop, auch er werde ein weltberühmter Opernsänger werden.

DAS WUNDER VON MOSTA

Zum Auftakt des heutigen Tagesprogramms besuchen wir an der Ghajn-Tuffieha-Bay ein Camp von Umweltschützern. Direkt in Sichtweite einer geschmacklosen, aber internationalen, Bettenburg haben sie ein Projekt zur Aufforstung der Bucht mit einheimischen Pflanzen gestartet.

Wir lauschen dem Vortrag eines engagierten Grünen über das Artensterben und die Bewahrung der Schöpfung. Diese Aktivisten bohren ein dickes Brett. Der eiserne Hans meint, ihr Hauptmann sei ein streitbarer Anwalt, der mit den Behörden ständig im Streit liege. Soviel Hingabe verdient Anerkennung. Aber das Angebot an hausgemachter Bio-Seife geht doch weit an den Vorstellungen unseres Fähnleins über Sauberkeit und Frische vorbei. Die Patenschaft für ein demnächst zu pflanzendes Bäumchen will sich auch niemand aufhalsen.

Die Mariä-Himmelfahrtskirche in Mosta ist eine der größten Kuppelkirchen der Welt.

»Ihre Kuppel ist sechzig Meter hoch und hat einen Durchmesser von zweiundfünfzig Metern. Nur die Kuppeln des Pantheon und des Petersdoms in Rom und von Sta. Maria del Fiore in Florenz umspannen mehr Raum.« Beteuert Hans Sachs.

Das ungewöhnliche Gotteshaus wurde mit Spenden der Gemeinde in Eigenbau errichtet. Aus Geldnot wurde selbst für den Bau der riesigen Kuppel auf ein Lehrgerüst verzichtet.

Als Baumeister für die Kirche hatte sich ein Veteran von Napoleons Ägyptenfeldzug angedient. Der exzentrische Franzose Giorgio Grognet de Vassé nahm sich für die Mariä Himmelfahrtskirche in Mosta gleich den größten Rundbau der Antike, das römische Pantheon, zum Vorbild.

Der riesige Dom, der das winzige Mosta beherrscht, wurde erst nach achtunddreißig Jahren Bauzeit fertiggestellt. Das enfant terrible der Queen Victoria, ihr ältester Sohn und ewiger Prince of Wales, Albert Eduard von Sachsen-Coburg und Gotha, setzte dem Hobbyarchitekten Grognet zur Belohnung für das gewaltige Werk eine Leibrente aus.

Die Vorhalle der Rotunda, gestützt von sechs Paaren ionischer Säulen, krönen ein Uhren- und ein Kalenderturm. In einer der Wandnischen steht eine eindrucksvolle Statue des Hl. Bartholomäus. Der geschundene Apostel trägt seine Haut wie eine elegante römische Toga über der linken Schulter. Der bei lebendigem Leibe abgezogene Balg spiegelt vom Gesicht bis zum Kleinzeh die Statue des Märtyrers. Hat nicht schon Michelangelo eine ähnlich grässliche künstlerische Fantasie bewiesen? Auf seinem Jüngsten Gericht in der Sixtinischen Kapelle zu Rom trägt der Balg des Hl. Bartholomäus sogar die Züge des von Gewissensqualen geplagten Großkünstlers.

In den Kapellen des ganz in Blau, Weiß und Gold gehaltenen Innenraums erwartet uns der übliche neubarocke Bilder- und Figurenschmuck mit bekannten biblischen Szenen aus dem Leben Jesu.

Die Kassettendecke der Kuppel zeichnet sich aus durch eine Besonderheit.

Hier ist noch die nur halbherzig reparierte Stelle zu sehen, an der im Zweiten Weltkrieg während eines Gottesdienstes eine Bombe der deutschen Luftwaffe das Dach durchschlagen hat. Der Blindgänger ist glücklicherweise nicht explodiert.

Die etwa dreihundert zum Gebet versammelten Gläubigen kamen mit dem Schrecken davon. Noch heute wird um dieses ›Wunder von Mosta‹ viel Wesens gemacht.

In der ehemaligen Sakristei wird die Fliegerbombe zu Füßen einer Stele präsentiert. Auf der Stele hält Christus persönlich seine Arme schützend über die Rotunda. Der redliche Hans bekennt, das unansehnlich verbeulte Original des teutonischen Blindgängers sei durch eine imposantere, fabrikneue Bombenhülse britischer Bauart ersetzt worden.

»Das Wunder ist des Glaubens liebstes Kind. Zumal, wenn sprechende Reliquien es bezeugen.« Kommentiert mein Gemahl, der ewig ungläubige Thomas.

Der Bus rollt weiter zur Nachbarstadt Naxxar.

Auf dem Hauptplatz erhebt sich die Kirche ›Our Lady of the Victories‹. Hans Sachs führt uns aber nicht noch einmal in eine Kirche, sondern in das Gebäude gegenüber.

Von außen gleicht der Palazzo Parisio einem von Bougainvilleen und Efeu umrankten, verwunschenen Dornröschenschloss. Im Palazzo erwartet uns protzig-neureiche Wohnkultur. Hier hat offenbar ein Bierbaron im überschäumenden Historismus gebadet.

An den Wänden im Vestibül bewundern wir schlanke Grotesken im Stil der Neo-Renaissance. Die vatikanischen Stanzen des Raffael, ja sogar die von Pompeji und Herculaneum standen Pate. Das Obergeschoss verblüfft mit mythologischen Deckengemälden, vergoldeten Lüstern und Stukkaturen, die an den Katharinenhof von Zarskoje Selo oder die Königsschlösser vom bayerischen Kini Ludwig II. erinnern. Im Herrenzimmer erfreuen schwüle Haremsszenen mit glutäugigen Odalisken im Stil von Alfons Mucha das männliche Gemüt. Wir flüchten hurtig in den schön angelegten, weitläufigen Barockgarten.

Unter Zitronenbäumen, Hibiskusbüschen und karminroten Zylinderputzern duften kunterbunte Levkojenbeete. Auf der Gartenmauer fangen fuchsfarbene Kätzchen Fliegen.

Der Tag klingt aus mit einem Farewell-Dinner.

Sein Herz werde weich wie Wachs. Gesteht der scheidende Hans Sachs.

Nicht nur den Zwickauern »gommn doo de Tränn in de Oochen.«

Blaues Meer und blühenden Karst, pompöse Barocke und verspieltes Rokoko, glühenden Glauben an ein himmlisches Jenseits, vereint mit unbekümmerter Lebensfreude im vergänglichen Diesseits, das alles haben wir überall im mediterranen Europa angetroffen.

Malta jedoch hat uns etwas Einzigartiges vor Augen gestellt: das ehrwürdige Alter menschlicher Zivilisation und die schicksalhafte Vergänglichkeit auch der glanzvollsten Reiche.

Grazzi Malta! Narak!

❖ ❖ ❖

ISBN 978-3-7375-7739-7

00001

9 783737 577397

www.epubli.de